L'État

Entre fait et droit

Logiques Juridiques
Collection dirigée par Gérard Marcou

Le droit n'est pas seulement un savoir, il est d'abord un ensemble de rapports et pratiques que l'on rencontre dans presque toutes les formes de sociétés. C'est pourquoi il a toujours donné lieu à la fois à une littérature de juristes professionnels, produisant le savoir juridique, et à une littérature sur le droit, produite par des philosophes, des sociologues ou des économistes notamment.

Parce que le domaine du droit s'étend sans cesse et rend de plus en plus souvent nécessaire le recours au savoir juridique spécialisé, même dans des matières où il n'avait jadis qu'une importance secondaire, les ouvrages juridiques à caractère professionnel ou pédagogique dominent l'édition, et ils tendent à réduire la recherche en droit à sa seule dimension positive. À l'inverse de cette tendance, la collection « Logiques juridiques » des éditions L'Harmattan est ouverte à toutes les approches du droit. Tout en publiant aussi des ouvrages à vocation professionnelle ou pédagogique, elle se fixe avant tout pour but de contribuer à la publication et à la diffusion des recherches en droit, ainsi qu'au dialogue scientifique sur le droit. Comme son nom l'indique, elle se veut plurielle.

Dernières parutions

Panagiota PERRAKI, *La protection de la vie personnelle du salarié en droit comparé et européen. Étude comparative des droits français, hellénique, britannique et européen*, 2015.
Hatem M'RAD, *La gouvernance : entre le citoyen et le politique*, 2015.
Gabriel ECKERT et Jean-Philippe KOVAR (dir.), *L'interrégulation*, 2015.
Sébastien EVRARD, *Les Tables de la loi : de l'argile au numérique. La diffusion des la règle de droit à travers les âges*, 2014.
Laura TALLET-PREUD'HOMME, *L'articulation des voies de droit dans le contentieux de la commande publique à l'initiative des tiers au contrat*, 2014.
Guillaume MALLEN, *L'appréhension des pratiques restrictives par les autorités françaises et européennes de la concurrence, Analyse des pratiques contractuelles abusives entre professionnels à l'épreuve du droit des pratiques anticoncurrentielles,* 2014
Philippe SEGUR, *C'était la démocratie*, 2014.
Laurie SCHENIQUE, *La Réforme de la phase préparatoire du procès pénal*, 2014.
Valérie DA SILVA, *De l'incapacité à la protection en matière personnelle,* 2014.
Salma ABID MNIF, *L'option entre la responsabilité contractuelle et la responsabilité individuelle. Comparaison des droits français et tunisien,* 2014.
Marcelle BONGRAIN, *Cent familles et sans famille*, 2014.
Eugène BAKAMA BOPE, *La justice congolaise face aux crimes internationaux commis en RDC*, 2014.
Éric MEYNARD, *Criminalité, police et sécurité publique en République d'Irlande*, 2014.

Boris Barraud

L'État

Entre fait et droit

L'Harmattan

Du même auteur
dans la même collection

Repenser la pyramide des normes à l'ère des réseaux. Pour une conception pragmatique du droit, 2012.

L.I.D.2 M.S.

Laboratoire Interdisciplinaire de Droit des Médias & des Mutations Sociales

5-7, rue de l'Ecole-Polytechnique, 75005 Paris

http://www.harmattan.fr
diffusion.harmattan@wanadoo.fr

ISBN : 978-2-343-06339-3
EAN : 9782343063393

Avant-propos

I. L'État paraît être quelque-chose qui va de soi. Il n'y aurait pas ou plus de question de l'État, pas ou plus de problématique relative aux caractéristiques générales de l'État. Il est vrai que, depuis *La République* de Platon, plus ancienne manifestation de statolâtrie, l'État a été largement caractérisé, notamment sous la plume des grands publicistes du début du XXe s. Alors qu'on ne sait pas ce qu'est le droit, il semble qu'on sache plutôt bien ce qu'est l'État. Peu d'ouvrages consacrés à la notion d'État sont publiés ; et les quelques-uns qui s'attachent à la définition de l'institution étatique comportent tous peu ou prou le même contenu. Certainement Hésiode, dans *Théogonie*, décrivait-il l'apparition de divinités qui muaient en concepts, parmi lesquels Zeus (le dieu souverain) devenant l'État. Mais, aujourd'hui, l'État se présente, à première vue, tel un être rationnel précisément identifiable et identifié. Néanmoins, d'aucuns habillent l'État de tous les atours d'un mythe[1] et aspirent à le démythifier[2]. Il faut gager que « la question étatique est l'une des plus difficiles qui soit »[3] et que de belles discussions sont possibles autour de l'ontologie de l'État. Si la définition générale de l'État est quasi-unanimement admise, il n'en va pas de même des diverses sous-définitions relatives aux éléments caractéristiques constitutifs de cette définition générale. L'objet du présent ouvrage est ainsi de définir l'État mais aussi — et surtout — de définir les éléments définitionnels de l'État.

Maurice Hauriou notait le triomphe de l'État depuis le XIXe s. : « L'État est un sommet d'où l'on ne peut descendre »[4]. Ce succès est tel que, avant que la globalisation ne vienne mettre en doute la pertinence des structures étatiques, c'est l'État lui-même qui a été mondialisé, si bien que l'ensemble des territoires de la planète est désormais quadrillé par des États[5]. Aussi écrit-on de l'État qu'il est « LA forme d'organisation des sociétés

[1] Réf. à E. Cassirer, *Le mythe de l'État*, Gallimard, 1946.

[2] Réf. à B. Chantebout, *De l'État – Une tentative de démythification*, Consortium de la librairie et de l'édition, 1975.

[3] R. Draï, *L'État purgatoire – La tentation postdémocratique*, Michalon, 2005, p. 8.

[4] M. Hauriou, *Principes de droit public à l'usage des étudiants en licence et en doctorat ès sciences politiques*, 2e éd., Librairie du Recueil Sirey, 1916, p. 16.

[5] H. Lefevbre, *De l'État*, t. I, Union générale d'éditions, coll. 10/18, 1976, p. 24.

humaines »[1], « la figure imposée de l'organisation politique »[2]. Il est donc quelque-chose de fondamentalement commun et habituel. Mais le droit aussi est tout à fait commun et habituel ; cela ne lui interdit pas d'être indéfinissable. S'il est plus facile de reconnaître l'État que le droit, définir ce premier n'en est que davantage nécessaire.

L'État-nation/État-souverain se présente, concrètement, suivant la définition classique proposée aux étudiants des facultés de droit, comme l' « espèce particulière de société politique résultant de la fixation sur un territoire déterminé d'une collectivité humaine relativement homogène régie par un pouvoir institutionnalisé comportant le monopole de la contrainte organisée »[3]. L'influence de Max Weber, pour qui l'État est « une entreprise politique de caractère institutionnel […] qui revendique avec succès, dans l'application des règlements, le monopole de la contrainte physique légitime »[4], est patente. L'État serait donc déjà ce qui est légitime, notamment la force légitime, par opposition à ce qui est illégitime. En ce sens, ce serait tout d'abord aux sociologues qu'il reviendrait d'étudier l'État. Ensuite, celui-ci est ce qui est organisé par opposition à ce qui est inorganisé et ce qui est politique par opposition à ce qui est apolitique. Enfin, l'État est certainement ce qui est juridique par opposition à ce qui n'est pas juridique.

C'est sous l'angle du droit que sera envisagé l'État au sein du présent ouvrage. Néanmoins, il n'est une réalité juridique que secondairement — temporellement et en termes d'importance — puisque cette réalité juridique est liée à la réalité sociale, psychologique, symbolique et politique qui, elle, est première ; bien que le Professeur Michel Troper, à la suite d'Hans Kelsen, voit dans la centralité de l'ordre juridique et dans la soumission au droit international les éléments décisifs quant au concept d'État moderne[5]. L'État est avant tout la source de la rationalité sociale, l'expression de l'intérêt général et l'instrument de la volonté générale. Mythique, il est « l'instituant symbolique de la société, […] la voie de l'universalisation collective »[6], et le juridique n'apparaît qu'en second lieu, après le politique et le social. En définitive, l'État est un tout qui ne peut exister en partie : il

[1] J. Baguenard, *L'État – Une aventure incertaine*, Ellipses, coll. Mise au point, 1998, p. 41.

[2] J. Chevallier, *L'État post-moderne*, 3e éd., LGDJ, coll. Droit et société, 2008, p. 24.

[3] V° « État », in S. Guinchard, G. Montagnier, dir., *Lexique des termes juridiques*, 16e éd., Dalloz, 2007, p. 286.

[4] M. Weber, *Économie et société* (1922), Pocket, coll. Agora, 2003, p. 96.

[5] M. Troper, « Le territoire est plus intéressant que le territoire », *Jurisdoctoria* 2013, n° 10, p. 17.

[6] F. Ost., M. van de Kerchove, *De la pyramide au réseau ? Pour une théorie dialectique du droit*, Publications des Facultés universitaires Saint-Louis (Bruxelles), 2002, p. 127-128.

ne peut y avoir d'État que juridique comme il ne peut y avoir d'État que social, psychologique ou politique. *Entre fait et droit*, c'est bien là que se situent l'État et, donc, sa définition.

Selon la description habituelle, « État » désigne un « ensemble de formes institutionnelles de gouvernement qui maintient un monopole administratif sur un territoire aux limites bien définies (les frontières), sa domination étant consacrée par la loi et par le contrôle direct des instruments de violence intérieure et extérieure »[1]. Cette définition générale apparaît assez incontestable et le « taux d'obscurité » de la notion d'État peut être qualifié de « bas », spécialement en comparaison de celui propre à la notion de « droit », qui est « élevé ». L'État, être abstrait malgré tout, est un système structuré et cohérent reposant sur différents éléments en interaction, les uns d'ordre factuel, les autres d'ordre juridique : une souveraineté, une personnalité, un gouvernement, un territoire, une population, une puissance militaire, administrative et fiscale etc. Chacune de ces données étant susceptible de varier et de recouvrir des réalités différentes, l'État peut assurément prendre des formes très hétérogènes. Reste que la Corée du Nord, la Suisse, les États-Unis, le Vanuatu, la Russie et le Vatican sont tous des États et que rares sont les observateurs qui refusent à l'un ou à l'autre la qualité étatique.

Par suite, se pose la question de savoir si un ou plusieurs des éléments définitionnels possède(nt) une importance supérieure, caractérise(nt) mieux que les autres le particularisme étatique. Quelques-uns répondront que la souveraineté doit l'emporter car « l'État est un centre d'attributions et d'opérations politiques et juridiques [...] titulaire d'une puissance qui, dans son domaine propre, doit être dite définitive et suprême : souveraine »[2]. Assurant la pérennité des institutions depuis Bodin et Machiavel, garantissant l'indépendance dans l'ordre externe et la suprématie dans l'ordre interne, la souveraineté devrait être la notion la plus intimement liée à celle d'État. Toutefois, la puissance — qui est, selon l'acception

[1] A. GIDDENS, *The Nation-State and Violence*, Polity Press (Cambridge), 1985, p. 121 (cité par F. OST., M. VAN DE KERCHOVE, *De la pyramide au réseau ? Pour une théorie dialectique du droit*, Publications des Facultés universitaires Saint-Louis (Bruxelles), 2002, p. 126).

[2] M. DE LA BIGNE DE VILLENEUVE, *Traité général de l'État – Essai d'une théorie réaliste de droit politique*, t. I, Librairie du Recueil Sirey, 1929 (cité par G. LEGRAND, « La théorie de l'État », *Revue néo-scolastique de philosophie* 1931, p. 499).

présentement retenue, en faits ce que la souveraineté est en droit[1] — est peut-être tout autant décisive à l'égard de la spécification de l'État.

Surtout, trois éléments sont le plus souvent retenus par les auteurs, certainement parce qu'ils seraient constitutifs de l'État quand les autres ne seraient que consécutifs : la nation (« groupement humain caractérisé par certains traits communs et spécifiques, et dont les membres ont conscience d'appartenir au même ensemble historico-culturel »[2]), le territoire (« implantation stable dans l'espace, délimité par l'existence de frontières »[3]) et le « pouvoir de contrainte » (« organes spécialisés investis du pouvoir de commandement et dotés du privilège de la force »[4]). Souveraineté et puissance ne seraient alors guère des éléments de définition de l'État puisqu'apparaissant avec lui et non avant lui. Cette appréhension tridimensionnelle semble par trop restrictive et cartésienne. L'être étatique est sans doute plus complexe, divers et contradictoire que ce que la simple conjugaison nation-territoire-gouvernement laisse entendre et, pour le caractériser, il faut également préciser le sens de concepts tels que ceux de « souveraineté », de « puissance » ou de « personnalité ». Et une définition peut se baser sur les éléments consécutifs autant que sur les éléments constitutifs.

S'il est vrai que « le concept d'État appelle à tout le moins un remembrement intellectuel »[5], alors chercher à répondre à la question de la définition juridico-factuelle de l'État s'avère, aujourd'hui autant qu'hier, pleinement pertinent. Le pari pris en ces lignes est que la conception de l'État n'est pas un sujet épuisé, à propos duquel tout aurait déjà été dit et écrit[6].

II. Le Professeur Olivier Beaud relevait, au début des années 1990, une tendance des juristes français à la démission dans l'étude de l'État. Depuis Raymond Carré de Malberg, il n'y aurait plus eu de réflexion systématique sur la notion d'État, ainsi qu'en témoigneraient les bibliographies[7]. Dès lors,

[1] Cela sera l'une des principales propositions des discussions à venir. Suivant la définition de Bodin, la souveraineté est identique à la puissance ; elle est une « puissance absolue et perpétuelle d'une République, [...] c'est-à-dire la plus grande puissance de commander » (J. BODIN, *Les six livres de la République*, 1576, L. I, chap. 8).
[2] J. CHEVALLIER, *L'État*, 2e éd., Dalloz, coll. Connaissance du droit, 2011, p. 2-3.
[3] *Ibid.*, p. 3.
[4] *Ibid.*
[5] R. DRAÏ, *L'État purgatoire – La tentation postdémocratique*, Michalon, 2005, p. 14.
[6] *Cf.*, par exemple, O. BEAUD, « La notion d'État », *Arch. phil. droit* 1990, p. 119 s.
[7] O. BEAUD, *La puissance de l'État*, Puf, coll. Léviathan, 1994, p. 11.

objets d'étude pourtant *a priori* fondamentaux pour tout chercheur en droit en raison de l'intimité problématique droit-État, l'État et ses attributs semblent abandonnés aux analyses para- et méta-juridiques. Parmi les bibliothèques des facultés de droit, il ne se trouverait guère que de modestes introductions convenues — définitions simples ou primaires de l'État, spécialement au sein des manuels de droit constitutionnel — reprenant les thèses du début du XXe s. et ne cherchant pas à renouveler l'analyse[1], par exemple à l'aune des mouvements de mondialisation, d'internationalisation et de régionalisation. Pareil constat est peut-être un peu sévère ; en tout cas invite-t-il à consacrer un ouvrage quantitativement conséquent à la question de l'État. Ce dernier est une entité qui paraît aller de soi tant que n'est pas cherché à le spécifier avec précision, au-delà de sa couverture formelle visible de tous. Si sa définition simple est acceptée par un large public, sa définition complexe — qui ne se borne pas aux critères généraux et recherche les critères particuliers des critères généraux, puis les critères de ces critères etc. —, pour sa part, est susceptible d'ouvrir la voie à de belles discussions, ainsi qu'à des propositions novatrices.

Toutefois, « définition complexe » ne signifie pas « définition totale » et, en ces pages, ce sont uniquement les aspects juridiques et factuels de l'État qui seront interrogés, loin, notamment, des considérations philosophiques[2]. La caractérisation de l'État ne saurait être uniquement juridique ; toutefois, les faits en cause ne sont jamais indépendants du droit ou, dit autrement, le droit n'est jamais indifférent à eux. Il convient de distinguer les éléments foncièrement juridiques (normes et institutions) des éléments indirectement juridiques, lesquels, d'essence factuelle, intéressent le chercheur en droit parce qu'ils entraînent des effets juridiques. *Entre fait et droit*, il faut souligner combien la rupture faits/droits est une illusion : le droit, comme l'État, naît de faits, repose sur des faits et, plus encore, n'est qu'un ensemble de faits justiciable d'études empiriques. Et, comme le disait Carbonnier, certes en de tout autres circonstances, « dans le divorce du fait et du droit, c'est le droit qui à tort »[3].

À la fin du XIXe s., l'École allemande de l'*Isolierung*, dont les maîtres à penser étaient Georg Jellinek et Paul Laband, s'attachait à comprendre et expliquer la structure juridique de l'État sans égard aucun pour les

[1] *Ibid.*
[2] Par exemple, A. CAMBIER, *Qu'est-ce que l'État ?*, Vrin, coll. Chemins philosophiques, 2004.
[3] J. CARBONNIER, *Flexible droit – Pour une sociologie du droit sans rigueur*, 8e éd., LGDJ, 1995.

considérations philosophiques, morales, politiques et historiques[1]. Suivant Laband, il serait nécessaire de circonscrire le domaine spécifique de l'étude juridique et de former un champ disciplinaire particulier autour de la structure formelle de l'État, entièrement comprise dans le domaine du droit[2]. Cette attitude, qui paraît être à l'État ce que la « théorie pure » de Kelsen est au droit, doit être ici partiellement suivie afin de rendre justice aux aspects proprement juridiques de l'être étatique. Cependant, il convient de ménager une large ouverture afin de pouvoir accueillir les éléments factuels « relevants » juridiquement — au sens de Santi Romano —. La « théorie pure du droit » comme la « théorie pure de l'État » pêchent par excès d'isolement, alors que la réalité qu'elles chapeautent, qu'elles entendent expliquer, est éminemment factuelle. Il s'agira donc de proposer une étude marquée du sceau du fait autant que du sceau du droit, car le droit est entièrement soluble dans le fait — faut-il rappeler qu'un devoir-être peut être ou ne pas être ? —.

Les théories générales de l'État des juristes, rares au demeurant, se proposent de constituer et rationaliser juridiquement leur objet. L'État se voit aussi légitimé et justifié, toujours juridiquement, par différents principes fondamentaux que lesdites théories énoncent. Ainsi se fait le passage de la définition simple — « un État est un gouvernement d'un territoire et d'une population » — à la définition complexe qui recherche si et dans quelles proportions l'État repose sur la puissance publique, sur la souveraineté, sur la volonté générale, sur la conscience populaire ou bien encore sur le service public ; et qui se doit, par conséquent, de spécifier ces éléments définitionnels de premier degré en les rapprochant d'éléments définitionnels de second degré. Or Duguit, Hauriou et Carré de Malberg[3], bien que leurs contributions ont signé l'âge d'or du droit public et de la pensée de l'État en France, n'ont assurément pas réglé de manière définitive ces problématiques dont la plupart demeurent parfaitement discutables, quand bien même elles ne sont plus guère discutées. Aussi est-il tentant de vouloir participer de la résolution de certaines difficultés, de la clarification de certaines équivoques et, finalement, de l'actualisation de la réponse au problème de l'État, lequel,

[1] *Cf.* Y. THOMAS, *Mommsen et l'Isolierung du droit – Rome, l'Allemagne et l'État*, De Boccard, 1984.

[2] *Cf.* P. LABAND, *Droit public de l'Empire allemand* (1876), Giard et Brière, 1900 (cité par É. MAULIN, « Positivisme », in D. ALLAND, S. RIALS, dir., *Dictionnaire de la culture juridique*, Lamy-Puf, coll. Quadrige dicos poche, 2003, p. 1176).

[3] Il est topique de relever que ces trois auteurs décisifs dans la doctrine de droit public possèdent, à cinq années près, les mêmes dates de naissance et de décès.

à l'aube du XXe s., ne se posait certainement pas dans les mêmes termes qu'à l'aube du XXIe s.

D'aucuns jugeront que, à l'heure de la gouvernance mondiale, consacrer une étude à l'État s'avère peu pertinent car cet objet serait, si ce n'est désuet, du moins en voie de désuétude. S'il est toujours évidemment nécessaire de penser le cadre institutionnel de la vie publique, l'État, aspiré par toutes sortes de réseaux trans-, supra- et inter-nationaux, ne serait plus qu'un point périphérique[1], peut-être même un point anecdotique. La postmodernité, « tentée par le nihilisme »[2], se caractériserait par la marginalisation de l'État, de sa souveraineté et de son ordonnancement juridique. Forme politique institutionnalisée, l'État est un produit de l'histoire, spécialement de l'histoire moderne des sociétés. Forcément caractérisé par une dynamique d'évolution, soumis à la pression de multiples forces de changement, rien ne garantit son avenir. L'image d'un État-nation/État-souverain imposant sa volonté unilatérale à un peuple homogène encadré par les frontières étanches d'un territoire monolithique ne pourrait plus guère illustrer que les seuls livres d'histoire. Mais ces remarques sont les contemporaines de cette autre observation : l'État serait un producteur toujours plus important de règles au moyen de sa « machinerie administrative productrice de normes en série »[3]. Dès lors, le droit étatique muerait, l'État changerait, sans que cela signifie qu'il doive nécessairement s'effacer ou, pire, disparaître. Et, même si l'État était réellement marginalisé, son importance a été telle au cours des derniers siècles que l'étudier demeurerait fort instructif. On remarque encore « l'accroissement considérable des missions de l'État [et] le recours permanent et cumulatif à la réglementation pour traduire en mesures les politiques décidées dans tous les domaines de la vie sociale »[4]. C'est donc que le droit étatique évolue, passant « de la pyramide au réseau »[5], mais non que la postmodernité est synonyme de postétaticité. L'État n'est certainement pas devenu un sujet anecdotique ou un sujet banalisé.

Il n'est cependant pas lieu de nier que la mondialisation, phénomène dont la réalité et l'influence sont incontestables, tend à limiter et même à

[1] O. JOUANJAN, É. MAULIN, « La théorie de l'État entre passé et avenir – Journées en l'honneur de Carré de Malberg », *Jus Politicum* 2008, n° 12, p. 4.

[2] S. GOYARD-FABRE, *L'État, figure moderne de la politique*, Armand Colin, coll. Cursus-Philosophie, 1999, p. 172.

[3] B. FRYDMAN, « Le droit, de la modernité à la postmodernité », *Réseaux* 2000, n° 88, p. 71.

[4] *Ibid.*

[5] Réf. à F. OST, M. VAN DE KERCHOVE, *De la pyramide au réseau ? Pour une théorie dialectique du droit*, Publications des Facultés universitaires Saint-Louis (Bruxelles), 2002.

remettre en cause l'État. Pendant que le développement du droit international porte atteinte à sa souveraineté, celui du droit transnational menace sa puissance. Ce qui en 1867 pouvait paraître très audacieux[1] intègre désormais la sphère des lieux communs, même si quelques observateurs ne voient toujours « aucune désétatisation »[2].

> *Hier encore, l'État tenait le premier rôle sur la scène politique nationale et internationale. Réduisant les autres acteurs au rang de faire-valoir ou de figurants, il récitait un grand texte d'auteur, celui de la « raison d'État » souveraine, qui semblait n'avoir été écrit que pour lui. Dans la nouvelle distribution contemporaine, l'État n'a pas disparu ; [il] apparaît désormais comme le représentant un peu vieillissant d'une grande compagnie classique, perdu au milieu d'une troupe d'amateurs exécutant un programme improvisé, le forçant ainsi à adapter son texte à une intrigue dont le sens général paraît parfois lui échapper.*[3]

III. Enfin, il faut insister sur le fait que, si l'État sera ici envisagé sous l'angle de sa réalité juridique et sous l'angle de sa réalité factuelle, les considérations purement politiques, sociologiques et philosophiques, pour leur part, ne pourront trouver leur place en pareils développements. Il n'en demeure pas moins que l'État n'est en rien le monopole des juristes. Alors que le choix d'une acception juridique de l'État semble aller de soi tant celui-ci est intimement lié au droit plus qu'à toute autre chose, il apparaît cependant que les disciplines voisines, notamment l'histoire, la philosophie et la sociologie, s'intéressent davantage à l'État que ne le font les facultés de droit. Les ouvrages consacrés à l'État par des professeurs de droit sont peu nombreux en comparaison du nombre de ceux qui le sont par des professeurs rattachés à d'autres branches des sciences humaines et sociales, jusqu'à l'anthropologie[4]. Ainsi le retour de l'État sur le devant de la scène intellectuelle se ferait-il sans les juristes et serait-ce un enjeu décisif, du point de vue de la science du droit, que de lutter contre ce paradoxe. Ont été recensées deux approches possibles de l'État : en tant que phénomène

[1] W. VON HUMBOLDT, *Essai sur les limites de l'action de l'État*, Germer Baillière, 1867.

[2] S. GOYARD-FABRE, *L'État, figure moderne de la politique*, Armand Colin, coll. Cursus-Philosophie, 1999, p. 172.

[3] F. OST, M. VAN DE KERCHOVE, *De la pyramide au réseau ? Pour une théorie dialectique du droit*, Publications des Facultés universitaires Saint-Louis (Bruxelles), 2002, p. 125.

[4] Par exemple, B. LATOUR, *La fabrique du droit – Une ethnographie du Conseil d'État*, La découverte, 2002.

historique, politique et social ; comme une institution juridique[1]. La première paraît plus attractive que la seconde, peut-être parce que l'angle juridique conduit généralement à par trop déformer la réalité première de l'État qui est bel et bien sociale et politique — temporellement tout du moins —.

Philosophiquement et politiquement — au sens contemporain du terme —, les questionnements qui entourent l'État, et qui donc ne seront pas abordés ici, sont divers et nombreux. Tout d'abord, il est classique de se demander ce que peut et, plus encore, ce que doit faire l'État. Est alors recherchée la forme préférentielle entre État libéral neutre et évanescent, État providence interventionniste et État communiste ultra-interventionniste. Plus profondément, on soutient ou on critique l'analyse selon laquelle « l'entreprise de légitimation de l'autorité politique n'est qu'un masque pour une oppression qui constitue l'essence même de l'État »[2] ; ou celle selon laquelle « la rationalité d'une légitimité du pouvoir n'est qu'une apparence, une ruse de la déraison d'une violence étatique en son fond toujours arbitraire »[3]. La problématique, loin de la spécification juridico-factuelle de l'État, porte alors sur la « nature réelle, raisonnable ou déraisonnable, libératrice ou asservissante et, finalement, humaine ou inhumaine de l'État »[4]. L'anti-étatisme, à la pointe duquel se situe la pensée anarchiste de Proudhon et Bakounine, perçoit dans le maintien de l'ordre la fonction naturelle et première de l'État. Mais, dans le même temps, il y associe une logique d'asservissement et de violence envers les individus. Déjà La Boétie ne voyait d'État que tyrannique et, de ce fait, haïssable en soi[5]. Plus tard, avec l'hyper-structuration administrative, l'État est devenu, sous la plume de Nietzsche, « le plus froid de tous les monstres froids » en même temps que « la nouvelle idole », remplaçante de Dieu[6]. Dépeint comme une « grande machine à détruire la vie et la création »[7], il n'est alors, en définitive, rien d'autre qu'un mal oppressant qui « n'a toujours qu'un but : borner, lier, subordonner l'individu, l'assujettir à la chose générale »[8]. Partant, la révolution serait plus que souhaitable ; mais il ne s'agirait pas d'une

[1] F. POIRAT, « État », in D. ALLAND, S. RIALS, dir., *Dictionnaire de la culture juridique*, Lamy-Puf, coll. Quadrige dicos poche, 2003, p. 642.
[2] P. KAHN, *L'État*, Quintette, coll. Philosopher, 1989, p. 39.
[3] *Ibid.*, p. 40.
[4] *Ibid.*
[5] É. DE LA BOÉTIE, *Discours de la servitude volontaire ou le contr'un* (1553), Flammarion, 1993.
[6] F. NIETZSCHE, « La nouvelle idole », in *Ainsi parlait Zarathoustra*, Verlag von Ernst Schmeitzner (Chemnitz), 1883.
[7] *Ibid.*
[8] M. STIRNER, *L'unique et sa propriété* (1844), Labor (Loverval), coll. Quartier libre, 2006.

révolution destinée à changer l'État ou à changer d'État ; il faudrait impérieusement abolir l'État. Autant de réflexions philosophico-politiques sur lesquelles il n'est pas envisageable de s'appesantir en ces pages.

D'autres considérations qui, si elles ne manquent pas d'intérêt, excèdent la présente contribution sont à trouver en la distinction de l'État totalitaire et de l'État despotique[1]. Il y aurait beaucoup à dire du phénomène totalitaire, lorsque l'État a la volonté de monopoliser la raison alors qu'il a la déraison pour principe puisqu'il repose sur la force et la crainte, quand ce n'est pas sur la terreur[2]. Et l'expérience communiste est, elle aussi, un terreau fertile pour penser l'État sous un angle différent de celui ici retenu. Platon, bien avant le XXe s., envisageait l'unité organique de l'État et l'absence de prise en compte du point de vue des individus menant sans détour au communisme intégral des biens et des personnes[3]. D'aucuns ont suivi sa trace, quand d'autres, d'Adam Smith à John Maynard Keynes, ont ouvert des chemins totalement différents. Selon l'approche communiste, l'État serait lié, par ses origines et ses fonctions, à la lutte des classes au sein de la société civile puisqu'il permettrait à celle-ci de se dérouler sans que la société n'explose. Surtout, derrière sa fausse neutralité, grâce à un appareil idéologique perfectionné reposant sur l'information et sur l'éducation et faisant passer des intérêts particuliers pour des intérêts universels, il contrôlerait ladite lutte afin de donner l'avantage à la classe économique dominante, laquelle, dès lors, deviendrait classe politiquement dominante et aurait tout loisir pour exploiter la classe prolétaire dominée[4]. Et Marx de relever que, par le truchement des illusions étatiques qui font de la loi l'expression de volontés libres, « les rapports privés de propriété sont définis comme le résultat d'une volonté générale »[5]. Il est inutile de préciser

[1] *Cf.* P. KAHN, *L'État*, Quintette, coll. Philosopher, 1989, p. 47.

[2] *Cf.* H. ARENDT, *Le système totalitaire – Les origines du totalitarisme* (1951), Points, coll. Essais, 2005.

[3] P. KAHN, *L'État*, Quintette, coll. Philosopher, 1989, p. 27.

[4] *Cf.* F. ENGELS, *L'origine de la famille, de la propriété privée et de l'État*, 1884.

[5] K. MARX, *Œuvres*, vol. 3, Gallimard, 1994, p. 1110 (cité par E. RENAULT, « Marxistes (doctrines du droit) », in D. ALLAND, S. RIALS, dir., *Dictionnaire de la culture juridique*, Lamy-Puf, coll. Quadrige dicos poche, 2003, p. 1002). Le droit se résumant à la loi, il posséderait un contenu de classe : les membres de la classe bourgeoise ne peuvent « que donner à leur volonté conditionnée par ces rapports déterminés l'expression universelle d'une volonté d'État, d'une loi — expression dont le contenu est toujours donné par les conditions de cette classe, comme le prouvent très clairement le droit privé et le droit pénal » (*ibid.*, p. 1233 (cité par E. RENAULT, « Marxistes (doctrines du droit) », in D. ALLAND, S. RIALS, dir., *Dictionnaire de la culture juridique*, Lamy-Puf, coll. Quadrige dicos poche, 2003, p. 1002)). Quant au socialisme et aux mouvements ouvriers, ils ont eux-aussi interrogé profondément

combien la conception libérale de l'État diffère. La pensée philosophico-politique de l'État pourrait être exposée au long d'innombrables autres lignes, tant elle s'habille de toutes les couleurs.

Plus profondément philosophique serait la réflexion sur le lien entre l'État et la morale. Dans *Le Prince*, Machiavel exprimait la nécessité pour l'État de se conserver dans sa forme quelle que soit l'onction du peuple[1]. Il croquait ainsi la figure des Richelieu, Mazarin et autres Colbert, hommes d'État modernes dont l'intérêt de l'État-Léviathan est le souci unique, à mille lieux d'une quelconque morale, si ce n'est morale politique. Il n'est alors de valeurs que politiques et il faut distinguer la rationalité technique et fonctionnelle de l'État de sa raisonnabilité morale[2].

Hors ou au-delà du droit et du fait, les problématiques afférentes à l'État sont infinies et inépuisables — et les réponses, comme souvent en matière philosophico-politique, impossibles car trop nombreuses, diverses et inconciliables — :

> *Espérance fondée ou illusoire ? Que faudra-t-il attendre de l'État ? D'être le porte-flambeau de la raison humaine ? Le cadre à l'intérieur duquel les hommes peuvent à la fois être libres et cesser d'être ennemis les uns des autres ? Ou bien d'imposer les fardeaux et les forces, diversement pesants, d'un pouvoir opaque et inhumain ? Ou bien encore d'exprimer les promesses non tenues d'une société véritablement humaine et d'une humanité véritablement universelle ? Optimisme, pessimisme ou scepticisme ? Le salut, l'enfer ou un miroir aux alouettes et, comme tout enfer et tout paradis, un opium du peuple ?*[3]

Si essentielles et passionnantes que soient ces interrogations, chercher à y répondre amènerait à dépasser allègrement le cadre du présent travail[4].

l'écroulement de l'État (*cf.* N. POULANTZAS, *L'État, le pouvoir, le socialisme*, Puf, 1978), comme le fait la globalisation aujourd'hui.

[1] N. MACHIAVEL, *Le Prince*, Antonio Blado d'Asola (Florence), 1532.

[2] E. WEIL, *Philosophie politique*, Vrin, coll. Problèmes et controverses, 1984, p. 114.

[3] P. KAHN, *L'État*, Quintette, coll. Philosopher, 1989, p. 6.

[4] Il n'est d'ailleurs pas assuré que les réponses puissent revêtir un intérêt aussi élevé que celui qui s'attache auxdites interrogations. On dit d'ailleurs souvent de la philosophie qu'elle n'est bonne qu'à poser les questions et non à les trancher, ce qui se comprend puisque seul l'argument scientifique peut être décisif, tout autre ne pouvant que demeurer la proie de contestations et de réfutations infinies. Aussi faut-il, à l'instar du Professeur Olivier Beaud, « éluder le problème certainement plus actuel et passionnant de l'éventuelle péremption de l'État. La grande question philosophico-juridique d'aujourd'hui est celle de savoir si l'État n'est pas dépassé en tant que forme d'expression juridique du pouvoir politique. [...] Cette question de la fin de l'État est aujourd'hui la plus impérieuse, mais elle ne relève pas de

Sujet monumental, méta-sujet, l'État est susceptible de se voir examiné sous de multiples facettes et par toutes les sciences humaines et sociales. Le présent ouvrage ne saurait en aucun instant revendiquer le titre de « théorie *générale* de l'État »[1]. Concentré sur les aspects juridiques et factuels, il est certainement une « *contribution* à la théorie générale de l'État »[2].

[cette] étude dont l'objet est plus modeste » (O. BEAUD, *La puissance de l'État*, Puf, coll. Léviathan, 1994, p. 13).

[1] Réf. à H. KELSEN, « Aperçu d'une théorie générale de l'État », *RDP* 1926, p. 561 s. ; H. KELSEN, *Théorie générale du droit et de l'État – La doctrine du droit naturel et le positivisme juridique*, trad. B. Laroche, V. Faure, LGDJ-Bruylant (Paris-Bruxelles), coll. La pensée juridique, 1997 ; G. JELLINEK, *L'État moderne et son droit – Première partie : Théorie générale de l'État*, trad. G. Fardis, Fontemoing, 1904.

[2] Réf. à R. CARRÉ DE MALBERG, *Contribution à la théorie générale de l'État spécialement d'après les données fournies par le droit constitutionnel français*, Librairie du Recueil Sirey, 1920.

Sommaire

Introduction

1. ***Une étude théorique de l'État.*** On fait souvent de l'État « le référent ultime, le modèle paradigmatique de l'organisation et de l'exercice du pouvoir politique »[1]. Et le droit est conçu comme la production du pouvoir politique, ce qui conduit logiquement à lier État et droit. Ainsi n'hésite-t-on pas à parler de « monopole de la régulation sociale » entre les mains de l'État[2]. Mais cette « “société parfaite”, […] lieu privilégié d'investissement passionnel »[3], est beaucoup plus que du droit ou que la source du droit et le Professeur Denis Baranger, par exemple, fait observer que « l'État ne se résume pas à des institutions et à des procédures, c'est aussi un contenu moral et politique »[4]. Il n'est en aucun instant question d'affirmer que seuls les juristes publicistes pourraient légitimement étudier l'ontologie étatique ; il existe de multiples manières de répondre à la question « qu'est-ce que l'État ? ». Lorsque Kelsen soutient que ce dernier n'est qu'un ordre juridique, qu'un ensemble organisé de normes juridiques, il l'analyse en tant que théoricien-juriste, mais il n'ignore nullement que l'État peut aussi être abordé sous l'angle politique, historique, sociologique ou encore économique[5]. Il faudrait surtout distinguer théorie de l'État et philosophie de l'État. En cet ouvrage, il sera question de théorie de l'État et non de philosophie de l'État[6] ; il s'agira donc de définir et d'identifier l'objet étatique.

Mais s'intéresser à l'État, même d'un point de vue principalement juridique et factuel faisant la part belle à l'objectivité et à l'empirisme, c'est s'intéresser à un être qui déchaîne les passions et, partant, cela conduit sur un terrain éminemment polémique. Chaque jour, l'État est autant critiqué qu'encouragé, les médias relayant allègrement toutes les opinions. Pourtant, l'État n'est normalement qu'un objet neutre justiciable d'une description neutre qui, par suite, prend la forme que décident les gouvernants — qui sont

[1] F. Poirat, « État », in D. Alland, S. Rials, dir., *Dictionnaire de la culture juridique*, Lamy-Puf, coll. Quadrige-dicos poche, 2003, p. 642.

[2] J. Baguenard, *L'État – Une aventure incertaine*, Ellipses, coll. Mise au point, 1998, p. 74.

[3] *Ibid.*, p. 75.

[4] D. Baranger, *Le droit constitutionnel*, 6e éd., Puf, coll. Que sais-je ?, 2013.

[5] Notamment, H. Kelsen, « Aperçu d'une théorie générale de l'État », *RDP* 1926, p. 561 s.

[6] Mais la cloison entre théorie et philosophie n'est guère étanche et on a pu proposer une « théorie de l'État » dans une « revue de philosophie » : G. Legrand, « La théorie de l'État », *Revue néo-scolastique de philosophie* 1931, p. 499 s.

aussi, en démocratie, les gouvernés —. Il n'en demeure pas moins que, depuis que l'État moderne s'est développé, il est au centre de toutes les préoccupations, de toutes les inquiétudes et de tous les espoirs. Hegel voyait en lui « l'Esprit qui réside dans l'Univers et s'y réalise avec conscience »[1]. Mais Hobbes, se référant à un être monstrueux de la Bible, le dessinait sous les traits du Léviathan[2], sorte de *Big Brother*[3] avant l'heure. Au XXe s., les deux guerres mondiales et les diverses expériences totalitaires qui, sans États, n'auraient pas été permises ont allègrement confirmé combien l'État peut être « le plus froid de tous les monstres froids »[4]. Mais l'Homme, lorsqu'abandonné à l'état de nature, ne manque pas d'être lui aussi très austère et, d'ailleurs, la construction sociale qu'est l'État ne peut que prendre la forme de la somme des individualités qui la constituent. Peut-être même l'État est-il moins « froid » que l'Homme ; c'est ici tout l'enjeu du « contrat social » et Schopenhauer pouvait comparer l'État à la « muselière dont le but est de rendre inoffensive la bête carnassière, l'homme, et de faire en sorte qu'il ait l'air d'un herbivore »[5]. Le poète Paul Valéry, pour sa part, parlait de l'État en ces termes : « Un être énorme, terrible, débile [sic]. Cyclope d'une puissance et d'une maladresse insignes, enfant monstrueux de la force et du droit »[6].

L'État est au cœur de toutes les philosophies politiques et de toutes les théories économiques, du marxisme et de l'anarchisme, qui prônent son dépérissement, au libéralisme, qui invite à son effacement pour que puisse s'appliquer pleinement la loi du marché. Partant, se pose la question de savoir s'il est possible de demeurer à mi-chemin entre statolâtrie et statophobie, sans prendre parti. En tout cas convient-il, ici, de s'efforcer de ne pas pencher en direction de l'un ou l'autre côté. Il faut s'inscrire dans le cadre de la théorie juridico-factuelle de l'État et, donc, songer au

[1] G. W. F. HEGEL, *Principes de la philosophie du droit*, 1820 (cité par D.-G. LAVROFF, *Les grandes étapes de la pensée politique*, Dalloz, 1993, p. 292).

[2] Th. HOBBES, *Le Léviathan* (1651), trad. F. Triraud, Folio, coll. Essais, 2000.

[3] G. ORWELL, *1984* (1949), Gallimard, coll. Folio, 1972.

[4] F. NIETZSCHE, « La nouvelle idole », in *Ainsi parlait Zarathoustra*, Verlag von Ernst Schmeitzner (Chemnitz), 1883.

[5] A. SCHOPENHAUER, *Douleurs du monde – Pensées et fragments*, Rivages, coll. Petite bibliothèque, 1991 (cité par J. BAGUENARD, *L'État – Une aventure incertaine*, Ellipses, coll. Mise au point, 1998, p. 8).

[6] P. VALÉRY, *Regards sur le monde actuel*, Gallimard, 1968 (cité par J. BAGUENARD, *L'État – Une aventure incertaine*, Ellipses, coll. Mise au point, 1998, p. 8). Ces paroles posent la question de savoir si l'État est, ainsi que décrit, l'enfant du droit ou, au contraire, si le droit est l'enfant de l'État — à moins que tous deux se développent indépendamment l'un de l'autre avant de se rejoindre —. Contre Valéry, il semble que l'État naisse de la société, avant que le droit ne soit produit par l'État.

recensement de ses caractères distinctifs juridiques et factuels. Traditionnellement, la théorie générale de l'État a également pour ambition de rechercher les justifications de l'existence et de la légitimité de l'État. Aussi ladite théorie générale est-elle intimement liée à la philosophie de l'État qui, elle aussi, quête les fondements de l'État et répond davantage à la question « pourquoi l'État ? » qu'à la question « qu'est-ce que l'État ? ». En ces pages, ce seront bien les éléments objectifs de définition de l'État qui seront essentiellement envisagés.

Si les facultés de droit se scindent classiquement entre enseignements et diplômes de droit public et de droit privé, et si, plus que la Constitution ou que la démocratie, le concept clé du droit public, rendant la matière relativement unitaire, est l'État, il semblerait logique que celui-ci se trouve au cœur de nombreux travaux de juristes publicistes. Or il est remarquable qu'en France, à l'inverse de la situation dans les pays germaniques notamment, la théorie de l'État ne se présente guère sous les traits d'une discipline académique spécifique et institutionnalisée[1], le droit constitutionnel ne pouvant pas être celle-là car ce serait alors excessivement la réduire. De plus, si la littérature ayant l'État pour sujet est incroyablement pléthorique et protéiforme, les œuvres relevant de la théorie de l'État et, mieux, de la théorie juridique de l'État demeurent rares. Il est peu de définitions approfondies et actualisées de l'institution étatique et on se contente souvent de spécifier quelques traits généraux unanimement admis, l'État se laissant, semble-t-il, saisir assez intuitivement. Il est symptomatique que les deux seuls ouvrages récents ayant pour titre « théorie de l'État » sont, pour l'un, un recueil de textes anciens sur le sujet[2] et, pour l'autre, une étude de la « crise de la théorie de l'État » publiée dans une collection significativement intitulée « tirés à part »[3]. Au-delà de *Pour une théorie juridique de l'État* du Professeur Michel Troper[4] et de *La puissance de l'État* du Professeur Olivier Beaud[5], publiés dans une collection nommée très

[1] En Autriche, en Allemagne et en Suisse, un cours de « théorie générale de l'État » fait partie des enseignements obligatoires des étudiants débutants en droit ; et la plupart des ouvrages de droit public portent dans une large mesure sur la théorie de l'État (H. QUARITSCH, « La situation actuelle de la théorie générale de l'État en Allemagne », *Droits* 1992, n° 15, p. 69).

[2] Ch. BEHRENDT, F. BOUHON, *Introduction à la théorie générale de l'État – Recueil de textes*, Larcier (Bruxelles), coll. Faculté de droit de l'Université de Liège, 2009. Cet ouvrage est néanmoins complété par un « manuel » (Ch. BEHRENDT, F. BOUHON, *Introduction à la théorie générale de l'État – Manuel*, 2e éd., Larcier (Bruxelles), coll. Faculté de droit de l'Université de Liège, 2011).

[3] H. HELLER, O. JOUANJAN, *La crise de la théorie de l'État*, Dalloz, coll. Tirés à part, 2012.

[4] M. TROPER, *Pour une théorie juridique de l'État*, Puf, coll. Léviathan, 1994.

[5] O. BEAUD, *La puissance de l'État*, Puf, coll. Léviathan, 1994.

éloquemment « Léviathan », les publications récentes et marquantes dans ce domaine ne sont toujours que des rééditions des œuvres de Kelsen, Jellinek, Carré de Malberg, Heller ou Georges Burdeau, lesquels ont consacré des théories de l'État détaillées, mais il y a fort longtemps. S'il existe également différents travaux abordant des points particuliers de la théorie de l'État[1] et si tous les manuels et traités de droit constitutionnel contiennent des éléments décisifs à l'égard de celle-ci[2], les ouvrages *ad hoc* se révèlent étonnamment rares[3]. Le droit constitutionnel paraît se suffire à lui-même[4].

Le Professeur Michel Troper explique que « l'État se trouve dans un *no-man's land* : la Théorie générale de l'État est éteinte ou réduite à une métaphysique assez vaine, la Théorie générale du droit ne lui prête aucune attention [...] et les autres sciences sociales ne sont pas outillées pour l'étudier »[5]. Il semble que la fin du XIXe s. et le début du XXe s. aient été le temps des grands théoriciens de l'État et que, depuis lors, on n'ose plus guère innover en la matière et, donc, on n'écrive plus sur ce thème, si ce n'est des manuels se bornant à répéter ce qui apparaît tels des acquis issus du bouillonnement doctrinal des années 1900, 1910 et 1920. Cela peut s'expliquer soit par le fait que la force doctrinale entourant le concept d'État serait si élevée qu'aucun ou très peu d'éléments mériteraient d'être aujourd'hui encore discutés — il existerait une « version classique et universalisée » de l'État[6] —, soit par le fait que la tâche serait par trop délicate, par trop aventureuse. Lorsque, par exemple, la plupart des auteurs soutiennent qu'un territoire et une population parfaitement identifiés sont des éléments nécessaires à l'existence de l'État ou que « la nation et l'État se sont construits ensemble et l'un par l'autre »[7], il est pourtant patent que des discussions importantes sont possibles — si ce n'est nécessaires —, car il est

[1] Par exemple, S. LEROYER, *L'apport du Conseil d'État au droit constitutionnel de la Ve République – Essai sur une théorie de l'État*, Dalloz, coll. Nouvelle bibliothèque de thèses, 2011 ; P. TÜRK, *Théorie générale du droit constitutionnel*, 2e éd., Gualino, coll. Mémentos LMD, 2009 ; J. JIANG, *Théorie du droit public*, L'Harmattan, coll. Logiques juridiques, 2010.

[2] Pour ne citer que le plus massif : D. CHAGNOLLAUD, M. TROPER, dir., *Traité international de droit constitutionnel*, 3 t., Dalloz, coll. Traités, 2012 ; et celui dont l'intitulé est le plus éloquent : J.-M. AUBY, dir., *Droit public : théorie générale de l'État et droit constitutionnel, droit administratif*, Economica, coll. Collectivités territoriales, 1985.

[3] Doivent être signalés néanmoins Th. FLEINER-GERSTER, *Théorie générale de l'État*, Puf, 1986 ; G. BERGERON, *Petit traité de l'État*, Puf, 1990 ; B. CHARBONNEAU, *L'État*, Economica, 1991.

[4] O. JOUANJAN, É. MAULIN, « La théorie de l'État entre passé et avenir – Journées en l'honneur de Carré de Malberg », *Jus Politicum* 2008, n° 12, p. 3.

[5] M. TROPER, *Pour une théorie juridique de l'État*, Puf, coll. Léviathan, 1994, p. 7.

[6] J. BAGUENARD, *L'État – Une aventure incertaine*, Ellipses, coll. Mise au point, 1998, p. 98.

[7] *Ibid.*

aisé d'observer combien les populations ne correspondent pas toujours aux territoires des États ; un peuple et une nation ne seraient donc pas des éléments nécessaires à la naissance et à la vie d'un État. Par suite, si la population se définit comme l'ensemble des individus dont la nationalité est attribuée par un État, alors c'est l'État qui définit la population et non la population qui permet de définir l'État. Il faut gager que la théorie de l'État demeure actuellement, en tant que « réalité ambiguë »[1], un terrain à investir et que la rareté des théories de l'État — ainsi est-il difficile, au contraire de la théorie du droit, de mettre des noms sur différents courants en théorie de l'État — s'explique malaisément.

Par ailleurs, la théorie générale de l'État, sujet éminemment transversal, n'étant pas le monopole des juristes, il existe de nombreux ouvrages sur la question écrits par des non-juristes, qui l'étudient tous en premier lieu sous l'angle politique[2]. D'ailleurs, s'il est vrai que l'État est « un Janus aux deux visages dont l'un, celui qui est serein, reflète le règne du droit, et l'autre, tourmenté et grimaçant, est marqué par toutes les passions »[3], il est logique que ce soit surtout ce second visage qui soit la source de la majorité des commentaires. Des auteurs se demandent très pertinemment s'il ne revient pas à la science politique et non au droit de définir l'État[4]. Certainement chaque discipline doit-elle apporter sa pierre à l'édifice de la théorie générale, les juristes ayant à traiter de la part juridique de celle-ci — qui ne se résume pas à la part constitutionnelle —. Mais il faut aussi s'enquérir des données factuelles qui fondent l'État, sans quoi le propos s'avérerait par trop parcellaire ; car il ne semble pas juste de dire que ce sont les juristes qui ont inventé l'État[5]. Ce dernier est sans doute davantage une production sociale inconsciente et dont l'émergence a été progressive ; entre l'époque ante-étatique et l'époque étatique, il se trouve toute une phase de transition vers l'État et, donc, vers le droit et vers les juristes. Comme le droit, l'État est une réalité psychique autant qu'une réalité matérielle et il importe de conserver cet élément à l'esprit.

[1] G. BURDEAU, *L'État* (1970), Le Seuil, coll. Points, 2009, p. 63.

[2] Par exemple, J. GATTY, *Principes d'une nouvelle théorie de l'État*, Puf, coll. Économie en liberté, 1998.

[3] G. BURDEAU, *L'État* (1970), Le Seuil, coll. Points, 2009, p. 63.

[4] O. JOUANJAN, É. MAULIN, « La théorie de l'État entre passé et avenir – Journées en l'honneur de Carré de Malberg », *Jus Politicum* 2008, n° 12, p. 3.

[5] O. BEAUD, « Ouverture : L'honneur perdu de l'État ? », *Droits* 1992, n° 15, p. 3 ; G. BURDEAU, *L'État* (1970), Le Seuil, coll. « Points », 2009, p. 10.

2. ***L'État comme réalité et construction de l'esprit.*** Georges Burdeau notait que l'État « n'appartient pas à la phénoménologie tangible, [il] est de l'ordre de l'esprit »[1] ; et déjà Hobbes écrivait de son Léviathan qu'il était un « "homme artificiel" dont la souveraineté est l'âme elle-même artificielle »[2]. Ainsi l'État, « pure abstraction » selon Duguit[3], « pure théorie » pour d'autres[4], est-il une production ou construction de l'intelligence humaine et non quelque-chose de naturel et de donné qu'il suffirait d'observer. Hegel pouvait dire qu'il n'est qu'une idée car il est impossible de le voir[5] ; il est uniquement possible de toucher du doigt les institutions qui l'expriment positivement. C'est là toute sa force et toute sa fragilité ; et c'est pourquoi il intéresse tant philosophes et sociologues, mais aussi juristes dès lors qu'il « n'a pas d'existence en dehors des discours juridiques qui le constituent »[6]. Pierre Bourdieu constatait qu'il « façonne les structures mentales et impose des principes de vision et de division communs, des formes de pensée qui sont à la pensée cultivée ce que les formes primitives de classification sont à la "pensée sauvage" »[7]. L'État est donc une création de l'esprit qui, en retour, influence ce même esprit qui va en conséquence faire évoluer sa perception de la notion etc. Où se conçoit combien le sens d'un concept est très contingent et combien la lexicologie et, plus encore, la sémantique doivent être centrales. Si l'État est en mesure d' « inculquer des structures cognitives et évaluatives identiques ou semblables et [s']il est de ce fait le fondement d'un conformisme logique et moral, d'un accord tacite, préréflexif et immédiat »[8], la pensée collective agit sur lui au moins autant qu'il agit sur elle. Il repose avant tout sur des phénomènes psychologiques et c'est là une donnée essentielle, notamment à l'instant de se demander quelle peut être sa place dans un monde en voie de globalisation. Certainement le territoire, le gouvernement, la police ou les institutions juridiques en général sont-ils des éléments palpables intimement liés à l'État, mais, avant tout, celui-ci peut être analysé comme une idée et désigné en tant qu' « organisme

[1] G. BURDEAU, *L'État* (1970), Le Seuil, coll. Points, 2009, p. 10.
[2] Th. HOBBES, *Léviathan*, 1651 (cité par P. KAHN, *L'État*, Quintette, coll. Philosopher, 1989, p. 32).
[3] L. DUGUIT, *Traité de droit constitutionnel – Tome premier : La règle de droit, le problème de l'État*, 3e éd., De Boccard, 1927, p. 672.
[4] D. DE BÉCHILLON, *Qu'est-ce qu'une règle de droit ?*, Odile Jacob, 1997, p. 101.
[5] Cité par P. KAHN, *L'État*, Quintette, coll. Philosopher, 1989, p. 7.
[6] P. BRUNET, *Vouloir pour la nation – Le concept de représentation dans la théorie de l'État*, Publications de l'Université de Rouen-LGDJ-Bruylant (Rouen-Paris-Bruxelles), coll. La pensée juridique, 2004, 4e de couverture.
[7] P. BOURDIEU, *Raisons pratiques – Sur la théorie de l'action*, Le Seuil, 1994, p. 115.
[8] *Ibid.*, p. 125.

abstrait »[1]. L'État est un concept, le produit de l'activité collective de pensée et du « génie humain »[2] par lequel le groupe exprime sa conscience et même son essence politique ; c'est pourquoi il doit être impérativement théorisé, à l'instar du concept de droit. S'il est souvent aisé de reconnaître l'État lorsque ses représentants entrent en action, ses traits les plus fins et précis sont autrement délicats à saisir et, d'un théoricien à l'autre, ils pourront varier sensiblement. Surtout, les théoriciens de l'État — autant que ceux du droit — sont moins les membres des hautes sphères académiques que la masse des citoyens lorsqu'elle se fait une idée commune de ce qu'il est.

Burdeau ajoutait :

> *Ne pouvant plus attacher crédit aux fables, aux prodiges ni à l'onction sacrée, on demande à une construction intellectuellement rationnelle ce que, dans les siècles anciens, les hommes attendaient de la légende ou de la mythologie. [...] L'idée de l'État est venue se substituer aux forces mystérieuses qui, sans la pensée magique, se subordonnent l'esprit des chefs. Au lieu de voir en eux les agents d'une puissance surnaturelle, d'admettre qu'ils doivent leur titre à une épreuve d'initiation victorieusement surmontée ou d'en faire les dépositaires de la volonté des dieux, on rattachera leur autorité à un Pouvoir rationnellement conçu pour recevoir en eux figure humaine, sans cesser cependant d'être supérieur aux hommes.*[3]

Le concept d'État repose donc sur une croyance collective, sur une convention collective[4], qui sert à faire accepter le pouvoir, à créer l'autorité légitime ; car si, individuellement, la hiérarchisation des individus est intolérable, elle est socialement indispensable. Il s'agit d'un artifice intellectuel destiné à rendre acceptable la différenciation des gouvernants et des gouvernés, laquelle a largement préexisté à l'État et est un phénomène beaucoup plus naturel que l'étatisation d'une société. Pour les citoyens, obéir à l'État est plus aisé que d'obéir à d'autres hommes ; ainsi, grâce à ce voile étatique, grâce à l'effacement du « Moi »[5], la puissance des gouvernants a pu être démultipliée et la régulation sociale sensiblement améliorée. Dans un passage qui semble porter la marque des relations qu'il a entretenues avec

[1] J. ELLUL, « Remarques sur les origines de l'État », *Droits* 1992, n° 15, p. 11.
[2] G. BURDEAU, *L'État* (1970), Le Seuil, coll. Points, 2009, p. 55.
[3] *Ibid.*, p. 80-81.
[4] F. POIRAT, « État », in D. ALLAND, S. RIALS, *Dictionnaire de la culture juridique*, Lamy-Puf, coll. Quadrige-dicos poche, 2003, p. 643.
[5] J. ELLUL, « Remarques sur les origines de l'État », *Droits* 1992, n° 15, p. 11.

Freud[1], Kelsen suggérait que l'idée d'État, spécialement lorsqu'elle incorpore celle de souveraineté populaire, serait un masque totémique, certes « très affiné et intellectualisé », mais néanmoins proche de certaines formes primitives de totémisme, lorsque les membres d'un clan revêtent le masque de l'animal totem qui symbolise l'autorité sociale[2]. L'État — tout autant que le droit — est un instrument verbal utilisé afin de désigner, d'expliquer et de légitimer des phénomènes sociaux, spécialement le pouvoir et les constructions politiques. Aussi, s'il n'est pas correct de dire que l'État a été « inventé » dans le sens où ce qu'il désigne est un ensemble de faits dont nul n'a maîtrisé un jour la destinée, en revanche le concept d'État a, lui, bien été édifié, notamment afin de pouvoir renforcer l'autorité des gouvernants en les recouvrant de cette étiquette. En somme, il s'agit d'un outil intellectuel qui, dans les faits, a participé du passage de l'état de nature à l'état social. Avec l'idée d'État, l'obéissance et la différenciation des gouvernants et des gouvernés ne reposent plus sur des rapports de force physique ; ils se fondent — le plus souvent — sur une force de persuasion psychologique. Il est, en résumé, plus facile d'obéir à l'État qu'à l'Homme.

Selon les théoriciens réalistes scandinaves, toutes les forces de l'État seraient d'essence psychologique — ce qui ne les empêche pas d'être tout à la fois factuelles — puisqu'elles reposent sur la croyance des gouvernés dans le fait qu'il est légitime qu'ils se conforment aux prescriptions édictées par les gouvernants[3]. Dans le même sens, Bourdieu remarquait que la pression psychologique exercée par l'État sur les citoyens serait telle qu'il serait en mesure d'ordonner la société dans le sens désiré sans même recourir à la coercition ; il lui suffirait de décider pour que ses sujets suivent le chemin tracé. Mais le sociologue complétait son propos en notant que cela ne saurait durer qu' « aussi longtemps qu'il est en mesure de produire des structures cognitives incorporées qui soient accordées aux structures objectives et d'assurer ainsi la croyance et la soumission doxique à l'ordre établi »[4]. Le fait que l'État repose en premier lieu sur des phénomènes d'ordre psychologique qui, ensuite, se traduisent par des institutions positives est certainement une source de fragilité car toute croyance est limitée et peu s'effondrer ou, du moins, s'effriter. L'État, en tant que structure artificielle, n'est pas construit une fois pour toutes ; bien plutôt, il est en constante

[1] C. COLLIOT-THÉLÈNE, « Les masques de la souveraineté », *Jus Politicum* 2012, n° 8.
[2] H. KELSEN, *La démocratie – Sa nature-sa valeur* (1932), Dalloz, coll. Bibliothèque Dalloz, 2004, p. 97.
[3] É. MILLARD, « Réalisme », in D. ALLAND, S. RIALS, dir., *Dictionnaire de la culture juridique*, Lamy-Puf, coll. Quadrige-dicos poche, 2003, p. 1298.
[4] P. BOURDIEU, *Raisons pratiques – Sur la théorie de l'action*, Le Seuil, 1994, p. 128.

reconstruction — laquelle peut confiner à la déconstruction —, il est sans cesse repensé. Aussi ses représentants doivent-ils chaque jour travailler au maintien de son influence, pour que les citoyens conservent le sentiment que les manifestations extérieures du pouvoir ne sont que la traduction du projet collectif qui est le leur. La seule différence entre l'État et Dieu est ainsi que le premier délivre des signes de vie qui invitent à croire en son existence. Mais rien n'interdit que, tôt ou tard, un autre concept traduisant de nouvelles structures sociales le remplace si les « effets de croyances »[1] sur lesquels il s'appuie en viennent à s'estomper. L'État a été construit dans la psyché collective parce qu'il correspond à un certain idéal humain et social ; or cet idéal revêt nécessairement un caractère contingent, temporaire, et il est certain que, s'il venait à se métamorphoser radicalement, l'État ne pourrait survivre longtemps. Cela n'est pas anodin lorsque, par exemple, d'aucuns voient dans l'utilisation qui est faite de l'internet les prémices de la déchéance de l'État et de son remplacement par des constructions sociales globales et transnationales, c'est-à-dire plus adaptées à l'échelle spatio-temporelle qui est celle des réseaux interconnectés.

En outre, Burdeau expliquait que, avec l'État, « il ne s'agit pas d'un de ces concepts dont abonde notre outillage mental et qui n'ont d'autre raison d'être que de fournir à la réflexion une idéalisation synthétique du réel. [...] Ce n'est pas une construction de l'esprit destinée à rendre compte d'une réalité préexistante. Il est, lui-même, toute la réalité qu'il exprime car cette réalité réside entièrement dans l'esprit des hommes qui la conçoivent »[2]. Et il en va strictement à l'identique du droit ; c'est pourquoi l'idée de théorie syncrétique du droit, exposée par ailleurs, revêt une force doctrinale intrinsèque[3]. Nonobstant cet élément peu contestable, il n'en demeure pas moins qu'une idée ou un concept appartient aussi au domaine du fait dès lors qu'il ou elle existe réellement dans la psyché collective. Burdeau poursuivait ainsi en disant qu' « il serait puéril de contester l'authenticité [de l'État] sous prétexte qu'elle n'a d'existence que dans la pensée des hommes »[4]. Or ce qu'il entendait signifier par ces mots, ce n'est pas que l'État ne serait pas une création de la pensée des hommes, mais plutôt que cette dernière existe réellement et peut être appréhendée tel un

[1] G. Burdeau, *L'État* (1970), Le Seuil, coll. Points, 2009, p. 13.

[2] *Ibid.*, p. 10.

[3] *Cf.* B. Barraud, *Théories du droit et pluralisme juridique*, PUAM (Aix-en-Provence), coll. Inter-normes, 2015 ; B. Barraud, « L'échelle de juridicité : un outil pour mesurer le droit et fonder une théorie syncrétique (première partie : présentation) », *Arch. phil. droit* 2013, p. 365 s.

[4] G. Burdeau, *L'État* (1970), Le Seuil, coll. Points, 2009, p. 13.

fait. De plus, l'État possède évidemment une réalité objective ; il est constitué d'un ensemble de données objectives qui peuvent être observées empiriquement ; il s'extériorise par diverses institutions positives, du gendarme à la feuille d'imposition, qu'il est permis de saisir et qui, normalement, sont aussi des institutions juridiques. Seulement convient-il de ne jamais omettre que ces réalités, données et institutions reposent *in fine* sur des constructions psychologiques et en aucun instant sur un État qui serait donné ou naturel. Duguit relevait que « la réalité [de l'État] réside dans les individus qui exercent [s]a puissance »[1]. L'État, que ce soit l'idée ou, par métonymie, les différentes institutions positives qui agissent en son nom, est toujours une réalité factuelle. Mais ces réalités factuelles ne sont pas de même nature : l'une est d'ordre psychologique, l'autre est d'ordre physique, c'est-à-dire palpable. Et la réalité d'ordre physique est dépendante de la réalité d'ordre psychologique ; elle ne peut exister que si cette dernière la précède et lui permet de se réaliser. De la horde à l'État en passant par le groupe, les organisations humaines sont toujours des élaborations psychiques plus ou moins sophistiquées avant de devenir des concrétisations physiquement effectives[2].

Jacques Ellul présentait l'État tel un pouvoir politique qui resterait identique alors que ses titulaires ne seraient que passagers ; une monarchie, où le pouvoir politique n'existe que dans et par la personne du monarque qui peut dire « l'État, c'est moi », ne pourrait donc pas être le régime politique d'un État[3]. Cela est à tout le moins contestable, notamment à l'aune de l'histoire récente de France puisque, au XIXe s. encore, le pays a connu la monarchie (constitutionnelle) et, surtout, l'Empire, lequel était au moins autant centralisateur et personnifié que la monarchie absolue d'Ancien Régime. Pourtant, la plupart des auteurs s'accordent sur le fait que la France constitue un État depuis plusieurs siècles. Partant, et notamment parce qu'il est une réalité de l'esprit avant tout, l'État n'est pas la chose la plus aisée à saisir, en tout cas pour qui souhaite disposer d'une définition entière et précise. Ainsi, lorsqu'il est affirmé que l'État est une « construction auxiliaire de la pensée juridique »[4], revient à nouveau cette remarque : n'est-ce pas plutôt le droit qui serait une construction auxiliaire de la pensée

[1] L. DUGUIT, *Traité de droit constitutionnel. Tome premier : La règle de droit, le problème de l'État*, 3e éd., De Boccard, 1927, p. 673.

[2] *Cf.* S. FREUD, *Totem et tabou*, Payot (Lausanne), coll. Petite bibliothèque, 1965 ; E. ENRIQUEZ, *De la horde à l'État – Essai de psychanalyse du lien social*, Gallimard, 1988.

[3] J. ELLUL, « Remarques sur les origines de l'État », *Droits* 1992, n° 15, p. 11.

[4] G. TIMSIT, « Système », in D. ALLAND, S. RIALS, dir., *Dictionnaire de la culture juridique*, Lamy-Puf, coll. Quadrige-dicos poche, 2003, p. 1464.

étatique ? Selon que c'est l'une ou l'autre proposition qui est acceptée, les conséquences seront tout autres. La seule certitude est qu'État et droit sont intimement liés[1]. Caractériser précisément l'État et, plus encore, caractériser précisément les éléments définitionnels de l'État est une prémisse indispensable et décisive pour nombre d'études de droit public ; mais c'est là une entreprise moins aisée qu'il n'y paraît au premier abord, car si la controverse autour d' « État » est moins dense et profonde que celle qui affecte « droit », elle n'en est pas moins réelle.

3. ***Des incertitudes persistantes quant au concept d'État.*** La notion d'État, bien qu'elle soit certainement moins polysémique que celle de droit, interroge[2] ; ce n'est certainement pas une parfaite univocité qui l'imprègne et on est allé jusqu'à se demander si le concept d'État est pertinent[3] ou bien encore jusqu'à soutenir que les auteurs s'intéressant à l'État « en parlent souvent pour ne rien dire, car [ils] utilisent des expressions trop vagues et obscures à son sujet »[4]. Sans atteindre pareilles extrémités, il faut convenir que les sens actuels du mot sont le fruit d'un « lent avènement » et de « beaucoup d'hésitations philosophiques »[5] ; et nombre d'observateurs en concluent que le concept d'État ne pourra jamais être unitaire, sera toujours marqué par l'hétérogénéité[6]. On écrit, par exemple, que « la plupart des États ne sont pas des États, mais des quasi-États, des États effondrés, des États en faillite, des États fantômes. En conséquence, l'étude […] ne peut être fondée sur une théorie générale de l'État, au singulier ; elle se doit de partir des sociologies particulières des États — au pluriel »[7]. Le concept d'État semble donc se conjuguer au pluriel ; il existerait diverses théories car il y aurait de multiples formes de constructions politiques empiriquement observables méritant toutes d'être qualifiées d' « État ». Néanmoins, depuis que Jean Bodin s'est intéressé à la notion de souveraineté et a théorisé l'État dans ses *Six livres de la République*[8] — lesquels constituent sans doute le tout

[1] En témoigne, par exemple, G. DEL VECCHIO, *L'État et le Droit*, Dalloz, 1964.

[2] Par exemple, A. PASSERIN D'ENTRÈVES, *La notion de l'État*, Librairie du Recueil Sirey, coll. Philosophie politique, 1969 ; O. BEAUD, « La notion d'État », *Arch. phil. droit* 1990, p. 119 s.

[3] R. DRAÏ, *L'État purgatoire – La tentation postdémocratique*, Michalon, 2005, p. 22.

[4] P. KAHN, *L'État*, Quintette, coll. Philosopher, 1989, p. 5.

[5] S. GOYARD-FABRE, *L'État, figure moderne de la politique*, Armand Colin, coll. Cursus-philosophie, 1999, p. 21.

[6] Par exemple, S. DIEBOLT, *Le droit en mouvement – Éléments pour une compréhension constructiviste des transformations complexes des systèmes juridiques*, th., Université Paris X - Nanterre-La Défense, 2000, p. 440.

[7] D. BATTISTELLA, « Le bel avenir de la théorie de l'État en relations internationales », *Jus Politicum* 2012, n° 8, p. 3.

[8] J. BODIN, *Les six livres de la République*, 1576.

premier traité de l'État moderne —, la culture juridique a connu une succession en même temps qu'une juxtaposition de théories de l'État. Ainsi, là où Bodin définissait l'État par la souveraineté, Rousseau opposait l'État (« corps politique passif ») au souverain (« corps politique actif »)[1]. Au XXe s. en particulier, Jellinek, Laband, Hauriou, Duguit, Carré de Malberg, Kelsen et quelques autres[2] ont tous proposé leurs théories propres et novatrices, sans jamais aboutir à créer une véritable École, munie de lignes directrices claires et profondément établies, capable de cannibaliser les autres. Chacune a toujours été l'objet de multiples critiques de la part de ses concurrentes, avant que, comme si le combat était perdu d'avance, la théorie générale de l'État — qualifiée de « champ de ruines »[3] — se trouve pratiquement abandonnée à partir du milieu du siècle.

Temporellement déjà, le premier handicap de l'État est que, selon les époques, il a pu désigner des structures sociales parfaitement dissemblables ; son développement s'est fait au prix de nombreuses « distorsions »[4] et il tend à se dissoudre dans une « trop vaste durée historique »[5]. Le terme « État » est issu originellement du droit public romain, lequel avait lui-même puisé son inspiration dans des représentations archaïques et mythologiques. Depuis, l'État a pris tour à tour les formes de la *Respublica*, de l'Empire, puis beaucoup plus tard de la monarchie absolue, de l' « État-révolutionnaire », de l' « État-Terreur de 1793 »[6] ou encore de l' « État français » de 1940. Aussi convient-il de préciser, mais le lecteur l'aura sans doute supposé depuis longtemps, que par « État » ce n'est que l' « État moderne » [7], ou, plus précisément encore, que l' « État contemporain », qui est ici désigné. Mais cela n'empêche guère qu'y compris les formes de l'État contemporain sont très variables, car aujourd'hui autant qu'hier il se trouve des « formes génétiquement différentes » d'États[8], allant de l'État le plus libéral à l'État le plus totalitaire.

Le Professeur Jacques Chevallier ouvre l'un de ses ouvrages sur l'État par ces mots qu'il faut ici reprendre entièrement :

[1] J.-J. ROUSSEAU, *Du contrat social*, 1762, L. I, chap. 6.

[2] Parmi beaucoup d'exemples, M. DE LA BIGNE DE VILLENEUVE, *Traité général de l'État – Essai d'une théorie réaliste de droit politique*, Librairie du Recueil Sirey, 1929.

[3] M. XIFARAS, « Après les Théories Générales de l'État : le droit global ? », *Jus Politicum* 2012, n° 8, p. 20.

[4] J. CHEVALLIER, *L'État post-moderne*, 3e éd., LGDJ, coll. Droit et société, 2008, p. 23.

[5] R. DRAÏ, *L'État purgatoire – La tentation postdémocratique*, Michalon, 2005, p. 20.

[6] *Ibid.*, p. 22.

[7] H. KRABBE, « L'idée moderne d'État », *RCADI* 1926, p. 545 s.

[8] J. CHEVALLIER, *L'État post-moderne*, 3e éd., LGDJ, coll. Droit et société, 2008, p. 22.

> *Traiter de l'État apparaît comme une entreprise tout à la fois d'une grande banalité et d'une redoutable complexité. Banale parce que l'État, omniprésent dans la vie sociale, est "connu" de tous ; [...] chacun est en permanence confronté à lui [...]. L'État se vit au quotidien dans ce qui constitue l'une des expériences sociales les mieux partagées. Complexe aussi parce que l'État n'est qu'un concept abstrait, qui recouvre des significations diverses, entre lesquelles le glissement est constant ; au fil de la construction étatique, ces significations se sont agglutinées, amalgamées [...]. La connaissance qu'on croit avoir de l'État n'est donc qu'une "pré-connaissance" qui contribue à brouiller les perspectives, en alimentant la mythologie étatique ; le savoir sur l'État reste fragmentaire et comme hésitant : même si l'État est l'une des figures imposées, voire l'un des morceaux de bravoure des manuels de droit public, la clarté ainsi répandue est souvent trompeuse et génératrice de faux-semblants.*[1]

Le concept d'État est donc autant indispensable et cardinal dans la culture juridique que flou et incertain. En réalité, le tableau n'est pas si noir et un certain nombre de « certitudes » entourent le signifié du signifiant « État ». Reste que la part d'incertitude justifie de consacrer un nouvel essai à la notion d'État. Peut-être les éléments de distinction entre un État unitaire et un État fédéral ou entre un État communiste et un État néolibéral sont-ils plus nombreux que les éléments de rapprochement. Qu'est-ce qui doit-être qualifié d'« État » entre un État fédéral et un État fédéré ? Il semblerait que ce soit l'État fédéral qui mérite cette étiquette ; mais cela ne relève guère de l'évidence et le fonctionnement d'un État fédéré américain se rapproche peut-être plus de celui de l'État français actuel que de celui d'un *Land* allemand. Et, alors qu'il est possible d'envisager que seuls les États possédant l'arme nucléaire seraient de véritables États[2], on soutient, par ailleurs, et tout au contraire, que certaines sociétés traditionnelles constitueraient également des États[3]. L'« État patrimonial », par exemple, est défini comme un État au sein duquel coexistent plusieurs principes de légitimité[4], ce qui, en définitive, signifie qu'il s'agit d'un État faible ou en développement, donc bel-et-bien d'un État.

[1] J. CHEVALLIER, *L'État*, 2e éd., Dalloz, coll. Connaissance du droit, 2011, p. 1.

[2] *Cf.* O. BEAUD, « La notion d'État », *Arch. phil. droit* 1990, p. 119 s.

[3] N. ROULAND, « Sociétés traditionnelles », in D. ALLAND, S. RIALS, dir., *Dictionnaire de la culture juridique*, Lamy-Puf, coll. Quadrige-dicos poches, 2003, p. 1420. L'auteur écrit qu'il s'agit alors d'États « répondant à des critères différents de l'État moderne qui autorisent à parler d'État traditionnel, initial ou précoce » (*ibid.*).

[4] J. CHEVALLIER, *L'État post-moderne*, 3e éd., LGDJ, coll. Droit et société, 2008, p. 23.

Or posséder une définition précise plutôt que vague et obscure du concept est ô combien nécessaire avant d'engager toute dissertation touchant de près ou de loin à l'État ; car une discussion entre deux « concepteurs » qui désigneraient par de mêmes mots des réalités différentes ne pourrait qu'être une discussion insignifiante. Ainsi, entre un historien de l'État selon lequel la forme étatique est incompatible avec le régime monarchique et un autre pour qui l'État dont Louis XIV pouvait dire qu'il s'incarnait en lui — « l'État, c'est moi » — était un État en bonne et due forme, le propos est susceptible de varier diamétralement[1].

En ces pages, il est proposé de définir l'État et de s'autoriser à discuter tous ses caractères et tous les caractères de ses caractères, même lorsqu'ils paraissent plutôt bien établis et largement acceptés. La notion d'État est affectée d'une force doctrinale qui peut être qualifiée de classique en ce que ses éléments définitionnels les plus généraux sont majoritairement arrêtés et indiscutés depuis longtemps. Aussi, plutôt que de se borner à retranscrire la description classique de l'État, semble-t-il judicieux de prendre la liberté de débattre de tout élément. Partant, loin de la théorie syncrétique et scientifique du droit par ailleurs esquissée[2], ce sera ici une théorie stipulative de l'État qui sera présentée, soit une définition subjective et personnelle, suivant une logique propre se superposant parfois à la définition traditionnelle, s'en écartant d'autres fois.

Mais que l'État soit ici identifié au départ d'une approche « libre » — évidemment en cherchant à être le plus conséquent possible, c'est-à-dire en ne souhaitant contester que les éléments qui apparaissent contestables — est avant tout rendu possible par le fait que, si l'État est donc ce que la conscience populaire imagine qu'il est, il est tout à fait possible que le contenu du concept évolue et, partant, qu'une force doctrinale classique l'entoure ne serait pas nécessairement le signe d'une très bonne compréhension de ce qu'il est réellement. Dit autrement, si ce que la société et les gouvernants font de l'État — qui n'est pas autre chose que la somme des idées qu'ils s'en font —, change tandis que la définition admise parmi les sphères académiques demeure quasi-inchangée depuis des décennies,

[1] Par exemple, J.-P. GENET, *L'État moderne – Genèse (bilans et perspectives)*, Éditions du CNRS, 1990. Il est surprenant de constater qu'aucun ouvrage n'ait jamais été écrit qui comporte les termes « histoire de l'État » (à la connaissance de l'auteur) ; là où les ouvrages d' « histoire du droit » sont innombrables.

[2] B. BARRAUD, *Théories du droit et pluralisme juridique*, PUAM (Aix-en-Provence), coll. Inter-normes, 2015 ; B. BARRAUD, « L'échelle de juridicité : un outil pour mesurer le droit et fonder une théorie syncrétique (première partie : présentation) », *Arch. phil. droit* 2013, p. 365 s.

alors il faudrait comprendre que la théorie s'éloigne dangereusement de la réalité et de la pratique. L'État est un phénomène historique et certainement non atemporel ; il n'est donc guère admissible d'envisager une quelconque définition universelle, éternelle et irréfragable de l'État. Qui le définit se doit, mis à part les travaux historiques et prospectifs, de décrire l'État *actuel*. Le caractère évolutif et mouvant du sens du mot « État » a déjà été souligné[1]. Certainement faut-il beaucoup de temps pour que des conceptions dominantes changent et y a-t-il toujours des phases transitoires durant lesquelles règne l' « incertitude paradigmatique » ; mais d'aucuns remarquent que le temps et l'histoire s'accélèrent et que de plus en plus d'acquis sont à reconsidérer. Des auteurs, certes non sans forcer le trait afin de provoquer le lecteur ou l'auditeur, disent de Facebook, « communauté autogouvernée », qu'il est un État[2] ou, plus largement, disent de l'internet, espace au « fonctionnement politique hyper-perfectionné », qu'il est un État[3]. Ils voient émerger ainsi des « États virtuels » possédant, notamment, leurs propres monnaies, souverainetés, territoires, constitutions ou encore processus démocratiques[4]. En outre, il n'est pas impossible que certaines classifications et certains sous-concepts explicatifs n'aient jamais été les plus congruents et il n'est jamais trop tard pour les remettre en question afin d'en rechercher de plus pertinents.

L'État, comme tout être « mythique »[5], est ce que la pensée collective le fait être. Aussi définir une donnée psychologique, même lorsqu'elle entraîne des conséquences matérielles observables, est-il plus complexe que définir une donnée naturelle universelle et immuable. Par exemple, définir un terrain géographique est plus aisé que définir le territoire d'un État. La question « qui est l'État ? » n'est donc pas la plus simple qui soit et, en tout cas, elle mérite d'être posée et reposée[6]. Les réponses peuvent varier, spécialement en fonction des « déformations du raisonnement » affectant les uns et les autres, ce qu'un auteur soulignait il y a un siècle dans la *Revue*

[1] J.-P. BRANCOURT, « Des "estats" à l'État : évolution d'un mot », *Arch. phil. droit* 1976, p. 39 s.

[2] B. DE LA CHAPELLE, « L'internet est-il vraiment sans frontières ? », Place de la toile, France culture, 11 févr. 2012.

[3] F. DONCK, « L'Internet Society », Place de la toile, France culture, 29 sept. 2012.

[4] R. BERTHOU, *L'évolution de la création du droit engendrée par Internet : vers un rôle de guide structurel pour l'ordre juridique européen*, th., Université de Rennes I, 2004, p. 259. L'auteur fait ici référence à certains sites web qui permettent de vivre une vie « parallèle » dans un environnement immatériel total, c'est-à-dire comportant toutes les composantes qui font la vie d'un homme et citoyen physique.

[5] Réf. à E. CASSIRER, *Le mythe de l'État*, Gallimard, 1983.

[6] P.-Y. BOURDIL, *Qui est l'État ?*, Ellipses, 1996.

internationale de théorie du droit fondée par Kelsen[1]. Or les définitions d'objets dont l'existence est principalement psychique sont sans doute beaucoup plus sujettes auxdites « déformations du raisonnement » que les définitions d'objets matériellement et sensoriellement accessibles. On enseigne que deux Écoles s'affrontent : l'une adoptant une conception extensive de la notion d'État et considérant que toute organisation du pouvoir suffit à donner naissance à la forme étatique ; l'autre estimant de manière plus restrictive — et sans doute plus juste — que l'État est une forme particulière d'agencement du pouvoir[2]. Assurément, seule cette dernière position permet de dégager une définition spécifique de l'État, la première conduisant au constat vain et inopératoire de l'adéquation ou de la simultanéité existant entre l'État et la société politique[3]. Comme toute norme sociale n'est pas *ipso facto* une norme juridique, toute organisation sociale et politique n'est pas *ipso facto* une organisation étatique. Il convient donc d'isoler les critères de l'étaticité permettant de distinguer les organisations sociales étatiques des organisations sociales non étatiques. Et, à l'image des normes sociales qui peuvent connaître différents degrés d'intensité juridique, loin de tout manichéisme, les organisations sociales peuvent certainement connaître divers niveaux de développement étatique ; la présentation binaire État/non-État est à rejeter à l'identique du couple droit/non-droit. Des auteurs ont pu, par exemple, définir l'« État initial » comme « une organisation socio-politique centralisée qui assure la régulation des relations sociales dans une société complexe, hiérarchisée, divisée en au moins deux groupes fondamentaux ou en classes sociales émergentes dont les relations sont caractérisées par la domination politique des uns et les obligations tributaires des autres, légitimées par une idéologie commune dont la réciprocité constitue le principe fondamental »[4]. Par rapport à la définition de l'État moderne, la définition de cet « État initial » apparaît très originale. Il faut gager que ce dernier est en réalité une organisation socio-politique peu développée étatiquement, car, dans le cas contraire, peu ou prou toute structure sociale pourrait être qualifiée d'État sans autre forme de procès.

[1] M. PITAMIC, « Les déformations du raisonnement, source d'erreur dans la théorie de l'État », *Revue internationale de théorie du droit* 1927, n° 2.

[2] F. POIRAT, « État », in D. ALLAND, S. RIALS, *Dictionnaire de la culture juridique*, Lamy-Puf, coll. Quadrige-dicos poche, 2003, p. 642-643.

[3] *Ibid.*, p. 643.

[4] H. J. M. CLAESSEN, P. SKALNIK, dir., *The Early State*, Mouton (La Hague-Paris), 1978 (cité par N. ROULAND, « Sociétés traditionnelles », in D. ALLAND, S. RIALS, dir., *Dictionnaire de la culture juridique*, Lamy-Puf, coll. Quadrige-dicos poches, 2003, p. 1420).

Les dictionnaires de la langue française, qui ne limitent pas « État » à son sens politique qui lui vaut d'être doté d'une majuscule systématique, proposent une quinzaine de définitions d' « état », allant de la désignation d'une situation physique ou manière d'être à celle d'une position sociale ou professionnelle. Il y a également l'idée d' « états généraux » et l' « état » en tant que « condition politique et sociale résultant de la division du corps social en clergé, noblesse et tiers-état »[1]. Même en se focalisant sur « État » et en éliminant les sens d' « état », il ne reste pas une définition monolithique ; ou plutôt il reste une définition unique susceptible de connaître une infinité de variantes. Il n'est notamment pas certain que l'État ne soit « qu'un concept juridique » car il ne serait « ni un fait empirique ni une entité métaphysique »[2] ; sans doute n'est-il qu'un concept juridique lorsqu'appréhendé par les scientifiques du droit, mais, pour qui sort du cadre restreint du droit, il est beaucoup plus qu'un concept juridique. Reste que, dans le présent ouvrage, c'est bien en premier lieu en tant que concept juridique qu'il doit être appréhendé.

On note, par ailleurs, que la signification d' « État » varie en fonction des objets d'étude des juristes et, en particulier, entre les auteurs publicistes et les auteurs privatistes, ces derniers en faisant un être plutôt effacé quand les premiers le placent au centre du droit et insistent sur l'importance des prérogatives de puissance publique et de la souveraineté que lui seul possède[3]. Ainsi l'État serait-il « polymorphe » et « tous les droits n'[auraient-ils] pas le même État »[4] ; l'État du droit civil serait différent de l'État du droit administratif, lequel ne serait pas identique à l'État du droit de l'Union européenne etc. Les publicistes « aiment à se représenter l'État sous la forme majestueuse de cette puissance publique au service de l'intérêt général, par nature supérieur aux intérêts particuliers »[5], quand les privatistes voient dans l'État davantage un arbitre se bornant à régler les conflits privés lorsqu'ils apparaissent. Mais cette présentation binaire est assez schématique et, en définitive, il y a beaucoup plus de deux conceptions de l'État ; les variantes sont infinies et, par exemple, beaucoup de privatistes aussi font de

[1] V. bien évidemment E. SIEYÈS, *Qu'est-ce que le tiers-état ?* (1789), Flammarion, coll. Champs classiques, 2009. Le tiers-état est considéré comme un corps constitué mais inférieur, subsidiaire et résiduel par rapport au Clergé et à la Noblesse qui étaient préférablement qualifiés d' « ordres ». Peut-être l'expression « tiers-ordre » aurait-elle dû s'imposer.

[2] M. TROPER, *Pour une théorie juridique de l'État*, Puf, coll. Léviathan, 1994, p. 7.

[3] O. BEAUD, « Ouverture : L'honneur perdu de l'État ? », *Droits* 1992, n° 15, p. 4.

[4] D. ALLAND, « L'État sans qualités », *Droits* 1993, n° 16, p. 5.

[5] O. BEAUD, « Ouverture : L'honneur perdu de l'État ? », *Droits* 1992, n° 15, p. 4.

l'État l'institution centrale du monde juridique, spécialement en raison du rôle joué par le juge.

C'est parce que les caractéristiques définitionnelles précises de l'État ne sont pas l'objet d'un consensus qu'une théorie de l'État révisée apparaît possible, si ce n'est nécessaire. Carré de Malberg retenait que ladite théorie a pour unique but de chercher la réponse à la question « qu'est-ce qu'un État (*in concreto*) ? ou mieux qu'est-ce que l'État (*in abstracto*) ? »[1]. Savoir ce qu'est l'État pour être en mesure d'identifier un État, en l'occurrence principalement l'État de France, est en la présente étude la fin poursuivie. Le Professeur Michel Troper écrit que « seule une théorie générale de l'État est en mesure de parvenir à une véritable compréhension de l'État »[2]. Et d'ajouter que « l'État n'est qu'un concept juridique, ce qui signifie [...] que l'État n'est pas autre chose que l'ensemble des théories de la souveraineté, de la représentation, de l'organe. La théorie générale de l'État n'est pas une théorie qui décrit l'État, mais qui le constitue »[3]. Seulement cela implique-t-il que, potentiellement, une multitude de théories de l'État sont susceptibles de constituer une multitude de concepts d'États différents ; car il suffit que l'une des théories composantes de la théorie générale de l'État (souveraineté, représentation, organe...) varie pour que ladite théorie ne soit plus la même. Il n'est donc guère étonnant que le sens précis d' « État » ne soit pas unanimement accepté ; plus une théorie est générale, plus elle est sensible aux variations affectant une ou plusieurs des sous-théories qui la composent ; plus une théorie est générale, plus il est difficile de se mettre d'accord sur toutes ses composantes.

Il est remarquable que le flou qui entoure la notion précise d'État invite souvent les textes positifs à éviter d'y recourir. La Constitution française ne désigne expressément l'État qu'aux seuls articles 5, 13, 34 et 88. La figure de l'État, bien qu'empreinte d'une force doctrinale classique concernant ses grandes lignes, est donc loin de se donner à voir sans difficulté et George Burdeau retenait que « le terme d'État réussit ce paradoxe d'évoquer à la fois une notion vide de sens, une image multiforme et une force toute puissante »[4]. On observe que l'ambivalence du concept résiderait, d'une part, dans sa perception et, d'autre part et surtout, dans son

[1] R. CARRÉ DE MALBERG, *Contribution à la théorie générale de l'État spécialement d'après les données fournies par le droit constitutionnel français*, t. I, Librairie du Recueil Sirey, 1920, p. 1.
[2] M. TROPER, *Pour une théorie juridique de l'État*, Puf, coll. Léviathan, 1994, p. 7.
[3] *Ibid.*
[4] G. BURDEAU, *L'État* (1970), Le Seuil, coll. Points, 2009, p. 7.

être même[1] ; car ses traductions concrètes, variant selon les configurations politiques, sont d'une extrême diversité[2]. Selon Hart, « le mot "État" possède incontestablement son propre champ d'imprécision qui est vaste »[3] ; et, aujourd'hui, il n'est pas rare de voir écrit que « la question de l'État est l'une des plus difficiles qui soit »[4], ou que « le concept même d'État apparaît problématique »[5].

Néanmoins, l'État est susceptible d'être l'objet d'une définition générale ou globale ne variant que peu en fonction des auteurs ; ce que le Professeur Denis Alland résume parfaitement lorsqu'il écrit que, « face à l'État protéiforme et à ses définitions variées, nous en sommes réduits à calculer l'unité du concept à l'aide de la formule du plus petit dénominateur commun »[6]. « État » est souvent employé suivi d'un qualificatif ; l'État est donc une catégorie supérieure et englobante ; il faut l'utiliser avec un qualificatif ou définir ce qu'il est sans qualificatif, en tant que générique, ce qui interdit d'envisager une excessive précision des éléments définitionnels et oblige à ne proposer qu'un « aperçu »[7] de ce qu'est l'État.

Tout d'abord, suivant le sens le plus originel du mot *status*, il est ce qui tient et fait tenir debout une société humaine[8] ; et il peut se voir défini en tant que « mode spécial, sans doute éminent dans la pensée juridique, de rationalisation du pouvoir, d'aménagement et d'encadrement des rapports humains »[9]. Il serait certainement difficile de trouver quiconque qui s'élèverait contre pareille présentation. Si une discussion est possible autour des caractères particuliers de l'État, sa définition la plus générale, elle, ne peut qu'être quasi-unanimement adoptée. Seulement ne sera-t-elle pas toujours suffisante pour distinguer l'État des autres modes d'organisation de la vie en société, par exemple de l'Empire, de la *polis* grecque, de l'Église ou encore de la mafia. D'ailleurs, encore faudrait-il savoir ce qu'est une société

[1] O. BEAUD, « Ouverture : L'honneur perdu de l'État ? », *Droits* 1992, n° 15, p. 5.
[2] J. CHEVALLIER, *L'État post-moderne*, 3e éd., LGDJ, coll. Droit et société, 2008, p. 10.
[3] H. L. A. HART, *Le concept de droit*, trad. M. van de Kerchove, Publications des Facultés universitaires Saint-Louis (Bruxelles), 2005, p. 239.
[4] R. DRAÏ, *L'État purgatoire – La tentation postdémocratique*, Michalon, 2005, p. 8.
[5] P.-Y. BOURDIL, *Qui est l'État ?*, Ellipses, 1996, p. 5.
[6] D. ALLAND, « L'État sans qualités », *Droits* 1993, n° 16, p. 8.
[7] Réf. à H. KELSEN, « Aperçu d'une théorie générale de l'État », *RDP* 1926, p. 561 s.
[8] A. SUPIOT, « État social et mondialisation : analyse juridique des solidarités », Leçon inaugurale au Collège de France, 29 nov. 2012 ; également, A. SUPIOT, *Grandeur et misère de l'État social*, Fayard, coll. Leçons inaugurales du Collège de France, 2013.
[9] F. POIRAT, « État », in D. ALLAND, S. RIALS, *Dictionnaire de la culture juridique*, Lamy-Puf, coll. Quadrige-dicos poche, 2003, p. 643.

et quels sont les éléments permettant à une somme d'individus de former société.

Parce qu'il est possible de spécifier quelques caractéristiques générales propres à tout État et qui ne sont guère discutées, là où le concept de droit est débattu même au niveau de ses plus grandes lignes, « État » est donc moins imprécis que « droit ». Telle est la justification du choix de ne pas appliquer à la théorie de l'État l'intention scientifique et syncrétique qui a marqué, par ailleurs, la recherche de la dimension et des limites de la notion de droit entreprise par l'auteur de ces lignes[1].

4. ***La définition générale de l'État.*** « État » est issu étymologiquement du latin « *status* » ou « *stare* » signifiant « ce qui tient debout » ou « se tenir debout »[2]. Par analogie, l'État actuel est sans doute ce qui permet à une société de se tenir debout quand les sociétés sans État apparaissent telles des sociétés qui s'écroulent ou écroulées[3]. Mais, à l'époque antique, « *status* » et « *stare* » n'étaient jamais employés afin de désigner des ensembles sociaux ; ils ne concernaient que les hommes considérés individuellement. Les modes d'organisation politique étaient désignés par « *res publica* » ou « *civitas* » chez les romains et par « *koinonia politike* » chez les grecs[4]. Ainsi la généalogie du mot « État » révèle-t-elle qu'il est tout à la fois très ancien et très moderne. Très ancien, il l'est puisque son origine est latine et, à Rome, on parlait déjà de *status*. Très moderne, il l'est car son sens actuel n'a été, à l'échelle de l'histoire, arrêté que récemment ; et d'ailleurs continue-t-il d'évoluer. « État » était encore il y a peu qualifié de « néologisme » afin de souligner son caractère moderne[5]. En tout cas semble-t-il ne pas avoir été utilisé dans son sens moderne au cours du Moyen-Âge ; le terme « estats » alors en usage ne désignait guère une structure socio-politique mais, très polysémique, il renvoyait tour à tour à la condition, au rang social, à la fonction politique d'un individu ou, un peu plus tard, aux assemblées de

[1] *Cf.* B. BARRAUD, *Théories du droit et pluralisme juridique*, PUAM (Aix-en-Provence), coll. Inter-normes, 2015 ; B. BARRAUD, « L'échelle de juridicité : un outil pour mesurer le droit et fonder une théorie syncrétique (première partie : présentation) », *Arch. phil. droit* 2013, p. 365 s.

[2] *Cf.* A. DAUZAT, J. DUBOIS, H. MITTERAND, *Dictionnaire étymologique et historique du français*, Larousse, 1994, p. 272.

[3] Sur les sociétés sans État, *cf.* P. CLASTRES, *La Société contre l'État*, Minuit, 1982.

[4] F. POIRAT, « État », in D. ALLAND, S. RIALS, dir., *Dictionnaire de la culture juridique*, Lamy-Puf, coll. Quadrige-dicos poche, 2003, p. 643.

[5] A. PASSERIN D'ENTRÈVES, *La notion de l'État*, t. I, Librairie du Recueil Sirey, coll. Philosophie politique, 1967, p. 37.

représentants des différentes strates de la société[1]. En somme « estats » correspondait à l' « état » d'aujourd'hui, mais l' « État », affublé de sa majuscule, n'existait pas. Certainement cela s'explique-t-il par l'absence d'institutions positives méritant de se voir ainsi qualifiées. Il va de soi qu'un mot n'est toujours inventé que si une réalité nouvelle apparaît et que l'état du langage ne permet pas de la désigner. Au Moyen-Âge, pour évoquer la communauté politique, la langue savante disposait, depuis l'Antiquité, de *res publica*, de *civitas*, de *regnum* ou encore de *corona*[2]. La consécration de la notion moderne d'État a forcément suivi l'affirmation du phénomène étatique moderne.

C'est avec *Le Prince* de Machiavel que le *stato*, désormais utilisé au singulier, se voit défini peu ou prou comme une unité politique approchant le signifié actuel d' « État ». Machiavel désigne alors logiquement la Principauté, celle-ci étant la forme d'organisation du pouvoir qu'il côtoyait à Florence[3]. La naissance de la notion moderne d'État correspondrait donc à la Renaissance de l'État, après une longue période moyenâgeuse proche d'avoir été abandonnée à l'état de nature. Mais ce nouvel usage du terme ne s'est ensuite diffusé qu'assez lentement ; au XVIe s., Bodin, par exemple, ne parlait que de « République » alors qu'il désignait pourtant ce qui est aujourd'hui compris sous le nom d' « État ». On enseigne que ce serait Charles Loyseau qui aurait été le premier auteur, en France, à avoir utilisé « État » dans son *Traité des seigneuries* publié au début du XVIIe s.[4] ; mais la véritable fortune du mot a été encore plus tardive. Il est remarquable, par ailleurs, que de nombreuses langues ont recouru à la majuscule initiale afin de particulariser et statufier la notion d'État (*State*, *Staat*, *Stato*, *Estado*) ; mais le développement de cet usage de la majuscule n'est daté par aucun auteur.

L'origine étymologique d' « État » permet donc de retenir que ce terme désigne une structure politique servant à ordonner une société. Il convient de rechercher plus précisément quels sont les spécificités de l'État qui le distinguent des autres formes d'organisation politique, car elles aussi ont pour but de faire tenir debout des groupes humains. La première définition générale à envisager est celle proposée par les dictionnaires de la langue française : « Autorité politique souveraine, civile, militaire ou

[1] O. BEAUD, « La notion d'État », *Arch. phil. droit* 1990, p. 124 ; J. CHEVALLIER, *L'État*, 2e éd., Dalloz, coll. Connaissance du droit, 2011, p. 2.

[2] O. BEAUD, « La notion d'État », *Arch. phil. droit* 1990, p. 124.

[3] N. MACHIAVEL, *Le Prince*, Florence, 1532.

[4] F. POIRAT, « État », in D. ALLAND, S. RIALS, dir., *Dictionnaire de la culture juridique*, Lamy-Puf, coll. Quadrige-dicos poche, 2003, p. 643.

éventuellement religieuse, considérée comme une personne juridique et morale, à laquelle est soumise un groupement humain, vivant sur un territoire donné »[1] ; ou bien « société politique résultant de la fixation, sur un territoire délimité par des frontières, d'un groupe humain présentant des caractères plus ou moins marqués d'homogénéité culturelle et régi par un pouvoir institutionnalisé »[2]. Quant aux lexiques spécialisés, ils retiennent qu'un État est l' « espèce particulière de société politique résultant de la fixation sur un territoire déterminé d'une collectivité humaine relativement homogène, régie par un pouvoir institutionnalisé comportant le monopole de la contrainte organisée »[3]. Un État serait donc, à l'aune des éléments communs aux différentes définitions proposées par les dictionnaires, une organisation de nature politique dont l'objet est de réguler ou gouverner les relations sociales au sein d'une population et dans le cadre d'un territoire. Or, s'il est impossible de trouver une théorie complète ou totale de l'État autour de laquelle pourraient se réunir la majorité des auteurs, ces quelques éléments définitionnels, excessivement larges, établissent un quasi-consensus.

Ainsi que le remarquait Duguit, la doctrine métaphysique de l'État, qui voit dans ce dernier une création de la nature, si ce n'est une création divine, ne compte plus aujourd'hui que de rares soutiens[4] ; la définition générale de l'État n'est certainement pas celle qui suivrait cette voie-là. Mais cela n'est pas contradictoire avec ce qui a été exprimé précédemment : l'État est déjà un phénomène spirituel. Positivement, L'État est avant tout, au sens que lui donne le commun des citoyens, « l'agent au carrefour », pour reprendre une image utilisée par Alain au début du XXe s.[5]. Même si Georges Burdeau pensait qu'il ne pourrait être caractérisé par aucune de ses manifestations tangibles[6], l'État se présente aux yeux de beaucoup telle une puissance matérielle, un système impersonnel d'ordre et de régulation qui commande et indique le chemin à emprunter. Mais la bande de brigands aussi est une puissance matérielle ; la différence est que les ordres de « l'agent au carrefour » s'imposent parce qu'ils sont jugés légitimes par ceux à qui ils s'adressent. On s'accorde, ensuite, sur le fait que l'État, quand bien

[1] V° « État », in *Trésor de la langue française*.
[2] V° « État », in *Le petit Larousse illustré*, 2010.
[3] V° « État », in S. GUINCHARD, G. MONTAGNIER, dir., *Lexique des termes juridiques*, 16e éd., Dalloz, 2007, p. 286.
[4] L. DUGUIT, *Traité de droit constitutionnel – Tome premier : La règle de droit, le problème de l'État*, 3e éd., De Boccard, 1927, p. 651.
[5] ALAIN, *Mars ou la guerre jugée* (1921), Folio, coll. Essais, 1995.
[6] G. BURDEAU, *L'État* (1970), Le Seuil, coll. Points, 2009, p. 56.

même il s'agit aussi d'un concept juridique, sert à désigner une réalité sociale ; il est fondamentalement une « chose sociale »[1], « LA forme d'organisation des sociétés humaines »[2]. Ainsi Jellinek définissait-il l'État en tant que « groupement uni d'hommes sédentaires doté d'une puissance de domination originaire »[3]. Quant à Adhémar Esmein, il retenait que l'État est « la personnification juridique de la nation »[4] ; tout État aurait donc sa nationalité[5]. Hauriou de compléter : « L'État est la personnification juridique d'une nation consécutive à la centralisation politique, économique, juridique des éléments de la nation, réalisée en vue d'instaurer le régime civil, par le moyen de l'organisation en une individualité corporative, sous l'action d'un pouvoir souverain, sous le régime d'une loi intérieure et sous la domination d'un statut »[6]. Et le maître de Toulouse d'ajouter ailleurs que l'État est « un gouvernement centralisé et une chose publique superposée à la chose privée »[7]. La plupart des éléments clés qui font l'État sont ici réunis. L'État repose donc principalement sur un corps social, sur un « groupe humain indépendant »[8]. Il est le cadre dans lequel s'inscrit et se matérialise le lien politique entre les membres de celui-ci qui, appréhendés sous l'angle de l'État, sont des citoyens. Et il est un « pouvoir institutionnalisé »[9], une « forme spécifique d'exercice du pouvoir politique »[10], donc un ensemble de gouvernants et de modes de gouvernement. Il est constitué, de plus, de diverses références collectives qui structurent l'univers symbolique et pratique des membres du groupe national ; il est, en cela, un « centre d'investissement psycho-symbolique »[11]. Partant, il est possible de distinguer, au départ de ces caractères généraux, l'État de la tribu, de la horde, du clan ou encore de la mafia : avec l'État, la propriété remplace la possession, l'administration supplée l' « autorité du vieillard, du mâle ou du

[1] O. BEAUD, « La notion d'État », *Arch. phil. droit* 1990, p. 124.
[2] J. BAGUENARD, *L'État – Une aventure incertaine*, Ellipses, coll. Mise au point, 1998, p. 41.
[3] G. JELLINEK, *L'État moderne et son droit – Première partie : Théorie générale de l'État*, Éditions Panthéon-Assas, coll. Les introuvables, 2005.
[4] A. ESMEIN, *Éléments de droit constitutionnel*, Librairie de la société du recueil général des lois et des arrêts, 1896.
[5] H. KELSEN, « La naissance de l'État et la formation de sa nationalité », *RDI* 1929, p. 613 s.
[6] M. HAURIOU, *Principes de droit public à l'usage des étudiants en licence et en doctorat ès sciences politiques*, 2e éd., Librairie du Recueil Sirey, 1916, p. XV.
[7] M. HAURIOU, *Précis élémentaire de droit constitutionnel*, 2e éd., Librairie du Recueil Sirey, 1930, p. 5.
[8] A. TRUYOL Y SERRA, « Souveraineté », *Arch. phil. droit* 1990, p. 313.
[9] P. KAHN, *L'État*, Quintette, coll. Philosopher, 1989, p. 10.
[10] M. TROPER, *Pour une théorie juridique de l'État*, Puf, coll. Léviathan, 1994, p. 194.
[11] J. BAGUENARD, *L'État – Une aventure incertaine*, Ellipses, coll. Mise au point, 1998, p. 41.

chef », l'appartenance nationale subroge l' « unité organique et mystique de la communauté de descendance »[1].

Par ailleurs, le fait que Kelsen confondait les notions de droit et d'État, ce dernier n'étant, selon lui, pas davantage qu'un ordre juridique, donc qu'un système de normes, ne contredit pas l'affirmation selon laquelle ces éléments définitionnels d'ordre général sont acceptés par une large frange des auteurs. En effet, le Professeur Michel Troper souligne que l'État n'était pas pour autant, dans l'esprit de Kelsen, un pur *sollen*, mais bien aussi un être réel, une communauté sociale et politique[2]. Seulement, cette dernière n'existe qu'à travers l'État qui la constitue. Burdeau en arrivait à une conclusion finalement assez proche lorsqu'il écrivait que l'État est « la forme par laquelle le groupe s'unifie en se soumettant au droit »[3]. Quant à Hart, il retenait lui aussi de l'État une définition juspositiviste susceptible d'entraîner peu de contestations : « L'État consiste en une façon de se référer à deux faits : d'abord, au fait qu'une population habitant sur un territoire vit sous ce type de régime organisé par un système juridique selon la structure caractéristique d'un corps législatif, de tribunaux et de règles primaires ; et, en second lieu, au fait que le régime jouit d'un degré d'indépendance vaguement défini »[4]. L'État est donc inséparable du droit ; il n'est pas en dehors ou extérieur au droit : le droit le consacre par la souveraineté ; le droit l'organise, ou plutôt il s'organise par le droit. Ainsi, de façon un peu plus originale, on caractérise pertinemment l'État par ces mots : « Là où les hommes ont renoncé à l'exercice privé du droit de juger et de punir pour se soumettre à des règles communes d'énonciation du droit et de punition des offenses qui ont la triple propriété d'être publiques, permanentes et consenties, ils disposent d'un État »[5]. Peut-être la définition la plus générale de l'État serait-elle celle-ci : l'État est la source du droit. Le débat entre monisme et pluralisme juridiques n'est alors pas loin ; mais il n'est pas lieu de s'y plonger.

Il faut préciser la notion d'État, estimant qu'une définition générale est insuffisante. Or, dès que quelques approfondissements sont envisagés, tout de suite le consensus tend à s'effriter. Pour ne prendre qu'un exemple, les auteurs se divisent sur le point de savoir si l' « État nazi » était un État ou

[1] L. ASSIER-ANDRIEU, « Coutume et usage », in D. ALLAND, S. RIALS, dir., *Dictionnaire de la culture juridique*, Lamy-Puf, coll. Quadrige-dicos poche, 2003, p. 322.

[2] M. TROPER, *Pour une théorie juridique de l'État*, Puf, coll. Léviathan, 1994, p. 150.

[3] G. BURDEAU, *L'État* (1970), Le Seuil, coll. Points, 2009, p. 57.

[4] H. L. A. HART, *Le concept de droit*, trad. M. van de Kerchove, Publications des Facultés universitaires Saint-Louis (Bruxelles), 1994, p. 239.

[5] J.-F. SPITZ, « L'État et la famille », *Droits* 1993, n° 16, p. 70.

non[1], c'est-à-dire sur le point de savoir si être un État de droit est une condition de l'État ou bien seulement une condition d'un certain type d'État. Au moment d'entrer plus avant dans la spécification des contours de l'être étatique, il apparaît que le droit international, dont les sujets sont les États, est l'espace le plus légitime où définir l'État.

5. ***La légitimité supérieure de la définition de l'État par le droit international public.*** A déjà été expliqué combien les définitions de l'État varient notamment en fonction des disciplines, y compris à l'intérieur des facultés de droit. Aussi, au moment de rechercher plus finement les éléments définitionnels permettant de caractériser l'État, semble-t-il pertinent de s'intéresser au concept d'État tel que le plus souvent retenu en droit international public. En effet, ce dernier a pour sujets de droit les États ; il se doit donc de définir ce qu'est un État et, surtout, cette définition s'impose à eux, si bien que, souvent, on considère que le nombre total d'États correspond au nombre d'États membres de l'Organisation des Nations Unies ou, du moins, au nombre d'États reconnus par elle[2]. D'ailleurs, la soumission directe et immédiate au droit international public, qui dépend de la reconnaissance par ce dernier du caractère étatique, est certainement un critère important d'étaticité, si ce n'est un critère constitutif[3]. En tout cas est-il remarquable que l'article « État » du *Dictionnaire de la culture juridique* a été rédigé par l'auteur d'une thèse en droit international public[4]. Du point de vue de la validité juridique, il faut que le droit international donne force juridique à la Constitution historiquement première, qu'il « habilite un individu ou un groupe d'individus à édicter et à appliquer sur la base d'une Constitution efficace, un ordre de contrainte normatif en qualité de gouvernement légitime »[5]. L'État est également qualifié d'« être intersubjectif »[6] résultant d'un « accord performatif »[1] : *in fine*, l'existence

[1] *Cf.* M. Broszat, *L'État hitlérien – L'origine et l'évolution des structures du Troisième Reich*, Fayard, coll. L'espace du politique, 1985 ; M. Troper, *Pour une théorie juridique de l'État*, Puf, coll. Léviathan, 1994, p. 178 ; D. de Béchillon, *Qu'est-ce qu'une règle de droit ?*, Odile Jacob, 1997, p. 255 s.

[2] L'ONU comporte 193 États membres et en reconnaît 197. Sa dénomination est par ailleurs trompeuse et il s'agit certainement davantage d'une « Organisation des États Unis ».

[3] H. Kelsen, *Théorie pure du droit*, 2e éd., trad. Ch. Eisenmann, Dalloz, 1962, p. 383.

[4] F. Poirat, « État », in D. Alland, S. Rials, dir., *Dictionnaire de la culture juridique*, Lamy-Puf, coll. Quadrige-dicos poche, 2003, p. 643 s.

[5] *Ibid.*, p. 218.

[6] J. Combacau, « Le droit international : bric-à-brac ou système ? », *Arch. phil. droit* 1986, p. 96.

d'un État peut être analysée comme ne dépendant pas de la volonté d'une organisation supérieure mais de celle de ses « pairs », c'est-à-dire des États souverains déjà en place[2]. Dès lors, il est tout à fait envisageable qu'un État existe selon certains États et n'existe pas pour d'autres, chacun se prononçant en opportunité et n'étant jamais dans l'obligation de reconnaître un État. Où revient l'idée de nécessaires degrés d'étaticité. Il paraît en tout cas judicieux, même en s'autorisant une part de « liberté définitionnelle » et de stipulation, de débuter la recherche par une plongée au sein du droit supra- et inter-étatique ; cela sans oublier que l'État, qui est la ou une source de droit, cherche évidemment à s'auto-caractériser en tant qu'État et que la notion interne d'État n'est bien sûr pas sans importance.

Kelsen, en premier lieu, tenait ce discours : « Étant donné que le droit international règle la conduite des États [...], le droit international doit définir ce qu'est un État, c'est-à-dire qu'il doit définir à quelles conditions des hommes doivent être considérés comme gouvernement d'un État, et par suite l'ordre de contrainte sur la base duquel ils agissent comme un ordre juridique valable, leurs actes comme des actes étatiques — ce qui veut dire comme des actes de droit au sens du droit international »[3]. Différents auteurs émettent la même remarque. On note ainsi que les conditions de la « formation objective de l'État » sont déterminées par le droit international[4], que ce dernier « fait l'État »[5]. Seul le droit international public serait donc en mesure d'intervenir dans les processus de « successions d'États »[6] et de consacrer la naissance et la disparition des États, officiellement du moins, ce qui signifie « juridiquement ». Depuis longtemps, les institutions internationales considèrent qu'elles sont seules aptes à déterminer les critères de reconnaissance des États[7]. Aussi le Professeur Jean-Denis Mouton va-t-il

[1] E. DAVID, « Le performatif dans l'énonciation et le fondement du droit international », in *Mélanges Charles Chaumont*, Pedone, 1984, p. 261 (cité par J.-D. MOUTON, « La notion d'État et le droit international public », *Droits* 1993, n° 16, p. 53).

[2] J. COMBACAU, « Le droit international : bric-à-brac ou système ? », *Arch. phil. droit* 1986, p. 96.

[3] H. KELSEN, *Théorie pure du droit*, 2e éd., trad. Ch. Eisenmann, Dalloz, 1962, p. 383.

[4] F. POIRAT, « État », in D. ALLAND, S. RIALS, dir., *Dictionnaire de la culture juridique*, Lamy-Puf, coll. Quadrige-dicos poche, 2003, p. 644 ; *cf.* également X. MAGNON, *Théorie(s) du droit*, Ellipses, coll. Universités-Droit, 2008, p. 115.

[5] J. VERHOEVEN, « L'État et l'ordre juridique international », *RGDIP* 1978, p. 754 (cité par J.-D. MOUTON, « La notion d'État et le droit international public », *Droits* 1993, n° 16, p. 53).

[6] *Cf.* H. RUIZ-FABRI, « Succession d'États », in D. ALLAND, S. RIALS, dir., *Dictionnaire de la culture juridique*, Lamy-Puf, coll. Quadrige-dicos poche, 2003, p. 1441 s.

[7] Tribunal arbitraire mixte germano-polonais, 1er août 1929, *Deutsche Continental Gas-Gesellschaft c/ État polonais*. Les juges ont ici arrêté qu' « un État n'existe qu'à condition de

jusqu'à soutenir qu'il n'existerait d'État que du point de vue du droit international[1]. Il rejoint en ce point Kelsen qui déjà expliquait qu'une théorie de la naissance de l'État ne peut exister qu'en droit international[2].

L'intervention de ce dernier serait constitutive de l'État et non déclarative. Le Professeur Jean-Denis Mouton explique que, en effet, « c'est le droit international qui, instituant l'État comme communauté de droit, détermine les domaines de validité personnelle, territoriale et temporelle des ordres juridiques nationaux »[3]. Ainsi, sous l'angle juridique, seul le droit international posséderait quelque légitimité pour modifier la carte des États. La communauté internationale décide, par un acte juridique, de reconnaître la réalité d'un État ; et cet acte juridique est peut-être tout à la fois déclaratif et constitutif puisqu'il est difficile de trancher entre ces deux possibilités ; Kelsen lui-même n'y parvenait pas[4]. Beaucoup d'auteurs considèrent que « l'apparition d'un État [...] est une pure question de fait. L'État n'est pas constitué par le droit international ; tout au contraire, son existence s'impose au droit. La communauté des autres États prend acte de cette existence par la “reconnaissance” »[5].Tout est fonction du point de vue adopté et, sous l'angle juridique, il semble que l'ordre international participe largement de la création de l'État quand, sous l'angle sociologique par exemple, il se borne à reconnaître un fait. Pour la science juridique, ce serait donc la communauté internationale, à travers le droit international public, qui créerait les nouveaux États, peu important les faits au regard desquels sont décidées ces créations. Néanmoins, le droit positif retient que l'acte unilatéral par lequel le ou les État(s) atteste(nt) pour son (leur) compte l'existence d'un nouvel État et en tire(nt) les conséquences juridiques en acceptant de nouer des rapports d'égal à égal avec l'entité souveraine reconnue »[6] est un acte de nature déclarative et non constitutive[7]. Un État pourrait donc exister sociologiquement mais aussi juridiquement indépendamment de sa reconnaissance par les autres États. Pourtant, sa viabilité et son effectivité

posséder un territoire, une population habitant ce territoire et une puissance publique qui s'exerce sur la population et ce territoire ».

[1] J.-D. MOUTON, « La notion d'État et le droit international public », *Droits* 1993, n° 16, p. 50.

[2] H. KELSEN, « La naissance de l'État », *RDI* 1929, p. 613 (cité par J.-D. MOUTON, « La notion d'État et le droit international public », *Droits* 1993, n° 16, p. 50).

[3] *Ibid.*

[4] *Cf.* J.-D. MOUTON, « La notion d'État et le droit international public », *Droits* 1993, n° 16, p. 50-51.

[5] R. DENOIX DE SAINT MARC, *L'État*, 2e éd., Puf, coll. Que sais-je ?, 2012, p. 106.

[6] F. POIRAT, « État », in D. ALLAND, S. RIALS, dir., *Dictionnaire de la culture juridique*, Lamy-Puf, coll. Quadrige-dicos poche, 2003, p. 645.

[7] Commission d'arbitrage pour la paix en Yougoslavie, 29 nov. 1991.

sont très directement fonction de sa réalité sur la scène internationale, ce qui accrédite plutôt la thèse de l'acte constitutif[1] ; à moins que la reconnaissance par les autres États ne soit constitutive sur le long terme mais déclarative à court terme. Sur ce point, il est possible de conclure que ladite reconnaissance est juridiquement constitutive car, sans elle, l'État « virtuel » est dans l'incapacité d'entretenir des rapports de droit avec les autres États sur la scène internationale, par exemple en s'engageant dans des traités multilatéraux.

C'est spécialement le droit international public qui fait de la force doctrinale entourant le concept d'État une force doctrinale « classique ». En effet, la définition qu'il propose n'est pas une autre que la vision très traditionnelle selon laquelle un État existe lorsque trois conditions sont réunies : « Un groupement humain établi de manière permanente sur un territoire ayant une organisation politique propre dont l'existence politique dépend juridiquement de lui-même et relevant directement du droit international »[2]. Il faudra très largement revenir, par la suite, sur la question de savoir si un État existe dès lors qu'un territoire et une population sont identifiés ou si, tout au contraire, un territoire et une population sont identifiés dès lors qu'un État existe. Il n'en demeure pas moins que la définition du droit international public — bien que pouvant apparaître « tautologique »[3] — est celle-là et que, si une approche syncrétique était retenue, il faudrait placer le triptyque peuple-territoire-pouvoir au premier plan. Cette conception internationaliste est le fruit de la pratique désormais ancienne du droit international qui ne considère comme État qu'un pouvoir s'exerçant sur un territoire et une population identifiés[4]. Kelsen observait que « l'ordre étatique ne doit instituer ses actes de contrainte spécifiques que pour l'espace de validité qui lui est accordé par le droit international »[5]. De cette manière, la juxtaposition spatiale de différents États devient possible ; les ordres juridiques étatiques peuvent coexister.

[1] *Cf.* J. VERHOEVEN, *La reconnaissance internationale dans la pratique contemporaine*, Pedone, 1975, p. 548 (cité par J.-D. MOUTON, « La notion d'État et le droit international public », *Droits* 1993, n° 16, p. 53).

[2] V° « État », in J. BASDEVANT, dir., *Dictionnaire de la terminologie du droit international*, Librairie du Recueil Sirey, 1960.

[3] M. TROPER, « Le territoire est plus intéressant que le territoire », *Jurisdoctoria* 2013, n° 10, p. 16.

[4] J. COMBACAU, S. SUR, *Droit international public*, 10e éd., Montchrestien, coll. Domat droit public, 2012 ; F. POIRAT, « Territoire », in D. ALLAND, S. RIALS, dir., *Dictionnaire de la culture juridique*, Lamy-Puf, coll. Quadrige-dicos poche, 2003, p. 1474 ; D. ALLAND, « Les représentations de l'espace en droit international public », *Arch. phil. droit* 1987, p. 163 s.

[5] H. KELSEN, *Théorie pure du droit*, 2e éd., trad. Ch. Eisenmann, Dalloz, 1962, p. 384.

Par ailleurs, Kelsen notait que le droit international se base également sur l'indépendance et l'efficacité lorsqu'il consacre l'étaticité :

> *Le droit international positif dispose qu'on doit considérer un groupe d'individus comme gouvernement d'un État lorsqu'ils sont indépendants des autres gouvernements de même sorte, et capables de procurer à l'ordre de contrainte sur la base duquel ils agissent une obéissance permanente de la part des individus dont cet ordre de contrainte règle la conduite, c'est-à-dire si cet ordre de contrainte qui n'est soumis qu'au seul droit international et qui est relativement centralisé est efficace en gros et de façon générale — sans qu'il y ait à tenir compte de la façon dont les hommes qui agissent comme organes de gouvernement, sur la base de cet ordre, sont parvenus à leur position —. Cela signifie que la collectivité fondée par et sur un tel ordre de contrainte est un État au sens du droit international, et cet ordre de contrainte un ordre juridique valable selon ce même droit.*[1]

C'est d'ailleurs le fait que l'État se définit aussi par la souveraineté qui implique que seul le droit international dispose de la légitimité juridique autorisant à établir les critères de l'étaticité : un État n'étant soumis qu'au seul ordre juridique international, seul ce dernier est en mesure de s'imposer à lui, y compris concernant sa propre définition[2]. La souveraineté, donnée juridique, est conférée à l'État par l'ordre juridique international lorsqu'il observe que ce premier est indépendant, ce qui est la donnée factuelle correspondant à la souveraineté. Le droit international, par un acte constitutif, confère la souveraineté à l'État ; mais cet acte constitutif juridiquement n'en est pas moins, dans le même temps, déclaratif du fait que l'État est indépendant. Ce n'est pas parce qu'un évènement objectivement et empiriquement observable est constaté qu'il n'est pas possible d'en faire découler des mécanismes juridiques qui, eux, ne préexistaient pas à l'acte[3].

Quant aux autres données prises en compte au moment de reconnaître l'existence d'un État, c'est davantage la diversité que l'unité qui règne parmi elles[4]. On liste notamment l'effectivité de l'aspirant État, mais aussi le respect du droit des peuples à disposer d'eux-mêmes, le caractère démocratique du régime politique, le respect des droits et libertés

[1] *Ibid.*, p. 383.
[2] J.-D. MOUTON, « La notion d'État et le droit international public », *Droits* 1993, n° 16, p. 50.
[3] *Cf.* sur ce débat J. SALMON, « La construction juridique du fait en droit international », *Arch. phil. droit* 1987, p. 646 s.
[4] *Cf.*, par exemple, J.-D. MOUTON, « L'État selon le droit international : diversité et unité », in SFDI, *L'État souverain à l'aube de XXIe siècle*, Pedone, 1994, p. 79 s.

fondamentaux de l'homme, le non-recours à la force, le respect de l'intégrité territoriale des autres États[1]. Mais ces considérations d'ordre factuel peuvent varier assez sensiblement selon les cas, c'est-à-dire en fonction des États regardés et des États regardants ; et il est certain que toutes ces conditions affichées en théorie ne sont pas souvent réunies en pratique, notamment dès lors qu'est exigé, conformément à la « doctrine Stimson », que l'État-aspirant n'ait pas été formé en recourant à la violence[2]. Ce sont souvent des considérations implicites mais très opératoires de politique et de stratégie qui l'emportent sur les éléments plus objectifs[3].

Enfin, une dernière difficulté — mais non la moindre — réside dans la contradiction qui existe entre les faits selon lesquels, d'une part, le droit international serait la source de l'existence des États et, d'autre part, ce sont les États qui, ensemble, ont créé puis développé le droit international. On remarque ainsi que « le droit international naît du seul accord des collectivités étatiques, c'est-à-dire de collectivités instituées. [...] Il ne peut donc les avoir instituées lui-même »[4]. Sans doute les États apparus avant la consolidation du droit international pouvaient-ils acquérir l'entier statut étatique loin de tout droit supra-étatique quand, désormais, parce qu'un droit international public développé réuni la communauté des États, tout nouvel aspirant-État se doit d'obtenir cette onction. Même si Santi Romano jugeait que la société internationale comme l'ordre juridique international auraient préexisté aux États[5], les premiers États ont précédé le droit international, cela est incontestable puisque, par définition, des États doivent être en place pour faire émerger le droit international. Mais cela n'interdit pas qu'à l'époque contemporaine la reconnaissance par la communauté des États déjà en place et donc par le droit international soit une étape indispensable dans la constitution de tout nouvel État. Les critères de l'étaticité ne sont pas figés ; ils varient temporellement. Trop souvent, les définitions des concepts sont présentées par leurs auteurs comme anhistoriques ; or la notion d'État et même celle d'État moderne évoluent incessamment.

[1] *Cf.* R. DENOIX DE SAINT MARC, *L'État*, 2e éd., Puf, coll. Que sais-je ?, 2012, p. 107.

[2] F. POIRAT, « État », in D. ALLAND, S. RIALS, dir., *Dictionnaire de la culture juridique*, Lamy-Puf, coll. Quadrige-dicos poche, 2003, p. 645.

[3] *Cf.* F. OST, M. VAN DE KERCHOVE, *De la pyramide au réseau ? Pour une théorie dialectique du droit*, Publications des Facultés universitaires Saint-Louis (Bruxelles), 2002, p. 325-326.

[4] D. DE BÉCHILLON, *Hiérarchie des normes et hiérarchie des fonctions normatives de l'État*, Economica, coll. Droit public positif, 1996, p. 263 (cité par X. MAGNON, *Théorie(s) du droit*, Ellipses, coll. Universités-Droit, 2008, p. 113).

[5] *Cf.* J.-L. HALPÉRIN, « Santi Romano – *L'ordinamento giuridico* », in O. CAYLA, J.-L. HALPÉRIN, dir., *Dictionnaire des grandes œuvres juridiques*, Dalloz, 2008, p. 487.

Hauriou, en 1930, écrivait que certains « pays primitifs » n'étaient pas encore des États car ils « conserv[aient] une formation politique primitive et [leurs] populations [étaient] à un niveau de civilisation insuffisant pour qu'elles puissent concevoir l'idée de l'État »[1]. Et Hauriou de désigner « les pays de l'Afrique centrale ou des îles de l'Océanie »[2]. Si, aujourd'hui, il semble que toutes les terres de la planète appartiennent au territoire d'un État, la forme étatique possède un caractère historique et récent à la fois. Il convient, toujours en guise d'introduction et avant de spécifier plus en détails la notion d'État, de proposer quelques éléments historiques, car les apparitions des États et, spécialement, de l'État de France sont datées différemment selon les historiens, là encore car les définitions qu'ils retiennent diffèrent.

6. ***La délicate datation historique des premiers États et de la naissance de l'État en France.*** Tout État n'émerge pas soudainement. Entre le temps du non-État et le temps de l'État, il se trouve nécessairement une période transitoire de « marche vers l'État » au cours de laquelle les critères de l'étaticité se voient un à un et peu à peu remplis. Pour pouvoir dater l'apparition d'un État, il faudrait donc avoir au préalable précisé à partir de quel niveau d'étaticité une structure politique peut être qualifiée d'État. En outre, il n'est guère assuré qu'un paragraphe relatif aux origines historiques de l'État soit parfaitement légitime au sein du présent volume. Comme l'écrivait Carré de Malberg, « la science du droit n'a pas à rechercher dans quelles circonstances de fait ni sous l'influence de quelles causes pratiques les États sont nés : cette tâche incombe à l'historien, au sociologue, non au juriste »[3]. Cependant, il faut croire qu'il est toujours utile d'apporter quelques précisions d'ordre historique ; et celles-ci ne peuvent qu'être insérées parmi les paragraphes introductifs, le lecteur étant évidemment libre de s'intéresser directement au corps du texte. Et cela est encore plus vrai dès lors que, en matière d'histoire de l'État, il n'est nulle certitude et beaucoup de propositions contradictoires, *a fortiori* dans la mesure où ce sont souvent des sociologues, des philosophes, des anthropologues et, évidemment, des historiens qui abordent le sujet.

[1] M. HAURIOU, *Précis élémentaire de droit constitutionnel*, 2e éd., Librairie du Recueil Sirey, 1930, p. 28.

[2] *Ibid.*

[3] R. CARRÉ DE MALBERG, *Contribution à la théorie générale de l'État spécialement d'après les données fournies par le droit constitutionnel français*, t. I, Librairie du Recueil Sirey, 1920, p. 15.

L'histoire de l'État ne correspond pas exactement à l'histoire de l'État « moderne » ou « contemporain »[1] — ou « État westphalien » dans le jargon des internationalistes — ; si des tergiversations entourent le concept d'État moderne — celui qui est envisagé dans les présents travaux —, celles-ci sont nécessairement plus nombreuses à propos du concept d'État imaginé en tant que catégorie intemporelle et universelle[2]. Si est accepté qu'il se trouve un État « toutes les fois qu'il existe dans une société donnée une différenciation politique, quelque rudimentaire ou quelque développée et compliquée qu'elle soit »[3], alors l'État existe très certainement depuis très longtemps et peut-être même depuis l'antique Égypte. Mais, appréhendé au départ de critères plus fins — car toute société politiquement organisée n'est pas nécessairement dotée d'un État —, il semble que l'État ne soit pas apparu avant le XVIe s. Ainsi la définition de l'État de l'anthropologue[4] et celle du juriste[5] conduisent-elles souvent à des histoires de l'État tout à fait divergentes et on retient que « deux certitudes s'imposent : il apparaît incontestable que l'épicentre du phénomène [étatique] se situe en Europe occidentale […] ; il est tout aussi évident que, si la naissance de l'État est située, elle demeure imprécisément datée »[6]. L'apparition de l'État est forcément le fruit d'une gestation délicate et mouvementée marquée par différentes étapes successives et par « une part de mystère » ou d' « énigme »[7]. S'il est peu contestable que l'Europe occidentale est son berceau[8] — l'Angleterre, la France et l'Espagne sont cités comme « pays les plus précoces étatiquement »[9] —, temporellement, en revanche, l'identification du moment de son avènement apparaît difficile. Aussi semble-t-il qu'on ne puisse guère être très précis dans la datation de l'État ; on se borne souvent à retenir simplement qu'il est « nouveau dans l'histoire des sociétés »[10], « une invention plutôt récente »[1], ou à proposer une

[1] Ph. SUEUR, *Histoire du droit public français – La genèse de l'État contemporain*, Puf, 1989.
[2] *Cf.*, notamment, B. CHARBONNEAU, *L'État*, Economica, 1991.
[3] L. DUGUIT, *Traité de droit constitutionnel – Tome premier : La règle de droit, le problème de l'État*, 3e éd., De Boccard, 1927, p. 536. Cependant Duguit parle ici du mot « État » « dans son sens le plus général » (*ibid.*) ; ce n'est pas la définition qu'il retient personnellement.
[4] Par exemple, P. CLASTRES, *La Société contre l'État*, Minuit, 1982.
[5] Par exemple, O. BEAUD, *La puissance de l'État*, Puf, coll. Léviathan, 1994.
[6] J. BAGUENARD, *L'État – Une aventure incertaine*, Ellipses, coll. Mise au point, 1998, p. 14.
[7] *Ibid.*, p. 14 et 22.
[8] Par exemple, H. SCHULZE, *État et Nation dans l'Histoire de l'Europe*, Le Seuil, 1996.
[9] O. BEAUD, *La puissance de l'État*, Puf, coll. Léviathan, 1994, p. 46 ; également F. POIRAT, « État », in D. ALLAND, S. RIALS, dir., *Dictionnaire de la culture juridique*, Lamy-Puf, coll. Quadrige-dicos poche, 2003, p. 643.
[10] J. CHEVALLIER, *L'État*, 2e éd., Dalloz, coll. Connaissance du droit, 2011, p. 10.

« fourchette » temporelle telle que « entre 1100 et 1600 »[2]. À l'inverse, les internationalistes peuvent retenir que l'État moderne est né au moment de la conclusion des Traités de Westphalie et de la fin de la Guerre de Trente Ans, le 24 octobre 1648 ; mais, si ce jour a sans doute été un tournant important dans le processus d'étatisation, il serait irréaliste de retenir une date aussi précise comme marqueur de l'entrée dans l'ère étatique[3].

Nombre d'auteurs, spécialement parmi la doctrine juridique, ne considèrent pas que toute organisation politique ou toute forme de pouvoir politique, quel que soit son degré de perfectionnement, serait le signe d'un État. Pour beaucoup, l'État est un phénomène historique récent, moderne donc. L'ethnologie ne conteste toutefois pas que « les sociétés primitives sont sans État »[4]. Claude Lévi-Strauss, lorsqu'il s'intéressait aux « naturels » du Brésil central, voyait des populations inscrites dans une ère pré-étatique et qui, si elles connaissent certainement quelques institutions d'essence politique, ne possèdent guère de pouvoirs ou d'autorités proches de ceux qui sont le propre de l'État[5]. L'autorité politique, quand elle existe, n'est que le prolongement d'une autorité familiale ou religieuse. Et le conformisme social est une exigence afin de ne pas se voir exclu du groupe, peu important l'absence de gouvernement et de règles générales explicites. « Les hommes, explique le Professeur Paul Amselek, sont des animaux sociaux qui vivent en peuples ou populations et qui ont, de ce fait, besoin d'une coordination [...] de leurs conduites respectives. Partout, l'expérience historique montre l'existence de procédures visant à la satisfaction de ce besoin, en particulier sous la forme de l'établissement de pouvoirs publics ou autorités publiques [...] ; même dans les sociétés archaïques apparemment sans instance spécialisée de direction publique, on relève la pratique d'un ensemble de règles de vie commune [...]. Les sociétés humaines apparaissent, en d'autres termes, comme des sociétés "policées" ou "politiques" »[6]. Et le Professeur de rappeler l'aphorisme latin « *ubi societas ibi jus* ». Or il est loin d'être avéré que toute société connaisse le droit et se

[1] O. BEAUD, *La puissance de l'État*, Puf, coll. Léviathan, 1994, p. 36 ; également J. CHEVALLIER, *L'État post-moderne*, 3e éd., LGDJ, coll. Droit et société, 2008, p. 21.

[2] J. STRAYER, *Les origines médiévales de l'État moderne*, Payot (Lausanne), 1979, p. 57.

[3] On a pu également retenir la période 1715-1848 comme correspondant à celle de l'avènement de l'État moderne (S. GOYARD-FABRE, dir., *L'État moderne : 1715-1848*, Vrin, 2000). Mais ce choix est davantage guidé par des motivations pédagogiques que par le souhait de se conformer à une réalité historique.

[4] P. CLASTRES, *La Société contre l'État*, Minuit, 1982, p. 161.

[5] C. LÉVI-STRAUSS, *Tristes tropiques* (1955), Pocket, coll. Littérature, 2001.

[6] P. AMSELEK, « Le droit, technique de direction publique des conduites humaines », *Droits* 1989, n° 10, p. 10.

régule à travers lui. Comme toutes les normes sociales ne sont pas juridiques, toutes les organisations politiques ne sont pas étatiques, toute société politiquement organisée n'est pas un État. Même en imaginant que tout homme a toujours appartenu à une société politique, cela n'induit en rien que tout homme ait toujours été sous la couverture de quelque État ; « *ubi societas ibi status* » n'est, pas plus que « *ubi societas ibi jus* », un adage à retenir. Il peut exister un ou des pouvoir(s) sans que celui-ci ou ceux-ci accompagnent un quelconque État ; c'est donc « à raison d'une excessive générosité verbale que l'on qualifie d'État l'organisation politique qui exista chez les Babyloniens, les Mèdes ou les Perses, ou encore que l'on attache le même titre au pouvoir exercé par tel chef de tribu en Mélanésie ou en Afrique équatoriale »[1]. À l'identique de l'autonomie du droit qui permet de le distinguer des autres formes de normes sociales, l'autonomie de l'État permet de le distinguer des autres formes d'organisations politiques. Dans l'État, le pouvoir revêt des formes particulières ; encore faut-il savoir les déterminer.

Par suite, ainsi que le décrivait Georges Burdeau, beaucoup de sociétés initialement primitives évoluent vers des formes d'organisation politique plus avancées[2]. Elles engagent la marche vers l'État, laquelle est susceptible de s'arrêter à n'importe quel moment mais peut aussi, si elle ne trouve pas d'obstacle sur son chemin, donner naissance à un État en bonne et due forme. Mais il est également des sociétés primitives qui entendent le demeurer, qui sont donc des « sociétés contre l'État », car elles ne souhaitent pas s'engager dans un processus qui ne serait pas un autre que celui de l'aliénation politique[3]. Des auteurs n'hésitent cependant pas à parler d'« État traditionnel » par opposition à l'État moderne[4]. Ils expliquent que, dans le premier, le lien parental l'emporte sur le lien territorial, l'autorité fragmentée sur l'autorité centrale, le personnalisme sur l'impersonnalisme[5]. Il demeure périlleux de voir ainsi des « États traditionnels » au sein des « sociétés traditionnelles » et d'affirmer que « l'État est commun à de nombreuses sociétés traditionnelles et modernes »[6]. Ici, il est considéré que l'État moderne est le seul modèle d'État à étudier et, partant, ce sera toujours lui qui sera désigné par le terme « État ».

[1] G. BURDEAU, *L'État* (1970), Le Seuil, coll. Points, 2009, p. 17.
[2] *Ibid.*, p. 23.
[3] P. CLASTRES, *La Société contre l'État*, Minuit, 1982.
[4] Par exemple, N. ROULAND, « Sociétés traditionnelles », in D. ALLAND, S. RIALS, dir., *Dictionnaire de la culture juridique*, Lamy-Puf, coll. Quadrige-dicos poche, 2003, p. 1420.
[5] *Ibid.*, p. 1420-1421.
[6] *Ibid.*, p. 1421.

Reste que le niveau et le type de développement institutionnel et politique nécessaires à une société pour qu'elle se dote d'infrastructures étatiques sont objets de discussions. En témoigne le fait que Jacques Ellul considérait que « l'idée et la réalité de l'État » étaient déjà observables à Rome au Ier s. av. J.-C., bien que le mot pour le désigner n'existait pas encore[1], et qu'Hauriou voyait dans l'Égypte d'Akhenaton et Toutankhamon ainsi que dans les républiques grecque et romaine les premiers États[2], alors qu'Hannah Arendt soulignait que la *polis* athénienne n'était pas un État car elle ne connaissait pas de distinction entre gouvernants et gouvernés[3] et que, selon le Professeur Olivier Beaud, c'est « un fossé, un abîme même », qui sépare l'État de la Cité[4]. D'autres auteurs, cependant, retiennent que « la démocratie athénienne a été une forme politique originale et prémonitoire ; elle a permis de poser le problème de l'État »[5]. Comme Rome plus tard, Athènes a substitué au modèle d'un ordre politique naturel l'idée d'un ordre politique humain, organisé par les hommes et pour eux, réformable et donc historique[6]. À Athènes, l'Ecclesia et la Pnyx, assemblée des citoyens et colline où avaient lieu les délibérations souveraines, étaient le centre politique de la cité où étaient discutées et votées les lois. Sans doute était-ce là la première forme de « contrat social » et, en tout cas, la politique n'y était-elle plus ni primaire ni divine. Et d'aucuns de voir dans les antiques Égypte, Athènes et Rome les premières formes de souveraineté[7], quand ce n'est pas dans « l'Empire Han en Chine ou [dans] le royaume inca »[8]. Peut-être les sociétés les plus évoluées de l'Antiquité ont-elles connu des formes antiques d'État[9], des « cités-États »[10], mais l'État moderne, dont il est ici question, ne partage que peu avec elles ; ce qui ne leur interdit pas de l'avoir

[1] J. ELLUL, « Remarques sur les origines de l'État », *Droits* 1992, n° 15, p. 12. L'auteur note que « *status optimatum* » (aristocratie) et « *status reipublicae* » (démocratie) désignaient les formes de gouvernement (*ibid.*).

[2] M. HAURIOU, *Principes de droit public à l'usage des étudiants en licence et en doctorat ès sciences politiques*, 2e éd., Librairie du Recueil Sirey, 1916, p. VIII.

[3] H. ARENDT, *La crise de la culture* (1968), trad. P. Lévy, dir., Gallimard, coll. Folio essais, 2011, p. 30.

[4] O. BEAUD, « Ouverture : L'honneur perdu de l'État ? », *Droits* 1992, n° 15, p. 5.

[5] P. KAHN, *L'État*, Quintette, coll. Philosopher, 1989, p. 24.

[6] *Ibid.*, p. 25.

[7] A. TRUYOL Y SERRA, « Souveraineté », *Arch. phil. droit* 1990, p. 313.

[8] J. BAGUENARD, *L'État – Une aventure incertaine*, Ellipses, coll. Mise au point, 1998, p. 30.

[9] Hauriou parlait ainsi d'« États antiques » (M. HAURIOU, *Principes de droit public à l'usage des étudiants en licence et en doctorat ès sciences politiques*, 2e éd., Librairie du Recueil Sirey, 1916, p. VIII). Dans le même sens, *cf.* J. ELLUL, « Remarques sur les origines de l'État », *Droits* 1992, n° 15, p. 11-12.

[10] P. KAHN, *L'État*, Quintette, coll. Philosopher, 1989, p. 12.

largement inspiré et influencé. Les romains, qui ont essentiellement laissé une trace en tant que juristes privatistes, n'avaient pas véritablement construit de personne juridique étatique ni mis en place une administration apte à rendre l'éventuel État palpable par les citoyens[1].

Au-delà des exceptions historiques que constituent Athènes et Rome, la plupart des sociétés ont connu, au croisement des ères ante-chrétienne et chrétienne puis durant les temps suivants, de longues périodes de « pouvoir charismatique »[2] ou « pouvoir individualisé » qui apparaît telle « la forme la plus simple et la plus naturelle du pouvoir », c'est-à-dire telle la forme de « pouvoir qui s'incarne dans un homme concentrant en sa personne, non seulement tous les instruments de la puissance, mais encore toute la justification de l'autorité »[3]. En d'autres termes, les sociétés étaient alors gouvernées par des chefs qui étaient « propriétaires de leurs pouvoirs » et qui occupaient leurs fonctions grâce à leurs qualités personnelles et à la force — si ce n'est la violence —[4]. Bien sûr, il ne se trouvait dans ces sociétés abandonnées à la loi des chefs — loi fragile et souvent peu durable dès lors qu'émerge une conscience politique chez les individus[5] — nuls mécanismes étatiques, l'idée d'État étant incompatible avec la totale individualisation ou personnification ; les régimes féodaux dans lesquels il n'y avait guère que des rapports de dépendance personnels, prenant par exemple la forme du servage, de l'hommage ou de la corvée, et peu de règles abstraites et générales, n'étaient pas des régimes étatiques[6]. Burdeau résumait ainsi : « L'individu sert son Seigneur, il ne saurait servir une idée ; il est moins le sujet des lois que le fidèle du roi »[7].

[1] M.-J. REDOR, « L'État dans la doctrine publiciste française du début du siècle », *Droits* 1992, n° 15, p. 91.

[2] M. WEBER, *Le savant et le politique* (1959), 10/18, coll. Bibliothèque, 2002.

[3] G. BURDEAU, *L'État* (1970), Le Seuil, coll. Points, 2009, p. 24. Sont cités comme exemples « le chef de bande des invasions barbares, le potentat d'une principauté de la péninsule arabique, le roitelet d'une peuplade africaine et le suzerain du XIIIe siècle en Anjou ou en Nivernais » (*ibid.*, p. 25). Quant à Weber, il définissait l' « autorité charismatique comme « l'autorité fondée sur la grâce personnelle et extraordinaire d'un individu. Elle se caractérise par le dévouement tout personnel des sujets à la cause d'un homme et par leur confiance en sa seule personne en tant qu'elle se singularise par des qualités prodigieuses, par l'héroïsme ou d'autres particularités exemplaires qui font le chef » (M. WEBER, *Le savant et le politique* (1959), 10/18, coll. Bibliothèque, 2002).

[4] Ph. SUEUR, *Histoire du droit public français – La genèse de l'État contemporain*, Puf, 1989.

[5] G. BURDEAU, *L'État* (1970), Le Seuil, coll. Points, 2009, p. 50.

[6] *Cf.* M. BLOCH, *La société féodale*, Albin Michel, coll. Bibliothèque de l'évolution de l'humanité, 1994.

[7] G. BURDEAU, *L'État* (1970), Le Seuil, coll. Points, 2009, p. 26.

Certains auteurs avancent que l'État aurait été le résultat de la « révolution juridique des XIIe et XIIIe s., […] un héritage de la scolastique romano-canoniste »[1], une invention des juristes pontificaux des XIe, XIIe et XIIIe s., donc issu d'un creuset médiéval[2]. Marsile de Padoue, en particulier, aurait joué un rôle décisif dans la laïcisation du pouvoir et donc dans l'invention de l'État[3]. Si l'État moderne est peut-être le descendant d'institutions médiévales comme d'institutions antiques[4], il ne semble pas que ces siècles aient connu l'État ni même l'État seigneurial ou féodal ; ils n'ont connu, au mieux, que des « "embryons" d'État », pour reprendre le mot du Professeur Jacques Chevallier[5], ou « les signes annonciateurs de la constitution d'un État »[6]. La notion de territoire, en particulier, était alors très évanescente, même après l'éclatement de l'empire carolingien en 843, quand celle de domanialité était centrale ; et les rapports juridiques se résumaient pour beaucoup à la *lex mercatoria*[7]. Au sein des fiefs, des seigneuries, des municipalités, des corporations et des châtellenies, le pouvoir était éclaté ; le contrat, la coutume et les habitudes locales l'emportaient largement sur un éventuel droit public[8] ; et les patrimoines privé et public n'étaient guère distingués. Il est généralement reconnu que le système féodal s'est achevé et a laissé place à la royauté aux alentours du XIIIe s., lorsque le territoire s'est stabilisé, que le centre géographique a été fixé à Paris et que le roi, en 1254, a pris le titre de « Roi de France » en lieu et place de celui de « Roi des Francs[9] ; mais le royaume postféodal n'était pas encore un État moderne.

Nombre d'historiens fixent la date d'apparition de l'État moderne au XIVe s.[10], après une phase intermédiaire de « monarchie féodale »

[1] O. BEAUD, « Ouverture : L'honneur perdu de l'État ? », *Droits* 1992, n° 15, p. 5.
[2] A. SUPIOT, « État social et mondialisation : analyse juridique des solidarités », Leçon inaugurale au Collège de France, 29 nov. 2012 ; également, A. SUPIOT, *Grandeur et misère de l'État social*, Fayard, coll. Leçons inaugurales du Collège de France, 2013.
[3] G. MAIRET, *Le Dieu mortel – Essai de non-philosophie de l'État*, Puf, 1987, p. 31.
[4] J. STRAYER, *Les origines médiévales de l'État moderne*, Payot (Lausanne), 1979.
[5] J. CHEVALLIER, *L'État*, 2e éd., Dalloz, coll. Connaissance du droit, 2011, p. 9.
[6] R. DENOIX DE SAINT MARC, *L'État*, 2e éd., Puf, coll. Que sais-je ?, 2012, p. 9.
[7] Ch. LAVIALLE, « De la fonction du territoire et de la domanialité dans la genèse de l'État en France sous l'Ancien Régime », *Droits* 1992, n° 15, p. 19.
[8] L. ASSIER-ANDRIEU, « Coutumes et usages », in D. ALLAND, S. RIALS, dir., *Dictionnaire de la culture juridique*, Lamy-Puf, coll. Quadrige-dicos poche, 2003, p. 318.
[9] A. GUERREAU, *Le féodalisme – Un horizon théorique*, Le Sycomore, 1980, p. 197 (cité par O. BEAUD, *La puissance de l'État*, Puf, coll. Léviathan, 1994, p. 43).
[10] On écrit, par exemple, qu' « au début du XIVe siècle, la France possédait les éléments fondamentaux d'un État moderne et centralisé » (H. SCHULZE, *État et Nation dans l'Histoire*

correspondant spécialement au règne de Saint Louis[1]. Ils se fondent, pour aboutir à pareille conclusion, sur la centralisation royale et sur le développement d'une véritable administration, notamment en matière de finances et d'armée, le prélèvement autoritaire de l'impôt, par exemple, ayant été généralisé par Philippe le Bel en lieu et place de l'aide vassalique, tandis que le Parlement, aux attributions juridictionnelles, et la Chambre des comptes, chargée de la vérification du bon usage des deniers, s'étaient détachés de la cour du roi[2]. Mais, au sens du Professeur Olivier Beaud, il ne s'agissait alors que de « royaume pré-étatique et post-féodal » ne revêtant pas encore les atours étatiques, spécialement la souveraineté[3]. Partant, l'« invention » de l'État moderne serait concomitante à celle de la souveraineté par Bodin au XVIe s.[4], laquelle autorise en quelque sorte l'absolutisme royal du XVIIe s. en ne subordonnant l'État à aucune autre autorité ; et il semble que l'État était en place en 1608 lorsque le légiste Loyseau écrivait que le Prince était « le premier officier de l'État qui y a le premier commandement et la puissance souveraine, mais non pas en propriété. Il en a seulement l'administration et exerce comme tout officier ce qui dépend de sa charge »[5]. L'État est une réalité lorsque, pour reprendre la définition de Max Weber, il détient le monopole de la violence ou coercition légitime, que les justices privées disparaissent et que Louis XIII et Richelieu font interdire les duels, en 1626.

Il paraît pertinent de faire coïncider l'apparition de l'État — en France tout du moins, mais la France est souvent considérée comme le premier exemple historique d'État[6] — avec l'entrée dans l'ère de la souveraineté[7] et de la modernité, cette dernière reposant sur « le culte de la Raison et le primat de l'Individu »[8], donc avec la fin de l'ère féodale-médiévale, la

de l'Europe, Le Seuil, 1996, p. 33 (cité par J. BAGUENARD, *L'État – Une aventure incertaine*, Ellipses, coll. Mise au point, 1998, p. 34)).

[1] *Cf.*, par exemple, J. LE GOFF, *Saint Louis*, Gallimard, 1996.

[2] R. DENOIX DE SAINT MARC, *L'État*, 2e éd., Puf, coll. Que sais-je ?, 2012, p. 10 ; *cf.* également J.-P. GENET, *L'État moderne – Genèse (bilans et perspectives)*, Éditions du CNRS, 1990.

[3] O. BEAUD, *La puissance de l'État*, Puf, coll. Léviathan, 1994, p. 43.

[4] F. POIRAT, « État », in D. ALLAND, S. RIALS, dir., *Dictionnaire de la culture juridique*, Lamy-Puf, coll. Quadrige-dicos poche, 2003, p. 643.

[5] Ch. LOYSEAU, *Traité des seigneuries*, 1608 (cité par P. KAHN, *L'État*, Quintette, coll. Philosopher, 1989, p. 10).

[6] Par exemple, A. DE TOCQUEVILLE, *De la démocratie en Amérique* (1835 et 1840), Flammarion, coll. GF, 2010, p. 272.

[7] O. BEAUD, *La puissance de l'État*, Puf, coll. Léviathan, 1994, p. 35.

[8] J. CHEVALLIER, *L'État post-moderne*, 3e éd., LGDJ, coll. Droit et société, 2008, p. 11-12.

Renaissance et le XVIe s.[1]. L'État souverain et la nation se sont construits en opposition et en réaction par rapport aux temps du seigneur suzerain et des fiefs. C'est, en effet, avec la Renaissance, venue de Florence, que le contexte intellectuel et l'imaginaire politique ont commencé à ressembler à ceux qui accompagnent l'État moderne, notamment par le truchement des œuvres de Bodin, Machiavel ou Grotius. Était enfin consacré un pouvoir normatif central, unilatéral et souverain. Mais cela faisait longtemps qu'était affirmé que « le roi est empereur en son royaume » et peut-être la chose « souveraineté » a-t-elle existé bien avant l'invention du mot pour la désigner. Des auteurs observent que, dès le XIVe s., certains royaumes revêtaient les caractéristiques de la souveraineté que sont l'indépendance par rapport à l'extérieur et la suprématie à l'intérieur. Par ailleurs, au XVIe s., une véritable administration centrale et organisée était installée, le surintendant Sully et le contrôleur général des finances Colbert étant deux exemples de véritables ministres parmi « tout un peuple de commissaires et d'agents du roi, d'ingénieurs, de commis, de préposés aux ministères, aux intendances, d'inspecteurs chargés de veiller à l'application des règlements et de vérifier le bon fonctionnement des “services publics” (postes, haras, ponts et chaussées) »[2]. Et, dans le même temps, les gouvernants s'affranchissaient de la tutelle théologique, profitaient de « la crise de l'Église du début des temps modernes [et du] déclin de la foi »[3]. L'État qui remplace l'Église, c'est un garde-fou qui prend la place d'un autre.

Il ne s'agit néanmoins pas, avec cette datation, d'une vérité exacte[4] et, dès lors qu'il y a débat, c'est, comme souvent, qu'il n'y a pas de réponse juste quand les autres seraient fausses ; en revanche, il y a très certainement des degrés d'exactitude. En 1709, Bossuet, précepteur de Louis XIV, écrivait

[1] A. D'ORS, « Le droit ? Tout ce qu'approuvent les juges », *Droits* 1989, n° 10, p. 51 ; J. CHEVALLIER, *L'État*, 2e éd., Dalloz, coll. Connaissance du droit, 2011, p. 9 ; O. BEAUD, *La puissance de l'État*, Puf, coll. Léviathan, 1994, p. 36 ; R. DENOIX DE SAINT MARC, *L'État*, 2e éd., Puf, coll. Que sais-je ?, 2012, p. 14 ; P. KAHN, *L'État*, Quintette, coll. Philosopher, 1989, p. 12 ; F. POIRAT, « État », in D. ALLAND, S. RIALS, dir., *Dictionnaire de la culture juridique*, Lamy-Puf, coll. Quadrige-dicos poche, 2003, p. 643 ; D. BATTISTELLA, « Le bel avenir de la théorie de l'État en Relations internationales », *Jus Politicum* 2012, n° 8, p. 3.

[2] R. DENOIX DE SAINT MARC, *L'État*, 2e éd., Puf, coll. Que sais-je ?, 2012, p. 14.

[3] G. BURDEAU, *L'État* (1970), Le Seuil, coll. Points, 2009, p. 41.

[4] Parmi d'autres contestations, on écrit, par exemple, que « si la Renaissance s'est essentiellement affirmée comme la remise à l'honneur des antiquités païennes, une telle résurgence, particulièrement libératrice dans le domaine artistique, est d'un faible secours en ce qui concerne les institutions politiques » (J. BAGUENARD, *L'État – Une aventure incertaine*, Ellipses, coll. Mise au point, 1998, p. 28).

encore que « tout l'État est en la personne du Prince »[1]. Si, pour nombre de juristes et de philosophes, l'État est un phénomène « inévitablement moderne »[2], Hauriou a pu penser que le monde aurait connu l'État pendant deux mille ans antérieurement à l'ère chrétienne avant qu'il ne décline au cours du premier millénaire de cette ère, pour finalement disparaître le temps du Moyen-Âge puis réapparaître au XIVe s.[3]. Quant à Jacques Ellul, rappelant la boutade apocryphe « l'État c'est moi » attribuée à Louis XIV, il affirmait que « la plupart des monarchies ignorent ce qu'est l'État » et que la centralisation du pouvoir ne constitue guère un critère d'étaticité dès lors qu'il y a centralisation en la personne du monarque[4], ce qui voudrait dire que la France n'aurait pas connu l'État avant de connaître la République. Mais, dans le même temps, le Professeur Jacques Chevallier rattache justement la naissance de l'État à celle du « pouvoir royal »[5] et de l' « absolutisme »[6]. Tout dépend, encore une fois, de la définition de l'État retenue et, en particulier, du fait que des critères formels sont préférés aux critères substantiels ou inversement. Du point de vue adopté dépendra la possibilité d'affirmer, par exemple, que l'État dispose d'un cadre constitutionnel dès lors que les lois fondamentales du Royaume font de la loi salique de la dévolution de la Couronne selon le principe héréditaire, par ordre de primogéniture et de mâle en mâle, une règle « statutaire ». Il est certain que, si l'État ne pouvait être qu'une structure politique ordonnée autour de la démocratie et des droits de l'homme, alors le nombre d'États actuellement en place serait très inférieur à 197, ce qui est pourtant le nombre généralement retenu. Les critères formels doivent être préférablement retenus, spécialement afin de ne pas devoir exclure du qualificatif « État » des sociétés politiques qui, pourtant, connaissent tant la souveraineté, le gouvernement et la puissance publique qu'un territoire et une population parfaitement identifiés. Ainsi, par exemple, la théorie des « deux corps du Roi », qui distingue le « corps naturel » et mortel du « corps politique » qui, lui, « ne meurt jamais »[7], est-elle certainement une étape importante dans le

[1] J.-B. BOSSUET, *Politique tirée des propres paroles de l'Écriture sainte*, 1709 (cité par P. HAGGENMACHER, « L'État souverain comme sujet du droit international, de Vitoria à Vattel », *Droits* 1992, n° 16, p. 19).
[2] O. BEAUD, « Ouverture : L'honneur perdu de l'État ? », *Droits* 1992, n° 15, p. 5.
[3] M. HAURIOU, *Principes de droit public à l'usage des étudiants en licence et en doctorat ès sciences politiques*, 2e éd., Librairie du Recueil Sirey, 1916, p. VIII.
[4] J. ELLUL, « Remarques sur les origines de l'État », *Droits* 1992, n° 15, p. 12.
[5] J. CHEVALLIER, *L'État*, 2e éd., Dalloz, coll. Connaissance du droit, 2011, p. 10.
[6] J. CHEVALLIER, *L'État post-moderne*, 3e éd., LGDJ, coll. Droit et société, 2008, p. 21.
[7] E. KANTOROWICZ, *Les deux corps du Roi* (1957), Gallimard, coll. Bibliothèque des histoires, 1989.

processus d'étatisation. Il en va de même de la « théorie de la Couronne » consistant à séparer un domaine privé et un domaine public que le roi ne saurait aliéner. La maxime du XVIe s. « le roi, la Couronne et la justice ne meurent jamais » illustre l'idée de permanence de l'État et, plus encore, illustre l'idée d'État.

Certainement l'évènement historique qui, en France, a le plus soudainement et profondément contribué à l'édification de structures étatiques est-il la Révolution de la fin du XVIIIe s. S'il fallait résumer l'histoire de l'État de France en deux périodes, seraient retenues celle de l'Ancien Régime et celle des temps postrévolutionnaires, bien que Tocqueville soulignait, à juste titre, que cette coupure demeure assez artificielle tant bien des formes institutionnelles ont été prorogées de l'une à l'autre[1]. La Révolution a tranché le lien organique qui unissait, si ce n'est confondait, roi et État ; elle a dépersonnalisé le pouvoir en plaçant sa source dans le corps social et, partant, rationnalisé l'autorité[2] ; et la conception d'un État de droit a pu, non sans diverses hésitations, se faire ressentir de manière plus palpable — « le roi est mort, vive le droit » —. Néanmoins, « ces quarante rois qui, en mille ans, ont fait la France »[3] ont certainement, dans le même temps, fait l'État de France. La Révolution n'a sans doute pas, à elle seule, réglé la question de l'État ; si « la nouvelle loi fondamentale prend la forme de la Déclaration des droits de l'homme et du citoyen, […] le mot "État" n'y est pas prononcé. En ce moment, qui aurait pu en indiquer la configuration, les attributs, la compétence ? »[4].

On note que nul ne saurait expliquer l'émergence historique de l'État et que, en la matière, seules pourraient être formulées des hypothèses[5]. Parmi ces dernières, certaines paraissent toutefois plus vraisemblables et admissibles que d'autres. Plutôt que d'imaginer l'État en tant que « réalisation de la loi de nature »[6] ou en tant qu' « accomplissement d'une volonté divine »[7], mieux vaut retenir qu'une société se dote d'un État lorsqu'est institutionnalisé le pouvoir politique, lorsque l'autorité cesse

[1] A. DE TOCQUEVILLE, *De la démocratie en Amérique* (1835 et 1840), Flammarion, coll. GF, 2010, p. 272.
[2] J. CHEVALLIER, *L'État*, 2e éd., Dalloz, coll. Connaissance du droit, 2011, p. 14.
[3] R. DENOIX DE SAINT MARC, *L'État*, 2e éd., Puf, coll. Que sais-je ?, 2012, p. 7.
[4] R. DRAÏ, *L'État purgatoire – La tentation postdémocratique*, Michalon, 2005, p. 42.
[5] J. BAGUENARD, *L'État – Une aventure incertaine*, Ellipses, coll. Mise au point, 1998, p. 22.
[6] H. GROTIUS, *Du droit de la guerre et de la paix* (1625), Puf, 1990 (cité par J. BAGUENARD, *L'État – Une aventure incertaine*, Ellipses, coll. Mise au point, 1998, p. 29).
[7] J. BAGUENARD, *L'État – Une aventure incertaine*, Ellipses, coll. Mise au point, 1998, p. 22. Mais l'auteur ne fait pas sienne cette vision des choses.

d'être incorporée dans la personne du chef, lorsque, pour reprendre une formule de Bergson, elle n'est plus « toute bâtie en hommes »[1], lorsque le pouvoir se voit distingué de la propriété[2] et que sont mises en place des règles générales et des institutions pérennes et dépersonnalisées. Le pouvoir est ainsi institutionnalisé dès lors qu'il est transféré de la personne du gouvernant, qui n'en a plus que l'exercice, à l'État ; ce dernier peut ainsi être qualifié de « forme moderne du pouvoir politique »[3]. On retient, plus largement, qu'un État est le résultat d'un « triple mouvement : concentration, sécularisation et abstraction du pouvoir »[4]. Dans le même sens, Hauriou proposait que

> *Toutes les organisations politiques des nations ne méritent pas le nom d'État. Il n'y a d'État, au sens propre du mot, que lorsque, dans une nation, s'est instauré le régime civil, c'est-à-dire lorsque le pouvoir politique de domination s'est séparé de la propriété privée, a revêtu l'aspect d'une puissance publique, et qu'ainsi s'est opérée une séparation de la vie publique et de la vie privée avec accompagnement d'organisation corporative.*[5]

Mais, là encore, il convient de se montrer prudent face à ces définitions, car elles conduisent à exclure de la sphère des États de nombreux pays dans lesquels le pouvoir demeure très personnalisé ; or ces pays et leurs gouvernements sont couramment qualifiés d' « États ». L'État prend des formes variables selon les époques, mais aussi selon les sociétés ; et d'ailleurs, aujourd'hui, les États, même s'ils sont tous appelés « États », reposent sur des fondements et des structures très variables qui sont notamment la conséquence de leurs pérégrinations historiques.

Et d'autres théories sont encore proposées quant à l'apparition des États[6]. En premier lieu, communément admise est celle qui prend pour

[1] H. BERGSON, *Les deux sources de la morale et de la religion*, 16e éd., Puf, 1934, p. 138.

[2] Le Professeur Olivier Beaud explique qu'il s'agit de « la dissociation entre la domination des hommes sur les choses réelles et celle des hommes sur d'autres hommes » (O. BEAUD, « Ouverture : L'honneur perdu de l'État ? », *Droits* 1992, n° 15, p. 5).

[3] O. BEAUD, *La puissance de l'État*, Puf, coll. Léviathan, 1994, p. 36.

[4] F. POIRAT, « État », in D. ALLAND, S. RIALS, dir., *Dictionnaire de la culture juridique*, Lamy-Puf, coll. Quadrige-dicos poche, 2003, p. 643.

[5] M. HAURIOU, *Principes de droit public à l'usage des étudiants en licence et en doctorat ès sciences politiques*, 2e éd., Librairie du Recueil Sirey, 1916, p. VII.

[6] Par exemple, tout autre est la proposition d'Engels et du marxisme selon laquelle un État apparaît chaque fois qu'une société se divise en classes antagonistes suite au développement économique, à la croissance des forces productives et à la division du travail ; car il faut alors qu'un pouvoir supérieur prévienne les conflits risquant de naître et maintienne un ordre fragilisé (F. ENGELS, *L'origine de la famille, de la propriété privée et de l'État*, 1884).

critère de leur avènement l'apparition de la souveraineté[1] ; cela même si, dès lors que la souveraineté présuppose l'État, ce serait davantage l'État qui serait la source de la souveraineté que le contraire. Reste ensuite à savoir reconnaître la naissance de la souveraineté, ce qui n'est guère plus aisé que de reconnaître la naissance de l'État puisque toutes deux se confondent assez largement. En outre, l'État peut être rapproché de l'invention de la notion de territoire et de son émancipation par rapport à celle de domanialité. Et l'État implique des facteurs idéologiques favorables, de nouvelles représentations, le déplacement dans sa direction du sentiment de loyalisme, autrefois éprouvé envers la famille, la communauté locale ou l'organisation religieuse[2]. Enfin, les internationalistes retiennent que l'État moderne serait apparu avec la conclusion des Traités de Westphalie en 1648 et, donc, avec le droit international[3] ; la soumission au droit international étant un critère fondamental d'étaticité, cette proposition doit certainement être accueillie[4].

Devraient également être cités le recours croissant aux fictions juridiques, car l'État n'est pas autre chose que la fiction des fictions, la constitution d'un véritable droit de l'administration exorbitant du droit commun[5] ou les propositions de cet auteur qui identifie neuf étapes successives dans la formation de tout État[6]. Plus concrètement, diverses causes non déjà évoquées peuvent être rattachées au développement des structures étatiques : l'affirmation d'une identité nationale, la croissance des échanges commerciaux, le progrès scientifique et technique, le recul de l'Église et l'avancée de la Raison, le « désenchantement du monde »[7],

[1] On définit, par exemple, l'État comme « la conjonction de la souveraineté et de l'institution » (O. BEAUD, « État », *Arch. phil. droit* 1990, p. 119).

[2] *Cf.* J. STRAYER, *Les origines médiévales de l'État moderne*, Payot (Lausanne), 1979.

[3] Mais des internationalistes n'observent une communauté d'États souverains qu'à partir du XVIIIe s. et des traités sur le droit des gens de Wolff, Vattel et Vitoria (P. HAGGENMACHER, « L'État souverain comme sujet du droit international, de Vitoria à Vattel », *Droits* 1992, n° 16, p. 13).

[4] M. TROPER, « Le territoire est plus intéressant que le territoire », *Jurisdoctoria* 2013, n° 10, p. 16.

[5] *Cf.* M.-H. RENAUT, *Histoire du droit administratif*, Ellipses, coll. Mise au point, 2007.

[6] D'abord indifférencié et diffus (1), le pouvoir politique émergerait à travers des dispositifs de médiation (2), des rôles politiques dérivés (3) puis spécialisés (4) ; la mise en place de gouvernants (5) marquerait le passage d'un seuil, avec le complément d'une hiérarchie de pouvoirs (6) ; le deuxième seuil serait franchi avec la consécration du monopole de l'usage de la violence physique (7), suivi par la mise en place d'un appareil de gouvernement (8) et l'avènement d'un système de domination impersonnelle (9) (J. W. LAPIERRE, *Vivre sans État ? Essais sur le pouvoir politique et l'innovation sociale*, Le Seuil, 1977 (cité par J. CHEVALLIER, *L'État post-moderne*, 3e éd., LGDJ, coll. Droit et société, 2008, p. 21)).

[7] Réf. à M. GAUCHET, *Le désenchantement du monde* (1985), Folio, coll. Essais, 2005.

certains mouvements migratoires, la fin du nomadisme, la consolidation d'armées et de finances publiques, l'expansion de la doctrine protestantiste ou le perfectionnement des guerres[1] et, dans certains cas, des relations politiques internationales.

Le fait que des degrés d'étaticité sont envisageables, notamment afin de désigner les institutions de la Renaissance et les temps de la « marche vers l'État », devrait être discuté plus avant. Le Professeur Jacques Chevallier avance que « la logique étatique ne se divise pas, l'État formant une "configuration" [...] dont les composantes sont indissociables »[2]. Pourtant, il paraît peu vraisemblable que les sociétés soient passées du sans-État à l'État sans connaître de périodes de développement étatique de leurs institutions.

Quant à l'histoire de l'État en France, il y aurait bien davantage à en dire. Depuis la Révolution de 1789, sa figure n'a cessé de changer, passant par les traits des restaurations, des empires, de l'État français de Vichy et, bien sûr, des Républiques[3]. Il n'est pas lieu, ici, de se plonger en cette histoire pourtant passionnante. Simplement ne faut-il en aucun instant oublier que les pérégrinations des formes de l'État montrent qu'il est toujours le fruit d'une conjonction de divers facteurs économiques, sociaux, politiques, philosophiques et idéologiques mouvants ; de mêmes facteurs pourraient donc parfaitement participer du déclin de l'État ou, pour employer une expression positive, de la transformation de l'État moderne en « État postmoderne »[4], même si Hauriou imaginait que l'État moderne « durera plus d'un millénaire »[5]. En cette étude, il sera question de l'État de France actuel, lequel correspond à l'État occidental moderne qui est de plus en plus le modèle dominant en raison des « transferts de technologie institutionnelle » que provoque la mondialisation, laquelle est aussi une mondialisation de l'État[6]. On affirme souvent que l' « occidentalisation de

[1] Néanmoins, l'opinion selon laquelle « tout État est né d'une guerre » (J. BAGUENARD, *L'État – Une aventure incertaine*, Ellipses, coll. Mise au point, 1998, p. 23) paraît exagérée ; divers États sont apparus loin de tout conflit armé et, par ailleurs, les États naissent certainement plus de la paix que de la guerre.

[2] J. CHEVALLIER, *L'État*, 2e éd., Dalloz, coll. Connaissance du droit, 2011, p. 9.

[3] *Cf.*, notamment, P. ROSANVALLON, *L'État en France, de 1789 à nos jours*, Le Seuil, coll. L'univers historique, 1990.

[4] Réf. à J. CHEVALLIER, *L'État post-moderne*, 3e éd., LGDJ, coll. Droit et société, 2008.

[5] M. HAURIOU, *Principes de droit public à l'usage des étudiants en licence et en doctorat ès sciences politiques*, 2e éd., Librairie du Recueil Sirey, 1916, p. VIII.

[6] Y. MÉNY, dir., *Les politiques du mimétisme institutionnel – La greffe et le rejet*, L'Harmattan, 1993 (cité par J. CHEVALLIER, *L'État post-moderne*, 3e éd., LGDJ, coll. Droit et société, 2008, p. 10) ; également F. FUKUYAMA, *La fin de l'histoire et le dernier homme*, Flammarion, 1992.

l'ordre politique »[1] aurait imposé partout dans le monde des modes d'organisation des sociétés prenant la forme de l'État d'Europe occidentale qui serait donc l'État « universel ». Pourtant, aujourd'hui encore, il semble que, si le nom « État » est utilisé systématiquement par commodité et par habitude, il désigne des structures politiques fort dissemblables ; il n'est pas même certain qu'une véritable notion générique d'État soit possible et qu'une colonne vertébrale commune existe entre tous les États, chacun ayant sa « personnalité » — au-delà de la personnalité juridique — et étant influencé par les particularités de sa société, de sa culture, de son histoire, de sa géographie.

[1] Réf. à B. BADIE, *L'État importé – L'occidentalisation de l'ordre politique*, Fayard, coll. L'espace du politique, 1992.

Des auteurs présentent schématiquement la « typologie génétique des États » de la manière suivante[1] :

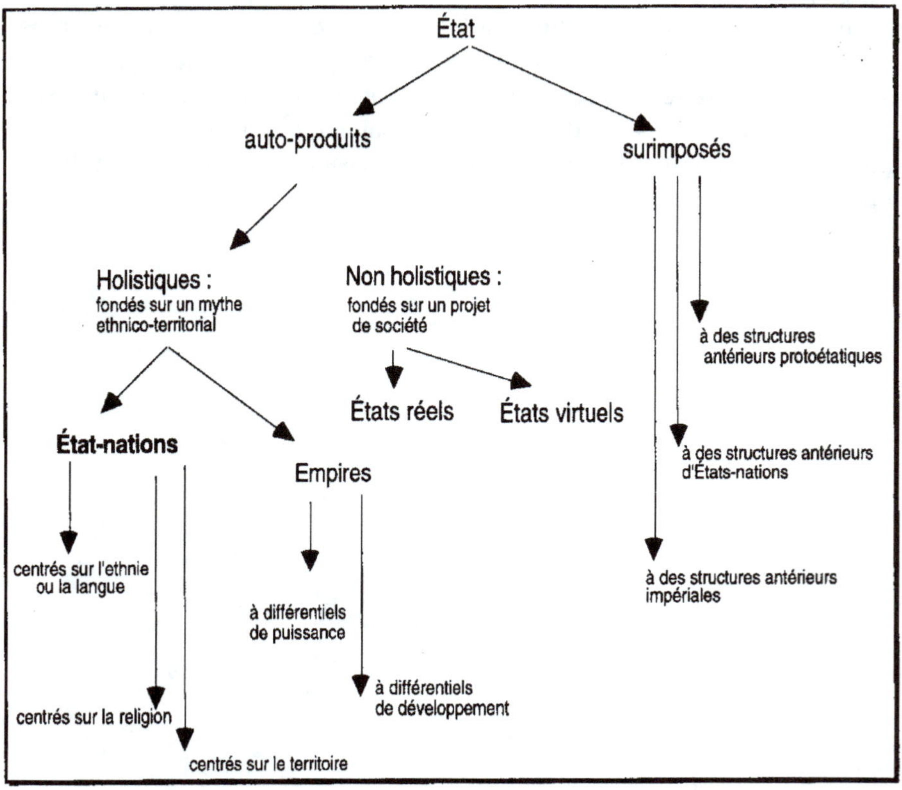

Source : op. cit, p.82.

Dans ce tableau, la France relève sans doute de la catégorie des « États auto-produits → holistiques (fondés sur un mythe ethnico-territorial) → États-nations → centrés sur le territoire ». Et c'est cette catégorie qui, certainement, contient actuellement le plus grand nombre d'États. L' « État auto-produit → holistique (fondé sur un mythe ethnico-territorial) → État-nation → centré sur le territoire » est ainsi l'État type, *a fortiori* en ce qui concerne les seuls États occidentaux. Mais il conviendrait bien de parler

[1] M.-F. DURAND, J. LÉVY, D. RETAILLE, *Le Monde : espaces et systèmes*, Dalloz-Presses de la Fondation Nationale des Sciences Politiques, 1993, p. 82 (cité par J. BAGUENARD, *L'État – Une aventure incertaine*, Ellipses, coll. Mise au point, 1998, p. 36).

d' « États » plutôt que d' « État ». Aussi faut-il redire que ce sera essentiellement de l'État de France, État occidental-contemporain, dont il sera ici question. Les considérations historiques ne feront leur retour qu'accessoirement ; c'est pourquoi il semblait indispensable de proposer, à cet instant, un minimum d'éléments introductifs d'ordre historique. Il est temps, désormais, de présenter et discuter la définition de cet État occidental-contemporain typique.

7. ***La définition de l'État entre fait et droit.*** Avec Hauriou, il faut tout d'abord convenir, contre les ouvrages anthropologiques qui observent des « États traditionnels » ou des « États sauvages »[1], que « le phénomène de l'État doit être considéré comme spécial, déterminé et limité ; toutes les organisations politiques des nations ne méritent pas le nom d'État »[2]. L'État n'est qu' « une espèce historique déterminée du pouvoir, plus exactement la forme moderne [...] et rationnelle [...] du problème intemporel qu'est le pouvoir »[3]. Il est donc indispensable, dès lors que l'État est l'objet d'étude de ces travaux, d'en dessiner les contours, soit d'en préciser les critères ou caractères particuliers qui permettent de le distinguer d'autres manifestations sociales de pouvoir et d'organisation politique. Or arrêter les éléments définitionnels caractéristiques de l'État n'est pas chose aisée ; si on s'interroge quant au fait de savoir si l'Union européenne est un État ou un semi-État, on s'interroge à l'identique concernant la famille[4] et la bande de brigands[5] qui reposent elles-aussi sur des phénomènes d'autorité et d'association.

L'État étant au cœur de la société, il intéresse toutes les disciplines rattachées aux sciences sociales, qui l'étudient de leurs points de vue respectifs. Le juriste, logiquement, en propose une acception juridique. Cependant, il importe de ne pas se contenter de cette dernière et, surtout, de ne pas imaginer que l'État reposerait uniquement sur le droit ; soit le droit naît de l'État, soit l'État naît du droit, mais les deux phénomènes ne peuvent logiquement coexister. La réalité est peut-être que l'État naît du fait, « parce que l'histoire, les vicissitudes et la volonté humaine le font éclore »[6] — ce

[1] Parmi d'autres, M. Abélès, *Anthropologie de l'État*, Armand Colin, 1990.

[2] M. Hauriou, *Principes de droit public à l'usage des étudiants en licence et en doctorat ès sciences politiques*, 2e éd., Librairie du Recueil Sirey, 1916, p. VII.

[3] O. Beaud, « Ouverture : L'honneur perdu de l'État ? », *Droits* 1992, n° 15, p. 7.

[4] J.-F. Spitz, « L'État et la famille », *Droits* 1992, n° 16, p. 59 s.

[5] A. Schütz, « Saint Augustin, l'État et la "bande de brigands" », *Droits* 1992, n° 16, p. 71 s.

[6] D. Anzilotti, *Cours de droit international public*, Librairie du Recueil Sirey, 1929, p. 206 (cité par J.-D. Mouton, « La notion d'État et le droit international public », *Droits* 1992, n° 16, p. 47).

qu'un regard sur le passé semble démontrer allègrement — ; ce n'est que secondairement qu'apparaît le droit et que l'État peut s'appuyer sur lui, en particulier à travers la souveraineté et la personnalité morale. Avec Duguit et en opposition à Kelsen, il faut soutenir que l'approche juridique n'interdit pas d'aller étudier l'État également dans le monde de l'être[1] ; trop d'explications décisives et indispensables s'y trouvent. Kelsen, loin de nier que l'État puisse être analysé par les sociologues ou les économistes, n'autorisait aux juristes l'appréhension que de ses seules dimensions juridiques, c'est-à-dire appartenant au monde des devoir-être. Selon l'auteur de *Théorie pure du droit*, l'État au sens juridique serait incomparable à l'État au sens sociologique ou au sens économique : d'un côté il se réduit à un système de normes, de l'autre il est un ensemble de faits ; ce n'est donc pas la même chose observée sous des angles différents, ce sont des choses différentes.

« Secondaire », le droit ne l'est que temporellement par rapport au fait dans l'affirmation des caractères de l'État. Ce dernier est un être juridique, notamment car il s'auto-définit par le droit. Pour cela, il s'appuie sur la Constitution ; mais les Constitutions originelles, historiquement premières, sont des créations sociales factuelles. On soutient que la France serait un « véritable laboratoire de la notion [d'État] »[2]. Il est vrai que ce ne sont pas moins de quatorze actes constitutionnels et autres textes à prétention fondatrice qui ont cherché, depuis 1789, à spécifier l'État de France au départ de règles-cadres juridiques. Toutefois, depuis 1958, c'est sur le même texte suprême et sur le même régime politique que l'État s'appuie, ce qui invite à constater la certaine stabilité de sa figure.

Contre Kelsen, il faut croire que l'existence de l'État soit déjà un fait et que rien n'interdise au juriste de décrire ce fait ; étant précisé que, si l'État est une création de l'esprit, une création de l'esprit est un fait empiriquement saisissable, *a fortiori* dès lors qu'il se traduit par des manifestations matérielles, par exemple par des institutions. Bodin, dans ses *Six livres de la République*, jugeait que préciser la notion de « souveraineté » était suffisant pour pouvoir comprendre celle d' « État »[3]. Pourtant, il n'y a qu'en associant le fait au droit et le droit au fait que la définition de l'État peut être, si ce n'est complète et générale, du moins suffisamment complète et générale. Si

[1] L. DUGUIT, *Traité de droit constitutionnel. Tome premier : La règle de droit, le problème de l'État*, 3e éd., De Boccard, 1928, p. 538.
[2] R. DRAÏ, *L'État purgatoire – La tentation postdémocratique*, Michalon, 2005, p. 22.
[3] J. BODIN, *Les six livres de la République*, 1576, L. I, chap. 6 (cité par O. BEAUD, *La puissance de l'État*, Puf, coll. Léviathan, 1994, p. 125).

uniquement les caractères juridiques de l'État étaient présentés, il serait difficile de comprendre de manière satisfaisante ce qu'il est, même pour qui n'aurait d'égards que pour le domaine du droit. Par suite, il importe de précisément distinguer les approches. Sur ce point, Jellinek est le meilleur exemple à suivre, lui qui différenciait la notion sociale et la notion juridique d'État et qui séparait sa « théorie générale »[1] de sa « théorie juridique de l'État »[2], à l'instar du Professeur Michel Troper[3]. Jellinek expliquait que l'approche sociale consiste en une science causale qui porte sur l'ensemble des facteurs historiques et sociaux qui président à la naissance et à l'organisation de l'État[4], quand l'approche juridique est une science normative ayant pour objet de décrire tous les devoir-être qui participent de l'espace étatique[5].

Il y a différentes façons de présenter l'État qui est bien davantage qu'une institution juridique ; l' « extraordinaire variété des conceptions de l'État sur le marché des idées »[6] ne fait aucun doute. Le juriste qui s'apprête à proposer sa conception de cet être particulier en soulignant ses aspects juridiques n'ignore pas que, s'il était géographe, économiste, historien ou même sociologue — « même » car les juristes sont sans doute une espèce de sociologues —, il s'essaierait à une définition géographique, économique, historique ou sociale de l'État ; bien que ce pluralisme des disciplines a été contesté par Duguit[7]. Or, dès lors que les critères de reconnaissance diffèrent selon les angles d'approche, un État peut être reconnu comme tel dans certains champs de la connaissance et pas dans d'autres[8], ce qui explique que les anthropologues voient des États là où les juristes n'observent que des organisations sociales a-étatiques. Toutefois, il n'est ni *jus*-prétentieux ni *jus*-nombriliste d'avancer que l'État est, dans une grande proportion, une construction juridique et que, donc, les juristes possèdent une légitimité particulière pour le décrire. C'est essentiellement en tant que concept

[1] G. JELLINEK, *L'État moderne et son droit – Première partie : Théorie générale de l'État*, Éditions Panthéon-Assas, coll. Les introuvables, 2005.

[2] G. JELLINEK, *L'État moderne et son droit – Deuxième partie : Théorie juridique de l'État*, Éditions Panthéon-Assas, coll. Les introuvables, 2005.

[3] M. TROPER, *Pour une théorie juridique de l'État*, Puf, coll. Léviathan, 1994.

[4] Par exemple, M. BLUNTSCHLI, *Théorie générale de l'État*, trad. M. Armand de Riedmatten, Guillaumin, 1877.

[5] É. MAULIN, « Positivisme », in D. ALLAND, S. RIALS, dir., *Dictionnaire de la culture juridique*, Lamy-Puf, coll. Quadrige-dicos poche, 2003, p. 1176.

[6] D. DE BÉCHILLON, *Qu'est-ce qu'une règle de droit ?*, Odile Jacob, 1997, p. 100.

[7] L. DUGUIT, *Traité de droit constitutionnel. Tome premier : La règle de droit, le problème de l'État*, 3e éd., De Boccard, 1928, p. 538.

[8] J.-D. MOUTON, « La notion d'État et le droit international public », *Droits* 1992, n° 16, p. 47.

juridique que son autonomie se révèle ; mais cela n'interdit pas que le droit et l'État soient nés, *ab initio*, des faits et continuent de sans cesse s'appuyer sur le monde de l'être.

Le Professeur Michel Troper enseigne que « la vieille théorie générale de l'État a malheureusement échappé à l'évolution de la théorie générale du droit »[1]. Et un auteur de regretter que « les définitions que les juristes [...] ont pu donner de l'État sont à la fois fluctuantes, contradictoires et largement dépendantes de présupposés idéologiques »[2]. Ainsi, entre les pensées de Duguit et Hauriou, notamment, il se trouve un fossé qui est avant tout un fossé idéologique. La théorie de l'État, aujourd'hui encore, pêcherait par une tendance excessive à faire œuvre philosophique, là où la théorie du droit s'est depuis longtemps engagée sur la voie du positivisme. Et le même auteur d'expliquer, par ailleurs, qu' « il n'est pas rare de trouver dans un ouvrage trois à quatre définitions différentes de l'État, ce qui tendrait à prouver que cette définition n'est finalement pas essentielle pour construire une théorie du droit public »[3]. Pourtant, de la conception de l'État retenue dépend très largement la théorie du droit public, cette dernière comprenant nécessairement une grande part de théorie juridique de l'État ; en témoignent les Écoles du service public et de la puissance publique. Kelsen lui-même retenait que la question du critère de l'État serait une question métaphysique et/ou politique que le juriste n'aurait pas à vouloir trancher[4]. À l'aune de ces diverses affirmations, il paraît pertinent de chercher à proposer une vision au moins partiellement neuve de ce qu'est l'État. Or, avant d'engager la présentation de la notion d'État telle qu'ici retenue, il faut redire — car cela est décisif — que l'intention syncrétique et scientifique qui marque la théorie du droit ailleurs esquissée par l'auteur de ces lignes[5] sera totalement absente de cette définition de l'État ; celle-ci sera imprégnée de tout autres prémisses épistémologiques. Cela ne signifie pas qu'il sera nécessairement choisi entre le normativisme de Kelsen, l'institutionnalisme d'Hauriou, l'approche sociologique de Duguit et le personnalisme soutenu par Carré de Malberg et

[1] M. TROPER, *Pour une théorie juridique de l'État*, Puf, coll. Léviathan, 1994, p. 18.

[2] M.-J. REDOR, « L'État dans la doctrine publiciste française du début du siècle », *Droits* 1992, n° 15, p. 91.

[3] *Ibid.*

[4] *Cf.* H. KELSEN, *Théorie pure du droit*, 2e éd., trad. Ch. Eisenmann, Dalloz, 1962.

[5] *Cf.* B. BARRAUD, *Théories du droit et pluralisme juridique*, PUAM (Aix-en-Provence), coll. Inter-normes, 2015 ; B. BARRAUD, « L'échelle de juridicité : un outil pour mesurer le droit et fonder une théorie syncrétique (première partie : présentation) », *Arch. phil. droit* 2013, p. 365 s.

Esmein ; mais chaque théorie sera appréhendée sous un angle critique, tandis que des propositions originales pourront être librement avancées.

Bien que nombre d'auteurs soulignent combien, en matière d'État, « la question centrale est la question de droit et non la question de fait »[1], toutes deux seront ici envisagées à parts égales. Cet essai de définition relèvera donc autant de la théorie factuelle que de la théorie juridique de l'État — l'une et l'autre constituant une contribution à la théorie générale de l'État —. Les éléments spécifiques et définitionnels de l'État seront ainsi répartis *entre fait (première partie) et droit (seconde partie)*, cela au départ d'une approche libre-personnelle et non syncrétique-scientifique, bien que cette dernière pourrait se révéler fort utile dès lors qu'on affirme que « l'élaboration scientifiquement étayée d'un concept unique de l'État paraît totalement hors de portée »[2]. Peut-être un jour une théorie syncrétique de l'État sera-t-elle élaborée, mais, en ces pages, ce ne sera que le concept d'État au sens de l'auteur de ces lignes qui sera présenté, lequel se base toutefois très amplement sur les œuvres des plus illustres professeurs, en particulier Duguit, Hauriou et Carré de Malberg. Les divergences à propos du signifié d' « État » étant moins nombreuses, moins radicales et moins polémiques que celles qui entourent le signifié de « droit », certainement la théorie de l'État portée par le présent ouvrage ne variera-t-elle que partiellement — seulement quant à certaines propriétés problématiques — par rapport à la théorie ordinairement admise. Actuellement, la doctrine *jus*-publiciste s'accorde sur les traits particuliers de l'État : la souveraineté, la personnalité et la trilogie territoire-population-gouvernement. C'est ce niveau d'incertitude sémantique peu élevé qui autorise le recours à une approche stipulative plutôt qu'à une approche syncrétique et scientifique, *i.e.* objective et empirique, car le risque n'est pas encouru — à l'inverse de la situation propre à la théorie du droit — d'aviver toujours plus un quelconque chaos conceptuel. Et c'est ce qui explique que la novation se situera moins au niveau de la définition primaire et générale de l'État qu'au niveau des sous-définitions propres aux caractères définitionnels de l'État.

[1] P. KAHN, *L'État*, Quintette, coll. Philosopher, 1989, p. 6.
[2] D. DE BÉCHILLON, *Qu'est-ce qu'une règle de droit ?*, Odile Jacob, 1997, p. 100.

Première partie

L'IDENTIFICATION FACTUELLE DE L'ÉTAT

8. ***Le contrat social et les éléments constitutifs de l'État.*** « Personne n'a jamais vu l'État, écrivait Georges Burdeau. Qui pourrait nier cependant qu'il soit une réalité ? »[1]. En même temps que l'État est une réalité incontestable et face à laquelle chacun se retrouve confronté au quotidien, il n'est pas la chose la plus aisée à définir, surtout si une description fine est espérée. Cela est dû principalement au fait que cette réalité est une réalité de l'esprit autant qu'une réalité matérielle et une réalité juridique autant qu'une réalité sociologique. Le Professeur Jacques Chevallier note que l'État serait « porteur d'effets de réalité », mais qu'aucun élément objectif de définition ne permettrait de le caractériser[2]. Il semble, néanmoins, que certaines données spécifiquement ou notamment étatiques appartiennent au monde tangible et que, partant, l'État puisse être appréhendé en tant que phénomène concret. Il est permis de rechercher les « faits-conditions » qui sont les signes objectifs de l'étaticité et qui, par suite, emportent un certain nombre de conséquences juridiques.

Envisager l'État d'un point de vue factuel oblige à s'intéresser principalement à ses origines, au moment de sa formation. Une grande question de la philosophie de l'État est : qu'est-ce qui a rendu possible l'avènement de ce « mythe moderne »[3] qu'est l'État ? Ce dernier naissant avant tout dans les esprits, par la volonté et par la consolidation de la société qu'il accompagne, la métaphore du « contrat social » paraît incontournable. Bien sûr, il ne s'agit pas là d'un véritable contrat, et donc d'une notion juridique, car ce « contrat » n'est qu'une métaphore servant à rendre palpable l'idée de rencontre des volontés au sein d'un corps social. Mais l'État, une fois affirmé, n'en demeure pas moins toujours une réalité factuelle, spécialement un « fait de pouvoir »[4], en même temps qu'une réalité juridique. On parle généralement d'« éléments constitutifs » afin de

[1] G. BURDEAU, *L'État* (1970), Le Seuil, coll. Points, 2009, p. 9.
[2] J. CHEVALLIER, *L'État*, 2e éd., Dalloz, coll. Connaissance du droit, 2011, p. 3.
[3] Réf. à E. CASSIRER, *Le mythe de l'État* (1946), Gallimard, 1993.
[4] P. KAHN, *L'État*, Quintette, coll. Philosopher, 1989, p. 16.

désigner les caractéristiques factuelles permettant de reconnaître l'État. Ceux-ci interrogent car leur véracité et leur pertinence ne sont pas incontestablement avérées, tandis qu'ils peuvent également être analysés en tant que données juridiques.

À l'ère de la mondialisation et de la gouvernance mondiale, il est loisible de s'intéresser au « déclin de l'État » ; en ces lignes, il s'agit d'interroger sa « genèse »[1]. Si l'apparition de l'être étatique peut s'expliquer par le prisme de l'idée de « contrat social » (*titre premier*), sa réalité factuelle correspond, concrètement, à ses « éléments significatifs » (*titre second*). Lorsque sera, par la suite, abordé le pan juridique de l'État, il ne sera plus question du moment de sa formation puisque celui-ci n'appartient qu'à l'ordre des faits sociaux. Il n'est nul droit avant l'État qui est sa source — selon une majorité de courants *jus*-théoriques du moins — ; il est « impossible de rendre juridiquement compte du moment constituant »[2] et l'ordre juridique demeure ultimement fondé sur des faits sociaux. La « forclusion de l'originaire »[3] ne saurait être ignorée ; l'État n'a pas pour soubassement originel le droit mais bien le fait et uniquement le fait.

[1] Réf. à *Arch. phil. droit* 1976, « Genèse et déclin de l'État ».

[2] D. MINEUR, « De la souveraineté nationale à la volonté générale – L'évolution de Carré de Malberg, du projet positiviste au parti-pris démocratique », *Jus Politicum* 2012, n° 8, p. 5.

[3] É. MAULIN, *La théorie de l'État de Carré de Malberg*, Puf, coll. Léviathan, 2003, p. 125.

Titre 1

Abstraitement, le contrat social et la naissance de l'État

9. ***Le contrat social : un acte factuel, non un acte juridique.*** Un contrat est, au sens propre, un acte juridique. Mais le « contrat » évoqué lorsqu'est fait référence au « contrat social » n'est certainement pas une véritable rencontre de volontés. Il s'agit d'une image renvoyant à un sens figuré, et il faudrait utiliser systématiquement les guillemets afin de désigner ce « contrat » particulier. Même si l'expression est ici retenue, il est incontestable que « la spécificité structurelle du Contrat social est telle que l'appeler "contrat" constitue, juridiquement, une hérésie »[1]. Le contrat social désigne ce qui est à l'origine de la naissance de l'État, ce qui permet le passage de l'ante-étaticité à l'étaticité. Or l'État naît du fait et nullement du droit qui, avant que l'État n'apparaisse, n'existe pas ou, du moins, n'existe que sous des formes différentes du droit tel que majoritairement compris au XXe et au XXIe s. Il est peu probable que, comme cela a pu être écrit, « l'État est constitué par la loi, donc la loi préexiste »[2]. Il semble plutôt que, dans l'ordre des choses, ce n'est qu'une fois que l'État est institué que la loi peut être produite. Si l'État peut se définir juridiquement dès lors qu'il est en place, la question de son émergence, en revanche, ne peut conduire qu'à des considérations factuelles. C'est pourquoi la naissance comme l'existence de l'État sont caractérisées factuellement quand seulement cette seconde est aussi caractérisée juridiquement. Des expressions plus heureuses que « contrat social » pourraient sans doute être employées ; mais la force doctrinale de celle-ci est telle, si bien qu'elle a su traverser les siècles sans être égratignée, qu'il paraît difficile de la remplacer. Seulement faut-il ne pas manquer de souligner que le « contrat » social n'est pas un contrat, n'est pas du droit ; il n'y a donc guère de contradiction à traiter celui-ci dans une partie intitulée « l'identification factuelle de l'État ». La doctrine positiviste,

[1] S. GOYARD-FABRE, *L'État, figure moderne de la politique*, Armand Colin, coll. Cursus-Philosophie, 1999, p. 77.

[2] P. JOUANJAN, « État de droit », in D. ALLAND, S. RIALS, dir., *Dictionnaire de la culture juridique*, Lamy-Puf, coll. Quadrige-dicos poche, 2003, p. 650.

emmenée par Carré de Malberg notamment, a souvent réfuté la thèse du contrat social en montrant que ce pacte n'est pas un véritable acte juridique plurilatéral garanti et sanctionné par l'État[1]. Une telle critique est de peu de poids puisque ceux qui parlent de « contrat social » ne font pas référence à un véritable contrat, en bonne et due forme juridique. Le contrat dont il est question dans ce cas ne partage que peu avec les contrats régis par le Code civil : il s'agit d'une fiction, d'une convention qui n'existe que dans l'esprit, intellectuellement, et qui sert à décrire le moment où une communauté se forme et bâtit l'État, passant de l'état de nature à l'état social, puis de l'état social à l'État.

On observe, parfois, que « toute question portant sur l'origine de l'État déroge aux règles élémentaires du fonctionnement de l'esprit »[2]. Il est néanmoins possible de discerner quelques caractéristiques tangibles, logiques et explicables qui sont à l'origine de l'État ; et l'idée de « contrat social » permet plutôt pertinemment de les désigner. En revanche, invoquer une origine naturelle de l'État ne paraît guère congruent. Carré de Malberg critiquait sévèrement les auteurs qui voyaient dans la vie sociale, non la conséquence de volontés humaines — ce qu'elle semble pourtant être —, mais le résultat de besoins naturels, « de causes et de forces supérieures au vouloir humain »[3]. Selon Gierke, l'État serait un « organisme naturel et spontané résultant des lois naturelles régissant le développement des sociétés et qui s'imposent à tous les hommes »[4]. Ainsi des lois supérieures contraindraient-elles les individus à construire l'État et à s'inscrire en son sein. Peut-être la nature de l'homme, qui fait de lui un être social, le conduit-elle à bâtir cette forme ingénieuse de structure sociale qu'est l'État ; mais il paraît peu satisfaisant de convoquer quelques « lois naturelles » ou « lois supérieures ». Mieux vaut se contenter d'observer ce qui se produit en faits et ne pas rechercher quelque explication surhumaine parmi les « lois naturelles et fondamentales de l'ordre social dont Dieu est l'auteur », pour

[1] R. Carré de Malberg, *Contribution à la théorie générale de l'État spécialement d'après les données fournies par le droit constitutionnel français*, t. I, Librairie du Recueil Sirey, 1920, p. 60.

[2] R. Draï, *L'État purgatoire – La tentation postdémocratique*, Michalon, 2005, p. 30.

[3] R. Carré de Malberg, *Contribution à la théorie générale de l'État spécialement d'après les données fournies par le droit constitutionnel français*, t. I, Librairie du Recueil Sirey, 1920, p. 53.

[4] O. von Gierke, *Die Grundhegriffe des Slaatsrechls, Zeitschrift f. die gesammte liechtswissenschaft*, Berlin, 1889, p. 170 (cité par R. Carré de Malberg, *Contribution à la théorie générale de l'État spécialement d'après les données fournies par le droit constitutionnel français*, t. I, Librairie du Recueil Sirey, 1920, p. 53).

reprendre les mots de Bossuet[1]. Toute société est une « machine à faire des Dieux »[2], mais les Dieux ne font guère les sociétés qui sont de pures constructions sociales et, donc, factuelles. L'idée de contrat social sert ainsi à désigner de manière abstraite une origine de l'État tout à fait concrète et empiriquement accessible.

10. ***L'État comme réalisation des sociétés politiques.*** La forme étatique n'est concevable que dans le cadre de sociétés politiques. Mais il n'est pas sûr qu'existent quelque part des sociétés non politiques et, depuis Aristote, il est démontré que l'homme est par nature un « animal politique ». Sa sociabilité n'est « pas simplement grégaire »[3]. Le règne animal connaît des degrés variables de sociabilité ; certaines espèces sont assez individualistes, quand d'autres, des éléphants aux fourmis, développent une vie de groupe et des structures sociales parfois très perfectionnées. Mais l'homme est incontestablement l'espèce la plus sociale, notamment parce qu'elle dispose des caractéristiques physiques et biologiques, par exemple en termes de communication, nécessaires au développement de véritables sociétés. Et l'homme est la seule espèce politique. En outre, comme il existe des variations fortes entre les espèces, il existe des variations fortes entre les sociétés humaines, géographiquement et, plus encore, temporellement. Les sociétés modernes sont ô combien plus abouties institutionnellement que les groupements humaines préhistoriques ; et on oppose, par exemple, les « sociétés à régulation immédiate et pouvoir politique indifférencié », tels les Esquimaux, et les « sociétés à pouvoir politique institutionnalisé et exercé à travers une administration spécialisée et hiérarchisée », c'est-à-dire les États[4]. Où il ne fait aucun doute qu'autant que toutes les règles sociales ne sont pas des règles de droit, toutes les organisations sociales ne sont pas des organisations étatiques.

La politique, quelle forme qu'elle prenne, paraît être une donnée intrinsèque à toute société humaine et l'expression « société politique » est peut-être pléonastique. Les sociologues définissent la société politique comme consistant en un ensemble d'individus partageant un sentiment

[1] Cité par R. CARRÉ DE MALBERG, *Contribution à la théorie générale de l'État spécialement d'après les données fournies par le droit constitutionnel français*, t. I, Librairie du Recueil Sirey, 1920, p. 54.

[2] Réf. à S. MOSCOVICI, *La machine à faire des dieux*, Fayard, 1988.

[3] C. COLLIOT-THELEN, « État et société civile », in Ph. RAYNAUD, S. RIALS, dir., *Dictionnaire de philosophie politique*, Puf, coll. Quadrige, 1996, p. 225.

[4] J.-W. LAPIERRE, *Vivre sans État ?*, Le Seuil, 1977, p. 75-76 (cité par J. BAGUENARD, *L'État. Une aventure incertaine*, Ellipses, coll. « Mise au point », 1998, p. 9-10).

d'appartenance à un même groupe dépassant les consciences individuelles. Concernant le mode de formation et la nature de cette conscience sociale, différentes écoles sociologiques s'affrontent[1]. Il n'est pas lieu, à cet instant, d'engager la discussion sur ce point. Simplement, il n'y a de société politique que là où, « à la socialité, groupement instinctif né de la nécessité, se superpose une association que fondent la conscience de sa raison d'être et la représentation de son but »[2].

Rousseau voyait dans la famille « la plus ancienne de toutes les sociétés »[3]. Il expliquait que, comme le citoyen par rapport à l'État, l'enfant ou le parent reste attaché à sa famille « par convention », alors qu'il pourrait vivre indépendamment, s'émanciper du groupement familial. Rousseau pouvait ainsi conclure que la famille est « le premier modèle de société politique ; le chef est l'image du père, le peuple est l'image des enfants, et tous étant nés égaux et libres n'aliènent leur liberté que pour leur utilité »[4]. Et des auteurs de noter, à la suite du philosophe de Genève, que « le pouvoir du roi est identique à celui du père sur les enfants : "naturel", absolu et arbitraire »[5]. Par suite, l'homme est, de tout temps, porté à vivre en groupe et le clan ou la tribu sont d'autres formes de sociétés politiques ; mais la plus aboutie, la plus organisée, celle qui recourt au droit, est sans nul doute l'État.

La notion de « contrat social », qui permet de figurer abstraitement l'association d'individus épars au sein d'une même communauté et, par suite, au sein d'un même État, appartient comme ce dernier au « registre conceptuel de la philosophie juridico-politique des Temps modernes »[6]. Cela n'est guère étonnant car l'État (*chapitre premier*), mais aussi la nation sur laquelle il repose (*chapitre second*), peuvent être caractérisés comme émanations du contrat social. Et, si on peut parler de « théories » (au pluriel) plutôt que de « théorie » (au singulier) du contrat social[7], car des jurisconsultes tels que Jurieu, Grotius, Pufendorf ou Locke ont proposé leurs visions personnelles du « pacte », c'est ici essentiellement aux pensées de

[1] *Cf.* B. BADIE, P. BIRNBAUM, *Sociologie de l'État*, Hachette, coll. Pluriel sociologie, 1983.

[2] G. BURDEAU, *L'État* (1970), Le Seuil, coll. Points, 2009, p. 20.

[3] J.-J. ROUSSEAU, *Du contrat social*, 1762, L. I, chap. 2.

[4] *Ibid.* Et Rousseau de continuer : « Toute la différence est que dans la famille l'amour du père pour ses enfants le paye des soins qu'il leur rend, et que dans l'État le plaisir de commander supplée à cet amour que le chef n'a pas pour ses peuples » (*ibid.*).

[5] J.-F. SPITZ, « L'État et la famille », *Droits* 1993, n° 16, p. 65.

[6] GOYARD-FABRE S., « Contrat social (doctrines) », in D. ALLAND, S. RIALS, dir., *Dictionnaire de la culture juridique*, Lamy-Puf, coll. Quadrige-dicos poche, 2003, p. 281.

[7] R. DÉRATHÉ, *Jean-Jacques Rousseau et la pensée politique de son temps*, Puf, coll. Bibliothèque de la science politique, 1950.

Rousseau et de Hobbes qu'il sera fait référence, tant les œuvres de ces deux penseurs sont intimement attachées au concept. Enfin, il convient de souligner que le fait que le « contrat social » est un concept, issu du monde des abstractions, n'interdit pas de l'utiliser à l'intérieur de la définition factuelle de l'État puisque ce concept est utilisé afin de désigner un ensemble de données socio-factuelles.

Chapitre 1

De l'état naturel à l'État social

11. ***Le « contrat social », origine métaphorique de l'État.*** Dans la philosophie grecque, chez Socrate ou Démosthène, il ne se trouve que quelques premiers linéaments de pensée contractualiste parmi les explications de l'origine de la Cité. Cicéron, pour sa part, a bien mentionné l'existence de nombreux pactes nécessaires à la vie en société, mais le contrat social tel qu'entendu ici n'y figure pas[1]. Plus tard, la philosophie théologique médiévale de Saint Augustin ou Saint Thomas ne pense pas davantage le contrat social. Cette notion, qui implique la maîtrise de l'homme sur son destin et sur celui de la société, n'aurait pu être que mal accueillie dans le contexte philosophico-politique du Moyen Âge. On enseigne que c'est après « les crises politiques et les bouleversements philosophiques qui se sont succédées à l' "automne du Moyen Âge" » que Nicolas Oresme, au XIVe s., aurait forgé pour la première fois l'expression de « contrat social »[2]. Mais ce n'est que deux siècles plus tard que celle-ci est devenue un axe fort de la pensée juridico-politique, lorsque cette dernière est entrée dans l'âge de la modernité, de l'humanisme et du rationalisme et que l'État est devenu de plus en plus une réalité sociale tangible, qu'il était nécessaire de comprendre et d'expliquer. Il fallait s'émanciper du providentialisme féodal qui tendait à justifier toute chose par des volontés divines et du naturalisme aristotélicien qui envisageait la communauté comme une immédiateté naturelle, ce qui n'empêche pas que l'homme soit un « animal politique ».

Tout d'abord, la pensée du contrat social décrit une société reposant sur deux sortes de pactes : le « *pactum associationis* », par lequel une multitude s'assemble pour former un groupe — c'est de celui-ci dont il est ici question —, et le « *pactum subjectionis* », par lequel les gouvernés se soumettent aux gouvernants[3]. Au XVIe s., des auteurs tels qu'Étienne de la

[1] S. GOYARD-FABRE, « Contrat social », in D. ALLAND, S. RIALS, dir., *Dictionnaire de la culture juridique*, Puf, coll. Quadrige-dicos poche, 2003, p. 281.

[2] *Ibid.*

[3] *Ibid.*

Boétie, dans son *Discours de la servitude volontaire*[1], souhaitaient remplacer l'idée d'un pouvoir spirituel par celle d'une alliance réciproque entre le monarque et ses sujets. En substance, il s'agissait d'expliquer que ce sont les peuples qui font les rois — et potentiellement les défont — et non l'inverse. Ce sont là des actes contractuels de type quasiment synallagmatiques qui sont envisagés ; le monarque et ses sujets sont liés par des engagements réciproques qui font naître des obligations à la charge de tous. Les théories du contrat social vont, par la suite, profondément évoluer.

Le premier moment de la problématisation du contrat social tel qu'il est entendu actuellement est identifié chez le philosophe germanique Johannes Althusius[2] et, plus sûrement, dans le *Droit de la guerre et de la paix* de Grotius, publié en 1625[3]. L'auteur batave mettait en lumière un pacte politique de soumission, loin de tout aspect bilatéral et de toute réciprocité. Mais, ainsi que le soulignait Hauriou[4], il est à mettre au crédit de Thomas Hobbes d'avoir élaboré la véritable théorie moderne du contrat social et d'avoir, de la sorte, engagé une véritable refonte des fondements de l'État. Selon Hobbes, qui exposa ses thèses dans *De Cive*[5] et, surtout, *Léviathan*[6], l'homme se situe, tout d'abord, dans un « état de nature » où l'égalité de tous induit une universelle compétition. À l'opposé de la thèse aristotélicienne de l'immédiateté naturelle de la société politique, l'homme serait plutôt tenté par l'individualisme et par la solitude. Il est peu vraisemblable que cet état de nature ait existé un jour. Il est plus certain que tout être humain cherche à s'insérer au sein d'une structure sociale ; ensuite, il y a des degrés de développement politique des structures sociales et l'État ne correspond qu'au plus élevé de ceux-ci. C'est, dès lors, à juste titre que des anthropologues affirment que les coutumes aussi reposent sur des contrats sociaux tacites, qu'elles sont « réputées naître d'un contrat et, comme tout contrat, impliquer la volonté, la participation créatrice du peuple, le *consensus populi* »[7].

[1] É. DE LA BOÉTIE, *Discours de la servitude volontaire ou le contr'un*, 1574.

[2] R. CARRÉ DE MALBERG, *Contribution à la théorie générale de l'État spécialement d'après les données fournies par le droit constitutionnel français*, t. I, Librairie du Recueil Sirey, 1920, p. 51.

[3] S. GOYARD-FABRE, « Contrat social », in D. ALLAND, S. RIALS, dir., *Dictionnaire de la culture juridique*, Puf, coll. Quadrige-dicos poche, 2003, p. 281.

[4] M. HAURIOU, *Précis élémentaire de droit constitutionnel*, 2e éd., Librairie du Recueil Sirey, 1930, p. 20.

[5] Th. HOBBES, *De Cive*, 1642.

[6] Th. HOBBES, *Léviathan*, 1651.

[7] L. ASSIER-ANDRIEU, « Coutumes et usages », in D. ALLAND, S. RIALS, dir., *Dictionnaire de la culture juridique*, Lamy-Puf, coll. Quadrige-dicos poche, 2003, p. 319.

Le contrat social de Hobbes ne concerne pas la question du rapport « contractuel » de subordination entre le peuple et le monarque comme au Moyen Âge. Désormais, il s'agit d'expliquer comment et pourquoi une communauté sociale s'édifie et comment et pourquoi une autorité politique légitime et efficace se met en place. Le philosophe discerne chez l'homme « un désir inquiet d'acquérir puissance après puissance, désir qui ne cesse seulement qu'à la mort »[1]. Mais ces passions et ces désirs que chacun cherche à assouvir souvent au détriment de ceux des autres ne peuvent déboucher que sur la « guerre de chacun contre chacun » qui rend « la vie humaine [...] solitaire, misérable, dangereuse, bestiale et brève »[2]. Rousseau, pour sa part, suppose « les hommes parvenus à ce point où les obstacles qui nuisent à leur conservation dans l'état de nature l'emportent [...] sur les forces que chaque individu peut employer pour se maintenir dans cet état. Alors cet état primitif ne peut plus subsister, et le genre humain périrait s'il ne changeait sa manière d'être »[3]. A déjà été souligné combien l'homme est naturellement porté à s'organiser en groupe et combien il n'existe certainement que des différences de degrés entre les formes d'organisation. L'immédiateté naturelle des sociétés politiques n'est pas à rejeter en bloc et l'opposition de l' « état de nature » et de l' « âge des institutions politiques » ne paraît que très imparfaitement conforme à la réalité historique ; l'homme a toujours connu des institutions politiques. Il est, en tout cas, vrai que « la peur de la mort, le désir des choses essentielles et d'une existence confortable, et l'espoir de les obtenir par leur activité »[4], amènent les hommes, au terme d'un calcul rationnel, à s'en remettre, par « contrat », à l'État-Léviathan afin qu'il assure leur sécurité et leur protection. Bien évidemment, il ne s'agit que d'un contrat inexprimé, d'un engagement implicite, et Rousseau lui-même observait que les clauses du pacte social « n'ont jamais été formellement énoncées, [mais] sont partout [...] tacitement admises et reconnues »[5]. Cette tendance à former société politique marque la nature humaine de tout temps, y compris à l'époque préhistorique. Les contrats sociaux seraient donc présents depuis toujours dans l'histoire de l'humanité ; à moins de retenir que cette expression permet de désigner uniquement l'hypothèse dans laquelle des hommes créent des États. Seulement paraît-il difficilement justifiable d'interdire l'emploi de « contrat social » concernant la création d'organisations socio-politiques moins

[1] Th. HOBBES, *Léviathan*, 1651, chap. 11.
[2] *Ibid.*, chap. 13.
[3] J.-J. ROUSSEAU, *Du contrat social*, 1762, L. I, chap. 6.
[4] Th. HOBBES, *Léviathan*, 1651, chap. 13.
[5] J.-J. ROUSSEAU, *Du contrat social*, 1762, L. I, chap. 6.

développées. Aussi convient-il de retenir que, si certains contrats sociaux sont à l'origine des États, d'autres engendrent des institutions socio-politiques non étatiques.

Et Hobbes de définir l'État en ces termes : « Une personne une dont les actes ont pour auteur, à la suite de conventions mutuelles passées entre eux-mêmes, chacun des membres d'une grande multitude, afin que celui qui est cette personne puisse utiliser la force et les moyens de tous comme il l'estimera convenir à leur paix et à leur défense commune »[1]. L'État est donc bien la conséquence d'un contrat social qui l'institue afin de protéger les membres du corps social et d'assurer leur cohabitation pacifique. De plus, l'idée de représentation semble au cœur de la définition de Hobbes qui fait de l'État une personne agissant au nom de tous les « contractants ». Le contrat, par le truchement d'une délégation de pouvoir, transforme la force (*potentia*) des individus en puissance publique (*potestas*) et leurs volontés particulières en une volonté souveraine, si bien que Hobbes, préfigurant la future théorie de la « volonté générale » de Rousseau, pouvait écrire : *Rex est populus*[2]. Cela peut se résumer en deux principes : « celui de la liberté-légitimité (tout pouvoir humain renvoie à l'acte fondateur d'une décision libre qui l'institue comme pouvoir légitime du fait même qu'elle le reconnaît) et celui de l'utilité (les hommes n'aliènent leur liberté — c'est-à-dire ne consentent à se soumettre à une autorité — que pour leur utilité) »[3], principes qui découlent l'un de l'autre, qui renvoient l'un à l'autre. Par ailleurs, est remarquable que « conventions » est utilisé au pluriel ; s'agissant d'une métaphore, il n'est toutefois pas de réelle différence entre les idées de « contrat social » et de « contrats sociaux ».

Évidemment, il faut que tous les individus abandonnent leurs droits « naturels » car un abandon partiel serait un marché de dupes où ceux qui n'auraient pas renoncé à exercer ces droits écraseraient ceux qui l'auraient fait. On observe que l'abandon des droits des individus au profit de l'État « explique mathématiquement » sa grande puissance[4] ; en effet, celle-ci serait la somme de leurs droits et pouvoirs délégués. En outre, des auteurs vont jusqu'à écrire que c'est en abandonnant leurs familles que des individus peuvent créer une société et, par suite, par le biais d'une convention

[1] Th. HOBBES, *Léviathan*, 1651, chap. 17.
[2] S. GOYARD-FABRE, *L'État, figure moderne de la politique*, Armand Colin, coll. Cursus-philosophie, 1999, p. 33.
[3] J.-P. SIMÉON, « La démocratie selon Rousseau », in J.-J. ROUSSEAU, *Du contrat social*, Le Seuil, coll. Points politique, 1977, p. 50.
[4] S. GOYARD-FABRE, *L'État, figure moderne de la politique*, Armand Colin, coll. Cursus-philosophie, 1999, p. 33.

collective, un État[1]. Mais il est peu évident que l'opposition entre famille et État soit ainsi présentable. L'État n'est guère exclusif de la famille ; peut-être même tous deux sont-ils complémentaires. Et l'État souverain, dont l'institution est l'objet de la convention collective, n'est par définition pas partie à celle-ci ; il n'en est que l'effet, le résultat, la conséquence.

Vient ensuite la plus célèbre de toutes les théories du contrat social : celle proposée par Rousseau et qui, au sens d'Hauriou, serait de nature optimiste par opposition à celle de Hobbes qui serait de nature pessimiste[2]. Selon le philosophe auteur de l'ouvrage éponyme, le « problème fondamental dont le contrat social donne la solution » est : « Trouver une forme d'association qui défende et protège de toute la force commune la personne et les biens de chaque associé, et par laquelle, chacun s'unissant à tous n'obéisse pourtant qu'à lui-même et reste aussi libre qu'auparavant »[3]. Selon une autre formule demeurée célèbre, « l'obéissance à la loi qu'on s'est prescrite est liberté »[4]. Le contrat social est donc un contrat d'association permettant d'accéder à la liberté politique qui est au moins aussi profonde que la liberté dont chacun jouit dans l'état de nature. Comme chez Hobbes, l'institution de l'État qui en résulte a pour vocation de protéger les individus dans leurs personnes et dans leurs biens. Rousseau explique ainsi que « l'homme est né libre et partout il est dans les fers »[5] car les institutions sociales tendent à être corrompues par les puissants au détriment des faibles. Par le contrat social, l'homme créé la société civile, et « ce qu'[il] perd par le contrat social, c'est sa liberté naturelle et un droit illimité à tout ce qu'il tente et qu'il peut atteindre ; ce qu'il gagne, c'est la liberté civile et la propriété de tout ce qu'il possède »[6]. Pour qu'il ne se trouve pas, ici, de contradiction, il faut considérer que l'homme, lorsqu'il se trouve « dans les fers », n'est ni dans l'état de nature ni dans l'État ; il appartient à une forme de société reposant sur l'esclavage ou le servage. Par suite, l'idée selon laquelle obéir aux gouvernants revient à n'obéir qu'à soi-même, quand bien même il s'agit encore d'une image plus que d'une réalité empiriquement observée et quand bien même le régime politique mis en place serait démocratique, semble très

[1] J. JIANG, « *Quid jus* ? Esquisse d'une théorie dialectique de la définition du droit », *RRJ* 2002, p. 651. L'auteur écrit que « la société est le moment transitoire entre la famille et l'État » (*ibid.*).

[2] M. HAURIOU, *Précis élémentaire de droit constitutionnel*, 2e éd., Librairie du Recueil Sirey, 1930, p. 20.

[3] J.-J. ROUSSEAU, *Du contrat social*, 1762, L. I, chap. 6.

[4] *Ibid.*, L. I, chap. 8.

[5] *Ibid.*, L. I, chap. 1.

[6] *Ibid.*, L. I, chap. 8.

utopique et peu perspicace. Si un individu peut être libre d'intégrer un groupe ou non, s'il décide en son âme et conscience de faire partie de l'association, ce ne sera certainement pas lui qui, ensuite, décidera librement. Il n'y a que dans l'état de nature que chacun est libre d'opérer les choix pour lui-même. L'État repose sur la contrainte et le contrat social est une convention par laquelle les membres du corps social acceptent par avance — mais tacitement et même, peut-être, inconsciemment — cette contrainte et l'obligation d'agir potentiellement dans un sens inverse à celui vers lequel leur liberté les aurait spontanément conduit. Simplement est-il possible de retenir que, avec le contrat social, chacun des contractants s'engage à se soumettre aux décisions de la majorité[1]. Le contrat social, ouvrant la voie au communisme — peut-être un « communisme politique » —, exige « l'aliénation totale de chaque associé avec tous ses droits à toute la communauté [et] le "moi" existant dans l'État est un "moi commun" »[2].

Et Rousseau d'expliquer encore :

> *À l'instant, au lieu de la personne particulière de chaque contractant, cet acte d'association produit un corps moral et collectif, composé d'autant de membres que l'assemblée a de voix, lequel reçoit de ce même acte son unité, son moi commun, sa vie et sa volonté. Cette personne publique, qui se forme ainsi par l'union de toutes les autres, prenait autrefois le nom de* cité, *et prend maintenant celui de* république *ou de* corps politique, *lequel est appelé par ses membres :* État, *quand il est passif ;* souverain, *quand il est actif ;* puissance, *en le comparant à ses semblables. À l'égard des associés, ils prennent collectivement le nom de peuple, et s'appellent en particulier citoyens, comme participants à l'autorité souveraine, et sujets, comme soumis aux lois de l'État.*[3]

Il ne fait donc aucun doute que, dans l'esprit du philosophe de Genève, l'État, descendant de la Cité, est directement engendré par le contrat social ; et l'avènement de l'État s'accompagne de celui d'une souveraineté étatique et d'une puissance étatique. Concernant le fait que tout sujet soit dans le même temps citoyen, c'est-à-dire que tout gouverné soit également gouvernant, au-delà de son caractère chimérique — mais il faut approcher ces propos comme des caricatures —, il mène à un lien indétachable entre contrat social, État et démocratie (concrète ou seulement supposée). Et

[1] J.-P. SIMÉON, « La démocratie selon Rousseau », in J.-J. ROUSSEAU, *Du contrat social*, Le Seuil, coll. Points politique, 1977, p. 81.
[2] J.-J. ROUSSEAU, *Du contrat social*, 1762, L. I, chap. 6.
[3] *Ibid.* (souligné dans le texte original).

pourrait être ajoutée l'idée d'autorisation, puisque, par le contrat social, les individus autorisent les instances étatiques à agir au nom de la collectivité et pour la collectivité. La multitude qui s'assemble par le contrat est l'auteur qui donne le pouvoir à celui qui la représente de décider en ses lieu et place, lequel est, de ce fait, seulement acteur[1].

Rousseau identifiait, dans *Le contrat social*, cinq conditions de validité du pacte, lesquelles doivent là encore être comprises telles des métaphores de la réalité sociale et politique et non telles de véritables conditions juridiques éventuellement justiciables. Tout d'abord, il est nécessaire que les membres du groupe se trouvent tous sur un pied d'égalité, tant concernant leurs avantages que leurs devoirs et obligations. Un contrat social est inenvisageable dans une société oppressive où les individus n'auraient à aucun moment la possibilité de prendre part aux décisions et d'en retirer quelque profit[2]. Puis, est exigé un moment d'unanimité initial pour que puisse se former le corps politique, avant que la règle de la majorité s'applique à toutes les prises de décision subséquentes. Les actes du corps social sont, en effet, des actes politiques, c'est-à-dire des actes par lesquels les membres de la communauté gèrent les affaires de la communauté. Ainsi, concrètement, il n'est pas d'autre procédé concevable, en vue d'établir une décision, que le recours à la majorité[3]. Plus originale est la troisième condition : le droit de libre expression. Au sens du philosophe de Genève, qui n'était pas pour la constitution de véritables partis politiques — peut-être pressentait-il les « éléments de langage » qui sont la marque de la vie politique contemporaine —, tout membre d'une assemblée doit posséder le droit de présenter sa position lors de la prochaine réunion, ce qui fonde la liberté d'expression au sein de cette assemblée, soit le droit d'y intervenir pour défendre sa thèse personnelle[4].

La quatrième des cinq conditions nécessaires à l'accomplissement du contrat social est l'aliénation et la renonciation aux acquisitions préalables. C'est, selon le texte du *Contrat social*, la plus fondamentale des clauses de validités du pacte : « Ces clauses se réduisent toutes à une seule, savoir l'aliénation totale de chaque associé avec tous ses droits à toute la communauté »[5]. Puisque « chacun de nous met en commun sa personne et

[1] Th. HOBBES, *Léviathan*, 1651, chap. 16.
[2] J.-P. SIMÉON, « La démocratie selon Rousseau », in J.-J. ROUSSEAU, *Du contrat social*, Le Seuil, coll. Points politique, 1977, p. 77.
[3] *Ibid.*, p. 79.
[4] *Ibid.*
[5] J.-J. ROUSSEAU, *Du contrat social*, 1762, L. I, chap. 6.

toute sa puissance sous la suprême direction de la volonté générale »[1], il faut que tous les individus aient aliéné leurs puissances et leurs libertés. Cela définit le type de lois que le corps social peut édicter légitimement : chacun reconnaît à celui-ci le droit de limiter sa liberté autant que nécessaire du point de vue du bien-être collectif[2]. Néanmoins, Rousseau précisait que « tout ce que chacun aliène [...] de sa puissance, de ses biens, de sa liberté, c'est seulement la partie de tout cela dont l'usage importe à la communauté »[3] ; partant, « tout homme peut disposer pleinement de ce qui lui a été laissé de ses biens et de sa liberté par ces conventions »[4]. L'aliénation se limite donc à ce qui est nécessaire. Mais Rousseau se contredisait de manière patente puisqu'il écrivait ailleurs que l'aliénation doit être « totale » ou encore que le contrat social vise à protéger les biens des individus en transformant la possession en propriété.

La dernière des cinq conditions est l'existence d'une force de coercition. Les membres du corps social qui consentent au pacte collectif doivent accepter par avance qu'ils pourraient se voir contraints par la collectivité dès lors qu'ils viendraient à enfreindre les lois : « Afin donc que le pacte social ne soit pas un vain formulaire, il renferme tacitement cet engagement qui seul peut donner de la force aux autres, que quiconque refusera d'obéir à la volonté générale y sera contraint par tout le corps »[5]. Cette condition est peut-être la plus importante du point de vue d'une théorie contemporaine de l'État. En effet, un État, ainsi que cela sera plus loin décrit, repose avant toute autre chose sur une puissance, soit sur une capacité d'orienter les actions des membres du corps social, spécialement en recourant à la contrainte, à la force physique et psychologique. Or c'est essentiellement cela qu'interroge la globalisation-mondialisation. Pour le reste, ces conditions pouvaient ici être reprises car elles résument parfaitement l'idée de contrat social chez Rousseau, lequel est le principal théoricien de ce concept, mais il ne faudrait surtout pas en faire les piliers de tout État ; nombreuses sont les organisations politiques dont la formation s'est déroulée loin du cumul de ces cinq prérequis et qui peuvent néanmoins être qualifiées d' « États ». Ainsi Hobbes expliquait-il très justement qu' « il existe deux moyens pour parvenir à [la] puissance souveraine. Le premier est par la force naturelle [...] ou bien par la guerre [...]. Le second est quand les

[1] *Ibid.*

[2] J.-P. SIMÉON, « La démocratie selon Rousseau », in J.-J. ROUSSEAU, *Du contrat social*, Le Seuil, coll. Points politique, 1977, p. 80.

[3] J.-J. ROUSSEAU, *Du contrat social*, 1762, L. II, chap. 4.

[4] *Ibid.*

[5] *Ibid.*, L. I, chap. 7.

humains sont d'accord entre eux pour se soumettre à un homme quelconque, ou à une assemblée d'hommes, volontairement, lui faisant confiance pour qu'il les protège contre tous les autres. Ce dernier peut être appelé un État politique et État d'institution ; et le premier un État d'acquisition »[1]. Peu de philosophes ont été autant discutés et contestés que Rousseau, la these du contrat social n'étant qu'une partie de son œuvre[2]. Bien sûr, qui écrit aujourd'hui peut tirer les conséquences de près de trois siècles d'histoire qui étaient nécessairement inconnus du penseur genevois. Depuis le XVIIIe s., de nouveaux États sont apparus en empruntant des chemins de traverses par rapport aux États historiques. Néanmoins, l'État de France, dont il est en ces lignes principalement question, appartient à cette dernière catégorie et les thèses du contrat social ne sont pas infondées le concernant. C'est pourquoi elles sont retenues malgré leurs lacunes, malgré leurs excès de schématisme et malgré les nombreuses critiques qui les touchent.

Par ailleurs, intimement associée au contrat social est l'idée rousseauiste de « volonté générale » qui, après être apparue en 1565 sous la plume d'Étienne Pasquier afin de désigner les volontés du roi[3], et après avoir disparu de la littérature philosophico-juridique au cours du XIXe s., est redevenue importante avec les œuvres de Duguit et de Carré de Malberg. Tandis que la volonté générale désigne, au XVIIe s., au sens des théologiens Arnauld, Pascal et Malebranche, la volonté salvatrice de Dieu, elle qualifie en 1755, la « volonté de l'espèce » dans l'article « droit naturel » de Diderot[4]. Cette dernière acception est évidemment la plus proche du sens aujourd'hui donné à l'expression. La marque du citoyen est d'être un support de la volonté générale, c'est-à-dire d'être motivé par le « désir général du bien public »[5]. De la même manière que l'homme naturel désire son propre bien, le citoyen veut celui de sa communauté. Chacun « cesse de prendre pour référence son "moi" particulier et ne juge des choses que par rapport [...] au "Moi commun" propre à chacun des citoyens »[6]. Mais la volonté générale ne possède aucun contenu prédéterminé ; est voulu l'intérêt

[1] Th. HOBBES, *Léviathan*, 1651, chap. 17.

[2] R. DERATHÉ, *Jean-Jacques Rousseau et la science politique de son temps*, Puf, 1950.

[3] É. PASQUIER, *Recherche de la France*, 1565, L. II (cité par L. ROBERT-WANG, « Volonté générale », in D. ALLAND, S. RIALS, dir., *Dictionnaire de la culture juridique*, Lamy-Puf, coll. Quadrige-dicos poche, 2003, p. 1531).

[4] L. ROBERT-WANG, « Volonté générale », in D. ALLAND, S. RIALS, dir., *Dictionnaire de la culture juridique*, Lamy-Puf, coll. Quadrige-dicos poche, 2003, p. 1531.

[5] G. BURDEAU, « Le citoyen selon Rousseau », in *Études sur le contrat social de Jean-Jacques Rousseau*, Les belles lettres, 1964, p. 222.

[6] L. ROBERT-WANG, « Volonté générale », in D. ALLAND, S. RIALS, dir., *Dictionnaire de la culture juridique*, Lamy-Puf, coll. Quadrige-dicos poche, 2003, p. 1531.

collectif, mais ce dernier n'est guère identifié. Certainement la volonté générale n'existe-t-elle que formellement et, substantiellement, tout peut-il être volonté générale dès lors que sanctifié par la loi. La volonté générale, qui est elle aussi une pure fiction et abstraction fort éloignée de toute réalité tangible, n'est donc pas autre chose que ce que dit la loi. La volonté générale veut l'intérêt général et le définit par des actes législatifs. Aujourd'hui, l'article 6 de la Déclaration des droits de l'homme et du citoyen de 1789, texte qui chapeaute l'ordre juridique français, prévoit que « la loi est l'expression de la volonté générale. Tous les citoyens ont le droit de concourir personnellement ou par leurs représentants à sa formation ». La volonté générale est donc bien la volonté des citoyens ou, plus sûrement, celle de leurs représentants exprimée au travers d'actes législatifs positifs. Au cours des discussions ayant précédé la promulgation du 23 août 1789, deux visions de la volonté générale se disputaient : pour certains, celle-ci n'était que l'abstraite et muette volonté de la nation, une volonté tout à fait malléable pour les gouvernants, quand, pour d'autres, elle était la volonté réelle et définie des citoyens qu'il s'agissait de recueillir et de respecter[1]. Ce n'est là pas autre chose que l'opposition de la démocratie participative et de la démocratie représentative qui apparaît. Et l'expression « volonté générale » a pu être concurrencée par celles de « volonté du peuple » et de « volonté nationale », autant de variantes qu'il serait peu pertinent de distinguer tant leurs définitions respectives sont incertaines et, donc, tendent à se recouper.

En tout cas la volonté générale est-elle bien un concept-clé sans lequel celui de contrat social ne pourrait guère prospérer et se laisser comprendre et expliquer. Comme « contrat social », il est une image plus qu'une réalité tangible et il n'est pas lieu de nier que « les plus forts sont les plus nombreux ; nous voyons bien la volonté de ceux qui ont la majorité, mais non la volonté une de la nation ; et même dans les pays de suffrage universel, il reste vrai de dire que le fait État est simplement un fait de différenciation entre les forts et les faibles, les plus forts étant seulement les plus nombreux »[2]. La volonté des plus forts peut parfaitement, par synecdoque, se voir qualifiée de « volonté générale ».

Enfin, Rousseau envisageait la possible rupture du contrat social. Il écrivait : « Les clauses de ce contrat sont tellement déterminées par la nature de l'acte que la moindre modification les rendrait vaines et de nul effet ; [...]

[1] *Ibid.*, p. 1533.

[2] L. DUGUIT, *Traité de droit constitutionnel – Tome premier : La règle de droit, le problème de l'État*, 3e éd., De Boccard, 1927, p. 661-662.

jusqu'à ce que, le pacte social étant violé, chacun rentre alors dans ses premiers droits et reprenne sa liberté naturelle »[1]. Loin d'un contrat sanctionnable par les tribunaux, le contrat social apparaît fort fragile : il peut être librement violé, ce viol n'entraînant nulle exécution forcée mais bien plutôt la caducité de l'acte, les individus en revenant à l'état de nature initial. Il est préférable de considérer que, autant que le contrat social n'émerge pas au terme d'un absolu consensus, il ne disparaît pas sitôt que l'un ou l'autre des membres du corps social le transgresse. Ce ne sont que des mouvements populaires de masse qui peuvent conduire à des révolutions.

En résumé, le contrat social est donc une théorie « antinaturaliste et antiprovidentialiste, […] artificialiste et humaniste »[2]. Le pouvoir politique et l'État ne sont ni des créations naturelles, ni des créations divines, mais des créations sociales empiriquement observables et que l'idée de « contrat social » permet de désigner plus ou moins heureusement, mais unitairement. Il convient de ne voir dans les écrits de Rousseau que des images caricaturant la réalité et de ne pas les prendre au pied de la lettre, par exemple lorsqu'est écrit que « chacun met en commun sa personne et toute sa puissance sous la suprême direction de la volonté générale, et reç[oit] en corps chaque membre comme partie indivisible du tout »[3] ; ou quand est exposé qu' « il n'y a qu'une seule loi qui, par nature, exige un consentement unanime : c'est le pacte social »[4]. Comme le contrat social n'est pas un véritable contrat, pas une « convention dûment formée » comme cela a pu être retenu[5], mais seulement une métaphore, ledit consentement unanime n'est pas un véritable consentement unanime mais plutôt une métaphore chargée d'illustrer le lien qui unit les membres du corps social à la nouvelle autorité publique créée. C'est tacitement et même inconsciemment que des hommes s'unissent. Pour Rousseau, « quand l'État est institué, le consentement est dans la résidence : habiter le territoire, c'est se soumettre à la souveraineté »[6]. Il est possible de considérer qu'il y a consentement implicite, puisque « qui ne dit mot consent », mais le consentement collectif n'est bien sûr jamais parfaitement unanime. Il faut envisager le contrat social comme le faisait Locke, pour qui le seul fait de vivre dans une société

[1] J.-J. ROUSSEAU, *Du contrat social*, 1762, L. I, chap. 6.
[2] S. GOYARD-FABRE, « Contrat social », in D. ALLAND, S. RIALS, dir., *Dictionnaire de la culture juridique*, Puf, coll. Quadrige-dicos poche, 2003, p. 282.
[3] J.-J. ROUSSEAU, *Du contrat social*, 1762, L. I, chap. 6.
[4] *Ibid.*, L. IV, chap. 2.
[5] L. ASSIER-ANDRIEU, « Coutumes et usages », in D. ALLAND, S. RIALS, dir., *Dictionnaire de la culture juridique*, Lamy-Puf, coll. Quadrige-dicos poche, 2003, p. 319.
[6] J.-J. ROUSSEAU, *Du contrat social*, 1762, L. IV, chap. 2.

équivaut à l'acceptation implicite du pacte[1] ; ou comme le faisait Kant qui, plus clairement que Rousseau ou Hobbes, ne l'appréhendait pas tel un évènement réel mais plutôt comme une idée nécessaire pour comprendre, légitimer ou critiquer le droit existant[2], lequel n'est pas autre chose qu'un ensemble d'éléments factuels qu'il faut expliquer et justifier le plus pertinemment possible. Aussi est-ce pour cela que le contrat social est en ces pages abordé au sein d'un titre consacré à l'origine « abstraite » de l'État. Rousseau, lui, semblait véritablement croire en une réalité tangible du contrat social. Par exemple, il notait que, « si, lors du pacte social, il se trouve des opposants, leur opposition n'invalide pas le contrat, elle empêche seulement qu'ils y soient compris »[3]. Il est pourtant difficile de concevoir que, sur un territoire, les individus n'ayant pas pris part au contrat social puissent demeurer extérieurs au phénomène étatique naissant. En tout cas Rousseau cherchait-il par tout moyen à démontrer que le consentement originel est bel-et-bien unanime. Or il ne peut logiquement l'être que dès lors que seuls ceux qui choisissent de se regrouper appartiennent à l'association politique. Partant, il n'est permis de s'accorder avec Rousseau qu'à condition de postuler qu'il dessinait à grands traits les origines de l'État sans croire que, *de facto*, ces évènements se produisaient concrètement ; qu'à condition de convenir que, lorsque l'auteur d'*Émile* distinguait, au-delà du contrat, les clauses du contrat, il s'agissait encore de métaphores. Mais les faits qui se cachent derrière ces métaphores, eux, sont bel-et-bien la base factuelle sur laquelle repose l'État, base qui, potentiellement, peut se fragiliser.

« S'il n'y avait point, demandait Rousseau, de convention antérieure, où serait, à moins que l'élection ne fût unanime, l'obligation pour le petit nombre de se soumettre au choix du grand […] ? La loi de la pluralité des suffrages est elle-même un établissement de convention, et suppose au moins une fois l'unanimité »[4]. Il semble néanmoins que ce soit surtout la puissance de l'État et la contrainte potentielle qui obligent les individus à se conformer aux lois, plus qu'un hypothétique consentement originaire premier. L'idée de contrat social ne doit, toutefois, pas être exclue. Cette image demeure suffisamment éloquente pour être mobilisée ; elle permet d'illustrer combien un État stable et efficace ne peut que reposer sur une véritable base nationale et sur la citoyenneté qui est pour l'homme un état dans lequel il ne pense pas qu'à ses intérêts individuels et s'élève au point de vue de la communauté,

[1] J. LOCKE, *Traité du gouvernement civil*, 1690, chap. 9.
[2] R. SÈVE, *Philosophie et théorie du droit*, Dalloz, coll. Cours, 2007, p. 58.
[3] J.-J. ROUSSEAU, *Du contrat social*, 1762, L. VI, chap. 2.
[4] *Ibid.*, L. I, chap. 5.

tenant le discours idéalement, mais normalement, unanime de la volonté générale[1]. Et puis il serait peu judicieux d'ignorer le contrat social tant celui-ci a connu une « vogue inouïe »[2] depuis que Rousseau a écrit et spécialement au cours de la Révolution française et du XVIIIe s. Il est vrai que nombre d'États sont le fruit de la « loi du plus fort » autant que de la volonté commune des membres d'un groupe social. Mais, si les États ne sont pas tous dans la même mesure le produit d'une convention collective implicite et s'il existe de grandes disparités, l'explication peut toutefois être retenue, *a fortiori* concernant l'État occidental typique.

Le contrat social possède une véritable force explicative. En même temps, cette théorie comporte des limites indéniables et pose des interrogations insolubles. En fonction des présupposés adoptés, il est, par exemple, permis d'admettre ou d'exclure que les monarchies absolues et les dictatures puissent être des régimes politiques compatibles avec l'étaticité. Pour Rousseau, dans ces cas, il ne saurait y avoir de contrat social : « Que des hommes épars soient successivement asservis à un seul, en quelque nombre qu'ils puissent être, je ne vois là qu'un maître et des esclaves, je n'y vois point un peuple et son chef : c'est si l'on veut une agrégation, mais non pas une association ; il n'y a là ni bien public ni corps politique »[3]. Sans doute faut-il retenir qu'il peut y avoir des États sans contrat social et des États sans démocratie. Il ne saurait y avoir qu'un seul et unique critère d'étaticité. Certainement faut-il envisager des degrés d'étaticité et juger que les structures socio-politiques les plus étatiques sont toutes nées de contrats sociaux initiaux. Et il ne peut exister de contrat social « en vigueur » autant que de volonté générale accomplie sans respect du principe démocratique qui suppose que la source de tout pouvoir et de toute autorité légitime réside dans la collectivité des citoyens. Il n'y a que dans ce cadre que la contrainte peut être acceptable[4]. « L'autorité est aménagée de telle sorte que, fondée sur l'adhésion de ceux qui lui sont soumis, elle demeure compatible avec leur liberté », écrivait Georges Burdeau, non sans rappeler les célèbres formules rousseauistes[5]. C'est ce principe démocratique qui doit déterminer les modalités de construction de l'État, sans quoi il ne peut reposer sur un contrat social.

[1] P. KAHN, *L'État*, Paris, Quintette, coll. Philosopher, 1989, p. 56.
[2] M. HAURIOU, *Précis élémentaire de droit constitutionnel*, 2e éd., Librairie du Recueil Sirey, 1930, p. 20.
[3] *Ibid.*, L. I, chap. 5.
[4] J. CHEVALLIER, *L'État*, 2e éd., Dalloz, coll. Connaissance du droit, 2011, p. 44.
[5] G. BURDEAU, *Traité de science politique*, LGDJ, 1951 (cité par J. CHEVALLIER, *L'État*, 2e éd., Dalloz, coll. Connaissance du droit, 2011, p. 44).

12. ***Du contrat social à la démocratie.*** Nul régime despotique, s'imposant par la seule force physique, loin de tout consentement collectif, ne peut soutenir qu'il repose sur un contrat social, y compris s'il fait usage du plébiscite, car la démocratie, plus ou moins directe et plus ou moins réelle, semble indissociable du pacte collectif. Le Professeur Pierre Rosanvallon observe qu'il n'est guère de mot dans le langage politique dont la définition est sujette à plus de variations que « démocratie », les différentes propositions étant parfois « violemment contradictoires »[1]. Il est certain que les enjeux recouverts par le sens donné à ce terme, comme d'ailleurs ceux afférents à la signification de « contrat social », sont décisifs. En particulier, entre la démocratie directe et la démocratie indirecte, entre des mandats courts et des mandats longs ou entre une démocratie englobant tous les pouvoirs et une démocratie ne concernant que le seul pouvoir législatif, il se trouve des variations plus que substantielles. Le comte de Rémusa et le courant des « libéraux doctrinaires » opposaient fermement, au XVIIIe s., « la bonne démocratie, celle dont l'égalité est le symbole », et « le mot démocratie pris dans sa mauvaise acception, c'est-à-dire assimilé au pouvoir populaire »[2]. Et d'insister sur le besoin de ne pas confondre la démocratie avec la délibération de la multitude : « L'égalité des droits, voilà le vrai nom de la démocratie »[3]. Cette vision de la démocratie est clairement peu compatible avec celle exposée par Jules-Romain Barni, dans *L'appel au peuple*, publié en 1874 :

> *C'est dans le gouvernement représentatif que réside la seule définition acceptable de l'appel au peuple. Ce que nous repoussons, c'est cet appel au peuple qui a pour but de confisquer la souveraineté nationale par voie de plébiscite [...]. Mais l'appel au peuple, entendu et pratiqué dans son vrai sens, dans un sens réellement démocratique, c'est l'appel au peuple qui est l'application sincère, régulière et périodique du principe de la souveraineté nationale. L'appel au peuple républicain est donc l'appel au peuple par les élections, des élections faites par le suffrage universel en toute liberté pour que les assemblées élues*

[1] P. ROSANVALLON, « La démocratie : esquisse d'une théorie générale – Cours au Collège de France (1/10) », L'Éloge du savoir, France culture, 9 avr. 2013.

[2] Cité par P. ROSANVALLON, *La démocratie inachevée – Histoire de la souveraineté du peuple en France*, Gallimard, coll. Folio, 2000, p. 324.

[3] Cité par P. ROSANVALLON, *La démocratie inachevée – Histoire de la souveraineté du peuple en France*, Gallimard, coll. Folio, 2000, p. 324.

soient en harmonie avec l'opinion publique. Voilà la vraie forme de l'appel au peuple.[1]

Ces aspirations populaires à la démocratie sont indispensables à la République ; mais le contrat social peut se passer de la République et de l'élection, si le corps social soutient ses gouvernants non élus démocratiquement, convaincu par une force psychologique et symbolique. Reste que l'idéal-type du contrat social est celui qui conduit vers la démocratie la plus concrète.

« Démocratie » signifie étymologiquement « pouvoir du peuple », « souveraineté du peuple », « gouvernement du peuple », ce qui veut dire gouvernement du peuple éventuellement par l'entremise de représentants élus, au travers d'une « aristocratie élective »[2]. Cinq siècles avant J.-C., Thucydide expliquait : « Du fait que l'État [sic], chez nous, est administré dans l'intérêt de la masse et non d'une minorité, notre régime a pris le nom de démocratie »[3]. La démocratie serait donc spécifiée non par l'origine du pouvoir mais par l'objet des décisions prises par le pouvoir. Un monarque de droit divin et arrivé au pouvoir grâce à la loi salique pourrait donc servir la démocratie dès lors qu'il opérerait ses choix dans l'intérêt général. Mais il faut préférablement retenir, suivant un célèbre adage médiéval, que « *quod omnes tangit ab omnibus aprobari debet* » (« ce qui concerne tout le monde doit être approuvé par tout le monde »)[4]. La démocratie est ainsi avant tout un régime politique caractérisé par la capacité politique égalitaire de tous les membres du corps social. Elle est une « méthode », pour reprendre le mot de Schumpeter et Kelsen[5], « le système institutionnel qui aboutit à des décisions politiques dans lequel des individus acquièrent le pouvoir de statuer sur ces décisions à l'issue d'une lutte concurrentielle portant sur le vote du peuple »[6]. La démocratie est donc logiquement centrée sur les mécanismes du vote, de l'élection et de la représentation, ainsi que sur l'égalité qui est, selon Tocqueville, le « critère des critères de la démocratie »[7]. Ce n'est

[1] J.-R. BARNI, *L'appel au peuple*, Le chevalier, 1874 (cité par P. ROSANVALLON, *La démocratie inachevée – Histoire de la souveraineté du peuple en France*, Gallimard, coll. Folio 2000, p. 324).

[2] J.-J. ROUSSEAU, *Du contrat social*, 1762, L. I, chap. 6.

[3] Cité par C. MOSSÉ, *Les grecs inventent la démocratie*, Complexe, coll. Historiques, 2004.

[4] L. BOYER, H. ROLAND, *Adages du droit français*, 4e éd., Litec, 1999.

[5] H. KELSEN, *La démocratie – Sa nature, sa valeur* (1932), Dalloz, coll. Bibliothèque Dalloz, 2004.

[6] J. SCHUMPETER, *Capitalisme, socialisme et démocratie* (1942), Payot (Lausanne), coll. Bibliothèque historique, 1990.

[7] A. DE TOCQUEVILLE, *De la démocratie en Amérique* (1835 et 1840), Flammarion, coll. GF, 2010, p. 272.

qu'ainsi que le véritable contrat social peut vivre — mais non tout contrat social —. Sieyès définissait la démocratie comme « le sacrifice complet de l'individu à la chose publique, c'est-à-dire celui de l'être sensible à l'être abstrait »[1]. Comme la volonté générale, le contrat social et même l'État, la démocratie n'est, en définitive, qu'une fiction chargée de faire accepter aux citoyens le pouvoir et l'autorité en participant de l' « illusion politique »[2]. Si, un jour, ces fictions venaient à s'évanouir, sans doute quelque révolution ne tarderait-elle pas à être fomentée.

La vision de la démocratie est souvent idyllique ; on la présente telle la « dénomination universelle du bien politique »[3]. Il est cependant permis de souligner un certain nombre de conséquences négatives induites par la démocratie ; et peut-être de plaider, à l'heure où le monde est devenu hypercomplexe, en faveur de la technocratie, soit en faveur du gouvernement des savants plutôt qu'en faveur du gouvernement des représentants du peuple. Mais il n'est pas certain qu'une définition consensuelle du « savant » soit accessible et, dans tous les cas, il n'appartient pas à l'objet du présent ouvrage que de participer de pareille controverse. Il convient plutôt de relever combien est important, pour tout individu, de s'associer au travers d'un contrat social et, partant, de vivre au sein d'un milieu étatique, d'appartenir à une communauté étatisée. Cela est décisif car, si les motivations qui poussent à conclure le pacte social venaient à s'estomper, l'État, qui prend appui sur celui-ci, risquerait fort de connaître une crise profonde de ses institutions.

13. ***L'intérêt d'être « partie » au « contrat social ».*** Les théories du contrat social, qui font reposer l'autorité politique sur une ou des conventions, sont amenées à supposer un état de nature antérieur dans lequel les hommes se trouvaient livrés à eux-mêmes, « sur le mode de la concurrence et de la défense de [leurs] intérêts égoïstes », pour reprendre des mots de Hegel[4]. Cet état de nature se présente historique au sens de Locke — selon qui, à l'état de nature, l'homme est libre, « maître absolu de sa personne et de ses biens, [...] sujet de personne »[5] — quand il est hypothétique chez Hobbes et Rousseau. Il est en tout cas indispensable à l'idée de contrat social puisque

[1] Cité par P. ROSANVALLON, « La démocratie : esquisse d'une théorie générale – Cours au Collège de France (2/10) », L'Éloge du savoir, France culture, 10 avr. 2013.
[2] Réf. à J. ELLUL, *L'illusion politique*, Robert Laffont, 1965.
[3] P. ROSANVALLON, « La démocratie : esquisse d'une théorie générale – Cours au Collège de France (1/10) », L'Éloge du savoir, France culture, 9 avr. 2013.
[4] G. W. F. HEGEL, *Principes de la philosophie du droit*, 1820, § 187.
[5] J. LOCKE, *Traité du gouvernement civil*, 1690, chap. 9.

ce dernier permet le passage de l'état de nature à l'état social et à l'État. Mais, l'homme étant un « animal politique », il est forcément poussé à construire quelques institutions politiques avec ses congénères. Ainsi la « condition naturelle des hommes »[1], dans laquelle ils ne sont soumis qu'à la « loi naturelle » et à la « loi du plus fort », n'a-t-elle sans doute jamais été une réalité, à moins de recourir à des degrés inversement proportionnels de développement des institutions socio-politiques et de développement de l'état de nature. Hobbes notait d'ailleurs que la situation de l'état de nature, hypothèse de travail, est « une inférence tirée des passions » et qu' « il n'en a jamais été ainsi d'une manière générale, dans le monde entier »[2]. Il faut aller plus loin et soutenir que, plus simplement, « il n'en a jamais été ainsi », même dans « les contrées où les humains vivaient en petites familles, où le vol et la rapine étaient un métier si peu contraire à la loi de nature que ceux qui accumulaient le plus gros butin recevaient les plus grands honneurs »[3]. Le philosophe anglo-saxon ajoutait, par ailleurs, que « les villes et les royaumes ne sont que de plus grandes familles »[4]. Ce qu'il convient donc de rechercher, ce n'est pas pourquoi l'homme décide un jour de passer de l'état de nature à l'État mais plutôt pourquoi l'homme est par nature conduit à s'associer aux autres afin de former une société politique ; car, comme cela a été observé, « la nature humaine n'a pas changé depuis que les philosophes grecs ou chinois ont essayé de la comprendre »[5]. Il est donc peu justifié de dire que le contrat social est nécessaire à l'homme car « sa nature risque de l'écraser »[6], risque de conduire à « une extermination de la race humaine »[7], car « l'homme est un loup pour l'homme »[8], puisque sa nature le conduit justement en direction du pacte social. En revanche, il faut s'accorder avec Hobbes lorsqu'il avançait que l'institution d'une société lui confère d'emblée son caractère politique car toute société est politique ou n'est pas[9] ; et avec Grotius qui proposait que « la société politique, effet de la sociabilité,

[1] Th. HOBBES, *Léviathan*, 1651, chap. 17.
[2] *Ibid.*
[3] *Ibid.*
[4] *Ibid.*
[5] H. MORGENTHAU, *Politics among Nations: the Struggle for Power and Peace*, Knopf (New York), 1985, p. 4.
[6] S. GOYARD-FABRE, « Contrat social », in D. ALLAND, S. RIALS, dir., *Dictionnaire de la culture juridique*, Lamy-Puf, coll. Quadrige-dicos poche, 2003, p. 282.
[7] J. BAGUENARD, *L'État – Une aventure incertaine*, Ellipses, coll. Mise au point, 1998, p. 25.
[8] En latin « *homo homini lupus* » (PLAUTE, *Asinaria*, 212 av. J.-C.).
[9] S. GOYARD-FABRE, « Contrat social », in D. ALLAND, S. RIALS, dir., *Dictionnaire de la culture juridique*, Lamy-Puf, coll. Quadrige-dicos poche, 2003, p. 283.

est une réalisation de la loi de nature »[1]. L'État est le stade ultime du développement politique des institutions sociales, mais même les formes les plus primitives de sociétés connaissent quelques rouages politiques, c'est-à-dire quelques mécanismes visant à organiser leurs fonctionnements internes, leurs gouvernements.

C'est donc sa nature d'être politique qui distingue fondamentalement l'homme des autres animaux. Ou bien faudrait-il préférablement retenir que sa capacité à faire État distingue l'homme des autres animaux ; car certaines espèces aiment vivre en société et donc s'organisent « politiquement », bien que la plupart sont solitaires ou ordonnées unilatéralement par les mâles dominants[2]. Les abeilles et les fourmis ne sont que quelques exemples de « créatures politiques » parmi le règne animal, ainsi que les qualifiait Aristote[3]. Elles aussi forment des groupes pour mieux vivre. Carbonnier n'était pas inconséquent lorsqu'il invitait ses lecteurs à « tenter l'hypothèse qu'il se produirait dans les sociétés animales des phénomènes juridiques »[4] ; du moins est-il envisageable qu'il se produise dans les sociétés animales des phénomènes semi-juridiques. En revanche, nul être vivant, mis-à-part l'homme, n'est capable d'engendrer des phénomènes absolument juridiques et des institutions absolument politiques, de type étatique, c'est-à-dire excessivement perfectionnées. Bien sûr, la première explication à cette différence entre l'humain et les autres animaux est que ces derniers, même s'ils sont guidés par un instinct social et politique, ne profitent pas des mêmes capacités communicationnelles que ce premier, ce qui limite grandement leur possibilité de s'organiser. Si l'homme ne disposait pas de l'écriture et du langage, il ne pourrait guère ériger de Constitutions pour ses États. En outre, Hobbes observait que, à l'inverse des fourmis et des abeilles, les hommes « sont continuellement en compétition pour les honneurs et les dignités »[5], ce qui est générateur de luttes et de guerres et justifie de pousser plus avant l'organisation politique afin de pouvoir contenir ces aspirations individualistes. Il en va à l'identique du fait qu'ils « différen[cient] le bien commun et le bien privé et, prenant plaisir à se comparer aux autres, n'ont de

[1] H. GROTIUS, *Le droit de la guerre et de la paix*, 1625 (cité par J. BAGUENARD, *L'État – Une aventure incertaine*, Ellipses, coll. Mise au point, 1998, p. 24).

[2] R. VERDIER, « Le droit au singulier et au pluriel – Juridicité et cultures juridiques », *Droits* 1990, n° 11, p. 73.

[3] Cité par Th. HOBBES, *Léviathan*, 1651, chap. 17.

[4] J. CARBONNIER, *Flexible droit – Pour une sociologie du droit sans rigueur*, 8e éd., LGDJ, 1995, p. 162.

[5] Th. HOBBES, *Léviathan*, 1651, chap. 17.

goût que pour ce qui les distingue d'eux »[1] ; ou du fait selon lequel « nombreux sont ceux qui se pensent plus avisés et plus capables que les autres de gouverner les affaires publiques. Ceux-là se battent pour les réformer et innover, [...] ce qui amène dissension et guerre civile »[2].

Pour Rousseau, il s'agit, par le contrat social, de lutter contre les « obstacles qui nuisent à la conservation des hommes dans l'état de nature »[3], lequel est « précaire » pour Pufendorf[4], « fragile » selon Locke[5] et « incertain » au sens de Kant[6]. C'est pourquoi les membres du corps social « forment par agrégation une somme de forces qui puisse l'emporter sur la résistance »[7]. Le traité social « a pour fin la conservation des contractants »[8], les hommes « n'alièn[ant] leur liberté que pour leur utilité »[9]. Quant à Hobbes, la description qu'il donnait de sa théorie du contrat social est sans ambiguïté quant à l'intérêt pour les hommes de « vivre sous un pouvoir commun qui les tienne en respect »[10], loin de la loi naturelle dans laquelle règne « la liberté qu'a chacun d'user comme il le veut de son pouvoir propre pour la préservation de sa propre nature »[11] :

> *La cause finale, fin ou but des humains (lesquels aiment naturellement la liberté et avoir de l'autorité sur les autres) en s'imposant à eux-mêmes cette restriction (par laquelle on les voit vivre dans des États) est la prévoyance de ce qui assure leur*

[1] *Ibid.*

[2] *Ibid.* Hobbes détaillait d'autres différences entre les hommes et les animaux non humains qui sont autant de motifs de recourir au contrat social et à l'État afin de réguler leurs tendances et capacités naturelles : notamment, « ces créatures [...] sont privées de cet art des mots grâce auquel certains humains peuvent présenter aux autres ce qu'est le bien sous l'apparence du mal et le mal sous l'apparence du bien ; et grâce auquel ils augmentent ou diminuent la grandeur apparente du bien et du mal, suscitent le mécontentement et troublent leur paix à leur guise » (*ibid.*).

[3] J.-J. ROUSSEAU, *Du contrat social*, 1762, L. I, chap. 6.

[4] S. PUFENDORF, *De jure naturae et gentium*, 1672, L. II (cité par S. GOYARD-FABRE, « Contrat social », in D. ALLAND, S. RIALS, dir., *Dictionnaire de la culture juridique*, Lamy-Puf, coll. Quadrige-dicos poche, 2003, p. 282).

[5] J. LOCKE, *Traité du gouvernement civil*, 1690, chap. 2 (cité par S. GOYARD-FABRE, « Contrat social », in D. ALLAND, S. RIALS, dir., *Dictionnaire de la culture juridique*, Lamy-Puf, coll. Quadrige-dicos poche, 2003, p. 282).

[6] I. KANT, *Éléments métaphysiques de la doctrine du droit*, Auguste Durand, 1853, § 41 (cité par S. GOYARD-FABRE, « Contrat social », in D. ALLAND, S. RIALS, dir., *Dictionnaire de la culture juridique*, Lamy-Puf, coll. Quadrige-dicos poche, 2003, p. 282).

[7] J.-J. ROUSSEAU, *Du contrat social*, 1762, L. I, chap. 6.

[8] *Ibid.*, L. II, chap. 5.

[9] *Ibid.*, L. I, chap. 2.

[10] Th. HOBBES, *Léviathan*, 1651, chap. 13.

[11] *Ibid.*, chap. 14.

> *propre préservation et plus de satisfaction dans la vie ; autrement dit de sortir de ce misérable état de guerre qui est [...] une conséquence nécessaire des passions naturelles qui animent les humains quand il n'y a pas de puissance visible pour les maintenir en respect et pour qu'ils se tiennent à l'exécution de leurs engagements contractuels par peur du châtiment [...]. Le seul moyen d'établir pareille puissance commune, capable de défendre les humains contre les invasions des étrangers et les préjudices commis aux uns par les autres et, ainsi, les protéger de telle sorte que, par leur industrie propre et les fruits de la terre, ils puissent se suffire à eux-mêmes et vivre satisfaits, est de rassembler toute leur puissance et toute leur force sur un homme ou sur une assemblée d'hommes qui peut, à la majorité des voix, ramener toutes leurs volontés à une seule volonté ; ce qui revient à dire : désigner un homme, ou une assemblée d'hommes, pour porter leur personne ; et chacun fait sienne et reconnaît être lui-même l'auteur de toute action accomplie ou causée par celui qui porte leur personne, et relevant de ces choses qui concernent la paix commune et la sécurité ; par là même, tous et chacun d'eux soumettent leurs volontés à sa volonté, et leurs jugements à son jugement. C'est plus que le consentement ou la concorde ; il s'agit d'une unité réelle de tous en une seule et même personne, faite par convention de chacun avec chacun, de telle manière que c'est comme si chaque individu devait dire à tout individu : j'autorise cet homme ou cette assemblée d'hommes, et je lui abandonne mon droit de me gouverner moi-même, à cette condition que tu lui abandonnes ton droit et autorises toutes ses actions de la même manière. Cela fait, la multitude, ainsi unie en une personne une, est appelée un État, en latin* civitas. *Telle est la génération de ce grand Léviathan, ou plutôt (pour parler avec plus de déférence) de ce dieu mortel auquel nous devons, sous le dieu immortel, notre paix et notre défense. En effet, en vertu du pouvoir d'autorité conféré par chaque individu, il dispose de tant de puissance et de force assemblées en lui que, par la terreur qu'elles inspirent, il peut conformer la volonté de tous en vue de la paix à l'intérieur et de l'entraide face aux ennemis de l'étranger.*[1]

Dans leur hypothétique condition naturelle, les hommes sont des individus indépendants et égaux en besoins et en forces ; ils sont donc amenés, pour survivre, à se faire la guerre, laquelle risque toujours de mener, à plus ou moins brève échéance, à leur mort. Face à la misère, à la précarité

[1] *Ibid.*, chap. 17.

de cet état de nature, ils préfèrent logiquement s'unir au travers d'un pacte social afin de donner naissance à un État-Léviathan qui saura organiser les rapports sociaux, les protéger les uns des autres et ensemble par rapport à l'extérieur, assurer la paix sociale et la paix militaire, mettre fin à la « guerre de tous contre tous » en étant un tiers impartial capable d'arrêter la série indéfinie des litiges qui opposent les hommes dans l'état de nature. Hobbes explique dans cet extrait de son œuvre que chaque individu, à condition que tous en fassent autant, transfère ses droits naturels à un corps public qui désormais agira en lieu et place de tous grâce à sa *potestas*. L'homme agit évidemment toujours de manière intéressée ; or se trouver au sein d'un État plutôt qu'au cœur de l'état de nature est tout à son avantage. Mais l'État est un « dieu mortel » et, si les inconvénients attachés à l'appartenance à l'État devenaient supérieurs aux avantages, il pourrait « mourir ». Comme l'État est un jour apparu parce que les unités individuelles d'un groupe social l'ont souhaité, il peut un jour disparaître pour les mêmes raisons.

Kant énonçait de façon similaire l'intérêt et les enjeux attachés au contrat social :

> *La première chose à quoi chacun soit obligé de se résoudre, s'il ne veut pas renoncer à tous les concepts du droit, est le principe suivant : il faut sortir de l'état de nature où chacun n'en fait qu'à sa tête et s'unir à tous les autres (avec lesquels on ne peut éviter d'entrer en rapport réciproque) pour se soumettre à une* contrainte extérieure publiquement légale *; il faut donc s'engager dans un état où soit* légalement *fixé à chacun ce qui doit être reconnu pour sien et où cela lui revienne grâce à un pouvoir suffisamment fort (qui n'est pas le sien mais un pouvoir extérieur) ; chacun doit donc avant tout entrer dans un état civil.*[1]

Le passage de l'état de nature à l'état civil est dicté par une somme de gains ô combien supérieure aux pertes qui en sont la contrepartie ; si bien que l'état de nature n'a pu exister, historiquement, qu'un court instant ; l'homme a forcément de tout temps cherché à bâtir des structures socio-politiques afin d'assurer sa protection, la concorde sociale et, pour le dire en un mot, son bien-être ou « meilleur-être ».

Locke proposait une vision un peu différente de la nécessité de « conjurer les maléfices naturels en construisant, par art et artifice, l'état

[1] I. KANT, *Éléments métaphysiques de la doctrine du droit*, Auguste Durand, 1853, § 44 (cité par S. GOYARD-FABRE, *L'État, figure moderne de la politique*, Armand Colin, coll. Cursus-Philosophie, 1999, p. 17).

civil »[1]. Le philosophe britannique, pour qui il ne saurait y avoir de plus grande liberté que celle qui existe à l'état de nature, observait toutefois que, « même si [l'homme] possède tant de droits dans l'état de nature, il n'en a qu'une jouissance très précaire et constamment exposée aux empiètements d'autrui »[2]. L'état de nature apparaît donc comme avantageux et souhaitable, à l'inverse de ce qu'en dit Hobbes, mais il lui manque une loi reconnue par tous et des juges impartiaux. Partant, pour Locke, l'évolution qui conduit à l'État n'est rien d'autre que la continuation de la nature, sous d'autres formes, assortie d'une garantie légale[3]. L'individu quitte l'état de nature moins par crainte de la mort et de la violence comme chez Hobbes, qui entretient une vision parfaitement négative de la « condition naturelle des hommes », que parce qu'il est conscient de la précarité de l'état de nature qui ne lui permet pas de consolider sa liberté et sa propriété. Ces derniers existent donc antérieurement à la formation du contrat social et le rôle de l'État, qui ne dispose que d'un simple mandat confié par les individus, serait de garantir le respect, à la fois dans l'ordre politique interne et sur la scène internationale, des droits qui sont en péril à l'état de nature, lorsque les hommes n'ont pas renoncé à rendre la justice et à exécuter les sanctions eux-mêmes. Suivant la conception libérale lockéenne, l'État doit être un simple arbitre réduisant au strict nécessaire ses pouvoirs et ses interventions. L'intérêt pour les hommes de construire des institutions politiques, et *a fortiori* un État, est clair ; mais ils doivent en garder la maîtrise et si l'État venait à être absolutisant et oppressif, le contrat social sur lequel il repose serait *de facto* rompu et il disparaîtrait paradoxalement au moment où il se montrerait le plus présent. « Le principe fondamental du lien politique, notait Rousseau, a été défini par le marquis d'Argenson : "Dans la République, chacun est parfaitement libre en ce qui ne nuit pas aux autres" »[4]. Et le philosophe de commenter : « Voilà la borne invariable ; on ne peut la poser plus exactement »[5]. À l'aune des écrits de Locke et de Rousseau, c'est donc essentiellement parce qu'il veut être libre que l'homme prend part au contrat social. Alors que, à l'état de nature, ses libertés sont tout le temps et partout menacées, dans l'État, en revanche, elles sont protégées ; voilà ce qui entre dans son calcul téléologique et motive sa participation au pacte collectif[6]. Il

[1] S. GOYARD-FABRE, « École du droit naturel moderne et rationalisme juridique moderne (XVIIe-XVIIIe) », in D. ALLAND, S. RIALS, dir., *Dictionnaire de la culture juridique*, Lamy-Puf, coll. Quadrige-dicos poche, 2003, p. 568.
[2] J. LOCKE, *Traité du gouvernement civil*, 1690, chap. 9.
[3] *Cf.* A. TADIÉ, *Locke*, Hachette, coll. Prismes, 2003.
[4] J.-J. ROUSSEAU, *Du contrat social*, 1762, L. IV, chap. 8.
[5] *Ibid.*
[6] *Cf.* D.-G. LAVROFF, *Les grandes étapes de la pensée politique*, Dalloz, coll. Précis, 1993.

n'y a pas de droit contre l'État et l'individu ne se réalise pleinement que dans l'État et par l'État. Ces deux auteurs, à l'inverse de Hobbes[1], souhaitaient en définitive trouver les moyens de revenir à l'état de nature ou, mieux, de le garantir. Sans doute l'état de nature humaine est-il cela : un mélange de libertés personnelles et de libertés politiques ; et la meilleure façon de protéger et d'encourager ces libertés est-elle de recourir à la forme étatique.

Aujourd'hui plus que jamais, le contrat social est présenté telle une nécessité absolue pour les hommes. Un auteur retient, par exemple, que la tendance à poursuivre ses intérêts individuels rend nécessaire la naissance de l'État — mais un « État minimal » —, par l'entremise d'une « main invisible » qui agit selon des arguments économiques, notamment le principe d'équité. Le souci de protéger collectivement les droits s'expliquerait par l'irrationalité d'une protection individuelle coûteuse et improductive[2]. Cette variante « postmoderne » du contrat social n'est pas à rejeter. Les motivations qui y conduisent se conjuguent certainement au pluriel ; et sans doute varient-elles dans le temps, certaines s'estompant quand d'autres émergent.

Enfin, l'idée de contrat social est à mettre en face de l'augustinisme politique qui, au Moyen Âge, dominait la pensée politique. Selon cette doctrine, l'État était soumis à la « cité de Dieu » ; c'est pourquoi il devait être le serviteur et le glaive de l'Église qui pouvait déposer les rois. Alors que Dieu était souverain, l'État ne l'était guère puisque soumis à la volonté divine. L'intérêt du contrat social est aussi celui-là : faire reposer l'État sur une base sociale concrète plutôt que sur une métaphysique fragile. Laïc, affranchi de toute théologie, l'État devient autonome dans ses fondements et donc potentiellement souverain ; cela même si Hobbes évoquait un « dieu mortel […] sous le dieu immortel »[3].

Par ailleurs, en même temps que l'origine de l'État peut se voir située dans le contrat social, l'origine du droit peut elle aussi y être rattachée

[1] *Cf.* Th. HOBBES, « De la liberté des sujets », in BEHRENDT Ch., BOUHON F., *Introduction à la théorie générale de l'État. Recueil de textes*, Larcier, coll. « Faculté de droit de l'Université de Liège », Bruxelles, 2009, p. 219 s.

[2] R. NOZICK, *Anarchie et utopie* (1974), Puf, 1988, p. 150 s. (cité par A.-J. ARNAUD, *Critique de la raison juridique – 2. Gouvernants sans frontières – Entre mondialisation et post-mondialisation*, LGDJ, coll. Droit et société, 2003, p. 117).

[3] Th. HOBBES, *Léviathan*, 1651, chap. 17.

14. ***Le contrat social comme origine du droit.*** Tout d'abord, il importe de préciser combien faire du contrat social l'origine du droit ne revient pas à ne voir de droit qu'étatique. En effet, si beaucoup d'États trouvent une large part de leur fondement dans des conventions sociales collectives — mais fictives et implicites —, nombre de ces dernières engendrent des formes d'organisation politique qui ne peuvent pas être qualifiées d' « États ». Le fameux adage latin « *ubi societas ibi ius* » serait alors conforme à la réalité : s'il peut exister des sociétés humaines sans État, il n'y a pas de société humaine sans droit. Il ne s'agirait donc nullement d'établir un quelconque rapport d'équivalence entre le droit et l'État. Des auteurs vont même jusqu'à affirmer qu'un « droit de la société civile » préexisterait toujours au droit étatique ; ce droit, « droit privé reposant sur la propriété et le contrat », précèderait nécessairement le droit d'origine publique issu des formes étatiques d'organisation politique[1]. Selon Santi Romano, « la loi n'est jamais le commencement du droit ; elle ne fait que modifier le droit préexistant [...] ou s'ajouter à lui »[2]. Ainsi y aurait-il eu historiquement et logiquement du droit avant l'État ; cela contre Carré de Malberg et les normativistes au sens desquels « le droit est postérieur à l'État, c'est-à-dire qu'il ne naît que par la puissance de l'État »[3]. Il n'en demeure pas moins que, lorsqu'un contrat social permet la constitution d'un État, il permet par la même occasion au droit de se développer et aux normes les plus juridiques d'entrer en jeu. Avant l'État, des contrats sociaux imparfaits conduisent les corps intermédiaires, religieux, territoriaux et professionnels à structurer une société imparfaite par un droit imparfait : les *privae leges* (lois privées)[4]. Avec le contrat social véritable, l'État et, subséquemment, le droit véritable apparaissent afin de réguler une société désormais elle-même véritable ; tandis que lesdits corps intermédiaires, religieux, territoriaux et professionnels sont dépolitisés et perdent beaucoup de leur capacité à édicter du droit. L'identification immédiate des volontés particulières avec la

[1] B. FRYDMAN, « Comment penser le droit global ? », in J.-Y. CHÉROT, B. FRYDMAN, dir., *La science du droit dans la globalisation*, Bruylant (Bruxelles), coll. Penser le droit, 2012, p. 28.

[2] S. ROMANO, *L'ordre juridique* (1946), trad. L. François, P. Gothot, Dalloz, coll. Philosophie du droit, 1975, p. 60.

[3] R. CARRÉ DE MALBERG, *Contribution à la théorie générale de l'État spécialement d'après les données fournies par le droit constitutionnel français*, t. I, Librairie du Recueil Sirey, 1920, p. 61.

[4] B. FRYDMAN, « Le droit, de la modernité à la postmodernité », *Réseaux* 2000, n° 88, p. 68.

volonté générale, énoncée par Rousseau, conduirait même à leur disparition puisqu'en elles la volonté est inévitablement vouée à la particularité[1].

En outre, se pose la question de savoir si, parfois, ce n'est pas au contraire le droit qui engendre le contrat social plutôt que le contrat social qui engendre le droit, question qui est également celle de savoir si, parfois, ce n'est pas l'État qui engendre le contrat social davantage que le contrat social qui engendre l'État. Ainsi Carl Schmitt invitait-il à remarquer que, lors de la Révolution américaine, le peuple a pris conscience de son unité en se donnant une Constitution[2]. Et Antoine Garapond de noter que les communautés, en un seul et même acte, donnent corps au droit et fondent leur existence sur lui ; et d'en conclure qu' « on ne peut dire ni que le droit préexiste à la communauté ni que la communauté préexiste au droit, ils naissent et s'affirment ensemble, inséparables dans leur existence et leur validité »[3]. Enfin, Rousseau lui-même voyait dans les lois « les conditions de l'association civile »[4], ce qui implique qu'elles précèderaient nécessairement cette dernière. Peut-être faut-il envisager que plusieurs contrats sociaux peuvent se succéder avec un degré d'intensité croissant. Ce serait un cercle vertueux, l'un nourrissant l'autre et réciproquement : le contrat social conforte le droit qui à son tour renforce le contrat social etc. De même, le contrat social conforte l'État qui à son tour renforce le contrat social etc. Mais, dans ce mécanisme, il faut gager que le contrat social, quoiqu'il ne s'agisse au début que d'un contrat social très imparfait, est toujours premier.

Lorsqu'un grand nombre d'individus s'associent afin d'enfanter un État, ils génèrent concomitamment un pouvoir constituant originaire sur lequel va reposer la validité du droit dans son ensemble. Par analogie avec la *potestas* de Dieu créant *ex nihilo* l'Univers, le pouvoir constituant représente une *postestas* exceptionnelle : « Comme Dieu dans la Genèse, le peuple serait capable de créer du droit à partir de rien. Son pouvoir constituant serait l'équivalent de ce *Fiat* divin, mais qui aurait pour particularité de s'adresser uniquement aux hommes »[5]. Où apparaît combien le droit repose entièrement sur le fait, même si Hegel envisageait qu'une Constitution ne se fabrique pas car elle serait la substance morale d'un peuple ; une nation

[1] J. HUMMEL, « Allemagne (doctrines allemandes de l'État et du droit de Hegel et Jellinek) », in D. ALLAND, S. RIALS, dir., *Dictionnaire de la culture juridique*, Lamy-Puf, coll. Quadrige-dicos poche, 2003, p. 38.
[2] C. SCHMITT, *Théorie de la Constitution*, Puf, coll. Quadrige, 2013, p. 195.
[3] A. GARAPON, « L'idée de droit social : Georges Gurvitch », in P. BOURETZ, dir., *La force du droit – Panorama des débats contemporains*, Esprit, 1991, p. 216.
[4] J.-J. ROUSSEAU, *Du contrat social*, 1762, L. II, chap. 6.
[5] O. BEAUD, *La puissance de l'État*, Puf, coll. Léviathan, 1994, p. 219.

aurait par nature une Constitution qu'il suffirait d'adapter[1]. Et où est confirmé qu'un contrat social précède toujours le droit. Partant, le Professeur Olivier Beaud s'efforce à raison de démontrer que le contrat social n'est pas une Constitution[2]. Ainsi que l'expliquait Rousseau, « par le pacte social, nous avons donné l'existence et la vie au corps politique ; il s'agit maintenant de lui donner le mouvement et la volonté par la législation »[3]. Qu'elle se présente sous la forme étatique ou sous toute autre forme, une structure socio-politique s'exprime, se manifeste, se développe, se structure au moyen du droit qui n'est pas autre chose que la langue et l'outil du politique. Lorsque les hommes « aliènent leur liberté pour leur utilité »[4], ce qu'ils attendent en retour, c'est du droit, des règles générales et impersonnelles édictées par la volonté générale dans l'intérêt général, loin de la « loi du plus fort » ou de la « loi du plus offrant ».

Se révèle de façon limpide à quel point les effets du contrat social sont similaires aux effets du droit, si bien qu'ils tendent à se confondre lorsque le philosophe de Genève détaillait ainsi sa thèse : « Ce que l'homme perd par le contrat social, c'est sa liberté naturelle et un droit limité à tout ce qui le tente [...] ; ce qu'il gagne, c'est la liberté civile et la propriété de tout ce qu'il possède. [...] Il faut bien distinguer la liberté naturelle, qui n'a pour bornes que les forces de l'individu, de la liberté civile, qui est limitée par la volonté générale, et la possession, qui n'est que l'effet de la force ou le droit du premier occupant, de la propriété, qui ne peut être fondée que sur un titre positif »[5]. Si le contrat social n'est pas un acte juridique, il est un fait indispensable à toute apparition du droit. En un mot, les hommes s'associent parce qu'ils ont besoin du droit. L'individu qui prend part au contrat social attend de celui-ci qu'il permette le passage « de la guerre au droit »[6]. Pompée, empereur romain, demandait, selon Hugo Grotius, à quelque interlocuteur : « Quand je suis armé, puis-je penser aux lois ? »[7]. Mais

[1] G. W. F. HEGEL, *La Constitution de l'Allemagne*, Champ libre, 1974 (cité par J. HUMMEL, « Allemagne (doctrines allemandes de l'État et du droit de Hegel et Jellinek) », in D. ALLAND, S. RIALS, dir., *Dictionnaire de la culture juridique*, Lamy-Puf, coll. Quadrige-dicos poche, 2003, p. 39).

[2] *Cf.* O. BEAUD, *La puissance de l'État*, Puf, coll. Léviathan, 1994, p. 238 s. ; *cf.* également C. SCHMITT, *Théorie de la Constitution*, Puf, coll. Quadrige, 2013.

[3] J.-J. ROUSSEAU, *Du contrat social*, 1762, L. II, chap. 6.

[4] *Ibid.*, L. I, chap. 2.

[5] *Ibid.*, L. I, chap. 7.

[6] Réf. à Th. RUYSSEN, *De la guerre au droit*, Alcan, 1920.

[7] H. GROTIUS, *Le droit de la guerre et de la paix* (1625), Guillaumin, 1867, p. III (cité par Ch. BEHRENDT, F. BOUHON, *Introduction à la théorie générale de l'État – Recueil de textes*, Larcier (Bruxelles), coll. Faculté de droit de l'Université de Liège, 2009, p. 314).

l'homme armé ne saurait prendre part à un pacte social ; ce dernier ne peut qu'être le fruit d'engagements libres poursuivant le pacifisme. Certainement est-il possible, par les armes, de rompre le contrat social et d'enfreindre le droit. Cela ne change rien au fait que leur fin est la paix sociale. Le but du contrat social est ce qu'un auteur a appelé l'« homéofinalité »[1], soit le maintien de l'ordre social et la résolution ou même prévention des conflits ; et le meilleur instrument pour poursuivre cet objectif est le droit, en raison de son caractère *a priori* général, neutre et désintéressé. L'enjeu est, à en croire Rousseau, de faire, « par le passage de l'état de nature à l'état civil [...], d'un animal stupide et borné un être intelligent et un homme »[2], ce qui n'est pas le moindre des enjeux. Mais cette distinction de l'homme et de l'animal semble confirmer qu'il appartient à la nature humaine de vouloir faire société et, donc, de souhaiter s'inscrire dans un cadre juridique.

Par suite, les contractants deviennent des sujets de droit, le sujet de droit étant, conformément à l'étymologie du terme « sujet », celui qui est soumis à un ordre juridique qui lui confère des droits et lui impose des obligations[3]. Et le droit, qui est symboliquement produit par la volonté générale — les lois étant, pour Rousseau, des « registres de nos volontés »[4] et des actes par lesquels « tout le peuple statue sur tout le peuple »[5] —, est *de facto* engendré par les gouvernants dont le pouvoir de commandement leur a été délégué par la communauté sociale. Les membres du gouvernement ne sont que les fondés de pouvoir, les « simples officiers du souverain » qui « exercent en son nom le pouvoir dont il les a fait dépositaires, et qu'il peut limiter, modifier et reprendre quand il lui plaît, l'aliénation d'un tel droit étant incompatible avec la nature du corps social, et contraire au but de l'association »[6]. Selon le penseur genevois, les individus disposeraient d'un « droit au droit » dont ils pourraient user à leur guise ; ils seraient libres, parce qu'ils sont libres de conclure un pacte social, de s'inscrire dans un espace juridique ou non. Évidemment, il s'agit là encore de la caricature d'un réel autrement complexe, spécialement car il dépend de mouvements macrosociaux par essence lents et difficilement perceptibles. L'important est

1 S. DIEBOLT, *Le droit en mouvement – Éléments pour une compréhension constructiviste des transformations complexes des systèmes juridiques*, th., Université de Paris X-Nanterre, 2000, p. 387.

2 J.-J. ROUSSEAU, *Du contrat social*, 1762, L. I, chap. 8.

3 A. PAYNOT-ROUVILLOIS, « Sujet de droit », in D. ALLAND, S. RIALS, dir., *Dictionnaire de la culture juridique*, Lamy-Puf, coll. Quadrige-dicos poche, 2003, p. 1453.

4 J.-J. ROUSSEAU, *Du contrat social*, 1762, L. II, chap. 6.

5 *Ibid.*, L. II, chap. 6.

6 *Ibid.*, L. III, chap. 1.

ici de retenir qu'un lien incontestable existe entre le droit et le contrat social, ce qui, dit autrement, signifie que le droit est un phénomène social et politique et non un phénomène individuel. Cependant, cela implique que le contrat social est aussi la source du droit public et du fait que l'État se doit d'être un État de droit. Si différents pactes collectifs peuvent jalonner l'histoire d'une société et d'un État, il arrive souvent que l'un d'eux corresponde au moment où les qualités personnelles d'un chef ne peuvent plus justifier son autorité. À cet instant, « la conscience politique des gouvernés, devenue plus exigeante, refuse d'admettre que toute l'organisation de la Cité repose sur une volonté individuelle. La coïncidence entre les actes du chef et les besoins de la masse, et même l'assentiment généralisé que rencontre son action, ne suffisent plus à fonder sa puissance au regard du groupe »[1]. Intervient ici, à nouveau, la question du lien entre contrat social et démocratie. Pour Rousseau, les théories du contrat social, affirmant la souveraineté du peuple, ne peuvent qu'impliquer la constitution d'institutions démocratiques. Non seulement le peuple est le fondement de toute souveraineté, mais, la liberté de l'homme étant inaliénable, la souveraineté originaire du peuple ne peut s'aliéner ou se déléguer. Il semble, néanmoins, qu'il faille distinguer ce que Rousseau entendait réunir : la source et l'exercice de la souveraineté[2]. À la suite de Grotius ou Pufendorf, il importe de considérer que le contrat social n'empêche pas l'absolutisme et l'aristocratie. Les individus peuvent déléguer leur pouvoir à toute autorité à laquelle ils se soumettent psychologiquement. Il s'agit alors d'un pacte de soumission qui aboutit, autant qu'un pacte d'association, à l'État et au droit.

D'autres auteurs ont clairement exprimé le lien qui unit contrat social et droit. Sieyès, par exemple, observait que les hommes tendent à s'unir par un « pacte de sujétion »[3], c'est-à-dire qu'ils s'accordent sur le fait que doit être édicté du droit et qu'ils s'y soumettront. Et, évidemment, dès lors que l'État et le droit sont, suivant une conception normativiste, considérés comme étant, non pas deux phénomènes différents ni même deux aspects différents d'un identique phénomène, mais deux mots désignant une seule et même chose, et si le contrat social est à l'origine de l'État, ledit contrat est mécaniquement la source du droit en même temps que de l'État[4]. *In fine*, néanmoins, le contrat social est un phénomène autrement difficile à percevoir que le droit. Il est permis de considérer simplement que le droit est

[1] G. BURDEAU, *L'État* (1970), Le Seuil, coll. Points, 2009, p. 28.
[2] P. KAHN, *L'État*, Quintette, coll. Philosopher, 1989, p. 35.
[3] Cité par O. BEAUD, *La puissance de l'État*, Puf, coll. Léviathan, 1994, p. 239.
[4] S. ROMANO, *L'ordre juridique* (1946), trad. L. François, P. Gothot, Dalloz, coll. Philosophie du droit, 1975, p. 59.

avant tout, ainsi que l'a exposé Duguit, cité par Georges Gurvitch, « une création psychologique de la société déterminée par les besoins d'ordre matériel, intellectuel et moral »[1].

Seul un contrat social semble pouvoir être à l'origine de l' « amour des lois »[2] ; toutefois, il ne faudrait surtout pas comprendre que le « contrat » social est lui-même quelque-chose de juridique à ranger sur l'étagère des devoir-être. Pas plus qu'il ne saurait être considéré comme étant la Constitution d'un État, le contrat social ne peut être approché en tant que première forme de droit dans une société. Il n'est toujours qu'un fait, ce qui n'interdit pas au droit de reposer sur ce fait, ce qu'écrivait Carré de Malberg : « La notion de droit présuppose l'organisation sociale et [...] aucune catégorie d'acte juridique quelconque ne saurait se concevoir antérieurement à cette organisation »[3]. Seulement, au sens de l'auteur de la *Contribution à la théorie générale de l'État*, le contrat social correspond à une « catégorie d'acte juridique » et non à l' « organisation sociale »[4]. C'est là une erreur qu'il commettait dans la perception de la chronologie des évènements qui mènent à l'État et au droit ou, plus sûrement, une confusion quant au sens de ces différentes expressions. Au sein du présent ouvrage, en tout cas, il faut redire que le contrat social est considéré en tant que fait, ce qui devrait conduire à employer cette locution entourée de guillemets car ce n'est certainement pas d'un contrat au sens propre dont il s'agit. Et, alors que, pour Carré de Malberg, « peu importent les conditions de fait dans lesquelles un État a pu prendre naissance »[5], il semble, tout au contraire, que celles-ci soient d'une importance fondamentale car tant le droit que l'État reposent sur elles ; d'elles dépendent la force et la crise de l'État et du droit.

Si, en cette étude, le concept de contrat social est retenu afin de désigner de manière unitaire les faits qui sont à l'origine de l'État — ou, du moins, de certains États —, il n'est cependant pas ignoré combien il a été et continue d'être l'objet de vives critiques. Il est vrai que, si cette explication est valable à propos de l'État typique occidental, bien des États ont été créés loin de tout contrat social ou en supposant un contrat social très artificiel et

[1] Cité par G. GURVITCH, *Éléments de sociologie juridique*, Aubier, 1940, p. 102.

[2] Réf. à J. BOULAD-AYOUD, B. MELKEVIK, P. ROBERT, dir., *L'amour des lois – La crise de la loi moderne dans les sociétés démocratiques*, Presses de l'Université Laval-L'Harmattan (Québec-Paris), 1996.

[3] R. CARRÉ DE MALBERG, *Contribution à la théorie générale de l'État spécialement d'après les données fournies par le droit constitutionnel français*, t. I, Librairie du Recueil Sirey, 1920, p. 61.

[4] *Ibid.*

[5] *Ibid.*

arbitraire. Mais le fait que ces derniers États sont toujours fragiles en comparaison de ceux qui reposent sur un contrat social prouve combien ce dernier est important pour la forme étatique, quand bien même il arrive qu'elle se passe de lui.

15. ***Les critiques de l'explication de l'État par le contrat social.*** En premier lieu, a pu être soutenu qu'il faudrait davantage parler de « contrats sociaux » au pluriel. Selon Pufendorf, par exemple, il n'y a jamais un seul pacte ; il y en a deux : l'un visant à constituer la société, l'autre instaurant l'autorité politique[1]. Plus sûrement, il semble que l'histoire d'une société et d'un État ne connaisse pas, de façon manichéenne, une ère ante-contractuelle et une ère post-contractuelle mais soit marquée par une foultitude de contrats sociaux, c'est-à-dire par un renforcement progressif de l'unité de la société et de la structure de l'organisation politique. Il ne paraît, dès lors, pas correct d'affirmer que le contrat social ne survient qu'une fois qu'une société atteint un certain niveau d'achèvement[2] ; la société parvient à ce stade de développement par différents contrats sociaux successifs. Mais il faut redire combien l'idée de contrat social est une image et non un acte concret. Aussi, sous l'étiquette « contrat social », se trouve-t-il sous-entendue toute l'évolution progressive de la société qui l'a conduite à se doter d'un État. À l'aune de ces propos, il apparaît néanmoins clairement combien ce concept est entouré d'une certaine confusion intellectuelle, combien il est « encombré d'hésitations, controversable et indéfiniment malléable »[3].

Le procès intenté au contrat social a porté sur différents aspects, de la philosophie à la politique en passant, bien sûr, par le droit. Au temps des « figures théologico-politiques »[4], alors que la réflexion reposait sur les principes de la foi chrétienne, une grande partie des penseurs étaient convaincus que seul un souverain désigné directement par Dieu — un « *solo Deo* », pour reprendre l'expression traditionnelle par laquelle s'exprimait la revendication de ce statut — pouvait gouverner les hommes[5]. Quelque thèse

[1] S. von Pufendorf, *Du droit de la nature et des gens*, 1672, L. VII, chap. 2 (cité par S. Goyard-Fabre, « Contrat social », in D. Alland, S. Rials, dir., *Dictionnaire de la culture juridique*, Lamy-Puf, coll. Quadrige-dicos poche, 2003, p. 283).

[2] J.-P. Siméon, « La démocratie selon Rousseau », in J.-J. Rousseau, *Du contrat social*, Le Seuil, coll. Points politique, 1977, p. 75.

[3] S. Goyard-Fabre, « Contrat social », in D. Alland, S. Rials, dir., *Dictionnaire de la culture juridique*, Lamy-Puf, coll. Quadrige-dicos poche, 2003, p. 281.

[4] Réf. à E. Cattin, L. Jaffro, A. Petit, *Figures du théologico-politique*, Vrin, coll. Problèmes et controverses, 1999.

[5] M.-F. Renoux-Zagamé, « Droit divin », in D. Alland, S. Rials, dir., *Dictionnaire de la culture juridique*, Lamy-Puf, coll. Quadrige-dicos poche, 2003, p. 470.

du contrat social ne pouvait alors prospérer puisque l'État de droit divin, dans lequel le souverain était désigné immédiatement par Dieu, était la seule forme institutionnelle fidèle au principe essentiel des textes saints du christianisme en matière politique, celui de l'origine divine du pouvoir. La meilleure illustration de cette conception particulière de l'origine de l'État paraît être la monarchie française des XVIIe et XVIIIe s. Les autorités ecclésiastiques ont obtenu, en 1682, que soit établie la déclaration dite « des quatre articles » qui reconnaissait officiellement le statut de droit divin de la monarchie française[1]. Peut également être citée la *Politique tirée des propres paroles de l'Écriture sainte* du grand théologien du règne de Louis XIV Bossuet[2]. Cette œuvre repose sur la conviction qu'il faut rechercher dans les préceptes révélés par Dieu aux hommes, c'est-à-dire dans le « droit divin positif » exprimé par l'Écriture sainte, les principes applicables au pouvoir politique. Bien qu'aujourd'hui des auteurs avancent qu'il existerait des « continuités cachées entre les deux phases, monarchique et républicaine, de l'histoire de l'État français »[3], la justification divine et métaphysique paraît de peu de poids par rapport à l'explication par le contrat social. Mais, historiquement, la première a longtemps dominé, empêchant la seconde de se développer. De plus, même s'il s'agit là d'un autre enjeu, le droit divin donnait certainement jadis plus de force au pouvoir que le contrat social ne le fait aujourd'hui. Mais il n'est toutefois pas lieu de regretter le temps de la monarchie de droit divin ; mieux vaut se réjouir que le rationalisme — auquel le contrat social peut-être rattaché dès lors qu'est convenu qu'il n'est qu'une image — l'ait largement emporté, en Occident du moins. Seulement, encore faut-il ne pas considérer, comme Duguit, que « le contrat social est autant du droit divin que le droit divin des rois »[4].

Sous l'angle philosophique, Hume, avant même que ne paraisse le *Contrat social* de Rousseau, avait identifié une double erreur axiomatique et procédurale dans la thèse contractualiste, laquelle reposerait sur des postulats par trop abstraits et dogmatiques[5]. Kant poursuivit largement cette critique[6]. Par ailleurs, d'un point de vue cette fois pratique plus qu'idéologique ou

[1] *Ibid.*, p. 471.

[2] J.-B. BOSSUET, *Politique tirée des propres paroles de l'Écriture sainte*, 1709.

[3] M.-F. RENOUX-ZAGAMÉ, « Droit divin », in D. ALLAND, S. RIALS, dir., *Dictionnaire de la culture juridique*, Lamy-Puf, coll. Quadrige-dicos poche, 2003, p. 471.

[4] L. DUGUIT, *Traité de droit constitutionnel – Tome premier : La règle de droit, le problème de l'État*, 3e éd., De Boccard, 1927, p. 656.

[5] D. HUME, « Le contrat primitif », in *Discours politiques*, 1754 (cité par S. GOYARD-FABRE, « Contrat social », in D. ALLAND, S. RIALS, dir., *Dictionnaire de la culture juridique*, Lamy-Puf, coll. Quadrige-dicos poche, 2003, p. 283).

[6] I. KANT, *Éléments métaphysiques de la doctrine du droit*, Durand, 1853.

psychologique, il semble pragmatique d'estimer que « l'État, comme la famille, est une société nécessaire, et comme tel il n'est pas l'œuvre d'un contrat, mais bien de la force même des choses »[1]. Pour Carré de Malberg, les peuples, aujourd'hui, ne pourraient guère se passer de l'État et, dans tous les cas, ils ne seraient pas en capacité de le supprimer ; « c'est donc que l'État n'est pas le produit d'un arrangement conventionnel entre les individus, [...] mais bien d'un acte de soumission forcée à des exigences sociales qu'il ne dépend pas d'eux d'éluder »[2]. Quant à Hauriou, il expliquait que

> *[La théorie du contrat social] a perdu tout crédit lorsque les publicistes eurent acquis un peu d'esprit historique. D'abord, le pacte social unanime n'a aucune réalité historique, comme fondement ou comme refonte de société. Les [C]onstitutions écrites modernes, qui sont ce qui approcherait le plus (la théorie des [C]onstitutions écrites est en relations étroites avec la croyance au contrat social) sont traitées comme des* lois *constitutionnelles ; de plus, elles n'ont jamais été acceptées par le consentement unanime des intéressés. Même quand elles ont été soumises au referendum, elles n'ont jamais été votées qu'à la majorité et il est des pays où elles conservent des adversaires irréconciliables sans que, pour cela, on les considère comme illégitimes. La pratique a donc dénoncé le caractère utopique du consentement unanime qu'exigerait le contrat.*[3]

Toutefois, si Rousseau ne voyait effectivement de contrat social que consenti à l'unanimité, il ne possède guère le monopole de cette thèse et il est parfaitement envisageable que ledit contrat puisse exister loin de toute unanimité. On a pu ainsi inviter à parler préférablement de « quasi-contrat » et de « quasi-consentement »[4] ; d'autant plus que, s'il y a consentement ou unanimité, ce ne peut être que tacitement. Le contrat social n'est dans tous

[1] L. LE FUR, *État fédéral et confédération d'États*, Marchal et Billard, 1896, p. 567 (cité par R. CARRÉ DE MALBERG, *Contribution à la théorie générale de l'État spécialement d'après les données fournies par le droit constitutionnel français*, t. I, Librairie du Recueil Sirey, 1920, p. 54).

[2] R. CARRÉ DE MALBERG, *Contribution à la théorie générale de l'État spécialement d'après les données fournies par le droit constitutionnel français*, t. I, Librairie du Recueil Sirey, 1920, p. 54.

[3] M. HAURIOU, *Précis élémentaire de droit constitutionnel*, 2e éd., Librairie du Recueil Sirey, 1930, p. 20 (souligné dans le texte original).

[4] J.-P. SIMÉON, « La démocratie selon Rousseau », in J.-J. ROUSSEAU, *Du contrat social*, Le Seuil, coll. Points politique, 1977, p. 90.

les cas, contrairement à l'appréhension qu'en fait Hauriou[1], qu'une métaphore servant à désigner la structuration politique d'une société qui auparavant était abandonnée à la « loi du plus fort ». Le « contrat » social n'est pas un acte juridique ; c'est pourquoi il est ici traité au sein d'une partie consacrée à la caractérisation factuelle de l'État et non dans une partie portant sur sa définition juridique. Qu'il soit rappelé combien « la spécificité structurelle du contrat social est telle que l'appeler "contrat" constitue, juridiquement, une hérésie »[2]. L'idée selon laquelle ce serait la Constitution qui incarnerait concrètement le contrat social ne peut donc être pertinemment défendue ; et les « objections d'ordre juridique qui rendent inadmissible » la thèse du contrat social[3] apparaissent parfaitement inopportunes. La Constitution appartient à la sphère des devoir-être quand le contrat social sert à désigner des être — bien qu'un devoir-être est et donc appartient tout autant au monde des faits, mais il n'est pas temps de s'épancher sur cette problématique —. Il vaut mieux se ranger du côté d'Adhémar Esmein et de Carré de Malberg lorsqu'ils concevaient que « le contrat social n'est pas un fait historique : on ne saurait lui assigner une date dans l'histoire. [...] Il n'a donc et ne veut avoir que la portée d'une construction logique : elle signifie que l'État se fonde rationnellement sur un accord implicite de volontés entre ses membres. Et d'ailleurs ce contrat tacite est aussi un contrat qui se renouvelle sans cesse. Chaque homme, par cela seul qu'il continue de faire partie d'une communauté nationale étatisée, concourt à tout instant à la formation de la nation et de l'État »[4]. On ne saurait dire mieux ; il serait vain de rechercher un quelconque contrat social formalisé ; il n'est pas d'évènement historique signalant la naissance de l'État. Le contrat social est un outil de l'esprit utile pour comprendre comment certains États sont apparus ; il est une fiction[5] et aucun État n'est devenu réalité du jour au lendemain. Rousseau semblait d'ailleurs le reconnaître lorsqu'il notait que « les clauses de ce contrat n'ont jamais été

[1] Hauriou voyait, par exemple, un contrat social dans le « contrat conclu par des émigrants anglais sur la bateau le *May Flower* le 11 novembre 1620 » (M. HAURIOU, *Précis élémentaire de droit constitutionnel*, 2e éd., Librairie du Recueil Sirey, 1930, p. 21).

[2] S. GOYARD-FABRE, *L'État, figure moderne de la politique*, Armand Colin, coll. Cursus philosophie, 1999, p. 77.

[3] R. CARRÉ DE MALBERG, *Contribution à la théorie générale de l'État spécialement d'après les données fournies par le droit constitutionnel français*, t. I, Librairie du Recueil Sirey, 1920, p. 55.

[4] *Ibid.*, p. 52 ; *cf.* également A. ESMEIN, *Éléments de droit constitutionnel français et comparé* (1896), Éditions Panthéon-Assas, coll. Les introuvables, 2001.

[5] J.-P. SIMÉON, « La démocratie selon Rousseau », in J.-J. ROUSSEAU, *Du contrat social*, Le Seuil, coll. Points politique, 1977, p. 75.

énoncées »[1]. Seulement Carré de Malberg décrivait-il une théorie qu'il allait ensuite contester, alors que, en les présentes pages, celle-ci est envisagée comme correcte.

L'auteur de la *Contribution* relevait à juste titre qu'en aucun temps ni en aucun lieu ne se retrouvent de quelconques traces de l'état de nature qui aurait précédé la socialisation des individus et dans lequel l'individualisme aurait été absolu. Plus encore, il affirmait que le contrat social « est faux même comme hypothèse théorique : car l'homme est un être incapable de subsister autrement qu'en société ; et, par suite, prétendre séparer en lui l'être individuel et l'être social, supposer que le premier précède le second, en un mot isoler l'individu de la société, ne fût-ce qu'un instant de raison, c'est une conception vide de sens »[2]. Il est difficile, d'autant que l'auteur ne fournit nulle explication complémentaire, de comprendre en quoi il serait inconséquent d'étudier séparément la société et l'individu ; d'ailleurs, aujourd'hui, la sociologie et l'anthropologie sont des disciplines très bien établies et légitimées. Quant à l'irréalisme de l'état de nature, il n'est pas nécessairement préjudiciable au contrat social. En effet, bien que l'homme soit par nature un être social et politique, rien ne l'empêche, par le truchement de différentes conventions collectives successives, de devenir de plus en plus social et politique et, spécialement, de passer de modes d'organisation non étatiques à des modes d'organisation étatiques.

En outre, Carré de Malberg pensait que « la doctrine de Rousseau, bien loin de fonder l'État, aboutit à sa négation »[3]. En effet, selon lui, si l'homme est naturellement libre ainsi que le précisait l'auteur genevois, il ne pourrait en aucun cas se trouver assujetti par le biais d'un contrat. Cet argument est lui aussi étrange : la liberté peut parfaitement contenir une branche étant la liberté contractuelle — cela est difficilement contestable —. Et, encore et encore, il faut soutenir devant Carré de Malberg que ce « contrat » là n'est qu'une image servant à désigner un phénomène socio-politique. Il en va de même dès lors que l'auteur strasbourgeois ajoutait que « l'acte de volonté par lequel les fondateurs d'un État ont établi celui-ci ne saurait être un contrat puisqu'il ne produit point d'effets contractuels »[4] ou que, si l'État repose sur un contrat, seuls les signataires peuvent s'y trouver

[1] J.-J. ROUSSEAU, *Du contrat social*, 1762, L. I, chap. 6.

[2] R. CARRÉ DE MALBERG, *Contribution à la théorie générale de l'État spécialement d'après les données fournies par le droit constitutionnel français*, t. I, Librairie du Recueil Sirey, 1920, p. 52-53.

[3] *Ibid.*, p. 56.

[4] *Ibid.*, p. 60. Sur ce point, il est permis de contredire l'affirmation de Carré de Malberg selon laquelle cet acte de volonté n'engendre aucun droit et aucune obligation.

liés, les individus ayant refusé de contracter pouvant à leur gré demeurer en dehors de l'État, ce qui est manifestement contraire à la réalité du droit positif qui exclut qu'un individu puisse ne se rattacher à aucun État et qui s'efforce de limiter le nombre des apatrides[1]. Le contrat social tel qu'envisagé ici est un contrat social qui repose sur la règle de la majorité et non sur celle de l'unanimité et qui, à l'instar des résultats de tout scrutin électoral, s'impose à tous, y compris aux abstentionnistes. Il en va toujours à l'identique lorsque Carré de Malberg interrogeait la possibilité de créer une personne morale par contrat et assurait qu' « il est une chose qui demeure impossible à concevoir : c'est la création, par des actes individuels de volonté contractuelle, de la puissance dominatrice de l'État. Car la domination étatique et la sujétion envers l'État présupposent essentiellement l'existence d'une volonté supérieure aux individus qui composent l'État, volonté qui par cela même a sa base ailleurs que dans les conventions qui ont pu intervenir entre eux »[2]. Et c'est de la même façon qu'il faut s'opposer à la critique de Hegel selon laquelle le contrat social ne serait qu'une « illusion juridique », le concept transposant en droit public des catégories propres au droit privé[3], ou à la critique de Kant en vertu de laquelle le contrat social reposerait sur une confusion entre le fait et la norme, entre l'être et le devoir-être, qui le vouerait à l'échec[4].

Par suite, Carré de Malberg retenait que le fondement de la puissance étatique réside dans la Constitution, laquelle serait un acte unilatéral de l'État. Mais cela n'explique en rien d'où proviennent cette puissance étatique et la faculté dont dispose l'État de produire des actes unilatéraux. La seule explication conforme à la réalité est que les membres d'un corps social, afin d'organiser leurs relations internes et de se protéger contre l'extérieur, ont mis en place des institutions politiques très perfectionnées, si bien qu'elles peuvent être regroupées sous l'étiquette « État », et que ce processus d'ordre parfaitement factuel peut se voir qualifié métaphoriquement de « contrat social ». S'il faut confirmer que « la puissance de l'État est un pur fait »[5], il

[1] *Ibid.*, p. 56.
[2] *Ibid.*, p. 57.
[3] G. W. F. HEGEL, *Principes de la philosophie du droit*, 1820, § 72 (cité par S. GOYARD-FABRE, « Contrat social », in D. ALLAND, S. RIALS, dir., *Dictionnaire de la culture juridique*, Lamy-Puf, coll. Quadrige-dicos poche, 2003, p. 284).
[4] I. KANT, *Éléments métaphysiques de la doctrine du droit*, Durand, 1853 (cité par S. GOYARD-FABRE, « Contrat social », in D. ALLAND, S. RIALS, dir., *Dictionnaire de la culture juridique*, Lamy-Puf, coll. Quadrige-dicos poche, 2003, p. 283).
[5] R. CARRÉ DE MALBERG, *Contribution à la théorie générale de l'État spécialement d'après les données fournies par le droit constitutionnel français*, t. I, Librairie du Recueil Sirey, 1920, p. 57.

convient, en revanche, de contester l'idée selon laquelle que l'État ne puisse posséder d'origine juridique interdit d'employer l'image du « contrat social ».

Contestant le contrat social tel que conceptualisé par Rousseau, Hauriou voyait une « erreur manifeste » dans l'hypothèse d'individus aliénant totalement leurs personnes et leurs droits au profit du corps social. Il notait que « non seulement cette aliénation totale ne pourrait qu'engendrer l'absolutisme de l'État, mais historiquement elle est en contradiction avec les faits, la plupart des États s'établissant dans des conditions telles qu'il intervient des compromis avec les pouvoirs primitifs, d'où résultent des réserves de libertés individuelles »[1]. Cette critique est irréfragable ; seulement, encore une fois, elle s'adresse au contrat social rousseauiste, qui est incontestablement irréaliste de ce point de vue, et il est permis de proposer une vision du pacte collectif plus pragmatique dans laquelle les individus ne procèdent guère à pareille aliénation. Hauriou concluait : « Le contrat social est une construction *statique* qui ne résiste pas au mouvement historique des sociétés »[2]. Rien n'est moins sûr dès lors que, justement, ce sont les contrats sociaux successifs que connaît une société qui la font évoluer, acquérir des formes et institutions politiques, se séparer d'autres. Dénoncer le contrat social comme « construction statique » ne semble que peu justifié ; et il serait définitivement préférable d'évoquer des « contrats sociaux » au pluriel.

Parmi les contradictions relevées au cœur de l'exposé rousseauiste, il se trouve encore le fait que la légitimité pleine et entière de l'État issue du contrat social ne pourrait être assurée que pour un temps, car, dès que des enfants naissent et parviennent à « l'âge de raison », des difficultés apparaissent puisqu'ils n'ont pas eux-mêmes « expressément » consenti aux lois du groupe et « ratifié » la convention[3]. L'autorité serait donc sans fondement à leur égard ; chacun des enfants étant « seul juge des moyens propres à le conserver devient par là son propre maître »[4]. Seulement le consentement au contrat social n'est-il jamais exprès et temporellement identifiable mais toujours implicite et continu, progressif, si bien qu'il est impossible d'identifier des parents qui auraient adhéré au pacte quand tel ne serait pas le cas de leurs enfants. Plus encore, le contrat social est un

[1] M. HAURIOU, *Précis élémentaire de droit constitutionnel*, 2e éd., Librairie du Recueil Sirey, 1930, p. 21.

[2] *Ibid.* (souligné dans le texte original).

[3] J.-P. SIMÉON, « La démocratie selon Rousseau », in J.-J. ROUSSEAU, *Du contrat social*, Le Seuil, coll. Points politique, 1977, p. 91.

[4] J.-J. ROUSSEAU, *Du contrat social*, 1762, L. I, chap. 2.

phénomène collectif et non individuel ; il est parfaitement inopérant de rechercher chez chacun si consentement y a été donné ou non. Dans l'*Émile*, Rousseau écrivait : « Par un droit que rien ne peut abroger, chaque homme en devenant majeur et maître de lui-même devient maître aussi de renoncer au contrat par lequel il tient à la communauté, en quittant le pays dans lequel elle est établie. Ce n'est que par le séjour qu'il y fait après l'âge de raison qu'il est censé confirmer tacitement l'engagement qu'ont pris ses ancêtres »[1]. Assurément, il est permis de considérer qu'un individu qui quitte un pays, qui se détourne d'un État, ne souscrit pas au contrat social, tandis qu'un individu qui s'établit dans un pays ou qui y demeure s'engage « tacitement ». Par suite, comme la conclusion du contrat social ne peut être analysée qu'en tant que phénomène collectif, la rupture de celui-ci n'est possible que collectivement, c'est-à-dire dans l'hypothèse où une majorité des citoyens d'un État manifesteraient un détachement par rapport à la convention collective. Individuellement, il n'est pas possible de la rompre ; même en s'exilant, des obligations demeurent généralement à l'égard de l'État d'origine.

On observe que l'opposition à l'explication contractualiste a été particulièrement intense au lendemain de la Révolution française[2], par exemple sous la plume de Benjamin Constant ou Chateaubriand, si bien qu'elle serait alors entrée en « crise » en raison de l'influence « de l'intersubjectivité et de la conscience communautaire dans la condition humaine »[3]. Marx, dénonçant la « malfaisance de Rousseau », Proudhon, répudiant des « volontés factices », ou encore Nietzsche auraient « sonné le glas de la théorie contractualiste de l'État »[4]. À l'aube du XXe s., Carré de Malberg observait que « la doctrine du contrat social est universellement rejetée »[5]. La critique la plus souvent reprise est peut-être la suivante :

> *La théorie de Rousseau tourne dans un cercle vicieux, en tant qu'elle fait intervenir le facteur juridique contrat à un moment où la société est à fonder et où par conséquent il ne saurait encore exister ni droit social, ni davantage contrat ayant une valeur*

[1] J.-J. ROUSSEAU, *Émile ou de l'éducation*, 1762 (cité par J.-P. SIMÉON, « La démocratie selon Rousseau », in J.-J. ROUSSEAU, *Du contrat social*, Le Seuil, coll. Points politique, 1977, p. 91)
[2] *Cf.* R. DARATHÉ, *Jean-Jacques Rousseau et la science politique de son temps*, Vrin, 1983.
[3] S. GOYARD-FABRE, « Contrat social (doctrines) », in D. ALLAND, S. RIALS, dir., *Dictionnaire de la culture juridique*, Lamy-Puf, coll. Quadrige-dicos poche, 2003, p. 281.
[4] *Ibid.*, p. 284.
[5] R. CARRÉ DE MALBERG, *Contribution à la théorie générale de l'État spécialement d'après les données fournies par le droit constitutionnel français*, t. I, Librairie du Recueil Sirey, 1920, p. 52.

juridique quelconque. Cette objection a pu échapper aux publicistes des XVIIe et XVIIIe siècles, parce qu'ils étaient pénétrés de la croyance à un droit naturel préexistant à toute organisation sociale, et que par suite ils pensaient trouver dans ce droit le fondement obligatoire du consentement donné au pacte social. L'objection apparaît au contraire comme décisive, dès qu'il est reconnu que la notion positive de droit présuppose l'organisation sociale, en ce sens tout au moins que cette organisation peut seule assurer au droit son efficacité et sa force coercitive : en sorte que le prétendu contrat social, ne pouvant avoir de valeur que par l'organisation sociale, ne saurait être en même temps l'élément générateur de cette organisation.[1]

En classant le contrat social non parmi les éléments définitionnels juridiques de l'État mais parmi ses explications socio-factuelles, l'auteur de ces lignes peut échapper à cette contre-argumentation dont la logique, d'ailleurs, n'est implacable qu'à condition de se placer, comme Carré de Malberg, dans un cadre positiviste-étatiste — ce qu'il reconnaît explicitement dans l'extrait cité —. D'autres attaques sont moins pertinentes : par exemple lorsqu'est soutenu que le « contrat » social ne serait pas un contrat car un contrat est « une entente entre personnes qui, en traitant ensemble, se proposent respectivement des buts différents et veulent des choses différentes [alors que], dans le cas de la fondation d'un État au contraire, il se produit entre les fondateurs une concordance de volontés individuelles convergeant toutes vers un but unique et commun »[2]. Semblable définition du contrat est très maladroite et nombreux sont les contrats conclus justement parce que les parties partagent « un but unique et commun ».

Au vu de ces différents éléments, il ne fait aucun doute que le contrat social est à l'origine d'une « interminable querelle »[3] que le présent ouvrage, avec d'autres travaux[4], ne peut qu'aviver un peu plus. Néanmoins, la recherche de l'équilibre et du pragmatisme ne conduisent certainement pas à affirmer ici que le contrat social est l'origine de l'État. Il est une explication

[1] *Ibid.*, p. 56-57 ; également L. DUGUIT, *Traité de droit constitutionnel – Tome premier : La règle de droit, le problème de l'État*, 3e éd., De Boccard, 1927, p. 13.

[2] R. CARRÉ DE MALBERG, *Contribution à la théorie générale de l'État spécialement d'après les données fournies par le droit constitutionnel français*, t. I, Librairie du Recueil Sirey, 1920, p. 61.

[3] Réf. à S. GOYARD-FABRE, *L'interminable querelle du contrat social*, Presses universitaires d'Ottawa, 1977.

[4] Notamment P. RILEY, *Will and Political Legitimacy – A Critical Exposition of Social Contract Theory in Hobbes, Locke, Rousseau, Kant and Hegel*, Harvard, 1982.

parmi d'autres de la naissance des États ; et il n'est valable que concernant certains, au nombre desquels figure l'État occidental classique. Seul, le contrat social ne parvient pas à démontrer pourquoi et, plus encore, comment apparaissent les États. Il permet davantage de comprendre l'émergence des sociétés que celle des États, certains contrats sociaux engendrant des structures socio-politiques non étatiques ; car il n'est d'États que dans les cas où l'approfondissement du lien social et l'institutionnalisation du pouvoir sont les plus grands. L'antinomie parfois établie entre l'État et la société est tout aussi schématique et tendancieuse que leur assimilation l'un à l'autre[1]. Aussi les autres explications de l'origine de l'État peuvent-elles et même doivent-elles être accueillies aux côtés de l'hypothèse méthodologique du contrat social. Cette dernière est « un instrument de travail permettant de retrouver, par la fiction d'un retour à l'origine, les principes d'une constitution politique rationnelle »[2]. Mais, alors que les propositions alternatives ne manquent pas, il serait inconséquent de réduire l'explication de l'apparition de l'État au seul contrat social. *In fine*, il semble que ce dernier soit autant indispensable qu'imparfait et, sans quelques éléments complémentaires, il tendrait à situer les sources de l'étaticité au sein de spéculations hasardeuses. Il faut donc compléter le recours au contrat social par des éclaircissements complémentaires.

16. ***Les autres explications de l'origine de l'État : la séparation des gouvernants et des gouvernés et l'institutionnalisation.*** L'État, lorsqu'il apparaît, est une construction de fait et en aucun cas un édifice juridique. Ce qu'explique l'idée de contrat social est d'ailleurs davantage comment éclosent des sociétés politiques de fait que comment germent des États[3] ; car tous les contrats sociaux ne sont pas à l'origine d'États. Partant, il est nécessaire de compléter les recherches sur la formation de l'État en s'éloignant quelque peu des propositions contractualistes. Il est difficile de ne pas donner raison à Carré de Malberg lorsqu'il soutenait que « l'histoire perme[t] de vérifier que l'État est né en dehors de tout acte volontaire de ses membres et même à leur insu : lorsque les hommes ont commencé à prendre conscience de l'État, il y avait longtemps que celui-ci existait déjà »[4].

[1] S. GOYARD-FABRE, *L'État, figure moderne de la politique*, Armand Colin, coll. Cursus philosophie, 1999, p. 34.
[2] B. FRYDMAN, « Le droit, de la modernité à la postmodernité », *Réseaux* 2000, n° 88, p. 68.
[3] J.-P. SIMÉON, « La démocratie selon Rousseau », in J.-J. ROUSSEAU, *Du contrat social*, Le Seuil, coll. Points politique, 1977, p. 90.
[4] R. CARRÉ DE MALBERG, *Contribution à la théorie générale de l'État spécialement d'après les données fournies par le droit constitutionnel français*, t. I, Librairie du Recueil Sirey, 1920, p. 54.

Précédemment, a été abondamment explicité pourquoi pareils propos ne sont pas incompatibles avec le contrat social puisque celui-ci désigne des phénomènes largement implicites et inconscients. Il n'en demeure pas moins qu'il faut pousser plus avant l'investigation sur les causes de l'étatisation des sociétés.

Outre les thèses métaphysiques décrites au début du paragraphe précédent, et sur lesquelles il n'est pas lieu de revenir tant « elles ne valent même pas la peine d'une discussion », ainsi que le soutenait Duguit[1], et outre certaines propositions peu convaincantes telles que celle qui justifie l'État par le changement climatique[2], la naissance de l'État peut tout d'abord se voir rattachée à celle du pouvoir et à la différenciation des gouvernants et des gouvernés. Cette dernière explication était contestée par Rousseau pour qui tout gouvernant est aussi gouverné et réciproquement, du moins dans une vision idyllique du contrat social. En effet, si un gouvernement s'arroge une quelconque initiative législatrice, la démocratie s'efface et laisse place à un régime dit de « dictature gouvernementale » ; s'il veut par et pour lui-même, il ne peut plus prétendre être le dépositaire légitime de quelque droit que ce soit et il brise le pacte social[3]. Néanmoins, suivant une acception réaliste du contrat social — laquelle est à privilégier —, nul doute que gouvernants et gouvernés sont, en pratique, séparables.

Il est à mettre au crédit de Duguit d'avoir été le principal promoteur de la thèse selon laquelle un État prendrait racine lorsque se différencient gouvernants et gouvernés, lorsqu'apparaît la puissance politique qui est un fait social. Le maître de Bordeaux parlait de « différenciation politique », laquelle se définit comme l'état dans lequel « un groupe d'hommes plus ou moins nombreux se trouvent, en fait, dans la possibilité d'imposer leur volonté par la contrainte matérielle aux autres membres de la société »[4] ; et laquelle trouve sa source dans la force purement matérielle, la morale, la religion ou les contraintes économiques[5]. Ces individus capables d'ordonner,

[1] L. DUGUIT, *Traité de droit constitutionnel – Tome premier : La règle de droit, le problème de l'État*, 3e éd., De Boccard, 1927, p. 656.
[2] J. BAGUENARD, *L'État – Une aventure incertaine*, Ellipses, coll. Mise au point, 1998, p. 17.
[3] J.-P. SIMÉON, « La démocratie selon Rousseau », in J.-J. ROUSSEAU, *Du contrat social*, Le Seuil, coll. Points politique, 1977, p. 101.
[4] L. DUGUIT, *Traité de droit constitutionnel – Tome premier : La règle de droit, le problème de l'État*, 3e éd., De Boccard, 1927, p. 535 ; également L. DUGUIT, *Traité de droit constitutionnel – Tome deuxième : La théorie générale de l'État – Première partie : Éléments, fonctions et organes de l'État*, 3e éd., De Boccard, 1928, p. 2-3.
[5] L. DUGUIT, *Traité de droit constitutionnel – Tome premier : La règle de droit, le problème de l'État*, 3e éd., De Boccard, 1927, p. 655.

de décider, de contraindre et de sanctionner sont les gouvernants ; les autres, qui se soumettent et obéissent, sont les gouvernés. Mais la différenciation politique n'est pas incompatible avec la thèse du contrat social ; souvent, même, elle est sa conséquence puisque, les gouvernés étant plus nombreux que les gouvernants, ils sont normalement capables, collectivement, de les renverser. S'ils ne le font pas, c'est en partie par peur, mais aussi parce qu'un contrat social (une force psychologique et symbolique) soutient cette situation de déséquilibre entre les individus. L'obéissance est très souvent volontaire, consentie et spontanée, ce qui renforce d'autant plus la puissance politique des gouvernants mais leurs interdit d'agir de façon par trop arbitraire et par trop détachée de l'intérêt général.

Georges Burdeau voyait l'État se développer concomitamment aux croyances relatives au pouvoir. Initialement anonyme, simple prolongement d'une autorité familiale ou extension de la fonction religieuse, le pouvoir changerait ensuite radicalement de forme, signalant l'émergence de l'État[1]. Pour désigner l'ère ante-étatique, on parle de « pouvoir indifférencié » dans lequel s'observe l'absence de « spécialisation d'individus dans l'exercice du pouvoir sur l'ensemble du groupe »[2] ; le pouvoir est alors parfaitement diffus et tout le monde est à la fois gouvernant et gouverné. La société, à cet instant, est peu développée politiquement, reposant essentiellement sur des mécanismes d'autorégulation, ce qui n'implique pas qu'elle n'ait encore connu aucun contrat social puisqu'il est déjà permis de parler de « société ». Les sociétés les plus primitives peuvent ne pas connaître l'obligation, l'impérativité, la contrainte et l'obéissance, ainsi que l'observent les anthropologues[3] ; les sociétés étatisées, au contraire, reposent sur ces éléments et, donc, sur le droit. Après les sociétés primitives, viennent celles qui se matérialisent par un pouvoir individualisé ou « charismatique », pour reprendre le terme de Max Weber[4], s'incarnant dans la personne d'un ou plusieurs hommes ayant acquis ce pouvoir par voie démocratique ou despotique et « concentrant non seulement tous les instruments de la puissance, mais encore toute la justification de l'autorité »[5]. À cet instant, les gouvernants sont bien différenciés des gouvernés qui se soumettent et font confiance aux premiers. L'État, alors, est en marche puisqu'il est notamment un phénomène de pouvoir.

[1] G. BURDEAU, *L'État* (1970), Le Seuil, coll. Points, 2009, p. 26.
[2] Ph. BRAUD, *Sociologie politique*, 10e éd., LGDJ, coll. Manuel, 2011, p. 72.
[3] *Cf.* P. CLASTRES, *La Société contre l'État*, Minuit, 1982.
[4] M. WEBER, *Le savant et le politique* (1959), 10/18, coll. Bibliothèques, 2002.
[5] G. BURDEAU, *L'État* (1970), Le Seuil, coll. Points, 2009, p. 27.

La distinction factuelle, au sein d'une société, des gouvernants et des gouvernés signe l'émergence de la puissance politique. Et, selon Duguit, « il y a un État toutes les fois qu'il existe, dans une société donnée, une différenciation politique, quelque rudimentaire ou quelque compliquée et développée qu'elle soit. Le mot “État” désigne soit les gouvernants ou le pouvoir politique, soit la société elle-même, où existe cette différenciation entre gouvernants et gouvernés et où existe par là même une puissance politique »[1]. Ailleurs, l'illustre professeur écrivait : « Quelle que soit la forme que revête la différenciation sociale entre les faibles et les forts, du moment qu'elle s'est produite, il y a un État »[2] ; ou encore : « C'est ce fait même qui constitue l'État »[3], précisant qu'il s'agit là « tout simplement du produit d'une différenciation naturelle »[4]. Puis d'ajouter que « la puissance contraignante est ce qui constitue l'État par définition. Partout où nous constatons que dans une communauté donnée existe une puissance de contrainte, nous pouvons dire, nous devons dire qu'il y a un État »[5]. Partant, une bande de pirates ou une entreprise commerciale serait un État à l'identique de la France ou des États-Unis. Il est inutile de souligner combien cette acception du mot « État » est excessivement large. La puissance contraignante peut être un signe de l'avènement d'une structure étatique, mais elle ne saurait être le signe suffisant et exclusif de cet avènement. Il n'est, d'ailleurs, pas certain qu'il faille inclure cette puissance contraignante parmi lesdits signes tant les exemples de communautés non étatiques imprégnées de hiérarchie et de contrainte sont nombreux. Or, selon Duguit, « peu importe que les groupes sociaux soient fixés sur un territoire déterminé, qu'ils soient reconnus par d'autres groupes, qu'ils aient une structure homogène ou différenciée », ce qui importe est que « les plus forts imposent leur volonté aux plus faibles »[6]. Non seulement il paraît rejeter toute construction de l'État par le contrat social — « aussi vaine que l'idée théocratique »[7], il n'y aurait, selon lui, toujours que des « forts » et des « faibles » —, mais, surtout, il évince les critères communément retenus par

[1] L. DUGUIT, *Traité de droit constitutionnel – Tome premier : La règle de droit, le problème de l'État*, 3e éd., De Boccard, 1927, p. 536.
[2] *Ibid.*, p. 670.
[3] L. DUGUIT, *Traité de droit constitutionnel. Tome deuxième : La théorie générale de l'État. Première partie : éléments, fonctions et organes de l'État*, 3e éd., De Boccard, 1928, p. 22.
[4] L. DUGUIT, *Traité de droit constitutionnel – Tome premier : La règle de droit, le problème de l'État*, 3e éd., De Boccard, 1927, p. IX.
[5] *Ibid.*, p. 536.
[6] *Ibid.*, p. 655.
[7] *Ibid.*, p. 656.

le commun des observateurs afin de reconnaître la naissance de la forme étatique.

Ainsi Duguit décrivait-il chronologiquement les différents « États » reposant sur la séparation des gouvernants et des gouvernés, dont la première illustration aurait été la distinction des sexes dans les hordes[1]. L'État aurait existé « de très bonne heure » dans l'histoire des civilisations[2]. Aux clans ont succédé les familles patriarcales — « petits États »[3] —, puis les cités antiques, les « monarchies militaires », les monarchies de droit divin et les démocraties[4], auxquelles pourraient être ajoutés les empires et les régimes despotiques ou totalitaires contemporains qui, plus encore que les autres, présentent une différenciation des gouvernants et des gouvernés profondément marquée. Duguit précisait les modalités de la différenciation entre gouvernants et gouvernés dans les « pays modernes civilisés » : parfois, un chef à la fois civil, militaire et religieux s'impose à tous (« différenciation politique à monarchie absolue ») ; d'autres fois, comme en Angleterre, la couronne, l'aristocratie et les communes partagent la force gouvernante (« monarchie limitée », expression préférée par Duguit à celles de « monarchie parlementaire » et de « monarchie constitutionnelle ») ; d'autres fois encore, à l'image de la France, les forces gouvernantes résident dans « la majorité numérique du corps électoral » ou, plus exactement, dans « la majorité numérique des votants » (« République »)[5]. Le promoteur de l'École du service public faisait des syndicats professionnels, en France, une force gouvernante égale à la majorité numérique des individus ; et il gageait que, « dans un avenir qui ne saurait être éloigné, s'organisera une représentation professionnelle des intérêts ou représentation syndicale »[6]. L'histoire, au XXe s., lui a largement donné raison ; seulement ladite représentation syndicale n'a-t-elle vocation à être une force de gouvernement qu'en matière économique et sociale ; or le gouvernement d'une société est loin de se réduire à cela.

Les propositions duguistes quant à la formation des États ne peuvent que se voir sévèrement critiquées. Toute société politiquement organisée n'est pas un État et la différenciation entre gouvernants et gouvernés se borne à révéler l'existence d'un phénomène de pouvoir, lequel est ô combien

[1] *Ibid.*, p. 657.
[2] *Ibid.*, p. 658.
[3] *Ibid.*, p. 659.
[4] *Ibid.*, p. 659 s.
[5] L. DUGUIT, *Traité de droit constitutionnel. Tome deuxième : La théorie générale de l'État. Première partie : éléments, fonctions et organes de l'État*, 3e éd., De Boccard, 1928, p. 24-31.
[6] *Ibid.*, p. 33.

plus universel que le phénomène étatique qu'il déborde allègrement. Depuis toujours, certains hommes en gouvernent d'autres en vertu de « pouvoirs » qui ne doivent rien à un consentement préalable, qui se rattachent à la force et à la violence et dont ils sont simplement les détenteurs de fait. Duguit lui-même reconnaissait que la différenciation politique « frappe immédiatement l'observateur [...] dans presque toutes les sociétés humaines, grandes ou petites, primitives ou civilisées, [...] simples ou complexes »[1] ; « les prêtres ou les chefs de famille » pouvant parfaitement jouir de la puissance politique[2]. Or il est évident que toutes les sociétés ne connaissent pas l'État, ni même le semi-État ; cela bien que, pour le maître bordelais, entre l'État contemporain et la horde primitive, « il y a une différence de degré ; point de nature »[3]. Cela est tout à fait juste, mais le qualificatif « État » désigne, semble-t-il, dans la psyché collective, un certain degré et non une certaine nature. Il paraît donc inopportun de considérer que toute société qui connaît la différenciation gouvernants/gouvernés est un État puisque cela implique que peu ou prou toute société serait un État. À la décharge de Duguit, il est vrai qu'il séparait « État » en un sens large et « État » en un sens restreint ; seulement la rigueur scientifique interdit-elle d'user des mots dans leurs sens larges ; la précision et la rigueur sémantiques du langage doivent être une exigence première. Partant, il semble n'y avoir d'État, au sens approprié du mot, que lorsque la différenciation politique se caractérise par un important niveau de développement et de complexité institutionnels. Il n'est donc pas lieu de retenir que « dans toute société humaine, grande ou petite, où on voit un homme ou un groupe d'hommes ayant une puissance de contrainte s'imposer aux autres, on doit dire qu'il y a un État »[4], même si « on ne trouvera aucune différence de nature entre la puissance d'un chef de horde et celle d'un gouvernement moderne composé d'un chef d'État et de ministres »[5]. Le chef de horde ne peut pas être qualifié de « chef d'État » à l'instar d'un Président de la République ou d'un Chancelier. Encore une fois, il peut bien n'y avoir que des différences de degrés entre la horde barbare et la société civilisée moderne, « État » devrait désigner un degré particulier et non une nature spéciale, cette dernière étant davantage l'organisation politique. En définitive, la différenciation des gouvernants et des gouvernés intéressera surtout le sociologue, alors qu'elle est peu pertinente du point de

[1] L. DUGUIT, *Traité de droit constitutionnel – Tome premier : La règle de droit, le problème de l'État*, 3e éd., De Boccard, 1927, p. 535-655.
[2] *Ibid.*, p. 536.
[3] *Ibid.*
[4] *Ibid.*
[5] *Ibid.*, p. 536-537.

vue du juriste. Mais Duguit, qui fréquentait à la Faculté de Bordeaux Émile Durkheim, n'est-il pas connu comme le plus sociologisant des grands *jus*-publicistes du début du XXe s. ?

Par ailleurs, lorsque le pouvoir s'incarne *intuitu personae* en un ou plusieurs individus, il ne peut qu'être fragile. Sa légitimité, surtout s'il a été acquis par les armes et par la force, peut être très friable. En particulier, il est alors impossible de se référer à un quelconque contrat social, tandis que l'organisation politique est loin de se présenter sous une forme structurée et durable. C'est pourquoi l'avènement d'un État correspond, normalement, à un saut qualitatif dans le sens d'une dissociation du pouvoir abstrait et des personnalités physiques qui l'exercent, c'est-à-dire d'une institutionnalisation. « Le fait générateur de l'État, écrivait Carré de Malberg, consiste en ceci qu'un groupe national se trouve constitué en une unité collective, en tant qu'à un moment donné il commence à être pourvu d'organes voulant et agissant pour son compte et en son nom. À partir du moment où elle est ainsi organisée d'une façon régulière et stable, la communauté nationale devient un État »[1]. Où il apparaît que l'étatisation est souvent synonyme de juridicisation. L'institutionnalisation peut se définir comme le remplacement de la force par le droit — même si le droit est certainement une forme particulière de force —. Il y a État parce que le pouvoir s'organise en différents organes, en différentes fonctions, en différentes procédures qui obéissent à des règles de droit. Désormais, « la durée, produit de la continuité institutionnelle, devient une garantie de pérennité au regard de la brièveté temporelle inéluctable des personnes physiques qui en assument temporairement la direction »[2]. L'État se caractérise alors comme une personne juridique, laquelle relève de ses éléments définitionnels juridiques, mais le processus décrit, lui, appartient au domaine du fait. Le droit ne précède pas l'État mais apparaît en même temps que lui. Et Carré de Malberg d'ajouter qu'est peu importante la voie par laquelle les individus qui servent d'organes à l'État ont acquis cette qualité et « sont parvenus à établir que leur volonté vaut comme volonté unifiée de la collectivité »[3]. Il est parfaitement envisageable que les gouvernants aient

[1] R. CARRÉ DE MALBERG, *Contribution à la théorie générale de l'État spécialement d'après les données fournies par le droit constitutionnel français*, t. I, Librairie du Recueil Sirey, 1920, p. 62.

[2] A. HAURIOU, *Cahiers de la nouvelle journée* 1927, n° 4 (cité par J. BAGUENARD, *L'État – Une aventure incertaine*, Ellipses, coll. Mise au point, 1998, p. 18).

[3] R. CARRÉ DE MALBERG, *Contribution à la théorie générale de l'État spécialement d'après les données fournies par le droit constitutionnel français*, t. I, Librairie du Recueil Sirey, 1920, p. 62.

intégré pareilles fonctions par des moyens de persuasion non démocratiques. D'ailleurs, a déjà été souligné qu'un contrat social peut être à la base d'un régime monarchique ou aristocratique ; il suffit que la majorité des membres du corps social y trouvent un intérêt suffisant pour y souscrire. Quoi qu'il en soit, « l'organisation qui en résulte suffit à engendrer un État »[1]. Et les métamorphoses que connaissent les conceptions sous-tendant le pouvoir s'appuient sur la mutation des croyances et non sur la disparition de celles-ci dans un univers qui se serait subitement et totalement rationalisé. Croire en l'institutionnalisation du pouvoir, c'est accepter sa légitimité intrinsèque, ce qui est un choix de valeurs. Le contrat social n'est jamais loin.

Comme le contrat social est plus ou moins décisif dans la formation d'un État en fonction des cas, ce processus conduisant une société au pouvoir diffus à devenir une société au pouvoir personnalisé puis une société au pouvoir institutionnalisé, c'est-à-dire un État, se vérifie différemment selon l'État observé. Parfois, le contrat social s'avère plus pertinent que la distinction des gouvernants et des gouvernés et que l'institutionnalisation, parfois, c'est le contraire et, quoi qu'il en soit, chaque État possède son histoire propre et originale. Mais jamais une explication n'exclut l'autre ; toutes se conjuguent et ce ne sont que les niveaux de force explicative qui varient.

Hauriou, de son côté, envisageait la naissance de l'État comme le résultat d'un « phénomène historique de métamorphose nationale »[2]. Pour lui, une architecture étatique prend vie lorsque les membres d'un corps social souhaitent s'organiser et le font en poursuivant un « idéal de régime civil ou de liberté civile complétée et garantie par la liberté politique »[3]. Cela se traduit notamment par une séparation du pouvoir politique de domination et de la propriété privée qui, dans les « organisations spontanées de la nation antérieures au régime d'État », se trouvent toujours confondus. Et d'ajouter que « la centralisation du droit et du pouvoir politique » participe largement de l'étatisation de la société[4]. Or il n'est guère de contradiction dans le fait d'évoquer cette « centralisation du droit » parmi les éléments factuels qui contribuent à l'émergence de l'État. Ce dernier, s'il peut se définir juridiquement une fois qu'il est « en vigueur », ne saurait en revanche trouver ses origines dans le droit. Ainsi la centralisation du droit est-elle une

[1] *Ibid.*, p. 63.

[2] M. HAURIOU, *Principes de droit public à l'usage des étudiants en licence et en doctorat ès sciences politiques*, 2e éd., Librairie du Recueil Sirey, 1916, p. IX.

[3] *Ibid.*

[4] *Ibid.*

donnée parfaitement factuelle ; d'ailleurs, plutôt que de « centralisation du droit », il faudrait peut-être se référer à l' « apparition du droit », car il est incertain qu'un « droit décentralisé » — qui se résume sans doute au « droit coutumier » — soit à proprement parler un droit. Il y a centralisation du droit — ou apparition du droit — dès lors que les règles se trouvent édictées et sanctionnées par un gouvernement politique central. Hauriou notait que ce phénomène se caractérise par une substitution de la loi écrite et modifiable à la coutume intangible[1]. Mais le maître de Toulouse n'apercevait pas de pareil changement, en France, avant la Révolution de 1789[2] ; il semble pourtant que l'Ancien Régime déjà connaissait la centralisation juridique et, partant, l'État. Il n'y a, en tout cas, plus de doute quant à la réalité de l'État dès lors que ce dernier, « pour assurer sa liberté politique contre les emportements de son organe différencié de volition qui est le gouvernement, [...] s'aménag[e] comme une individualité corporative par les procédés suivants : Organisation représentative du gouvernement ; Séparation des pouvoirs et décentralisation ; Élaboration d'un statut constitutionnel »[3]. Mais, à cet instant, il ne s'agit plus d'apparition factuelle de l'État ; ces éléments, même s'ils peuvent être observés empiriquement, même s'ils sont des faits car une norme juridique est toujours un être autant qu'un devoir-être, seront à étudier au sein de la définition juridique de l'État, spécialement lorsque sera interrogé l'État de droit.

Il est encore permis de considérer, avec Carré de Malberg, que « la naissance de l'État coïncide avec l'établissement de sa première Constitution, écrite ou non, c'est-à-dire avec l'apparition du statut qui pour la première fois a donné à la collectivité des organes assurant l'unité de sa volonté et faisant d'elle une personne étatique. [...] La naissance de l'État se place au moment précis où il se trouve pourvu de sa première Constitution »[4]. Or cet établissement de la première Constitution, qui peut être appréhendé comme étant l'acte de naissance de l'État et du droit, est un fait. Carré de Malberg le concevait parfaitement. N'annonçant pas, sur ce point, la « théorie pure » kelsénienne, il observait que « cette Constitution originaire n'est, comme l'État même auquel elle donne naissance, qu'un pur fait, réfractaire à toute qualification juridique »[5]. À moins de supposer fort

[1] *Ibid.*, p. X.
[2] *Ibid.*, p. XI.
[3] *Ibid.*
[4] R. CARRÉ DE MALBERG, *Contribution à la théorie générale de l'État spécialement d'après les données fournies par le droit constitutionnel français*, t. I, Librairie du Recueil Sirey, 1920, p. 65-66.
[5] *Ibid.*, p. 66.

inconséquemment quelque norme fondamentale transcendantale ou hypothétique, il est impossible de rattacher la première Constitution à un acte juridique ou à un ordre juridique antérieur. La création des premiers organes de l'État ne saurait être une œuvre juridique ; elle est un simple fait matériel concomitant à l'affirmation de la personne État. Ce fait-Constitution est décisif en ce qu'il garantit un niveau d'organisation suffisant, spécialement en consacrant la distinction des fonctions de gouvernement et de leurs titulaires ou en assurant la continuité des institutions. Pour Carré de Malberg, « l'existence d'une Constitution forme la condition absolue de l'État »[1]. En revanche, son contenu et, notamment, le type de régime politique qu'elle instaure sont, de ce point de vue, indifférents. Mais, loin de la tendance absolutisante et essentialisante de l'auteur de la *Contribution*, mieux vaut soutenir que l'existence d'une Constitution est non pas « la » mais plutôt « une » condition d'existence de l'État. S'il est difficile d'imaginer un État sans Constitution, *i.e.* sans règles gouvernant son fonctionnement, il est cependant possible d'envisager des Constitutions qui ne soient pas le signe d'États. La Constitution n'est pas — comme le contrat social — le critère irréfragable de l'apparition de l'État ; il n'est pas de critère irréfragable de l'apparition de l'État et *ce n'est qu'au vu d'un faisceau d'indices qu'il est possible de se prononcer quant à la réalité factuelle de la naissance d'un État*.

In fine, il faut soutenir, avec Jellinek et Carré de Malberg, que « le droit tout entier présuppose un fait initial qui est le point de départ de tout ordre juridique : ce fait, c'est l'apparition de la puissance créatrice du droit, c'est-à-dire de l'État lui-même. Le problème du fondement du droit ne fait qu'un avec le problème du fondement de l'État »[2]. Marx ne disait pas autre chose : « La constitution de l'État politique et la désagrégation de la société civile en individus indépendants — dont le rapport a pour base le droit — s'accomplissent en un seul et même acte »[3]. Partant, l'émergence du droit serait toujours le signe de l'émergence de l'État et réciproquement. Mais, que ce soit pour expliquer les origines du droit ou

[1] *Ibid.*, p. 65.

[2] G. JELLINEK, *L'État moderne et son droit – Première partie : Doctrine générale de l'État*, trad. G. Fardis, Fontemoing, 1904, p. 357 (cité par R. CARRÉ DE MALBERG, *Contribution à la théorie générale de l'État spécialement d'après les données fournies par le droit constitutionnel français*, t. I, Librairie du Recueil Sirey, 1920, p. 67).

[3] K. MARX, *Œuvres*, vol. 3, Gallimard, 1994, p. 372 (cité par E. RENAULT, « Marxistes (doctrines du droit) », in D. ALLAND, S. RIALS, dir., *Dictionnaire de la culture juridique*, Lamy-Puf, coll. Quadrige-dicos poche, 2003, p. 1002.

celles de l'État — lesquelles tendent à se confondre —, l'idée de contrat social demeure excessivement pertinente, quoiqu'elle ne soit pas suffisante.

Enfin, pour en terminer quant au contrat social et aux sources de l'étatisation des sociétés, peut être convoquée la « théorie de l'institution coutumière » défendue par Hauriou et avec les grandes lignes de laquelle il n'est que possible de s'accorder. Selon celle-ci, un État apparaît lorsque sont réunies trois conditions : « 1° Un pouvoir de commandement dans le groupe ; 2° Une obligation de sujétion coutumière émanant de la majorité des membres du groupe et par laquelle le pouvoir de commandement est accepté ; 3° Une idée d'entreprise relative à la conduite du groupe, laquelle, dans l'État, devient l'idée de la création d'une chose publique superposée à la chose privée »[1]. La première de ces conditions rappelle la distinction des gouvernants et des gouvernés qui, selon Duguit, serait le signe nécessaire de l'État. La différence est que, chez Hauriou, deux autres conditions doivent être réunies. L'« obligation de sujétion coutumière » n'est pas autre chose qu'un contrat social puisqu'elle suppose un accord implicite de la majorité du corps social. Il ne faudrait pas sous-estimer la part de coutume qui motive puis maintient le contrat social et donc l'État. Comme Saint Thomas le remarquait déjà bien avant que Rousseau n'écrive, l'assentiment à ce type de « contrat » ne peut correspondre à un accord formel donné par tous les individus car ceux-ci ne peuvent jamais se réunir afin de décider d'adopter des institutions communes. L'acquiescement des membres du corps social est donc en quelque sorte présumé ; il se déduit du fait qu'ils adoptent des comportements et des institutions identiques, *i.e.* qu'il se déduit d'une forme de coutume[2]. Il n'est pas inconséquent de soutenir qu'un contrat social est une forme de coutume ; nombreux sont les individus qui respectent les organes et procédures étatiques « par tradition » plus que par conviction.

La dernière condition listée par Hauriou est plus ambigüe. Paradoxalement, elle pourrait presque conduire sur les traces de l'idée de service public. Il s'agit de la défense d'intérêts publics ou d'une *res publica*. Où se voit confirmé, en tout cas, combien l'État est entièrement une création

[1] M. HAURIOU, *Précis élémentaire de droit constitutionnel*, 2e éd., Librairie du Recueil Sirey, 1930, p. 21-22.

[2] Mais Saint Thomas n'envisageait pas ainsi la création de l'État ; il s'intéressait à la création du *ius gentium*, ce qui implique qu'il évoquait les peuples en lieu et place des individus (cité par E. JOUANNET, « Du droit des gens au droit international », in D. ALLAND, S. RIALS, dir., *Dictionnaire de la culture juridique*, Lamy-Puf, coll. Quadrige-dicos poche, 2003, p. 464).

factuelle — « naturelle » disaient Esmein et Michoud[1], mais aussi Hauriou[2] — et en aucun instant une production juridique. Le droit n'arrive que dans un second temps ou, au mieux, en même temps et il repose, comme l'État, tout entier sur une base factuelle. Ainsi Santi Romano pouvait-il très justement écrire que « l'État ne trouve pas son origine dans une procédure réglée par des normes juridiques mais dans un fait »[3] ; et un auteur de la fin du XIXe s. pouvait qualifier de « oiseuse » la volonté de rechercher un fondement juridique à l'État, laquelle reviendrait à « rechercher la quadrature du cercle »[4]. À l'inverse, Hauriou observait étrangement, au sein des mêmes pages, que « la fondation de l'État est une opération juridique comme toute sorte de fondation »[5]. Il justifiait cette assertion par le fait que le pouvoir ne va pas sans obligation ; or « il n'y a pas de fondement plus juridique que celui de l'obligation »[6]. Seulement, lorsque l'obligation existe, c'est que l'État qui la sanctionne existe, et cela n'explique pas le moment de l'apparition de l'obligation et de l'État. De plus, il est permis de soutenir qu'une obligation coutumière relève davantage de l'ordre du fait que de l'ordre du droit, à l'inverse, justement, d'une obligation juridique.

Le maître toulousain ajoutait que l'idée de « chose publique » est nécessairement juridique dès l'instant où elle « deviendra la base du régime représentatif qui est juridique »[7]. Mais, très souvent — si ce n'est tout le temps —, le droit s'appuie sur le fait ; il n'est rien sans le fait qui le sous-tend et qui lui donne une raison d'être et il est peu judicieux de proposer que tout ce qui explique le droit est forcément juridique, car cela ne peut qu'amener sur le terrain d'une *regressio in finitum*. Et Hauriou de sombrer, quelques lignes plus bas, dans pareille *regressio in finitum* en arguant, contre Carré de Malberg pour qui « l'ordre juridique ne remonte pas au-delà de

[1] Cités par R. CARRÉ DE MALBERG, *Contribution à la théorie générale de l'État spécialement d'après les données fournies par le droit constitutionnel français*, t. I, Librairie du Recueil Sirey, 1920, p. 62.
[2] M. HAURIOU, *Précis élémentaire de droit constitutionnel*, 2e éd., Librairie du Recueil Sirey, 1930, p. 22.
[3] S. ROMANO, *L'ordre juridique* (1946), trad. L. François, P. Gothot, Dalloz, coll. Philosophie du droit, 1975, p. 37.
[4] E. BOREL, *Étude sur la souveraineté et l'État fédératif*, Stæmpfli, 1886, p. 130 (cité par R. CARRÉ DE MALBERG, *Contribution à la théorie générale de l'État spécialement d'après les données fournies par le droit constitutionnel français*, t. I, Librairie du Recueil Sirey, 1920, p. 62).
[5] M. HAURIOU, *Précis élémentaire de droit constitutionnel*, 2e éd., Librairie du Recueil Sirey, 1930, p. 22.
[6] *Ibid.*
[7] *Ibid.*

l'organisation étatique »[1], que l'État a été fondé juridiquement parce qu'il existait avant lui des pouvoirs politiques qui se conformaient à des formes juridiques antérieures etc. Et de retenir également que l'État est une création d'ordre juridique identique à celle d'une « société de commerce par actions »[2], là où Carré de Malberg invitait à voir une « différence capitale entre la formation de la personne étatique et celle des autres personnes collectives », ces dernières naissant dans un milieu juridique et sous l'empire de l'ordre étatique[3]. L'État serait donc une « personne morale de fait », pour reprendre l'expression de l'illustre professeur strasbourgeois. Il l'est en tout cas au moment où il prend corps, car il semble difficile de contester que, dans sa vie courante, et spécialement sous l'angle du droit international, l'État est une personne juridique.

« La formation originaire des États, écrivait Jellinek, ne peut pas être ramenée à un acte juridique proprement dit. Le droit, en tant qu'institution humaine, étant postérieur à l'État, c'est-à-dire ne naissant que par la puissance de l'État une fois formé, ne peut s'appliquer à la formation même de l'État »[4]. Mais, plus que cela, c'est l'observation du réel et la simple logique qui conduisent à soutenir que l'État est une création historique relevant des faits qui, une fois vivant, se divise en deux corps : un corps de données factuelles et un corps de données juridiques. S'intéresser à la création de l'État conduit donc à n'avoir d'égards que pour des « conditions de fait », pour paraphraser Adhémar Esmein[5], quand définir l'État implique de s'enquérir d'éléments relevant tant du droit que des faits.

Le contrat social est un fait qui peut s'expliquer plus concrètement par l'observation d'un autre fait : l'émergence et l'existence d'une nation, laquelle est peut-être au monde concret ce que le contrat social est au monde

[1] R. CARRÉ DE MALBERG, *Contribution à la théorie générale de l'État spécialement d'après les données fournies par le droit constitutionnel français*, t. I, Librairie du Recueil Sirey, 1920, p. 64.

[2] M. HAURIOU, *Précis élémentaire de droit constitutionnel*, 2e éd., Librairie du Recueil Sirey, 1930, p. 22.

[3] R. CARRÉ DE MALBERG, *Contribution à la théorie générale de l'État spécialement d'après les données fournies par le droit constitutionnel français*, t. I, Librairie du Recueil Sirey, 1920, p. 65.

[4] G. JELLINEK, *L'État moderne et son droit – Première partie : Doctrine générale de l'État*, trad. G. Fardis, Fontemoing, 1904, p. 422 (cité par R. CARRÉ DE MALBERG, *Contribution à la théorie générale de l'État spécialement d'après les données fournies par le droit constitutionnel français*, t. I, Librairie du Recueil Sirey, 1920, p. 62).

[5] A. ESMEIN, *Éléments de droit constitutionnel*, 5e éd., Larose, 1896, p. 351 (cité par R. CARRÉ DE MALBERG, *Contribution à la théorie générale de l'État spécialement d'après les données fournies par le droit constitutionnel français*, t. I, Librairie du Recueil Sirey, 1920, p. 62).

abstrait. Par suite, que l'ouvrage d'un juriste porte sur des évènements qui ne sont guère juridiques pourrait être critiqué. « Le juriste n'a point à se préoccuper des circonstances qui ont précédé l'apparition d'un État », professait Carré de Malberg[1]. L'État étant l'objet unique des présents travaux, il paraît toutefois impérieux de questionner, au-delà de ses éléments définitionnels, ses éléments créationnels, quand bien même ceux-ci seraient davantage l'affaire du politiste, du philosophe, de l'historien ou du sociologue.

[1] R. CARRÉ DE MALBERG, *Contribution à la théorie générale de l'État spécialement d'après les données fournies par le droit constitutionnel français*, t. I, Librairie du Recueil Sirey, 1920, p. 64.

Chapitre 2

De la nation à l'État

17. ***La nation : un contrat social tangible à la base de l'État.*** S'il fallait désigner un élément correspondant en faits à l'idée de contrat social, certainement la nation serait-elle celui-là. Elle peut parfaitement être caractérisée en tant que « dépositaire du contrat social »[1]. Ainsi, parler de nation, est-ce toujours parler de contrat social, mais sous un angle plus concret et réel. Certes, la nation elle-même repose sur une bonne part d'abstraction et le peuple est une donnée encore plus matérielle. Mais ce dernier, simple masse inanimée, est par trop brut pour permettre de comprendre ce qu'est un contrat social et comment il peut amener à l'étatisation. À l'inverse, la nation est peut-être le chaînon manquant entre contrat social et État ; peut-être le contrat social ne donne-t-il naissance à un État qu'indirectement, par le truchement de l'avènement d'une nation dont la fin ultime serait justement, à en croire Hegel, de s'organiser en État[2]. Rousseau avançait qu' « il y aura toujours une grande différence entre soumettre une multitude et régir une société »[3]. Une multitude est une simple agrégation d'individus, quand une société suppose une association, une union, un contrat social ; la nation est alors toute proche, car une nation peut être envisagée tel le degré supérieur à la société, soit telle une société très unitaire, homogène et intégrée, telle « une société ayant aboli toutes ses déterminations contingentes »[4]. Mais encore faut-il souligner à nouveau combien chaque État possède son histoire, ses origines et ses fondements propres et combien les explications de leurs origines peuvent varier parfois radicalement de l'un à l'autre. Israël, la Centrafrique, la Suisse, le Royaume-Uni et la France sont des États qui sont apparus de manières fort différentes et il paraît incontestable qu'existent actuellement tant des États sans nations

[1] F. FURET, *Penser la Révolution française*, Gallimard, coll. Bibliothèque des histoires, 1978 (cité par J. CHEVALLIER, *L'État*, 2e éd., Dalloz, coll. Connaissance du droit, 2011, p. 20).

[2] G. W. F. HEGEL, *Principes de philosophie du droit*, 1821, § 258 (cité par S. GOYARD-FABRE, *Les principes philosophiques du droit politique moderne*, Puf, coll. Thémis philosophie, 1997, p. 325).

[3] J.-J. ROUSSEAU, *Du contrat social*, 1762, L. I, chap. 5.

[4] P. ROSANVALLON, *La démocratie inachevée – Histoire de la souveraineté du peuple en France*, Gallimard, coll. Folio, 2000, p. 321.

que des États multinationaux[1]. Aussi est-ce essentiellement des sources des États occidentaux historiques et solides, par opposition aux « États déstructurés »[2], dont il est question, quoiqu'on retienne parfois que, en France, l'État a précédé la nation[3]. Le postulat est donc, non pas que tous les États apparaissent du fait d'une nation sur laquelle, ensuite, ils s'appuieraient pour s'affermir, mais que les États les plus forts et les plus développés seuls répondent à cette description.

À la différence de Rousseau et Hobbes qui concevaient le contrat social comme l'acte créant à la fois le peuple souverain et le corps politique, Sieyès dissociait l'apparition de la nation, première étape de la formation des sociétés politiques, et la formation du corps politique par la Constitution, laquelle arriverait toujours dans un second temps[4]. Ce schéma paraît assez conforme à la réalité observable : après avoir été, dans un premier temps, primitive, une société mue en nation par l'effet d'un pacte originel qui est le contrat social à proprement parler ; puis, cette nation étant la base nécessaire à une organisation politique légitime et efficace, est conclu en son sein un nouveau pacte qui peut lui aussi être appelé « contrat social » et qui donne naissance à des structures politiques complexes ayant pour fin commune l'intérêt général, c'est-à-dire à un État.

La notion de nation est donc décisive quant à l'identification et à l'explication de l'être étatique et il convient de la circonscrire, spécialement afin de la différencier de la notion de peuple. Carré de Malberg, dans certains passages de son œuvre, confondait explicitement « peuple » et « nation »[5]. Bien sûr, nation et peuple sont très intimement liés et, souvent, les deux mots recouvrent de mêmes faits sociaux. Cependant, la réalité de la nation est plus profonde, complexe et significative que la réalité du peuple qui se limite à un groupement humain. « Les nations, disait Michelet, sont des essais d'individualisation collective. Les peuples, muets par nature, parlent par leurs personnes »[6]. Si une telle conception du rapport

[1] *Cf.* S. Pierre-Caps, *La multination*, Odile Jacob, 1995, p. 13 s.

[2] Réf. à É. Jean-Bouchard, *Les États déstructurés comme application contemporaine du pluralisme juridique*, mémoire d'études, Université du Québec, 2009.

[3] Par exemple, B. Guénée, « État et nation au Moyen Âge », *Revue historique* 1967, n° 481, p. 30 (cité par J. Baguenard, *L'État – Une aventure incertaine*, Ellipses, coll. Mise au point, 1998, p. 53).

[4] Cité par O. Beaud, *La puissance de l'État*, Puf, coll. Léviathan, 1994, p. 239.

[5] Par exemple, R. Carré de Malberg, *Contribution à la théorie générale de l'État spécialement d'après les données fournies par le droit constitutionnel français*, t. I, Librairie du Recueil Sirey, 1920, p. 2.

[6] Cité par P. Rosanvallon, « La démocratie : esquisse d'une théorie générale – Cours au Collège de France (2/10) », L'Éloge du savoir, France culture, 10 avr. 2013.

problématique peuple/nation est discutable et va être discutée, il n'est en revanche pas douteux que « nation » et « peuple » ne sont aucunement synonymes. Peut-être Rousseau aurait-il dû préférablement écrire que l'unanimité est ce qui fait « qu'une nation est une nation » plutôt que ce qui fait « qu'un peuple est un peuple »[1]. Et « nation » et « État » ne sont pas davantage synonymes, ce qui n'est pas anodin dès lors qu'Hauriou observait que, souvent, les deux termes sont confondus, spécialement car on tend à attribuer à l'État des caractéristiques qui sont plutôt le propre de la nation[2]. Le Professeur Jacques Chevallier remarque que la doctrine publiciste française assimile l'État à la nation, tous deux constituant « les deux faces d'une seule et même personne »[3]. Mais, s'ils sont deux faces différenciées, c'est bien qu'ils ne se confondent pas. Quand l'État est désigné en tant que « personnification de la nation », il n'est guère désigné comme étant la nation en soi. L'État et la nation sont donc très proches sans pour autant se superposer, notamment car l'État ajoute la juridicité à la nationalité.

La nation, autant que le contrat social avec lequel elle entretient plus que des affinités, est à rattacher aux données factuelles et non aux données juridiques. Les juristes peuvent parfaitement la définir juridiquement, il n'en demeure pas moins qu'elle est déjà une réalité de fait et que c'est cette dimension — et elle seule — qui peut être source de quelques enseignements sous l'angle des facteurs à l'origine de l'État. Or on observe que le terme « nation » est entouré d'un « fâcheux confusionnisme »[4]. Comme beaucoup de notions politiques, il se révèle ambigu et incertain, un auteur le qualifiant de « nécessairement rebelle à toute qualification »[5]. Et, pour Georges Burdeau, il appartiendrait davantage au ressort de la poésie qu'au ressort de la science[6]. « Fondamentalement moderne »[7], il a été, depuis la fin du XVIIIe s., abondamment employé par nombre d'auteurs dans des sens

[1] J.-J. ROUSSEAU, *Du contrat social*, 1762, L. I, chap. 6.

[2] M. HAURIOU, *Précis élémentaire de droit constitutionnel*, 2e éd., Librairie du Recueil Sirey, 1930, p. 6. Hauriou visait en particulier l'élément populaire : il y aurait un peuple national mais point de peuple étatique. Certainement État et nation peuvent-ils partager quelques éléments, au nombre desquels figure le peuple, quoique la réalité montre combien le peuple national ne correspond pas toujours au peuple étatique. Hauriou faisait les mêmes remarques à propos du territoire (*ibid.*) ; une même réponse peut y être apportée.

[3] J. CHEVALLIER, *L'État*, 2e éd., Dalloz, coll. Connaissance du droit, 2011, p. 21.

[4] S. GOYARD-FABRE, *L'État, figure moderne de la politique*, Armand Colin, coll. Cursus philosophie, 1999, p. 118 ; également P. FOUGEYROLLAS, *La Nation*, Fayard, 1987.

[5] J. BAGUENARD, *L'État – Une aventure incertaine*, Ellipses, coll. Mise au point, 1998, p. 46.

[6] G. BURDEAU, *L'État* (1970), Le Seuil, coll. Points, 2009, p. 32.

[7] B. FRYDMAN, *Les transformations du droit moderne*, Story-Scientia-Fondation Roi Baudoin (Bruxelles), coll. À la rencontre du droit, 1999, p. 61.

équivoques[1]. Partant, à l'instar du concept de « contrat social », le sens du mot « nation » sera, au sein de ces lignes, nécessairement entouré d'une part de stipulation.

Il semble que l'idée de nation soit apparue au XVIIe s. — ce qui, bien entendu, n'interdit guère que les faits qu'elle permet de désigner soient antérieurs, si ce n'est très antérieurs —. Le *Dictionnaire de l'Académie française* de 1694 envisageait la nation en tant que « tous les habitants d'un même État [...] qui vivent sous les mêmes lois »[2]. Suivant une acception similaire, Sieyès la concevait comme un « corps d'associés vivant sous une loi commune et représenté par une même législature »[3] ; et des auteurs contemporains de retenir que la nationalité repose « sur l'adhésion à une Constitution »[4] ou est l' « appartenance juridique et politique d'une personne à la population d'un État »[5]. Ainsi définie, la nation ne permettrait pas l'apparition de l'État puisque, tout au contraire, c'est de l'État que dépendrait l'existence de la nation, ce que disait également Kelsen[6]. Pareilles propositions paraissent plus pertinentes à l'égard de la notion de peuple qui, à l'identique de celle de territoire, définit moins l'État qu'elle n'est définie par lui. Elles ne peuvent être retenues quant à « nation ». La nation vient avant l'État quand le peuple vient après l'État. La nation provoque l'État qui, ensuite, consacre les dimensions de son peuple (et de son territoire). Au moment de la Révolution française, la nation a été largement convoquée afin de créer, par une opération de symbolisation, l'unité et la cohésion de la société. Un auteur notait que ce concept a permis de « réagréger le social » par l'affirmation d'un « contrat historique originaire »[7]. Toutefois, à l'inverse du contrat social, la nation doit surtout être appréhendée telle une réalité tangible. L' « unité » et la « cohésion » de la société ne sauraient être uniquement pensées symboliquement ; elles doivent également consister en une vérité factuelle matérielle, sans quoi il paraît impossible de parler de nation.

[1] S. GOYARD-FABRE, *L'État, figure moderne de la politique*, Armand Colin, coll. Cursus philosophie, 1999, p. 119.
[2] Cité par J. CHEVALLIER, *L'État*, 2e éd., Dalloz, coll. Connaissance du droit, 2011, p. 20.
[3] E.-J. SIEYÈS, *Qu'est-ce que le Tiers État ?* (1789), Puf, 1982 (cité par S. GOYARD-FABRE, *Les principes philosophiques du droit politique moderne*, Puf, coll. Thémis philosophie, 1997, p. 325).
[4] F. FURET, *Penser la Révolution française*, Gallimard, coll. Bibliothèque des histoires, 1978 (cité par J. CHEVALLIER, *L'État*, 2e éd., Dalloz, coll. Connaissance du droit, 2011, p. 20).
[5] P. LAGARDE, *La nationalité française*, 2e éd., Dalloz, 1989, p. 1.
[6] *Cf.* H. KELSEN, « La naissance de l'État et la formation de sa nationalité », *RDI* 1929, p. 613 s.
[7] F. FURET, *Penser la Révolution française*, Gallimard, coll. Bibliothèque des histoires, 1978 (cité par J. CHEVALLIER, *L'État*, 2e éd., Dalloz, coll. Connaissance du droit, 2011, p. 20).

Cette dernière peut se concevoir comme « une collectivité publique [qui] se superpose à tous les groupements particuliers, d'ordre domestique ou d'intérêt privé, ou même d'intérêt public local, qui peuvent exister entre ses membres »[1]. Elle est une « corporation supérieure et générale »[2], « unitaire et homogène »[3], un « tout unique, composé de parties intégrantes »[4]. Mais ces caractères ne peuvent être la conséquence du fait que la nation serait composée de citoyens, ainsi que cela est souvent imaginé, par exemple lorsqu'est enseigné que « la nation repose sur la dissociation de l'homme et du citoyen »[5]. Si la nation précède l'État et si elle en est une condition, alors elle ne peut être composée de citoyens puisque les critères de la citoyenneté sont arrêtés par l'État. L'unité et l'homogénéité sont simplement des données factuelles empiriquement observables : il est un fait qu'existe une « identité collective »[6], que les différents membres individuels du corps social partagent une culture commune, poursuivent des fins, des aspirations et des intérêts communs, possèdent un mode de vie commun, des moyens de communication communs, un territoire commun — peut-être même des traits physiques (plus ou moins) communs —, qui les conduisent à envisager des institutions politiques communes, à vouloir un État.

Il ne faut donc pas envisager une nation composée de citoyens juridiquement et unilatéralement définis mais une nation faite d'une communauté dont les individualités peuvent reprendre à leur compte cet élément de langage politique très en vogue au début du XXIe s. : « Ce qui nous rapproche est plus fort que ce qui nous sépare ». Aussi, alors que le contrat social, parce qu'abstrait, peut se présenter tel un phénomène inconscient, la nation s'accompagne logiquement d'une conscience de sa réalité dans l'esprit de ses membres ; pour Hauriou, une nation est un « groupement social ayant pris conscience de son unité morale »[7]. Le Professeur Jacques Chevallier note que le sens de « nation » tend à passer

[1] R. CARRÉ DE MALBERG, *Contribution à la théorie générale de l'État spécialement d'après les données fournies par le droit constitutionnel français*, t. I, Librairie du Recueil Sirey, 1920, p. 1.

[2] *Ibid.*, p. 2.

[3] F. POIRAT, « État », in D. ALLAND, S. RIALS, dir., *Dictionnaire de la culture juridique*, Lamy-Puf, coll. Quadrige-dicos poche, 2003, p. 645.

[4] E.-J. SIEYÈS, *Qu'est-ce que le Tiers État ?* (1789), Puf, 1982 (cité par J. CHEVALLIER, *L'État*, 2e éd., Dalloz, coll. Connaissance du droit, 2011, p. 20).

[5] J. CHEVALLIER, *L'État*, 2e éd., Dalloz, coll. Connaissance du droit, 2011, p. 21.

[6] P. KAHN, *L'État*, Quintette, coll. Philosopher, 1989, p. 13.

[7] M. HAURIOU, *Précis élémentaire de droit constitutionnel*, 2e éd., Librairie du Recueil Sirey, 1930, p. 6.

d'une construction politique à l'expression d'une réalité sociologique relative à des liens d'interdépendance et à une solidarité objective[1]. On observe, de plus, que la philosophie politique hégélienne et le « romantisme politique allemand » ont, au cours du XIXe s., cherché à consacrer l'idée selon laquelle une nation serait une communauté naturelle et spontanée[2]. De ce point de vue, il est remarquable que « nation » possède la même racine latine que « nature ». C'est en tout cas en ce sens, en tant qu'expression d'une réalité sociologique et « naturelle », que la nation est ici envisagée. Par suite, que la nation précède l'État n'empêche guère que, par ailleurs, celle-ci s'accomplisse pleinement à travers celui-là, spécialement par le biais du droit, en particulier dès lors que la souveraineté est transférée du roi à la nation et que l'assemblée du tiers-état devient Assemblée nationale.

C'est ainsi la vision de Hauriou qui est ici adoptée : « L'État est l'organisation politique d'une nation »[3]. Cette assertion implique qu'il ne pourrait exister d'État sans base nationale préalable : « L'État présuppose une nation, laquelle est donnée d'avance »[4] ; or a déjà été souligné que les éléments favorisant l'apparition des États sont multiples et que chaque État possède ses origines particulières. Reste que ladite base nationale est un élément central dans la formation de beaucoup d'institutions étatiques. Et la figure de proue de l'École de la puissance publique d'ajouter qu' « il serait même plus exact de dire que l'État est la forme politique d'une nation, puisque toutes les nations, quand elles ont suffisamment pris conscience d'elles-mêmes et qu'elles sont maîtresses de leurs destinées adoptent spontanément cette forme »[5]. L'antériorité de la nation par rapport à l'État est ici clairement exprimée ; en même temps, est laissée — peut-être involontairement — entrouverte la porte à la possibilité d'États engendrés par d'autres moyens (si toute nation devient État, tout État n'a pas nécessairement pour origine une nation).

C'est là l'occasion d'interroger une première fois le lien dialectique qui unit État et nation : si les nations sont vouées à s'organiser sous la forme étatique, n'est-il pas possible que des États bâtis sur des fondements

[1] J. CHEVALLIER, *L'État*, 2e éd., Dalloz, coll. Connaissance du droit, 2011, p. 21.

[2] S. GOYARD-FABRE, *Les principes philosophiques du droit politique moderne*, Puf, coll. Thémis philosophie, 1997, p. 325.

[3] M. HAURIOU, *Précis élémentaire de droit constitutionnel*, 2e éd., Librairie du Recueil Sirey, 1930, p. 5.

[4] M. HAURIOU, *Principes de droit public à l'usage des étudiants en licence et en doctorat ès sciences politiques*, 2e éd., Librairie du Recueil Sirey, 1916, p. IX.

[5] M. HAURIOU, *Précis élémentaire de droit constitutionnel*, 2e éd., Librairie du Recueil Sirey, 1930, p. 5.

historiques autres participent de l'affirmation d'une nation en ce que, progressivement, les peuples qui sont les leurs tendraient naturellement vers l'homogénéisation ? L'hypothèse s'est souvent vérifiée et il faut concéder que certaines nations, correspondant à certains États, sont apparues après eux et de leur fait. Peut-être même, en France, l'État a-t-il précédé la nation. Hauriou imaginait que la forme étatique ne peut jamais être adoptée par des populations « qui ne sont pas arrivées au stade de civilisation que suppose le groupement national »[1]. Seulement, il arrive que la forme étatique soit imposée de l'extérieur et/ou par la contrainte à des populations qui ne sont pas en mesure de l'ériger spontanément. Pareil scénario ne s'est néanmoins déroulé que parfois dans l'histoire, donnant lieu à des États inéluctablement fragiles, en proie à l'instabilité et, pour l'exprimer clairement, à la guerre civile.

Il peut arriver, en outre, que la constitution du peuple et la constitution de l'État soient synchrones ; la Révolution américaine fournit l'exemple d'une telle coïncidence historique, le peuple prenant conscience pour la première fois de sa réalité en se donnant une Constitution[2]. Toutefois, il est alors question de peuple et non de nation ; or le peuple n'est pas la nation et, s'il n'existe pas d'État sans peuple associé — ainsi que cela sera expliqué plus loin —, certains États ne correspondent pas à une nation, correspondent en partie à une nation ou correspondent à plusieurs nations. Partant, lorsque le sociologue Alain Touraine souligne que bien des États définissent institutionnellement leurs nations[3], il semble qu'il vise en réalité leurs peuples et non leurs nations ; car une nation peut seulement s'auto-définir et est une simple réalité sociologique. Reste que, en se donnant un peuple en même temps que des lois communes et donc qu'une culture commune — au moins une culture juridique —, l'État invite celui-ci à devenir nation, s'il ne l'était pas déjà. Concernant l'État occidental typique, c'est le processus nation → État qui doit être retenu davantage que le processus État → nation ; cela sans ignorer que, dans le cadre d'un cercle vertueux, la dialectique État-nation fait que la nation renforce l'État, lequel conforte en retour la nation etc. C'est donc fort pertinemment que l'on écrit que « la nation est à la fois mère et fille de l'État »[4].

[1] *Ibid.*, p. 6.
[2] C. SCHMITT, *Théorie de la Constitution*, Puf, coll. Quadrige, 2013, p. 195.
[3] A. TOURAINE, *Qu'est-ce que la démocratie ?*, Fayard, 1994 (cité par J. BAGUENARD, *L'État – Une aventure incertaine*, Ellipses, coll. Mise au point, 1998, p. 53).
[4] P. KAHN, *L'État*, Quintette, coll. Philosopher, 1989, p. 13.

In fine, l'État et la nation répondent tous deux à la problématique de l'organisation sociale. Mais, tandis que le premier le fait essentiellement par le droit, la seconde le fait par le fait. Une nation se caractérise, en effet, comme l'expliquait Renan dans *Qu'est-ce qu'une nation ?*, par une « destinée commune », c'est-à-dire par des évènements historiques (guerres, invasions, calamités) qui entraînent la « possession commune d'un riche héritage de souvenirs » de souffrance et/ou de bonheur[1]. Beaucoup de nations se sont construites en opposition aux nations voisines et frontalières, par comparaison avec elles. Une nation se présente donc déjà sous les traits d'une « communauté humaine historique »[2] et la nationalité n'est pas étrangère au patriotisme[3]. Plus concrètement, la nation doit se faire sentir dans le vécu quotidien des individus[4], contrairement au contrat social qui est beaucoup plus latent et imperceptible. Il y a nation quand une communauté humaine est attachée aux mêmes intérêts, lesquels peuvent être en premier lieu d'ordre matériel. Longtemps, ils étaient liés à la production agricole, ainsi qu'au commerce. En outre, Hauriou citait, parmi les caractéristiques d'une nation, « les éléments ethniques, la race, la langue, la religion », précisant que « ces éléments sont importants, mais il faut se garder de leur accorder une action exclusive »[5]. Il est vrai que de véritables sentiments nationaux ont existé ou continuent d'exister loin de toute communauté de langage ou de religion, un bon exemple étant la nation suisse. À l'inverse, beaucoup de nations différentes, irréductibles les unes aux autres, possèdent les mêmes langues ; et l'avènement de l'anglais comme *esperanto* du IIIe millénaire n'implique pas l'avènement d'une nation mondiale, même si le phénomène de la globalisation engendre indiscutablement une forme de culture mondialisée. La langue, en tant qu'instrument privilégié de communication, demeure néanmoins un facteur de cohésion et d'identification cardinal sans lequel les valeurs et les symboles de la nation

[1] E. RENAN, *Qu'est-ce qu'une nation ?* (1887), Mille et une nuits, 1997.

[2] P. FOUGEYROLLAS, *La Nation*, Fayard, 1987, p. 25.

[3] *Cf.* G. W. F. HEGEL, *Principes de la philosophie du droit* (1821), Flammarion, 1999, § 258 ; A. CROISET, « L'idée de patrie », *Revue politique et parlementaire* 1908, p. 5 s.

[4] J. CHEVALLIER, *L'État*, 2e éd., Dalloz, coll. Connaissance du droit, 2011.

[5] M. HAURIOU, *Précis élémentaire de droit constitutionnel*, 2e éd., Librairie du Recueil Sirey, 1930, p. 7. À une époque qui ne ressemblait qu'en partie au XXIe s., Hauriou écrivait que « la race ne doit pas être entendue au sens allemand comme une communauté de sang qui se serait maintenue pure depuis les lointaines origines aryennes. Il n'y a pas de race ancienne qui soit restée pure. Les races se font et se défont par un continuel métissage. Les races supérieures sont le résultat d'un métissage heureux ; [...] la race française [est] gallo-romaine et franque » (*ibid.*).

ne pourraient exister. Elle est donc un moyen de la nationalisation indispensable ; mais elle peut se conjuguer au pluriel.

Sans doute une nation repose-t-elle encore sur un espace géographique particulier et, plus généralement, sur un cadre de vie spécifique, sur des habitudes et des traditions, au nombre desquelles figure, par exemple, la tradition culinaire. Et Hauriou d'ajouter, fort justement, qu'une nation s'incarne en une mentalité, en une façon de penser particulière de laquelle découle une unité morale[1]. Pour l'exprimer en un aphorisme, il semble qu'une nation puisse apparaître dès lors qu'une culture est partagée au sein d'un groupement social, ladite culture étant constituée de multiples composantes n'ayant pas à être exhaustivement cumulées. Claude Lévi-Strauss résumait ainsi assez exactement la nation à la « possession collective d'une histoire, […] d'une culture et d'une solidarité »[2].

Enfin, comme l'État, la nation repose pour une large part sur des croyances et, en particulier, sur la croyance en sa réalité. Elle « relève plus de l'esprit que de la chair », ainsi que l'écrivait Burdeau[3]. Dit autrement, elle s'appuie subjectivement sur un « sentiment de commune appartenance »[4] ; elle découle plus de liens émotionnels que d'un consentement rationnel[5]. « La nation, affirme un auteur, c'est une émotion »[6] ; et peut-être même est-ce une passion. Elle peut donc être qualifiée de « patrimoine spirituel »[7], de « communauté spirituelle » ou d' « âme »[8]. Le Professeur Jacques Chevallier ne dit pas autre chose lorsqu'il conclut en ces termes : « Entité mythique et mystique, révélant la société à elle-même et transcendant le "peuple" concret, [la nation] est avant tout de l'ordre des *croyances* »[9]. C'est pourquoi la nation est souvent davantage une réalité dans l'esprit de celui qui y appartient que dans l'esprit de celui qui, de l'extérieur, cherche à l'observer à travers des éléments tangibles. Malraux écrivait que la nation s'apparente à

[1] *Ibid.*, p. 8.
[2] C. LÉVI-STRAUSS, « Déposition à la Commission spéciale sur les libertés de l'Assemblée nationale, 19 mai 1976 », in *Le regard éloigné*, Plon, 1983 (cité par L. ASSIER-ANDRIEU, « Coutumes et usages », in D. ALLAND, S. RIALS, dir., *Dictionnaire de la culture juridique*, Lamy-Puf, coll. Quadrige-dicos poche, 2003, p. 325).
[3] G. BURDEAU, *L'État* (1970), Le Seuil, coll. Points, 2009, p. 33.
[4] Ph. BRAUD, *Sociologie politique*, 10e éd., LGDJ, 2011.
[5] M. HAURIOU, *Précis élémentaire de droit constitutionnel*, 2e éd., Librairie du Recueil Sirey, 1930, p. 8.
[6] P. FOUGEYROLLAS, *La Nation*, Fayard, 1987, p. 7.
[7] G. BURDEAU, *L'État* (1970), Le Seuil, coll. Points, 2009, p. 33.
[8] E. RENAN, *Qu'est-ce qu'une nation ?* (1887), Mille et une nuits, 1997.
[9] J. CHEVALLIER, *L'État*, 2e éd., Dalloz, coll. Connaissance du droit, 2011, p. 22 (souligné dans le texte original).

une « communauté de rêves »[1] ; or les rêves n'ont de sens que dans les consciences et inconsciences qu'ils habitent. Mais la nation, quand elle devient une réalité objective et observable, se traduit par des actes très concrets, au premier rang desquels figure l'État ; elle se reconnaît donc autant avec des critères matériels qu'en raison de considérations immatérielles[2]. Et elle ne se limite pas à ces différents éléments — pourtant déjà nombreux — ; d'autres pourraient être cités tels que, par exemple, le sport, le rugby connaissant de significatifs « Tournoi des six nations » (en Europe) et « Tournoi des quatre nations » (dans l'hémisphère sud). Nul ne ressent davantage le sentiment national que le supporter d'une « équipe nationale ».

Quant à l'apparition de la nation, elle est difficile à dater. Le phénomène de nationalisation est progressif, relativement lent mais connaissant de soudaines accélérations, si bien qu'il est impossible de fixer précisément le moment séparant l'époque ante-nationale de l'époque nationale. Des auteurs font néanmoins de la Révolution française ce temps charnière, concernant la France[3]. Si ladite Révolution est sans doute un épisode très marquant dans le processus de nationalisation, il est peu vraisemblable qu'avant elle la nation n'existait pas quand, à compter de 1789, elle aurait existé. Certainement la nation a-t-elle succédé aux clans, aux tribus et aux principautés féodales bien plus tôt. Et il faut, à nouveau, soutenir l'idée de degrés dans la qualité des nations, c'est-à-dire dans leurs niveaux de perfectionnement et d'aboutissement. Hauriou voyait déjà des nations dans l'Antiquité et affirmait que « la plupart des nations de l'Europe se sont constituées pendant le Moyen Âge »[4]. Évidemment, tout dépend du sens accordé au mot « nation ». Il est possible de retenir le schéma « nature → société → nation → État » afin de caricaturer le processus menant à l'État, mais cela n'autorise nulle datation précise. Le sentiment national, en France, a forcément crû de façon relativement constante jusqu'à atteindre son point culminant lors des guerres de 1870, 1914-1918 et 1939-1945, donnant à l'État des fondations solides, plus solides peut-être qu'elles ne le sont aujourd'hui, à l'ère de la mondialisation et de l'internet, qui participent de l'ébranlement desdites fondations.

[1] A. MALRAUX, *Tentation de l'Occident*, Skira, 1926, p. 87 (cité par G. BURDEAU, *L'État* (1970), Le Seuil, coll. Points, 2009, p. 33).

[2] O. BEAUD, *La puissance de l'État*, Puf, coll. Léviathan, 1994, p. 118.

[3] Par exemple, S. GOYARD-FABRE, *Les principes philosophiques du droit politique moderne*, Puf, coll. Thémis philosophie, 1997, p. 325.

[4] M. HAURIOU, *Précis élémentaire de droit constitutionnel*, 2e éd., Librairie du Recueil Sirey, 1930, p. 6.

L'idée de nation a justifié des dérives dramatiques, en particulier au XXe s. Les « purifications ethniques » prétendaient réserver certains territoires à certaines nations en éliminant tout élément étranger. Cette idée a été mobilisée afin de légitimer les combats les plus contradictoires. Et un auteur peut écrire que « le mot "nation" sent la poudre »[1]. Mais, s'il faut, chaque jour, tirer les leçons du passé, cela est sans influence sur la nécessité d'intégrer ici la nation parmi les éléments explicatifs de l'État. Objectivement, il s'avère que la nation compte parmi les données à l'origine des structures étatiques et cette observation seule importe.

La nation paraît être à la fois à la source et au cœur de l'État. Par le truchement du droit des peuples à disposer d'eux-mêmes, consacré par la Charte des Nations-Unies, chaque nation devrait engendrer un État *ad hoc* — quoique la théorie est évidemment éminemment plus simple que sa mise en pratique[2] et qu'il existe aujourd'hui encore beaucoup de « multinations »[3] —. La nation peut donc donner naissance à l'État, mais elle est ensuite pour lui la condition de tout exercice de la domination politique[4], le « fondement ultime de [son] autorité » et son « principe fondamental de cohésion »[5]. Sa pérennité serait ainsi indispensable à la pérennité de l'État. Un État ne pourrait être fort s'il ne s'appuie pas sur une nation forte et chacun observe chaque jour combien la crise de l'État est concomitante à la crise de la nation. D'un point de vue sentimentaliste, mystique même, Victor Hugo envisageait une origine vitale ou organique de la nation, écrivant que « l'unité d'une nation est un fait de végétation mystérieuse qui résulte du sol, du climat et des circonstances »[6]. La nation est ici dépeinte tel un être vivant. En tout cas est-elle évolutive, connaît-elle, après son apparition, des moments de développement, d'autres de dépérissement ; et, parfois, elle finit par se désagréger et par disparaître, comme ont disparu certaines civilisations. Car elle se trouve quotidiennement remise en question ; elle dépend d'un « plébiscite de tous les jours », comme le disait très justement Renan[7]. Or les pérégrinations d'une nation sont lourdes de conséquences pour « son » État et il faut dès à présent insister sur les liens qui attachent le

[1] J. BAGUENARD, *L'État – Une aventure incertaine*, Ellipses, coll. Mise au point, 1998, p. 46.
[2] *Cf.* Ph. ARDANT, « Que reste-t-il du droit des peuples à disposer d'eux-mêmes ? », *Pouvoirs* 1991, n° 57, p. 46 s.
[3] Réf. à S. PIERRE-CAPS, *La multination*, Odile Jacob, 1995.
[4] C. GALLI, « Carl Schmitt et l'État », in S. GOYARD-FABRE, dir., *L'État au XXe siècle : regards sur la pensée juridique et politique du monde occidental*, Vrin, 2004, p. 35.
[5] J. CHEVALLIER, *L'État*, 2e éd., Dalloz, coll. Connaissance du droit, 2011, p. 19.
[6] Cité par P. KAHN, *L'État*, Quintette, coll. Philosopher, 1989, p. 14.
[7] E. RENAN, *Qu'est-ce qu'une nation ?* (1887), Mille et une nuits, 1997.

destin de ce dernier au destin de « sa » nation, liens dont le meilleur témoignage est l'emploi très commun de l'expression « État-nation ».

18. ***La dialectique État-nation.*** « Prenant appui sur la nation, l'État est l'expression de sa puissance collective ; c'est la forme supérieure que prend la nation, la projection institutionnelle qui lui confère durée, organisation, puissance » ; ainsi le Professeur Jacques Chevallier présente-t-il le lien unissant la nation à l'État et conduisant à couramment parler d' « État-nation »[1]. Une nation serait vouée à devenir État ; celui-ci serait sa forme normale d'organisation dès lors qu'elle atteint un niveau élevé de développement. Dès l'instant où les liens deviennent suffisamment importants, la communauté nationale exprime le besoin de posséder une organisation structurée, permanente et contraignante, besoin auquel elle répond par la forme étatique et par le truchement d'un contrat social qui « est l'acte par lequel tous les individus [...] passent de la pluralité de la multitude à l'unité de l'*homo artificialis* qu'est l'État »[2]. Cela implique que, contrairement à ce qu'ont pu soutenir Jellinek et Carré de Malberg pour qui la nation ne pourrait exister en-dehors de l'État[3], la nation préexiste (souvent) par rapport à l'État. Et, s'il se trouve des États sans nation et des États multinationaux, l'État moderne classique est bien l'État-nation, soit l'édifice étatique qui a été fondé par une nation et qui prend appui sur une base nationale forte. De plus, il est habituel d'affirmer que toute nation a le « droit » de former un État distinct et autonome, conformément à l'idée de « souveraineté » nationale ; étant précisé, avec Hauriou, qu'il s'agit là plus de principes politiques que de véritables prérogatives juridiques puisque la nation n'est pas une entité de droit[4]. Mais, tandis qu'il existe des États sans nation et multinationaux, il y a nécessairement des nations sans États, car toutes ne réalisent pas les conditions qui rendent viable, politiquement et économiquement — au-delà de socialement —, un État[5]. En somme, seules les grandes nations — quantitativement parlant, *i.e.* comprenant un nombre

[1] J. CHEVALLIER, *L'État post-moderne*, 3e éd., LGDJ, coll. Droit et société, 2008, p. 20 ; *cf.* également J. CHEVALLIER, « L'État-Nation », *RDP* 1980, p. 1271 s.

[2] S. GOYARD-FABRE, « Contrat social », in D. ALLAND, S. RIALS, dir., *Dictionnaire de la culture juridique*, Lamy-Puf, coll. Quadrige dicos poche, 2003, p. 283.

[3] G. JELLINEK, *L'État moderne et son droit – Deuxième partie : Théorie juridique de l'État*, trad. G. FARDIS, Éditions Panthéon-Assas, coll. Les introuvables, 2005, p. 60 ; R. CARRÉ DE MALBERG, *Contribution à la théorie générale de l'État spécialement d'après les données fournies par le droit constitutionnel français*, t. I, Librairie du Recueil Sirey, 1920, p. 15.

[4] M. HAURIOU, *Précis élémentaire de droit constitutionnel*, 2e éd., Librairie du Recueil Sirey, 1930, p. 9.

[5] *Ibid.*

élevé d'individus en leurs corps sociaux — peuvent engendrer des États. Le Professeur Jacques Chevallier note par ailleurs qu' « État et Nation sont dans une relation de mutuelle congruence : indissolublement liées, les notions coïncident exactement, adhèrent l'une à l'autre. L'État n'est jamais que le signifiant de la Nation et il ne peut se passer du signifié national »[1]. Si l'État ne se réduit pas à la nation et réciproquement, l'un et l'autre se superposent largement et entretiennent des rapports d'interdépendance décisifs aux yeux de qui entend comprendre l'État.

Il pourrait être tentant d'avancer que tout État est un État-nation car ce serait l'État qui définirait arbitrairement et unilatéralement quelle est sa nation[2]. Mais soutenir pareille analyse reviendrait à confondre nation et peuple : la nation est une réalité sociologique, à l'inverse du peuple qui, lui, est bien défini par l'État, notamment par le choix entre droit du sol et droit du sang, si bien que « peuple *x* » signifie toujours « peuple de l'État *X* ». Il est néanmoins certain que l'influence de l'État participe, dans une certaine mesure, de la formation ou consolidation — selon les cas — de la nation qui lui correspond ; en somme, l'État fait nécessairement tout pour que son peuple devienne également nation ou que son caractère préexistant de nation se renforce. Et il y parvient en produisant une « identité démocratique entre les gouvernants et les gouvernés »[3] et en soumettant les individus à des règles générales et impersonnelles, une culture juridique commune étant un début de culture commune. Il impose également différents symboles, ainsi que des métaphores et des métonymies, qui réunissent et unifient les membres du corps social[4]. Aussi remarque-t-on justement que le renforcement de la nation française a été favorisé par l'action centralisatrice des monarchies absolues, spécialement durant le XVIIe s.[5], ou que l'État absolutiste, qualifié de « puissante machine unificatrice », a été l'élément déterminant de la formation de la conscience nationale[6].

La dialectique ou le cercle vertueux État-nation apparaît patent : si la nation était nation avant de connaître l'État, l'érection de ce dernier contribue au renforcement de l'identité nationale ; et la nation réaffirmée conforte à son tour l'État etc. La réponse à la question de savoir si la nation française a précédé ou suivi l'État de France dépend des définitions retenues

[1] J. CHEVALLIER, *L'État*, 2e éd., Dalloz, coll. Connaissance du droit, 2011, p. 21.
[2] H. KELSEN, « La naissance de l'État et la formation de sa nationalité », *RDI* 1929, p. 613.
[3] C. SCHMITT (cité par P. ROSANVALLON, « La démocratie : esquisse d'une théorie générale – Cours au Collège de France (3/10) », L'Éloge du savoir, France culture, 11 avr. 2013).
[4] *Cf.* H. KELSEN, « La naissance de l'État et la formation de sa nationalité », *RDI* 1929, p. 613 s.
[5] P. KAHN, *L'État*, Quintette, coll. Philosopher, 1989, p. 13.
[6] J. CHEVALLIER, *L'État*, 2e éd., Dalloz, coll. Connaissance du droit, 2011, p. 23.

quant à ces notions. Peut-être l'État de France a-t-il été antérieur à la pleine et entière nation française mais non aux prémisses et premières formes de la nation française. À niveau égal de développement de la nation et de l'État, il semble toutefois que l'État de France soit apparu après la nation française et du fait de la nation française, bien qu'est parfois soutenu que, en France, l'État a précédé la nation[1]. Si est en cause un cercle vertueux et donc un renforcement réciproque, il faut croire que c'est la nation française qui a forgé l'État de France plus que l'État de France qui a forgé la nation française. Partant, seules les premières manifestations d'étaticité ont pu devancer l'affirmation d'une véritable nation. « La France, écrivait Carré de Malberg, à la différence de certains autres États actuels, possède le grand avantage d'être un État fondé dans toute son étendue territoriale, non sur des faits de conquête ou d'annexion, non sur la force d'une majorité d'habitants imposant leur nationalité à une minorité réfractaire, mais sur le sentiment national et commun de toutes les parties de la population »[2].

En revanche, au-delà du cas français, il ne fait guère de doute que « le Turkménistan, l'Ouzbékistan, le Kirghizstan, le Tadjikistan, le Kazakhstan et bien d'autres nouveaux États se sont fabriqués des nations en réécrivant leurs histoires »[3]. Dans un certain nombre de situations, il est clair que des nations ont été, en tout ou en partie, étatiquement façonnées. Et certainement est-il possible, sur ce point, de distinguer les anciens et les nouveaux États : alors que les anciens ont été produits par des nations, les récents, eux, sont généralement la conséquence d'une histoire qui les oblige à se donner, parfois très artificiellement, des nations. Aussi, puisqu'un État solide et fort ne peut naître que d'un effort national, les drames et l'instabilité politiques sont-ils souvent le lot commun de ces pays ancrés dans une histoire nationale courte.

Les sorts respectifs de l'État et de la nation sont donc très intimement liés, si bien qu'il est permis de parler tant d'État-nation que de nation-État. Toutefois, les deux notions ne se confondent en aucun cas. Il ne paraît ainsi pas juste d'affirmer, comme Carré de Malberg ou Léon Michoud, que

[1] Par exemple, B. GUÉNÉE, « État et nation au Moyen Âge », *Revue historique* 1967, n° 481, p. 30 (cité par J. BAGUENARD, *L'État – Une aventure incertaine*, Ellipses, coll. Mise au point, 1998, p. 53).

[2] R. CARRÉ DE MALBERG, *Contribution à la théorie générale de l'État spécialement d'après les données fournies par le droit constitutionnel français*, t. I, Librairie du Recueil Sirey, 1920, p. 63.

[3] J. BAGUENARD, *L'État – Une aventure incertaine*, Ellipses, coll. Mise au point, 1998, p. 53.

« l'État n'est que la nation elle-même »[1] ou que, « s'[il] ne se distingue pas de la nation, réciproquement la nation ne saurait non plus se concevoir comme une personne différente de l'État, antérieure et supérieure à lui. […] État et nation ne désignent qu'une seule et même personne »[2]. La nation ne saurait être supérieure à l'État ; ces deux entités ne se placent pas sur le même plan, n'ont pas la même nature et, donc, ne sont pas comparables. En revanche, la nation est le plus souvent bel-et-bien antérieure à l'État puisqu'elle participe largement de sa création[3]. L'erreur de Carré de Malberg — si c'en est une car, bien sûr, ce ne sont là que des points de vue quant aux sens des concepts qui s'affrontent — est qu'il considérait la nation comme une personne juridique ; d'ailleurs expliquait-il sans détour rechercher le sens de la notion dans le « système positif du droit »[4]. Or il semble davantage que ce soit l'État qui soit une personne juridique, qu'il soit la personnalisation juridique de la nation. Cette dernière peut bien être dite « juridiquement organisée »[5], mais ce n'est que par la construction de la personne-État qu'elle l'est et non en tant que telle ; alors que, selon Carré de Malberg, État et nation étant la même chose et le premier étant une personne juridique, la nation, mécaniquement, le serait également[6].

Cela conduit à la question de savoir si la nation peut être souveraine ou si seul l'État le peut. Sous l'angle ici envisagé, il semble que seule la seconde hypothèse soit acceptable car la nation n'est pas un sujet de droit, ainsi que l'indiquait Laband[7]. Pourtant, comme l'observait Duguit — sans d'ailleurs soutenir ce point de vue —, l'une des idées fondamentales du droit public français est que la nation serait une personne souveraine par définition supérieure à l'État dont la propre souveraineté découlerait du choix de la

[1] L. MICHOUD, *La théorie de la personnalité morale et son application au droit français*, t. I, LGDJ, 1906, p. 288 (cité par R. CARRÉ DE MALBERG, *Contribution à la théorie générale de l'État spécialement d'après les données fournies par le droit constitutionnel français*, t. I, Librairie du Recueil Sirey, 1920, p. 15).

[2] R. CARRÉ DE MALBERG, *Contribution à la théorie générale de l'État spécialement d'après les données fournies par le droit constitutionnel français*, t. I, Librairie du Recueil Sirey, 1920, p. 2 et 14-15.

[3] Cela bien qu'a déjà été souligné que certaines nations naissent après l'État et à cause de l'État ; alors que, au sens de Carré de Malberg, l'État ne peut exister en dehors de la nation (*ibid.*, p. 15).

[4] *Ibid.*, p. 2.

[5] *Ibid.*, p. 15.

[6] *Ibid.*

[7] P. LABAND, *Droit public de l'Empire allemand*, t. I, trad. G. Gandilhon, Giard et Brière, 1901, p. 443 (cité par R. CARRÉ DE MALBERG, *Contribution à la théorie générale de l'État spécialement d'après les données fournies par le droit constitutionnel français*, t. I, Librairie du Recueil Sirey, 1920, p. 12).

nation qui lui transmettrait ou délèguerait ce caractère[1]. Si cette conception du rapport nation-État n'est pas envisageable ici — il faudra y revenir dans les paragraphes consacrés à la souveraineté —, car la nation est une donnée sociologique et non une personne juridique, au moins distingue-t-elle clairement les deux entités.

L'État peut donc reposer sur la nation — il le doit, s'il veut être un État solide —, mais il ne se confond pas avec elle. Un État est une structure institutionnelle, une personne juridique souveraine, quand la nation est un groupement d'hommes partageant une certaine solidarité, une certaine culture ou encore une certaine destinée. Décrire la nation, ce n'est pas décrire l'État ni même décrire une partie de l'État. Il paraît ainsi peu pertinent de se borner à définir l'État comme un « groupement d'individus réunis par [d]es liens de solidarité » ou comme une « société politique fortement intégrée »[2] ; pareilles définitions seraient davantage congruentes afin de désigner la nation. Si ces essais de caractérisation témoignent eux aussi de la proximité entre nation et État, ce dernier doit être compris en tant que « personnification juridique de la nation »[3], en tant que « nation juridiquement organisée »[4] ou « organisation séculière de la nation », pour reprendre une expression de Max Weber[5]. Reste que l'État possède une origine sociale, qu'il est un phénomène social en plus d'être juridique, tant et si bien qu'il n'est guère surprenant que des auteurs proposent des définitions de l'État et de la nation proches de se rejoindre : l'État serait un « groupement humain fixé sur un territoire déterminé soumis à une même autorité et pouvant être considéré comme une personne morale »[6], quand la nation serait un « groupe humain constituant une communauté politique, établie sur un territoire défini ou un ensemble de territoires définis, et

[1] L. DUGUIT, *Traité de droit constitutionnel – Tome premier : La règle de droit, le problème de l'État*, 3e éd., De Boccard, 1927, p. 303.

[2] J.-D. MOUTON, « La notion d'État et le droit international public », *Droits* 1992, n° 16, p. 48.

[3] A. ESMEIN, *Éléments de droit constitutionnel*, Nézard, 1927, p. 1 ; M. HAURIOU, *Principes de droit public à l'usage des étudiants en licence et en doctorat ès sciences politiques*, 2e éd., Librairie du Recueil Sirey, 1916, p. XIII.

[4] L. LE FUR, « L'État, la souveraineté et le droit », *RDP* 1908, p. 222 (cité par R. CARRÉ DE MALBERG, *Contribution à la théorie générale de l'État spécialement d'après les données fournies par le droit constitutionnel français*, t. I, Librairie du Recueil Sirey, 1920, p. 15).

[5] Cité par Commission européenne pour la démocratie par le droit, *Les mutations de l'État-nation en Europe à l'aube du XXIe siècle*, Éditions du Conseil de l'Europe (Strasbourg), coll. Science et technique de la démocratie, 1999, p. 110.

[6] S. RÉMI-GIRAUD, *Les mots de la nation*, Presses universitaires de Lyon, 1996, p. 22 (cité par J. BAGUENARD, *L'État – Une aventure incertaine*, Ellipses, coll. Mise au point, 1998, p. 45).

personnifiée par une autorité souveraine »[1]. Mais l'État, au sens strict, n'est que cette autorité souveraine personnifiante. Quant à la conception de Sieyès selon laquelle une nation serait un « corps d'associés vivant sous une loi commune et représenté par la même législature »[2], elle n'est admissible qu'à condition d'envisager cette description comme composée de métaphores et non de véritables « loi commune » et « législature » ; or le futur membre du Directoire voyait réellement dans la nation un être juridique résultant d'un acte juridique en bonne et due forme.

Dans le même ordre d'idée, il n'est pas lieu, ici, d'accueillir la proposition du Professeur Olivier Beaud selon laquelle « la citoyenneté est le versant politique induit de la nationalité qui est juridique »[3]. La nationalité, à l'aune de tout ce qui vient d'être exposé, ne peut que se définir comme étant le caractère de ce qui appartient à la nation, c'est-à-dire comme étant une propriété sociologique. La nationalité n'est donc pas une donnée juridique ; même si n'est pas ignoré l'usage couramment fait de cette notion en droit international, où sont distingués nationaux et étrangers[4].

Il faut également dire quelques mots de la citoyenneté. Celle-ci, à l'inverse de la nationalité, paraît caractériser le fait, pour un individu, d'appartenir, non à une nation directement, mais à un État, donc à un ordre juridique et institutionnel. Le citoyen, au contraire du non-citoyen, jouit, dans l'État et grâce à l'État, de droits politiques et civiques ; néanmoins, le non-citoyen ne saurait être totalement dépourvu de droits : il est aussi un justiciable et il profite de certaines prérogatives économiques et sociales attribuées par l'État. En outre, aujourd'hui, il n'est plus question de distinguer, comme au temps de la Révolution française, différents degrés de citoyenneté[5]. À l'instar de toute prérogative juridique dont on ne peut jouir à moitié, un individu ne peut qu'être ou ne pas être citoyen d'un État. La citoyenneté est donc le lien juridique et politique qui rattache un individu à une structure étatique, quand la nationalité est le lien social et culturel qui relie un individu à une nation.

[1] *Ibid.* (cité par J. BAGUENARD, *L'État – Une aventure incertaine*, Ellipses, coll. Mise au point, 1998, p. 46).

[2] E.-J. SIEYÈS, *Qu'est-ce que le tiers-état ?*, 1789.

[3] O. BEAUD, *La puissance de l'État*, Puf, coll. Léviathan, 1994, p. 117.

[4] *Cf.* P. COURBE, *Le nouveau droit de la nationalité*, Dalloz, 1993.

[5] Les révolutionnaires ont établi une « échelle de citoyenneté » : ils distinguaient les citoyens « actifs », qui disposaient de l'intégralité des droits, et les citoyens « passifs », qui n'en disposaient pas de la plénitude. Parmi ces derniers se trouvaient les femmes, les indigènes des colonies ou, plus logiquement, les condamnés (J. CHEVALLIER, *L'État*, 2e éd., Dalloz, coll. Connaissance du droit, 2011, p. 25).

Il n'en demeure pas moins que citoyenneté et nationalité sont souvent confondues[1] ou très autrement présentées. Par exemple, à suivre la pensée de Rousseau, le citoyen serait un sujet actif, participant du gouvernement du peuple, quand le national serait un sujet passif. On avance, en outre, assez classiquement que « le lien entre les êtres humains soumis à l'État et ce dernier est constitué par la nationalité »[2] ; ou que la nationalité est l' « appartenance juridique et politique d'une personne à la population constitutive d'un État »[3]. Avec le Professeur Jacques Chevallier, est, en ces lignes, postulé que « la nationalité renvoie à l'appartenance à une communauté, [alors que] la citoyenneté évoque un ensemble de droits »[4]. Mais, au contraire du Professeur, est soutenu que ladite appartenance est un fait sociologique et non un élément juridique défini par la loi étatique. Ce que cette dernière peut définir, ce sont les conditions de l'accès à la citoyenneté. Partant, l'étranger naturalisé intègre l'État avant d'intégrer, peut-être, la nation et il n'est pas correct — du point de vue ici défendu — de dire que « l'État détient l'emprise sur la question de la nationalité : la définition de la nationalité est à l'entière discrétion de l'État »[5] ; ce dernier ne maîtrise que la définition de la citoyenneté. Écrire que « la nationalité marque moins l'appartenance à la Nation que le rattachement à l'État »[6] est explicitement contradictoire ; seulement souvent l'usage des mots conduit-il à des acceptions contradictoires et la Cour Internationale de Justice, dans son arrêt *Nottebohm* du 6 avril 1955, a bien défini la nationalité comme un « lien juridique » reposant sur un fait social de rattachement et de solidarité. Par ailleurs, il est tout-à-fait possible que la nationalité soit retenue par les instances étatiques comme condition de la citoyenneté[7] ; alors que le contraire est impossible. Il est remarquable que, en France, la loi du 22 juillet 1993[8] avait procédé à une importante réforme du « Code de la nationalité » en introduisant, notamment, l'obligation pour tout jeune, né en

[1] Par exemple, R. CARRÉ DE MALBERG, *Contribution à la théorie générale de l'État spécialement d'après les données fournies par le droit constitutionnel français*, t. I, Librairie du Recueil Sirey, 1920, p. 2.

[2] R. DENOIX DE SAINT MARC, *L'État*, 2e éd., Puf, coll. Que sais-je ?, 2012, p. 6.

[3] P. LAGARDE, *La nationalité française*, 2e éd., Dalloz, 1989, p. 1.

[4] J. CHEVALLIER, *L'État*, 2e éd., Dalloz, coll. Connaissance du droit, 2011, p. 25-26.

[5] *Ibid.*, p. 26.

[6] *Ibid.*

[7] Ainsi, l'enfant né aux États-Unis d'un père espagnol et d'une mère française aura la nationalité américaine par son lieu de naissance, la nationalité espagnole par son père et la nationalité française par sa mère (P. COURBE, *Le nouveau droit de la nationalité*, Dalloz, 1993, p. 19).

[8] L. n° 93-933, 22 juill. 1993, *Réformant le droit de la nationalité*. Ce texte n'appartient plus, aujourd'hui, au droit positif.

France de parents étrangers, de manifester expressément, entre seize et vingt et un ans, sa volonté d'acquérir la nationalité française. Par là, il s'agissait clairement de rapprocher la citoyenneté de la nationalité ; on entendait éviter l'existence d'une citoyenneté sans nationalité. Mais la nationalité ne saurait s'acquérir par un tel contrat d'adhésion ; elle est une caractéristique sociale qui apparaît à moyen ou long terme et qui ne se décrète pas unilatéralement. En tout cas, lorsqu'elles optent en faveur du droit du sol ou du droit du sang, c'est un critère de citoyenneté et non un critère de nationalité que les autorités publiques arrêtent.

Il est possible d'affirmer, aux côtés de Fichte qui soutenait déjà pareille position à la fin du XVIIIe s., que l'État est responsable devant la nation[1]. Dit autrement, un État qui se couperait de sa nation, par exemple en abandonnant le régime démocratique ou parce que les gouvernants se montreraient par trop maladroits dans leurs décisions, risquerait la ruine, laquelle se traduirait en premier lieu par une mise en concurrence du droit d'origine étatique et du droit d'origine privée, ainsi que par une moindre efficacité des règles et institutions publiques. État et nation sont profondément liés. Leur destin est commun ; l'un a besoin de l'autre qui a besoin de l'un. C'est pourquoi la question de la nation est nécessairement au cœur des travaux relatifs aux causes de la crise de l'État et/ou à ses remèdes.

Il convient, à présent, de rechercher les éléments concrets significatifs qui permettent d'identifier l'État et de le distinguer du non-État. Le choix d'employer l'adjectif « significatifs » plutôt que « constitutifs » — lequel est pourtant généralement retenu — n'est pas innocent : il permet d'exprimer le passage de la question des modalités de formation de l'État, laquelle amène principalement à discuter du contrat social et de la nation, à celle de son existence. Cela conduit aussi à se rapprocher du droit puisque, tandis que contrat social et nation sont des données purement factuelles, indépendantes de la sphère juridique, ces éléments significatifs empruntent partiellement la voie juridique ; mais ils désignent avant tout des éléments factuels, ce qui justifie de les traiter à l'intérieur de cette partie relative à l'identification factuelle de l'État.

[1] J. G. FICHTE, *Fondement du droit naturel selon les principes de la doctrine de la science* (1797), trad. A. Renaut, Puf, 1984, § 21 (cité par S. GOYARD-FABRE, *L'État, figure moderne de la politique*, Armand Colin, coll. Cursus philosophie, 1999, p. 120).

Titre 2

Concrètement, les éléments significatifs et la reconnaissance de l'État

19. ***L'identification de l'État par la réunion de plusieurs éléments significatifs.*** Alors que, à travers le contrat social et la nation, était interrogée la naissance de l'État, il s'agit à présent, à travers les éléments significatifs, d'interroger son existence, soit sa réalité, peu important le moment de son apparition. Or il n'est pas rare de voir affirmé, tout au contraire, que, par exemple, peuple et territoire seraient les critères matériels à l'origine de la formation de l'État[1]. Ces éléments, en outre, sont cumulatifs. Ils font sens, du point de vue de l'État, essentiellement en tant qu'ensemble ; pris individuellement, ils ne permettent pas de séparer l'État de certaines autres formes d'institutions et de pouvoirs sociaux. Par ailleurs, il n'existe pas un type d'étaticité universelle attaché à des caractéristiques finement identifiées et identifiables. Il y a plutôt, les histoires des sociétés, des nations et des contrats sociaux étant toutes différentes, une foultitude de modèles étatiques parfois très dissemblables. Aussi n'est-il pas tout à fait certain que la forme étatique soit aujourd'hui une « forme d'organisation politique […] mondialisée »[2]. Mais, bien que chaque État possède ainsi sa propre « personnalité », son propre « patrimoine génétique », il est possible d'isoler quelques caractères (très) généraux qui se retrouvent chez tous et qui, s'ils ne sont pas réunis, empêchent de parler d' « État ».

On remarque souvent que l'État est invisible ; ou que seuls les hommes qui l'incarnent sont visibles, des gouvernants aux gendarmes. Et Hegel d'en conclure que l'État serait principalement une idée[3]. En tout cas repose-t-il sur une large base abstraite dans laquelle le droit occupe une

[1] Par exemple, J.-D. MOUTON, « La notion d'État et le droit international public », *Droits* 1992, n° 16, p. 48 ; F. POIRAT, « État », in D. ALLAND, S. RIALS, dir., *Dictionnaire de la culture juridique*, Lamy-Puf, coll. Quadrige-dicos poche, 2003, p. 644.

[2] J. CHEVALLIER, *L'État*, 2e éd., Dalloz, coll. Connaissance du droit, 2011, p. 3.

[3] Cité par P. KAHN, *L'État*, Quintette, coll. Philosopher, 1989, p. 7.

place première. Mais l'État se traduit aussi par des données factuelles empiriquement saisissables. C'est parmi celles-ci qu'il faut quêter la matrice commune à toute structure étatique. S'observe un certain consensus parmi les auteurs quant à ce qui peut être désigné par les expressions « éléments constitutifs », « éléments significatifs » et « éléments caractéristiques » de l'État. Il importe d'à nouveau préciser pourquoi l'adjectif « significatifs » est ici privilégié : les éléments en cause ne sont pas constitutifs parce qu'ils ne participent pas de la création de l'État mais apparaissent avec lui — or, dans le langage juridique du moins, est constitutif ce qui fonde ou établit un droit par un effet juridique —. Ces éléments ne sont pas davantage caractéristiques, particuliers ou distinctifs dès lors que, pris individuellement, ils peuvent parfaitement aller de pair avec des institutions socio-politiques autres qu'étatiques. Et l'expression « présupposés essentiels », à laquelle recourait un internationaliste[1], ne peut être accueillie pour les mêmes raisons que celles qui conduisent à repousser « éléments constitutifs ». En revanche, les éléments en cause sont bien *significatifs* puisque, en ce qu'ils doivent être cumulés pour assurer de se trouver en présence d'un État, ils ne sont individuellement qu'indicatifs. Chacun d'entre eux est un signe, donc un indice mais pas une preuve de la réalité de l'État. « Constitutif », lorsqu'il est compris comme « fait d'entrer dans la composition d'un tout, d'une chose complexe »[2], est aussi juste ; mais la difficulté propre à cet adjectif est que beaucoup l'emploient afin de désigner le fait de produire un effet juridique[3], en l'occurrence engendrer une personne-État — par exemple lorsqu'on se demande si la reconnaissance internationale est constitutive ou seulement déclarative de l'existence de cette personne-État —.

L'État, propose-t-on parfois, compterait « deux composantes : la Nation et les gouvernants »[4]. Si le terme « composantes » paraît judicieusement choisi, accueillir ainsi la nation parmi lesdites composantes de l'État ne semble pas satisfaisant car, souvent, la nation est un peu plus grande ou un peu plus petite que l'État, tandis qu'elle relève d'une nature sociologique quand lui relève essentiellement d'une nature juridique et politique. Parfois même, l'État est multinational ou anational. Or il est quelque-chose de souvent proche de la nation mais qui peut aussi prendre

[1] R. QUADRI, « Cours général de droit international public », *RCADI* 1964 (cité par J.-D. MOUTON, « La notion d'État et le droit international public », *Droits* 1992, n° 16, p. 55).
[2] V° « Constitutif », in *Trésor de la langue française*.
[3] Par exemple, F. POIRAT, « État », in D. ALLAND, S. RIALS, dir., *Dictionnaire de la culture juridique*, Lamy-Puf, coll. Quadrige-dicos poche, 2003, p. 644.
[4] J. BAGUENARD, *L'État – Une aventure incertaine*, Ellipses, coll. Mise au point, 1998, p. 41.

corps loin de toute nation et qui s'avère plus propre à l'État que ne l'est la nation : le peuple. Quant aux gouvernants, il ne fait aucun doute qu'il n'y a pas d'État sans gouvernants. Quand bien même ce serait tout le peuple qui gouvernerait directement au moyen des techniques les plus démocratiques, il s'agirait de gouvernants. Seulement, si dans tous les cas de figure il se trouve toujours quelques gouvernants, ce critère apparaît alors peu pertinent. Toutefois, peut-être en se référant préférablement à un « gouvernement », il demeure inévitable. Enfin, il est surprenant que cette liste des « composantes de l'État », par oubli ou par choix, n'intègre pas le territoire. Il ne semble pourtant pas que le monde connaisse d'États sans territoire et sans frontières, alors qu'il connaît des États sans nation.

Plus classiquement, la majorité des juristes-publicistes retient que l'État se distingue par trois « éléments constitutifs » : population, territoire et puissance publique ou gouvernement[1]. On attribue à Jellinek et à sa *Théorie générale de l'État* le fait d'avoir imposé cette vision tripartite à des générations de constitutionnalistes et de politistes[2] ; mais ses origines remonteraient au moins jusqu'à Vattel[3]. Ainsi enseigne-t-on depuis longtemps qu'un État est « une communauté organisée de manière permanente sur un territoire »[4]. Et — ce qui n'est pas de peu de poids — le droit international positif emprunte la même voie[5], considérant que « l'État comme personne morale de droit international doit réunir les conditions suivantes : I. Population permanente ; II. Territoire déterminé ; III. Gouvernement ; IV. Capacité d'entrer en relations avec les autres États »[6], les points III et IV pouvant être reliés. Quoique rare, la jurisprudence internationale confirme cette position : « Un État n'existe qu'à condition de posséder un territoire, une collectivité d'hommes habitant ce territoire, une puissance publique s'exerçant sur ce territoire et cette collectivité »[7]. C'est ici l'occasion de remarquer que la reconnaissance par la

[1] *Cf.* F. POIRAT, « État », in D. ALLAND, S. RIALS, dir., *Dictionnaire de la culture juridique*, Lamy-Puf, coll. Quadrige-dicos poche, 2003, p. 644 ; O. BEAUD, « La notion d'État », *Arch. phil. droit* 1990, p. 119 s.

[2] O. BEAUD, *La puissance de l'État*, Puf, coll. Léviathan, 1994, p. 117.

[3] J.-D. MOUTON, « La notion d'État et le droit international public », *Droits* 1992, n° 16, p. 45.

[4] A. RIVIER, *Principes du droit des gens*, t. I, Rousseau, 1896, p. 45 (cité par F. POIRAT, « La doctrine des "droits fondamentaux" de l'État », *Droits* 1992, n° 16, p. 89).

[5] *Cf.* J. COMBACAU, « État », in J. COMBACAU, S. SUR, *Droit international public*, 6e éd., Montchrestien, coll. Domat droit public, 2004.

[6] Société des Nations, 26 déc. 1933, *Convention de Montevideo*, art. 1er. *Cf.* H. RUIZ-FABRI, « Genèse et disparition de l'État à l'époque contemporaine », *AFDI* 1992, p. 153 s.

[7] Tribunal arbitral mixte germano-polonais, 1er août 1929, *Deutsche Continental Gas Gesellschaft c/ État polonais*. Plus récemment, la Commission d'arbitrage pour la paix en

communauté internationale, par les autres États et par les institutions supraétatiques, est très certainement un signe important, si ce n'est décisif (donc une preuve et non plus un indice), de la réalité de l'État. Des auteurs interrogent la possibilité d'en faire un élément « constitutif » supplémentaire[1]. Cependant, cet indice ou preuve ne se place pas au même niveau que les autres puisqu'il n'en est que la conséquence logique et directe ; étant précisé qu'il est déclaratif plus que constitutif du point de vue des présents travaux — mais il est certainement constitutif dans le cadre du droit international —. Il serait donc peu utile de retenir, à côté du peuple, du territoire et du gouvernement, la reconnaissance internationale parmi les éléments significatifs de l'État ; cela reviendrait à dire qu' « il y a un État parce qu'il y a un État ».

Quelques incertitudes viennent néanmoins déstabiliser le semblant de consensus entourant les caractéristiques factuelles de l'État. Alors que « peuple » est assurément synonyme, dans le cadre de la définition de l'État, de « population » — mais non de « nation » —, une difficulté concerne le troisième et dernier élément : la puissance publique ou gouvernement. En effet, si quasiment toutes les études et tous les manuels relèvent que trois éléments permettent effectivement de déduire l'existence de l'État, parfois est retenue, aux côtés du peuple et du territoire, la puissance publique, d'autres fois est retenu le gouvernement. Or tous deux n'ont pas nécessairement un signifié commun — tout dépend du sens attribué à « puissance publique » —. Si cette dernière est appréhendée non comme un ensemble d'organes et d'institutions mais comme une « faculté de produire un effet »[2], une capacité coercitive, un « pouvoir de contrainte »[3] ou une force physique et symbolique — le caractère symbolique permettant d'en faire une force légitime[4] —, tandis que le gouvernement est une organisation administrative — donc un ensemble d'organes et d'institutions —, alors ils paraissent être des critères différents d'étaticité. Carré de Malberg, par exemple, distinguait de la sorte puissance publique et gouvernement, mais il considérait que ladite puissance serait le fruit des trois éléments constitutifs

Yougoslavie a pu juger que « l'État est une collectivité qui se compose d'un territoire et d'une population soumis à un pouvoir politique organisé » (Commission d'arbitrage pour la paix en Yougoslavie, avis du 29 nov. 1991).

[1] X. MAGNON, *Théorie(s) du droit*, Ellipses, coll. Universités-Droit, 2008, p. 115.

[2] V° « Puissance », in *Trésor de la langue française*.

[3] J. CHEVALLIER, *L'État*, 2e éd., Dalloz, coll. Connaissance du droit, 2011, p. 4.

[4] Cela conduit directement à la définition proposée par Max Weber, au début du XXe s., selon laquelle un État est « une communauté humaine qui revendique avec succès le monopole de l'usage légitime de la violence physique sur un territoire donné » (M. WEBER, *Le savant et le politique*, 10/18, coll. Bibliothèques, 2002).

et non un élément constitutif de plus[1]. Pourtant, la réalité de la puissance publique, comprise en tant que réalité factuelle, peut parfaitement être envisagée tel un signe de plus de l'État ; car un État sans puissance serait assurément un État en péril ou en sursis, ou un fantôme d'État.

C'est pourquoi, en le présent ouvrage, est soutenu que l'État se reconnaît non à trois mais à quatre données caractéristiques : *un peuple, un territoire, un gouvernement et une puissance*. Et ces quatre données caractéristiques, si elles peuvent emprunter la voie du droit afin de s'affirmer et d'évoluer, n'en sont pas moins des faits empiriquement observables. Ils permettent de définir l'État « *in concreto* »[2]. Par suite, comme l'a montré Kelsen, population et territoire sont des projections personnelle et spatiale de la souveraineté de l'État[3]. Dans le même sens, Santi Romano notait qu'ils n'existent qu'à travers l'ordre juridique qui, partant, les précède[4]. Population et territoire, mais aussi gouvernement, se spécifient donc par le droit ; mais le droit qualifie juridiquement ce qui appartient par ailleurs à l'ordre des faits, à l'identique de l'homme qui est un être factuel en même temps qu'une personne juridique. De plus, ce qui importe en la matière est essentiellement l'effectivité du gouvernement, du peuple et du territoire ; si tout cela ne se traduisait pas de façon tangible, il ne pourrait y avoir d'État et de droit. Quant à la puissance de l'État, elle n'est palpable que dans l'ordre des faits — tout au contraire de la souveraineté —.

Ces quelques précisions apportées, les quatre *principaux* éléments significatifs qui indiquent l'existence de l'État peuvent être présentés en ces termes : *Un peuple est une masse d'individus soumis à de mêmes règles de droit ; un territoire est un espace géographique au sein duquel s'appliquent de mêmes règles de droit ; une puissance est une force coercitive (physique et symbolique) capable de faire respecter les règles de droit par le peuple et dans le cadre du territoire ; un gouvernement est une organisation législatrice et administrative, soit un ensemble d'organes et d'institutions*

[1] R. CARRÉ DE MALBERG, *Contribution à la théorie générale de l'État spécialement d'après les données fournies par le droit constitutionnel français*, t. I, Librairie du Recueil Sirey, 1920 (cité par Ch. BEHRENDT, F. BOUHON, *Introduction à la théorie générale de l'État – Recueil de textes*, Larcier (Bruxelles), coll. Faculté de droit de l'Université de Liège, 2009, p. 36).

[2] *Ibid.* (cité par Ch. BEHRENDT, F. BOUHON, *Introduction à la théorie générale de l'État – Recueil de textes*, Larcier (Bruxelles), coll. Faculté de droit de l'Université de Liège, 2009, p. 36).

[3] H. KELSEN, *Théorie pure du droit*, 2e éd., trad. Ch. Eisenmann, Dalloz, 1962, p. 379 s.

[4] S. ROMANO, *L'ordre juridique* (1946), trad. L. François, P. Gothot, Dalloz, coll. Philosophie du droit, 1975, p. 61.

créant et appliquant les règles de droit à destination du peuple et du territoire.

Ainsi dépeints, ces éléments qui sont les signes de l'existence de l'État n'en sont pas pour autant à l'origine de l'État. Il y a des éléments significatifs de l'État parce qu'il y a un État, mais il n'y a pas un État parce qu'il y a des éléments significatifs de l'État. Est en cause la reconnaissance et non la naissance de l'être étatique, sa constatation et non sa construction. La différence par rapport au contrat social et à la nation, qui, pour leurs parts, permettent de comprendre les fins et les moyens de l'émergence des structures étatiques, est dès lors patente ; il n'est donc pas possible d'abonder dans le sens de qui soutient que ce sont là les « conditions de la naissance des États »[1]. La possibilité que les éléments significatifs adviennent dans le futur, ce qui dépend notamment du contrat social et de la nation, peut être une pareille condition, mais pas leur réalité actuelle. Ces signes de l'État ne sont pas, contrairement à ce qu'a pu écrire Carré de Malberg, « générateurs » de l'État, pas des faits qui « concourent à engendrer l'État »[2]. Avancer que la puissance *de l'État*, le gouvernement *de l'État*, le peuple *de l'État* et le territoire *de l'État*, une fois réunis, aboutissent à créer l'État est clairement une *contradictio in adjecto* puisque, par définition, ils supposent l'existence *de l'État*. Ils ne peuvent pas être caractéristiques *de l'État* tant qu'il n'y a pas d'État.

Un auteur écrit : « La confusion est fréquente entre attribut et élément constitutif, et ses conséquences sont désastreuses. [Elle] s'illustre d'abord par le vocabulaire employé. Nombreux sont ceux qui affirment que l'État *a* un territoire, qu'il *a* une population… On ne peut pourtant adopter un vocabulaire pertinent quant aux attributs mais essentiellement inadapté lorsqu'il s'agit d'éléments constitutifs. L'État *est* un territoire comme il *est* une population »[3]. Toutefois, lorsqu'une personne (morale) acquiert ou intègre quelque-chose, ceci vient s'ajouter généralement à son être, si bien que l'État *a* un territoire et *est* un territoire. Entre l'une et l'autre auxiliaire, il n'est guère de différence fondamentale et les éléments significatifs peuvent parfaitement être dans le même temps des attributs de l'État, spécialement s'il est changé d'angle d'approche. La critique citée n'est possible que parce

[1] X. MAGNON, *Théorie(s) du droit*, Ellipses, coll. Universités-Droit, 2008, p. 115.

[2] R. CARRÉ DE MALBERG, *Contribution à la théorie générale de l'État spécialement d'après les données fournies par le droit constitutionnel français*, t. I, Librairie du Recueil Sirey, 1920 (cité par Ch. BEHRENDT, F. BOUHON, *Introduction à la théorie générale de l'État – Recueil de textes*, Larcier (Bruxelles), coll. Faculté de droit de l'Université de Liège, 2009, p. 36).

[3] F. POIRAT, « La doctrine des “droits fondamentaux” de l'État », *Droits* 1992, n° 16, p. 87 (souligné dans le texte original).

que son auteur voit dans les éléments constitutifs les sources de l'apparition de l'État ; or de telles explications ne peuvent, semble-t-il, résider que dans le contrat social et la nation. Comme un État n'est pas un État parce qu'il est souverain mais est souverain parce qu'il est un État, un État n'est pas un État parce qu'il est ou a un territoire et une population mais est ou a un territoire et une population parce qu'il est un État. L'État se donne ses éléments significatifs ; ce n'est pas ces derniers qui se donnent l'État. Il faut le répéter une dernière fois : peuple de l'État, territoire de l'État, puissance de l'État et gouvernement de l'État — la préposition « de » indiquant que ce sont bien là des attributs — ne peuvent logiquement précéder l'avènement de l'État et, donc, en être la cause.

Hauriou soulignait qu' « on confond État et nation : ainsi l'élément de population de l'État est en réalité la population nationale ; l'élément de territoire est en réalité le territoire national car déjà les nations sont à l'état sédentaire »[1]. Pourtant, s'il peut arriver que le territoire et le peuple de la nation deviennent territoire et peuple de l'État, puisque toute nation aspire à devenir État, cela ne se produit pas toujours exactement et, parfois, cela ne se produit pas du tout. S'il y a bien des territoires et populations des nations, ils ne sont pas identiques aux territoires et populations des États. De plus, ce qui importe est la réalité du territoire et de la population telle qu'elle est quand l'État est et non telle qu'elle était avant que l'État ne soit. Faut-il à nouveau rappeler combien les exemples d'États multinationaux et d'États sans nation ne manquent pas ? Il convient encore de souligner combien est inopérant de retenir que le territoire et le peuple ne peuvent qu'être antérieurs à l'État, car, tant que ces « faits-conditions »[2] ne sont pas réunis, il n'existe pas. C'est le propre des États que de se donner ces éléments particuliers. Et tous le font presque machinalement car, sans peuple, sans territoire, sans puissance ou sans gouvernement, ils ne pourraient que s'éteindre, incarner l'un de ces « États fantômes » évoqués précédemment. S'il manque un peuple, un territoire, un gouvernement ou une puissance, l'objet politique en cause ne peut être, au mieux, qu'un tel « État fantôme ». En revanche, du point de vue du droit — spécialement du droit international — et non plus du fait, il est permis de considérer que la réalisation des « faits-conditions », donc la réunion des éléments significatifs, emporte l'application d'une règle préexistante et, en l'espèce, l'acquisition du statut d'État qui, partant, n'apparaît que dans un second

[1] M. HAURIOU, *Précis élémentaire de droit constitutionnel*, 2e éd., Librairie du Recueil Sirey, 1930, p. 6.

[2] F. POIRAT, « La doctrine des "droits fondamentaux" de l'État », *Droits* 1992, n° 16, p. 88.

temps. *In fine*, il semble que *le fait-État précède la personne juridique-État*, qu'il en soit la condition logique.

Enfin, il n'est pas possible d'avancer, à cet instant, l'argument selon lequel, si l'État pose le droit, l'État est nécessairement antérieur au droit et donc à ses attributs juridiques[1] puisque les éléments significatifs sont ici classés parmi les composantes factuelles et non parmi les composantes juridiques de l'État. Où est révélé, par ailleurs, que, si l'État pose le droit, le droit repose sur le fait dès lors que l'État lui-même repose sur le fait.

En résumé, l'État fait le territoire, la population et, dans une moindre mesure, le gouvernement et la puissance plus que ceux-ci ne le font ; ce qui n'interdit nullement de rechercher ces quatre éléments significatifs afin de savoir si un État est réel ou bien s'il appartient seulement au domaine des spéculations. Certes, les quatre propriétés étatiques éclosent en même temps que l'État, mais elles ne peuvent le précéder. Vont être présentés et discutés tour à tour, en deux chapitres distincts, le peuple et le territoire (*chapitre premier*), qui rappellent que l'État a impérativement besoin d'un « support matériel, territorial et démographique »[2], et la puissance et le gouvernement (*chapitre second*), lesquels soulignent combien il est indispensable à l'État d'être fort et organisé.

Comme toute définition, celle de l'État ne peut que consister en une interminable dissertation, en une *regressio ad infinitum*. Par exemple, si le territoire est le signe de l'État, encore faut-il savoir reconnaître les signes du territoire, puis les signes de ces signes etc. La simplicité n'est bien sûr qu'un mirage concernant un être aussi complexe et incertain que l'être étatique et il serait très insuffisant de se borner à écrire qu'un État est et a un peuple, un territoire, un gouvernement et une puissance. Aussi est-il seulement permis de résumer, si ce n'est caricaturer, les spécificités factuelles de l'État en disant qu'il se particularise par le fait qu'*un peuple déterminé, situé sur un territoire déterminé, est encadré par un gouvernement et soumis à une puissance*.

[1] S. ROMANO, *L'ordre juridique* (1946), trad. L. François, P. Gothot, Dalloz, coll. Philosophie du droit, 1975, p. 61.

[2] H. KELSEN, *Théorie générale du droit et de l'État – La doctrine du droit naturel et le positivisme juridique*, trad. B. Laroche, V. Faure, LGDJ-Bruylant (Paris-Bruxelles), coll. La pensée juridique, 1997.

Chapitre 1

Une population et un territoire

20. ***La population de l'État : ensemble des individus soumis à l'ordre étatique.*** « Peuple » — ou « population », les deux termes étant ici synonymes[1] — compte parmi ces nombreux mots *a priori* simples et d'usage courant mais dont le sens s'avère, en réalité, loin d'être aussi précisément circonscrit qu'il n'y parait. Ainsi, par exemple, la Charte des Nations Unies, qui consacre de multiples droits aux « peuples » de la planète, n'esquisse-t-elle aucun début de définition. Néanmoins, après que Hobbes et Rousseau, notamment, ont montré l'importance du concept de « peuple » pour une théorie de l'État, il ne semble guère envisageable de se passer de cet élément qui est la dimension humaine de l'État. Encore faut-il esquisser quelques explications afin de comprendre ce que désigne la notion de « peuple de l'État ».

D'aucuns présentent le peuple, avec Rousseau et ses successeurs, tel l' « ensemble des contractants », telle une « puissance législative » qui peut « prendre, collectivement, les décisions concernant sa survie et l'organisation de sa vie »[2] ; mais il ne saurait s'agir, à travers ces expressions, comme à travers celle de « contrat social », que de métaphores et, concrètement, le peuple ne peut se reconnaître ainsi. Ce n'est qu'abstraitement, loin du sens ici retenu, que le peuple apparaît avant l'État par « l'aliénation totale de chaque associé avec tous ses droits à toute la communauté » engendrant un « corps moral et collectif », c'est-à-dire un « moi commun » ou une « personne publique » unitaire[3]. Hobbes, pour sa part, retenait qu'un peuple est une « multitude qui gouverne » car « unie en une personne publique » dépositaire de la volonté générale et « qui peut tout d'une autorité souveraine »[4]. Mais, alors que l'auteur de *Léviathan* opposait

[1] Également H. KELSEN, *La démocratie (sa nature, sa valeur)*, 2e éd. (1929), Economica, 1988, p. 14.

[2] J.-P. SIMÉON, « La démocratie selon Rousseau », in J.-J. ROUSSEAU, *Du contrat social*, Le Seuil, coll. Points politique, 1977, p. 74.

[3] J.-J. ROUSSEAU, *Du contrat social*, 1762, L. I, chap. 6.

[4] Th. HOBBES, *De Cive*, 1642, chap. 6, § 1 (cité par S. GOYARD-FABRE, *L'État, figure moderne de la politique*, Armand Colin, coll. Cursus-philosophie, 1999, p. 35-36).

en ces termes le peuple à la multitude, un peuple peut très bien n'être qu'une multitude, comme il peut former une nation.

Réellement, la population d'un État n'est que ce que cet État dit qu'elle est. Formulé avec les mots de Kelsen, cela signifie que l'une des projections de la souveraineté de l'État revêt une dimension personnelle et conduit à soumettre un ensemble d'individus, peu important les critères qui permettent de les distinguer, à l'ordre juridique étatique[1]. Bien sûr, dans le *Contrat social*, Rousseau a formulé la célèbre théorie de la « volonté générale » et expliqué que l'État y trouve son fondement et sa légitimité, mais il est aussi des États, bel-et-bien appelés « États », qui trouvent leurs origines dans de tout autres sources et qui arrêtent unilatéralement l'étendue et la qualité de leurs peuples. Il est également certain que, après la Révolution française, la thèse défendue par Sieyès l'a emporté ; selon celle-ci, il ne saurait exister de souveraineté et donc d'État qu'à condition que préexiste un être collectif résultant de l'union des individus[2]. Mais les faits contredisent chaque jour cette perception des origines de l'État qui n'est correcte que pour certains des systèmes étatiques, non pour tous. Surtout, il s'agit là de la nation (telle que définie précédemment) plus que du peuple. Quant à Carré de Malberg, qui utilisait alternativement les substantifs « peuple » et « nation », sans distinguer leurs signifiés, il ne voyait lui aussi de peuples qu'antérieurs aux États[3] ; selon lui, c'est le peuple, « corps politique autonome distinct des groupes étatiques voisins »[4], qui est la condition de l'État et non le contraire.

Kelsen, qu'il faut suivre, écrivait, au contraire, qu' « une population est un ensemble d'individus [...] soumis à un ordre de contrainte relativement centralisé »[5] et que « son unité résulte d'une seule donnée juridique : la soumission de tous ses membres au même ordre étatique »[6]. Aussi importe-t-il peu que lesdits membres soient simples sujets d'une monarchie ou véritables citoyens d'une démocratie, qu'ils soient passifs et soumis ou animés par une volonté de s'associer et de vivre ensemble. L'auteur de la « théorie pure », poussant à l'extrême sa position normativiste, allait jusqu'à estimer que le peuple serait « uniquement un

[1] H. KELSEN, *Théorie pure du droit*, 2e éd., trad. Ch. Eisenmann, Dalloz, 1962, p. 379.
[2] J. CHEVALLIER, *L'État*, 2e éd., Dalloz, coll. Connaissance du droit, 2011, p. 20.
[3] R. CARRÉ DE MALBERG, *Contribution à la théorie générale de l'État spécialement d'après les données fournies par le droit constitutionnel français*, t. I, Librairie du Recueil Sirey, 1920, p. 2.
[4] *Ibid.*
[5] H. KELSEN, *Théorie pure du droit*, 2e éd., trad. Ch. Eisenmann, Dalloz, 1962, p. 380.
[6] H. KELSEN, *La démocratie (sa nature, sa valeur)*, 2e éd. (1929), Economica, 1988, p. 14.

système d'actes individuels déterminés et régis par l'ordre étatique »[1] ; ou que les individus ne seraient, en définitive, guère plus que des « organes de l'État »[2]. Néanmoins, si elle se forme par l'intermédiaire du droit, la réalité du peuple peut parfaitement exister et se laisser constater dans les faits. Carl Schmitt, lui, voyait en l'État l' « unité politique d'un peuple »[3] ; il ne pourrait pas y avoir d'État sans « peuple-politique »[4]. Il paraît plus pragmatique de soutenir, au contraire, qu'un peuple est l'unité populaire d'un État et qu'il ne peut se trouver de peuple sans État-politique. C'est donc l'État qui est à l'origine du peuple, compris comme peuple de l'État et entièrement séparé de la nation potentielle, non le peuple qui est à l'origine de l'État.

Par suite, il arrive souvent que ce groupement humain qui constitue la population de l'État et qui permet, avec d'autres données significatives, de le reconnaître possède des traits caractéristiques proches de ceux de la nation ; mais ce ne sont pas eux qui le font être peuple ; seuls les États produisent les populations étatiques. Peu importe que l'allégeance des unités individuelles du peuple provienne de la crainte du Léviathan ou de la croyance en la nécessité de l'État et en une culture politique commune. Il n'est donc pas nécessaire de considérer le peuple comme unitaire au-delà de son unité juridique et politique résultant de la soumission à une même domination étatique. Le peuple est, en faits, une simple « pluralité d'individus » qui ont en commun une affiliation juridico-politique[5]. Cependant, puisque nombre d'États ont été produits par des nations consécutivement à des contrats sociaux, il est logique que les individus formant la nation soient souvent peu ou prou les mêmes que ceux qui constituent le peuple. Les cercles vertueux qui relient l'État à la nation ne font d'ailleurs que renforcer cet état de fait. Il est, toutefois, des exemples d'États dont les peuples ne correspondent, de près ou de loin, à aucune nation ; et d'autres États ont des peuples qui recouvrent plusieurs nations ou plusieurs nations incomplètes.

Nietzsche, toujours critique envers la « nouvelle idole », écrivait, dans *Ainsi parlait Zarathoustra* : « Il y a quelque part encore des peuples, mais ce n'est pas chez nous : chez nous il y a des États. État ? Qu'est-ce, cela ? […]

[1] *Ibid.*
[2] O. Cayla, « Kelsen Hans – Reine Rechtslehre », in O. Cayla, J.-L. Halperin, dir., *Dictionnaire des grandes œuvres juridiques*, Dalloz, 2008, p. 323.
[3] C. Schmitt, *Théorie de la Constitution* (1928), trad. L. Deroche, Puf, coll. Léviathan, 1993, p. 131.
[4] P. Rosanvallon, « La démocratie : esquisse d'une théorie générale – Cours au Collège de France (4/10) », L'Éloge du savoir, France culture, 12 avr. 2013.
[5] H. Kelsen, *La démocratie (sa nature, sa valeur)*, 2e éd. (1929), Economica, 1988, p. 14.

L'État, c'est le plus froid de tous les monstres froids : il ment froidement et voici le mensonge qui rampe de sa bouche : "Moi, l'État, je suis le Peuple" »[1]. Mais l'État, plutôt que d'être le peuple, dit qui est le peuple. Et, en créant de nouveaux liens entre les membres du corps populaire, il tend à renforcer ce dernier et, parfois, un peuple devient aussi une nation grâce à l'État. Il n'est en tout cas pas admissible de dire que l'État serait à l'origine de « la mort des peuples »[2] ; il est plutôt, en tant qu' « opium des peuples »[3], à l'origine de la naissance des peuples, ainsi qu'à l'origine de la naissance de certaines nations. Mais « peuple » est souvent compris comme synonyme ou comme proche de « nation » ; alors que, en ces lignes, les deux idées ne se recoupent que parfois et, lorsqu'elles le font, cela est indifférent, sans conséquence. Aussi ne faudrait-il pas croire que les limites d'une attitude stipulative seraient inconnues de l'auteur desdites lignes. A déjà été justifié le choix de recourir à des définitions stipulatives et non lexicales.

Ce qui est soutenu, avec d'autres, c'est donc que « l'institution de l'État-Léviathan par la raison est, simultanément, l'institution du "peuple" en un corps uni qui prend désormais la place d'une multitude diverse et dispersée »[4]. Le Professeur Dominique Rousseau tenait un jour ce discours : « On dit toujours que c'est le peuple qui crée la Constitution ; mais n'est-ce pas plutôt l'inverse ? Parce que le droit a un effet magique, il fait advenir ce qu'il énonce. C'est bien la Constitution qui nous apprend que nous sommes un peuple »[5]. Et le Professeur de citer Mirabeau qui, à l'occasion d'une allocution devant la nouvelle Assemblée nationale, en 1789, ne manquait pas de souligner qu' « avant la France était une myriade de peuples, maintenant elle est un peuple », cette transformation ayant été permise par la Déclaration des droits de l'homme et du citoyen s'exprimant « au nom du peuple français ». Il semble que, pour bien des populations et bien des États, tel soit souvent le scénario, historiquement mais aussi actuellement, à l'heure de la mondialisation et de l'internet. À l'inverse de la nation, « le peuple ne se réalise que dans l'État »[6] ; et peut-être l'État arrête-t-il les dimensions de son

[1] F. NIETZSCHE, *Ainsi parlait Zarathoustra* (1883), trad. H. Albert, Société du Mercure de France, 1903.

[2] *Ibid.*

[3] P. KAHN, *L'État*, Quintette, coll. Philosopher, 1989, p. 6.

[4] S. GOYARD-FABRE, *L'État, figure moderne de la politique*, Armand Colin, coll. Cursus-philosophie, 1999, p. 30.

[5] D. ROUSSEAU, « Les grandes mutations du droit constitutionnel », Conférence à l'École doctorale de sciences juridiques de Grenoble, 3 mars 2010.

[6] J. HUMMEL, « Allemagne (doctrines allemandes de l'État et du droit de Hegel et Jellinek) », in D. ALLAND, S. RIALS, dir., *Dictionnaire de la culture juridique*, Lamy-Puf, coll. Quadrige-dicos poche, 2003, p. 41.

peuple en un seul et même mouvement lorsqu'il trace ses frontières et fixe son territoire. Finalement, l'unité d'un peuple est avant tout, aux premières heures d'un État en tout cas, celle qui résulte de la présence sur un même territoire étatique. Peu de critères président à la réalisation de la condition humaine de l'État, mis à part celui d'être un groupe en gros déterminé et dont l'identification est confirmée par sa localisation dans un espace. En ce sens, les Professeurs Jean Combacau et Serge Sur observent que « la population est l'ensemble des personnes qui se trouvent en fait à l'intérieur de l'espace dont on prétend qu'il est le support de l'État »[1]. Pourtant, il n'est pas rare que des citoyens d'un État partent et parfois demeurent à l'étranger ; ils n'en perdent pas pour autant leur citoyenneté. Le regard porté vers le territoire permet de fixer assez justement l'étendue de la population de l'État. Mais il demeure nécessairement une part d'approximation car, parmi les individus présents sur le territoire, comme parmi les individus qui constituent la nation, il arrive que certains soient rattachés à un autre État.

Partant, si l'État identifie la population étatique, le lecteur objectera que la population étatique ne peut pas permettre, dans le même temps, d'identifier l'État. Tel est pourtant le cas : outre les hypothèses dans lesquelles le peuple est aussi, peu ou prou, une nation, lorsque l'État détermine son peuple, il confère aux individus qui le composent des traits caractéristiques qui ensuite permettent à l'observateur extérieur de reconnaître ce peuple et, à travers lui, l'État. Ces éléments caractéristiques des individus composant le peuple empruntent souvent la voie du droit : citoyenneté, identité, droits subjectifs, prestations sociales et soumission à l'impôt en sont quelques exemples. Tous les membres d'une population sont dirigés par un même gouvernement, sont soumis au même corps de règles, sont contraints par une même puissance et relèvent d'une même juridiction. Cela ne fait toutefois pas du peuple une prérogative juridique ; celui-ci est une donnée foncièrement factuelle comptant parmi la spécification factuelle de l'État : le nombre exact d'individus qui sont citoyens de l'État en cause, certains pouvant vivre quelques temps ou toute la vie en dehors du territoire étatique.

Pour résumer tout cela en une formule volontairement très provocatrice et caricaturale mais qui a le mérite d'être explicite, le vieil agriculteur qui soutient une formation politique dite d' « extrême droite » et le jeune habitant de banlieue parisienne qui siffle *La Marseillaise* lors du

[1] J. COMBACAU, S. SUR, *Droit international public*, 10e éd., Montchrestien, coll. Domat droit public, 2012.

match international de football France-Algérie[1] ne font pas partie de la même nation mais appartiennent à la même population étatique, ainsi qu'en attestent les cartes d'identité qui leur sont délivrées par la République française.

Pareillement présenté, le peuple, élément significatif de l'État, ne peut pas se voir défini comme un « groupement humain caractérisé par certains traits communs et spécifiques »[2], mis à part les particularités juridico-politiques ci-dessus citées. Il se trouve, en effet, au sein de la population, des disparités très fortes : diverses langues sont parlées en complément de la langue officielle, diverses religions sont pratiquées, des positions politiques totalement antinomiques sont soutenues et, en somme, la culture se conjugue au pluriel, mettant à mal l'idée de nation, *a fortiori* au XXIe s. Le peuple « se présente, au regard du sociologue, plutôt comme une multiplicité de groupes distincts que comme une masse cohérente », observait déjà Kelsen dans les années 1920[3]. Dans le même temps, il existe beaucoup d'individus qui, alors qu'ils ne sont pas citoyens de l'État, c'est-à-dire qu'ils ne relèvent pas de l'ordre juridique étatique, possèdent des modes de vie et des cultures très proches du mode de vie et de la culture traditionnels en cet État. Tel est en particulier le cas des pays francophones par rapport à la France. L'État fait donc l'unité de son peuple à lui tout seul, sans autre forme de procès, et Kelsen pouvait affirmer que « toutes les tentatives pour trouver un autre lien [que le lien juridique] qui fasse une unité cohérente de ce grand nombre d'hommes, alors qu'ils peuvent différer par la langue, par la race, par la religion et les croyances, et être séparés par des antagonismes de classes et divers autres conflits d'intérêts, toutes ces tentatives sont nécessairement vouées à l'échec »[4].

Dès lors, bien que Carré de Malberg envisageait ces termes en tant que parfaits synonymes[5], il semble préférable d'employer « citoyenneté » plutôt que « nationalité ». La nationalité devrait désigner, en toute logique

[1] Match du 6 oct. 2001, au Stade de France de Saint-Denis.

[2] J. CHEVALLIER, *L'État*, 2e éd., Dalloz, coll. Connaissance du droit, 2011, p. 3.

[3] H. KELSEN, *La démocratie (sa nature, sa valeur)*, 2e éd. (1929), Economica, 1988, p. 14. Et Kelsen d'ajouter que « la communauté de pensées, de sentiments et de volontés, la solidarité d'intérêts où l'on veut voir le principe de son unité sont, non pas des faits, mais de simples postulats d'ordre éthique ou politique que l'idéologie nationale ou étatique donne pour réalités grâce à une fiction si généralement reçue qu'on ne la conteste même plus » (*ibid.*).

[4] H. KELSEN, *Théorie pure du droit*, 2e éd., trad. Ch. Eisenmann, Dalloz, 1962, p. 380.

[5] R. CARRÉ DE MALBERG, *Contribution à la théorie générale de l'État spécialement d'après les données fournies par le droit constitutionnel français*, t. I, Librairie du Recueil Sirey, 1920, p. 3.

sémantique, le fait d'appartenir à une nation plus que le fait de se rattacher à un État, bien que, *de facto*, les deux caractères se rejoignent très souvent. Il n'en demeure pas moins que la nationalité se définit classiquement comme l'« appartenance juridique et politique d'une personne à la population constitutive d'un État »[1]. Nonobstant qu'elle soit associée au terme « nationalité », cette définition conforte le sentiment selon lequel un peuple est un ensemble de personnes qui ont en commun le fait d'être attachées à un même ordre juridique étatique. Seulement, si la nationalité est le fait d'appartenir à une nation, cette définition ne semble guère convenir. Bien sûr, il faudrait privilégier l'acception lexicale des mots et se conformer à l'usage courant selon lequel, paradoxalement, « nationalité » désigne le rattachement à un État plus qu'à une nation[2]. Alors que la nation est composée d'individus possédant divers traits culturels en commun, la nationalité, au contraire, n'est, dans son sens désormais ordinaire, qu'un lien juridique et formel par rapport à un État. Par ailleurs, la citoyenneté est le plus souvent comprise dans un sens plus précis que celui ici retenu : elle se concentre sur le fait de disposer de droits permettant de prendre une part active dans la vie politique de l'État[3]. Mais n'est-ce pas là un signe irréfragable de l'appartenance à la population de cet État ? Enfin, le peuple est certainement un « corps politique » plus qu'une « société civile ». En ce sens, Adam Smith parlait justement de « société civile » afin de signaler des groupes sociaux s'autorégulant et de « corps politique » lorsque ces groupes s'insèrent dans le cadre fixé par un État[4].

Certainement la notion de peuple ou population ici retenue est-elle, comme une bonne part de la définition de l'État et des définitions des éléments définitionnels de l'État proposées, très stipulative. Il n'est pas ignoré que de nombreux propos ici tenus peuvent apparaître fort isolés et/ou fort impertinents. Telle est la conséquence du choix méthodologique opéré. Ainsi, par exemple, le Professeur Olivier Beaud invite-t-il ses lecteurs à distinguer deux ensembles différents au sein du peuple : « la nation (somme des nationaux soumis à la puissance publique) et la population (ensemble des sujets de l'État, nationaux comme étrangers) »[5]. Il est impossible, du point de vue en ces pages adopté, de différencier de la sorte les sens de « peuple » et de « population ». Surtout, la nation ne paraît pas pouvoir se spécifier au

[1] P. LAGARDE, *La nationalité française*, 2e éd., Dalloz, 1989, p. 1.
[2] Par exemple, R. DENOIX DE SAINT MARC, *L'État*, 2e éd., Puf, coll. Que sais-je ?, 2012, p. 5-6.
[3] *Ibid.*
[4] A. SMITH, *Recherches sur la nature et les causes et la richesse des nations*, Strahan et Cadell (Londres), 1776.
[5] O. BEAUD, *La puissance de l'État*, Puf, coll. Léviathan, 1994, p. 121.

départ d'un critère étatique tel que la puissance publique, à l'inverse du peuple qui, justement, pourrait être défini comme la « somme des individus soumis à la puissance publique ». Quant au fait que des étrangers pourraient appartenir à la population d'un État, cela semble proche de constituer une *contradictio in adjecto*. Le citoyen d'un État, s'il peut se situer géographiquement sur un territoire extérieur, ne peut pas, par définition, être un étranger par rapport à son État.

Il faut, à présent, interroger la notion de « territoire », laquelle paraît plus sûrement fixée que celle de « peuple » mais est tout autant, si ce n'est plus encore, que cette dernière mise en doute par l'internet, par la mondialisation et par le XXIe s. en général, ce qui pose très prestement la question du sens et de l'importance du territoire pour l'État.

21. ***Le territoire de l'État : espace géographique soumis à l'ordre étatique.*** Le territoire est un autre élément significatif de l'État car il n'est pas d'État sans territoire propre, même si de rares auteurs ont pu, sans succès, chercher à démontrer l'inverse[1]. En revanche, tout territoire n'est pas étatique et cet élément significatif, à l'instar des autres, ne permet pas seul de reconnaître l'État par rapport à toutes les formes institutionnelles qui relèvent du non-État. Comme le peuple de l'État est ce que l'État dit qu'il est, le territoire de l'État est ce que l'État dit qu'il est. Avec les mots de Kelsen, le territoire de l'État se présente tel le « domaine de validité territorial de l'ordre juridique étatique »[2]. Le territoire peut alors être qualifié par Carl Schmitt de « mère du droit »[3] car, dès lors que les règles ne sont pas universelles, le concept de territoire devient indispensable[4] ; s'il ne peut pas y avoir de droit sans État et pas d'État sans territoire, alors il ne peut pas y avoir de droit sans territoire et tout droit est inéluctablement territorialisé — ce qui n'interdit pas *ab initio* de recourir aux idées de droit international et de « droit global » car le monde entier est déjà un territoire —.

[1] Tel est le cas notamment de G. SCELLE, « Obsession du territoire, essai d'étude réaliste de droit international », in *Mélanges J. H. W. Verzijl*, Martinus Nijhoff (La Haye), 1958 (cité par F. POIRAT, « Territoire », in D. ALLAND, S. RIALS, dir., *Dictionnaire de la culture juridique*, Lamy-Puf, coll. Quadrige-dicos poche, 2003, p. 1475).

[2] H. KELSEN, *Théorie pure du droit*, 2e éd., trad. Ch. Eisenmann, Dalloz, 1962 (cité par Ch. BEHRENDT, F. BOUHON, *Introduction à la théorie générale de l'État – Recueil de textes*, Larcier (Bruxelles), coll. Faculté de droit de l'Université de Liège, 2009, p. 369).

[3] C. SCHMITT, *Le Nomos de la terre*, Puf, 2001 (cité par F. POIRAT, « Territoire », in D. ALLAND, S. RIALS, dir., *Dictionnaire de la culture juridique*, Lamy-Puf, coll. Quadrige-dicos poche, 2003, p. 1475).

[4] M. TROPER, « Le territoire est plus intéressant que le territoire », *Jurisdoctoria* 2013, n° 10, p. 13.

L'État, nécessairement territorialisé, est donc sédentaire[1]. Contre Carré de Malberg[2] et les auteurs selon lesquels le territoire, aux côtés du peuple, engendrerait l'État[3], il est soutenu ici que l'existence de l'État n'est pas postérieure à celle du territoire. Strictement, il ne peut pas y avoir de territoire de l'État avant l'État ; seule quelque assise spatiale, d'une nation par exemple, peut précéder l'étatisation. Un auteur écrit à raison que « la notion de territoire résulte de la formation de l'État »[4] et que « l'assise spatiale sera qualifiée de territoire au terme du processus de création de l'État »[5] ; mais il n'est pas lieu de revenir sur cette problématique déjà largement débattue au sein des paragraphes précédents. Simplement le territoire semble-t-il découler de l'existence de l'État, de sa souveraineté en particulier[6], tandis qu'il apparaît dans le même temps indispensable à l'État puisqu'un gouvernement en exil, même reconnu par des « États amis », ne peut pas revendiquer cette qualité[7]. Tout État a besoin de ce « titre de compétence »[8] et l'ensemble des États actuellement existants portent dans leurs dénominations, à côté de la forme politique, la mention d'un territoire étatique (« République française » par exemple). S'il ne peut pas y avoir de territoire avant l'État ni d'État sans territoire, il faut en conclure que l'État et le territoire s'affirment concomitamment, en un seul et même mouvement, comme un organe d'un être vivant n'existe ni avant lui ni après lui.

Le plus souvent, les territoires des différents États ne se recoupent pas ; ils connaissent des frontières communes[9] car, par une sorte de

[1] C. LAVIALLE, « De la fonction du territoire et de la domanialité dans la genèse de l'État dans l'ancienne France », *Droits* 1992, n° 15, p. 19.

[2] *Cf.* R. CARRÉ DE MALBERG, *Contribution à la théorie générale de l'État spécialement d'après les données fournies par le droit constitutionnel français*, t. I, Librairie du Recueil Sirey, 1920, p. 3.

[3] *Cf.* F. POIRAT, « Territoire », in D. ALLAND, S. RIALS, dir., *Dictionnaire de la culture juridique*, Lamy-Puf, coll. Quadrige-dicos poche, 2003, p. 1475.

[4] *Ibid.*

[5] F. POIRAT, « État », in D. ALLAND, S. RIALS, dir., *Dictionnaire de la culture juridique*, Lamy-Puf, coll. Quadrige-dicos poche, 2003, p. 645.

[6] O. BEAUD, *La puissance de l'État*, Puf, coll. Léviathan, 1994, p. 122.

[7] R. DENOIX DE SAINT MARC, *L'État*, 2e éd., Puf, coll. Que sais-je ?, 2012, p. 5.

[8] E. LAGRANGE, *Les compétences de l'État en droit international*, Pedone, 2006, p. 114 (cité par L. BAL, *Le mythe de la souveraineté en droit international – La souveraineté des États à l'épreuve des mutations de l'ordre juridique international*, th., Université de Strasbourg, 2012, p. 43) ; également M. VIRALLY, « Panorama du droit international contemporain – Cours général de droit international public », *RCADI* 1983 (cité par F. POIRAT, « Territoire », in D. ALLAND, S. RIALS, dir., *Dictionnaire de la culture juridique*, Lamy-Puf, coll. Quadrige-dicos poche, 2003, p. 1476).

[9] Très simplement, la frontière peut se définir ainsi : « ligne ou zone qui forme la limite du territoire d'un État ou d'un ensemble politique » (Y. LACOSTE, *Dictionnaire de géopolitique*,

régulation interétatique qui parfois emprunte la voie de la guerre[1] et d'autres fois celle de la diplomatie et de la négociation, des accords sont trouvés afin de dépasser les antagonismes et dessiner des frontières acceptées par tous. La cohabitation pacifique des États qui constellent la planète est à ce prix et un certain espace géographique ne reste jamais longtemps « possession » — le mot est volontairement choisi — de deux ou plusieurs États à la fois. Plus aucun gouvernement étatique ne considère les territoires comme au temps de Rome où l'ubiquité de la *Civitas* était garantie par un rapport personnel à l'Empereur : « Rome est partout où séjourne l'Empereur »[2]. Les États autant que les hommes sont entrés dans l'ère de la rationalité, les titres de légitimité horizontale ont remplacé les incertains et contestables titres de légitimité verticale[3], si bien que les frontières des États sont de moins en moins sujettes aux fluctuations — ce qui ne veut pas dire qu'elles ne le soient plus —.

Les frontières naturelles (chaînes montagneuses, fleuves, mers etc.) sont des données géographiques fort utiles au moment d'arrêter les frontières étatiques. Est également cardinal, en la matière, le droit international qui consacre le droit des États à l'intégrité territoriale[4]. Mais l'histoire n'en demeure pas moins emplie d'États qui ont disparu parce que leurs territoires ont disparu, convoités puis conquis par d'autres plus puissants, capables d'« occuper » le territoire, ainsi que Gaston Jèze l'a parfaitement démontré dans une importante étude publiée à la fin du XIXe s.[5]. À l'instant où l'auteur de ces lignes les écrivait, la Russie était en passe de rattacher à son territoire

Larousse, 1993 (cité par V. TROVATELLO, *L'infrastructure d'internet – Entre régulation et gouvernance*, th., Université Aix-Marseille III - Paul Cézanne, 2009, p. 373)). Pour une réflexion plus approfondie autour de la notion de frontière, *cf.* Ch. POLLMANN, « La frontière : horizon indépassable de l'humanité ou pouvoir objectif », *RDP* 1999, p. 481 s.

[1] *Cf.* J. BAGUENARD, *L'État – Une aventure incertaine*, Ellipses, coll. Mise au point, 1998, p. 39 s.

[2] Y. THOMAS, « L'institution de la majesté », *Revue de synthèse* 1992, p. 361 (cité par O. BEAUD, *La puissance de l'État*, Puf, coll. Léviathan, 1994, p. 122).

[3] J. KRULIC, « La revendication de la souveraineté », *Pouvoirs* 1993, n° 67, p. 21. Dans le même sens, un auteur observe que « la notion de territoire signifie historiquement la sortie de l'ère féodale, où les liens de pouvoir étaient personnels et immédiats, et traduit l'autonomisation du droit public par le fait que celui-ci use d'un nom spécifique pour désigner l'espace du pouvoir » (C. LAVIALLE, « De la fonction du territoire et de la domanialité dans la genèse de l'État dans l'ancienne France », *Droits* 1992, n° 15, p. 19).

[4] Cour permanente d'arbitrage de La Haye, 4 avr. 1928, *Île de Las Palmas*. Et la Cour internationale de Justice de juger licite l'emploi de l'arme nucléaire en cas de menace à l'intégrité du territoire d'un État par un autre (avis, 8 juill. 1996).

[5] G. JÈZE, *Étude théorique et pratique sur l'occupation comme mode d'acquérir les territoires en droit international*, Giard, 1896.

la péninsule de Crimée — et à son peuple les individus y résidant —, au détriment de l'Ukraine et du droit international public. Où se confirme que le territoire est une donnée factuelle avant d'être une prérogative juridique ; cela nonobstant le fait que le droit international tend à conférer aux États la « propriété » de leurs territoires[1]. Quand l'État naît et arrête l'étendue de son territoire et que celui-ci, ensuite, connaît diverses ponctions et annexions au cours du temps, il s'agit fondamentalement de fait. Lorsqu'un État, enfreignant les règles de droit applicables, s'accapare de nouveaux espaces terrestres et/ou maritimes, est en cause un état de fait qui triomphe de l'état de droit et qui s'impose à l'observateur, lequel ne saurait affirmer, contre la vérité factuelle, que « la Crimée appartient à l'État ukrainien ». Le territoire est donc une réalité géographique, physique et politique au moins autant qu'une réalité juridique.

Contre cette appréhension factualiste, Kelsen, qui dénonçait souvent les « assimilations fautives du droit au fait »[2], soutenait au contraire que le territoire ne serait jamais empiriquement saisissable, jamais lié aux données physiques et géographiques qui ne seraient que des « domaines de validité territoriaux de différents ordres juridiques nationaux se pénètr[ant] les uns les autres »[3]. Il est difficile de suivre le théoricien austro-américain car, si beaucoup de territoires ont fluctué et si certains bougent encore, il est parfaitement possible d'identifier avec précision les frontières géographiques et politiques, donc les territoires physiques sur lesquels les États exercent leurs emprises. Certes, le même espace physique peut dépendre successivement de différents souverains, alors qu'un territoire est indissociablement attaché à une puissance étatique, mais rien n'empêche de regarder, à un moment donné, quel est l'espace physique recouvert par le territoire et, dès lors, de qualifier cet espace de « territoire de l'État ». Encore une fois, le droit n'a pas le monopole du territoire qui appartient tout autant au monde des être qu'au monde des devoir-être.

Quant à Carré de Malberg, il enseignait que « le rapport entre l'État et son territoire ne doit aucunement être considéré comme un rapport de sujet à objet. Le territoire n'est point un objet situé en dehors de la personne juridique État, et sur lequel cette personne posséderait un pouvoir plus ou

[1] *Cf.* D. ALLAND, « Les représentations de l'espace en droit international public », *Arch. phil. droit* 1987, p. 163 s. ; J. BARBERIS, « Les liens juridiques entre l'État et son territoire : perspectives théoriques et évolution du droit international », *AFDI* 1999.

[2] H. KELSEN, *Théorie pure du droit*, 2e éd., trad. Ch. Eisenmann, Dalloz, 1962, p. 19.

[3] H. KELSEN, *Théorie générale du droit et de l'État – La doctrine du droit naturel et le positivisme juridique*, trad. B. Laroche, V. Faure, LGDJ-Bruylant (Paris-Bruxelles), coll. La pensée juridique, 1997, p. 212.

moins comparable aux droits qui peuvent appartenir à une personne privée sur les biens dépendant de son patrimoine ; mais il est un élément constitutif de l'État, c'est-à-dire un élément de son *être* et non point de son *avoir*, un élément par conséquent de sa personnalité même, et en ce sens il apparaît comme partie composante et intégrante de la personne État, qui sans lui ne pourrait même pas se concevoir »[1]. À nouveau, il faut objecter que le territoire peut être un attribut de l'État, un élément de son « patrimoine » à l'égard duquel il dispose d'un « droit réel »[2], et appartenir tout en même temps à son « être » sans qu'il n'y ait en cela de contradiction ; « on est ce que l'on a » n'est pas une phrase insensée. Et l'État revêt à la fois une dimension factuelle et une dimension juridique, si bien que sans doute son « être » est-il principalement factuel quand son « avoir » est essentiellement juridique. C'est donc en tant qu' « être » que le territoire et le peuple sont ici envisagés ; et c'est pourquoi ils signalent l'État à travers ses dimensions personnelle et géographique ou physique.

En outre, ces observations conduisent une première fois à souligner combien, si la puissance n'est pas l'élément significatif de l'État le plus important aux yeux de qui souhaite le distinguer d'autres institutions politiques, il est fondamental sous l'angle de la pérennité et de la solidité de l'État. Dit autrement, une crise de l'État ne peut qu'être avant tout une crise de la puissance de l'État ; il n'est pas d'État fort dépourvu de puissance. Mais les différents éléments significatifs interagissent, sont dépendants les uns des autres, et la crise de la puissance étatique est souvent aussi une crise du territoire, ou encore une crise du peuple. En tout cas ne semble-t-il pas justifié d'avancer que le peuple serait la donnée constitutive ou significative centrale de l'État quand les autres seraient secondaires[3]. Peuple, territoire, puissance et gouvernement sont tous, à un moment ou à un autre, prépondérants pour l'État ou à l'égard de l'État. Mais, de façon générale, l'élément significatif dont l'État a le plus à se soucier est sa puissance ; étant précisé que, puisque ces éléments sont des caractéristiques cumulatives, l'État disparaît sitôt que l'un d'eux n'est plus observable. Il ne serait donc

[1] R. CARRÉ DE MALBERG, *Contribution à la théorie générale de l'État spécialement d'après les données fournies par le droit constitutionnel français*, t. I, Librairie du Recueil Sirey, 1920, p. 3 (souligné dans le texte original).

[2] Les multiples acquisitions, cessions, abandons et autres transferts de territoire que peu ou prou tous les États ont connu confirment de façon patente la réalité de ce droit réel sur le territoire-objet, *a fortiori* dès lors que ceux-ci ont été le résultat de traités internationaux et non du recours à la force militaire.

[3] *Contra*, J.-D. MOUTON, « La notion d'État et le droit international public », *Droits* 1992, n° 16, p. 56.

que très peu porteur de rechercher plus longuement le critère de l'étaticité le plus essentiel. La puissance possède une longueur d'avance, mais ses trois associés suivent de près. Et, puisqu'a été interrogée, au sein du paragraphe précédent, la possibilité de recourir au territoire afin d'identifier le peuple — quoique ce critère demeure très imparfait —, il faut croire que, entre les deux, c'est le territoire qui prédomine. Mais, là encore, la différence est assez subtile et ne mérite pas d'être discutée davantage, même si la lecture de Rousseau conforte ce sentiment : « Quand l'État est institué, le consentement est dans la résidence ; habiter le territoire, c'est se soumettre à la souveraineté »[1]. Pour savoir si quelqu'un est à l'intérieur ou à l'extérieur de la population d'un État, il ne serait pas utile de rechercher quelques caractères sociologiques et culturels qu'il partagerait avec les individus appartenant à ce peuple ; il suffirait d'observer s'il est à l'intérieur ou à l'extérieur du territoire étatique. Seulement cela n'est-il pas une vérité absolue et souffre-t-il de nombreuses exceptions. Le seul critère réellement admissible est celui de la citoyenneté qui se traduit, concrètement, par la délivrance de papiers d'identité, le droit de vote, la soumission à l'impôt etc. En outre, si le philosophe de Genève pouvait écrire, à son époque, que « chacun peut renoncer à l'État dont il est membre et reprendre sa liberté naturelle et ses biens en sortant du pays »[2], cela n'est certainement plus vrai aujourd'hui, ou en tout cas plus totalement, tant les États ont multiplié les accords et les traités ; et la citoyenneté ne disparaît nullement en raison de la sortie du territoire.

À l'identique du peuple, le territoire est une notion existant également de manière solitaire, loin du problème de l'étaticité ; il y a le « territoire » et le « territoire de l'État » comme il y a le « peuple » et le « peuple de l'État ». En l'occurrence, seuls présentent un intérêt, en tant qu'éléments significatifs *de l'État*, le territoire et le peuple *de l'État*. Il ne serait d'ailleurs pas inconséquent d'envisager les rapports entre les concepts de « territoire » et de « territoire étatique »[3]. Vattel, dans son *Droit des gens*, faisait du territoire l' « espace dans lequel une nation étend son Empire »[4]. Alors que, par « territoire de la nation », il entendait indiquer en réalité le territoire de l'État, il est entièrement permis de distinguer le territoire d'une nation et le territoire d'un État, tous deux pouvant se recouvrir en tout, en partie ou nullement. Un territoire est une « assise spatiale sur laquelle une autorité

[1] J.-J. ROUSSEAU, *Du contrat social*, 1762, L. 4, chap. 2.
[2] *Ibid.*, L. III, chap. 18.
[3] L. DELBEZ, « Du territoire dans ses rapports avec l'État », *RGDIP* 1932.
[4] E. DE VATTEL, *Droit des gens*, L. I, chap. 18 (cité par O. BEAUD, *La puissance de l'État*, Puf, coll. Léviathan, 1994, p. 128).

exerce des pouvoirs [et] dispose de compétences particulières »[1]. Par conséquent, le territoire de l'État est l'assise spatiale sur laquelle l'État exerce des pouvoirs et dispose de compétences particulières. En somme, il correspond à l'étendue géographique-physique de la puissance de l'État : là où celle-ci étend son empire est le territoire étatique, mais, là où il est possible d'échapper à son action dominatrice, il ne peut être question que d'espace extra-étatique. Ainsi Kelsen notait-il pertinemment que le territoire « s'étend jusqu'au point où l'ordre [juridique étatique] est efficace d'une façon durable »[2]. Et la jurisprudence internationale de retenir qu'il s'agit d' « un cadre dans lequel le pouvoir public est exercé, [...] un signe ostensible d'une sphère dans laquelle le pouvoir d'un État peut être exercé »[3]. La problématique, très actuelle, de la mise en doute de l'État par l'entremise de celle du territoire sous l'effet de la globalisation est proche.

Pour Carré de Malberg, le territoire serait la condition de la puissance de l'État[4]. Pourtant, il semble que ce soit surtout lui qui se définisse à travers elle, en fonction de son étendue, ce qui implique que le territoire serait dépendant de la puissance plus que la puissance ne serait dépendante du territoire, puisque, sans puissance étatique, il n'est pas de territoire étatique et, surtout, l'envergure de ce territoire colle à celle de cette puissance. Le maître strasbourgeois relevait d'ailleurs que « l'État n'a pas sur son sol une propriété, mais seulement une puissance de domination [appelée] "souveraineté territoriale" »[5]. C'est donc bien que le territoire n'existe qu'en raison de cette « puissance de domination ». Si un territoire se révélait antérieurement à l'affirmation de ladite puissance, peut-être serait-il celui d'une nation, mais il ne pourrait s'agir de celui d'un État.

La puissance semble donc « fondatrice d'espace »[6]. Quant au fait qu'elle ne peut pas être appelée « souveraineté » et vice-versa, il n'est pas

[1] F. POIRAT, « Territoire », in D. ALLAND, S. RIALS, dir., *Dictionnaire de la culture juridique*, Lamy-Puf, coll. Quadrige-dicos poche, 2003, p. 1474.

[2] H. KELSEN, *Théorie pure du droit*, 2e éd., trad. Ch. Eisenmann, Dalloz, 1962 (cité par Ch. BEHRENDT, F. BOUHON, *Introduction à la théorie générale de l'État – Recueil de textes*, Larcier (Bruxelles), coll. Faculté de droit de l'Université de Liège, 2009, p. 369).

[3] Cour permanente de justice internationale, avis, 7 févr. 1923, *Décrets de nationalités en Tunisie et au Maroc* ; également Commission d'arbitrage de la Conférence pour la paix en Yougoslavie, avis, 29 nov. 1991.

[4] R. CARRÉ DE MALBERG, *Contribution à la théorie générale de l'État spécialement d'après les données fournies par le droit constitutionnel français*, t. I, Librairie du Recueil Sirey, 1920, p. 3.

[5] *Ibid.*

[6] D. ALLAND, « Les représentations de l'espace en droit international », *Arch. phil. droit* 1987, p. 172.

encore temps de le discuter. Enfin, un auteur note que « l'État exerce son *imperium*, non sur le territoire, mais à raison du territoire »[1]. Il est difficile de comprendre comment l'un pourrait ainsi aller sans l'autre et, si est contestable que le territoire soit la source de la puissance, il est en tout cas certain qu'il correspond aux limites de celle-ci.

Reste à apporter quelques précisions d'ordre moins théorique. Le territoire, assise spatiale de l'État, est centré et homogène ; il n'est jamais dispersé et hétéroclite car alors l'existence d'un peuple, d'un gouvernement et d'une puissance serait rendue impossible. Aussi une mappemonde permet-elle de présenter facilement et fidèlement les territoires étatiques et les frontières qui constellent le globe terrestre. L'oblast de Kaliningrad, patrie de Kant, est certes totalement isolé du reste de la Russie, tandis que la Guyane est un démembrement considérable de la France (un septième de sa superficie totale) situé à des centaines de kilomètres de Paris, mais ce ne sont là, avec le Groenland danois, que quelques rares exceptions[2] et la très grande majorité des États sont associés à des territoires fondamentalement unitaires et aisément identifiables, bien plus que ne le sont leurs populations. Comme ces dernières, les territoires se particularisent par la soumission à un même droit, lequel se traduit, parmi beaucoup d'exemples, par l'utilisation d'une monnaie et d'une langue officielles. Le territoire étatique se définit donc aussi tel un espace juridique unitaire. En ce sens, la centralisation commencée en France sous la monarchie absolue et poursuivie pendant la Révolution par l'œuvre jacobine (unification des poids et mesures, division administrative homogène du territoire en départements etc.) exprimerait une logique essentielle à tout État[3]. Il serait, dès lors, possible de dater avec davantage de précision l'apparition du territoire de la France et, partant, l'apparition de l'État de France : cet évènement correspondrait à l'unification du droit français. Seulement celle-ci a-t-elle été réalisée lentement, au long du processus de regroupement accompli sous l'Ancien Régime. La Révolution de 1789 puis les codifications napoléoniennes ont néanmoins, de ce point de vue, constitué un moment charnière et peut-être l'État, ou du moins l'État moderne, en France, n'existe-t-il véritablement que

[1] F. POIRAT, « Territoire », in D. ALLAND, S. RIALS, dir., *Dictionnaire de la culture juridique*, Lamy-Puf, coll. Quadrige-dicos poche, 2003, p. 1476.

[2] Il est remarquable de noter que la France est aujourd'hui le seul État d'Europe à posséder des territoires sur d'autres continents. Excepté le Groenland qui n'est sans doute pas une île, la Guyane est le seul territoire continental politiquement européen mais géographiquement non européen.

[3] P. KAHN, *L'État*, Quintette, coll. Philosopher, 1989, p. 11.

depuis cette période clé[1]. Napoléon Bonaparte et l'œuvre juridique et administrative qui lui est attachée ont, en tout cas, assurément beaucoup pesé dans le processus d'étatisation de la France.

Concrètement, le territoire de l'État comprend une portion terrestre, mais aussi divers éléments aquatiques (eaux intérieures et mers), aériens et relevant des sous-sols terrestres et maritimes. Sur l'ensemble, l'État peut déployer ses droits souverains et exercer ses compétences, cela en vertu de la jurisprudence internationale qui tend ainsi à confirmer combien le territoire appartient tant au fait qu'au droit[2]. Reste que, en tant qu'élément significatif et définitionnel, c'est essentiellement le pan factuel du territoire, comme celui du peuple, qui intéresse l'observateur puisque seul celui-ci est empiriquement observable et réellement saisissable. Enfin, est remarquable que le droit international ne pose pas comme critère discriminant les dimensions du territoire et consacre la totale souveraineté tant d'un État dont la superficie est de plus de 17 millions de kilomètres carrés (la Russie) que d'un autre dont le territoire n'est grand que de quelques 800 kilomètres carrés (la République de Kiribati, qualifiée cependant de « micro-État »[3]).

Si tout État *possède* nécessairement un peuple et un territoire, il est des formations populaires et territoriales qui ne sont pas des États. Afin de distinguer l'État de ces dernières, il convient de considérer deux éléments significatifs supplémentaires : l'État doit *posséder* également un gouvernement et une puissance. Par suite, si ceux-ci tendent à rapprocher un peu plus la caractérisation de l'État du monde du droit — car les normes et institutions juridiques sont les outils indispensables du gouvernement et de la puissance —, l'un et l'autre peuvent parfaitement, à l'instar du peuple et du territoire, être appréhendés empiriquement et factuellement afin de déduire de leurs réalités respectives la réalité de l'État ; cela d'autant plus que leurs existences sont interdites, à l'inverse de l'existence de prérogatives juridiques, en cas d'ineffectivité, c'est-à-dire en cas de non factualité.

[1] Il demeure cependant une exception : en Alsace-Moselle, certaines matières sont aujourd'hui régies par un droit local dérogatoire issu du droit allemand et de l'annexion de 1871-1918.

[2] Cour internationale de Justice, 27 juin 1986, *Nicaragua c/ États-Unis d'Amérique*.

[3] La République de Kiribati pourrait néanmoins disparaître à moyen terme… en raison de la hausse du niveau de la mer. Par ailleurs, les cas du Vatican (44 hectares) et des principautés sont particuliers et mériteraient d'être discutés.

Chapitre 2

Un gouvernement et une puissance

22. ***Le gouvernement de l'État : organisation administrative, juridique et politique complexe, structurée et efficace.*** Jacques Ellul, après avoir souligné combien l'État est de prime abord une « Idée », ajoutait que, « pour qu'il existe véritablement, […] il faut des "mains" à cet État "abstrait" »[1]. Ce sont ces « mains », cette structure organique, qui sont ici qualifiées de « gouvernement » et qui, avec le peuple, le territoire et la puissance, permettent de reconnaître l'être étatique. Car ce dernier est fondamentalement un être agissant, non un être passif. Il n'est pas d'États endormis, mis à part les « États fantômes » déjà évoqués. Avec l'auteur du *Bluff technologique*, il faut affirmer que le gouvernement se décompose en « un pouvoir dépersonnalisé [et] une administration cohérente, complexe, efficace et s'étendant à tous les domaines »[2]. Autrement dit, l'État correspond toujours à un pouvoir institutionnalisé, prenant la forme d'organes et reposant sur des procédures et sur le formalisme.

Dans la Grèce antique, le terme « *kubernân* » signifiait « gouverner ou commander un navire ». Le sens technique de ce verbe, propre au langage nautique, a plus tard laissé place à une utilisation figurée, signifiant plus généralement « diriger, conduire ou guider quoi que ce soit ». Le latin « *gubernare* » a emprunté le sens figuré de son ancêtre grec et a été à l'origine du champ lexical français « gouverner, gouvernant, gouvernement, gouvernance ». Suivant les origines étymologiques du mot, un État a donc un appareil « gouvernemental » lorsque des individus commandent, dirigent, conduisent ou guident la population sise sur son territoire. Cela amène à rappeler, avec Duguit, qu'il n'est pas d'État sans distinction des gouvernants et des gouvernés, sans rapports de commandement à obéissance[3]. Mais encore faut-il que les gouvernants en passent par une organisation administrative, juridique et politique complexe, structurée et efficace.

[1] J. ELLUL, « Remarques sur les origines de l'État », *Droits* 1992, n° 15, p. 14.
[2] *Ibid.*
[3] *Cf.* L. DUGUIT, *Traité de droit constitutionnel – Tome premier : La règle de droit, le problème de l'État*, 3e éd., De Boccard, 1927, p. 536.

Le gouvernement, envisagé en tant qu'élément significatif de l'État, semble être le pendant factuel de la séparation des fonctions, des pouvoirs et des organes et, plus généralement, de la personnalité juridique de l'État. Ainsi Hauriou expliquait-il qu' « il n'y a État que lorsque, dans une nation, s'est instauré le régime civil, c'est-à-dire lorsque le pouvoir politique de domination s'est séparé de la propriété privée, [...] et qu'ainsi s'est opérée une séparation de la vie publique et de la vie privée avec accompagnement d'organisation corporative »[1]. Le gouvernement apparaît, en quelque sorte, telle une véritable « machine » composée de rouages s'articulant de façon cohérente[2] et qui, en pratique, se matérialise par des autorités législatrices et par une administration structurée et complexe chargée de la gestion des affaires publiques, ainsi que par une hiérarchie administrative si perfectionnée qu'il est possible de parler de « taxinomie »[3]. Pourrait être ajouté que l'administration est confiée à des professionnels particuliers et spécialement qualifiés : les fonctionnaires. Toutefois, ce dernier élément paraît plus contestable et il est préférable de ne pas avancer que le gouvernement se reconnaîtrait à l'existence du fonctionnariat ; cela d'autant plus que la contractualisation ou « privatisation » est un phénomène actuellement en plein développement parmi la fonction publique[4], sans remettre pour autant en cause l'existence de l'État. Pour synthétiser cette définition en empruntant un mot à connotation polémique, l'État possède un gouvernement lorsqu'il dispose d'une « bureaucratie ».

Mais le gouvernement se compose également, sans se réduire à cette autre acception plus courante et juridique du terme, des individus, éventuellement élus ou nommés, revêtant des fonctions officielles les chargeant de définir les politiques économique, sociale, fiscale, pénale etc. de l'État. À côté de la « bureaucratie », il faut donc des fonctions politiques — dont celle de « chef de l'État » — et, pour les remplir, une « classe politique ». Bien sûr, il faut veiller à ne pas confondre les gouvernants de

[1] M. HAURIOU, *Principes de droit public à l'usage des étudiants en licence et en doctorat ès sciences politiques*, 2e éd., Librairie du Recueil Sirey, 1916, p. VII.

[2] J. CHEVALLIER, *L'État post-moderne*, 3e éd., LGDJ, coll. Droit et société, 2008, p. 20.

[3] *Cf.* B. BARRAUD, « La taxinomie des fonctionnaires : entre l'art et l'obsession », *RFDA* 2014, p. 269 s.

[4] *Cf.* B. BARRAUD, « De la sécurisation par la banalisation – Étude critique des dernières évolutions législatives de la fonction publique contractuelle », *AJFP* 2013, p. 143 s. ; B. BARRAUD, « Du statut au contrat : vers une fonction publique "déstatufiée" ? », in Ch. FORTIER, dir., *Le statut général des fonctionnaires : trente ans, et après ?*, Dalloz, coll. Thèmes et commentaires, 2014, p. 159 s.

l'État, dûment mandatés pour agir officiellement en son nom, avec les « élites » de la société civile et de la sphère économique[1].

En outre, contre le « pouvoir dépersonnalisé » invoqué par Jacques Ellul, il semble que les formes par lesquelles ces fonctions sont accessibles importent peu : elles peuvent être d'essence démocratique comme d'essence despotique sans que cela influe sur la qualité étatique. Un peuple et un territoire aux mains d'un tyran correspondent à un État si celui-ci s'appuie sur une organisation administrative, juridique et politique complexe, structurée et efficace. La dictature et la monarchie absolue sont des régimes politiques potentiellement compatibles avec la forme étatique. En somme, la démocratie n'est en aucune façon un critère ni même un signe d'étaticité. Il est donc affirmé ici que Cuba, la Corée du Nord et le Qatar sont des États à l'identique de la France ou de la Suisse, en tout cas du point de vue du critère du gouvernement.

L'important, en revanche, est que le gouvernement soit effectif, c'est-à-dire que les affaires et politiques publiques soient *de facto* gérées et définies. Si des apparences de gouvernement sont observables dans les textes et dans les institutions — *i.e.* dans le droit —, mais qu'en pratique les individus ne sont invités à agir dans aucun sens particulier, leur libre arbitre demeurant quasi-total, car le gouvernement ne serait pas fonctionnel, alors il ne peut pas y avoir d'État. Aussi la réalité du gouvernement se mesure-t-elle à la réalité quantitative et qualitative des règles juridiques, dans leur dimension de droit public autant que dans celle de droit privé ; un gouvernement est actif quand sont édictées des lois et des règlements, au-delà de la seule Constitution. Et il ne faut pas comprendre « lois », « règlements » et « Constitution » dans un sens trop précis et formaliste : ces actes peuvent se présenter sous l'aspect de divers textes, mais aussi sous l'aspect de coutumes. L'essentiel est que les normes qu'ils portent soient connues et respectées, que le peuple et le territoire y soient effectivement soumis ; c'est-à-dire que le gouvernement doit s'appuyer sur un ordre juridique véritable, au sens kelsénien.

Où se laisse clairement apercevoir combien gouvernement et puissance de l'État sont des données proches quoique dissociables ; tous deux reposent principalement sur l'effectivité du droit et sur l' « effectivité du pouvoir »[2]. Partant, il est compréhensible que, quasi-systématiquement, les penseurs de l'État ne voient qu'un seul et même « élément constitutif »

[1] Sur ces autres gouvernants, *cf.* W. MILLS, *L'élite au pouvoir*, Maspero, 1969.
[2] F. POIRAT, « État », in D. ALLAND, S. RIALS, dir., *Dictionnaire de la culture juridique*, Lamy-Puf, coll. Quadrige-dicos poche, 2003, p. 645.

dans le gouvernement et la puissance. D'ailleurs, l'expression « puissance publique », qu'ils emploient souvent, pourrait recouvrir à la fois la puissance et le gouvernement de l'État. Les dictionnaires définissent classiquement la puissance publique comme l' « ensemble des pouvoirs exercés par l'État et les diverses personnes de droit public »[1]. Il ne faut en tout cas pas, comme quelques-uns le font[2], parler indifféremment de « puissance étatique » et de « puissance publique ». Ces expressions ne sont pas équivalentes. Ce qui est désigné habituellement par « puissance publique », c'est la puissance administrative, c'est-à-dire les autorités administratives et gouvernementales. Si cette notion a un temps été utilisée par les théoriciens de l'État, la doctrine publiciste l'emploie, depuis le début du XXe s., dans un sens restreint et technique propre au droit administratif[3]. Il est donc davantage question de la puissance publique lorsqu'est évoqué le gouvernement que lorsqu'est discutée la puissance de l'État. Peut-être l'expression « autorité publique » pourrait-elle être utilisée plus pertinemment dans un sens englobant à la fois puissance et gouvernement étatiques.

En ces pages, en tout cas, puissance et gouvernement sont séparés, spécialement pour des raisons d'ordre pédagogique et didactique : si, souvent, le gouvernement est une réalité quand la puissance l'est aussi et inversement, tous deux font néanmoins référence à des considérations factuelles différentes. Il s'agit, non pas d'un seul et même élément significatif, mais de deux éléments significatifs qui, sans être indifférents l'un à l'autre, tout au contraire, suivent chacun une route particulière. En premier lieu, le gouvernement est un ensemble humain et institutionnel sensible, directement accessible à la vue, alors que la puissance est une force contraignante empruntant notamment la voie symbolique et psychologique et qui n'est qu'indirectement observable. Ensuite, le gouvernement peut être défini tel un « appareil structuré et cohérent de domination chargé de mettre en œuvre [la] puissance »[4]. Ainsi une hiérarchie plus nette que celle qui a pu être interrogée à propos de la combinaison du peuple et du territoire semble-t-elle ici se dessiner : le gouvernement s'avère très dépendant de la puissance et, s'il est aisé pour un aspirant-État de se donner un gouvernement, il lui est beaucoup plus compliqué d'accéder à la puissance, laquelle ne se décrète pas

[1] V° « Puissance publique », in *Trésor de la langue française*.

[2] Par exemple, G. D. Fiedorowicz, « Continuité de l'État », *RDI* 1939, p. 142 (cité par J.-D. Mouton, « La notion d'État et le droit international public », *Droits* 1992, n° 16, p. 55).

[3] *Cf.*, par exemple, M. Rousset, *L'idée de puissance publique en droit administratif*, Dalloz, 1960 ; et tout manuel de droit administratif.

[4] J. Chevallier, *L'État post-moderne*, 3e éd., LGDJ, coll. Droit et société, 2008, p. 20.

et dépend de l'accueil réservé par le corps social. Ce sentiment est renforcé par qui note que, parmi ceux qui hiérarchisent les éléments « constitutifs » de l'État, la plupart placent en haut de l'échelle la puissance, contribuant à en faire « le critère de l'État »[1] ou, du moins, le critère le plus important de l'État. Ainsi, pour Carré de Malberg, « la caractéristique de l'État, c'est qu'il est capable de dominer et de réduire les résistances individuelles [...] ; la puissance dominatrice [est] le trait spécifique de l'État, le point culminant de sa définition »[2]. C'est pourquoi, sans toutefois aller jusqu'à effacer les autres éléments significatifs, il s'agira, au sein des prochains paragraphes, de se concentrer davantage sur la puissance que sur le gouvernement de l'État. La réalité du pan organisationnel, fonctionnel, constitutionnel, législatif et administratif de ce dernier est relativement souvent indiscutable ; tandis que la mesure de son caractère effectif se confond avec celle de la puissance de l'État et est donc toujours discutée et étudiée en même temps qu'est discutée et étudiée celle-ci.

Enfin, il n'est pas inutile d'insister sur le point suivant : le fait que le gouvernement — autant que la puissance — s'appuie sur des normes et institutions juridiques n'implique pas qu'il soit un être juridique ou un être uniquement juridique. Le gouvernement est, en tant qu'élément significatif de l'État, déjà un être factuel, se traduisant concrètement par des objets sensibles au nombre desquels figurent, par exemple, les individus dont les fonctions les obligent à gérer les affaires publiques ou à définir les politiques publiques, ce qui, bien entendu, les mène à produire des normes et des institutions juridiques. Et cette production de normes et institutions juridiques, qui se matérialise par des textes et engendre des conséquences palpables, est tout autant un fait empiriquement observable.

À la suite d'Aristote, Saint Thomas d'Aquin comprenait qu'il ne peut y avoir de vie commune sans que l'un de ceux qui vivent ensemble ait reçu autorité pour conserver le bien commun[3]. Ainsi le besoin d'État, s'il n'est pas un besoin de peuple ou de territoire, est-il un besoin de gouvernement et de puissance. C'est pour donner vie à ceux-ci que les unités individuelles du

[1] P. LABAND, *Le droit public de l'Empire allemand*, trad. C. Gandilhon, Giard et Bière, 1900 (cité par J. HUMMEL, « Allemagne (doctrines allemandes de l'État et du droit de Hegel et Jellinek) », in D. ALLAND, S. RIALS, dir., *Dictionnaire de la culture juridique*, Lamy-Puf, coll. Quadrige-dicos poche, 2003, p. 43).

[2] R. CARRÉ DE MALBERG, *Contribution à la théorie générale de l'État spécialement d'après les données fournies par le droit constitutionnel français*, t. I, Librairie du Recueil Sirey, 1920, p. XIV.

[3] SAINT THOMAS D'AQUIN, *Somme théologique*, 1273, I, q. 96 (cité par J.-F. SPITZ, « L'État et la famille », *Droits* 1993, n° 16, p. 64).

corps social s'associent, bâtissent la nation, édifient l'État. Comme le libéralisme économique repose sur des inégalités qui profitent à tous tandis que le communisme se fonde sur une égalité qui ne profite à personne[1], l'État repose sur une puissance — qui n'est pas autre chose qu'une forme d'inégalité[2] — qui existe dans l'intérêt de tous là où l'état de nature serait insupportable. « L'obligation des sujets envers le souverain, écrivait Hobbes, s'entend aussi longtemps, *et pas plus*, que dure la puissance grâce à laquelle il a la capacité de les protéger »[3]. Et Duguit de renchérir : « La puissance publique ne peut point se légitimer par son origine mais seulement par les services qu'elle rend »[4]. La raison d'être du Léviathan est sa puissance, laquelle lui permet de poursuivre l'intérêt général et de protéger les intérêts de chacun à l'intérieur et contre l'extérieur. Il convient de réfléchir plus longuement à cette puissance de l'État qui est un élément significatif ô combien plus problématique, discutable et discuté que ne l'est le gouvernement.

23. ***La puissance de l'État : capacité de contraindre psychologiquement et physiquement le peuple.*** Aborder la question de la puissance de l'État ou de la « puissance d'État »[5] est, dans le contexte doctrinal actuel, délicat. En effet, le Professeur Olivier Beaud a consacré une thèse à la question « l'État et la souveraineté »[6] qui a été par la suite publiée dans la prestigieuse collection « Léviathan » des Presses universitaires de France sous le titre *La puissance de l'État*[7] — ce qui n'est sans doute pas un hasard tant le Léviathan de Hobbes est une figure très symbolique de l'idée de puissance de l'État —. Le concept a été ainsi placé sur le devant de la scène de la théorie de l'État sans être précisément défini, spécialement par rapport à la souveraineté[8]. Or, au sein du présent essai, puissance et souveraineté de l'État sont strictement distinguées, en premier lieu car la puissance est

[1] Cela est souligné en passant et, évidemment, si le propos était plus sérieux, il devrait être autrement nuancé.

[2] Ph. BRAUD, *Sociologie politique*, 10e éd., LGDJ, coll. Manuel, 2011, p. 27.

[3] Th. HOBBES, *Léviathan*, 1651, chap. 21 (non souligné dans le texte original).

[4] L. DUGUIT, *Traité de droit constitutionnel – Tome premier : La règle de droit, le problème de l'État*, 3e éd., De Boccard, 1927, p. IX.

[5] R. CARRÉ DE MALBERG, *Contribution à la théorie générale de l'État spécialement d'après les données fournies par le droit constitutionnel français*, t. I, Librairie du Recueil Sirey, 1920, spéc. p. 157.

[6] O. BEAUD, *État et souveraineté – Éléments pour une théorie de l'État*, th., Université Paris II - Panthéon-Assas, 1989.

[7] O. BEAUD, *La puissance de l'État*, Puf, coll. Léviathan, 1994.

[8] *Cf.*, néanmoins, O. BEAUD, « Souveraineté, pouvoir, puissance », in Ph. RAYNAUD, S. RIALS, *Dictionnaire de philosophie politique*, Puf, coll. Quadrige-dicos poche, 1996, p. 625 s.

considérée comme un état de fait quand la souveraineté est comprise en tant que prérogative ou ensemble de prérogatives juridique(s). Ces deux données sont bien sûr intimement liées et la puissance semble être au fait ce que la souveraineté est au droit ; il n'en demeure pas moins qu'elles doivent être séparées et que les deux mots ne sont, en ces lignes, en aucun instant envisagés en tant que synonymes. « Il convient, enseignait Carré de Malberg, dans une bonne et saine terminologie, de ne pas employer indistinctement l'une pour l'autre les deux expressions puissance d'État et souveraineté, puisque ces expressions se rapportent à deux notions nettement différentes »[1]. Mais Duguit n'hésitait pas à souvent se référer à la « puissance politique ou souveraineté »[2], lui qui assimilait de la sorte l'une à l'autre pour pouvoir les contester et nier en bloc.

« L'assentiment des animaux, écrivait Hobbes, est naturel ; celui des humains résulte seulement d'une convention, ce qui est artificiel. Il n'est donc pas étonnant que quelque chose d'autre soit requis, à côté de la convention, afin de rendre leur assentiment constant et durable : ce quelque chose est une puissance commune pour les tenir en respect et diriger leurs actions vers le bénéfice commun »[3]. Et l'auteur de *Léviathan* d'expliquer que cette « *summa potestas* » n'est pas autre chose que la somme de tous les droits et de toutes les forces dont les individus se sont désistés[4]. Dit autrement, l'État et sa puissance ne tombent pas plus du ciel qu'ils ne poussent dans la nature ; ils sont de pures créations humaines. Le contrat social semble toutefois insuffisant pour expliquer et justifier en son entier la puissance étatique : ainsi que l'enseignait Duguit, celle-ci dérive possiblement, autant que d'un pacte collectif hypothétique, d'une force matérielle, morale, religieuse, intellectuelle, économique, ou bien encore de la force du plus grand nombre[5]. À la suite de Hobbes, Hegel observait, à raison, que le contrat social et la nation ne forment qu'une « apparence sans substance », non un État, car, pour exister, celui-ci a besoin d'une « autorité de contrainte » qui s'impose aux unités individuelles composant le corps

[1] R. CARRÉ DE MALBERG, *Contribution à la théorie générale de l'État spécialement d'après les données fournies par le droit constitutionnel français*, t. I, Librairie du Recueil Sirey, 1920, p. 191.

[2] L. DUGUIT, *Traité de droit constitutionnel – Tome deuxième : La théorie générale de l'État – Première partie : Éléments, fonctions et organes de l'État*, 3e éd., De Boccard, 1928, p. 57.

[3] Th. HOBBES, *Léviathan*, 1651, chap. 17.

[4] *Ibid.*, chap. 14.

[5] L. DUGUIT, *Traité de droit constitutionnel – Tome premier : La règle de droit, le problème de l'État*, 3e éd., De Boccard, 1927, p. 655-656.

social[1]. Cette expression d' « autorité de contrainte » semble, à l'identique de celle de « puissance publique », recouvrir tant le gouvernement que la puissance de l'État. Ladite puissance, dont il est à présent exclusivement question, correspond essentiellement à l'idée de contrainte. Elle se rapproche pareillement de celle d'autorité, mais à condition de ne pas l'utiliser dans son sens organique[2], ce que faisait Hegel dans cette citation. Aussi, alors que le peuple, le territoire et le gouvernement sont, une fois définis, assez aisément saisissables, la puissance apparaît-elle plus évanescente et incertaine. Elle ne se matérialise pas par les organes gouvernementaux car de pareils organes inefficaces seraient le signe d'un manque de puissance bien plus que de la réalité d'une puissance. En revanche, il est possible de la percevoir, indirectement et implicitement, au travers du gouvernement, des normes et des institutions de l'État lorsqu'ils s'avèrent efficaces.

Depuis longtemps, la puissance est conçue comme une capacité de contraindre[3], en l'occurrence capacité de contraindre les citoyens, les individus qui appartiennent au peuple de l'État et/ou qui se situent sur le territoire de l'État. L'idée de puissance est donc proche de l'idée de pouvoir[4] ; elle implique « une volonté qui, en soi, est d'une qualité supérieure [...] et qui comme telle s'impose »[5]. Cette capacité de contraindre, tout d'abord, doit être d'ordre psychologique et symbolique : un individu se refuse à agir dans un certain sens que, pourtant, sa nature l'inciterait à suivre spontanément car il sait que, dans le cadre de l'État, c'est une autre voie qu'il faut suivre. Si l'État possède la puissance, c'est donc qu'il revêt une forme de charisme et de prestige, qu'il porte une autorité intrinsèque, qu'il inspire l'assentiment ou même l'adhésion du peuple. Aussi repose-t-il, pour une part au moins, sur des croyances irrationnelles et mystiques telles que celles qui soutiennent les religions. Hobbes le nommait « Léviathan » en référence à l'animal biblique dont le *Livre de Job* dit que, « sur terre, nul n'est son maître ». L'État apparaît ainsi telle une sorte de dieu

[1] G. W. F. HEGEL, *Principes de la philosophie du droit*, 1820, § 72 (cité par S. GOYARD-FABRE, « Contrat social », in D. ALLAND, S. RIALS, dir., *Dictionnaire de la culture juridique*, Lamy-Puf, coll. Quadrige-dicos poche, 2003, p. 284).

[2] Par exemple, J. HALBECQ, *L'État, son autorité, son pouvoir*, LGDJ, 1965.

[3] Par exemple, M. BLUNTSCHLI, *Théorie générale de l'État*, trad. M. Armand de Riedmatten, Guillaumin, 1877.

[4] *Cf.* Ph. BRAUD, « Du pouvoir en général au pouvoir politique », in *Traité de science politique*, t. I, Puf, 1985, p. 341 s.

[5] L. DUGUIT, *Traité de droit constitutionnel – Tome premier : La règle de droit, le problème de l'État*, 3e éd., De Boccard, 1927, p. 86.

vivant ou de dieu terrestre, telle la « nouvelle idole »[1] qui, par le seul fait qu'elle est, inspire le respect et la soumission.

Et Hobbes d'écrire que « l'opinion selon laquelle tout monarque tient sa puissance d'une convention [...] procède de l'incompréhension de cette vérité simple selon laquelle les conventions, n'étant rien que des mots et du vent, n'ont aucune force pour obliger, contenir, contraindre ou protéger quelqu'un en dehors de la force du glaive public »[2]. C'est pourquoi la capacité de contraindre doit être également physique et matérielle : si un individu vient à s'orienter dans la direction prohibée, l'État doit être en mesure soit de le rediriger vers le droit chemin, soit de le sanctionner afin, d'une part, qu'il soit puni pour son audace et que les dommages de ses victimes potentielles soient compensés et, d'autre part, qu'il ne soit pas tenté de reprendre plus tard la direction interdite. Sous cet angle, la puissance étatique prend les traits d'un mélange « irrésistible »[3] de coercition, de force et de violence confinant peut-être à la « terreur », à en croire Hobbes[4], ou du moins à la « peur »[5]. Irrésistible, la puissance l'est car « celui qui y est soumis ne peut s'y soustraire par aucune démission : quand encore l'individu déclinerait la qualité de national ou prouverait sa qualité d'étranger, il ne peut tant qu'il se trouve sur le territoire échapper à la puissance dominatrice de l'État »[6]. Cela induit que la puissance est forcément incarnée par différents organes qui, dans les faits, la concrétisent, la font devenir et demeurer réalité. Et, à nouveau, seule importe l'existence de ces organes, leur forme étant indifférente. Ils peuvent être variables, la puissance, elle, doit être « invariable et permanente »[7] pour être un signe d'étaticité.

D'aucuns remarquent que, lorsque la puissance est légitimée par le droit, il ne pourrait être question que de pouvoir et non de force ou de

[1] F. NIETZSCHE, « La nouvelle idole », in *Ainsi parlait Zarathoustra*, Verlag von Ernst Schmeitzner (Chemnitz), 1883.
[2] Th. HOBBES, *Léviathan*, 1651, chap. 18.
[3] G. JELLINEK, *L'État moderne et son droit – Première partie : Doctrine générale de l'État*, trad. G. Fardis, Fontemoing, 1904, p. 64 (cité par R. CARRÉ DE MALBERG, *Contribution à la théorie générale de l'État spécialement d'après les données fournies par le droit constitutionnel français*, t. I, Librairie du Recueil Sirey, 1920, p. 158).
[4] Th. HOBBES, *Léviathan*, 1651, chap. 17.
[5] J. BAECHLER, *Le Pouvoir pur*, Calmann-Lévy, 1978 (cité par J. BAGUENARD, *L'État – Une aventure incertaine*, Ellipses, coll. Mise au point, 1998, p. 42).
[6] R. CARRÉ DE MALBERG, *Contribution à la théorie générale de l'État spécialement d'après les données fournies par le droit constitutionnel français*, t. I, Librairie du Recueil Sirey, 1920, p. 158.
[7] *Ibid.*, p. 7.

violence[1]. Mais cette distinction paraît bien fragile puisque la force et la violence de l'État peuvent parfaitement s'exprimer juridiquement, l'État ayant la totale maîtrise du droit. Ou alors faut-il bannir du vocabulaire les idées de force de l'État et de violence de l'État ; elles ne seront en tout cas pas réutilisées ici. Un auteur sépare la domination, qui serait une capacité de contraindre factuelle, de l'autorité, qui serait une capacité de contraindre juridique[2]. Il est pertinent de comprendre de la sorte ces termes — même si la distinction droit/fait s'avère très artificielle — et, partant, de noter que la puissance emprunte tant à la domination qu'à l'autorité. En outre, la puissance rejoint en partie le gouvernement dès lors qu'il revient à celui-ci, *in concreto*, de rendre visible aux yeux de tous la puissance de l'État. C'est donc principalement la dimension symbolique et psychologique de la puissance qui la démarque du gouvernement et amène à traiter ces deux éléments significatifs séparément. Par conséquent, il n'est pas permis de s'accorder avec qui réduit la puissance à la seule contrainte matérielle[3], en particulier Weber selon qui l'État se singularise en ce qu'il « revendique avec succès le monopole de la contrainte physique légitime »[4]. La contrainte morale et psychologique est elle aussi importante et, quoi qu'il en soit, une « contrainte physique légitime » peut difficilement ne pas s'accompagner d'une « contrainte psychologique légitime ».

Une autre variation sémantique doit être discutée. Selon Carré de Malberg, parler de « puissance d'État » impliquerait que cette puissance ne saurait appartenir qu'à l'État et que l'État ne pourrait exister sans elle[5]. Cependant, la « puissance de l'État » telle qu'elle est ici envisagée n'est pas différente de la puissance qui peut empreindre des groupements humains non étatiques ; elle est dite « de l'État » parce qu'il est observé qu'elle est en l'occurrence attachée à l'État, non parce qu'elle revêtirait certains traits spécifiques qui lui permettraient de se distinguer d'autres formes de puissance. Comme les trois éléments significatifs de l'État déjà spécifiés, la puissance ne permet pas, seule, de reconnaître à coup sûr l'État. Éventuellement y a-t-il une subtile différence entre « puissance d'État »,

[1] O. BEAUD, *La puissance de l'État*, Puf, coll. Léviathan, 1994, p. 9.

[2] P. KAHN, *L'État*, Quintette, coll. Philosopher, 1989, p. 6.

[3] Par exemple, P. LABAND, *Le droit public de l'Empire allemand*, trad. C. Gandilhon, Giard et Bière, 1900 (cité par J. HUMMEL, « Allemagne (doctrines allemandes de l'État et du droit de Hegel et Jellinek) », in D. ALLAND, S. RIALS, dir., *Dictionnaire de la culture juridique*, Lamy-Puf, coll. Quadrige-dicos poche, 2003, p. 43).

[4] M. WEBER, *Le savant et le politique* (1959), 10/18, coll. Bibliothèques, 2002.

[5] R. CARRÉ DE MALBERG, *Contribution à la théorie générale de l'État spécialement d'après les données fournies par le droit constitutionnel français*, t. I, Librairie du Recueil Sirey, 1920, p. 157.

puissance spécifique à tout État, et « puissance de l'État », puissance ordinaire attachée en la circonstance à l'État. Mais, alors que Carré de Malberg utilisait indifféremment les deux expressions, encore faudrait-il pouvoir identifier précisément les caractéristiques permettant de séparer la puissance d'État de la puissance ordinaire. Or, selon l'éminent professeur strasbourgeois, le critère serait celui de la « force coercitive » dont seul l'État serait doté[1]. Il semble pourtant que, sur une île aux mains d'une bande de pirates, pareille force coercitive soit une réalité ; or on ne qualifie pas pour autant cette bande de pirates, qui est un peuple déterminé situé sur un territoire déterminé, d'État. Peut-être faudrait-il compléter cette proposition en ajoutant que la force coercitive doit être, comme le gouvernement, complexe, structurée et efficace. La bande de pirate, en effet, n'est pas un État car il lui manque une organisation administrative, juridique et politique complexe, structurée et efficace, tandis que, si elle connaît la force coercitive, celle-ci emprunte des voies souvent primaires, loin de toute procédure juridique. Il n'est toutefois pas utile de retenir pareil postulat. La puissance de l'État est *a priori* une puissance brute qui peut aussi exister hors de l'État. Ce qui doit être complexe, structuré et efficace, c'est uniquement le gouvernement ; et la puissance, lorsqu'elle n'est pas celle d'un État, peut ne pas aller de pair avec un gouvernement. Par suite, puisque le gouvernement est le bras séculier de la puissance étatique, celle-ci est, en toute logique, elle-même très organisée. Plus simplement que l'exemple de la bande de pirates, celui de la famille démontre combien, contrairement à ce que soutenait l'auteur de la *Contribution*, la contrainte n'est certainement pas le propre de l'État et combien elle s'observe dans nombre de lieux non étatiques[2]. Tous les anthropologues voient de la puissance, de la contrainte, du pouvoir, des formes de gouvernement, des normes et des institutions dans des sociétés primitives qui sont néanmoins qualifiées de « sociétés sans État »[3]. Il leur manque la complexité, la structuration et/ou l'efficacité.

Partant, ce n'est bien qu'accompagnée d'un territoire, d'un peuple et d'un gouvernement que la puissance devient la preuve de l'étaticité. Et, si la complexité, la structuration et l'efficacité sont des critères du gouvernement et de la puissance de l'État, ils ne sont pas des critères de l'État. Duguit observait tout à fait justement que « la hache du bourreau et le sabre du gendarme sont les symboles de la puissance contraignante, qui est ce qui

[1] *Ibid.*

[2] Carré de Malberg se contentait, sans doute un peu rapidement, du seul exemple des associations dans lesquelles les adhérents ne seraient sous l'emprise d'aucune contrainte (*ibid.*).

[3] *Cf.*, par exemple, P. CLASTRES, *La société contre l'État* (1974), Minuit, coll. Reprise, 2011.

constitue l'État par définition »[1]. En revanche, sans doute s'égarait-il lorsqu'il enjoignait ses lecteurs en ces termes : « Partout où nous constatons que dans une communauté donnée existe une puissance de contrainte, nous pouvons dire, nous devons dire qu'il y a un État »[2]. Cette proposition ne peut en aucune façon être accueillie, car elle mènerait à qualifier d'États lesdites bande de pirate, famille et autres sociétés primitives, ce qui ne paraît pas acceptable tant du point de vue du profane que de celui du spécialiste. Il en va de même de la théorie allemande de la *Herrschaft* (domination) qui propose que le pouvoir de contrainte inconditionnée serait l'élément nécessaire et suffisant de l'État[3]. La puissance ne peut être davantage qu'un élément significatif de l'État parmi d'autres ; elle ne saurait être une condition suffisante. La bande de pirates — ou la bande de brigands, pour reprendre l'exemple auquel recouraient Hart et Kelsen[4] — possède une puissance dès lors que les différents membres qui la composent sont contraints de respecter les règles qui la régissent, tandis que les rares contrevenants se voient sévèrement sanctionnés. Dans le cas de cette bande de pirates sise sur une île propre, trois des quatre éléments significatifs de l'étaticité semblent réunis, ce qui interdit d'y voir un État — l'entité socio-politique connaît un peuple, un territoire et une puissance, mais il lui manque un gouvernement —.

De plus, cela signifie que la légitimité n'est en aucun instant un critère de la puissance étatique ; il ne faut pas davantage « rechercher si [la] puissance de contraindre est légitime ou non » que « rechercher si elle est soumise à une règle de droit et limitée par elle »[5]. Que la majorité des individus composant une troupe de pirates ou de bandits respectent ses règles uniquement par peur et non parce qu'ils croient en une légitimité quelconque de celles-ci n'enlève rien au fait qu'ils sont soumis à une puissance véritable

[1] L. DUGUIT, *Traité de droit constitutionnel – Tome premier : La règle de droit, le problème de l'État*, 3e éd., De Boccard, 1927, p. 536.

[2] *Ibid.*

[3] P. LABAND, *Le droit public de l'Empire allemand*, trad. C. Gandilhon, Giard et Bière, 1900 (cité par J. HUMMEL, « Allemagne (doctrines allemandes de l'État et du droit de Hegel et Jellinek) », in D. ALLAND, S. RIALS, dir., *Dictionnaire de la culture juridique*, Lamy-Puf, coll. Quadrige-dicos poche, 2003, p. 43).

[4] H. L. A. HART, *Le concept de droit*, trad. M. van de Kerchove, Publications des Facultés universitaires Saint-Louis (Bruxelles), 1994 ; H. KELSEN, *Théorie pure du droit*, 2e éd., trad. Ch. Eisenmann, Dalloz, 1962.

[5] L. DUGUIT, *Traité de droit constitutionnel – Tome premier : La règle de droit, le problème de l'État*, 3e éd., De Boccard, 1927, p. 537. *Cf.*, *contra*, S. GOYARD-FABRE, « Légitimité », in D. ALLAND, S. RIALS, dir., *Dictionnaire de la culture juridique*, Lamy-Puf, coll. Quadrige-dicos poche, 2003, p. 929

et effective. Rousseau jugeait donc à raison que « le pistolet est aussi une puissance »[1]. Et, si Weber concevait l'État en tant qu'instance détentrice du monopole de la violence (*Gewalt*), de la contrainte (*Macht*), de la force (*Kraft*) et de l'autorité (*Herrschaft*) légitimes[2], certainement ces dernières sont-elles légitimes du fait qu'elles sont étatiques bien plus qu'étatiques parce que légitimes. S'attarder sur la légitimité de la puissance, subjective et incertaine, n'est pas une piste judicieuse pour qui est en quête de la réalité de l'État.

Un auteur, s'appuyant sur le *Discours sur l'origine et les fondements de l'inégalité parmi les hommes* de Rousseau[3], avance que seuls connaîtraient la puissance les régimes militaires et les systèmes totalitaires ou despotiques, car la puissance coïnciderait avec des rapports de domination/soumission et non avec des rapports de commandement/obéissance[4]. Il faut croire que la puissance est indifférente au fait qu'il s'agisse de soumission, d'obéissance, de peur ou de consentement. Seule importe l'observation selon laquelle des gouvernants, au nom de l'État, dirigent effectivement les conduites car ils disposent de la capacité psychologique et matérielle de contraindre les citoyens de l'État. Est donc soutenu ici que tout État est nécessairement une puissance, qu'il n'est pas possible d'être étatique sans être puissant. Cependant, la puissance de l'État paraît bien revêtir, en dernière analyse, quelques caractères spéciaux par rapport à une puissance ordinaire, caractères qui, peut-être, seraient ceux de la « puissance d'État » évoquée par Carré de Malberg[5] ; à moins qu'ils ne soient le signe d'une « hyperpuissance » plus que d'une puissance[6]. En particulier, la puissance étatique s'exprime par un système de droit positif[7]. Elle se démarque en ce qu'elle emprunte la voie juridique et tout spécialement celle des prérogatives de puissance publique et des normes indérogeables d'ordre public qui en sont une manifestation éclatante. Mais

[1] J.-J. ROUSSEAU, *Du contrat social*, 1762, L. I, chap. 3.
[2] M. WEBER, *Le savant et le politique* (1959), 10/18, coll. Bibliothèques, 2002.
[3] J.-J. ROUSSEAU, *Discours sur l'origine et les fondements de l'inégalité parmi les hommes*, 1755.
[4] J. BAGUENARD, *L'État – Une aventure incertaine*, Ellipses, coll. Mise au point, 1998, p. 42.
[5] R. CARRÉ DE MALBERG, *Contribution à la théorie générale de l'État spécialement d'après les données fournies par le droit constitutionnel français*, t. I, Librairie du Recueil Sirey, 1920, spéc. p. 157.
[6] Réf. à J. JOFFE, *Hyperpuissance*, Odile Jacob, 2007.
[7] R. CARRÉ DE MALBERG, *Contribution à la théorie générale de l'État spécialement d'après les données fournies par le droit constitutionnel français*, t. I, Librairie du Recueil Sirey, 1920, p. XIV.

pourraient aussi être cités les services de police, les institutions judiciaires, les services pénitentiaires ou encore l'administration fiscale.

Enfin, il faut accueillir la distinction utile et pertinente de Carré de Malberg qui séparait puissance originaire (celle de l'État) et puissance dérivée, qui peut appartenir aux communes ou à toute autre collectivité mais qui n'est finalement qu'un démembrement de la puissance de l'État[1]. Et cette dernière doit encore pouvoir se mesurer à l'intérieur des frontières autant qu'à l'extérieur des frontières, c'est-à-dire du point de vue des autres puissances[2]. Se laissent alors apercevoir les notions juridiques d'indépendance et de souveraineté. L'État, fondamentalement humain, n'échappe guère à la nature humaine — qui conduit l'homme à aspirer à toujours plus que ce qu'il détient déjà —, si bien que la puissance s'accompagne irrésistiblement d'une volonté de puissance. Celle-ci a souvent trouvé son expression la plus primaire dans le conflit armé, comme le relevait, dans l'Antiquité, l'historien grec Thucydide lorsqu'il narrait la Guerre du Péloponnèse, observant que « ce qui rendit la guerre inévitable était la croissance de la puissance d'Athènes et la crainte que cela suscita à Sparte »[3]. Par conséquent, il ne faut pas omettre le pan extérieur de la puissance de l'État qui lui permet d'exister hors de son territoire et qui, parfois, le conduit à être combattu. Ce pan s'exprime, certes, à travers les aspects externes de la souveraineté mais, surtout, il s'exprime loin du droit, dans la guerre, la conquête, l'invasion et, en somme, dans la « loi du plus fort », dans l'état de nature des États. En cet ouvrage, cependant, c'est autant sous l'angle interne que sous l'angle externe que puissance et souveraineté sont séparées : la première est un fait quand la seconde est un droit ; et la première est au fait ce que la seconde est au droit.

24. ***La distinction du fait-puissance de l'État et du droit-souveraineté de l'État.*** « Je n'accorde dans une cité quelconque, écrivait un jour Spinoza, de droit au souverain sur ses sujets que dans la mesure où, par la puissance, il l'emporte sur eux : c'est la continuation de l'état de nature »[4]. Cette citation, tout d'abord, témoigne de la méprise que serait de ne voir dans l'État que le

[1] *Ibid.*, p. 158.

[2] *Cf.* B. BADIE, *L'impuissance de la puissance – Essai sur les nouvelles relations internationales*, Fayard, 2004 ; M. LEFEBVRE, *Le jeu du droit et de la puissance : précis de relations internationales*, Puf, 2000.

[3] THUCYDIDE, *Histoire de la Guerre du Péloponnèse*, 411 av. J.-C., L. V.

[4] B. SPINOZA, « Lettre à Jarig Jelles », 2 juin 1764 (cité par S. GOYARD-FABRE, « École du droit naturel moderne et rationalisme juridique moderne (XVIIe-XVIIIe) », in D. ALLAND, S. RIALS, dir., *Dictionnaire de la culture juridique*, Lamy-Puf, coll. Quadrige-dicos poche, 2003, p. 567).

droit, l'État de droit et la source du droit. L'État étant très humain, peut-être même trop humain, un auteur remarque fort justement que « l'idée d'État reste encore imprégnée par celle de force brute »[1]. D'ailleurs, lorsque l'État s'exprime par le droit, ce n'est pas autre chose que cette « force brute » qui se voit traduite ; et lorsque le droit perd de son effectivité ou efficacité, cela signifie nécessairement que ladite force est malmenée. Surtout, la citation de Spinoza illustre l'ambiguïté qui recouvre le couple de concepts « puissance-souveraineté ». Il n'est pas inutile, en guise de résumé quant à la notion puissance, de reprendre la définition proposée par les dictionnaires de la langue française. Ceux-ci permettent, par extrapolation et application, de saisir assez parfaitement ce qu'est la puissance de l'État : il s'agit de la « faculté ou capacité de produire un effet [et de] la force ou caractère qui en résulte »[2]. Ces mêmes dictionnaires tendent, en outre, à confirmer que la puissance est une donnée ontologiquement factuelle puisqu'ils proposent comme exemples la puissance effective d'un moteur, la puissance utile d'une machine, la puissance calorifique ou encore la puissance acoustique[3]. Certes, la puissance de l'État n'est jamais très éloignée du droit puisqu'elle s'exprime grâce à lui ; mais ce qui importe, sous l'angle des éléments significatifs de l'État, ce sont « les organes qui possèdent et exercent en fait [la puissance] car, sans cela, [elle] n'aurait point de réalité effective »[4]. À travers la « puissance », ce n'est toujours que de « faits de puissance »[5] dont il est question. Elle apparaît ainsi telle une donnée que le sociologue, objectif et empiriste, serait plus apte à étudier que le juriste qui, logiquement, se concentre davantage sur la souveraineté. Il n'est guère étonnant que Duguit, qui fréquentait Durkheim à Bordeaux, a insisté sur ce point et il faut, avec le maître bordelais, « ne pas recherche[r] quelle est l'origine de cette puissance [mais] la prend[re] telle qu'elle est et telle qu'elle [se] constate dans la presque totalité des sociétés humaines, la prend[re] comme un fait dont l'exactitude paraît ne pouvoir être contestée, [...] [se] borne[r] à décrire et à constater un simple fait »[6]. Si le droit est indispensable à l'État qui, sans lui, serait fort dépourvu et perdrait sa puissance, l'État est avant toute autre

[1] R. DRAÏ, *L'État purgatoire – La tentation postdémocratique*, Michalon, 2005, p. 35.

[2] V° « Puissance », in *Trésor de la langue française*.

[3] *Ibid.*

[4] G. SEIDLER, *Das juristiche Kriterium des Staates*, J. C. B. Mohr (Tübingen), 1905, p. 65 (cité par R. CARRÉ DE MALBERG, *Contribution à la théorie générale de l'État spécialement d'après les données fournies par le droit constitutionnel français*, t. I, Librairie du Recueil Sirey, 1920, p. 7).

[5] L. DUGUIT, *Traité de droit constitutionnel – Tome premier : La règle de droit, le problème de l'État*, 3e éd., De Boccard, 1927, p. 547.

[6] *Ibid.*, p. 537.

chose une réalité factuelle : qui constate qu'un peuple situé sur un territoire est dirigé par un gouvernement et contraint par une puissance est en présence d'un État. Ces éléments significatifs appartiennent au monde des faits et sont empiriquement accessibles. Concernant la puissance, il est possible d'observer si les individus composant le peuple sont effectivement, dans le cadre du territoire, psychologiquement et matériellement contraints par la puissance supposée, autrement dit si les gouvernés obéissent aux gouvernants.

La puissance n'est donc pas la souveraineté, laquelle sera définie au sein de la prochaine partie consacrée à la « définition juridique de l'État ». En effet, la souveraineté est en quelque sorte au droit ce que la puissance est au fait : là où cette dernière correspond au fait de contraindre effectivement un peuple sur un territoire, la souveraineté est le droit de contraindre un peuple sur un territoire, sans égards pour le taux d'effectivité de cette prérogative juridique. Où il apparaît que la légitimité, étrangère à l'idée de puissance, accompagne en revanche celle de souveraineté et doit alors être comprise en tant que légitimité juridique. Les deux notions sont ainsi très intimes et très éloignées à la fois : à en croire la « loi de Hume », nulles données ne sauraient être plus distantes qu'une donnée factuelle et une donnée juridique ; mais, concrètement, souveraineté et puissance se traduisent ou concrétisent peu ou prou de la même manière et se superposent amplement. Bien que le sens de « pouvoir » n'a pas été précisé en des paragraphes *ad hoc*[1], il semble que la souveraineté soit un pouvoir de droit quand la puissance serait un pouvoir de fait. Dit tout autrement, la puissance permet d'affirmer, comme Lénine, que « la société, c'est moi »[2], tandis que la souveraineté permet de soutenir, comme Louis XIV — quoique la citation soit sans doute apocryphe —, que « l'État, c'est moi ». Cette dernière explication illustre combien la puissance est un élément significatif, soit un élément qui existe dans l'État mais aussi hors de l'État, quand la souveraineté est un véritable trait définitionnel propre au système étatique, lequel ne le partage avec aucune personne n'étant pas un État. Ainsi, quand un auteur fait remarquer qu'État et internet seraient pris dans un « jeu de

[1] Pour le Professeur Simone Goyard-Fabre, « la puissance (*potentia*) est un simple fait […] ; le pouvoir (*potestas*) appartient au droit et se manifeste par l'autorité politique, inassimilable au phénomène de la domination » (S. GOYARD-FABRE, « Légitimité », in D. ALLAND, S. RIALS, dir., *Dictionnaire de la culture juridique*, Lamy-Puf, coll. Quadrige-dicos poche, 2003, p. 929).

[2] Cité par P. ROSANVALLON, « La démocratie : esquisse d'une théorie générale – Cours au Collège de France (4/10) », L'Éloge du savoir, France culture, 12 avr. 2013.

concurrence des souverainetés »[1], il faudrait corriger et dire qu'il s'agit plutôt d'une concurrence des puissances, c'est-à-dire des capacités factuelles respectives à agir et influer sur les sociétés. Nul doute que, trop souvent, des concepts aussi problématiques que celui de « souveraineté » sont utilisés sans avoir opéré l'effort préalable — qui pourtant apparaît éminemment nécessaire — de les définir. Il faudrait encore soulever que, la Constitution historiquement première à l'origine de l'ordre juridique étatique positif étant inéluctablement un fait — à moins de recourir à une très inconséquente métaphysique —, le fait est logiquement à l'origine du droit, le droit repose sur le fait et la souveraineté apparaît telle une conséquence ou, du moins, telle une traduction de la puissance de l'État.

S'il importe d'ainsi séparer puissance et souveraineté de l'État, cela se justifie notamment par le fait que, comprise en ces termes, la première peut être mesurée et, à travers cette mesure, la crise ou l'épanouissement de l'État peut être estimée ; alors que la souveraineté, si elle connaît sans doute différents degrés d'intensité au regard de l'impact du développement des droits européen et international, ne peut guère se voir mesurée et donner lieu à des enseignements significatifs concernant l' « état de l'État ». Par exemple, si la souveraineté se définissait en tant que prérogative confiant à l'État le monopole de la production du droit, le fait que des sources extraétatiques produisent de nombreuses règles ne porterait nullement atteinte à ce monopole ; comme une loi désuète mais non abrogée formellement demeure pleinement valide, « en vigueur », du point de vue juridique. Et la distinction puissance/souveraineté est ainsi proposée car elle semble ouvrir la voie à des enseignements importants, tel celui selon lequel le droit international contribuerait à diminuer la souveraineté de l'État tandis que les normes d'origine privée[2], elles, exerceraient un effet négatif sur la puissance de l'État.

En la matière, la difficulté est que, après que Rousseau a élaboré une subtile mais peu reprise classification[3], il est devenu rare que des penseurs de

[1] K. Benyekhlef, « L'Internet : un reflet de la concurrence des souverainetés », *Lex electronica* 2002, vol. 8, p. 10 ; également J. A. Graham, *Les aspects internationaux des contrats conclus et exécutés dans l'espace virtuel*, th., Université Paris I - Panthéon-Sorbonne, 2001.

[2] Par exemple, G. Farjat, « Les pouvoirs privés économiques », in *Mélanges Philippe Kahn*, Litec, 2000, p. 630 s.

[3] Selon Rousseau, le corps politique devrait être appelé « souverain » lorsqu'il est actif, « État » quand il est passif et « puissance » par opposition aux autres corps politiques (J.-J. Rousseau, *Du contrat social*, 1762, L. I, chap. 6). La souveraineté et la puissance ne seraient donc pas

l'étaticité opposent ou, du moins, séparent souveraineté et puissance ; et il est *a fortiori* rare de voir les deux concepts spécifiés en des termes identiques à ceux ici retenus. Hauriou, tout d'abord, faisait de la puissance un « droit subjectif de l'État »[1], c'est-à-dire la souveraineté. Duguit, ensuite, séparait les notions mais tout en demeurant à l'intérieur de la sphère juridique ; et d'en conclure que, « en réalité, ces distinctions n'ont qu'une importance secondaire, les deux expressions peuvent être prises comme synonymes. L'une et l'autre ne désignent que le droit appartenant à une personne de donner des ordres à une autre personne »[2]. Pareilles explications, de la part de l'illustre professeur bordelais, peuvent surprendre car, au sein des mêmes pages, il écrivait que la puissance « implique l'existence d'une volonté qui s'impose comme telle à une autre volonté [...] et qui en soi est d'une qualité supérieure »[3], ce qui semble être la description d'un fait et non d'un droit. Quant à Marcel de la Bigne de Villeneuve, il ponctuait l'un de ses ouvrages par cette phrase : « L'État est titulaire d'une puissance qui doit être dite définitive et suprême : souveraine »[4]. La souveraineté serait donc un certain type de puissance, une puissance « définitive et suprême », ce qui est tout sauf insensé ; mais reste que, sans les assimiler l'une à l'autre, cet auteur rapprochait très intimement les deux notions en faisant de l'une le qualificatif de l'autre et en parlant ainsi de « puissance souveraine ». Du côté de la doctrine allemande, chez Laband et Jellinek en particulier, une voie proche a été empruntée : la souveraineté serait le nom donné à la puissance étatique lorsque l'État est parfaitement indépendant, car les États fédérés d'un État fédéral eux-aussi seraient puissants, mais sans être souverains[5].

des caractères de l'État puisque, selon le philosophe de Genève, ce seraient la souveraineté, la puissance et l'État qui seraient des caractères du corps politique.

[1] M. HAURIOU, *Précis de droit administratif et de droit public à l'usage des étudiants en licence et en doctorat ès sciences politiques*, 8e éd., Librairie du recueil Sirey, 1918, p. 28 (cité par L. DUGUIT, *Traité de droit constitutionnel – Tome premier : La règle de droit, le problème de l'État*, 3e éd., De Boccard, 1927, p. 546).

[2] L. DUGUIT, *Traité de droit constitutionnel – Tome deuxième : La théorie générale de l'État – Première partie : Éléments, fonctions et organes de l'État*, 3e éd., De Boccard, 1928, p. 3 et 35. Il est à noter que Duguit ne parlait pas de « puissance étatique » mais de « puissance publique ».

[3] *Ibid.*, p. 36.

[4] M. DE LA BIGNE DE VILLENEUVE, *Traité général de l'État : Essai d'une théorie réaliste de droit politique*, Librairie du Recueil Sirey, 1929.

[5] P. LABAND, *Le droit public de l'Empire allemand*, trad. C. Gandillon, Giard et Brière, 1900 ; G. JELLINEK, *L'État moderne et son droit*, trad. G. Fardis, Giard et Brière, 1911 (cités par É. MAULIN, « Souveraineté », in D. ALLAND, S. RIALS, dir., *Dictionnaire de la culture juridique*, Lamy-Puf, coll. Quadrige-dicos poche, 2003, p. 1438).

Et Carré de Malberg de demander : « La souveraineté est-elle un élément essentiel de la puissance d'État ? »[1], ce qui n'est pas une question inconséquente puisque, sans le droit sur lequel elle s'appuie, la puissance de l'État peinerait à s'exprimer, à s'affirmer. Seulement, le reste de l'œuvre de l'auteur alsacien ne prouve pas qu'il ait réellement pensé la distinction souveraineté/puissance. S'il distinguait parfaitement la dimension factuelle et la dimension juridique des choses de la vie étatique et politique, il ne traduisait pas cela par des concepts précis et invitait à « transformer la puissance de fait en puissance de droit »[2] ou écrivait que « la puissance de commander avec une force irrésistible ou — selon la terminologie française — la “souveraineté” forme le trait caractéristique de l'État »[3], ce qui atteste du fait que, à son sens, ce sont là deux mots différents permettant d'exprimer une seule et même réalité. Et peut-être, à son sens, à l'inverse de l'acception retenue par les théoriciens de l'État précédemment cités, cette réalité est-elle une réalité d'ordre factuel puisqu'il observait ailleurs que « la puissance de l'État est un pur fait »[4]. Quelques années après Carré de Malberg, Santi Romano, qui se fondait sur la doctrine italienne de son temps, relevait bien que « d'aucuns voient dans la puissance de l'État un pouvoir de fait et un attribut préjuridique »[5] ; néanmoins, pour sa part, il n'envisageait cette puissance qu'en tant que « caractère essentiel de l'État qui n'est jamais antérieur ni extérieur au droit mais naît avec l'ordre juridique qui le régit et le réglemente »[6]. Cette conception n'est évidemment guère surprenante de la part d'un auteur qui, sans doute normativiste sous certains angles — il citait abondamment Kelsen —, ne voyait dans l'État et dans l'ordre juridique étatique qu'une seule et même manifestation d'un seul et même phénomène[7].

Surtout, à l'époque contemporaine, le Professeur Olivier Beaud, alors que ses travaux théoriques sur l'État ont été publiés sous le titre *La*

[1] Réf. à R. Carré de Malberg, « La souveraineté est-elle un élément essentiel de la puissance d'État ? », in Ch. Behrendt, F. Bouhon, *Introduction à la théorie générale de l'État – Recueil de textes*, Larcier (Bruxelles), coll. Faculté de droit de l'Université de Liège, 2009, p. 68 s.

[2] R. Carré de Malberg, *Contribution à la théorie générale de l'État spécialement d'après les données fournies par le droit constitutionnel français*, t. I, Librairie du Recueil Sirey, 1920, p. 255. Pour l'auteur, la puissance de fait devient puissance de droit par le truchement de la rédaction de la Constitution historiquement première et l'établissement d'un « ordre juridique et statutaire régulier et permanent » (*ibid.*, p. 199).

[3] *Ibid.*, p. 194.

[4] *Ibid.*, p. 57.

[5] S. Romano, *L'ordre juridique* (1946), trad. L. François, P. Gothot, Dalloz, coll. Philosophie du droit, 1975, p. 59. Il cite ici Perozzi, Petrone, Breschi et Ottolenghi.

[6] *Ibid.*

[7] *Ibid.*

puissance de l'État, a clairement appréhendé ladite puissance tel un parfait synonyme de « souveraineté »[1]. Et d'aucuns d'étudier aujourd'hui « la puissance, c'est-à-dire la souveraineté »[2], ou encore « les caractéristiques de la puissance de l'État », c'est-à-dire « l'État compris comme une institution juridique »[3].

Il se trouve cependant quelques ((très) rares) auteurs qui comprennent les notions de « puissance » et de « souveraineté » suivant des sens similaires à ceux retenus en les présentes lignes. Le Professeur Simone Goyard-Fabre, en particulier, énonce que « la souveraineté est la puissance saisie par le droit »[4], la puissance étant « un simple fait [qui] se mesure en termes de forces »[5]. Un autre auteur envisage la souveraineté de l'État comme la « traduction juridique de son indépendance de fait »[6]. Peut-être l'indépendance est-elle un élément particulier de la puissance qui serait une caractéristique plus générale. À moins qu'il faille la réserver au monde juridique et, par conséquent, la rapprocher de la souveraineté.

Reste que le choix sémantique ici effectué est définitivement celui-là : la distinction de la puissance et de la souveraineté n'est pas une autre que

[1] O. BEAUD, *La puissance de l'État*, Puf, coll. Léviathan, 1994, *passim*. Ainsi observe-t-il une « puissance de l'État souveraine » (*ibid.*, p. 23) et écrit-il tour à tour que « la puissance étatique ne signifie rien d'autre que puissance unilatérale de commandement. Elle est donc synonyme de la souveraineté » (*ibid.*, p. 18) ; ou que « la puissance de l'État n'est rien d'autre que la souveraineté. Puissance publique et souveraineté sont deux expressions synonymes » (*ibid.*, p. 10), ce qui implique que « puissance de l'État » serait synonyme de « souveraineté » mais aussi de « puissance publique ». Et, alors que son ouvrage est intitulé *La puissance de l'État*, il souligne dans les premières lignes que « la question capitale à l'origine de ce travail est celle du rapport existant entre les notions d'État et de souveraineté » (*ibid.*, p. 10). De plus, malgré le titre, l'expression « puissance de l'État » ne se retrouve quasiment jamais parmi le corps du texte ; celle de « puissance publique » lui est largement préférée, étant employée afin de désigner un démembrement de la souveraineté (l'auteur évoque, en effet, « la souveraineté comme puissance publique » (*ibid.*, p. 198) et « la souveraineté qu'on appelle "puissance publique" (*ibid.*, p. 21)). *Cf.*, par ailleurs, O. BEAUD, « Souveraineté, pouvoir, puissance », in Ph. RAYNAUD, S. RIALS, *Dictionnaire de philosophie politique*, Puf, coll. Quadrige-dicos poche, 1996, p. 625 s.

[2] H. MOUTOUH, « Pluralisme juridique », in D. ALLAND, S. RIALS, dir., *Dictionnaire de la culture juridique*, Lamy-Puf, coll. Quadrige-dicos poche, 2003, p. 1159.

[3] F. POIRAT, « État », in D. ALLAND, S. RIALS, dir., *Dictionnaire de la culture juridique*, Lamy-Puf, coll. Quadrige-dicos poche, 2003, p. 644.

[4] S. GOYARD-FABRE, *L'État, figure moderne de la politique*, Armand Colin, coll. Cursus philosophie, 1999, p. 140.

[5] S. GOYARD-FABRE, « Légitimité », in D. ALLAND, S. RIALS, dir., *Dictionnaire de la culture juridique*, Lamy-Puf, coll. Quadrige-dicos poche, 2003, p. 929.

[6] E. JOUANNET, « Du droit des gens au droit international », in D. ALLAND, S. RIALS, dir., *Dictionnaire de la culture juridique*, Lamy-Puf, coll. Quadrige-dicos poche, 2003, p. 467.

celle du fait et du droit. Un même élément peut donc se voir analysé comme l'expression de la puissance de l'État sous l'angle factuel et comme l'expression de la souveraineté de l'État sous l'angle juridique. Seulement, cela implique que le niveau de stipulation est ici encore très important, peu de penseurs de l'État plaçant ces signifiés derrière ces signifiants. Qu'il soit permis à l'auteur de ces lignes de rappeler qu'il a pris la liberté, concernant la définition de l'État, de recourir à semblable part de stipulation, là où la définition du droit par ailleurs décrite est le fruit d'une étude scientifique au cours de laquelle il s'est efforcé de totalement s'effacer et de faire œuvre objective et lexicale, aboutissant à esquisser une « théorie syncrétique du droit »[1], loin de l'attitude « libre » qui autorise à « juger » et même à « bousculer » la doctrine bien établie.

Les quatre éléments significatifs permettant de reconnaître factuellement l'État désormais caractérisés, il s'agit de définir juridiquement cette « personne souveraine ». Cependant, il importe, avant de quitter l'espace du fait pour entrer dans celui du droit, de préciser que le service public, cher à Léon Duguit, loin pourtant d'être anecdotique, ne peut pas intégrer la liste de ces éléments significatifs.

25. ***La non-inclusion du service public parmi les éléments significatifs de l'État.*** Le service public n'est ni un élément significatif de l'État à l'instar du territoire, du peuple, du gouvernement et de la puissance ni une caractéristique permettant de le définir juridiquement à l'égal de la personnalité morale et de la souveraineté — qui seront étudiées au sein de la seconde partie à venir —. Néanmoins, il est important de l'évoquer au moment de passer de l'identification factuelle à la définition juridique de l'État. Le service public ne compte pas parmi les éléments significatifs ou « constitutifs » car, alors que ceux-ci peuvent exister sans l'État tandis que l'État ne peut exister sans eux, le service public, tout au contraire, ne peut exister sans l'État mais l'État peut exister sans lui. Partant, s'il est vrai qu'il est une manifestation irréfragable d'étaticité, en faire un critère de l'État conduirait à exclure du domaine étatique des institutions qui, pourtant, en font partie de manière incontestée. Le service public est un élément significatif de certains États et non de l'État ; ou bien est-il un signe de certaines figures de l'État, ou encore de l'État à certains moments, mais non un signe de l'État en général et de façon permanente. Cela est d'autant plus avéré que, au fil du XXe s., la notion de service public a été largement

[1] *Cf.* B. BARRAUD, « L'échelle de juridicité : un outil pour mesurer le droit et fonder une théorie syncrétique (première partie : présentation) », *Arch. phil. droit* 2013, p. 365 s.

vulgarisée, si bien qu'aujourd'hui est évoquée une « "notion-refuge", voire une "notion-attrape-tout" [...] dilué[e] dans une approche politique finalement assez diffuse et imprécise »[1]. Il importe donc de préciser, quoique brièvement, le sens ici conféré à ce paradigme devenu mythique.

Tout d'abord, le service public est déjà un « dogme mobilisateur et fédérateur, une force agissante fondée sur le Bien commun, l'égalité et la solidarité »[2]. Il s'agit de la fin poursuivie par certains États, qui légitime leur existence et leur action. C'est ainsi que sera comprise la notion. Sans doute le premier des services publics est-il la protection des individus contre les dangers propres à l'état de nature, ceux-là même qui les poussent à s'associer et à engendrer des structures nationales puis étatiques. Aussi l'idée la plus proche de celle de « service public » est-elle celle d'« intérêt général ». En France, Léon Duguit a si profondément attaché son nom au concept qu'il semble inévitable de rechercher ses autres significations à l'intérieur de son œuvre[3]. Or procéder ainsi n'est pas inintéressant car le maître bordelais, justement, faisait du service public l'un des « trois éléments essentiels de l'État », avec le peuple et le territoire[4]. Il écrivait :

> *Dans la limite du territoire occupé par [la] nation, les gouvernants, différenciés des gouvernés et monopolisant la force, doivent employer cette force pour organiser et contrôler le fonctionnement des services publics. Ainsi, les services publics sont un des éléments de l'État ; et nous touchons en quelque sorte au point culminant de la conception de l'État que j'expose et qui se peut résumer ainsi : l'État n'est pas, comme on a voulu le faire et comme on a cru quelque temps qu'il l'était, une puissance qui commande, une souveraineté ; il est une coopération de services publics organisés et contrôlés par des gouvernants.*[5]

Pareille conception de l'État est, en premier lieu, une illustration criante de la limite qui affecte peu ou prou tous les écrits des théoriciens du droit et de l'État : ils tendent à s'appuyer sur une idée-force, sur une notion centrale, et à rejeter, en s'arc-boutant sur elle, toutes les propositions

[1] E. CADEAU, « La satisfaction des besoins collectifs : le service public », in Th. DE BERANGER, M. DE VILLIERS, dir., *Droit public général*, 5e éd., LexisNexis, coll. Manuel, 2011, p. 509.

[2] J. MORAND-DEVILLER, *Droit administratif*, 13e éd., LGDJ, coll. Cours, 2013, p. 456-457.

[3] *Cf.* tout spécialement E. PISIER-KOUCHNER, *Le service public dans la théorie de l'État de Léon Duguit*, LGDJ, coll. Bibliothèque de philosophie du droit, 1972, *passim* ; G. JÈZE, « L'influence de Léon Duguit sur le droit administratif français », *Arch. phil. droit* 1932, p. 135 s.

[4] L. DUGUIT, *Traité de droit constitutionnel – Tome deuxième : La théorie générale de l'État – Première partie : Éléments, fonctions et organes de l'État*, 3e éd., De Boccard, 1928, p. 4.

[5] *Ibid.*, p. 59.

concurrentes. Pourtant, il n'est pas incohérent de postuler que, peut-être, toutes les propositions portent une part de vérité — quoique dans des proportions différentes — et que, si une théorie est juste, cela ne signifie pas nécessairement que toutes les autres soient mécaniquement fausses. Pour en revenir au propos ici en cause, il est parfaitement envisageable que l'État soit « une coopération de services publics » *et* « une puissance qui commande ». Mais Duguit ne pouvait envisager d'ajouter le service public à la souveraineté afin d'identifier plus finement le concept d'État ; pour lui, il n'était que possible de « remplacer la notion de souveraineté par celle de service public »[1].

Ensuite et surtout, il semble que la conception du service public exposée par Duguit soit déjà une conception organique : les services publics sont des institutions étatiques, des services matériels tangibles, composés d'hommes et de normes, plus qu'une simple idée ou qu'un simple but évanescent. Mais, selon l'École du service public, ce dernier est, au moins autant qu'un but ou que les moyens matériels mis en œuvre pour l'atteindre, l'activité consistant à poursuivre ce but ; ainsi se définit-il comme « toute activité dont l'accomplissement doit être assuré, réglé et contrôlé par les gouvernants, parce que l'accomplissement de cette activité est indispensable à la réalisation et au développement de l'interdépendance sociale, et qu'elle est de telle nature qu'elle ne peut être réalisée complètement que par l'intervention de la force gouvernante »[2]. Les deux critères justifiant l'entrée en jeu du service public transparaissent clairement : il faut un besoin d'intérêt général et une insuffisance de l'activité privée empêchant que ce besoin soit satisfait spontanément, sans intervention publique. Les gouvernants et les institutions étatiques en général, à l'inverse de l'individu particulier, « ne peuvent rien faire qui serait une entrave quelconque à la satisfaction des besoins communs à tous les hommes »[3]. C'est cela qui distinguerait l'État du non-État ; et, dès lors, effectivement, l'État ne pourrait être composé que de services publics puisque tout ce qui n'appartient pas aux services publics ne saurait être qualifié d' « étatique ».

Une difficulté apparaît principalement : Duguit déduisait du seul fait qu'un acte ne poursuive pas l'intérêt général et ne respecte pas la « discipline sociale » et la « solidarité par division du travail » qu'il ne s'agirait pas d'un

[1] L. DUGUIT, *Les transformations du droit public*, Armand Colin, 1913, p. XIX.
[2] L. DUGUIT, *Traité de droit constitutionnel – Tome deuxième : La théorie générale de l'État – Première partie : Éléments, fonctions et organes de l'État*, 3e éd., De Boccard, 1928, p. 61.
[3] *Ibid.*, p. 60.

acte de l'État[1]. Il précisait, notamment, que « les gouvernants ne peuvent faire quoi que ce soit qui puisse gêner dans une mesure quelconque le libre et plein développement des activités individuelles »[2]. C'est là le cœur de sa théorie et il professait encore que « les pouvoirs des gouvernants sont limités à cette activité de service public, et tout acte des gouvernants est sans valeur quand il poursuit un but autre qu'un but de service public. Le service public est le fondement et la limite du pouvoir gouvernemental. Et par là ma théorie de l'État se trouve achevée »[3]. Il paraît fort difficile d'aboutir à pareille conclusion dès lors que l'acte en cause serait celui d'un gouvernement régissant les activités d'un peuple situé sur un territoire et contraint par les décisions de ce gouvernement. L'histoire comporte d'innombrables exemples d'États associés à des régimes à tendance totalitaire dans lesquels le « libre et plein développement des activités individuelles » était entravé. À moins de considérer, avec Gaston Jèze, que l'État, par l'intervention du législateur, arrête arbitrairement la carte d'identité de l'intérêt général, détermine ce qu'est la « solidarité sociale »[4] et ce que sont les services publics, de sorte que les gouvernants ne pourraient logiquement agir de manière contraire à ces objectifs qu'ils auraient eux-mêmes fixés[5]. C'est d'ailleurs de la sorte que les services publics sont aujourd'hui généralement entendus : des créations artificielles et discrétionnaires des pouvoirs publics associées aux institutions qui concrètement matérialisent ces purs choix politiques. Face à cela, Duguit se défendait d'une manière qui ne saurait convaincre : il faudrait, selon lui, considérer que les services publics sont « dans la réalité » ceux qui sont ainsi qualifiés par le droit naturel et non ceux qui sont ainsi qualifiés par le droit positif[6] ; et d'imaginer que « cette réalité l'emportera tôt ou tard sur la décision arbitraire du législateur »[7].

Dans tous les cas, l'État ne saurait se réduire au service public ; ce qui n'empêche guère que ce dernier soit un élément essentiel en certains États,

[1] *Ibid.*
[2] *Ibid.*
[3] *Ibid.*, p. 62.
[4] *Ibid.*, p. 59.
[5] Selon Gaston Jèze, « pour résoudre la question de savoir si dans tel cas donné le procédé du service public est effectivement employé, il faut rechercher uniquement l'intention des gouvernants » (G. JÈZE, *Principes généraux du droit administratif*, 2e éd., Berger-Levrault, 1914, p. 250 (cité par L. DUGUIT, *Traité de droit constitutionnel – Tome deuxième : La théorie générale de l'État – Première partie : Éléments, fonctions et organes de l'État*, 3e éd., De Boccard, 1928, p. 74))
[6] L. DUGUIT, *Traité de droit constitutionnel – Tome deuxième : La théorie générale de l'État – Première partie : Éléments, fonctions et organes de l'État*, 3e éd., De Boccard, 1928, p. 74.
[7] *Ibid.*

car, souvent, le gouvernement est gouvernement et la puissance est puissance parce que les initiatives étatiques ont pour but la « satisfaction des besoins communs à tous les hommes », ce qui conduit ceux-ci à les accepter et à préférer l'État à l'état de nature. L'idée selon laquelle l'État — *i.e.* tout État — reposerait sur « l'obligation juridique s'imposant aux gouvernants d'assurer l'accomplissement ininterrompu d'une certaine activité qui est d'une importance capitale pour la vie sociale puisque, étant donnés les mœurs, les tendances, les besoins d'une époque, il n'est pas un des membres de la société qui n'ait besoin que cette activité soit réalisée »[1] est une belle idée, mais elle pêche par excès d'utopisme et ne saurait emporter la conviction d'un esprit pragmatique, en tout cas dès lors qu'elle se veut essentialisante. Chaque jour qui passe apporte de nouvelles illustrations du fait que la réalité de l'État déborde allègrement de ce cadre richement orné mais par trop étroit. Pour autant, le service public n'est certainement pas à jeter aux oubliettes : l'État ne s'y résume pas, mais il ne l'ignore pas davantage, n'y est pas indifférent. Il est possible, sans en faire la « notion la plus fondamentale du droit public moderne »[2], de considérer que le service public est, avec d'autres, une notion fondamentale du droit public moderne, qui vaut en soi plus qu'à l'égard du concept d'État.

Reste la question de savoir si le service public doit être rapproché de la reconnaissance factuelle ou de la définition juridique de l'État. Au sein du présent ouvrage, celui-ci est donc essentiellement compris comme objectif que doivent poursuivre les gouvernants afin de rendre leurs actions légitimes du point de vue des gouvernés, comme paradigme sensé guider leurs interventions, et non comme organes et moyens matériels et juridiques mis en œuvre à cet effet. Appréhendé en ce dernier sens, le service public serait nécessairement juridique puisqu'il se bornerait à être ce que les pouvoirs publics qualifient comme tel. Il est également fondamentalement juridique pour qui l'érige en notion centrale du droit administratif français, influençant toutes ses institutions[3]. Mais, envisagé en tant qu'objectif subjectivement identifié, en tant que justification première de la puissance de l'État — c'est-à-dire du respect de l'État par le peuple —, en tant qu' « invention

[1] *Ibid.*, p. 70.

[2] L. DUGUIT, *Les transformations du droit public*, Armand Colin, 1913, p. XIX ; également L. DUGUIT, *Traité de droit constitutionnel – Tome deuxième : La théorie générale de l'État – Première partie : Éléments, fonctions et organes de l'État*, 3e éd., De Boccard, 1928, p. 44 (« le droit public n'a d'autre fondement que la notion de service public »).

[3] Par exemple, G. JÈZE, « L'influence de Léon Duguit sur le droit administratif français », *Arch. phil. droit* 1932, p. 135 s.

politique »[1], il n'est ni fait ni droit ; il appartient à l'ordre de l'esprit, de l'immatériel et, presque, de la métaphysique — même s'il est possible de croire en quelques valeurs universelles —. Le lecteur aura néanmoins remarqué que, ici, le service public est traité aux côtés des paragraphes consacrés aux éléments significatifs de l'État, c'est-à-dire parmi les données factuelles. Cela s'explique en raison du fait que Duguit qualifiait ce « donné social »[2] d'« élément constitutif » de l'État et que cela méritait d'être discuté. De plus, il est possible d'avancer que, à travers le service public envisagé en tant que fins, ce sont les besoins du peuple qui sont visés ; or ceux-ci sont certainement des considérations factuelles qu'il appartient au sociologue de rechercher.

Bien sûr, il y aurait, dans l'absolu, encore beaucoup à dire du service public, notion-cadre du droit administratif dont il demeure, au sens de nombre d'auteurs, toujours la « pierre angulaire »[3] et qui a inspiré d'importants travaux académiques[4]. Mais, les présentes recherches recourant au service public en tant que finalité ou principe de légitimité de l'action étatique, non en tant que signe caractéristique de l'État, il n'est pas utile de poursuivre plus avant et d'évoquer l'utilisation qui en est faite par le droit positif[5], en particulier à travers la jurisprudence administrative et les fameuses « lois de Rolland »[6], ou bien encore de revenir sur la distinction des services publics d'autorité et des services publics de gestion, que critiquait sévèrement et longuement Duguit[7]. Parce que le sujet est passionnant et fondamental, seul un plein ouvrage *ad hoc* permettrait d'aborder sérieusement les célèbres arrêts du Conseil d'État qui, aujourd'hui encore, amènent à penser que le droit administratif, s'il est sans doute devenu quantitativement un droit législatif et règlementaire, demeure qualitativement foncièrement prétorien[8]. Ici n'est pas non plus le lieu où se

[1] E. CADEAU, « La satisfaction des besoins collectifs : le service public », in Th. DE BERANGER, M. DE VILLIERS, dir., *Droit public général*, 5e éd., LexisNexis, coll. Manuel, 2011, p. 511.

[2] L. DUGUIT, *Traité de droit constitutionnel – Tome deuxième : La théorie générale de l'État – Première partie : Éléments, fonctions et organes de l'État*, 3e éd., De Boccard, 1928, p. 75.

[3] J. MORAND-DEVILLER, *Droit administratif*, 13e éd., LGDJ, coll. Cours, 2013, p. 456.

[4] Par exemple, H. ISAR, *Le service public et la communication audiovisuelle*, PUAM-Economica (Aix-en-Provence-Paris), coll. Droit de l'audiovisuel, 1996, spéc. p. 25 s.

[5] *Cf.*, parmi d'autres, G. J. GUGLIELMI, G. KOUBI, *Droit du service public*, 3e éd., Montchrestien, coll. Domat droit public, 2011.

[6] *Cf.* L. ROLLAND, *Précis de droit administratif*, 11e éd., Dalloz, 1957.

[7] *Cf.* L. DUGUIT, *Traité de droit constitutionnel – Tome deuxième : La théorie générale de l'État – Première partie : Éléments, fonctions et organes de l'État*, 3e éd., De Boccard, 1928, p. 79 s.

[8] *Cf.* B. BARRAUD, « Les sources du droit administratif – Évolution et actualité de l' "exception administrative" », *Rev. adm.* 2013, n° 395, p. 49 s. ; et bien sûr G. BRAIBANT, P. DELVOLVÉ,

plonger dans la fameuse querelle doctrinale opposant hauriouistes et duguistes, soit École de la puissance publique et École du service public, État-gendarme et État-providence[1] ; même si, sans doute, il faudrait en appeler à l'équilibre et convenir que le service public, critère des fins, est complémentaire de la puissance publique, critère des moyens[2].

Il est temps, désormais, d'aborder la problématique de la définition juridique de cette personne souveraine qu'est l'État.

26. ***Transition entre identification factuelle et définition juridique de l'État.*** Avoir au préalable déterminé les conditions de l'étaticité et circonscrit les dimensions de l'État peut être décisif au moment de discuter nombre de problématiques juridiques. Tel est le cas, par exemple, quant à la question du monisme ou pluralisme juridique. Il serait délicat, si ce n'est impossible, en ne sachant pas précisément qui est l'État, de rechercher si une source de normes est une source étatique de normes, participant du monisme juridique, ou une source extra-étatique de normes, participant du pluralisme juridique. Le droit s'analyse souvent comme un système de règles dont la finalité serait le contrôle politique du corps social, lequel ne serait possible qu'à condition d'avoir édifié un État jouissant du monopole de la contrainte légitime et de l'exercice de la puissance publique[3]. On considère, en conséquence, que c'est l'État qui confèrerait à la norme sa juridicité ; reconnaître l'État permettrait donc de reconnaître le droit. L'étaticité serait le critère de la juridicité et, pour pouvoir identifier le droit, il faudrait savoir identifier l'État. Telle est la conception moderne qui coïncide avec le

B. GENEVOIS, M. LONG, P. WEIL, *Les grands arrêts de la jurisprudence administrative*, 19e éd., Dalloz, coll. Grands arrêts, 2013.

[1] Simplement est-il cocasse de remarquer que Duguit cherchait à démontrer que, « en dernière analyse, Hauriou fonde dans la onzième édition de son *Traité de droit administratif*, 1927, la limitation de l'État sur la notion de service public. Or, comme le droit public n'a vraiment d'autre objet que la limitation de l'État, le savant auteur arrive finalement lui aussi à donner pour unique fondement au droit public le service public. Il écrit notamment ceci : "Tout en maintenant à la puissance publique en droit administratif le premier rôle, il faut reconnaître que le service public, bien qu'au second plan, joue encore un rôle important. C'est l'idée du service qui entraîne l'autolimitation objective de la puissance publique" » (L. DUGUIT, *Traité de droit constitutionnel – Tome deuxième : La théorie générale de l'État – Première partie : Éléments, fonctions et organes de l'État*, 3e éd., De Boccard, 1928, p. 43).

[2] J. MORAND-DEVILLER, *Droit administratif*, 13e éd., LGDJ, coll. Cours, 2013, p. 456.

[3] H. WILLKE, « Le droit comme codage de la puissance publique légitime », *Droits* 1989, n° 10, p. 113 s.

monisme juridique[1] — qu'il serait faux d'assimiler au positivisme juridique dans son ensemble —.

Seulement la description factuelle qui vient d'être exposée ne permet-elle de distinguer l'État que dans ses grandes lignes. Elle n'efface pas toute marge d'incertitude quant à l'ontologie étatique. Pour accéder plus en détails aux éléments particuliers qui caractérisent l'être étatique, il faut franchir la barrière humienne et s'élancer sur le terrain du droit ; car, si l'État sert peut-être à définir le droit, certaines spécificités d'ordre juridique intègrent la définition de l'État. La contradiction peut, à cet instant, sembler patente : la proposition « État → droit » ne peut pas aller de pair avec la proposition « droit → État ». L'un ne peut pas, logiquement, être à l'origine de l'autre qui serait à l'origine de l'un. Comme le note le Professeur Michel Troper, le risque, en matière de définition, est souvent que, paradoxalement, « le *definiens* ne [soit] défini que par le *definiendum* »[2], ce qui amène à tourner en rond et à ne jamais véritablement spécifier les termes en cause. Cependant, ce ne sont que quelques particularités juridiques qui intègrent la définition de l'État, non le droit dans son ensemble, non la juridicité. Il est donc possible de définir l'État au travers de ces particularités juridiques sans, par ailleurs, disposer de la ou même d'une définition du droit.

En même temps, il serait peu opportun de soutenir que le droit naturel serait à l'origine de l'État qui, ensuite, engendrerait le droit positif. La réalité de l'État est certainement qu'il est une création *ab initio* sociale et factuelle qui existe ensuite par le droit qu'il produit et sur lequel il s'appuie. L'État apparaîtrait donc, non pas après ou concomitamment au droit, mais avant lui. En bref, cela signifie qu'il serait inopérant et malheureux de vouloir uniquement définir l'État juridiquement car, alors, il serait impossible de sortir du cercle *definiens-definiendum-definiens* décrit par le Professeur Michel Troper. Bien sûr, cela vaut surtout à l'égard des conceptions monistes qui relient indissolublement la juridicité à l'étaticité.

Il convient maintenant — en complément de la présentation factuelle désormais achevée — de caractériser juridiquement cet État qui, s'il naît du fait et est en premier lieu fait de faits, s'habille de droit ; or, souvent, l'habit

[1] Par exemple, D. DE BÉCHILLON, *Qu'est-ce qu'une règle de droit ?*, Odile Jacob, 1997, spéc. p. 69 ; *cf.*, *contra*, H. MOUTOUH, « Pluralisme juridique », in D. ALLAND, S. RIALS, dir., *Dictionnaire de la culture juridique*, Lamy-Puf, coll. Quadrige-dicos poche, 2003, p. 1159 ; D. TERRÉ, « Le pluralisme et le droit », *Arch. phil. droit* 2005, p. 75.

[2] M. TROPER, « Le territoire est plus intéressant que le territoire », *Jurisdoctoria* 2013, n° 10, p. 14.

se voit mieux que le corps qu'il recouvre. Car l'État est bien cela : un corps de faits habillé de droit.

Le lecteur pourra, s'il aborde ces pages sous un angle strictement scientifico-juridique, regretter que la définition de l'État soit ainsi divisée en deux parts égales dont l'une se soucie du fait quand l'autre aborde le droit. Il n'est pas rare de voir expliqué que le juriste n'a pas à se préoccuper des données qui intéressent le philosophe, le sociologue, le politiste ou l'historien, que son office ne peut le conduire qu'à s'enquérir des actes et phénomènes juridiques en bonne et due forme[1], auxquels le « contrat » social, notamment, n'appartient pas. Cela ne revient pas à dire que l'État ne pourrait être défini que par le prisme juridique ; cela implique seulement que le juriste ne serait compétent ou légitime que pour débattre de la part juridique de cette définition. Toutefois, se concentrer ainsi sur le droit et uniquement sur le droit semble interdire au *jus*-scientifique de rechercher les causes et les modalités du passage de l'ère ante-étatique à l'ère étatique. Or ces éléments sont particulièrement décisifs en toute réflexion portant sur l'État. Et tous les problèmes les plus contemporains relativement à l'état de l'État et à son avenir, spécialement en raison des effets induits par la globalisation sociale, culturelle et économique, interrogent les fondations factuelles de l'État, de la nation au territoire en passant par la puissance, non ses caractères juridiques. Il paraissait donc impératif, *a fortiori* dès lors que ces lignes sont rédigées au XXIe s., de ne pas passer sous silence les questions des origines et de l'identification factuelles de l'État.

Reste, enfin, à répondre à une critique de Kelsen : selon l'illustre théoricien du droit et de l'État, les éléments significatifs listés en cette première partie permettraient bien de distinguer l'État des structures non étatiques, mais, n'ayant nulle existence naturelle et indépendante de l'État, seulement en ce qu'ils seraient reconnus et qualifiés juridiquement par l'État ; autrement dit, « on ne peut les concevoir que comme des données concernant la validité et les domaines de validité d'un ordre juridique »[2]. Cette analyse a d'ailleurs été en partie reprise ci-dessus lorsqu'a été expliqué que les éléments significatifs ne sauraient précéder l'État. Le peuple ne peut guère se définir que comme l'ensemble des individus soumis à l'État et à ses normes juridiques ; le territoire n'est autre que l'espace géographique compris à l'intérieur des limites de validité de l'ordre juridique étatique ; et la puissance étatique est celle « qui est exercée par le gouvernement de l'État, sur le peuple de l'État, à l'intérieur de l'État » et au moyen des

[1] O. BEAUD, *La puissance de l'État*, Puf, coll. Léviathan, 1994, p. 243.
[2] H. KELSEN, *Théorie pure du droit*, 2e éd., trad. Ch. Eisenmann, Dalloz, 1962, p. 374.

normes juridiques[1]. Il faut néanmoins convenir, contre Kelsen, que peuple, territoire, gouvernement et puissance sont aussi des données factuelles car, même saisis par le droit, ils n'en demeurent pas moins empiriquement observables et même palpables, là où une norme est toujours, en soi, invisible. Certes n'existent-ils pas avant l'État en tant que peuple, territoire, gouvernement et puissance *de l'État*, mais l'intervention de celui-ci n'emporte pas la disparition du fait, ne provoque pas le remplacement total des données factuelles par des données juridiques : avant l'État, tout n'était que fait ; après lui, le droit cohabite avec le fait. Les éléments significatifs de l'État ne relèvent ni du pur droit ni du pur fait ; ils appartiennent tant à l'un qu'à l'autre monde. Il faut donc confirmer en même temps que relativiser la fracture humienne. Si le présent ouvrage se décompose en deux parties dont l'une s'intéresse au fait et l'autre s'intéresse au droit, les éléments envisagés dans l'une pourraient aussi l'être dans l'autre — quoique cela fonctionne davantage dans le sens fait → droit que dans le sens droit → fait —. Un « fait juridique », par définition, appartient autant à la sphère factuelle qu'à la sphère juridique.

Au sens de la doctrine normativiste, l'État ne serait composé que de droit — et même que de règles de droit — puisqu'il consisterait uniquement en un ordre juridique, soit en un savant complexe de normes : « [Il] se définit comme un ordre juridique relativement centralisé, limité dans son domaine de validité spatial et temporel, soumis immédiatement au droit international, et efficace dans l'ensemble et généralement »[2]. En ces lignes, au contraire, est considéré que la réalité de l'État excède très largement la réalité juridique de l'État, y compris aux yeux d'un juriste conséquent. « État » et « droit » ne sont pas deux mots différents utilisés afin de désigner un seul et même phénomène ; ils se détachent au moins aussi souvent qu'ils s'assemblent. Mais il n'est plus lieu de débattre de ce point. Simplement est-il encore possible d'observer que, tandis que peut être contesté le recours à des éléments caractéristiques factuels, nul ne songerait à définir l'État sans éléments définitionnels juridiques, mis à part éventuellement Duguit[3]. Ainsi que l'affirmait Carré de Malberg, « ce qui fait l'État, ce qui achève d'unifier

[1] *Ibid.*

[2] *Ibid.*, p. 383.

[3] En effet, Duguit écrivait, par exemple : « De personnalité collective, je n'en ai trouvé nulle part ; de puissance publique, de souveraineté, je n'en ai pas trouvé davantage ; mais seulement des individus en possession d'une force dans un milieu social donné, dans une collectivité humaine fixée sur un certain territoire » (L. DUGUIT, *Traité de droit constitutionnel – Tome deuxième : La théorie générale de l'État – Première partie : Éléments, fonctions et organes de l'État*, 3e éd., De Boccard, 1928, p. 62).

en corps étatique les hommes animés d'un même esprit national, c'est une organisation constitutionnelle déterminée et organisée »[1]. Mais l'existence d'une Constitution ou, du moins, d'une organisation constitutionnelle n'est-elle pas l'un de ces « faits juridiques » qui transcendent la *summa divisio* humienne ? Si la voie de la séparation du fait et du droit est donc considérée comme assez artificielle, elle n'en demeure pas moins ici empruntée. Il est vrai que pareille présentation, bien que peut-être peu conforme à la fine réalité des choses, a le mérite d'être didactique et explicite.

Il y aurait assurément matière à consacrer plusieurs ouvrages à la définition ou « théorie »[2] juridique de l'État. Par exemple, parmi tant d'autres problématiques, il faudrait se demander pourquoi, concernant le cas français, l'article 16 de la Déclaration des droits de l'homme et du citoyen de 1789 prévoit que « toute *Société* dans laquelle [...] la séparation des Pouvoirs n'est pas déterminée n'a point de Constitution » et non que « tout *État* dans lequel... ». À moins qu'il faille plutôt demander pourquoi est-il écrit « n'a point de *Constitution* » et non « n'a point d'*État* » ? Toutes les questions ne pouvant être envisagées ici, des choix ont nécessairement été opérés et, en résumé, est retenu que l'État, juridiquement, se présente telle une personne souveraine.

[1] R. CARRÉ DE MALBERG, *Contribution à la théorie générale de l'État spécialement d'après les données fournies par le droit constitutionnel français*, t. I, Librairie du Recueil Sirey, 1920, p. 64.

[2] Réf. à M. TROPER, *Pour une théorie juridique de l'État*, Puf, coll. Léviathan, 1994.

Seconde partie

LA DÉFINITION JURIDIQUE DE L'ÉTAT

27. ***La nécessité et l'intérêt de spécifier l'État par ses caractères juridiques.*** Duguit ne voyait guère comment l'État pourrait être autre chose qu'une réalité factuelle et, en particulier, comment il pourrait être une réalité juridique. Il écrivait : « Ma doctrine est essentiellement objectiviste : je nie la puissance publique conçue comme droit subjectif ; je nie la personnalité de l'État conçue comme sujet de droit ; je ne reconnais à l'État qu'une puissance de fait dont l'objet et l'étendue sont déterminés par le droit objectif »[1]. Non sans quelques arrière-pensées assez explicitement politiques, le professeur bordelais concluait le premier tome de son *Traité de droit constitutionnel* en ces termes : « Bannissons donc, une fois pour toutes, ces conceptions surannées de personnalité et de souveraineté de l'État, qui donnent naissance à des problèmes insolubles, à des discussions interminables et vaines, qui ont toujours été et seront toujours le principe d'une action tyrannique et dictatoriale à l'intérieur et d'une politique agressive et conquérante à l'extérieur »[2]. Il est délicat de suivre l'éminent auteur sur pareil chemin et, tout au contraire, c'est bien en tant que *personne souveraine* que l'État sera ici appréhendé juridiquement. Mais il ne faudrait pas davantage succomber à la tentation inverse et soutenir que l'État ne possèderait qu'une existence « abstraite », « virtuelle » et « imaginaire »[3]. Si peut être discutée la question de savoir qui, du droit ou du fait, est l'élément le plus apte à caractériser l'État, il paraît en revanche peu pertinent de chercher à se passer de l'un ou de l'autre — pour, par exemple, se contenter d'une « notion juridique »[4] ou « conception juridique »[1] de l'État —, même

[1] L. DUGUIT, *Traité de droit constitutionnel – Tome premier : La règle de droit, le problème de l'État*, 3e éd., De Boccard, 1927, p. 549-550 ; également L. DUGUIT, *Traité de droit constitutionnel – Tome deuxième : La théorie générale de l'État – Première partie : Éléments, fonctions et organes de l'État*, 3e éd., De Boccard, 1928, p. 37 s.

[2] L. DUGUIT, *Traité de droit constitutionnel – Tome premier : La règle de droit, le problème de l'État*, 3e éd., De Boccard, 1927, p. 733.

[3] D. DE BÉCHILLON, *Qu'est-ce qu'une règle de droit ?*, Odile Jacob, 1997, p. 101.

[4] Réf. à M. REGLADE, « La notion juridique d'État en droit public interne et en droit international public », in *Mélanges Georges Scelle*, LGDJ, 1950.

si, évidemment, une théorie juridique de l'État élaborée par un juriste paraît tout à fait naturelle et légitime. Bien sûr, a déjà été souligné combien il est inconséquent de séparer par trop radicalement droit et fait. Reste que, puisqu'il faut distinguer l'une et l'autre, la définition juridique de l'État vient logiquement après son identification factuelle, le droit étant le fruit du fait.

Beaucoup d'universitaires estiment que, historiquement, l'émergence de l'État coïncide avec l'apparition des Constitutions qui sont les textes qui « ont pour objet l'État et les limites de son pouvoir »[2]. Déjà Grotius soulignait qu' « il n'existe aucune société qui puisse se maintenir sans le droit »[3]. Ainsi l'histoire du droit et l'histoire de l'État tendraient-elles à largement se mêler et même, parfois, à se confondre. On cherche, dès lors, à toujours définir le droit par l'État, mais aussi à toujours définir l'État par le droit, cela à la suite de Kelsen qui disait de l'État qu'il « est une construction auxiliaire de la pensée juridique »[4]. Nombre d'auteurs, parmi les sciences humaines et sociales, envisagent l'État comme un objet a-juridique, considérant qu'il est avant tout un phénomène politique et social, mais il en va différemment dans le seul cercle des juristes — exception faite de Léon Duguit — où, le plus souvent, est postulé qu'il y aurait identité ou altérité entre droit et État, *a fortiori* au sens des normativistes qui font de l'État la personnification d'un ordre juridique[5]. Selon Kelsen, dire « l'État crée le droit » ne veut pas dire autre-chose que « le droit crée le droit » ; car, suivant une formule abondamment reprise, « le droit règle sa propre création »[6]. Le tenant de la « théorie pure du droit » ne pouvait donc pas soutenir que l'État serait la seule source du droit puisque celui-ci n'existerait qu'en tant qu'ensemble de normes juridiques ; il pouvait seulement affirmer que le droit est la seule source du droit.

Pour être plus juste, il faudrait noter, non pas que les juristes ne voient d'État que juridique, mais plutôt qu'ils ne s'autorisent à l'étudier que sous le seul angle juridique. C'est à raison qu'ils conçoivent — Kelsen y compris —

[1] Réf. à X. S. COMBOTHECRA, *La conception juridique de l'État*, Librairie de la société du recueil général des lois et des arrêts, 1899 ; également M. TROPER, *Pour une théorie juridique de l'État*, Puf, coll. Léviathan, 1994.

[2] F. HAMON, M. TROPER, *Droit constitutionnel*, 32e éd., LGDJ, coll. Manuel, 2011, p. 3.

[3] H. GROTIUS, *Le droit de la guerre et de la paix* (1625), Guillaumin, 1867, p. XXIII (cité par Ch. BEHRENDT, F. BOUHON, *Introduction à la théorie générale de l'État – Recueil de textes*, Larcier (Bruxelles), coll. Faculté de droit de l'Université de Liège, 2009, p. 315).

[4] H. KELSEN, *Théorie pure du droit*, 2e éd., trad. Ch. Eisenmann, Dalloz, 1962, p. 387.

[5] F. POIRAT, « État », in D. ALLAND, S. RIALS, dir., *Dictionnaire de la culture juridique*, Lamy-Puf, coll. Quadrige-dicos poche, 2003, p. 644.

[6] H. KELSEN, *Théorie pure du droit*, 2e éd., trad. Ch. Eisenmann, Dalloz, 1962, p. 96.

l'État en tant que « notion de droit, non pas indépendante, mais distincte » des réalités socio-factuelles qui font aussi l'État[1]. Et le Professeur Jacques Chevallier, s'il écrit que « l'État est un concept dont la consistance est d'abord juridique et qui ne peut être appréhendé qu'à travers le prisme du droit »[2], de remarquer par ailleurs que cela « néantis[e] la dynamique sociale et politique dont il est le produit [...] et qui l'agit[e] en permanence et le [fait] évoluer »[3]. Peut-être faut-il séparer le concept d'État, avant tout juridique[4], et la réalité de l'État, qui serait au moins autant sociologique et politique ; il serait logique que l'abstrait aille de pair avec le droit et le concret de pair avec le fait. En tout cas, lorsque le Professeur Michel Troper avance, contre Kelsen, que « l'État ne s'identifie pas avec le droit »[5], c'est pour ensuite observer que « ce n'est pas l'État qui définit le droit mais le droit, la forme juridique, qui définit et constitue l'État »[6].

Jacques Ellul enseignait que « l'État est une réalité tellement terrible, quand on la considère dans sa nudité, que l'on a cherché tous les moyens pour la voiler, pour l'apprivoiser »[7]. La première des enveloppes formelles de l'État est assurément le droit : en en faisant un être juridique, une personne juridique, un État de droit produisant un droit de l'État, le Léviathan apparaît sous un jour nouveau. L'objectif est simple : comme le contrat social, la nation et, mais dans une moindre mesure, les éléments significatifs servent à légitimer l'existence et l'action de l'État, le recours au droit permet de « justifier »[8] cette existence et cette action. Et il semble possible d'aller plus loin en soutenant que le droit, s'il ne lui donne pas la vie, permet à l'État de vivre, est son carburant en même temps que son moteur. Dans *Le savant et le politique*, Max Weber expliquait exactement cela lorsqu'il différenciait « trois formes pures de l'autorité politique »[9]. D'abord, il y aurait l' « éternel hier » de la tradition et des « coutumes sanctifiées », c'est-à-dire le « pouvoir traditionnel ». Ensuite, il y aurait le « pouvoir charismatique », fondé « sur la grâce personnelle et extraordinaire

[1] O. BEAUD, *La puissance de l'État*, Puf, coll. Léviathan, 1994, p. 129.
[2] J. CHEVALLIER, *L'État*, 2e éd., Dalloz, coll. Connaissance du droit, 2011, p. 3.
[3] *Ibid.*, p. 4.
[4] Ou uniquement juridique au sens de Kelsen selon qui « il n'y a de concept d'État que juridique » (H. KELSEN, *Théorie générale du droit et de l'État* (1945), trad. B. Laroche, V. Faure, LGDJ-Bruylant (Paris-Bruxelles), coll. La pensée juridique, 1997).
[5] M. TROPER, *Pour une théorie juridique de l'État*, Puf, coll. Léviathan, 1994, p. 159.
[6] *Ibid.*
[7] J. ELLUL, « Remarques sur les origines de l'État », *Droits* 1992, n° 15, p. 14.
[8] J.-Ch. LE COUSTUMER, « Michel Troper », in O. CAYLA, J.-L. HALPÉRIN, dir., *Dictionnaire des grandes œuvres juridiques*, Dalloz, 2008, p. 580.
[9] M. WEBER, *Le savant et le politique* (1959), 10/18, coll. Bibliothèques, 2002, p. 102-103.

d'un individu ». Enfin, le « pouvoir légal », fondé sur la croyance en un statut juridique de l'autorité et sur l'idée que ceux qui l'exercent ont pour ce faire une compétence positive, serait la troisième forme. Ces modalités du pouvoir et de la puissance semblent se succéder chronologiquement, loin de cohabiter en une même époque. L'État moderne, en tout cas, correspond au troisième des trois types d'autorité politique décrits par Weber, c'est-à-dire à celle qui s'appuie sur le droit, qui se justifie par le droit. Ce passage du pouvoir traditionnel ou charismatique au « pouvoir légal » coïncide sans doute avec l'avènement du rationalisme et du pragmatisme dans les pays dits « développés » ou « avancés », au sein desquels il n'est plus possible de revendiquer quelque autorité d'essence divine ou naturelle.

Carré de Malberg, après avoir lui aussi proposé une première définition de l'État à travers ses éléments « constitutifs », poursuivait en ces termes :

> *Quoiqu'elle soit conforme aux faits, [celle-ci] ne saurait pleinement satisfaire le juriste. La raison en est que la science juridique n'a pas seulement pour objet de constater les faits générateurs du droit, mais elle a pour tâche principale de définir les relations juridiques qui découlent de ces faits. Or, à ce point de vue, l'insuffisance de la définition ci-dessus proposée provient manifestement de ce qu'elle se borne à indiquer les éléments qui concourent à engendrer l'État, bien plutôt qu'elle ne définit l'État lui-même. Et par suite elle est dangereuse, en ce qu'elle conduit naturellement à confondre l'État avec ses éléments. [...] En effet, le territoire, l'agglomération des habitants vivant en commun, l'organisation elle-même de la collectivité et la puissance publique qui en dérive, ne sont que des conditions de la formation de l'État : ces divers facteurs combinés vont bien avoir l'État pour résultante, mais l'État ne se confond avec aucun d'eux. Une telle confusion n'aurait point été commise si l'on avait su s'élever de l'observation des éléments de fait de l'État à une notion tirée des éléments de droit qui déterminent son essence juridique. Il semble incontestable que ce sont ces éléments de droit qui doivent prédominer dans la définition [de l'État].*[1]

Il n'est pas assuré qu'en soutenant que l'État est ou a un peuple, un territoire, un gouvernement et une puissance, le risque soit grand d'en venir à le réduire à l'un de ces éléments en particulier ; a été amplement précisé

[1] R. CARRÉ DE MALBERG, *Contribution à la théorie générale de l'État spécialement d'après les données fournies par le droit constitutionnel français*, t. I, Librairie du Recueil Sirey, 1920, p. 8.

combien ces données devaient toutes être réunies pour que l'existence d'un État puisse être constatée. En revanche, il paraît difficile de ne pas suivre l'auteur de la *Contribution* quand il insiste sur le fait que c'est essentiellement la définition juridique de l'État qui se révèle pertinente aux yeux du juriste et que la description de ses éléments significatifs ne saurait suffire à composer une définition complète et satisfaisante. Il est topique que, alors qu'au sein du présent essai les éléments définitionnels factuels et les éléments définitionnels juridiques occupent peu ou prou une place équivalente (une pleine partie), Carré de Malberg exposait les « éléments constitutifs de l'État » au sein de « préliminaires » longs de moins de dix pages[1] avant de ne plus se préoccuper, durant des centaines de pages, que de la « définition juridique de l'État »[2]. Là où le maître de Strasbourg entendait faire « prédominer les éléments de droit », il est affirmé, en ces pages, que l'État peut être décrit, même par un juriste, tout autant à travers le fait qu'à travers le droit.

Par ailleurs, les grands penseurs modernes de l'ontologie de l'État — non de son rôle, de sa légitimité ou de sa crise — sont essentiellement des théoriciens-juristes ; cela témoigne du lien étroit qui relie l'être étatique aux normes et institutions juridiques. Selon certains, ce ne serait même que le droit qui permettrait de distinguer la forme étatique du pouvoir de ses formes non étatiques ; seul le droit constituerait les « structures fondamentales sur lesquelles s'appuie l'architecture de l'État »[3]. Cette dernière assertion ne peut rencontrer quelque succès dès lors que, à chaque fois que les éléments significatifs précédemment listés sont réunis, c'est qu'il y a État — et qu'il y a souveraineté et personnalité juridique —. Que, par suite, tous ces éléments usent du droit pour s'exprimer ou s'imposer relève d'une autre problématique et ne saurait leur retirer leur qualité de faits.

Néanmoins, recourir à des données juridiques, en complément de ces données factuelles, permet de dessiner plus finement les contours de l'État et, assurément, « les juristes ont un titre particulier à proposer quelques clés pour une définition [de l'État] sensiblement plus consistante que la plupart des autres »[4]. Il faut donc retenir que la définition juridique de l'État n'est, après sa définition factuelle, pas indispensable mais très utile, *a fortiori* évidemment si l'étude est une étude juridique. Incontestablement, depuis

[1] *Ibid.*, p. 2 à 8.
[2] *Ibid.*, p. 8 s.
[3] S. GOYARD-FABRE, *L'État, figure moderne de la politique*, Armand Colin, coll. Cursus-philosophie, 1999, p. 20 et 22 ; également D. DE BÉCHILLON, *Qu'est-ce qu'une règle de droit ?*, Odile Jacob, 1997, p. 106 (« l'État suppose une définition purement juridique »).
[4] D. DE BÉCHILLON, *Qu'est-ce qu'une règle de droit ?*, Odile Jacob, 1997, p. 100.

longtemps, les théories générales de l'État tendent à muer en théories juridiques de l'État ; aussi ont-elles toujours pour ambition première de tracer avec le maximum de précision la frontière qui sépare l'État compris comme système de normes juridiques de l'État entendu comme phénomène politique, sociologique ou encore psychologique. Et, pour atteindre les fins poursuivies, les théoriciens en cause s'attachent à transformer les phénomènes observés en phénomènes juridiques[1]. Qualifiant cette attitude de « scientiste », un commentateur observe qu'elle a pour ambition première de démarquer la théorie moderne de l'État du jusnaturalisme propre à la théorie, par exemple, de Rousseau, c'est-à-dire la théorie du contrat social et du peuple souverain[2]. En tout cas est-ce une illustration, propre à la sphère théorique, assez patente de la tendance au « panjuridisme » qu'évoquait Carbonnier[3]. Il ne serait guère difficile de faire des éléments significatifs factuels précédemment décrits des éléments juridiques pour, *in fine*, ne conserver qu'une définition entièrement juridique de l'État. Néanmoins, c'est bien une définition axée sur la *summa divisio* fait/droit qui est présentement retenue, spécialement afin de pouvoir adopter une approche pragmatique et concrète et ne pas succomber systématiquement aux appels des fictions juridiques et du panjuridisme[4]. À la suite de Jellinek, il paraissait indispensable de ne pas choisir entre théorie générale et théorie juridique de l'État[5]. Certainement « la théorie juridique est[-elle] centrale pour l'analyse du phénomène étatique »[6], mais elle ne saurait se suffire à elle-même, à moins de produire un travail par trop partial et partiel.

Hauriou enseignait que la recherche d'un fondement juridique propre à l'État existe depuis le Moyen-Âge, période au cours de laquelle la théologie scolastique puis l'École du droit de la nature et des gens ont cru apercevoir celui-ci soit dans un contrat collectif, soit dans une institution

[1] *Cf.* M. XIFARAS, « Fictions juridiques – Remarques sur quelques procédés fictionnels en usage chez les juristes », *Annuaire de l'Institut Michel Villey* 2011, vol. 3, p. 451 s.

[2] M.-J. REDOR, *De l'État légal à l'État de droit – L'évolution des conceptions de la doctrine publiciste française (1879-1914)*, Economica-PUAM (Paris-Aix-en-Provence), coll. Droit public positif, 1992, p. 54.

[3] J. CARBONNIER, *Flexible droit – Pour une sociologie du droit sans rigueur*, 8e éd., LGDJ, 1995.

[4] *Cf.* B. BARRAUD, *Repenser la pyramide à l'ère des réseaux – Pour une conception pragmatique du droit*, L'Harmattan, coll. Logiques juridiques, 2012, p. 96 s.

[5] Réf. à G. JELLINEK, *L'État moderne et son droit – Première partie : Théorie générale de l'État* (1911), trad. G. Fardis, Éditions Panthéon-Assas, coll. Les introuvables, 2005 ; G. JELLINEK, *L'État moderne et son droit – Deuxième partie : Théorie juridique de l'État* (1911), trad. G. Fardis, Éditions Panthéon-Assas, coll. Les introuvables, 2005.

[6] J. CHEVALLIER, *L'État*, 2e éd., Dalloz, coll. Connaissance du droit, 2011, p. 4.

coutumière[1]. Mais, aujourd'hui, on quête moins une telle origine juridique que la réalité juridique de l'État ; a déjà été abondamment souligné combien l'État ne saurait naître que des faits, combien la logique « État → droit » paraît plus congruente que la logique « droit → État »[2]. Avec Santi Romano, il faut affirmer que « l'État est une entité juridique parce qu'il existe, [donc] dès le moment où il accède à la vie. Il ne trouve pas son origine dans une procédure réglée par des normes juridiques mais dans un fait »[3]. La souveraineté et la personnalité juridique de l'État apparaissent exactement au même moment et pour les mêmes raisons que celui-ci ; elles lui sont consubstantielles et, partant, ne sauraient en aucun façon expliquer sa fondation. C'est pour cela que la distinction retenue au sein de la précédente partie, consacrée à l' « identification factuelle de l'État », entre « naissance » et « reconnaissance » de ce dernier ne saurait être reconduite en la présente seconde partie. En matière de « définition juridique de l'État », il ne peut être question que de « reconnaissance », jamais de « naissance ».

Enfin, si l'État se définit par le droit, encore faut-il s'accorder sur ce qu'est le droit, car certaines conceptions dites « juridiques » de l'État n'accordent paradoxalement que très peu de place aux normes et institutions juridiques[4]. Il existe toutefois un relatif consensus autour des caractères juridiques de l'État. Le Professeur Jacques Chevallier considère que la « constitution juridique de l'État » se décompose en « trois éléments essentiels » que sont la souveraineté, la personnification et l'État de droit[5]. Ici, cependant, seuls les deux premiers éléments cités seront conservés, même si beaucoup d'auteurs opinent à cette présentation tripartite en arguant, par exemple, que l'État « est une personne morale caractérisée par la détention de prérogatives de puissance publique et par sa soumission aux sujétions correspondantes »[6]. Il semble permis de considérer que l'idée d'État de droit se rattache à la personnalité juridique de l'État, en est une

[1] M. HAURIOU, *Précis élémentaire de droit constitutionnel*, 2e éd., Librairie du Recueil Sirey, 1930, p. 19-20.

[2] *Cf.*, par exemple, A. GARAPON, « L'idée de droit social : Georges Gurvitch », in P. BOURETZ, dir., *La force du droit – Panorama des débats contemporains*, Esprit, 1991, p. 216 s.

[3] S. ROMANO, *L'ordre juridique* (1946), trad. L. François, P. Gothot, Dalloz, coll. Philosophie du droit, 1975, p. 37.

[4] Par exemple, un auteur soutient que « la question centrale, concernant l'État, est la question de droit […], c'est-à-dire celle de la légitimité et du fondement du politique, et aussi celle de la valeur des fins qu'il se propose » (P. KAHN, *L'État*, Quintette, coll. Philosopher, 1989, p. 6).

[5] J. CHEVALLIER, *L'État*, 2e éd., Dalloz, coll. Connaissance du droit, 2011, p. 27.

[6] P. AVRIL, J. GICQUEL, *Lexique de droit constitutionnel*, Puf, 1986, p. 48 (cité par J. BAGUENARD, *L'État – Une aventure incertaine*, Ellipses, coll. Mise au point, 1998, p. 10).

conséquence, comme un homme, une entreprise ou une association est soumis au droit et possède des droits et des obligations parce qu'il/elle est une personne juridique.

Partant, l'État se définit juridiquement comme une personne (*titre premier*) souveraine (*titre second*), cette définition étant celle agréée de Carré de Malberg[1] à Georges Vedel[2] en passant par une part importante des juristes publicistes contemporains[3] ; et cela bien qu'il faille rappeler à quel point Duguit ne voyait en cette description que la conséquence d'une sombre « métaphysique »[4]. Quant à Carré de Malberg, il ne faisait cependant pas de l'État exactement une personne souveraine mais plutôt « une personne collective et une personne souveraine »[5]. L'idée de personne collective — *i.e.* une personne qui unifie la communauté humaine, une personnification de la nation — paraît pouvoir se réduire, dans un but didactique, à l'idée de personne et, par conséquent, parler de « personne souveraine » reviendrait à parler de « personne collective souveraine ». Concernant l'affirmation de Jellinek selon laquelle « toute la théorie juridique de l'État se ramène essentiellement à la théorie de la puissance

[1] R. Carré de Malberg, *Contribution à la théorie générale de l'État spécialement d'après les données fournies par le droit constitutionnel français*, t. I, Librairie du Recueil Sirey, 1920, p. 9.

[2] G. Vedel, *Droit constitutionnel*, Librairie du Recueil Sirey, 1949, p. 99 (« l'État se définit comme une personne morale munie de la souveraineté »).

[3] Par exemple, J. Baguenard, *L'État – Une aventure incertaine*, Ellipses, coll. Mise au point, 1998, p. 61 (qui parle d' « unanimité sur ce point ») ; O. Beaud, « La notion d'État », *Arch. phil. droit* 1990, p. 119 (« [l'État] est la conjonction de la souveraineté et de l'institution », l'idée d'institution pouvant sans doute être intimement rapprochée de celle de personnalité). Des propositions concurrentes existent néanmoins. Par exemple, on avance que l'État, juridiquement, « repose sur deux poutres maîtresses : la souveraineté et la citoyenneté » (S. Goyard-Fabre, *L'État, figure moderne de la politique*, Armand Colin, coll. Cursus-philosophie, 1999, p. 21). Sans doute l'idée de citoyenneté n'est-elle guère éloignée de celle de personnalité. Elle paraît toutefois plus adaptée à la qualification des individus composant le peuple de l'État.

[4] En effet, Duguit s'élevait contre pareille définition en ces termes : « Je ne peux accepter la doctrine dominante de l'État personne collective souveraine. Elle repose sur des concepts métaphysiques sans valeur : d'une part la prétendue personnalité de la collectivité, qui aurait une conscience et une volonté, et d'autre part la souveraineté, c'est-à-dire la puissance de formuler des ordres inconditionnés appartenant à cette volonté collective » (L. Duguit, *Traité de droit constitutionnel – Tome deuxième : La théorie générale de l'État – Première partie : Éléments, fonctions et organes de l'État*, 3e éd., De Boccard, 1928, p. 1).

[5] R. Carré de Malberg, *Contribution à la théorie générale de l'État spécialement d'après les données fournies par le droit constitutionnel français*, t. I, Librairie du Recueil Sirey, 1920, p. 10.

étatique, de ses organes et de ses fonctions »[1], elle confirme, malgré les apparences, la proposition en vertu de laquelle l'État se définit juridiquement telle une personne souveraine : la puissance (factuelle) est, en ces lignes, apparentée à la souveraineté (juridique), tandis que, ainsi que cela sera exposé plus loin, les organes et les fonctions peuvent être approchés en tant qu'implications de la personnalité morale. Enfin, la proposition d'ajouter à la personnalité et à la souveraineté un troisième élément étant la représentation[2] est rarement reprise, sans doute parce que celle-ci est davantage une problématique spécifique à la science politique et, surtout, car il est difficile de retenir qu'un État se passant de la représentation populaire, donc de la démocratie, ne serait pas un État alors que, pourtant, toutes les autres conditions seraient remplies. Un État est nécessairement personnifié et souverain, mais il peut ne pas satisfaire à l'exigence de représentation. Cette dernière est importante et explique nombre de choses ; elle ne peut cependant pas servir à séparer l'État du non-État.

Au sein des prochaines pages, la personnalité et la souveraineté ne seront pas traitées identiquement : la première sera abordée assez superficiellement, en ne s'attardant guère que sur les grandes lignes de sa définition et de ses implications, quand la seconde sera décrite le plus précisément possible. La préférence ainsi donnée à la souveraineté, qualifiée de « principe des principes du droit public »[3], par rapport à la personnalité juridique s'explique, d'une part, par le fait que cette dernière est bien moins problématique et polémique, bien plus facile à saisir que cette première et, d'autre part, en raison du fait que la souveraineté est un caractère propre à l'État, lequel, à l'inverse, partage la personnalité morale avec nombre d'entités non étatiques, des collectivités territoriales aux entreprises commerciales. Aux yeux du droit, l'État est une « personne juridique bénéficiant d'un attribut discriminant : la souveraineté »[4] ; si bien que ladite souveraineté serait « le critère juridique de l'État »[5].

[1] G. JELLINEK, *L'État moderne et son droit – Deuxième partie : Théorie juridique de l'État* (1911), trad. G. Fardis, Éditions Panthéon-Assas, coll. Les introuvables, 2005, p. 70.
[2] O. JOUANJAN, É. MAULIN, « La théorie de l'État entre passé et avenir – Journées en l'honneur de Carré de Malberg », *Jus Politicum* 2008, n° 12, p. 3.
[3] O. BEAUD, *La puissance de l'État*, Puf, coll. Léviathan, 1994, p. 12.
[4] F. POIRAT, « État », in D. ALLAND, S. RIALS, dir., *Dictionnaire de la culture juridique*, Lamy-Puf, coll. Quadrige-dicos poche, 2003, p. 646.
[5] O. BEAUD, *La puissance de l'État*, Puf, coll. Léviathan, 1994, p. 10. Le Professeur note toutefois, ailleurs, que « la notion essentielle de personne juridique condense diverses notions capitales de droit public et forme avec la souveraineté l'autre notion systématique de l'État » (*ibid.*, p. 197).

Titre 1

La personnalité de l'État

28. ***La notion de personnalité juridique de l'État.*** La conception de l'État en tant que personne juridique a peut-être été la source de la littérature la plus dense et la plus riche parmi la tradition *jus*-publiciste française. Duguit et Carré de Malberg, en particulier, ont publié des centaines de pages autour de cette seule question — mais en suivant des orientations radicalement différentes —. Tel ne doit pas être le cas à l'échelle du présent ouvrage. En ce titre premier, il importe de brièvement présenter la qualité de personnalité qui s'attache indéfectiblement à l'étaticité, sans toutefois lui être propre à l'inverse de la souveraineté, ce qui justifie de consacrer de plus amples développements à la souveraineté qu'à la personnalité juridique.

L'État, loin de se réduire aux personnes physiques qui agissent pour son compte, se doit d'être une « force unifiante »[1], donc un être abstrait et fictif capable de dépasser les antagonismes propres aux individus qui composent son peuple ; cela n'empêchant d'ailleurs pas cet être abstrait et fictif de constituer, bien plus qu'une simple métaphore[2], une parfaite réalité du point de vue du droit[3] — la célèbre boutade selon laquelle nul n'a jamais dîné avec l'État est un « pur sophisme »[4] —. L'État doit donc être et est, par

[1] O. VON GIERKE, *Das deutsche Genossenschaftsrecht – II : Geschichte des deutschen Körperschaftsbegriffs*, 1874 (cité par J. HUMMEL, « Allemagne (doctrines allemandes de l'État et du droit de Hegel et Jellinek) », in D. ALLAND, S. RIALS, dir., *Dictionnaire de la culture juridique*, Lamy-Puf, coll. Quadrige-dicos poche, 2003, p. 44).

[2] Le Fur, qui niait la personnalité de l'État, admettait simplement que le mot de personne étatique « fournit une expression brève et commode pour parler des millions d'individus nationaux agissant de concert, faisant valoir leurs intérêts communs par l'organe des autorités chargées de parler en leur nom » (L. LE FUR, *État fédéral et confédération d'États*, Marchal et Billard, 1896, p. 236 (cité par R. CARRÉ DE MALBERG, *Contribution à la théorie générale de l'État spécialement d'après les données fournies par le droit constitutionnel français*, t. I, Librairie du Recueil Sirey, 1920, p. 40)).

[3] Carré de Malberg invitait ainsi ses lecteurs à ne pas confondre les « réalités absolues » et les « réalités juridiques » (R. CARRÉ DE MALBERG, *Contribution à la théorie générale de l'État spécialement d'après les données fournies par le droit constitutionnel français*, t. I, Librairie du Recueil Sirey, 1920, p. 30).

[4] O. BEAUD, « Ouverture : L'honneur perdu de l'État ? », *Droits* 1992, n° 15, p. 6.

définition, une personne morale. Carré de Malberg observait que ses prédécesseurs avaient tour à tour proposé que cette personnalité morale de l'État s'expliquerait par les intérêts propres qui sont les siens ou par l'existence d'une volonté collective différenciable des volontés individuelles[1]. Il faut, avec lui, soutenir que ces théories ne sont pas admissibles en ce qu'elles tendent à faire de l'État une personne réelle prenant corps hors du droit, étant tangible avant même que de se voir saisie ou construite par le droit. Si l'État est une personne, cette personne est nécessairement une personne juridique[2]. En d'autres termes, « la notion de personnalité étatique a un fondement et une portée purement juridiques »[3]. La personnalité de l'État n'est pas une formation naturelle qui préexisterait à toute organisation constitutionnelle et qui résulterait de certaines propriétés originaires des collectivités nationales ; elle est une conséquence de l'ordre juridique avec l'établissement duquel coïncide l'apparition de l'État[4]. Elle se présente donc telle une notion exclusivement juridique. Par exemple, ce n'est que sous l'angle du droit qu'il est permis d'envisager une volonté et des actes de l'État ; dans l'ordre des faits, il n'y a toujours que des volontés et des actes d'individus particuliers.

Stricto sensu, la célèbre mais apocryphe formule « l'État, c'est moi » ne pourrait qu'indiquer qu'il n'existe pas d'État ou, du moins, que celui-ci a été détourné au profit de quelque tyrannie personnelle. Depuis longtemps, on juge, à l'instar, par exemple, de l'allemand Gerber, qui fondait tout son raisonnement sur la personnalité juridique de l'État, que « concevoir l'État comme une personne est la condition préalable de toute construction juridique du droit public »[5]. La fameuse théorie dite des « deux corps du

[1] R. CARRÉ DE MALBERG, *Contribution à la théorie générale de l'État spécialement d'après les données fournies par le droit constitutionnel français*, t. I, Librairie du Recueil Sirey, 1920, p. 22 s.

[2] *Ibid.*, p. 27 (« l'État n'apparaît comme une personne qu'à partir du moment où on le contemple sous son aspect juridique »).

[3] G. JELLINEK, *L'État moderne et son droit – Première partie : Théorie générale de l'État*, trad. G. Fardis, Éditions Panthéon-Assas, coll. Les introuvables, 2005, p. 267.

[4] R. CARRÉ DE MALBERG, *Contribution à la théorie générale de l'État spécialement d'après les données fournies par le droit constitutionnel français*, t. I, Librairie du Recueil Sirey, 1920, p. 28 ; également A. ESMEIN, *Éléments de droit constitutionnel*, Librairie de la société du recueil général des lois et des arrêts, 1896, p. 34 (« l'État n'est qu'une fiction légale, c'est-à-dire un produit de l'esprit humain » (cité par R. CARRÉ DE MALBERG, *Contribution à la théorie générale de l'État spécialement d'après les données fournies par le droit constitutionnel français*, t. I, Librairie du Recueil Sirey, 1920, p. 29)).

[5] C. F. GERBER, *Grundzüge eines Systems der deutschen Staatsrechts*, 1865 (cité par J. HUMMEL, « Allemagne (doctrines allemandes de l'État et du droit de Hegel et Jellinek) », in D. ALLAND, S. RIALS, dir., *Dictionnaire de la culture juridique*, Lamy-Puf, coll. Quadrige-

roi » (corps naturel et corps politique) a été une première marche très importante en assurant la continuité du royaume à travers la continuité du corps politique, quelle que puisse être la mort du corps physique[1]. Il s'agissait, par ce biais, de trouver un moyen de substitution à la conception patrimoniale du pouvoir, laquelle a perduré, en empruntant différentes formes, jusqu'au XVIIIe s.[2] mais s'est trouvée inéluctablement dépassée à l'heure des Lumières. Aujourd'hui, nul ne dirait plus que l'État est un patrimoine, que ce soit patrimoine d'un monarque ou patrimoine d'une nation[3]. En revanche, on conçoit généralement, après Hauriou, Esmein et Carré de Malberg, que « l'État est la personnification juridique de la nation »[4], « une individualité globale distincte de celles de ses membres particuliers et transitoires, c'est-à-dire une personne juridique »[5] ; Duguit faisant néanmoins, là encore, exception puisqu'il estimait, parmi une vaste critique, que « l'on ne peut pas bâtir un système de droit sur un fondement aussi fragile »[6]. Mais, faire de l'État la « personnification juridique de la nation », n'est-ce pas faire de l'État le patrimoine de la nation ? La question mérite d'être soulevée. En tout cas la personnalité juridique permet-elle à

dicos poche, 2003, p. 42) ; également X. S. COMBOTHECRA, *La conception juridique de l'État*, Librairie de la société du recueil général des lois et des arrêts, 1899.

[1] *Cf.* E. KANTOROWICZ, *Les deux corps du Roi* (1957), Gallimard, coll. Bibliothèque des histoires, 1989.

[2] *Cf.*, par exemple, J. BARBEY, E. BOURNAZEL, J.-L. HAROUEL, J. THIBAUT-PAYEN, *Histoire des institutions de l'époque franque à la Révolution*, Puf, 1994. Aux termes de cette théorie, le royaume, et ensuite la puissance souveraine, étaient considérés comme des biens détenus en pleine propriété par le monarque.

[3] O. VON GIERKE, *Das deutsche Genossenschaftsrecht – II : Geschichte des deutschen Körperschaftsbegriffs*, 1874 (cité par J. CHEVALLIER, *L'État*, 2e éd., Dalloz, coll. Connaissance du droit, 2011, p. 32).

[4] M. HAURIOU, *Principes de droit public à l'usage des étudiants en licence et en doctorat ès sciences politiques*, 2e éd., Librairie du Recueil Sirey, 1916, p. XIII. Également, parmi beaucoup d'autres, O. DUHAMEL, Y. MENY, *Dictionnaire constitutionnel*, Puf, 1992, p. 412 (« l'État est l'organisation juridique de la nation qu'il personnifie » (cité par J. BAGUENARD, *L'État – Une aventure incertaine*, Ellipses, coll. Mise au point, 1998, p. 10)).

[5] R. CARRÉ DE MALBERG, *Contribution à la théorie générale de l'État spécialement d'après les données fournies par le droit constitutionnel français*, t. I, Librairie du Recueil Sirey, 1920, p. 9. *Cf.* également A. ESMEIN, *Éléments de droit constitutionnel français et comparé*, 6e éd. (1914), Éditions Panthéon-Assas, 2001, p. 1 ; L. MICHOUD, *La théorie de la personnalité morale*, t. I, 2e éd., Larose et Forcel, 1924, p. 313 ; H. BERTHÉLÉMY, *Traité élémentaire de droit administratif*, 2e éd., Rousseau, 1902 ; B. DELCROS, *L'unité de la personnalité juridique de l'État*, LGDJ, 1976 ; J. CHEVALLIER, « L'État-nation », *RDP* 1998, p. 1280 s. ; J. BAGUENARD, *L'État – Une aventure incertaine*, Ellipses, coll. Mise au point, 1998, p. 32.

[6] L. DUGUIT, *Traité de droit constitutionnel – Tome premier : La règle de droit, le problème de l'État*, 3e éd., De Boccard, 1927, p. 602. Également, L. DUGUIT, *L'État, le droit objectif et la loi positive*, t. II, Fontemoing, 1901, p. 1 s.

l'État de posséder un patrimoine ; celui-ci est ainsi « plus un sujet qu'un objet »[1].

Et Carré de Malberg de souligner l'enjeu décisif attaché à semblable compréhension de l'État : « Le grand intérêt de l'application du concept de personnalité [...] aux rapports de puissance dominatrice, c'est que seul ce concept permet de transformer cette puissance de fait en puissance de droit »[2]. Grâce à la personnalité morale, l'État peut s'afficher sous un jour plus raisonnable, plus légitime, plus universel, en somme : plus étatique. C'est pourquoi, bien qu'elle soit aussi connue des sociétés, des associations et des collectivités territoriales, cette personnalité est une donnée fondamentale pour l'État qu'il serait peu pertinent de ne pas accueillir en tant que caractéristique cadre et clé de l'être étatique. En outre, en éliminant les références politiques et historiques, en aboutissant à une construction abstraite de l'État, la personnalité lui permet de « s'auto-légitimer »[3]. Dit autrement, le voile de la personnalité morale tend à faire croire aux gouvernés, dans certains cas tout du moins, que la volonté des gouvernants n'est pas une autre que celle de l'ensemble du corps social.

Quoi qu'il en soit, la personnalité juridico-morale de l'État est actuellement une pleine réalité juridique, ainsi qu'en témoigne le droit positif dans lequel cette conception se matérialise depuis désormais des décennies. Déjà la Convention de Montevideo de 1933 énonçait : « Article 1er : L'État est une "personne morale de droit international" »[4]. Partant, si la personnalité de l'État peut être qualifiée de « métaphore », il s'agit d'une métaphore dans l'ordre des faits renvoyant à quelque-chose qui, dans l'ordre du droit, est complètement réel. Il faut néanmoins relever que, en France, les normes constitutionnelles en vigueur omettent de consacrer ou, du moins, de reconnaître la nature de personne juridique de l'État. Certainement la personnalité morale est-elle sous-jacente à l'ensemble de l'ouvrage constitutionnel car, comme on l'écrit, elle appartient à l' « identité

[1] E. JOUANNET, « De la personnalité et la souveraineté de l'État dans la Constitution de 1958 (théorie française de l'État et intégration européenne) », [en ligne] <cerdin.univ-paris1.fr>, 2003, p. 8.

[2] R. CARRÉ DE MALBERG, *Contribution à la théorie générale de l'État spécialement d'après les données fournies par le droit constitutionnel français*, t. I, Librairie du Recueil Sirey, 1920, p. 255.

[3] M.-J. REDOR, « L'État dans la doctrine publiciste française du début du siècle », *Droits* 1992, n° 15, p. 93.

[4] Société des Nations, 26 déc. 1933, *Convention de Montevideo sur les droits et les devoirs des États.*

constitutionnelle nationale »[1]. Plus encore, il est possible d'affirmer qu'elle est une caractéristique qui « va de soi », si bien que les constituants, du Congrès au Conseil constitutionnel, ne jugent pas nécessaire de la graver dans le marbre.

Certainement y aurait-il beaucoup à dire des tergiversations historico-doctrinales qui ont abouti à la conceptualisation de la personnalité juridique de l'État[2]. Mais, pour les raisons précédemment exposées, il faut sans attendre s'enquérir de la signification de l'idée de personnalité juridique de l'État. Tout d'abord, une personne morale correspond à un groupement de personnes physiques ayant une existence propre. C'est pourquoi l'expression « personne morale » pourrait être préférée à celle de « personne juridique », les personnes physiques étant aussi, individuellement comprises, des personnes juridiques, mais non des personnes morales. Néanmoins, les qualificatifs « personne juridique » et « personnalité juridique » demeurent les plus explicites au sein d'une définition juridique de l'État, la morale et le droit étant généralement opposés et non associés. Savigny décrivait la personnalité morale comme un phénomène d'extension artificielle de la personnalité juridique « à des êtres fictifs [qui] nous apparaissent, à côté de l'individu, comme sujets des rapports de droit »[3]. Il fractionnait toute personne, ne manquant pas de rappeler la « théorie des deux corps du Roi », en une personne « naturelle » (l'être humain) et une personne « artificielle »

[1] B. DE WITTE, « Droit communautaire et valeurs constitutionnelles nationales », *Droits* 1991, n° 14, p. 90.

[2] *Cf.* M.-J. REDOR, « L'État dans la doctrine publiciste française du début du siècle », *Droits* 1992, n° 15, p. 91 s. Hauriou attribue à Gerber, qui écrivait au milieu du XIXe s., la paternité de la « théorie de l'État personne » (C. F. GERBER, *Grundzüge eines Systems der deutschen Staatsrechts*, 1865 (cité par M. HAURIOU, *Principes de droit public à l'usage des étudiants en licence et en doctorat ès sciences politiques*, 2e éd., Librairie du Recueil Sirey, 1916, p. 3)). Cette théorie a été transposée en France par Carré de Malberg, Michoud et Esmein. Mais des auteurs font remonter la conceptualisation de l'État-personne morale jusqu'au XVIe s. (E. JOUANNET, « De la personnalité et la souveraineté de l'État dans la Constitution de 1958 (théorie française de l'État et intégration européenne) », [en ligne] <cerdin.univ-paris1.fr>, 2003, p. 7). Si les mécanismes de base de la personnalité morale étaient déjà connus du droit romain (avec les notions de *corpus* et d'*universitas*) et ont été améliorés au Moyen-Âge par le droit canonique (A. LECA, *La genèse du droit – Essai d'introduction historique au droit*, 3e éd., Librairie de l'Université d'Aix-en-Provence, 2002, p. 69-70), le problème de savoir si l'État est une telle personne morale est évidemment tout autre et a été débattu plus récemment. L'idée de personne morale collective est récente et, au temps du droit romain, une société ne pouvait posséder de personnalité propre.

[3] F. C. VON SAVIGNY, *Traité de droit romain*, 1860, p. 234 (cité par A. PAYNOT-ROUVILLOIS, « Sujet de droit », in D. ALLAND, S. RIALS, dir., *Dictionnaire de la culture juridique*, Lamy-Puf, coll. Quadrige-dicos poche, 2003, p. 1454).

(la personne morale)[1] ; mais, bien sûr, il n'interrogeait guère la possibilité que l'État soit une telle personne « artificielle » ou morale.

Par une fiction, donc, différentes entités individuelles sont considérées comme formant un être collectif — *i.e.* une « personnification d'une collection d'individus [...] ramené[e] à l'unité, à l'indivisibilité, et constituant juridiquement une nouvelle individualité »[2] — ayant des droits et des obligations spécifiques, différents de ceux propres à chacun de ses membres. La notion de personne juridique, déjà connue du droit romain, s'est principalement développée en droit privé, avec notamment les sociétés dont la personnalité juridique a été consacrée par la Cour de cassation en 1834 (pour les sociétés commerciales) et en 1891 (pour les sociétés civiles)[3]. Par la suite, elle a été transportée au cœur du droit public, en venant à s'appliquer à l'État lui-même[4]. Et Michoud de retenir que la personne morale existerait dès qu'il est possible d'individualiser un intérêt propre à la personne étatique, un intérêt collectif distinct des intérêts individuels des membres du groupe, c'est-à-dire, finalement, un intérêt général. La personnalité de l'État exprimerait ainsi la « synthèse des intérêts collectifs et permanents de la nation »[5].

[1] *Ibid.*

[2] R. CARRÉ DE MALBERG, *Contribution à la théorie générale de l'État spécialement d'après les données fournies par le droit constitutionnel français*, t. I, Librairie du Recueil Sirey, 1920, p. 47.

[3] *Cf.* L. MICHOUD, *La théorie de la personnalité morale et son application au droit français*, 3e éd., LGDJ, 1932.

[4] Ainsi Hauriou proposait-il, sans citer l'État, une définition de la personne morale qui semble tout droit le désigner : « Une personne morale est essentiellement une entreprise collective organisée corporativement qui, s'étant approprié par l'élément de son groupe des associés le capital de compétence et le pouvoir de volonté de ses organes, a acquis à la fois le sens propre et la liberté interne et ainsi est devenue un sujet » (M. HAURIOU, *Précis de droit administratif et de droit public*, Librairie du Recueil Sirey, 12e éd., 1933, p. 85). *Cf.* également F. LINDITCH, *Recherche sur la personnalité morale en droit administratif*, LGDJ, coll. Bibliothèque de droit public, 1997.

[5] L. MICHOUD, « La personnalité morale », *Répertoire Béquet* 1905, t. XXI, p. 168 (cité par M.-J. REDOR, « L'État dans la doctrine publiciste française du début du siècle », *Droits* 1992, n° 15, p. 94). Dans le même sens, cet auteur expliquait ailleurs : « Quand je dis que l'État est une personne morale, je ne veux pas exprimer autre chose que ceci : les Français sont collectivement propriétaires de biens et titulaires de droits. [...] Collectivement, c'est-à-dire à eux tous, envisagés comme n'étant qu'un ». Partant, les français, pris tous ensemble, « ne font qu'un sujet de droits », (L. MICHOUD, *Traité élémentaire de droit administratif*, 1ère éd., Librairie nouvelle de droit et de jurisprudence, 1900, p. 29 (cité par R. CARRÉ DE MALBERG, *Contribution à la théorie générale de l'État spécialement d'après les données fournies par le droit constitutionnel français*, t. I, Librairie du Recueil Sirey, 1920, p. 15)). L'auteur semble voir ici davantage une personne morale dans la nation que dans l'État, ce qui est logique dès

Il convient encore d'observer que la personnalité de l'État se distingue de celle de tout autre sujet de droit en ce qu'elle est originaire ou initiale et non dérivée, non dépendante de quelque reconnaissance par une institution supérieure[1]. En outre, la personne morale étatique agit par l'intermédiaire d'organes, de représentants, donc de personnes physiques spécialement habilitées à ainsi s'exprimer et intervenir en son nom ; mais elle demeure par essence indépendante des volontés particulières de ses membres. Les actes d'autorité faits par les individus au nom de l'État leur survivent, comme leur efficacité juridique, ce qui est une démonstration patente de la réalité de la personne-État[2]. Surtout, l'État peut être, grâce à sa personnalité, un État de droit, soit un être juridique qui, par définition, est titulaire de droits et chargé d'obligations. Et, l'État étant qualifié de « personne morale de droit public », ces droits et obligations sont, dans une large mesure, différents de ceux attachés aux personnes morales de droit privé.

La discussion autour de la notion de personnalité juridique de l'État pourrait être poursuivie au long de nombreuses pages. Si le concept de « souveraineté » est plus problématique que celui de « personnalité », il n'en demeure pas moins que ce dernier possède des histoires et se rapporte à des théories qui se conjuguent au pluriel[3]. Pour ne prendre que deux exemples, il

lors que ce dernier se définit en tant que « personnification juridique de la nation ». « État » ne serait que le mot employé pour désigner cette personne juridique nationale.

[1] F. POIRAT, « État », in D. ALLAND, S. RIALS, dir., *Dictionnaire de la culture juridique*, Lamy-Puf, coll. Quadrige-dicos poche, 2003, p. 646.

[2] R. CARRÉ DE MALBERG, *Contribution à la théorie générale de l'État spécialement d'après les données fournies par le droit constitutionnel français*, t. I, Librairie du Recueil Sirey, 1920, p. 70.

[3] Réf. à R. SALEILLES, *De la personnalité juridique – Histoires et théories*, 2e éd., Rousseau, 1922. Par exemple, Hauriou expliquait, de manière très originale — et peu convaincante —, que son « procédé consista à distinguer dans les personnes morales un corps et une âme, c'est-à-dire un organisme corporatif doué d'une existence individuelle objective, à laquelle peut se surajouter une existence subjective, sous forme de personnalité juridique » (M. HAURIOU, *Principes de droit public à l'usage des étudiants en licence et en doctorat ès sciences politiques*, 2e éd., Librairie du Recueil Sirey, 1916, p. XXIV). Et d'ajouter que « l'État commence par n'être qu'un organisme politique, un corps juridique sans âme, pour marcher ensuite vers la personnalité subjective » (*ibid.*). Pourrait également être exposée la théorie de Michoud qui soutenait, face à la doctrine libérale selon laquelle l'État ne serait une personne juridique qu'à l'instant où elle agit comme une personne privée (par exemple, qui voyait dans cette personnalité un « monstre » : H. BERTHÉLEMY, « De l'exercice de la souveraineté par l'autorité administrative », *RDP* 1904, p. 226 (cité par M.-J. REDOR, « L'État dans la doctrine publiciste française du début du siècle », *Droits* 1992, n° 15, p. 98)), que l'État titulaire de droits patrimoniaux est la même personne que l'État puissance publique. La distinction des actes d'autorité et des actes de gestion ne saurait conduire à séparer deux personnes-État (L. MICHOUD, « La personnalité morale », *Répertoire Béquet* 1905, t. XXI, p. 168 (cité par

faudrait revenir plus en détails sur l'importante critique émise par Duguit[1], ainsi que sur la joute doctrinale ayant opposé Carré de Malberg à la doctrine

M.-J. REDOR, « L'État dans la doctrine publiciste française du début du siècle », *Droits* 1992, n° 15, p. 96)).

[1] L. DUGUIT, *L'État, le droit objectif et la loi positive*, t. II, Fontemoing, 1901, p. 1 (« l'État n'est pas une personne souveraine. L'État est le produit historique d'une différenciation sociale entre les forts et les faibles dans une société donnée »). Duguit, accroché à une conception qu'il appelait « objectiviste », c'est-à-dire réaliste et empiriste, s'attachant de manière excessive, pour un juriste, aux seuls faits matériels, ne pouvait accepter que l'État soit un sujet de droits doté de droits subjectifs. Partant, il écrivait que, « de distinction entre personnes du droit public et personnes du droit privé, il n'y en a pas. Je crois avoir démontré que seules les personnes individuelles sont des sujets de droit objectif. Elles ont toujours la même nature ; ce sont toujours des volontés humaines, toutes de nature identique. Les règles de droit ne s'appliquent pas à je ne sais quelle fiction ou abstraction que serait l'État, mais bien aux individus qui, en fait, détiennent la puissance. Les gouvernants, sujets de volonté individuelle comme les gouvernés, ne sont pas des sujets de droit d'un ordre différent. De personnes collectives du droit public, il n'y en a pas plus que de personnes collectives du droit privé » (L. DUGUIT, *Traité de droit constitutionnel – Tome premier : La règle de droit, le problème de l'État*, 3e éd., De Boccard, 1927, p. 690). Duguit expliquait pêle-mêle qu'il n'y a pas de volonté collective et que tout n'est toujours que volontés humaines, y compris chez les gouvernants, qu'il n'existe pas plus de représentants que d'organes et que, dès lors, « la personnalité de l'État est un produit de la métaphysique creuse du XVIIIe siècle » (L. DUGUIT, *Traité de droit constitutionnel – Tome deuxième : La théorie générale de l'État – Première partie : Éléments, fonctions et organes de l'État*, 3e éd., De Boccard, 1928, p. 34 s., spéc. p. 42). Et d'en tirer pour première conséquence que « la puissance publique est une notion sans valeur et qu'il faut bannir de toute construction positive du droit public » (*ibid.*, p. 36), avant de convenir que, pour nous conformer à l'usage, nous emploierons souvent le mot État ; mais il est bien entendu que dans notre pensée ce mot désignera, non point cette prétendue personne collective qui est un fantôme, mais les hommes réels qui en fait détiennent la force » (L. DUGUIT, *Traité de droit constitutionnel – Tome premier : La règle de droit, le problème de l'État*, 3e éd., De Boccard, 1927, p. 49). Cette critique de Duguit n'a guère trouvé de disciples, si ce n'est peut-être Gaston Jèze (G. JÈZE, *Les principes généraux du droit administratif* (1904), Dalloz, 2004). Elle a été combattue tant par Hauriou et Michoud que par Esmein et Carré de Malberg. Peut-être une critique plus justifiée consisterait-elle à avancer que, à la différence des personnes juridiques reconnues par les lois positives, la personnalité de l'État ne trouve aucune base dans le droit en vigueur ; les autres groupes personnalisés tirent leur personnalité des textes qui leur ont expressément conféré la capacité juridique, mais l'État, lui, ne connaît aucun texte de cette sorte (O. MAYER, *Die Juristische Person und ihre Verwertbarkeit im Öffentlichen Recht*, 1908 (cité par R. CARRÉ DE MALBERG, *Contribution à la théorie générale de l'État spécialement d'après les données fournies par le droit constitutionnel français*, t. I, Librairie du Recueil Sirey, 1920, p. 41)). Il est vrai qu'une loi ou même une Constitution présuppose l'existence préalable de la personnalité juridique de l'État. À cela, Carré de Malberg répondait : « [La] personnalité [de l'État] est antérieure à toute espèce de lois émanant de ses organes. Elle découle du fait même de l'organisation unifiante avec l'établissement de laquelle a coïncidé la naissance de sa première Constitution. Il suffit qu'en vertu de cette organisation statutaire, l'État se comporte comme un sujet unitaire de droits, pour […] constater qu'il est une personne juridique » (R. CARRÉ DE MALBERG,

allemande sur le point de savoir si la personne-État est un être indépendant de la nation, celle-ci n'étant pas davantage qu'un élément constitutif, ou bien plutôt la fameuse « personnification juridique de la nation », ainsi que l'auteur alsacien le soutenait[1]. Et il conviendrait encore de présenter les différentes explications que les penseurs de l'étaticité ont pu fournir afin de légitimer la notion de personnalité de l'État[2].

Mais le choix en cette seconde partie opéré — *i.e.* se concentrer sur la souveraineté plus que sur la personnalité juridique, cette dernière étant moins problématique que cette première — amène à se contenter d'évoquer les éléments les plus concrets pouvant être compris comme découlant de la personnalité juridico-morale de l'État : le fait que ce dernier est un État de droit (*chapitre premier*) et le fait que différentes fonctions lui sont attachées (*chapitre second*), ce second élément pouvant en réalité s'analyser autant en tant que résultante de la personnalité juridique qu'en tant que produit de l'État de droit, si bien qu'il est qualifié de « conséquence indirecte » de la personnalité juridique quand l'État de droit est qualifié de « conséquence directe » de la personnalité juridique.

Contribution à la théorie générale de l'État spécialement d'après les données fournies par le droit constitutionnel français, t. I, Librairie du Recueil Sirey, 1920, p. 42).

[1] *Cf.* R. CARRÉ DE MALBERG, *Contribution à la théorie générale de l'État spécialement d'après les données fournies par le droit constitutionnel français*, t. I, Librairie du Recueil Sirey, 1920, p. 11 s.

[2] *Cf.*, qui les expose puis les soumet à une critique sévère mais précise, R. CARRÉ DE MALBERG, *Contribution à la théorie générale de l'État spécialement d'après les données fournies par le droit constitutionnel français*, t. I, Librairie du Recueil Sirey, 1920, p. 22 s.

Chapitre 1

L'État de droit (ou les conséquences directes de la personnalité de l'État)

29. ***L'État de droit : une personne morale dotée de la capacité juridique, titulaire de droits et chargée d'obligations.*** La consolidation de l'État par le biais de la personnalité morale remplit des fonctions essentielles. Notamment, elle permet l'autonomisation et l'unité du droit public[1] ; en effet, ce dernier peut se définir comme « le droit de la corporation étatique [qui] envisage l'État, non pas seulement dans les individus, gouvernants ou gouvernés, qu'il renferme, mais surtout dans son unité : il suppose donc essentiellement que la corporation est elle-même un sujet juridique »[2]. Toutefois, la première des traductions de la personnalité juridique de l'État réside dans sa qualité d'État de droit. Entendu en tant qu'institution juridique, l'État est à la fois auteur et sujet du droit. Or, tandis qu'une notion telle que celle de pluralisme juridique interroge l'État en tant que source du droit, l'idée d'État de droit renvoie principalement à sa soumission au droit.

La proposition selon laquelle un État de droit est une personne juridique dotée de la capacité juridique, titulaire de droits et chargée d'obligations comprend elle aussi une large part de stipulation — bien que

[1] J. CHEVALLIER, *L'État*, 2e éd., Dalloz, coll. Connaissance du droit, 2011, p. 34. Selon Carré de Malberg, elle est « la base du droit public et même [...] la condition de l'existence d'un tel droit » (R. CARRÉ DE MALBERG, *Contribution à la théorie générale de l'État spécialement d'après les données fournies par le droit constitutionnel français*, t. I, Librairie du Recueil Sirey, 1920, p. 50).

[2] R. CARRÉ DE MALBERG, *Contribution à la théorie générale de l'État spécialement d'après les données fournies par le droit constitutionnel français*, t. I, Librairie du Recueil Sirey, 1920, p. 50. Et de poursuivre : « La distinction du droit public et [du droit] privé se rattache directement à la dualité des sujets juridiques [...]. L'un, le droit privé, règle les rapports juridiques concernant les individus ; l'autre comprend les règles spécialement applicables aux collectivités, du moins aux collectivités étatiques ou participant de la puissance propre à l'État. C'est dire que le droit public repose essentiellement sur l'idée de personnalité collective. [...] Et par suite le droit public peut être défini : celui qui régit les collectivités pourvues d'une puissance de domination » (*ibid.*, p. 50-51).

Carré de Malberg la retenait déjà[1] — : si, en ces lignes, l'expression « État de droit » est interprétée en ce sens étendu — quasi-synonyme de celui de « personne morale » —, elle est couramment envisagée sous un angle plus précis, que ce soit par la doctrine juridique[2], par la classe politique[3] ou même par les journalistes, tous faisant d'ailleurs un usage immodéré de la notion[4]. Le recours à la stipulation paraît d'autant plus justifié qu' « État de droit » mériterait une « élucidation conceptuelle » selon le Professeur Olivier Beaud[5]. Et le Professeur Michel Troper de noter que la notion peut désigner deux types de relations entre l'État et le droit tout à fait différentes : « L'État de droit [est] ou bien l'État soumis à un droit qui lui [est] extérieur, ou bien simplement un État qui agit au moyen du droit »[6]. Le sens précis d' « État de droit » semble compris dans le sens large en ces pages retenu puisque ce premier consiste à ne considérer l'État que sous le seul angle des obligations à sa charge, la première d'entre elles étant celle de respecter le droit[7]. Mais le sens précis déborde également le sens large dès lors que l'État de droit est souvent conçu comme impliquant la poursuite de certaines fins particulières, telles que la sauvegarde des droits et libertés fondamentaux ; car, de la part de l'auteur de ces lignes, l'État de droit n'est appréhendé que sous un jour juridique et formel, non sous un jour finaliste et substantiel.

Un État de droit est un État soumis au droit à l'identique de toute personne juridique. Mais la soumission au droit n'implique pas uniquement de devoir satisfaire à des obligations ; cela garantit également, et dans une

[1] *Ibid.*, p. 255 (« le concept d'État personne juridique est la condition même du système moderne de l' "État de droit" »).

[2] Il faut inclure les doctrines étrangères, notamment allemande avec la théorie de la « *Rechtsstaat* » et anglo-américaine avec celle de la « *Rule of Law* ». *Cf.* L. HEUSCHLING, *État de droit, Rechtsstaat, Rule of Law*, Dalloz, 2002 ; E. ZOLLER, « Rule of Law », in D. ALLAND, S. RIALS, dir., *Dictionnaire de la culture juridique*, Lamy-Puf, coll. Quadrige-dicos poche, 2003, p. 1378 s.

[3] L'État de droit est clairement devenu un argument d'autorité dans le débat politique (J. CHEVALLIER, *L'État de droit*, 5e éd., Montchrestien, coll. Clefs, 2010, p. 7).

[4] J. CHEVALLIER, *L'État post-moderne*, 3e éd., LGDJ, coll. Droit et société, 2008, p. 75.

[5] O. BEAUD, « Ouverture : L'honneur perdu de l'État ? », *Droits* 1992, n° 15, p. 8. *Cf.*, par exemple, D. BOUTET, *Vers l'État de droit – La théorie du droit et de l'État*, L'Harmattan, coll. Logiques juridiques, 1991.

[6] M. TROPER, « Le concept d'État de droit » *Droits* 1992, n° 15, p. 55. Également, qui liste les conceptions très différentes, actuelles et passées, de l'État de droit, J. CHEVALLIER, *L'État de droit*, 5e éd., Montchrestien, coll. Clefs, 2010.

[7] Par exemple, J. CHEVALLIER, « L'État de droit », *RDP* 1988, p. 313 s. ; F. POIRAT, « État », in D. ALLAND, S. RIALS, dir., *Dictionnaire de la culture juridique*, Lamy-Puf, coll. Quadrige-dicos poche, 2003, p. 644 (« la notion d'État de droit est désormais largement entendue comme l'énonciation d'un certain nombre de droit subjectifs que l'État doit respecter et qu'on assimile avec les règles relatives à la protection des droits de l'homme »).

mesure au moins équivalente, de bénéficier de droits subjectifs. De plus, être soumis au droit ne signifie pas que, systématiquement, les normes juridiques en cause soient *de facto* respectées ; une personne juridique qui enfreint la loi conserve parfaitement cette personnalité, ce qui permet d'ailleurs son jugement et sa sanction suivant des procédures légales. L'État de droit est donc l'État qui dispose de la capacité juridique, avec tous les droits, obligations, pouvoirs et compétences qui y sont assortis. Dès lors, tout État est un État de droit et il s'agit là d'un élément de définition de l'étaticité, loin de l'acception la plus courante du concept d' « État de droit » qui réserve cette qualité à certains États.

Et il faudrait ajouter, avec Hauriou, que c'est par le truchement de cette capacité juridique que l'État possède un patrimoine mobilier et immobilier, mais aussi une dette[1]. Un État de droit n'est pas autre chose qu'un sujet de droit dans toutes ses dimensions[2] et, notamment, un sujet de droit international, de telle sorte que « l'État de droit est déjà l'État de droit international »[3]. Enfin, l'État de droit, personne juridique, peut encore contracter et voir sa responsabilité engagée. Ainsi, tandis qu'il est difficile de s'opposer à une force uniquement factuelle, que la force de l'État soit une force juridiquement saisie, juridiquement encadrée et limitée, ouvre la possibilité aux citoyens de contester, par le biais d'actions en justice, tout acte étatique qui ne serait potentiellement pas conforme au droit positif. Il est bien connu, depuis Montesquieu, que « c'est une expérience éternelle que tout homme qui possède du pouvoir est porté à en abuser »[4]. Partant, sans ces garanties procédurales, la tendance naturelle de l'État, être profondément humain, serait de virer au despotisme. Et un auteur de résumer cela en écrivant que « c'est par l'État de droit qu'on se sauvera de l'État »[5].

Les dimensions de l'État de droit sont donc aujourd'hui excessivement réduites par la doctrine *jus*-publiciste et par les commentateurs non juristes qui ne voient derrière cette expression qu'une

[1] M. HAURIOU, *Précis élémentaire de droit constitutionnel*, 2e éd., Librairie du Recueil Sirey, 1930, p. 24.

[2] Gény définissait le sujet de droit très largement comme l' « instrument technique et artificiel de l'élaboration juridique » (F. GÉNY, *Science et technique en droit privé positif*, t. III, Librairie du Recueil Sirey, 1913, p. 218 (cité par A. PAYNOT-ROUVILLOIS, « Sujet de droit », in D. ALLAND, S. RIALS, dir., *Dictionnaire de la culture juridique*, Lamy-Puf, coll. Quadrige-dicos poche, 2003, p. 1455)). Le sujet de droit est donc tout autant le support de droits que d'obligations.

[3] E. JOUANNET, « Du droit des gens au droit international », in D. ALLAND, S. RIALS, dir., *Dictionnaire de la culture juridique*, Lamy-Puf, coll. Quadrige-dicos poche, 2003, p. 466.

[4] MONTESQUIEU, *De l'esprit des lois*, 1748, L. XI, chap. 4.

[5] P. KAHN, *L'État*, Quintette, coll. Philosopher, 1989, p. 47.

part de tout ce qu'elle désigne logiquement. L'État de droit est soumis théoriquement au droit — lequel ne se réduit pas à une somme d'obligations — qui découle de ses statuts interne et international. Cela signifie aussi qu'il jouit de droits subjectifs, au nombre desquels figure la souveraineté. Surtout, cela n'induit pas logiquement qu'il respecte systématiquement ce droit ; l'État de droit est une réalité juridique qu'il convient de distinguer de la réalité factuelle. Encore une fois, tout État est un État de droit ; l'État se définit tel un État de droit.

La théorie de la personnalité morale de l'État a largement soutenu, en France mais aussi à l'étranger[1], le développement du droit administratif : que l'État dispose d'un véritable patrimoine, donc d'un droit de propriété sur ses biens domaniaux, la possibilité qu'il s'engage dans des rapports contractuels ou la reconnaissance de sa potentielle responsabilité démontrent qu'il est un sujet juridique comparable aux autres. Mais, plus que cela, considérer l'État en tant que personne morale de droit public permet de transformer un pouvoir *a priori* factuel en pouvoir juridique, c'est-à-dire de faire penser que l'État est une personne ainsi égale à toute autre alors pourtant que sa puissance intrinsèque l'en démarque radicalement ; et cela conduit à passer de la définition factuelle à la définition juridique de l'État. Ce dernier relève alors du droit sur un plan conceptuel, avec la personnalité, mais aussi sur un plan technique, puisqu'il dépend des techniques juridiques les plus classiques[2]. Plus précisément, l'État peut en conséquence entrer en relations juridiques avec d'autres personnes juridiques et jouir de droits subjectifs. Michoud observait en ce sens que la personnalité juridique « aboutit à plier l'État sous le joug du droit, en permettant au juriste de soumettre ses relations avec les autres personnalités à la même technique que les relations des individus entre eux »[3]. Ce qu'est l'État de droit est en ces termes parfaitement exprimé. Il faut cependant noter que l'État seul dispose, parmi son lot de droits subjectifs, de la souveraineté et, par suite, d'une panoplie impressionnante de droits exorbitants du droit commun qui le positionnent à un tout autre niveau que celui des individus ordinaires et de leurs droits

[1] Par exemple, D. BARANGER, « Angleterre (culture juridique) », in D. ALLAND, S. RIALS, dir., *Dictionnaire de la culture juridique*, Lamy-Puf, coll. Quadrige-dicos poche, 2003, p. 56. Cet auteur fait observer que le refus d'opposer droit public et droit privé n'a pas interdit, en Angleterre, la reconnaissance d'une certaine spécificité juridique de l'action administrative induite par les spécificités de la personne étatique.

[2] M.-J. REDOR, « L'État dans la doctrine publiciste française du début du siècle », *Droits* 1992, n° 15, p. 99.

[3] L. MICHOUD, « La personnalité morale », *Répertoire Béquet* 1905, t. XXI, p. 169 (cité par M.-J. REDOR, « L'État dans la doctrine publiciste française du début du siècle », *Droits* 1992, n° 15, p. 98).

ordinaires. Selon l'École dite « de la *Herrschaft* », l'État devient, avec la personnalité juridique, le « sujet des droits de domination sur les hommes libres »[1], lesdits droits n'étant pas autre chose que la souveraineté. Le pouvoir de contrainte est donc un droit subjectif de la personne étatique, cette contrainte quittant ainsi, grâce à ce « travestissement »[2], la sphère du fait pour intégrer celle du droit. L'idée webérienne de « domination légale »[3] apparaît dès lors proche de celle d'État de droit. Pareillement conçu, ledit État de droit n'est guère incompatible avec les régimes dictatoriaux et totalitaires, puisqu'il est approché sous un angle *jus*-formaliste et non *jus*-finaliste.

Néanmoins, c'est une vision de l'État de droit autrement positive qui imprègne la grande majorité des théoriciens de l'État. La soumission au droit des activités étatiques est, pour le libéralisme économique de Locke et de ses successeurs, une exigence du point de vue du commerce juridique, mais aussi et plus généralement du commerce au sens économique du mot. Elle est une condition de la sécurité juridique, c'est-à-dire de la « propriété d'un système juridique [qui] procure à tous ses destinataires un cadre normatif relativement déterminé et permettant ainsi une orientation précise de leurs choix »[4]. À l'ère du rationalisme et de l'effondrement de la métaphysique, ce respect du droit par l'État apparaît aux yeux de ce dernier moins comme une contrainte que comme quelque-chose de très utile, car cela permet à son action d'être mieux acceptée par les particuliers qui s'y soumettent parce qu'ils ont le sentiment de se soumettre au droit, lequel semble neutre quand le pouvoir de fait et la politique s'avèrent ô combien plus contestables. L'autorité des gouvernants s'assoit donc sur la personnalité morale de l'État à qui, par une fiction juridique, sont attribués leurs décisions et leurs actes ; qui permet de croire dans l'objectivité et dans l'impersonnalité du pouvoir qui fixe les règles[5] ; qui amène à passer sous silence le fait que la « volonté

[1] C. F. GERBER, *Grundzüge eines Systems der deutschen Staatsrechts*, 1865 (cité par M. HAURIOU, *Principes de droit public à l'usage des étudiants en licence et en doctorat ès sciences politiques*, 2e éd., Librairie du Recueil Sirey, 1916, p. 3).

[2] M.-J. REDOR, « L'État dans la doctrine publiciste française du début du siècle », *Droits* 1992, n° 15, p. 98.

[3] M. WEBER, *Économie et société*, t. I (1922), Plon, 1965.

[4] L. FAVOREU, P. GAÏA, R. GHEVONTIAN, J.-L. MESTRE, O. PFERSMANN, A. ROUX, G. SCOFFONI, *Droit constitutionnel*, 8e éd., Dalloz, coll. Précis, 2005, n° 117.

[5] S. ROMANO, *L'ordre juridique* (1946), trad. L. François, P. Gothot, Dalloz, coll. Philosophie du droit, 1975, p. 14.

de l'État » n'est qu'une métonymie ou une « métaphore anthropomorphique »[1].

En somme, parler d'« État de droit » plutôt que simplement d'« État » est symboliquement très porteur parce que cela conduit à confondre la force de l'État et la raison du droit[2]. L'État de droit paraît acceptable et même nécessaire aux citoyens quand le Léviathan décrit par Hobbes ne saurait emporter leur adhésion. En effet, selon Hobbes, le pacte d'association conclu entre les citoyens comporte comme clause fondamentale la soumission de tous au souverain, lequel devient alors, dans l'État artificiel créé, la seule autorité. Il est la seule source du droit et de la loi auxquels il ne saurait être lié. Il n'est même pas lié par les termes du contrat qui a été conclu entre les citoyens à son profit et non entre les citoyens et lui. Il dispose donc d'un pouvoir au sens propre « absolu » (sans liens)[3]. Un État qui, actuellement, fonctionnerait ainsi — au départ d'un pacte de soumission et non d'association au sens de Rousseau — ne perdurerait guère. Mais certainement est-ce un trait persistant de n'importe quel pouvoir, dès l'instant qu'il s'institutionnalise, que de se réclamer d'une légitimité devant servir son autorité mais l'obligeant, en retour, à respecter ses engagements ; même l'État de Hobbes était déjà, quoiqu'en partie seulement, un État de droit. Ainsi que le relevait Dworkin, le droit est depuis longtemps, si ce n'est depuis toujours, perçu sous les traits de ce qui justifie l'usage de la force[4]. Or toute puissance arbitraire cherche naturellement à se faire passer pour légitime.

L'État de droit repose donc sur la « prééminence du droit » ou « *Rule of Law* » telle qu'elle est reconnue par le préambule de la Convention européenne de sauvegarde des droits de l'homme, laquelle stipule de la sorte que l'État de droit, dans son intention tout du moins, fait partie du « patrimoine commun » des États parties. Quant au Traité sur l'Union européenne, il prévoit explicitement que l'Union est fondée sur les principes propres à l'État de droit, tandis que la Cour de Justice voit dans les traités la source d'une « communauté de droit »[5]. À l'aube du XXIe s., la plupart des États correspondant à des pays dits « développés » offrent les garanties de l'État de droit strictement compris et les abus ou détournements de pouvoir

[1] É. MAULIN, « Positivisme », in D. ALLAND, S. RIALS, dir., *Dictionnaire de la culture juridique*, Lamy-Puf, coll. Quadrige-dicos poche, 2003, p. 1175.
[2] O. JOUANJAN, « État de droit », in D. ALLAND, S. RIALS, dir., *Dictionnaire de la culture juridique*, Lamy-Puf, coll. Quadrige-dicos poche, 2003, p. 651.
[3] P. KAHN, *L'État*, Quintette, coll. Philosopher, 1989, p. 37.
[4] R. DWORKIN, *L'empire du droit* (1986), Puf, coll. Recherches politiques, 1994, p. 108-109.
[5] CJCE, 23 avr. 1986, *Les Verts*.

doivent y être sanctionnés et y sont, souvent, effectivement sanctionnés[1]. Et il est aujourd'hui devenu parfaitement banal de « juger l'État »[2] comme on jugerait toute autre personne qui commettrait une infraction.

Par suite, il ne se trouve nulle contradiction dans l'affirmation selon laquelle l'État produit le droit en même temps qu'il est limité par le droit. Le schéma est simple : après que les premiers gouvernants, dont les fonctions qu'ils occupent sont la conséquence de purs faits — il peut, théoriquement, parfaitement s'agir d'un monarque absolu octroyant une Constitution —, ont rédigé la Constitution historiquement première (suite à un « contrat social » ou à une révolution), tout gouvernant et toute administration sont indéfectiblement tenus de respecter les règles et institutions préexistantes, à moins que des procédures juridiquement consacrées autorisent à les modifier. Toutefois, l'État n'étant soumis qu'à ses propres règles, qu'à sa propre volonté, « on ne peut pas parler d'un État limité par le droit mais, tout au plus, d'un État autolimité »[3] ou d'un « État auto-subordonné », pour reprendre une expression d'Ihering citée par Carré de Malberg[4]. Pareils propos peuvent apparaître d'une grande banalité ; pourtant, la doctrine dominante a longtemps — et jusqu'à récemment — considéré que l'État ne pouvait être théoriquement limité par le droit[5], à moins que ce ne soit par quelque hasardeux droit naturel ou surnaturel. Mais, dans l'ordre juridique, il est désormais parfaitement incontestable que toute personne peut être liée par sa propre volonté, l'article 1134 du Code civil français l'exprimant parfaitement en disposant que « les conventions [...] tiennent lieu de loi à ceux qui les ont faites ». En revanche, contre Duguit[6] et Hauriou[7], mais avec

[1] Pour ne prendre qu'un exemple, en Angleterre, la Couronne a, en 1947, perdu son immunité vis-à-vis des actions en responsabilité, pour lesquelles elle doit désormais être traitée « comme si elle était une personne privée » (*Crown Proceedings Act*, 1947).

[2] J. ELLUL, « Remarques sur les origines de l'État », *Droits* 1992, n° 15, p. 14.

[3] M. TROPER, « Le concept d'État de droit », *Droits* 1992, n° 15, p. 57 ; également M. HAURIOU, *Principes de droit public à l'usage des étudiants en licence et en doctorat ès sciences politiques*, 2e éd., Librairie du Recueil Sirey, 1916, p. 31.

[4] R. VON IHERING, *Der Zweck in Recht*, 3e éd., t. I, 1878, p. 358 (cité par R. CARRÉ DE MALBERG, *Contribution à la théorie générale de l'État spécialement d'après les données fournies par le droit constitutionnel français*, t. I, Librairie du Recueil Sirey, 1920, p. 231).

[5] *Cf.* J. HUMMEL, « Allemagne (doctrines allemandes de l'État et du droit de Hegel et Jellinek) », in D. ALLAND, S. RIALS, dir., *Dictionnaire de la culture juridique*, Lamy-Puf, coll. Quadrige-Dicos poche, 2003, p. 44.

[6] L. DUGUIT, *L'État, le droit objectif et la loi positive*, t. II, Fontemoing, 1901, p. 124 s.

[7] M. HAURIOU, *Principes de droit public à l'usage des étudiants en licence et en doctorat ès sciences politiques*, 2e éd., Librairie du Recueil Sirey, 1916, p. 32.

Jellinek[1], il faut affirmer que nul droit préexistant ne contraint les premiers gouvernants qui sont libres de profiter de la nouvelle puissance étatique pour édicter en totale opportunité les premières Constitution et lois ; ce n'est qu'une fois qu'un véritable droit positif est entré en vigueur que les gouvernants et l'administration se retrouvent encadrés et contraints par quelque statut juridique antérieur.

S'il ne fallait retenir qu'un seul et unique principe emblématique de l'idée d'État de droit telle qu'elle se trouve aujourd'hui majoritairement comprise, ce serait très certainement le principe de séparation des pouvoirs qui l'emporterait. Outre celui-ci et outre ses implications directes[2], l'État de droit suppose également le respect de la légalité, selon laquelle « seule la loi peut déroger à la loi », et le respect de la constitutionnalité, qui signifie que « seule une loi constitutionnelle peut déroger à une loi constitutionnelle »[3]. La notion d'« État de droit » peut ainsi être rapprochée de celles de « constitutionnalisme »[4], de « légalisme »[5] et d'« État civilisé »[6], mais aussi opposée à celle d'« État hors la loi »[7] ; quoique des auteurs séparent nettement « État de droit » et « État légal »[8]. Et l'État de droit tel qu'il est

[1] G. JELLINEK, *L'État moderne et son droit – Première partie : Doctrine générale de l'État*, trad. G. Fardis, Fontemoing, 1904, p. 136.

[2] Est visée, par exemple, la réserve de la loi qui interdit à l'exécutif d'agir sur une base législative suffisante.

[3] Ch. EISENMANN, *La justice constitutionnelle et la Haute Cour constitutionnelle d'Autriche*, LGDJ, 1928 (cité par M. DE VILLIERS, « Le principe de constitutionnalité », in Th. DE BERANGER, M. DE VILLIERS, dir., *Droit public général*, 5e éd., LexisNexis, coll. Manuel, 2011, p. 375).

[4] O. BEAUD, *La puissance de l'État*, Puf, coll. Léviathan, 1994, p. 208 ; C. FRIEDRICH, « Constitutions and Constitutionalism », in *Encyclopaedia of the Social Sciences*, 1968 (cité par M. TROPER, « Le concept d'État de droit », *Droits* 1992, n° 15, p. 51) ; J. BAGUENARD, *L'État – Une aventure incertaine*, Ellipses, coll. Mise au point, 1998, p. 67.

[5] R. CARRÉ DE MALBERG, *Contribution à la théorie générale de l'État spécialement d'après les données fournies par le droit constitutionnel français*, t. I, Librairie du Recueil Sirey, 1920, p. 293.

[6] Ch. DEBBASCH, *L'État civilisé*, Fayard, 1979.

[7] Réf. à J.-M. PONTAUT, F. SZPINER, *L'État hors la loi*, Fayard, 1989.

[8] L'« État légal » serait celui dans lequel règnerait l'omnipotence parlementaire, le pouvoir législatif n'étant soumis à aucune limitation (D. MINEUR, « De la souveraineté nationale à la volonté générale – L'évolution de Carré de Malberg, du projet positiviste au parti-pris démocratique », *Jus Politicum* 2012, n° 8, p. 2). Un exemple patent de cette situation réside assurément dans les institutions de la IIIe République. Aussi l'objectif des constituants ultérieurs a-t-il été de transformer l'État légal de 1875 en un État de droit, soit un État au sein duquel le Parlement et la loi seraient eux-mêmes soumis au droit (M.-J. REDOR, *De l'État légal à l'État de droit – L'évolution des conceptions de la doctrine publiciste française (1879-1914)*, Economica-PUAM (Paris-Aix-en-Provence), 1992). Néanmoins, Carré de Malberg voyait davantage dans l'État légal un système offrant des garanties ressemblant peu ou prou à

actuellement strictement entendu d'inclure divers autres principes qui, pour la plupart, se traduisent positivement dans le droit français et dans le droit européen[1].

En guise de synthèse, sans doute est-il possible d'avancer que pareil État de droit est nécessairement un État démocratique et représentatif, empruntant idéalement la forme républicaine, dans lequel la différence entre les gouvernants et les gouvernés n'est pas qualitative mais seulement quantitative[2] et où ce ne sont pas les hommes mais les lois qui commandent. Tout cela correspond à l'idée d'État de droit telle qu'elle se voit aujourd'hui communément comprise. Dans le cadre de la conception extensive présentement retenue, il faut intégrer les diverses prérogatives dont profite l'État et qui, autant que ses obligations, existent parce qu'il est un État de droit, parce qu'il est une personne juridique. Or, parmi ces prérogatives, il se trouve la souveraineté, laquelle peut être perçue comme un moyen d'oppression plus que de libération des citoyens. Et il faut redire que l'État, quand bien même il est un État de droit, peut parfaitement faillir à son obligation de respecter le droit à lui applicable, comme tout homme peut commettre une infraction. Enfin, que soit rappelé combien la notion d'État de droit en ces pages esquissée est purement juridique et formaliste, non idéaliste, finaliste et substantialiste, si bien qu'il n'est pas lieu de parler d'« idéal d'État de droit » et que la définition de l'État n'est pas incompatible avec le fait que des États soient régis par des régimes dictatoriaux et autoritaires.

Il y aurait matière à disserter au long d'encore de nombreuses pages autour du concept d'État de droit. D'ailleurs, des ouvrages importants ont été consacrés à ce seul sujet[3]. Il faudrait revenir, en particulier, sur les origines de l'expression et sur sa première conceptualisation par Kant[4], sur le

celles aujourd'hui assurées par l'État de droit (R. CARRÉ DE MALBERG, *Contribution à la théorie générale de l'État spécialement d'après les données fournies par le droit constitutionnel français*, t. I, Librairie du Recueil Sirey, 1920, p. 293).

[1] Peuvent être listés : garantie de la liberté et de la propriété individuelles, respect de la hiérarchie des normes, primauté de la Constitution, garantie juridictionnelle de la Constitution, soumission de l'administration et de la justice à la Constitution et au droit en général, responsabilité de l'administration, applicabilité des droits et libertés fondamentaux, pluralisme, proportionnalité, non-rétroactivité, précision et clarté des normes, garanties procédurales et sécurité juridique plus généralement.

[2] O. BEAUD, *La puissance de l'État*, Puf, coll. Léviathan, 1994, p. 260.

[3] Spécialement, J. CHEVALLIER, *L'État de droit*, 5e éd., Montchrestien, coll. Clefs, 2010.

[4] *Cf.* M.-J. REDOR, *De l'État légal à l'État de droit – L'évolution des conceptions de la doctrine publiciste française (1879-1914)*, Economica-PUAM (Paris-Aix-en-Provence), 1992. Chez Kant, l'État de droit est l'État qui respecte le droit *a priori*, c'est-à-dire le droit naturel. Mais

développement de la théorie allemande de la « *Herrschaft* » par Laband et Jellinek[1], ou sur la nouvelle critique émise par Duguit[2]. Et il faudrait présenter plus en détails les différentes « figures de l'État de droit »[3] ainsi que les luttes sémantiques qui les accompagnent, spécialement concernant la question de savoir si l'État de droit n'est qu'une forme s'imposant à l'action publique[4] ou s'il est aussi un fond, c'est-à-dire des buts spécifiques, d'ordre éthique, que l'État devrait poursuivre[5]. Sur ce point, cependant, de premiers éléments de réponse ont été apportés parmi les pages précédentes. Et il

si l'État peut librement décider de ce qu'est ce droit préexistant mais invisible, alors sa puissance n'en demeure pas moins absolue.

[1] *Cf.* G. JELLINEK, *L'État moderne et son droit – Première partie : Doctrine générale de l'État*, trad. G. Fardis, Fontemoing, 1904, p. 230 s. (cité par M. HAURIOU, *Principes de droit public à l'usage des étudiants en licence et en doctorat ès sciences politiques*, 2e éd., Librairie du Recueil Sirey, 1916, p. 32).

[2] *Cf.* L. DUGUIT, *L'État, le droit objectif et la loi positive*, t. II, Fontemoing, 1901, p. 124 s. Duguit expliquait simplement que « l'État est une pure abstraction. La réalité, ce sont les individus qui exercent la puissance étatique ; ils sont soumis à la prise du droit comme tous les autres individus, et le problème de la subordination de l'État au droit et de la limitation de la puissance étatique se trouve résolu ainsi de lui-même » (L. DUGUIT, *Traité de droit constitutionnel – Tome premier : La règle de droit, le problème de l'État*, 3e éd., De Boccard, 1927, p. 672-673). Et d'ajouter : « Il est évident qu'il y a dans cette théorie de l'autolimitation un véritable tour de passe-passe. Une subordination volontaire n'est pas une subordination. L'État n'est pas véritablement limité par le droit, si c'est lui qui peut seul établir et formuler ce droit, et s'il peut le changer comme il le veut à chaque moment. Le fondement donné ainsi au droit public est incontestablement fragile. Le pouvoir de l'État, qui n'est limité par le droit que parce qu'il le veut bien et dans la mesure qu'il détermine lui-même, ressemble singulièrement à un pouvoir absolu et sans limite » (*ibid.*, p. 645).

[3] Réf. à O. JOUANJAN, dir., *Figures de l'État de droit*, Presses universitaires de Strasbourg, 2001.

[4] En ce sens, Carl Schmitt notait que « l'État de droit ne représente absolument pas le but et la substance de l'État, mais seulement le genre et le caractère de leur réalisation » (C. SCHMITT, *Théorie de la Constitution* (1928), trad. L. Deroche, Puf, coll. Léviathan, 1993, p. 264).

[5] Certains conçoivent ainsi l'État de droit comme « la traduction juridique de la primauté éthique de l'individu vis-à-vis du pouvoir : l'État n'est légitime que dans la mesure où il contribue à l'épanouissement de l'individu. En d'autres termes, l'État de droit est la forme juridique revêtue par les sociétés modernes individualistes et libérales » (O. BEAUD, « Ouverture : L'honneur perdu de l'État ? », *Droits* 1992, n° 15, p. 7). Par ailleurs, on propose de séparer les notions formelle et matérielle de l'État de droit ou de distinguer selon qu'il désigne une « notion politique descriptive », une « notion de droit positif » ou une « notion politique normative » (*cf.* O. JOUANJAN, « État de droit », in D. ALLAND, S. RIALS, dir., *Dictionnaire de la culture juridique*, Lamy-Puf, coll. Quadrige-dicos poche, 2003, p. 650). *Cf.* également D. COLAS, dir., *L'État de droit*, Puf, 1987. Également, J. CHEVALLIER, *L'État de droit*, 5e éd., Montchrestien, coll. Clefs, 2010 (qui distingue les points de vue instrumental, formel et substantiel quant au sens de l'État de droit).

conviendrait de se concentrer, outre sur ses variations géographiques[1], sur l'évolution historique de l'État de droit, ce qui permettrait d'apprécier combien il est relativement récent dans l'histoire des idées et combien la pensée de l'État moderne ne correspond nullement à une pensée de l'État de droit[2] ; cela même si la confusion du droit positif avec le droit idéal qui a

[1] O. BEAUD, « Ouverture : L'honneur perdu de l'État ? », *Droits* 1992, n° 15, p. 9 (pour qui « il y a autant d'États de droit que de types d'États »).

[2] Par exemple, il n'était nul État de droit chez Bodin, pour qui même la souveraineté y serait contraire. Le grand jurisconsulte mettait l'accent sur la liberté d'abrogation et la dérogation, la puissance absolue du souverain n'étant « pas autre chose que dérogation aux loix civiles » (J. BODIN, *Les six livres de la République*, 1576, L. I, chap. 8). La souveraineté signifie, pour Bodin, que la Prince est « au-dessus des loix civiles, [...] absous de la puissance des loix » (*ibid.*) ; ou encore qu'il « est exempt des lois de son prédécesseur. Si le Prince souverain est exempt des lois de ses prédécesseurs, beaucoup moins seroit-il tenu aux loix et ordonnances qu'il fait » (*ibid.* (cité par O. BEAUD, *La puissance de l'État*, Puf, coll. Léviathan, 1994, p. 97)). La pensée de Bodin n'est pas sans rappeler celle de Hobbes dont il a été dit mot précédemment en ce paragraphe. Quant à Machiavel, il ne voyait guère de possibilité de justifier moralement et en raison l'État, car les hommes ne seraient pas suffisamment raisonnables pour cela. Aussi rien n'inviterait le Prince à tenir ses engagements et à ne connaître que les lois et le droit. Selon l'auteur florentin, il ne resterait au politique que la technique et l'arbitraire, « renvo[yant] la possibilité d'un État de droit aux illusions ruineuses plus encore qu'inutiles des utopies » (P. KAHN, *L'État*, Quintette, coll. Philosopher, 1989, p. 21). Rousseau lui-même de soutenir que, « dans tout État, il faut une puissance suprême, un souverain qui puisse tout. Il est de l'essence de la puissance souveraine de ne pouvoir être limitée : elle peut tout ou elle n'est rien » (J.-J. ROUSSEAU, *Lettres écrites de la montagne*, 1763 (cité par R. CARRÉ DE MALBERG, *Contribution à la théorie générale de l'État spécialement d'après les données fournies par le droit constitutionnel français*, t. I, Librairie du Recueil Sirey, 1920, p. 230)). Et, plus tard, Sieyès considérait encore que « les représentants de la nation ne sont point astreints aux formes constitutionnelles sur lesquelles ils ont à décider » (E. SIEYÈS, *Qu'est-ce que le tiers-état*, 1789 (cité par O. BEAUD, *La puissance de l'État*, Puf, coll. Léviathan, 1994, p. 224)). Enfin, en 1980, un auteur important soutenait toujours qu'« est souverain celui qui peut déroger au droit » (M. KRIELE, *Einführung in die Staatslehre*, 2e éd., Westdeutscher Verlag (Opladen), 1980, p. 280 (cité par O. BEAUD, *La puissance de l'État*, Puf, coll. Léviathan, 1994, p. 95). Chez ces auteurs, pourtant fondateurs de la conception moderne de l'État et de la politique, la souveraineté apparaît telle une puissance absolue, c'est-à-dire une puissance qui est libre à l'égard des lois déjà promulguées comme à l'égard de celles que le Prince peut faire lui-même. On remarque que pareille conception absolutiste de la souveraineté a prévalu jusqu'à l'avènement du constitutionnalisme contemporain avec les révolutions américaine et française (É. MAULIN, « Souveraineté », in D. ALLAND, S. RIALS, dir., *Dictionnaire de la culture juridique*, Lamy-Puf, coll. Quadrige-dicos poche, 2003, p. 1436). Montesquieu, lorsqu'il voyait dans la liberté politique « le droit de faire ce que les lois permettent », et Rousseau, quand il évoquait les « bornes des conventions générales » que le pouvoir souverain, « tout absolu, tout sacré, tout inviolable qu'il soit, ne saurait passer » (J.-J. ROUSSEAU, *Du contrat social*, 1762, L. II, chap. 4), faisaient figures d'exceptions. Le même constat peut s'appliquer à la *Magna Carta* de 1215 par laquelle le roi Jean sans Terre fit à ses barons la promesse qu'« aucun homme libre ne sera arrêté, ni emprisonné, ni dépossédé de sa libre tenure, de ses libertés ou libres

longtemps imprégné les esprits juridiques aurait logiquement dû mener à affirmer la soumission de l'État au droit[1]. Pour reprendre les mots du Professeur Michel Troper, « l'État de droit fait aujourd'hui l'objet d'un consensus aussi général que soudain »[2]. Le fait d'aborder, au sein du présent essai, la souveraineté comme un droit subjectif de l'État, dans le cadre de la définition juridique et non dans celui de l'identification factuelle de l'être étatique, témoigne du changement de perspective qui a été opéré depuis que Bodin, Machiavel et Hobbes ont écrit. Désormais, l'idée d'État de droit a largement supplanté la vision d'une souveraineté-puissance absolue. Aussi la

coutumes, ni mis hors la loi [...] ; et nous ne mettrons, ni ne ferons mettre la main sur lui, si ce n'est à la suite d'un jugement légal de ses pairs et selon la loi du pays ». Après que Bossuet ait proposé une conception intermédiaire de la souveraineté selon laquelle elle serait « absolue mais pas arbitraire » (cité par P. KAHN, *L'État*, Quintette, coll. Philosopher, 1989, p. 51), certainement l'avènement des monarchies limitées et l'importance croissante des assemblées représentant le peuple ou la nation ont-ils invité les auteurs à envisager la possibilité de l'État de droit et donc d'une souveraineté non absolue mais juridiquement conçue et encadrée, spécialement par la Constitution. Jellinek, notamment, pouvait alors avancer que l'État souverain est celui qui n'est obligé que par sa propre volonté (G. JELLINEK, *L'État moderne et son droit – Première partie : Doctrine générale de l'État*, trad. G. Fardis, Fontemoing, 1904, p. 136). Cela n'empêcha cependant pas Carl Schmitt de soutenir à son tour que l'État est hors du droit, le contexte dans lequel il écrivait ne l'incitant d'ailleurs guère à écrire autre chose (C. SCHMITT, *Théorie de la Constitution* (1928), trad. L. Deroche, Puf, coll. Léviathan, 1993). Jellinek lui-même retenait qu'un État souverain possède un droit propre et que « par droit propre il faut entendre un droit qui, juridiquement échappe à tout contrôle » (G. JELLINEK, *L'État moderne et son droit – Première partie : Doctrine générale de l'État*, trad. G. Fardis, Fontemoing, 1904 (cité par R. CARRÉ DE MALBERG, *Contribution à la théorie générale de l'État spécialement d'après les données fournies par le droit constitutionnel français*, t. I, Librairie du Recueil Sirey, 1920, p. 156)). Mais, à présent, la plupart des auteurs conviennent que « le pouvoir souverain n'est pas celui qui n'obéit à aucune règle, c'est celui qui ne peut se voir imposer de règles en dehors de son consentement » (S. RIALS, « Les incertitudes de la notion de Constitution sous la Ve République », *RDP* 1984, p. 598). Les auteurs des XVIe et XVIIe s. pouvaient néanmoins parler d' « État de droit » car il semble que l'expression ait d'abord renvoyé à une notion politique, à un mode particulier d'organisation politique dont la finalité était l'égal partage des libertés entre les membres de la collectivité (O. JOUANJAN, « État de droit », in D. ALLAND, S. RIALS, dir., *Dictionnaire de la culture juridique*, Lamy-Puf, coll. Quadrige-dicos poche, 2003, p. 649). Mais, alors que Carré de Malberg recourait au terme allemand « *Rechtsstaat* », Hauriou ou Joseph Barthélémy n'envisageaient pas plus, semble-t-il, la notion que l'idée d'État de droit (M. TROPER, « Le concept d'État de droit », *Droits* 1992, n° 15, p. 51). En revanche, Hauriou discutait la question de l' « autolimitation de l'État » (M. HAURIOU, *Principes de droit public à l'usage des étudiants en licence et en doctorat ès sciences politiques*, 2e éd., Librairie du Recueil Sirey, 1916, p. 31). Sur les variations historiques du concept, *cf.* B. BOURGEOIS, « La question de l'État de droit en France aujourd'hui », in D. COLAS, dir., *L'État de droit*, Puf, 1987, p. 1 s.

[1] M. HAURIOU, *Principes de droit public à l'usage des étudiants en licence et en doctorat ès sciences politiques*, 2e éd., Librairie du Recueil Sirey, 1916, p. 33.

[2] M. TROPER, « Le concept d'État de droit », *Droits* 1992, n° 15, p. 51.

séparation de la puissance factuelle et de la souveraineté juridique se voit-elle justifiée, bien qu'elle ne soit guère accueillie par tous les concepteurs contemporains de l'État.

D'intenses débats doctrinaux pourraient encore s'engager à propos de la question de savoir si l'idée d'État de droit est « une preuve de la vitalité de l'État [ou] un signe de son affaiblissement »[1] ; ou bien à propos du dualisme juridique français droit public/droit privé qui, protecteur de l'autorité étatique, porte peut-être excessivement atteinte à l'idéal d'État de droit pourtant revendiqué[2]. Enfin, il faudrait discuter la proposition de Kelsen selon laquelle, si l'État et le droit ne sont que deux mots servant à désigner une même chose, à savoir un ensemble de règles, « État de droit » ne serait logiquement qu'une tautologie ou un pléonasme[3]. En ce sens, « État de droit » désignerait très exactement une « pyramide » de normes. Le normativisme, en réduisant tout et notamment l'État à des systèmes de normes, semble décidément par trop restrictif et inapte à rendre justice de la complexité du réel, y compris de la complexité du réel juridique. Mais il n'est pas lieu, ici, de poursuivre plus avant pareille réflexion *jus*-théorique.

Reste à insister sur le fait que, si la personnalité juridique est un caractère indéfectible de tout État, si tout État est par définition, du seul fait qu'il est, un État de droit au sens large retenu dans les présentes lignes, tout État n'est cependant pas nécessairement un État de droit au sens restreint, lequel implique que l'État, pour bénéficier de cette étiquette, non seulement soit en théorie soumis au droit mais, plus encore, soit effectivement

[1] O. BEAUD, « Ouverture : L'honneur perdu de l'État ? », *Droits* 1992, n° 15, p. 10. Selon cet auteur, « l'État de droit représente le retrait de l'État […] qui est aujourd'hui sur la défensive et dont les pouvoirs apparaissent comme des "réserves de souveraineté" » (*ibid.*, p. 8).

[2] Par rapport au droit privé, le droit public, dérogatoire à bien des titres, maintient l'État dans une position de supériorité formalisée par diverses prérogatives de puissance publique : privilège du préalable, acte administratif unilatéral, prérogatives spécifiques en matière contractuelle ou système de responsabilité favorable sont autant de procédés qui font que l'égalité devant la loi ne concerne guère la personne-État ; et certainement cela est-il heureux car l'avènement d'un « État sans qualités » ne profiterait à personne (réf. à D. ALLAND, « L'État sans qualités », *Droits* 1993, n° 16, p. 3 s.).

[3] Kelsen prend néanmoins la peine de définir l'État de droit : « Ordre de contrainte relativement centralisé qui prévoit certaines garanties spécifiques pour assurer la légalité des actes d'application du droit et la liberté individuelle des sujets soumis au droit » (H. KELSEN, « Qu'est-ce que la théorie pure du droit ? » (1953), *Dr. et société* 1992, p. 562). Partant, si l'État de droit, en tant qu'État, est un ordre juridique, il apparaît telle une branche particulière dans la catégorie des États. Également H. KELSEN, *Théorie pure du droit*, 2e éd., trad. Ch. Eisenmann, Dalloz, 1962, p. 304. Il est à noter qu'un auteur attribue, sans doute maladroitement ou trop rapidement, la paternité du concept d'État de droit à Kelsen (P. DEUMIER, *Introduction générale au droit*, 2e éd., LGDJ, coll. Manuel, 2013, p. 115).

respectueux du droit et même de l'idéal du droit. Est ici proposé qu'un État est un État de droit parce qu'il est doté de la personnalité morale, celui-ci étant une conséquence mécanique de celle-là, et non parce que l'arbitraire et la force auraient totalement disparu des agissements de ses gouvernants et/ou de son organisation constitutionnelle. Partant, tout État est par nature un État de droit ; tout État est une personne morale dotée de la capacité juridique, titulaire de droits et chargée d'obligations. Il est, ensuite, parfaitement possible de considérer que « l'existence d'une Constitution forme la condition absolue et la base même de l'État »[1] autant que de l'État de droit et que, dans le même temps, en pratique, cette Constitution peut être bafouée. Il ne fait d'ailleurs aucun doute que la Constitution de la Ve République française — à l'identique des Constitutions précédentes — a toujours été et continue d'être en partie détournée par les gouvernants, soit par les hommes qui occupent les fonctions officielles et agissent au nom de la personne État. Le droit n'est bien entendu pas indéfectiblement et scrupuleusement observé par ses sujets, y compris lorsque le sujet est l'État. En conséquence, certainement l' « État SS »[2] et l'État soviétique étaient-ils des États de droit au sens large mais non au sens strict — lequel est aujourd'hui, il faut le redire, le sens dominant —, car ils étaient des États totalitaires et non des États « civilisés »[3]. En d'autres termes, l'État étant pourvu de la personnalité juridique, il est par essence un État de droit entendu comme sujet de droit, peu important ce qui, par suite, est fait de la capacité, des obligations et des droits qui lui sont propres ; mais, en revanche, les gouvernants décident assez librement d'en faire ou non un État de droit au sens strict, soit un État régi par des procédures garantissant le constitutionnalisme, le légalisme, ainsi que l'effectivité des droits et libertés fondamentaux.

Au-delà du caractère d'État de droit, la personnalité juridique emporte une autre conséquence directe importante pour l'État : elle lui permet de revêtir les deux qualités indispensables à son existence juridique que sont l'unité et la continuité.

30. ***L'unité et la continuité juridiques de l'État.*** D'un point de vue sociologique, « nous dirigeons vers l'État ces sentiments que, d'ordinaire, nous inspirent des personnes humaines : confiance ou crainte, admiration ou

[1] R. CARRÉ DE MALBERG, *Contribution à la théorie générale de l'État spécialement d'après les données fournies par le droit constitutionnel français*, t. I, Librairie du Recueil Sirey, 1920, p. 65.
[2] Réf. à E. KOGON, *L'État SS*, Le Seuil, coll. Points, 1970.
[3] Réf. à Ch. DEBBASCH, *L'État civilisé*, Fayard, 1979.

mépris, haine ou respect »[1]. Si Georges Burdeau a pu décrire en ces termes les rapports Homme-État, c'est que ce dernier revêt les atours d'une véritable personne bien au-delà du seul cadre juridique. Toutefois, en ces lignes, seul l'État en tant que personne juridique est à interroger, d'autant plus que celle-ci lui permet d'accéder à deux qualités essentielles, spécialement en ce qu'elles participent de la rationalisation du pouvoir et de son exercice : l'unité et la continuité juridiques. Des auteurs, non sans raisons, rattachent préférablement ces dernières à la souveraineté qu'à la personnalité[2]. Mais si la souveraineté peut s'analyser comme découlant de la personnalité, l'inverse n'est pas vérifié, de telle sorte que seuls deux cas de figure sont envisageables : soit lesdites qualités procèdent de la souveraineté et donc de la personnalité, soit elles ne procèdent que de la personnalité, indépendamment de la souveraineté ; mais il ne serait pas correct d'avancer que l'unité et la continuité juridiques résulteraient de la souveraineté, sans rapport avec la personnalité. Carré de Malberg résumait ces deux traits du portait juridique de l'État en disant qu'il est une « unité continue »[3] ; et d'ajouter que « la science du droit ne peut se passer de la personnalité » pour expliquer cette « unité continue »[4]. Il semble donc, d'une part, nécessaire de présenter l'unité et la continuité juridiques et, d'autre part, possible de le faire au sein de ce chapitre consacré aux conséquences directes de la personnalité juridique de l'État.

Concernant l'unité juridique de l'État, tout d'abord, Jellinek et Carré de Malberg n'en faisaient rien de moins que l'élément central de toute théorie de l'État[5]. Déjà Platon observait, bien avant l'ère chrétienne, qu'il ne pourrait y avoir, pour la République, « de mal plus grand que ce qui la déchirera[it] et qui, à la place d'une seule, en produira[it] plusieurs […] ou

[1] G. BURDEAU, *L'État* (1970), Le Seuil, coll. Points, 2009, p. 9.

[2] Par exemple, L. BAL, *Le mythe de la souveraineté en droit international – La souveraineté des États à l'épreuve des mutations de l'ordre juridique international*, th., Université de Strasbourg, 2012, p. 30.

[3] R. CARRÉ DE MALBERG, *Contribution à la théorie générale de l'État spécialement d'après les données fournies par le droit constitutionnel français*, t. I, Librairie du Recueil Sirey, 1920, p. 48. En revanche, peut être contestée la présentation faite par cet auteur de l'État en tant qu' « unité invariable et ininterrompue » (*ibid.*, p. 49) car, ainsi que cela sera développé en ces lignes, l'État « varie » souvent en même temps qu'il demeure unitaire et continu.

[4] *Ibid.*, p. 49.

[5] G. JELLINEK, *L'État moderne et son droit – Première partie : Doctrine générale de l'État*, trad. G. Fardis, Fontemoing, 1904, p. 270 ; R. CARRÉ DE MALBERG, *Contribution à la théorie générale de l'État spécialement d'après les données fournies par le droit constitutionnel français*, t. I, Librairie du Recueil Sirey, 1920, p. 30.

de plus grand bien que ce dont le lien l'unira[it] et la fera[it] une »[1]. L'unité est ainsi une exigence première ; elle est indispensable à tout État qui ne saurait exister divisé, car alors il y aurait autant d'États différents que d'éléments particuliers. Or, selon Carré de Malberg, « ce fait indéniable et essentiel de l'unité de l'État ne peut être exprimé par la science du droit qu'à l'aide de la notion de personnalité »[2]. La meilleure justification du fait que l'État est unitaire réside dans sa personnalité. Plus encore, « unité » et « personnalité » de l'État semblent presque synonymes ; les deux termes impliquent que se forme, au-dessus des membres individuels, un sujet de droit particulier unifiant la diversité des gouvernants et des gouvernés. On enseigne que Bodin, au XVIe s., a été le premier à formuler le principe de l'unité du pouvoir ou de la puissance publique à travers les idées d'indivisibilité et d'inséparabilité de la personne souveraine et que c'est à partir de ce moment là qu'il serait devenu possible de parler d' « État »[3]. Une personne juridique étant unitaire, l'État, qui est une personne juridique, est par définition unitaire. Bien sûr, l'unité de l'État ici envisagée n'est pas une unité entendue en tant que forme politique organisationnelle et un État fédéral est tout autant unitaire qu'un autre sous l'angle de sa personnalité juridique. L'unité étatique, cependant, se traduit notamment par une unité du droit : un seul et même ensemble de normes s'applique à tout le peuple et sur tout le territoire de l'État. Dans ce cas, en revanche, l'exemple de l'État fédéral est une limite qui invite à s'interroger sur le point de savoir qui, de l'État unitaire, de l'État fédéral ou de l'État fédéré, répond le mieux à la définition de l'État[4].

L'État, contrairement à d'autres formes d'organisation politique, se caractérise par une véritable unité dans la prise de décision et dans l'action. Par suite, l'unité se remarque aussi dans le fait que tout État possède un seul et unique centre géographique — *i.e.* une capitale —, un seul et unique drapeau national, un seul et unique hymne national, une seule et unique langue officielle etc. Ces éléments, avec différents autres, participent de la consolidation de l'unité de l'État en tant qu'unité de personnes en favorisant le renforcement de la nation et du sentiment national sur lesquels il s'appuie. Dit autrement, un État sera souvent, en faits tout du moins, d'autant plus

[1] PLATON, *La République* (vers 380 av. J.-C.), trad. G. Leroux, Flammarion, coll. GF, 2002, L. IV.

[2] R. CARRÉ DE MALBERG, *Contribution à la théorie générale de l'État spécialement d'après les données fournies par le droit constitutionnel français*, t. I, Librairie du Recueil Sirey, 1920, p. 40.

[3] O. BEAUD, *La puissance de l'État*, Puf, coll. Léviathan, 1994, p. 51

[4] *Cf.* O. BEAUD, *Théorie de la fédération*, 2e éd., Puf, coll. Léviathan, 2009.

unitaire que la nation sur laquelle il repose l'est elle-même. Il est d'ailleurs, pour revenir sur l'exemple de la langue officielle, des États multinationaux au sein desquels plusieurs langues officielles sont reconnues. Pour autant, suivant l'une des formules les plus célèbres du *Léviathan* de Hobbes, « c'est l'unité de celui qui représente, et non pas l'unité du représenté, qui rend une la personne. C'est celui qui représente qui assume la personnalité et il n'en assume qu'une seule. On ne saurait concevoir l'unité dans la multitude sous une autre forme »[1]. Où se confirme que l'unité de l'État mène aussi normalement à l'unité de la nation que l'inverse. Carré de Malberg le confirmait lorsqu'il observait que, « en tant que personne juridique, l'État est une formation résultant de ce qu'une collectivité nationale et territoriale d'individus se trouve [...] ramenée par le fait de son organisation à l'unité »[2]. Dans tous les cas, l'unité ici en cause est l'unité juridique de l'État, laquelle ne doit pas être confondue avec l'unité sociologique de la nation qui, éventuellement, le sous-tend. Il est donc parfaitement juste de retenir que

> *Cette unité repose, non pas sur une association entre les individus, mais sur l'organisation étatique elle-même, celle-ci ayant pour effet d'englober et de fondre tous les éléments individuels dont se compose la nation en un corps national unifié. Ce qui fait de la collectivité une personne sous le nom d'État, ce sont ses organes. Car, par elle-même, la collectivité nationale n'a pas d'unité, et notamment n'a pas de volonté une, réelle : elle n'acquiert cette volonté une que si elle est organisée. L'organisation de la collectivité est donc le fait générateur immédiat de la personnalité étatique. Personnalité qui est purement juridique, et non pas réelle en ce sens qu'elle existerait dès avant toute organisation juridique de la collectivité. Personnalité abstraite par conséquent, mais non point fictive, elle a une réalité juridique.*[3]

En revanche, à Carré de Malberg soutenant que la personnalité juridique étatique découle de l'unité de l'État[4], il faut opposer que c'est sans doute le schéma contraire qui mérite d'être retenu : l'unité juridique de l'État apparaît avec la personnalité et à cause de la personnalité, non antérieurement à elle et indépendamment d'elle. Le professeur

[1] Th. HOBBES, *Léviathan*, 1651, L. I, chap. 16.
[2] R. CARRÉ DE MALBERG, *Contribution à la théorie générale de l'État spécialement d'après les données fournies par le droit constitutionnel français*, t. I, Librairie du Recueil Sirey, 1920, p. 68.
[3] *Ibid.*
[4] *Ibid.*, p. 37.

strasbourgeois, cependant, envisageait à cet instant l'unité en tant que fait ; et il affirmait ailleurs que « l'unité de l'État est le fait capital que le juriste est tenu d'interpréter et de traduire en langage juridique »[1]. Sans doute convient-il de distinguer l'unité juridique et l'unité factuelle, toutes deux ne se confondant pas. Mais l'unité associée à la personnalité juridique et à la définition juridique de l'État ne peut qu'être l'unité juridique. La lecture de Carré de Malberg semble attester que ce que cet auteur visait à travers l'expression « unité de l'État » était davantage une « unité de la nation », c'est-à-dire une certaine homogénéité culturelle au sein d'une communauté humaine, ce qui n'appartient qu'à l'ordre des faits. Par exemple, il voyait dans une « unité de personnes » la source de l'unité de l'État[2] plus que, comme cela est imaginé en ces lignes, dans l'unité de l'État la source d'une unité de personnes.

L'unité étatique implique encore que la volonté des gouvernants puisse être interprétée comme volonté collective de tous les individus relevant du peuple de l'État. Il ne peut y avoir qu'une volonté unique de l'État et jamais plusieurs volontés antagonistes d'un même État. C'est pourquoi il importe de savamment désigner les personnes qui seront chargées d'exprimer cette volonté étatique, de décider et d'agir pour le compte de la volonté commune. Surtout, l'unité étatique est souvent consacrée par le droit positif, quoique celui-ci préfère, en France en tout cas, le terme « indivisible » à « unitaire », peut-être parce que ce dernier risquerait d'entraîner quelques confusions et incompréhensions par rapport au caractère « décentralisé » de l'organisation administrative[3]. Déjà en 1791 était établi que « le Royaume [était] un et indivisible »[4] ; et, depuis 1958, la République reçoit le qualificatif d' « indivisible »[5], « un » ayant pour sa part disparu. Dans les deux cas, c'est en tout cas également l'État qui était ou est visé à travers les références au Royaume et à la République.

[1] *Ibid.*, p. 30.

[2] *Ibid.*, p. 31 (« il semble que le fondement de cette unification doive être recherché d'abord dans la communauté d'intérêts qui existe entre les hommes formant une même nation et qui les unit dans la poursuite unanime de certains buts communs »). Néanmoins, sans doute la pensée de Carré de Malberg était-elle imprécise sur ce point puisqu'il écrivait, quelques lignes plus loi, qu' « il est vrai de dire que le groupe possède, sinon dans l'ordre des réalités matérielles, du moins juridiquement, une volonté et une puissance propres » (*ibid.*, p. 32).

[3] *Cf.* B. BARRAUD, « Constitution, décentralisation et unité de l'État – Quelques propositions audacieuses », *Revue générale des collectivités territoriales* 2014, n° 54, p. 3 s.

[4] Const. 3 sept. 1791, titre II, art. 1er.

[5] Const. 4 oct. 1958, art. 1er (depuis la révision constitutionnelle issue de la loi constitutionnelle n° 95-880 du 4 août 1995).

Quant à la continuité juridique de l'État, qui est une autre conséquence directement imputable à sa personnalité juridique, elle est tout autant que l'unité une donnée décisive pour la force et la solidité de l'État. La qualité de personne morale permet aux gouvernants de s'effacer derrière une figure symbolique et permanente, bien qu'ils soient nécessairement contingents et temporaires, mortels même. Les gouvernants passent, mais l'État perdure. Plus encore, les révolutions se succèdent, mais l'État demeure ; car une révolution ou un coup d'État n'a pas pour finalité de changer d'État, il s'agit seulement de changer de mode de gouvernement, de régime politique. Parce que l'État est purement abstrait, parce qu'il « ne se voit pas mais se conçoit »[1], il est autrement difficile à renverser ou à effacer que la personne physique d'un dirigeant. Surtout, renverser ou effacer l'État est rarement l'ambition des révolutionnaires qui, tout au contraire, plutôt que de le démolir, cherchent à l'améliorer, à l'embellir.

La continuité de l'État permet à ses actes de n'être dépendants que de sa seule vie et non de la vie de ceux qui, *de facto*, les décident, les édictent et les publient. Sans cette permanence, il faudrait reconfirmer par le vote toutes les lois après chaque changement de législature et rédiger à nouveau tous les décrets et autres arrêtés à chaque « remaniement » gouvernemental. Aux époques où la personnalité juridique de l'État n'était pas acceptée, expliquait Hauriou, il fallait, à chaque changement de gouvernement, faire renouveler les traités, confirmer les promesses et les privilèges etc.[2]. Aujourd'hui, tout acte juridique des gouvernants adopté dans le respect du cadre procédural en vigueur demeure valide dans l'ordre juridique tant qu'il n'est pas abrogé suivant les formes constitutionnelles ou légales prévues à cet effet. Et cela s'applique des contrats administratifs aux traités internationaux. À la différence des personnes physiques agissant dans l'espace privé, les générations nouvelles sont ici liées par les obligations contractées par leurs devancières. De ce fait, la continuité est un gage important du caractère d'État de droit, spécialement en ce qu'elle garantit la sécurité juridique, ainsi qu'une source prépondérante à l'origine du sentiment de ne pas obéir, en obéissant à l'État, à des hommes.

[1] H. LEFEBVRE, *Les contradictions de l'État moderne – La dialectique de l'État – t. IV : De l'État*, UGE, coll. 10/18, 1978 (cité par J. CHEVALLIER, *L'État*, 2e éd., Dalloz, coll. Connaissance du droit, 2011, p. 13).

[2] M. HAURIOU, *Précis élémentaire de droit constitutionnel*, 2e éd., Librairie du Recueil Sirey, 1930, p. 24.

La théorie dite « des deux corps du roi »[1] a certainement été le premier témoignage concret de la continuité étatique : tandis que le « corps naturel » est par essence mortel, le corps politique ne meurt jamais. Burdeau résumait : « Pour que le Roi meurt, il n'a pas suffi de le décapiter, il a fallu abolir les droits de sa dynastie »[2]. Le roi est mortel, mais le Roi ou la Couronne est immortel(le). L'État est immortel ; ou, du moins, l'espérance de vie de l'État est autrement importante que celle du gouvernant ou du fonctionnaire personne physique, car il est évidemment des exemples d'États disparus. L'État est continu, donc stable et pérenne, mais il n'est pas infini ou « perpétuel », bien qu'Hauriou[3] et Carré de Malberg[4] ont pu soutenir pareille position.

Où il apparaît que l'État est un être continu et non contingent grâce à sa qualité de personne morale qui lui permet d'exister indépendamment des personnes physiques qui, dans le champ des faits et toujours temporairement, le représentent et mettent en œuvre sa puissance. Cette continuité est une donnée essentielle spécialement du point de vue de la place de l'État dans l'ordre international puisque, au sein de celui-ci, les changements de gouvernants, de gouvernements ou de régimes politiques, et même les modifications des composantes territoriale (perte ou acquisition de territoires) et humaine (détachement ou rattachement de populations) de l'État, sont indifférentes[5].

Enfin, à l'identique de l'unité, la continuité telle que pensée par Carré de Malberg interroge dès lors que, selon l'auteur de la *Contribution*, « la personnalité de l'État résulte de sa continuité »[6]. Il semble bien plutôt que ce soit la continuité de l'État qui soit l'une des conséquences directes de la qualité de personne juridique de l'État. L'analyse de Carré de Malberg est

[1] *Cf.* E. KANTOROWICZ, *Les deux corps du Roi* (1957), Gallimard, coll. Bibliothèque des histoires, 1989.

[2] G. BURDEAU, *L'État* (1970), Le Seuil, coll. Points, 2009, p. 49.

[3] M. HAURIOU, *Précis élémentaire de droit constitutionnel*, 2e éd., Librairie du Recueil Sirey, 1930, p. 24 (« la personnalité juridique est le fondement de la perpétuité juridique de l'État, c'est-à-dire du fait que les engagements de l'État sont perpétuels, alors que les gouvernements qui ont signé et contracté sont passagers »).

[4] R. CARRÉ DE MALBERG, *Contribution à la théorie générale de l'État spécialement d'après les données fournies par le droit constitutionnel français*, t. I, Librairie du Recueil Sirey, 1920, p. 48 (« l'État est permanent et, en ce sens, perpétuel »).

[5] G. D. FIEDOROWICZ, « Continuité de l'État », *RDI* 1939, p. 142 (cité par J.-D. MOUTON, « La notion d'État et le droit international public », *Droits* 1992, n° 16, p. 55).

[6] R. CARRÉ DE MALBERG, *Contribution à la théorie générale de l'État spécialement d'après les données fournies par le droit constitutionnel français*, t. I, Librairie du Recueil Sirey, 1920, p. 48.

d'autant plus contestable que, tandis qu'il pouvait assez légitimement aborder l'unité en tant que fait et, partant, considérer que de ce fait jaillirait le droit, la continuité, elle, peut difficilement s'envisager autrement qu'en tant que caractéristique juridique. Certainement l'opinion la plus congruente consiste-t-elle à considérer que, la continuité comme l'unité étant des composantes intimement liées à la personnalité juridique, elles apparaissent en même temps que celle-ci et pour les mêmes raisons qu'elle. En outre, l'illustre professeur alsacien semble s'être égaré lorsqu'il associait, à la suite d'Adhémar Esmein[1], la continuité de l'État à son « immutabilité » ou « invariance », soit au fait que ce dernier « se maintient, à travers le temps, identique à lui-même »[2]. L'État peut changer de figure, y compris radicalement — il n'est d'ailleurs pas rare qu'il le fasse —, cela ne porte atteinte ni à sa continuité ni à son unité.

Les principales conséquences directes de la personnalité juridique de l'État désormais présentées, il s'agit de s'intéresser à celles qui peuvent être qualifiées de « conséquences indirectes » et qui se résument dans l'idée de « fonctions de l'État ».

[1] A. ESMEIN, *Éléments de droit constitutionnel*, 5e éd., Larose, 1896, p. 3 (cité par R. CARRÉ DE MALBERG, *Contribution à la théorie générale de l'État spécialement d'après les données fournies par le droit constitutionnel français*, t. I, Librairie du Recueil Sirey, 1920, p. 49).
[2] R. CARRÉ DE MALBERG, *Contribution à la théorie générale de l'État spécialement d'après les données fournies par le droit constitutionnel français*, t. I, Librairie du Recueil Sirey, 1920, p. 48-49.

Chapitre 2

Les fonctions de l'État (ou les conséquences indirectes de la personnalité de l'État)

31. ***Les deux fonctions juridiques de l'État : créer et appliquer le droit.*** Contrairement à la qualité d'État de droit et aux caractères d'unité et de continuité, les fonctions juridiques de l'État ne peuvent guère être qualifiées que de « conséquences indirectes » de sa personnalité juridique. Il n'est pas lieu de chercher à camoufler le certain arbitraire et la certaine artificialité qui empreignent le choix de raccrocher la problématique des fonctions à la personnalité juridique ; en tout cas est-il vrai que la souveraineté pourrait tout autant se voir ainsi attachée aux conséquences indirectes — si ce n'est aux conséquences directes — de la personnalité juridique. Néanmoins, le choix d'évoquer à cet instant les fonctions juridiques n'est pas dénué de fondements et, par exemple, Hauriou notait fort justement que « la personnalité juridique de l'État est, en droit constitutionnel, le fondement psychologique du principe de la séparation des pouvoirs »[1].

Par ailleurs, bien que des auteurs soulignent combien la théorie des fonctions de l'État est « en ruines » en raison de l'influence désastreuse pour elle du normativisme kelsénien[2], ne sauraient être ici proposés que quelques premiers éléments et non une théorie complète et affinée des fonctions juridiques de l'État. En premier lieu, il faut distinguer la notion de « fonctions juridiques de l'État » de l'idée de « fonctions de l'État » prise dans un sens large[3]. Cette dernière amène à poser la question du rôle que l'État a à jouer dans la vie sociale et économique du pays, ce qui relève de la pure politique et non du droit qui n'est que l'outil de la politique. Entendue ainsi, la fonction essentielle de l'État serait, pour les uns, d'être un « État-

[1] M. HAURIOU, *Précis élémentaire de droit constitutionnel*, 2e éd., Librairie du Recueil Sirey, 1930, p. 24.

[2] Ph. LAUVAUX, C. PIMENTEL, « Fonctions juridiques de l'État », in D. ALLAND, S. RIALS, dir., *Dictionnaire de la culture juridique*, Lamy-Puf, coll. Quadrige-dicos poche, 2003, p. 736.

[3] Si le présent chapitre est intitulé « les fonctions de l'État », il faut comprendre, puisqu'il s'insère au sein d'un titre consacré à la définition juridique de l'État, « fonctions juridiques de l'État » ; ce raccourci est simplement induit par un souci de clarté et d'équilibre dans la forme des intitulés.

gendarme », dont la charge se limiterait à assurer les services de la guerre, de la police et de la justice, et, pour les autres, d'être un « État-providence », dont le rôle serait peu ou prou de se montrer omnipotent, en tout cas en matière sociale et économique. Mais les « fonctions juridiques » sont tout autre chose que ces « fonctions politiques ». Et il n'appartient pas au juriste de se prononcer quant au choix entre l'une et l'autre de ces fonctions politiques, même s'il est bien connu que Duguit ne s'en privait guère, allant jusqu'à qualifier sa position de « naturelle » parce que liée aux « progrès de la civilisation » et à inviter l'État à « pren[dre] en mains les intérêts matériels, moraux et intellectuels de la nation »[1].

Les fonctions juridiques de l'État se définissent, de manière générale, comme les diverses activités juridiques — ou comme l'objet de ces activités[2] — qui sont à la charge de l'État et qui, notamment, justifient son existence en tant que personne juridique, composent sa raison d'être juridique[3]. En d'autres termes, elles constituent les « activités juridiques des gouvernants »[4], les « manifestations différentes et modes d'exercice variés de la puissance étatique »[5] ; ce qui n'est nullement contradictoire avec le fait que ladite puissance — il faudrait plutôt parler, dans l'espace juridique, de « souveraineté » — soit unitaire et indivisible, car ces éléments ne se placent pas au même niveau d'abstraction et ne peuvent donc guère être comparés.

Ensuite, encore faut-il identifier ces fonctions. Pour Carré de Malberg, elles sont « multiples »[6]. Sans doute le sont-elles du point de vue de qui envisage les choses dans leurs détails, tout dépendant de l'échelle adoptée. En le présent ouvrage, où il s'agit d'identifier seulement les fonctions

[1] Par exemple, L. DUGUIT, *Traité de droit constitutionnel – Tome deuxième : La théorie générale de l'État – Première partie : Éléments, fonctions et organes de l'État*, 3e éd., De Boccard, 1928, p. 152. Et d'ajouter paradoxalement : « Je ne veux toutefois pas discuter cette question » (*ibid.*).

[2] D. DE BÉCHILLON, *Hiérarchie des normes et hiérarchie des fonctions normatives de l'État*, Economica, coll. Droit public positif, 1996, p. 45 (cité par X. MAGNON, *Théorie(s) du droit*, Ellipses, coll. Universités-droit, 2008, p. 81).

[3] Partant, il ne paraît pas utile de se risquer sur le terrain de l'opposition entre « fonctions » et « attributions » de l'État. Sur ce point, *cf.* R. BONNARD, « Notions générales sur les attributions et les fonctions de l'État et sur les services publics », *RDP* 1925, p. 5 s. *Cf.*, pour une autre définition de la notion de « fonction de l'État », Ch. EISENMANN, « Fonctions de l'État », in *Encyclopédie française*, 2e éd., t. X, Larousse, 1964, p. 291 s.

[4] L. DUGUIT, *Traité de droit constitutionnel – Tome deuxième : La théorie générale de l'État – Première partie : Éléments, fonctions et organes de l'État*, 3e éd., De Boccard, 1928, p. 151.

[5] R. CARRÉ DE MALBERG, *Contribution à la théorie générale de l'État spécialement d'après les données fournies par le droit constitutionnel français*, t. I, Librairie du Recueil Sirey, 1920, p. 259.

[6] *Ibid.*

essentielles ou principales, est retenu que les fonctions de l'État sont au nombre de deux : celle de créer le droit (fonction créatrice) et celle de faire appliquer ce droit (fonction applicatrice). La notion de « création » semble devoir être retenue au détriment de celle de « législation » qui tend, en étant le plus souvent comprise, à juste titre, dans son sens strict, à faire croire que seules les assemblées parlementaires produiraient du droit dans l'État. Quant à la notion d' « application », elle doit être préférée à celle d' « exécution », dénoncée comme « insuffisante, voire critiquable »[1], car par trop brutale comparativement aux actes que recouvre concrètement l'application des règles de droit.

Ces deux fonctions principales comportent différentes sous-fonctions, la meilleure illustration résidant dans le fait que la fonction applicatrice contient tant ce qui est classiquement rattaché au « pouvoir exécutif » que ce qui est tout aussi classiquement assimilé au « pouvoir juridictionnel »[2] — le qualificatif « juridictionnel » devant être préféré à celui de « judiciaire », bien que ce dernier soit souvent maladroitement usité ; un juge administratif se rattache à la fonction juridictionnelle et de nombreux actes juridictionnels sont le fait d'organes ou d'agents qui n'appartiennent pas à l'ordre judiciaire —. Et il est possible, au sein de la sous-fonction « exécution », de séparer les sous-sous-fonctions gouvernement, administration et règlementation. Mais il n'est pas nécessaire, parmi les présents travaux, d'affiner au-delà de la *summa divisio* proposée la théorie des fonctions juridiques de l'État. Il est suffisant de retenir, avec Carré de Malberg — mais en usant d'autres mots —, que « la fonction juridictionnelle ne saurait être envisagée comme un troisième pouvoir principal de l'État, comme une puissance égale aux deux autres et irréductiblement distincte d'avec elles : elle constitue simplement une manifestation et une dépendance du pouvoir exécutif, lequel comprend ainsi deux branches particulières : l'administration et la justice »[3]. Et si l'auteur de la *Contribution* ajoutait qu'il faut néanmoins

[1] S. GOYARD-FABRE, *L'État, figure moderne de la politique*, Armand Colin, coll. Cursus-philosophie, 1999, p. 54.

[2] L'objet de la fonction juridictionnelle est de trancher les litiges qui s'élèvent soit entre deux personnes à l'occasion de leurs rapports d'ordre privé, soit entre un administré et l'autorité administrative au sujet des actes faits par celle-ci. Ainsi l'exercice de la juridiction suppose-t-il nécessairement un différend entre deux parties ou plus. À l'inverse, la fonction exécutive ou administrative a pour objet de mettre en œuvre concrètement les normes décidées par les organes chargés de la fonction créatrice, cela en adoptant des actes unilatéraux ou en concluant des contrats.

[3] R. CARRÉ DE MALBERG, *Contribution à la théorie générale de l'État spécialement d'après les données fournies par le droit constitutionnel français*, t. I, Librairie du Recueil Sirey, 1920, p. 691-692.

savoir distinguer les fonctions « par leur nature quant au fond, mais aussi par leurs conditions de forme »[1], cette nuance ne semble pas justifier une séparation entre exécutif et juridictionnel de même ampleur que celle retenue entre création et application. En quelques sortes, il s'agit, d'un côté, de natures différentes quand il s'agit, de l'autre, de variations de degrés.

Duguit voyait la fonction administrative exercée « toutes les fois que l'État accomplit un acte-condition ou un acte subjectif ou quand ses agents procèdent, pour assurer le fonctionnement d'un service public, à l'accomplissement d'actes purement matériels »[2]. Et il voyait la fonction juridictionnelle exercée dès lors que « l'État résout une question de droit qui lui est posée. Pour cela, il déclare qu'il y a eu ou non violation d'une règle de droit, naissance ou non d'une situation juridique objective ou subjective, atteinte ou non à une situation de droit objectif ou de droit subjectif »[3]. Si ces deux sous-fonctions sont, ici, mêlées au sein de la fonction applicatrice alors qu'il est ainsi parfaitement possible de les définir séparément, c'est afin de mieux rendre justice à la *summa divisio* entre les deux pans principaux du rôle juridique de l'État : là où la création et l'application s'opposent clairement, l'exécutif et le juridictionnel, loin de se confondre, se rapprochent sensiblement, un peu à l'image d'un triangle dont deux coins sont proches l'un de l'autre et éloignés du troisième :

* législatif   * exécutif

* juridictionnel

Mettre concrètement en œuvre les dispositions de la loi et empêcher qu'elle soit violée n'est pas la même chose que sanctionner qui a bafoué la loi ; mais, par rapport à la fonction d'édicter la loi, qui se situe avant le droit positif, ces deux obligations à la charge de l'État se rejoignent en ce qu'elles se situent après le droit positif et en ce qu'elles ont toutes deux pour ambition d'assurer l'application de celui-ci. En effet, sanctionner qui n'a pas respecté le droit positif est une façon de l'appliquer, tout autant que le fait de forcer ses sujets à s'y conformer. À la suite de Locke, il est donc permis d'avancer qu'exécutif et juridictionnel ne sont que deux « espèces » d'une

[1] *Ibid.*, p. 693.
[2] L. DUGUIT, *Traité de droit constitutionnel – Tome deuxième : La théorie générale de l'État – Première partie : Éléments, fonctions et organes de l'État*, 3e éd., De Boccard, 1928, p. 156.
[3] *Ibid.*

même fonction[1] : la fonction applicatrice. Même Montesquieu concevait que gouverner et juger sont deux variétés de la « puissance exécutrice »[2]. À cet instant, peut être précisé, quoique cela sera l'objet de développements plus substantiels au sein des prochains paragraphes, que les notions de « fonctions », de « pouvoirs » et d' « organes » ne doivent en aucun instant être confondues[3]. La notion de « pouvoirs », pour sa part, est intimement liée à la théorie de la séparation des pouvoirs. Un même organe peut jouer un rôle dans chacune des deux fonctions, le meilleur exemple étant évidemment le juge qui peut tantôt participer de l'application du droit et tantôt participer de sa création, en faisant œuvre jurisprudentielle[4] ; mais il en va de même du gouvernement et de l'administration qui agissent tantôt en tant que créateurs de normes et tantôt en tant qu'applicateurs de normes. L'organe qui agit peut être un indice de la fonction mobilisée mais non une preuve. En ce sens, il faut suivre la plume de Duguit selon laquelle « l'État exerce la fonction législative, quel que soit l'organe qui intervient, [...] toutes les fois qu'il formule une disposition normative ou constructive, modifiant sur un point quelconque et d'une manière quelconque le droit objectif »[5].

Pour résumer cela en une phrase : la fonction ne se reconnaît qu'à des critères matériels, alors que le pouvoir se caractérise tant par des caractères matériels que par des caractères formels. Or il est parfaitement possible de reconnaître deux fonctions à la charge de l'État organisées concrètement en trois pouvoirs, c'est-à-dire en trois ensembles d'organes indépendants les uns des autres et obéissant à des logiques juridiques propres et spéciales. L'exécutif et le juridictionnel sont trop proches matériellement, surtout comparativement à la distance qui les sépare de la fonction créatrice, pour pouvoir être théoriquement séparés en deux fonctions distinctes. Kelsen soulignait à raison qu' « il n'y a pas de différence essentielle entre la

[1] J. LOCKE, *Traité du gouvernement civil*, 1690, chap. 7.

[2] MONTESQUIEU, *De l'esprit des lois*, 1748, L. XI, chap. 6.

[3] Par exemple, M. ARTUR, « Séparation des pouvoirs et séparation des fonctions », *RDP* 1903, p. 237.

[4] Il y a, en revanche, une contradiction dans le fait d'attacher la fonction juridictionnelle à la méta-fonction applicatrice de la part de qui considère que cette première « consiste simplement à dire le droit » (R. CARRÉ DE MALBERG, *Contribution à la théorie générale de l'État spécialement d'après les données fournies par le droit constitutionnel français*, t. I, Librairie du Recueil Sirey, 1920, p. 698). Mais Carré de Malberg utilisait maladroitement l'expression « dire le droit » car il expliquait beaucoup plus justement, quelques pages auparavant, que « la fonction juridictionnelle n'a d'autre objet que d'appliquer aux espèces concrètes soumises aux tribunaux les règles abstraites posées par les lois » (*ibid.*, p.691).

[5] L. DUGUIT, *Traité de droit constitutionnel – Tome deuxième : La théorie générale de l'État – Première partie : Éléments, fonctions et organes de l'État*, 3e éd., De Boccard, 1928, p. 156.

décision d'un tribunal infligeant une peine [...] et celle d'une autorité administrative condamnant un automobiliste »[1] — quoique cela ne soit pas un argument recevable puisqu'un organe administratif peut parfaitement agir tantôt dans le cadre de la fonction administrative, tantôt dans celui de la fonction créatrice et tantôt dans celui de la fonction juridictionnelle —.

On a pu distinguer l'administration et la justice en ce que cette dernière aurait pour but la protection du droit quand l'administration aurait pour fin la poursuite des intérêts de l'État[2]. Cette explication s'avère certainement insuffisante à justifier une *summa divisio* en matière de théorie des fonctions juridiques de l'État, cette dernière n'étant pas une théorie des buts de l'État et, partant, se devant d'être indifférente à ces buts qui se rapprochent davantage des « fonctions politiques » de l'État. Quand on explique que la justice garantit le respect des lois tandis que l'administration cherche à pourvoir aux besoins du corps social[3], on oublie que c'est assurément plus au législateur qu'à l'administration qu'il revient de poursuivre pareil objectif et que différents buts peuvent être poursuivis par un même organe ou pouvoir alors que des fonctions distinctes peuvent posséder une finalité commune. Mieux vaut convenir, avec Laband[4], Carré de Malberg[5] et les courants positivistes que la science du droit n'a pas à définir les institutions et normes juridiques par leurs finalités mais seulement par leurs contenus, par leurs effets, par leurs structures et/ou par leurs éléments constitutifs.

En revanche, qu'ainsi deux fonctions juridiques principales soient identifiées n'implique pas qu'automatiquement l'État s'organise de manière manichéenne autour d'une coupure stricte et radicale création/application ; il peut parfaitement recourir à une organisation tripartite si cela paraît judicieux, spécialement à l'aune des canons de l'État de droit. Mais, aujourd'hui, la plupart des auteurs n'envisagent les fonctions que sous

[1] H. KELSEN, *Théorie pure du droit*, 2e éd., trad. Ch. Eisenmann, Dalloz, 1962, p. 136.

[2] G. MEYER, *Lehrbruch des deutschen Staatsrechts*, 6e éd., 1885, p. 641 ; O. MAYER, *Droit administratif allemand*, t. I, Giard et Brière, 1903, p. 6 (cités par R. CARRÉ DE MALBERG, *Contribution à la théorie générale de l'État spécialement d'après les données fournies par le droit constitutionnel français*, t. I, Librairie du Recueil Sirey, 1920, p. 263-264).

[3] M. ARTUR, « Séparation des pouvoirs et séparation des fonctions », *RDP* 1903, p. 237.

[4] P. LABAND, *Droit public de l'Empire allemand*, t. I, Giard et Brière, 1900, p. 117 (cité par R. CARRÉ DE MALBERG, *Contribution à la théorie générale de l'État spécialement d'après les données fournies par le droit constitutionnel français*, t. I, Librairie du Recueil Sirey, 1920, p. 264).

[5] R. CARRÉ DE MALBERG, *Contribution à la théorie générale de l'État spécialement d'après les données fournies par le droit constitutionnel français*, t. I, Librairie du Recueil Sirey, 1920, p. 264.

l'angle du principe de séparation des pouvoirs, approchant « fonctions » et « pouvoirs » en tant que synonymes[1]. Pourtant, quand Duguit relevait qu'« on ne trouve pas une fois dans nos Constitutions l'expression "fonction" […] ; l'expression qu'on trouve est "pouvoir" »[2], tout était dit : la question des pouvoirs et de leur séparation se pose aux constituants ; celle des fonctions et de leur distinction se pose à la doctrine et aux théoriciens.

Il n'en demeure pas moins que la distinction proposée en ces pages est relativement originale et, à nouveau, largement stipulative. Aujourd'hui, un quasi-consensus entoure la présentation de trois fonctions juridiques de l'État que seraient la fonction législative, la fonction exécutive et la fonction juridictionnelle. Cela s'explique donc tout particulièrement par le fait que rares sont les auteurs à distinguer les notions de « fonctions » et de « pouvoirs ». Sous l'angle des textes et de la pratique constitutionnels, il ne fait aucun doute que les trois pouvoirs ordinairement séparés sont, par leurs statuts juridiques respectifs, logiquement coordonnés et subordonnés de sorte qu'ils se complètent assez parfaitement et permettent à l'État d'être doté d'une organisation constitutionnelle légitime, cohérente et efficace. Sur ce point, il est impératif de citer Carré de Malberg :

> *La théorie juridique des fonctions répond à la question de savoir au moyen de quels actes l'État remplit les diverses attributions qu'il a pu s'assigner. Analysant juridiquement ces actes, elle les distingue et les classe en groupes séparés, dont chacun forme une branche d'activité, partie de puissance, ou fonction, de l'État. Ainsi entendues, les fonctions étatiques sont, conformément à une tradition fort ancienne, ramenées par l'unanimité des auteurs à trois grandes sortes d'activités : la législation, l'administration, la justice ; sauf à discuter si dans cette division tripartite la justice doit être considérée comme une fonction principale et essentiellement distincte, ou au contraire comme une branche spéciale et partielle de la fonction générale d'administrer.*[3]

Ces quelques phrases sont remarquables, d'une part, en ce qu'elles décrivent parfaitement quel est l'objet de la théorie des fonctions juridiques de l'État et, d'autre part, en ce que l'auteur, sans faire sienne cette position, convenait qu'il est envisageable de joindre la fonction « de justice » à la

[1] Par exemple, J. CHEVALLIER, *L'État*, 2e éd., Dalloz, coll. Connaissance du droit, 2011, p. 50.

[2] L. DUGUIT, *Traité de droit constitutionnel – Tome deuxième : La théorie générale de l'État – Première partie : Éléments, fonctions et organes de l'État*, 3e éd., De Boccard, 1928, p. 158.

[3] R. CARRÉ DE MALBERG, *Contribution à la théorie générale de l'État spécialement d'après les données fournies par le droit constitutionnel français*, t. I, Librairie du Recueil Sirey, 1920, p. 262.

fonction « administrative ». Il faut insister une dernière fois : pareille réunion semble devoir être opérée ; la présentation classique tend à faire croire qu'il existerait trois fonctions parfaitement séparées et équidistantes, or la fonction « de justice » et la fonction « administrative » entretiennent des rapports très fins quand la fonction « législative » évolue, pour sa part, dans un cercle propre aisément particularisable. Il faut, en la matière, préférablement différencier l'avant-droit et l'après-droit, la création et l'application du droit. Jellinek, pour sa part, ne distinguait que la « création » et le « maintien » du droit parmi les « buts de l'État »[1]. L'auteur allemand confondait certes fonctions juridiques et fonctions politiques puisqu'il spécifiait deux autres buts étant la « conservation de la nation » et le « développement de sa culture », mais, parmi les fonctions juridiques, il n'envisageait bien que « création » et « maintien » du droit[2].

La classification sommaire des fonctions juridiques de l'État ici retenue pourrait certainement se voir qualifiée d' « archaïque ». En effet, des auteurs relèvent que, après la première révolution anglaise intervenue au milieu du XVIIe s., la plupart des commentateurs de l'époque ne distinguaient, parmi les charges de l'État, que celle de faire la loi et celle de l'exécuter[3], cette dernière, paradoxalement, étant attachée aux cours de justice plutôt qu'à l'administration[4]. Rousseau, lui, n'opposait que deux fonctions juridiques : la fonction législative et la fonction exécutive, les rois étant avant tout regardés comme les premiers magistrats de leurs royaumes[5].

[1] G. JELLINEK, *L'État moderne et son droit – Première partie : Doctrine générale de l'État*, trad. G. Fardis, Fontemoing, 1904, p. 317.

[2] Néanmoins, il séparait, dans les mêmes pages, législation, administration et justice, ce qui semble témoigner du besoin de différencier les notions de « fonctions », de « pouvoirs » et d' « organes » (*ibid.*).

[3] W. B. GWYN, *The Meaning of the Separation of Powers*, Tulane University (Nouvelle Orléans), 1965 (cité par Ph. LAUVAUX, C. PIMENTEL, « Fonctions juridiques de l'État », in D. ALLAND, S. RIALS, dir., *Dictionnaire de la culture juridique*, Lamy-Puf, coll. Quadrige-dicos poche, 2003, p. 734).

[4] Locke, par exemple, définissait la fonction exécutive comme celle de « juger, par des lois établies et constantes, de quelle manière les offenses doivent être punies » (J. LOCKE, *Traité du gouvernement civil*, 1690, chap. 7). Mais l'auteur anglais n'en distinguait pas moins trois fonctions puisqu'il dénombrait le législatif, l'exécutif et le « fédératif » (chargé de la sécurité et des intérêts extérieurs).

[5] J.-J. ROUSSEAU, « Considérations sur le gouvernement de Pologne et sur la réformation projetée en avril 1772 », in *Œuvres complètes de J.-J. Rousseau*, t. IV, Lefèvre, 1859, chap. 8, p. 461. Mais, pour Rousseau, la souveraineté du peuple est totale : législative et exécutive à la fois ; si bien que la distinction entre l'exécutif et le législatif est selon lui entièrement secondaire et dérivée. *Cf.* J.-P. SIMÉON, « La démocratie selon Rousseau », in J.-J. ROUSSEAU, *Du contrat social*, Le Seuil, coll. Points politique, 1977, p. 104.

En 1789, devant l'Assemblée constituante, Mirabeau, Mounier et Cazalès tonnaient : « Messieurs, il y a deux fonctions dans l'État »[1]. Et on souligne que ce n'est qu'au milieu du XIXe s. que la thèse des trois fonctions aurait émergé et véritablement combattu celle des deux fonctions[2], avant de plus tard triompher d'elle. Mais, en 1928, Duguit observait encore que « les auteurs français indiquent souvent deux fonctions essentielles de l'État : la fonction législative et la fonction exécutive ; [et ils] font rentrer dans la fonction exécutive la fonction administrative et la fonction juridictionnelle »[3]. Aujourd'hui, le Professeur Michel Troper ose encore qualifier la distinction entre création et application du droit de « traditionnelle »[4]. Considérer que les principales fonctions juridiques de l'État sont au nombre de deux et que celles-ci consistent à créer et à

[1] Cazalès haranguait l'Assemblée : « Dans toute société politique, il n'y a que deux pouvoirs, celui qui fait la loi et celui qui la fait exécuter » (Archives parlementaires, 1ère série, t. XV, p. 392 (cité par R. CARRÉ DE MALBERG, *Contribution à la théorie générale de l'État spécialement d'après les données fournies par le droit constitutionnel français*, t. I, Librairie du Recueil Sirey, 1920, p. 692)). Et Mirabeau de lancer dans le même sens : « Nous aurons bientôt l'occasion d'examiner cette théorie des trois pouvoirs [...], et alors les valeureux champions des trois pouvoirs tâcheront de nous faire comprendre ce qu'ils entendent par cette grande locution des trois pouvoirs, et par exemple comment ils conçoivent le pouvoir judiciaire distinct du pouvoir exécutif » (Archives parlementaires, 1ère série, t. VIII, p. 243 (cité par R. CARRÉ DE MALBERG, *Contribution à la théorie générale de l'État spécialement d'après les données fournies par le droit constitutionnel français*, t. I, Librairie du Recueil Sirey, 1920, p. 692)). Mounier surenchérissait : « Quant au pouvoir judiciaire, il n'est qu'une émanation du pouvoir exécutif, qui doit le mettre en activité et le surveiller constamment » (Archives parlementaires, 5e série, t. VIII, p. 409 (cité par R. CARRÉ DE MALBERG, *Contribution à la théorie générale de l'État spécialement d'après les données fournies par le droit constitutionnel français*, t. I, Librairie du Recueil Sirey, 1920, p. 692)).

[2] M. LAHMER, « Séparation et balance des pouvoirs », in D. ALLAND, S. RIALS, dir., *Dictionnaire de la culture juridique*, Lamy-Puf, coll. Quadrige-dicos poche, 2003, p. 1406.

[3] L. DUGUIT, *Traité de droit constitutionnel – Tome deuxième : La théorie générale de l'État – Première partie : Éléments, fonctions et organes de l'État*, 3e éd., De Boccard, 1928, p. 157. Mais Duguit, pour sa part, séparait bien les trois fonctions législative, administrative et juridictionnelle : « La fonction de juger est une fonction tout à fait distincte de la fonction législative et de la fonction administrative » (L. DUGUIT, *Traité de droit constitutionnel – Tome premier : La règle de droit, le problème de l'État*, 3e éd., De Boccard, 1927, p. 359). Par exemple, l'administrativiste Ducrocq écrivait dans le même sens que « l'esprit ne peut concevoir dans la constitution des sociétés que deux puissances : celle qui crée la loi et celle qui fait exécuter la loi ; de sorte qu'il n'y a pas de place pour une troisième puissance à côté des deux premières » (T. DUCROCQ, *Cours de droit administratif*, 7e éd., t. I, Fontemoing, 1897, n° 35 (cité par R. CARRÉ DE MALBERG, *Contribution à la théorie générale de l'État spécialement d'après les données fournies par le droit constitutionnel français*, t. I, Librairie du Recueil Sirey, 1920, p. 693)).

[4] M. TROPER, « Norme », in D. ALLAND, S. RIALS, dir., *Dictionnaire de la culture juridique*, Lamy-Puf, coll. Quadrige-dicos poche, 2003, p. 1079.

appliquer le droit n'est donc pas une position originale d'un point de vue historique ; elle l'est en revanche dans le contexte doctrinal actuel. Le Professeur Jacques Chevallier résume cela en ces termes : « La classification des fonctions s'est stabilisée autour de deux critères : la différenciation ancienne effectuée entre l'édiction des normes et leur application ; la dissociation progressivement opérée au sein de la fonction d'application entre la fonction exécutive proprement dite et la fonction juridictionnelle, qui pourvoit à l'application des lois en tranchant les litiges »[1]. Et le Professeur de se référer parfois à la « fonction exécutive au sens large » afin de pouvoir englober la fonction exécutive *stricto sensu* et la fonction juridictionnelle[2]. Ce n'est pas autre chose qui est exprimé à travers l'expression « fonction applicatrice ».

Aussi ne s'agit-il bien sûr pas d'ignorer combien la thèse des trois fonctions l'emporte aujourd'hui très largement sur la thèse des deux fonctions. Mais, lorsqu'est évoquée une « vérité première de la pensée politique »[3], il faut opposer que, loin d'être une vérité, c'est là une proposition qui domine actuellement de manière écrasante dans les esprits juridiques mais qui peut être et qui a été contestée. Il serait indiscutable qu' « il y a dans chaque État trois sortes de pouvoirs »[4]. Or, ce que désignait Montesquieu par « pouvoirs » ou « puissances », ce sont bien les fonctions juridiques de l'État et non les pouvoirs tels qu'ils seraient séparés dans l'organisation constitutionnelle, car ces « trois sortes de pouvoirs » peuvent parfaitement être en faits et en droit confondus en de mêmes mains. D'ailleurs, a déjà été souligné que l'auteur de *L'esprit des lois* présentait le gouvernement et la juridiction comme deux variétés de la « puissance exécutrice »[5] ; et il notait que, en Angleterre, seules deux fonctions peuvent être séparées, la puissance juridictionnelle étant pour sa part « en quelque façon nulle »[6]. Il n'en demeure pas moins que Montesquieu a « bouleversé le cadre de la pensée fonctionnelle »[7] en expliquant que la fonction administrative devrait être comprise comme tout autre que la fonction juridictionnelle, comme totalement à part par rapport à elle. Mais le

[1] J. CHEVALLIER, *L'État*, 2e éd., Dalloz, coll. Connaissance du droit, 2011, p. 50.
[2] *Ibid.*
[3] Ph. LAUVAUX, C. PIMENTEL, « Fonctions juridiques de l'État », in D. ALLAND, S. RIALS, dir., *Dictionnaire de la culture juridique*, Lamy-Puf, coll. Quadrige-dicos poche, 2003, p. 733.
[4] MONTESQUIEU, *De l'esprit des lois*, 1748, L. XI, chap. 4.
[5] *Ibid.*, L. XI, chap. 6.
[6] *Ibid.*
[7] Ph. LAUVAUX, C. PIMENTEL, « Fonctions juridiques de l'État », in D. ALLAND, S. RIALS, dir., *Dictionnaire de la culture juridique*, Lamy-Puf, coll. Quadrige-dicos poche, 2003, p. 734.

philosophe n'a toujours eu pour seule ambition que de convaincre ses lecteurs — ce serait un euphémisme de dire qu'il y est parvenu — de la pertinence du principe de séparation des pouvoirs, non d'établir une solide théorie des fonctions juridiques de l'État. Son intention était de persuader son auditoire que le roi doit administrer et non juger car, sans cela, « la constitution serait détruite »[1]. Après Montesquieu, Kant, dans sa *Doctrine du droit*, a proposé une vision originale et philosophique des fonctions, mais sans toutefois en distinguer plus ou moins de trois[2]. La trilogie législatif/exécutif/juridictionnel, qui était déjà formulée dans *La Politique* d'Aristote[3], a petit à petit conquis l'ensemble de la doctrine *jus*-publiciste et des politistes.

Reste que, si, théoriquement, la classification bipartite des fonctions juridiques de l'État est aux prises avec la classification tripartite, peut-être est-ce la thèse d'une seule et unique fonction indivise qui devrait finalement l'emporter. La distinction de la création et de l'application apparaîtra toujours, en effet, très artificielle aux yeux de kelséniens pour lesquels « la plupart des actes qui interviennent dans le domaine du droit sont à la fois des actes de création et d'application de normes juridiques »[4]. Loin de tout manichéisme, le phénomène juridique se présenterait davantage sous les traits d'une « concrétisation progressive »[5]. Envisagée du haut de la « pyramide des normes », la distinction binaire ici envisagée apparaît ô combien relative ; le législateur, pour le constituant, ne ferait qu'appliquer sa Constitution loin de toute création. Et Kelsen d'écrire que « législation et exécution sont, non pas deux fonctions étatiques coordonnées, mais deux

[1] MONTESQUIEU, *De l'esprit des lois*, 1748, L. II, chap. 5.

[2] I. KANT, *Principes métaphysiques du droit*, Ladrange, 1837, § 49 (cité par S. GOYARD-FABRE, *L'État, figure moderne de la politique*, Armand Colin, coll. Cursus-philosophie, 1999, p. 59). Kant expliquait que les instances législatrice, exécutrice et judiciaire constitueraient les trois propositions d'un raisonnement de raison pratique qui prendrait une forme syllogistique. Le pouvoir souverain, qui résiderait en la personne du législateur, serait la majeure ; l'exécutif, qui résiderait en la personne qui gouverne conformément à la loi, en tant précisément qu'il contiendrait l'ordre de se conduire d'après la loi et énoncerait le principe de sa subsomption sous la majeure, serait la mineure ; et le pouvoir judiciaire, énonçant la sentence qui dit ce qui est de droit, énoncerait la conclusion du raisonnement syllogistique.

[3] Cité par S. GOYARD-FABRE, *L'État, figure moderne de la politique*, Armand Colin, coll. Cursus-philosophie, 1999, p. 52.

[4] H. KELSEN, *Théorie pure du droit*, 2e éd., trad. Ch. Eisenmann, Dalloz, 1962, p. 137 ; également H. KELSEN, *Théorie générale du droit et de l'État*, LGDJ, coll. La pensée juridique, 1997, p. 88.

[5] O. PFERSMANN, « Hiérarchie des normes », in D. ALLAND, S. RIALS, dir., *Dictionnaire de la culture juridique*, Lamy-Puf, coll. Quadrige-dicos poche, 2003, p. 780.

étapes hiérarchisées du procès de création et d'application du droit »[1]. Seulement, rien n'interdit à un organe, intervenant au moyen d'un acte juridique, de remplir tout à la fois la fonction créatrice et la fonction applicatrice, cela n'influant guère sur la pertinence de la distinction avant-droit/après-droit. Si une norme est à la fois créatrice et applicatrice, cela signifie simplement que la séparation de la fonction créatrice et de la fonction applicatrice se traduit de manière intra-normative. Il semble néanmoins, contre Kelsen et le normativisme, que la plupart des actes juridiques — et non seulement les normes suprêmes et les normes de plus bas niveau[2] — puissent être rattachés entièrement soit à l'une soit à l'autre fonction et qu'il ne soit, en une théorie pragmatique, guère utile de recourir à ces subtiles développements ; car le point de vue offert du haut de la « pyramide » est un point de vue par trop particulier. Par exemple, sans doute est-il aisé de distinguer, parmi les actes édictés par le gouvernement ou par l'administration, ceux qui portent des normes d'application et ceux qui sont « autonomes ». Dans le système constitutionnel français, le pouvoir règlementaire autonome est même promu au rang de compétence créatrice de droit commun, laquelle comprend notamment les relations internationales[3].

De plus, la pensée kelsénienne engendre, sur ce point, des apories : les magistrats ne seraient, en effet, pas à inclure au sein de l'étude des fonctions de l'État, alors pourtant qu'il semble qu'eux seuls soient en mesure de maintenir debout la hiérarchie des normes, c'est-à-dire de faire respecter — ou non — les mécanismes de validité[4]. Or la fonction juridictionnelle est laissée à l'abandon par Kelsen qui soit ne voyait chez les juges, lui aussi, qu'une « puissance nulle », soit, et plus sûrement, ne voyait pas de juges du tout. À chaque degré de la hiérarchie des normes, il assimilait purement et simplement le juge avec le pouvoir normatif de rang équivalent : le juge

[1] H. KELSEN, « La garantie juridictionnelle de la Constitution », *RDP* 1928, p. 199 (cité par Ph. LAUVAUX, C. PIMENTEL, « Fonctions juridiques de l'État », in D. ALLAND, S. RIALS, dir., *Dictionnaire de la culture juridique*, Lamy-Puf, coll. Quadrige-dicos poche, 2003, p. 735). Le Professeur Michel Troper ajoute que la distinction création/application peut également être contestée sous l'angle de la théorie de l'interprétation selon laquelle toute application est non seulement création d'une norme inférieure, mais aussi recréation de la norme supérieure (M. TROPER, « Norme », in D. ALLAND, S. RIALS, dir., *Dictionnaire de la culture juridique*, Lamy-Puf, coll. Quadrige-dicos poche, 2003, p. 1079).

[2] O. PFERSMANN, « Hiérarchie des normes », in D. ALLAND, S. RIALS, dir., *Dictionnaire de la culture juridique*, Lamy-Puf, coll. Quadrige-dicos poche, 2003, p. 780.

[3] Const. 4 oct. 1958, art. 37.

[4] *Cf.* M. TROPER, « La pyramide est toujours debout – Réponse à Paul Amselek », *RDP* 1978, p. 1523 s.

constitutionnel ne serait ainsi pas autre chose qu'un « organe du pouvoir législatif »[1]. De la part d'un juriste par ailleurs très préoccupé par les principes de l'État de droit, pareilles conclusions s'avèrent surprenantes[2]. Où apparaît combien il est, en droit comme ailleurs, souvent plus aisé de s'attacher à la logique raide et dogmatique d'une théorie qu'à la musique douce mais déstabilisatrice des sentiments.

Par ailleurs, certainement existe-t-il une forme de hiérarchie entre les deux fonctions juridiques à la charge de l'État : la fonction applicatrice est logiquement subordonnée à la fonction créatrice qui découle plus naturellement de la souveraineté étatique ; celle-ci est en quelque sorte au service de celle-là puisque la fonction d'appliquer la loi suppose qu'il existe une loi à appliquer[3]. Peut-être est-ce cela qui justifie que la démocratie soit

[1] H. KELSEN, « La garantie juridictionnelle de la Constitution », *RDP* 1928, p. 225 (cité par Ph. LAUVAUX, C. PIMENTEL, « Fonctions juridiques de l'État », in D. ALLAND, S. RIALS, dir., *Dictionnaire de la culture juridique*, Lamy-Puf, coll. Quadrige-dicos poche, 2003, p. 735).

[2] L'idée que Kelsen se faisait des juges n'est assurément pas compatible avec l'exigence d'indépendance de ceux-ci, indépendance qui « est essentielle au concept même de fonction judiciaire. […] Sans elle, aucun régime de droit n'est possible » (O. JOUANJAN, « État de droit », in D. ALLAND, S. RIALS, dir., *Dictionnaire de la culture juridique*, Lamy-Puf, coll. Quadrige-dicos poche, 2003, p. 651-652).

[3] L. DUGUIT, *Traité de droit constitutionnel – Tome premier : La règle de droit, le problème de l'État*, 3e éd., De Boccard, 1927, p. 169 (« la fonction législative est devenue aujourd'hui […], sinon la fonction la plus étendue, du moins la plus importante, car toutes les autres procèdent d'elle ») ; R. CARRÉ DE MALBERG, *Contribution à la théorie générale de l'État spécialement d'après les données fournies par le droit constitutionnel français*, t. I, Librairie du Recueil Sirey, 1920, p. 111 (« il n'y a pas, en droit public français, de séparation des pouvoirs mais une gradation des pouvoirs ; les pouvoirs exécutif et juridictionnel ne font qu'appliquer la loi, ils sont donc soumis au législateur ») ; Ph. LAUVAUX, C. PIMENTEL, « Fonctions juridiques de l'État », in D. ALLAND, S. RIALS, dir., *Dictionnaire de la culture juridique*, Lamy-Puf, coll. Quadrige-dicos poche, 2003, p. 733 (« la fonction de faire la loi est de l'essence du souverain »). Mais cela ne va pas de soi et, chez Bodin, le rapport entre les fonctions est clairement inversé. Selon lui, l'administration est au sommet de cette hiérarchie (O. BEAUD, *La puissance de l'État*, Puf, coll. Léviathan, 1994, p. 145). Dans la pensée médiévale, à en croire un Charondas pourtant contemporain de Jean Bodin, « la Iustice est la première marque de souveraineté : car d'icelle dépend la puissance de faire Loix et les casser pour le bien et salut de la République » (cité par Ph. LAUVAUX, C. PIMENTEL, « Fonctions juridiques de l'État », in D. ALLAND, S. RIALS, dir., *Dictionnaire de la culture juridique*, Lamy-Puf, coll. Quadrige-dicos poche, 2003, p. 733). La *summa divisio* se situait alors, et depuis Saint Augustin, au sein même de la justice puisqu'était séparées « justice absolue » et « justice ordonnée », ce qui se traduisait organiquement par la séparation des cours supérieures de justice et des tribunaux ordinaires (*ibid.*). Et Locke de voir dans la fonction juridictionnelle le *criterium* de l'État politique (J. LOCKE, *Traité du gouvernement civil*, 1690, § 21). Il est toutefois incorrect de retenir que la puissance juridictionnelle était alors la plus importante car, lorsqu'un tribunal « édicte des lois qui lient tous les sujets et dans toutes les causes » (Ph. LAUVAUX, C. PIMENTEL, « Fonctions juridiques de l'État », in D. ALLAND, S. RIALS, dir.,

essentiellement utilisée afin de désigner les individus chargés de mettre en œuvre la fonction créatrice. Et bien d'autres problématiques en lien avec la question des fonctions juridiques de l'État pourraient, au long de nombreuses pages, être discutées. Par exemple, il conviendrait d'interroger l'apparition chronologique des différentes fonctions juridiques[1] et, plus généralement, l'historique de la théorie de la distinction des fonctions ; ou d'aborder les propositions de Duguit[2] ou d'Hauriou, ce dernier invitant à réunir les fonctions législative et exécutive afin de les opposer à la fonction juridictionnelle et distinguer, toujours de façon binaire, la fonction politique

Dictionnaire de la culture juridique, Lamy-Puf, coll. Quadrige-dicos poche, 2003, p. 733), est alors concernée la fonction créatrice et non la fonction juridictionnelle. Aujourd'hui, en tout cas, on affirme rarement que « la justice est la première des fonctions de l'État et le restera toujours » (J. KRYNEN, « La figure du juge aux XIXe et XXe siècles », Le bien commun, France culture, 15 mars 2012), même si le Professeur René Sève retient que le droit est né avec le juge, tiers sans intérêt direct à la cause (R. SÈVE, *Philosophie et théorie du droit*, Dalloz, coll. Cours, 2007, p. 171). Sur ce dernier point, on fait observer à bon escient que, malgré l'évocation constante de la « séparation des pouvoirs », rares ont été les textes constitutionnels qui ont utilisé l'expression « pouvoir judiciaire » et la Constitution de 1958 ne mentionne qu'une « autorité judiciaire ». S'exprime ici « toute la difficulté de concilier le pouvoir des juges avec la prééminence de la loi ainsi que l'indépendance de la magistrature avec le risque d'emprise de l'exécutif » (L. DEPAMBOUR-TARRIDE, « Juge (dans la longue durée) », in D. ALLAND, S. RIALS, dir., *Dictionnaire de la culture juridique*, Lamy-Puf, coll. Quadrige-dicos poche, 2003, p. 868). Mais il est possible d'avancer, non sans fondements, que la loi est demeurée souveraine jusqu'à l'introduction du contrôle de constitutionnalité par une juridiction *ad hoc* et jusqu'à la mise en place d'un contrôle *a posteriori* avec le mécanisme de la « question prioritaire de constitutionnalité. Un auteur souligne que « l'équilibre des pouvoirs a été renversé » (R. ERRERA, *Et ce sera justice – Le juge dans la cité*, Gallimard, 2013). *Cf.*, par ailleurs, D. DE BÉCHILLON, *Hiérarchie des normes et hiérarchie des fonctions normatives de l'État*, Economica, coll. Droit public positif, 1996. Ce dernier auteur défend la thèse de la hiérarchie des fonctions normatives : « Selon l'observation du droit positif, la hiérarchie des normes procède, non de la nature intrinsèque de l'organe éditeur de la norme, mais de la fonction (constituante, législative, administrative…) que remplit celui-ci au moment où il prend l'acte » (*ibid.*, p. 20).

[1] Pour Duguit, « la fonction législative est incontestablement la fonction de l'État qui a paru la dernière dans l'ordre chronologique. Elle suppose, en effet, un degré de civilisation très avancé » (L. DUGUIT, *Traité de droit constitutionnel – Tome premier : La règle de droit, le problème de l'État*, 3e éd., De Boccard, 1927, p. 169). Et un auteur de relier l'antériorité de la fonction créatrice à sa supériorité : « Cette subordination [est] à tout le moins chronologique et souvent axiologique » (F. POIRAT, « État », in D. ALLAND, S. RIALS, dir., *Dictionnaire de la culture juridique*, Lamy-Puf, coll. Quadrige-dicos poche, 2003, p. 647).

[2] Duguit orientait ses lecteurs d'une manière originale : il les invitait à classer les fonctions de l'État « en trois catégories, suivant qu'elles consistent dans l'accomplissement d'actes-règles, d'actes-conditions ou d'actes subjectifs » (L. DUGUIT, *Traité de droit constitutionnel – Tome deuxième : La théorie générale de l'État – Première partie : Éléments, fonctions et organes de l'État*, 3e éd., De Boccard, 1928, p. 143).

et la fonction juridique[1]. Cette position hauriouiste paraît parfaitement défendable ; tout n'est que la conséquence du choix entre une approche formaliste et une approche substantialiste des fonctions, opter pour cette dernière amenant cependant peut-être à mêler exagérément politique et droit. Devrait encore être abordée l'étonnante erreur que font ceux pour qui la fonction juridictionnelle permettrait de limiter l'État et de créer un droit non étatique, pour qui la puissance des juges serait inversement proportionnelle à la puissance de l'État[2], pour qui le rôle des tribunaux serait de « protége[r] juridiquement les citoyens contre l'État »[3], alors qu'il semble incontestable que les juges et la fonction juridictionnelle sont absolument étatiques, autant que les fonctions administrative et législative ; les tribunaux sont dans l'État et certainement pas contre l'État. Il faudrait également poser la question de savoir si la fonction juridictionnelle n'est pas la marque propre ou la différence spécifique du droit par rapport aux autres formes de régulation sociale. Surtout, il serait plus qu'utile de caractériser précisément les diverses « sous-fonctions » et autres « sous-sous-fonctions » regroupées au sein des deux fonctions principales. Enfin, demeure la problématique centrale de la théorie juridique : si l'État a pour fonctions de créer et d'appliquer le droit, partage-t-il ces fonctions avec quelques entités non étatiques ou lui sont-elles propres, si bien que lui seul créerait et appliquerait le droit ?

Il faut rappeler à quel point les fonctions n'ont que peu à voir avec les organes. Lorsqu'il revient au Gouvernement de « déterminer » et de « conduire » la politique de la nation[4], celui-ci intervient tantôt en tant que créateur de droit et tantôt en tant qu'applicateur de droit[5]. Et il faut

[1] Hauriou résumait ainsi sa position : « Il ne faut pas dire : il y a rois pouvoirs dans la souveraineté, le législatif, l'exécutif et le judiciaire ; cela n'est pas satisfaisant parce que le pouvoir judiciaire n'est pas de la même nature que les autres. Il faut dire : 1° il y a dans la souveraineté des pouvoirs de deux ordres, des pouvoirs politiques et des pouvoirs juridiques ; 2° les pouvoirs politiques sont le pouvoir législatif et le pouvoir exécutif [...] ; le juge est un des pouvoirs juridiques » (M. HAURIOU, *Principes de droit public à l'usage des étudiants en licence et en doctorat ès sciences politiques*, 2e éd., Librairie du Recueil Sirey, 1916, p. 36). Et d'expliquer : « Un pouvoir politique n'est pas seulement un pouvoir de domination sur les sujets, c'est un pouvoir engagé dans la lutte qui s'établit entre les pouvoirs publics pour la suprématie finale. Le pouvoir politique correspond aux luttes politiques » (*ibid.*, p. 37).

[2] L. COHEN-TANUGI, *Le droit sans l'État*, 2e éd., Puf, coll. Quadrige essais débats, 2007.

[3] J. HUMMEL, « Allemagne (doctrines allemandes de l'État et du droit de Hegel et Jellinek) », in D. ALLAND, S. RIALS, dir., *Dictionnaire de la culture juridique*, Lamy-Puf, coll. Quadrige-dicos poche, 2003, p. 41.

[4] Const. 4 oct. 1958, art. 20.

[5] Cela à condition de ne pas considérer que « gouverner l'État, c'est accomplir les actes qui en dirigent le fonctionnement et en guident la marche en donnant mouvement à la législation

différencier les fonctions des pouvoirs qui, eux, doivent être séparés constitutionnellement, au départ d'une approche tant formelle que matérielle, et non distingués théoriquement à partir de critères uniquement matériels.

32. ***Les pouvoirs et leur séparation : séparation des organes législatifs, exécutifs et juridictionnels.*** L'identification des fonctions juridiques de l'État doit être rigoureusement opposée à la séparation des pouvoirs qui, elle, est une problématique de droit constitutionnel, renvoyant à la question de l'organisation institutionnelle de l'État, et non une problématique relevant de la théorie de l'État, de la pensée de l'État. Aussi est-ce pertinemment que la Constitution se voit définie, dans son acception la plus générale, en tant qu'« organisation des pouvoirs [de l'État] »[1]. L'idée de « fonctions juridiques de l'État » renvoie donc à des données purement matérielles quand celle de « pouvoirs de l'État » amène sur le terrain de considérations formelles et pratiques principalement.

Carré de Malberg opérait cette partition entre fonctions théoriques-matérielles et pouvoirs pratiques-formels. Il observait, en effet, que, du point de vue desdites fonctions, il est justifié de retenir qu'il n'y a « que deux pouvoirs primordiaux »[2] ; mais, ajoutait-il, les pouvoirs se distinguent aussi par des conditions de forme et, concernant par exemple le pouvoir juridictionnel, « au point de vue organique, la juridiction se trouve érigée par le droit public moderne en une fonction spéciale ayant ses règles propres et ses organes particuliers, et constituant ainsi, en ce sens, un troisième pouvoir, qui apparaît, en droit positif, comme entièrement distinct de la législation et de l'administration »[3]. Alors que, sous l'angle des fonctions juridiques, il paraît légitime d'associer le juridictionnel à l'exécutif au sein de la fonction applicatrice, sous l'angle des pouvoirs, c'est-à-dire sous l'angle des règles et des institutions positives, ce ne sont pas deux mais bien trois pouvoirs différents qui doivent être séparés. En tant que pouvoir, la juridiction se caractérise avant tout par la position de tiers impartial que la

adoptée par les instances législatrices » (S. GOYARD-FABRE, *L'État, figure moderne de la politique*, Armand Colin, coll. Cursus-philosophie, 1999, p. 54), mais plutôt que gouverner l'État, c'est décider *a priori* quelles seront les législations qu'adopteront lesdites instances législatrices.

[1] G. MARMASSE, *Force et fragilité des normes – Les Principes de la philosophie du droit de Hegel*, Puf, 2011, p. 138.

[2] R. CARRÉ DE MALBERG, *Contribution à la théorie générale de l'État spécialement d'après les données fournies par le droit constitutionnel français*, t. I, Librairie du Recueil Sirey, 1920, p. 693.

[3] *Ibid.*

Constitution lui garantit[1], laquelle ne saurait, en revanche, justifier d'en faire une fonction juridique pleine et autonome.

La difficulté attachée à l'œuvre de Carré de Malberg provient du fait qu'il utilisait alternativement et indistinctement les termes « fonctions » et « pouvoirs » ; et d'opposer, par suite, les « fonctions matérielles » aux « fonctions formelles »[2]. Il semble préférable de réserver « fonctions » à l'approche matérielle et de se référer aux « pouvoirs » dès lors que l'attention est portée sur les textes constitutionnels, sur les organes et, plus généralement, sur les éléments formels qui structurent et organisent l'État. Y compris parmi les traités de droit public, on emploie souvent le mot « pouvoir » afin de désigner les fonctions aussi bien que les organes. Ainsi se sert-on de l'expression « pouvoir législatif » afin d'évoquer tantôt la fonction créatrice, tantôt les assemblées qui votent les lois. Le Parlement et la fonction créatrice sont pourtant deux choses fort différentes. C'est pourquoi est proposé de retenir une notion précise de « pouvoir », spécialement pour pouvoir la comparer à celle de « fonction » Un scientifique rigoureux ne saurait employer alternativement et sans distinction « pouvoir », « fonction » et « organe » ; ces trois mots doivent désigner trois choses différentes. Et il faudrait ajouter à la liste le terme « puissance » dès lors qu'un auteur, commentant les thèses de Montesquieu, propose que « la "puissance" désigne une compétence [quand] le "pouvoir" appartient à un organe »[3]. Sans doute, d'ailleurs, sont-ce ces difficultés sémantiques qui expliquent, pour une part au moins, l'intensité des controverses autour du nombre de fonctions et du nombre de pouvoirs ; d'aucuns définissent ainsi la séparation des pouvoirs comme le fait qu' « aucune autorité ne se voit attribuer la totalité de deux *fonctions* étatiques »[4] ou comme un « mode particulier de répartition des *fonctions* »[5].

Alors qu'en matière de fonctions, les juges et le gouvernement peuvent intervenir aussi bien dans le cadre de la fonction créatrice que dans

[1] Ph. LAUVAUX, C. PIMENTEL, « Fonctions juridiques de l'État », in D. ALLAND, S. RIALS, dir., *Dictionnaire de la culture juridique*, Lamy-Puf, coll. Quadrige-dicos poche, 2003, p. 736.

[2] R. CARRÉ DE MALBERG, *Contribution à la théorie générale de l'État spécialement d'après les données fournies par le droit constitutionnel français*, t. I, Librairie du Recueil Sirey, 1920, p. 276.

[3] W. B. GWYN, *The Meaning of the Separation of Powers*, Tulane University (Nouvelle Orléans), 1965.

[4] M. LAHMER, « Séparation et balance des pouvoirs », in D. ALLAND, S. RIALS, dir., *Dictionnaire de la culture juridique*, Lamy-Puf, coll. Quadrige-dicos poche, 2003, p. 1409 (non souligné dans le texte original).

[5] *Ibid.*, p. 1410 (non souligné dans le texte original).

celui de la fonction applicatrice, en matière de pouvoirs, à l'inverse, chacun est attaché à certains organes précisément identifiés et, par exemple, les juges et le gouvernement ne sauraient intégrer de quelque façon que ce soit le pouvoir législatif. Les actes de l'État constituent des actes de législation, d'administration ou de justice suivant qu'ils ont pour auteurs les organes législatifs, administratifs ou judiciaires ; « toute autre classification demeurerait dépourvue d'exactitude juridique, car elle se trouverait en opposition avec le système positif du droit constitutionnel »[1]. Il est certain, en effet, que les Constitutions s'en tiennent au criterium formel qui consiste à définir le pouvoir par l'organe et par la compétence. La différence avec les fonctions apparaît clairement puisque celles-ci se spécifient uniquement à l'aune de la substance des actes (créateurs de droit ou applicateurs de droit). Les pouvoirs correspondent donc aux « diverses activités respectivement exercées par les trois sortes d'organes de l'État dans la forme qui est propre à chaque sorte de ces organes : la fonction [*i.e.* le pouvoir] est déterminée par l'agent qui l'exerce et par la forme en laquelle elle est exercée »[2], tandis que, dans la théorie des fonctions, « les diverses activités de l'État sont caractérisées et différenciées d'après la substance même et le contenu des actes par lesquels elles s'exercent respectivement, abstraction faite des conditions organiques ou formalistes dans lesquelles ces actes sont accomplis »[3]. La conception ici retenue est ainsi celle exposée par Carré de Malberg ; seuls les mots pour l'exprimer varient.

S'intéresser à la notion de « pouvoirs de l'État » conduit inéluctablement à s'intéresser à la « séparation des pouvoirs de l'État », problématique assurément « mythique » en ce qu'elle a suscité des interprétations et des controverses aussi multiples que variées[4]. Tout d'abord, il est permis de convenir, avec Kelsen, que l'État est « un ordre de contrainte qui investit des organes fonctionnant par division du travail »[5]. L'image de la « division du travail » laisse en effet plutôt bien transparaître ce qu'est la séparation des pouvoirs, concept depuis toujours empreint d'une certaine indétermination structurelle. Pensée initialement par Locke

[1] R. CARRÉ DE MALBERG, *Contribution à la théorie générale de l'État spécialement d'après les données fournies par le droit constitutionnel français*, t. I, Librairie du Recueil Sirey, 1920, p. 268.

[2] *Ibid.*, p. 276.

[3] *Ibid.*

[4] Réf. à M. TROPER, « Charles Eisenmann contre le mythe de la séparation des pouvoirs », *Cahiers de philosophie politique* 1985, n° 2-3, p. 67 s.

[5] H. KELSEN, *Allgemeine Staatslehre*, Springer Verlag (Berlin), 1925, p. 147 (cité par O. BEAUD, *La puissance de l'État*, Puf, coll. Léviathan, 1994, p. 124).

dans le *Traité du gouvernement civil* et par Montesquieu dans *L'esprit des lois* — quoique beaucoup de commentateurs, dont Charles Eisenmann, ont contesté cette paternité[1] —, la séparation des pouvoirs se définit comme le fait que la Constitution de l'État confie à des organes séparés — soit dans le sens d' « indépendants », soit dans le sens de « distincts mais liés » — le soin de gérer des pans spécifiques et parfaitement identifiés de la vie juridique de l'État. Aussi, idéalement, chaque pouvoir doit-il être souverain en son domaine de compétence. La séparation des pouvoirs est donc bien principalement organique et formelle ; elle n'est matérielle que dans un second temps. Cela implique la division de la séparation des pouvoirs en deux sous-divisions différentes : une sous-division fonctionnelle — qui n'est pas une autre que la distinction théorique des fonctions juridiques de l'État précédemment discutée — : deux fonctions juridiques étatiques spécifiques, au moins, doivent être identifiées ; une sous-division organique : il est nécessaire que des organes ou groupes d'organes distincts soient attributaires exclusifs de l'intégralité de chaque fonction juridique étatique[2].

Par suite, la visée de semblable organisation des pouvoirs est simple : elle doit assurer la construction « naturelle » d'un équilibre entre les pouvoirs et, par là, la sauvegarde de la liberté politique et des droits les plus élémentaires des citoyens. Selon l'aphorisme le plus célèbre du chapitre relatif à « La Constitution d'Angleterre » de *L'esprit des lois*, « il faut que, par la nature des choses, le pouvoir arrête le pouvoir »[3]. L'enjeu attaché à la séparation des pouvoirs ne fait ainsi aucun doute : comme le développait Montesquieu, unir dans un seul organe le pouvoir législatif, les compétences gouvernementales et la capacité juridictionnelle ne pourrait qu'engendrer — que cela se traduise par la monocratie d'un homme, d'un corps ou d'un peuple — l'autocratie absolutiste qui est l'antithèse de la liberté politique puisque les lois s'y font tyranniques et y sont exécutées

[1] CH. EISENMANN, « L'esprit des lois et la séparation des pouvoirs », in *Mélanges Raymond Carré de Malberg*, Librairie du Recueil Sirey, 1933, p. 165 s. On observe, en outre, que la lettre de *L'esprit des lois* ne contient pas l'expression « séparation des pouvoirs » et que Montesquieu n'envisageait de « séparer » que la seule puissance juridictionnelle (S. GOYARD-FABRE, *L'État, figure moderne de la politique*, Armand Colin, coll. Cursus-philosophie, 1999, p. 56-57).

[2] Un auteur (M. LAHMER, « Séparation et balance des pouvoirs », in D. ALLAND, S. RIALS, dir., *Dictionnaire de la culture juridique*, Lamy-Puf, coll. Quadrige-dicos poche, 2003, p. 1407) envisage également une séparation « personnelle » (les membres d'un pouvoir ne doivent pas être nommés par les membres d'un autre pouvoir et être révocables par eux). Seulement, la séparation personnelle tend à prohiber certains mécanismes pourtant forts courants tels que la responsabilité gouvernementale ou le droit de dissolution.

[3] MONTESQUIEU, *De l'esprit des lois*, 1748, L. XI, chap. 6.

tyranniquement[1]. Si la « puissance » juridictionnelle est jointe à la « puissance » législative, le juge devient législateur — l'idée de « gouvernement des juges » est alors proche — ; si la « puissance » juridictionnelle est jointe à la « puissance » exécutive, le juge acquiert la force d'un oppresseur[2]. Et Rousseau de renchérir : « Il n'est pas bon que celui qui fait les lois les exécute »[3]. Il faut souligner à nouveau combien le principe de séparation des pouvoirs est sans aucun doute le premier des principes constitutifs de l'État de droit compris dans son sens étroit. Toutefois, si la séparation des pouvoirs est un critère fondamental de l'État de droit, elle ne paraît pas pouvoir être un critère de l'État, quoiqu'en dise l'article 16 de la Déclaration de 1789[4].

Le principe de séparation des pouvoirs a été consacré tant par le constituant américain en 1787 que par le constituant français en 1791 et par les rédacteurs de la Déclaration des droits de l'homme et du citoyen de 1789 dont l'article 16 prévoit que « toute société dans laquelle [...] la séparation des pouvoirs [n'est pas] déterminée n'a point de Constitution ». Ledit principe semble s'être ainsi imposé tel le principe de base de l'aménagement des entités étatiques, notamment en ce qu'il appartiendrait à l'essence des Constitutions de l'organiser. Néanmoins, le recours à la séparation des pouvoirs est un phénomène à la fois récent et non universel. On avance que la Révolution anglaise de 1640-1660 serait le « *terminus a quo* » du concept de séparation des pouvoirs[5]. Au XVIe s., Bodin voyait dans l'indivisibilité de la souveraineté une barrière à toute séparation des pouvoirs : le pouvoir doit appartenir à un seul organe ou une seule personne, comme « il doit y avoir un seul commandant dans un navire »[6]. Dans la théorie de Bodin, le pouvoir de faire la loi contient les autres ; la loi y absorbe tout ce qui relève aujourd'hui de l'exécutif et du juridictionnel[7]. Il est remarquable que le

[1] *Ibid.*
[2] *Ibid.*
[3] J.-J. ROUSSEAU, *Du contrat social*, 1762, L. III, chap. 4.
[4] En effet, « toute société dans laquelle [...] la séparation des pouvoirs [n'est pas] déterminée n'a point de Constitution » peut certainement être compris comme signifiant, dans l'esprit de ses rédacteurs, « toute société dans laquelle [...] la séparation des pouvoirs [n'est pas] déterminée n'a point d'État ».
[5] M. LAHMER, « Séparation et balance des pouvoirs », in D. ALLAND, S. RIALS, dir., *Dictionnaire de la culture juridique*, Lamy-Puf, coll. Quadrige-dicos poche, 2003, p. 1407.
[6] J. BODIN, *Les six livres de la République*, 1576, L. I, chap. 8 (cité par O. BEAUD, *La puissance de l'État*, Puf, coll. Léviathan, 1994, p. 135).
[7] *Ibid.*, L. I, chap. 10 (cité par Ph. LAUVAUX, C. PIMENTEL, « Fonctions juridiques de l'État », in D. ALLAND, S. RIALS, dir., *Dictionnaire de la culture juridique*, Lamy-Puf, coll. Quadrige-dicos poche, 2003, p. 734).

grand jurisconsulte connaissait la séparation des pouvoirs, mais il imaginait que les États qui l'accueillaient n'étaient pas viables[1].

Ensuite, parler de « confusion », de « concentration » ou de « réunion » des pouvoirs s'avère peut-être incorrect puisque, dans l'hypothèse où une Constitution ne reconnaîtrait qu'un ou deux pouvoirs, il faudrait en conclure que l'État en cause ne reconnaît qu'un ou deux pouvoirs et non qu'il en reconnaît trois mais qui seraient confondus, concentrés ou réunis. Montesquieu écrivait qu' « il ne faut pas confondre la séparation des pouvoirs et leur distinction. Celle-ci est le résultat de l'analyse conceptuelle et vaut pour tout État, y compris le despotisme. La première, en revanche, est une exigence qui ne concerne que l'État qui vise la liberté politique »[2]. Or, parmi les présentes lignes, est fait le choix de ne distinguer au terme d'une « analyse conceptuelle » que les seules fonctions et de réserver le terme « pouvoir » à la description de certaines mécaniques constitutionnelles portant le nom de « séparation ».

Par ailleurs, si, aujourd'hui, il serait parfaitement iconoclaste — et surtout contraire à la réalité du droit constitutionnel positif qui en la matière seule importe — de chercher à proposer une autre séparation des pouvoirs que celle qui consiste à isoler les pouvoirs législatif, exécutif et juridictionnel, des conceptions variables ont été, historiquement, esquissées. Par exemple, Hegel séparait, dans l'État moderne, le pouvoir princier, le pouvoir gouvernemental et le pouvoir parlementaire[3]. Et, à l'heure actuelle, il est quelques rares penseurs de l'État qui invitent à accepter que « la séparation des pouvoirs implique de reconnaître un quatrième pouvoir : le pouvoir constituant »[4]. Mais cela ne saurait être admis tant les trois pouvoirs

[1] *Ibid.*, L. II, chap. 1 (cité par O. BEAUD, *La puissance de l'État*, Puf, coll. Léviathan, 1994, p. 135).

[2] MONTESQUIEU, *De l'esprit des lois*, 1748, L. XI, chap. 6.

[3] G. MARMASSE, *Force et fragilité des normes – Les Principes de la philosophie du droit de Hegel*, Puf, 2011, p. 138.

[4] G. GROETHUYSEN, *Philosophie de la Révolution française*, Gallimard, coll. Tel, 1982, p. 201 (cité par O. BEAUD, *La puissance de l'État*, Puf, coll. Léviathan, 1994, p. 201). Dans le même sens, Carré de Malberg soutenait que, « à côté des trois fonctions, il faut, en droit français, en mettre à part une quatrième : la fonction ou puissance constituante. Elle présente, en effet, tous les caractères d'une fonction juridiquement distincte, étant réservée à un organe autre que le législateur proprement dit, s'exerçant en des formes différentes de celles de la législation, et donnant naissance à des "lois constitutionnelles" dont la force est supérieure à celle des lois ordinaires » (R. CARRÉ DE MALBERG, *Contribution à la théorie générale de l'État spécialement d'après les données fournies par le droit constitutionnel français*, t. I, Librairie du Recueil Sirey, 1920, p. 815). Il faut ici rappeler que cet auteur désignait par « fonctions » ce qui ici est désigné par « pouvoirs » ; en témoigne le recours au critère de l'organe distinct.

classiques ne se situent pas au même niveau que ce « pouvoir constituant » qui, s'il existe certainement, ne peut intégrer la séparation des pouvoirs ; car il la chapeaute, il la consacre et l'organise, sans y prendre part. Établir la séparation des pouvoirs en l'État est l'une des prérogatives propres au pouvoir constituant, celui-ci ne peut donc ni formellement ni matériellement être rapproché des trois pouvoirs qu'il identifie lui-même. Il faut redire combien, concernant le contenu de la séparation des pouvoirs, tout observateur est totalement dépendant de l'état du droit constitutionnel positif ; la marge de manœuvre est, à l'inverse du débat entourant la problématique des fonctions, quasi-nulle. Aussi n'est-il pas lieu de discuter plus avant la séparation des pouvoirs législatif, exécutif et juridictionnel, cela n'étant tout simplement guère possible.

Enfin, outre « pouvoir », « fonction » et « organe », il conviendrait d'encore interroger les notions d' « autorité » — dès lors que l'article 66 de la Constitution française ne parle pas de « pouvoir judiciaire » mais plutôt d' « autorité judiciaire »[1] —, de « séparation des autorités »[2] et de

[1] Const. 4 oct. 1958, art. 66, al. 2. Sur ce point, est à noter que le Conseil constitutionnel a toutefois reconnu l'existence d'un pouvoir juridictionnel en précisant, notamment, que le législateur ne peut adresser des injonctions au juge, ni censurer ses décisions, ni se substituer à lui dans le jugement des litiges (Cons. const., déc. 22 juill. 1980, n° 80-119 DC, *Loi portant validation d'actes administratifs*).

[2] *Cf.* J. CHEVALLIER, « Séparation des autorités », in D. ALLAND, S. RIALS, dir., *Dictionnaire de la culture juridique*, Lamy-Puf, coll. Quadrige-dicos poche, 2003, p. 1404 s. ; J. CHEVALLIER, « Du principe de séparation au principe de dualité », *RFDA* 1990, p. 712 s. ; P. DELVOLVÉ, « Paradoxes du (ou paradoxes sur le) principe de séparation des autorités administratives et judiciaires », in *Mélanges René Chapus*, Montchrestien, 1992, p. 135 s. ; L. FAVOREU, « Le principe de séparation des autorités administratives et judiciaires n'a pas valeur constitutionnelle », *RFDA* 1987, p. 301 s. ; S. VELLEY, « La constitutionnalisation d'un mythe : justice administrative et séparation des pouvoirs », *RDP* 1989, p. 767 s. La séparation des pouvoirs ne doit en aucune façon être confondue avec la séparation des autorités, bien que toutes deux ne soient pas dénuées de liens. Alors que le principe de séparation des pouvoirs est un principe constitutionnel général, le principe de séparation des autorités évoque plus précisément le modèle de relations entre l'administration et la justice tel qu'il s'est imposé en France à partir de la Révolution de 1789. Il implique à la fois l'interdiction pour les tribunaux judiciaires de s'immiscer dans le fonctionnement de l'administration et l'institution d'une juridiction spéciale pour trancher les litiges administratifs. Néanmoins, ces deux principes interrogent l'organisation institutionnelle et constitutionnelle de l'État, tandis que la séparation des autorités est une implication directe de la séparation des pouvoirs exécutif et juridictionnel. Le Professeur Jacques Chevallier note, en ce sens, que « le principe de séparation des autorités administratives et judiciaires n'est que le prolongement logique du principe de séparation des pouvoirs dont l'article 16 de la Déclaration de 1789 a souligné l'absolue nécessité » (J. CHEVALLIER, « Séparation des autorités », in D. ALLAND, S. RIALS, dir., *Dictionnaire de la culture juridique*, Lamy-Puf, coll. Quadrige-dicos poche, 2003, p. 1404).

« puissance » — puisque Montesquieu cherchait à séparer, suivant son vocabulaire, davantage les « puissances » que les « pouvoirs »[1] —. Et il faudrait exposer les différentes conceptions de la séparation des pouvoirs qui ont jalonné l'histoire de la pensée juridique et politique[2], préciser la distinction entre séparation et balance des pouvoirs[3], d'autant que Montesquieu poursuivait assurément l'objectif d'un équilibre et d'une complémentarité et non celui d'une véritable séparation — ce qui correspond à la différenciation des théories de la séparation stricte et de la séparation souple —[4], ou encore poser la question du besoin d'identifier des « sous-

[1] L'une des plus célèbres formules de l'auteur de *L'esprit des lois* peut ici être reprise en guise d'exemple : « Il y a dans chaque État trois sortes de pouvoirs : la puissance législative, la puissance exécutrice des choses qui dépendent du droit des gens, et la puissance exécutrice de celles qui dépendent du droit civil. On appellera cette dernière la puissance de juger, et l'autre simplement la puissance exécutrice de l'État » (MONTESQUIEU, *De l'esprit des lois*, 1748, L. XI, chap. 6).

[2] *Cf.* M. TROPER, *La séparation des pouvoirs et l'histoire constitutionnelle française*, LGDJ, 1980 ; W. B. GWYN, *The Meaning of the Separation of Powers*, Tulane University (Nouvelle Orléans), 1965 ; A. BRUGUIÈRE, J. REVEL, dir., *Histoire de France – L'État et les pouvoirs*, Le Seuil, 1989.

[3] *Cf.* M. LAHMER, « Séparation et balance des pouvoirs », in D. ALLAND, S. RIALS, dir., *Dictionnaire de la culture juridique*, Lamy-Puf, coll. Quadrige-dicos poche, 2003, p. 1406 s.

[4] Ch. EISENMANN, « L'esprit des lois et la séparation des pouvoirs », in *Mélanges Raymond Carré de Malberg*, Librairie du Recueil Sirey, 1933, p. 165 s. ; M. TROPER, « Charles Eisenmann contre le mythe de la séparation des pouvoirs », *Cahiers de philosophie politique* 1985, n° 2-3, p. 67 s. Ce que Montesquieu décrivait, c'était davantage la distribution et l'agencement des pouvoirs en l'État, non une séparation pure et simple. D'ailleurs, il semble que la lettre de son texte ne mentionne guère l'expression « séparation des pouvoirs » (S. GOYARD-FABRE, *L'État, figure moderne de la politique*, Armand Colin, coll. Cursus-philosophie, 1999, p. 56). Eisenmann expliquait que voir en l'œuvre de Montesquieu une théorie de la séparation des pouvoirs est inconséquent car il établissait une hiérarchie claire au profit de la puissance législative incompatible avec l'idée de séparation ; en cela, il ne faisait que s'inscrire dans la mouvance dominante aux XVIIe et XVIIIe s. en Grande-Bretagne, en Amérique et en France, laquelle reprenait la théorie de la hiérarchie des fonctions étatiques envisagée plus tôt par Bodin. De fait, compte tenu du principe de hiérarchie, il y avait pour tout publiciste des XVIIe et XVIIIe s. incompatibilité de principe entre l'idée de séparation des pouvoirs et celles d'équilibre, de contrepoids et d'empêchement mutuel. En outre, cela n'est pas pertinent car la séparation des pouvoirs était démentie par la Constitution d'Angleterre que prétendait décrire Montesquieu et dans laquelle les instances du pouvoir de l'État n'étaient ni strictement spécialisées puisqu'elles coopéraient, ni indépendantes puisque, en de nombreux points, leurs compétences interféraient. Le propos de Montesquieu était davantage que, pour éviter que le gouvernement vire à l'oppression et à la tyrannie, parce que toute force est naturellement portée à abuser de ses prérogatives, il faut écarter la concentration de la puissance dans les mains d'un seul homme ou d'un seul corps. Dans la pratique, il est donc indispensable que les pouvoirs ne soient pas dévolus à une autorité unique. Mais, par suite, si la non-confusion des pouvoirs est appelée à empêcher leur concentration dans les mains d'un seul homme ou d'un seul corps et implique, comme telle, leur distinction organique et leur

pouvoirs » à l'intérieur des pouvoirs[1]. Pourraient être, également, interrogées les thèses de la hiérarchie des organes et de la hiérarchie des fonctions normatives[2]. Et il serait pertinent de décrire les régimes présidentiel, parlementaire et conventionnel, ces qualifications doctrinales se basant sur les modalités particulières d'agencement des pouvoirs.

Enfin, bien sûr, il faudrait se plonger dans l'antre de la Constitution du 4 octobre 1958 afin de rechercher quel sort est concrètement réservé, en France, à la séparation des pouvoirs, quelle est cette « conception française de la séparation des pouvoirs » à laquelle le Conseil constitutionnel s'est à plusieurs reprises référé[3]. Il serait alors possible au lecteur d'apercevoir

spécification fonctionnelle, elle ne signifie pas leur « séparation » et ce qui importe, c'est seulement qu'il existe des contre-pouvoirs ou une balance des pouvoirs, ce qui n'interdit pas, bien au contraire, la mise en place de rapports étroits entre les puissances législative et exécutive, par exemple en instituant un droit de véto (S. GOYARD-FABRE, *L'État, figure moderne de la politique*, Armand Colin, coll. Cursus-philosophie, 1999, p. 57). La « division » des pouvoirs n'est donc pas leur « séparation » (*ibid.*). Les différents organes ne peuvent pas, au sens de Montesquieu, fonctionner indépendamment les uns des autres, de sorte que leur complémentarité fonctionnelle apparaît comme le corollaire indispensable de leur distinction organique.

1 En ce sens, il est remarquable que, aux XVIIe et XVIIIe s., on concevait la séparation des pouvoirs comme le fait qu'aucun organe n'exerce seul la fonction législative, on jugeait que la division de l'organe législatif en plusieurs organes partiels de législation était la technique principale de séparation des pouvoirs (M. LAHMER, « Séparation et balance des pouvoirs », in D. ALLAND, S. RIALS, dir., *Dictionnaire de la culture juridique*, Lamy-Puf, coll. Quadrige-dicos poche, 2003, p. 1409). Mais, aujourd'hui encore, il est probable que le bicaméralisme doive être préféré au monocaméralisme. Le pouvoir législatif, idéalement, doit prendre la forme d'un organe complexe composé d'au moins deux organes partiels de législation.

2 La thèse de la hiérarchie des organes a été défendue par Carré de Malberg qui considérait que la séparation des pouvoirs « consiste à attribuer distinctement aux trois sortes d'organes ou autorités étatiques des puissances de degrés bien divers » (R. CARRÉ DE MALBERG, *Contribution à la théorie générale de l'État spécialement d'après les données fournies par le droit constitutionnel français*, t. I, Librairie du Recueil Sirey, 1920, p. 114). À ces degrés de puissance des organes correspondraient des degrés de puissance des actes qui sont adoptés par ces organes. Ainsi à la puissance législative correspondrait la primauté de la loi, notamment sur les actes du pouvoir exécutif. Selon Carré de Malberg, la séparation des pouvoirs porterait « non pas sur les fonctions matérielles, mais sur des degrés de puissance formelle » (*Ibid.*). La thèse de la hiérarchie des fonctions normatives est, pour sa part, défendue par le Professeur Denys de Béchillon qui critique la thèse de la hiérarchie des organes car la notion d'organe de l'État serait indéterminée. Aussi cherche-t-il à démontrer que cette logique n'est pas vérifiée à l'aune de la Ve République au sein de laquelle il n'existe pas de hiérarchie entre gouvernement, Parlement et juges (D. DE BÉCHILLON, *Hiérarchie des normes et hiérarchie des fonctions normatives de l'État*, Economica, coll. Droit public positif, 1996, p. 5 s.).

3 Cons. const., déc. 23 janv. 1987, n° 86-224 DC, *Loi transférant à la juridiction judiciaire le contentieux des décisions du Conseil de la concurrence* ; Cons. const., déc. 28 juill. 1989, n° 89-261 DC, *Loi relative aux conditions de séjour et d'entrée des étrangers en France*.

combien l'idéal de séparation stricte des pouvoirs, avec des organes parfaitement indépendants les uns des autres, pourtant souvent retenu tel un dogme, est en pratique « bien entendu inconcevable »[1]. Outre le fait que trois pouvoirs totalement séparés et souverains mettraient en péril l'unité et la souveraineté de l'État, la puissance de l'État ne peut se voir mise en œuvre que par des organes entretenant d'étroites relations, sans quoi l'État risquerait de revêtir les traits d'un malheureux et dangereux méli-mélo institutionnel et politique. Mais il ne s'agirait néanmoins pas d'en venir à qualifier, après Duguit, la doctrine de la séparation des pouvoirs de « théorie théologique »[2] et à affirmer que le « mystère de la "trinité politique" est calqué purement et simplement sur celui de la "trinité divine" »[3]. La séparation stricte autant que la confusion des pouvoirs ne sauraient satisfaire les exigences de l'État de droit ou, du moins, celles de l'État fonctionnel. Seuls sont pragmatiques la séparation souple et l'équilibre des pouvoirs. Aussi faudrait-il sans doute bannir du vocabulaire *jus*-politique l'expression impropre de « séparation des pouvoirs » et la remplacer par celle plus conforme à l'état positif du droit constitutionnel d'« équilibre des pouvoirs ». Ainsi justice serait-elle, de plus, rendue à la réalité de la pensée du baron de Montesquieu.

En complément quant aux notions de « pouvoir » et de « séparation des pouvoirs », il reste à préciser celle d'« organe », la séparation des pouvoirs législatif, exécutif et juridictionnel se caractérisant comme une séparation des organes législatifs, exécutifs et juridictionnels. Un organe se définit telle une institution ou fonction constitutionnellement consacrée et régie et qui peut être rattachée à l'un des trois pouvoirs en ce qu'elle a pour tâche de le mettre concrètement en œuvre. Ainsi les organes d'un pouvoir sont-ils « les différents personnages ou corps publics qui sont chargés de remplir les diverses fonctions du pouvoir : par exemple, le Corps législatif

[1] J. CHEVALLIER, *L'État*, 2e éd., Dalloz, coll. Connaissance du droit, 2011, p. 51. Les Constitutions américaine de 1787 et française de 1791, prétendument illustratives d'une telle séparation rigide, sont en fait beaucoup plus nuancées : la Constitution américaine opte pour un système souple de « *checks and balances* », en dotant le Président et le Congrès de moyens d'influence réciproques ; et, de même, la Constitution de 1791 répartit les compétences de manière à établir les contrepoids nécessaires, en faisant participer le Roi à la fonction législative et l'Assemblée à la fonction exécutive (*ibid.*, p. 52).

[2] L. DUGUIT, *Traité de droit constitutionnel – Tome deuxième : La théorie générale de l'État – Première partie : Éléments, fonctions et organes de l'État*, 3e éd., De Boccard, 1928, p. 671.

[3] *Ibid.*

est l'organe remplissant la fonction législative du pouvoir étatique »[1]. Tout État, s'il veut être fonctionnel et ne pas relever uniquement du monde des idées ou même du monde des utopies, doit posséder une « épaisseur organique »[2] ; il doit se présenter sous les traits « d'un appareil, d'une machine composée de rouages qui s'articulent et s'emboîtent »[3]. C'est pourquoi il doit être composé d'un ensemble d'organes chargés de concrétiser *de facto* sa puissance et sa souveraineté en suivant les règles figurant au sein de la Constitution.

Par suite, tous les organes agissent au nom et pour le compte de l'État, considéré en tant que personne unitaire, si bien que leurs actes lui sont juridiquement attribués. Et ils permettent de traduire concrètement le fait que, l'État étant une institution, il doit être conçu comme indépendant de l'existence contingente des gouvernants ; la « distinction juridique des fonctions politiques et des hommes qui les exercent » se réalise à travers les organes ; c'est toujours un organe qui agit au nom de l'État et jamais un individu[4]. Enfin, contre Kelsen et l'approche normativiste, il ne semble pas permis de retenir qu'un organe ne saurait être qu'un « instrument de fabrication du droit »[5]. Le rôle des organes déborde allègrement la seule fonction créatrice et, notamment, nombreux sont ceux qui sont chargés d'appliquer le droit sans dans le même temps le créer ou le recréer.

Il est remarquable que des théoriciens, Alf Ross par exemple, ont pu estimer qu'il serait impossible de définir l'État autrement que par ses organes[6]. Il est vrai que, la plupart du temps, ce qui est désigné par « l'État », c'est un ou plusieurs organes de l'État, eux seuls étant physiquement tangibles — quoique cela ne soit vrai qu'indirectement, soit à travers des hommes, des meubles et des immeubles —. En outre, la hiérarchie des pouvoirs qui existe certainement dans l'hypothèse d'une séparation souple peut se comprendre comme une hiérarchie des organes. Surtout, sous l'angle de l'identification des pouvoirs, il est permis de

[1] R. CARRÉ DE MALBERG, *Contribution à la théorie générale de l'État spécialement d'après les données fournies par le droit constitutionnel français*, t. I, Librairie du Recueil Sirey, 1920, p. 259.
[2] J. CHEVALLIER, *L'État*, 2e éd., Dalloz, coll. Connaissance du droit, 2011, p. 53.
[3] *Ibid.*
[4] Aussi parle-t-on à juste titre, dans les cercles juridiques tout du moins — car il en va ô combien différemment dans le monde journalistique —, du « Président de la République » plutôt que de « MM. Hollande, Sarkozy ou Chirac ».
[5] H. KELSEN, « Aperçu d'une théorie générale de l'État », *RDP* 1926, p. 577.
[6] A. ROSS, « Sur les concepts d'"État" et d'"organes d'État" en droit constitutionnel », *Droits* 1996, n° 23, p. 131 s.

soutenir que l'organe fait le pouvoir. « L'existence, écrivait Carré de Malberg, d'un organe distinct, doué d'une puissance spéciale, implique que la compétence propre à cet organe constitue elle-même une fonction distincte », étant précisé à nouveau que l'illustre professeur comprenait par « fonction » ce qui est présentement compris par « pouvoir »[1]. Par exemple, concernant le pouvoir juridictionnel, « pour qu'il y ait juridiction, […] même en l'absence de tout litige, il suffit que [la] décision soit prise par une autorité juridictionnelle, c'est-à-dire par une autorité spécialement affectée à l'exercice de la juridiction, cette autorité statuant dans des formes [spécifiques]. […] Dans son acception juridique actuelle, la juridiction consiste à dire le droit dans la forme juridictionnelle et avec les effets propres à l'acte juridictionnel »[2]. Où se confirme le critère de distinction des fonctions et des pouvoirs de l'État : les premières se rapportent à des considérations matérielles ; les seconds impliquent le recours à des éléments d'ordre formel, lesquels amènent avant tout à recourir à la notion d'« organes » et à observer la réalité constitutionnelle de ceux-ci.

Au moment de quitter la personnalité juridique de l'État et de s'enquérir du sens de la « souveraineté », et après ces quelques développements relatifs aux pouvoirs et à leur séparation, il faut encore préciser qu'un État est libre de s'organiser à sa guise. En effet, qu'il soit rappelé combien, si la séparation des pouvoirs est un critère fondamental de l'État de droit, elle n'est en aucune façon un critère de l'État.

33. ***L'indifférence au régime politique et aux modalités de l'organisation administrative de l'État.*** La Constitution d'un État peut ne reconnaître qu'un seul pouvoir, qu'un seul ensemble d'organes, ou bien en séparer deux, trois, quatre ou plus, il s'agit toujours d'un État. Que « l'ensemble des pouvoirs [soient] confondus dans cette même main qui avait serré celle de Hitler à Montoire »[3] est sans conséquence sur la qualité étatique. Partant, il faut croire que se trompe qui avance que « toute société dans laquelle […] la séparation des pouvoirs [n'est pas] déterminée n'a point de Constitution »[4]. À l'inverse, il faut croire que la Cour internationale de justice fait œuvre logique lorsqu'elle observe que « le choix du mode de répartition ou

[1] R. CARRÉ DE MALBERG, *Contribution à la théorie générale de l'État spécialement d'après les données fournies par le droit constitutionnel français*, t. I, Librairie du Recueil Sirey, 1920, p. 814.

[2] *Ibid.*, p. 810.

[3] R. DRAÏ, *L'État purgatoire – La tentation postdémocratique*, Michalon, 2005, p. 47.

[4] Déclaration des droits de l'homme et du citoyen, 26 août 1789, art. 16.

d'aménagement des pouvoirs ressortit à la compétence exclusive de chaque État »[1].

Au-delà de la question de la séparation des pouvoirs, tous les modes de gouvernement sont compatibles avec l'étaticité. Rousseau affirmait que démocratie, aristocratie et monarchie sont tous également légitimes dès lors qu'ils ont été voulus par le peuple, par la majorité des membres de la communauté assemblés pour délibérer[2]. Mais, quelle que soit la légitimité populaire des gouvernants, seul importe, pour reconnaître la réalité d'un État, qu'un peuple déterminé, situé sur un territoire déterminé, soit encadré par un gouvernement et soumis à une puissance. Alors est-il possible d'observer une personne souveraine, c'est-à-dire un État. S'il est nécessaire, pour que le critère du gouvernement soit rempli, que l'État soit doté d'une organisation administrative, juridique et politique complexe, structurée et efficace, les modalités concrètes permettant d'aboutir à pareil résultat sont indifférentes par rapport à la qualification d'État. On a, en ce sens, souvent observé que la Révolution de 1789, dont ce serait un euphémisme de dire qu'elle a engendré quelques profondes ruptures dans le système juridique français et, en particulier, dans le droit public français, n'a « ni renouvelé ni interrompu la personnalité juridique de l'État »[3]. « Des conceptions de l'État se dégagent des Constitutions »[4], mais il s'agit toujours d'État. Reste que tout État ne saurait se concevoir sans gouvernement et, plus précisément, sans organisation administrative, juridique et politique complexe, structurée et efficace. La notion d'État n'est pas liée à une ou plusieurs forme(s) gouvernementale(s) invariable(s) — et, spécialement, il est des États qui n'expérimentent pas la République —, mais elle ne s'envisage pas sans celle de gouvernement.

Par conséquent, un État peut connaître la démocratie autant que l'aristocratie ou la monarchie, la déconcentration autant que la décentralisation ou le fédéralisme. D'ailleurs, sans doute ces considérations relèvent-elles autant de la sociologie du droit que du droit pur, car ce sont des données géographiques, historiques et humaines qui souvent justifient le recours à l'une ou l'autre possibilité, les règles et institutions juridiques

[1] Cour internationale de Justice, 27 juin 1986, *Activités militaires et paramilitaires au Nicaragua*.

[2] J.-J. ROUSSEAU, *Du contrat social*, 1762, L. 3, chap. 17 (cité par J.-P. SIMÉON, « La démocratie selon Rousseau », in J.-J. ROUSSEAU, *Du contrat social*, Le Seuil, coll. Points politique, 1977, p. 95).

[3] M. HAURIOU, *Précis élémentaire de droit constitutionnel*, 2e éd., Librairie du Recueil Sirey, 1930, p. 62.

[4] J. GODECHOT, *Les Constitutions de la France*, Garnier Flammarion, 1994, p. 5.

n'étant en définitive qu'un outil *a priori* neutre[1]. Et, bien entendu, le concept d'État est totalement indifférent aux valeurs socio-économiques et politiques promues par les gouvernants. Aussi n'est-il guère envisageable de soutenir que l'État allemand aurait disparu entre 1934 et 1945, quoique, étonnamment, divers écrits ont discuté ce point en profondeur[2]. Bien des États ont été ou sont des « monstre[s] »[3] ; étant précisé que l'État, tout comme l'Internet par exemple, n'est ni bon ni mauvais en soi ; il n'est qu'un instrument à la disposition des hommes qui peuvent l'utiliser à des fins positives comme négatives. Quoi qu'il en soit, cela peut intéresser le philosophe mais non le scientifique et l'État nazi était un État puisqu'un peuple déterminé, situé sur un territoire déterminé, était encadré par un gouvernement et soumis à une puissance.

Sous l'angle des régimes politiques, il n'existe pas un État type mais une multitude d'États différents, un auteur retenant que « chaque société a l'État qu'elle mérite »[4]. Toutefois, il n'est pas exactement juste de soutenir que « le concept d'État doit se déterminer en dehors de toute considération relative à la forme du gouvernement »[5] et que « les formes de gouvernement sont des modalités qui affectent la constitution politique de l'État, mais non son essence : elles peuvent varier sans que les caractères, la capacité ou l'identité de la personne étatique s'en trouvent modifiés »[6], car posséder une « organisation administrative, juridique et politique complexe, structurée et efficace » peut être considéré telle une condition formelle de l'étaticité. Dès lors qu'un auteur dit des institutions françaises de 1945 qu'elles étaient « en lambeaux »[7], la question de la réalité de l'État de France à cet instant mérite d'être posée, en même temps que celle de degrés d'étaticité puisque la France d'alors ne connaissait sans doute pas plus l'État parfait que l'État absent. Et, quand Kelsen, traitant la question des formes de gouvernement,

[1] Ainsi, pour une typologie des différents « modèles d'État », *cf.* B. BADIE, P. BIRNBAUM, *Sociologie de l'État*, Hachette, coll. Pluriel, 1983.
[2] *Cf.*, notamment, M. TROPER, *Pour une théorie juridique de l'État*, Puf, coll. Léviathan, 1994, p. 177 s. ; D. DE BÉCHILLON, *Qu'est-ce qu'une règle de droit ?*, Odile Jacob, 1997, p. 255 s. ; R. SÈVE, *Philosophie et théorie du droit*, Dalloz, coll. Cours, 2007, p. 63 ; O. Höffe, « La justice qui définit le droit », *Droits* 1989, n° 10, p. 37 ; M. BROSZAT, *L'État hitlérien – L'origine et l'évolution des structures du Troisième Reich*, Fayard, coll. L'espace du politique, 1985.
[3] R. DRAÏ, *L'État purgatoire – La tentation postdémocratique*, Michalon, 2005, p. 47.
[4] J. BAGUENARD, *L'État – Une aventure incertaine*, Ellipses, coll. Mise au point, 1998, p. 112.
[5] R. CARRÉ DE MALBERG, *Contribution à la théorie générale de l'État spécialement d'après les données fournies par le droit constitutionnel français*, t. I, Librairie du Recueil Sirey, 1920, p. 49.
[6] *Ibid.*
[7] R. DRAÏ, *L'État purgatoire – La tentation postdémocratique*, Michalon, 2005, p. 47.

proposait une classification dualiste fondée sur le mode de production des normes, opposant le système de l'autonomie dans lequel les destinataires des normes en sont aussi les auteurs et celui de l'hétéronomie dans lequel les individus sont soumis à des normes produites par d'autres[1], il semble qu'il distinguait ainsi une forme de gouvernement compatible avec l'État et une forme de gouvernement incompatible avec l'État, car, dans le cas de l'autocratie, il ne paraît guère acceptable de constater quelque « organisation complexe, structurée et efficace ». S'il est vrai que « la notion d'État est supérieure à celle de gouvernement »[2], il est nécessaire que les conditions du gouvernement soient remplies pour que celles de l'État le soient, possiblement, elles-aussi.

Peut être encore précisé que, suivant la lettre de la Constitution du 4 octobre 1958, « la France est une République indivisible » dont « [l']organisation est décentralisée »[3]. Mais il n'est pas utile de décrire les divers organes et institutions de l'État, leurs fonctionnements et leurs histoires — qui correspondent, en France, à l'histoire des Constitutions françaises[4] —, ceux-ci étant, donc, sans conséquence sur la qualification d'« État ». Il s'agit, à présent, d'aborder une problématique autrement fondamentale de ce point de vue : celle de la souveraineté. L'État, en effet, ne se définit pas seulement comme une personne juridique ; encore faut-il ajouter qu'il est une personne juridique « souveraine ». Nombreuses sont les personnes juridiques à ne pas être étatiques, tant dans l'univers du droit privé que dans celui du droit public, tandis que la souveraineté est le propre de l'État.

[1] M. TROPER, « Kelsen Hans, 1881-1973 », in D. HUISMAN, dir., *Dictionnaire des philosophes*, 2e éd., Puf, 1993, p. 1215.

[2] R. CARRÉ DE MALBERG, *Contribution à la théorie générale de l'État spécialement d'après les données fournies par le droit constitutionnel français*, t. I, Librairie du Recueil Sirey, 1920, p. 49.

[3] Const. 4 oct. 1958, art. 1er.

[4] *Cf.* J. GODECHOT, *Les Constitutions de la France*, Garnier Flammarion, 1994.

Titre 2

La souveraineté de l'État

34. ***L'opposition de la puissance et de la souveraineté ou celle du fait et du droit.*** La souveraineté est sans aucun doute la pierre angulaire de la définition de l'État. Cela implique que la pierre angulaire de la définition de l'État est juridique et, en conséquence, que l'État est principalement une réalité juridique. En d'autres termes, il est indispensable de comprendre ce qu'est la souveraineté pour pouvoir comprendre ce qu'est l'État, sous l'angle juridique autant que sous l'angle de la théorie générale de l'État.

Que la souveraineté puisse être considérée comme une autre conséquence de la personnalité de l'État justifie qu'elle soit étudiée à la suite de la partie précédente. Lorsqu'un État prend vie, il se caractérise telle une personne souveraine. Comme toute personne physique ou morale, la personne étatique possède des droits fondamentaux ; au nombre de ceux-ci figure la souveraineté ou, du moins, les droits découlant de la souveraineté[1]. Cette dernière est un attribut qui apparaît, grâce à un effet juridique, du seul fait que les conditions factuelles d'existence (ou « éléments constitutifs ») de l'État sont réunies. Et il est possible de la résumer en empruntant les mots de Gurvitch selon lesquels elle serait un « droit subjectif de commander »[2]. Parce qu'il est souverain, l'État est juridiquement fondé à prendre toute décision, toute mesure concernant son peuple, son territoire et son gouvernement. La souveraineté est donc consubstantielle à l'État ; et Jellinek s'égarait sans doute lorsqu'il soutenait qu' « il y a toujours eu et il y a encore des États non souverains »[3]. En la souveraineté réside la différence

[1] F. POIRAT, « La doctrine des "droits fondamentaux" de l'État », *Droits* 1992, n° 16, p. 89. L'auteur précise que le droit fondamental n'est pas le « droit à la souveraineté », mais le « droit au respect de la souveraineté » (*ibid.*). La souveraineté ne pourrait donc pas être qualifiée de « droit fondamental » et il faudrait plutôt retenir qu'elle serait la source des droits fondamentaux de l'État.

[2] G. GURVITCH, *Éléments de sociologie juridique*, Aubier, 1940, p. 104.

[3] G. JELLINEK, *L'État moderne et son droit – Première partie : Doctrine générale de l'État*, trad. G. Fardis, Fontemoing, 1904 (cité par L. DUGUIT, *Traité de droit constitutionnel – Tome deuxième : La théorie générale de l'État – Première partie : Éléments, fonctions et organes de l'État*, 3e éd., De Boccard, 1928, p. 128).

fondamentale et spécifique entre l'État et les personnes juridiques non étatiques. C'est avec elle, en même temps qu'avec Bodin qui l'a théorisée au XVIe s., que l'État est entré dans l'ère de la modernité — si tant est qu'il y eut un jour des États prémodernes —[1].

L'État est donc une personne juridique bénéficiant d'une prérogative juridique discriminante : la souveraineté. Il n'est pas plus d'État sans souveraineté que de souveraineté sans État ; c'est pourquoi la notion de souveraineté est, plus que celles de « contrat social », de « puissance », de « territoire » ou de « personnalité », la notion essentielle en toute étude consacrée à l'État. Un soin très particulier doit donc être apporté à sa définition car reconnaître la souveraineté pourrait permettre de reconnaître l'État, sans besoin de recourir à quelque critère complémentaire. Seulement n'est-il pas assuré qu'il soit possible de caractériser la réalité de la souveraineté sans avoir au préalable caractérisé la réalité de l'État. Il ne faudrait surtout pas faire de la souveraineté une condition de l'État : il y a souveraineté parce qu'il y a État et non État parce qu'il y a souveraineté ; à l'identique de la personne physique qui possède des droits du seul fait qu'elle est, sans que le fait d'avoir ces droits conduise à la qualité de personne physique. La souveraineté est indétachable de l'État et constitue son élément définitionnel premier, mais elle ne permet pas d'identifier l'État car il est uniquement possible de déduire de l'existence de l'État l'existence de la souveraineté ; il est impossible de déduire de l'existence de la souveraineté l'existence de l'État puisque, sans avoir au préalable circonscrit l'État, nulle souveraineté ne peut être observée.

Avant de chercher à préciser plus avant la notion de souveraineté, il faut tout d'abord souligner combien elle est en quelque sorte au droit ce que la puissance étatique est au fait. Ainsi, en temps normal, la souveraineté se concrétise dans le monde des faits par la puissance quand cette dernière se matérialise juridiquement par le truchement de la souveraineté ; mais ce rapport n'est toutefois pas systématique et les deux phénomènes sont loin d'être dépendants l'un de l'autre. La souveraineté, en premier lieu, est identique en tout État et permet d'assurer l'égalité juridique des multiples acteurs de la scène internationale[2], tandis que, en matière de puissance, les disparités entre les États peuvent être radicales, le risque pour les moins

[1] G. MAIRET, *Le principe de souveraineté – Histoire et fondements du pouvoir moderne*, Gallimard, 1997.

[2] Le droit international public positif prévoit, en effet, « le principe de l'égalité souveraine de tous [les États] » (Charte des Nations Unies, 26 juin 1945, art. 2, al. 1er).

puissants étant *in fine* de disparaître, ce qui entraînerait d'ailleurs mécaniquement l'extinction de leur souveraineté.

Distinguer la souveraineté juridique et la puissance factuelle revient à faire œuvre largement stipulative puisque, au-delà de ceux qui, tel Duguit, ne voient dans la souveraineté comme dans la puissance guère plus que des « principes totalement vides »[1], peu de théoriciens de l'État opèrent pareille partition. Depuis Bodin, qui faisait de l'État — qu'il appelait « République » — un « droit gouvernement [...] avec *puissance souveraine* »[2], il est devenu courant d'envisager la souveraineté en tant qu'« exclusivité de la puissance »[3] ou de postuler que « la puissance étatique ne signifie rien d'autre que puissance unilatérale de commandement, elle est donc synonyme de la souveraineté »[4]. Et le Professeur Olivier Beaud d'écrire que, si « puissance » et « souveraineté » sont deux signifiants différents servant à désigner un seul et même signifié, il s'agit d'un seul et même signifié d'ordre juridique et non d'ordre factuel[5]. Tout au contraire, Carré de Malberg convenait que « la souveraineté est un fait »[6] ; et il retenait lui aussi que « la puissance [...] porte, dans la terminologie traditionnellement consacrée en France, le nom de souveraineté »[7]. Par

[1] L. Duguit, *Traité de droit constitutionnel – Tome deuxième : La théorie générale de l'État – Première partie : Éléments, fonctions et organes de l'État*, 3e éd., De Boccard, 1928, p. 27. Ailleurs, Duguit explique très explicitement que « puissance » et « souveraineté » sont parfaitement synonymes, ce qui, selon lui, est peu important puisque ces concepts devraient être rejetés et non utilisés (*ibid.*, p. 3).

[2] J. Bodin, *Les six livres de la République*, 1576, L. I, chap. 1 (non souligné dans le texte original).

[3] O. Beaud, *La puissance de l'État*, Puf, coll. Léviathan, 1994, p. 9.

[4] *Ibid.*, p. 18. Dans le même sens, cet auteur écrit également : « La puissance de l'État n'est rien d'autre que la souveraineté. Puissance publique et souveraineté sont deux expressions synonymes » (*ibid.*, p. 10). Et d'ajouter que seule « une doctrine minoritaire dissocie puissance et souveraineté » (*ibid.*).

[5] *Ibid.*, p. 11 (« étudier l'État sous l'angle de sa puissance ou de sa souveraineté, c'est-à-dire tenter de rendre compte *juridiquement* de l'État » (souligné dans le texte original)).

[6] R. Carré de Malberg, *Contribution à la théorie générale de l'État spécialement d'après les données fournies par le droit constitutionnel français*, t. I, Librairie du Recueil Sirey, 1920, p. 64.

[7] *Ibid.*, p. 9. Carré de Malberg apportait ailleurs quelques précisions en recensant trois significations du terme « souveraineté », mais celles-ci n'étaient pas autres chose que trois significations du terme « puissance » (« dans son sens originaire, le terme "souveraineté" désigne le caractère suprême d'une puissance pleinement indépendante, et en particulier de la puissance étatique. Dans une seconde acception, il désigne l'ensemble des pouvoirs compris dans la puissance d'État, et il est par suite synonyme de cette dernière. Enfin, il sert à caractériser la position qu'occupe dans l'État le titulaire suprême de la puissance étatique, et ici la souveraineté est identifiée avec la puissance de l'organe » (*ibid.*, p. 79)).

ailleurs, un auteur propose, non de séparer une face juridique et une face factuelle nommées chacune par un terme *ad hoc*, mais plutôt une face juridique et une face politique à l'intérieur de la seule souveraineté[1], ce qui paraît être l'excès inverse de celui qui conduit à voir dans « souveraineté » et « puissance » deux termes synonymes. Ne sera pas davantage retenue ici l'idée selon laquelle la souveraineté serait le « critère formel de la puissance »[2], la souveraineté n'étant pas plus un critère de la puissance que la puissance n'est un critère de la souveraineté ; toutes deux sont des dimensions différentes de la réalité globale qu'est l'État. D'ailleurs, la puissance peut exister sans souveraineté concomitante, par exemple lorsqu'est en cause la puissance d'une multinationale, comme la souveraineté peut exister sans puissance simultanée, par exemple dans l'hypothèse d'un État en crise ou d'un « État fantôme », soit d'un État en voie d'extinction. Quant à l'article « Souveraineté » du *Dictionnaire de la culture juridique*, s'il sépare la souveraineté de la puissance, ce n'est qu'en ce que la première servirait à désigner le « titulaire légitime » de la seconde[3], expression plutôt absconse qui semble néanmoins rattacher l'une comme l'autre au monde du droit et interdire que l'une puisse ne pas aller de pair avec l'autre.

On enseigne que la première différenciation entre la souveraineté (*Souveränität*) et la puissance (*Staatgewalt*) étatiques a été l'œuvre de la doctrine allemande de la fin du XIXe s., laquelle souhaitait de la sorte proposer un outil efficace de distinction entre l'État fédéral, qui détiendrait la souveraineté et la puissance, et l'État fédéré, qui disposerait seulement de la puissance, sans être souverain[4]. Mais alors, si différenciation de la souveraineté et de la puissance il y avait, celle-ci ne reposait guère sur une division fait/droit ; il était plutôt question de niveaux de souveraineté, la puissance étant le niveau inférieur et « souveraineté » étant réservé au niveau le plus supérieur. Puissance et souveraineté se démarquaient par des différences de degré mais non par des différences de nature.

Il se trouve néanmoins, aujourd'hui, quelques auteurs qui retiennent des acceptions des notions de « souveraineté » et de « puissance » assez proches de celles accueillies par l'auteur de ces lignes : ainsi en va-t-il de qui

[1] É. GIRAUD, « Le rejet de l'idée de souveraineté, l'aspect juridique et l'aspect politique de la question », in *Mélanges Georges Scelle*, LGDJ, 1950, p. 253 s.
[2] S. GOYARD-FABRE, *L'État, figure moderne de la politique*, Armand Colin, coll. Cursus philosophie, 1999, p. 20.
[3] É. MAULIN, « Souveraineté », in D. ALLAND, S. RIALS, dir., *Dictionnaire de la culture juridique*, Lamy-Puf, coll. Quadrige-dicos poche, 2003, p. 1434.
[4] O. BEAUD, *La puissance de l'État*, Puf, coll. Léviathan, 1994, p. 18.

conçoit que « la souveraineté de l'État est la traduction juridique de son indépendance de fait »[1] — simplement faudrait-il préciser qu'elle est la traduction juridique de son indépendance et de sa puissance de fait —. Surtout, Hauriou est dans ce domaine un soutien important, lui qui distinguait les « États de fait » et les « États de droit », relevant que « le problème fondamental du droit public est la transformation des états [sic] de fait en états [sic] de droit »[2] ; et lui qui observait « la mutation du pouvoir politique brut en souveraineté juridique »[3]. Hauriou utilisait les expressions « pouvoir brut » et « force » et non « puissance » afin de caractériser les « États de fait » ; mais sa *summa divisio* s'appuyait bien sur celle du fait et du droit. Il convient néanmoins de nuancer l'appui du célèbre doyen de la Faculté de droit de Toulouse car, tandis qu'en ces lignes sont distingués les aspects juridiques et factuels attachés à un seul et même État, lui imaginait que les États appartiendraient successivement et non concomitamment au monde factuel puis au monde juridique, ce qui est sans doute le fruit d'une vision excessivement partielle de la réalité de la vie étatique. Reste qu'il semble possible, en la matière, d'esquisser des propositions novatrices. S'il serait parfaitement inconséquent de vouloir lier un sens neuf à une certaine forme verbale alors qu'un consensus entourerait son rattachement à un tout autre sens, tel ne paraît pas être en l'occurrence le cas. Il est, à tout le moins, quelques hésitations quant au signifié de « souveraineté » et quant à sa dissemblance par rapport à celui de « puissance ».

Au sein des travaux contemporains sur l'État, alors que ce dernier est mis à l'épreuve d'évolutions s'apparentant à des révolutions telles que celles qu'induit le processus de mondialisation, il semble de plus en plus nécessaire de pouvoir rendre compte tant juridiquement que factuellement de la réalité de l'être étatique. Dès lors, puissance et souveraineté ont chacune un rôle important à jouer, mais en s'insérant dans des cadres tout à fait distincts. La séparation de la puissance et de la souveraineté, du fait et du droit, paraît indispensable pour qui porte l'objectif d'évaluer l'« état de l'État », de jauger l'éventuelle « crise de l'État », cela n'étant possible qu'à condition de s'autoriser à étudier le problème de la puissance factuelle. Lorsqu'un auteur propose d'« étudier la souveraineté "au concret" »[4], vraisemblablement

[1] E. Jouannet, « Du droit des gens au droit international », in D. Alland, S. Rials, dir., *Dictionnaire de la culture juridique*, Lamy-Puf, coll. Quadrige-dicos poche, 2003, p. 467.

[2] M. Hauriou, *Principes de droit public à l'usage des étudiants en licence et en doctorat ès sciences politiques*, 2e éd., Librairie du Recueil Sirey, 1916, p. 11.

[3] *Ibid.*, p. 12.

[4] S. Saurugger, « Théoriser l'État dans l'Union européenne ou la souveraineté au concret », *Jus Politicum* 2012, n° 8, p. 1.

cherche-t-il à s'intéresser à la puissance telle qu'ici entendue. Pareillement, qui décrit les étapes progressives de l'affirmation de la souveraineté (consolidation par rapport aux seigneurs féodaux, émancipation par rapport à la Papauté etc.)[1] retrace davantage les différents moments du développement de la puissance et donc de l'émergence de l'État, la souveraineté n'apparaissant qu'ensuite, en conséquence de ces progrès. « J'appelle "puissance", écrivait Raymond Aron, la capacité d'une unité politique d'imposer sa volonté aux autres unités »[2] ; et Weber d'en faire la « chance de voir triompher […] sa propre volonté contre la résistance d'autrui »[3]. La puissance est ainsi une caractéristique empiriquement mesurable, en même temps que fluctuante et, à l'ère de l'internet et des entreprises multinationales, de plus en plus fragile. Et, contrairement à la souveraineté, elle n'est pas le propre de l'État, un individu, une société commerciale ou une organisation non gouvernementale pouvant s'avérer très puissant(e).

La souveraineté, appartenant au monde juridique, n'en est pas moins elle aussi interrogée par certains changements actuels ; mais ceux-ci ne peuvent être que des changements relevant du droit. En effet, une prérogative juridique existe dans son ordre juridique indépendamment des faits et, en particulier, indépendamment de son effectivité et de son efficacité. Ainsi des lois parfaitement désuètes demeurent-elles toujours « en vigueur » et valides simplement parce qu'elles n'ont jamais été abrogées suivant les formes requises et malgré le fait qu'elles soient totalement ignorées du public et par personne respectées. Si la souveraineté est un droit subjectif de commander, que ce droit ne produise *de facto* nul effet ne change rien à son existence dans l'ordre juridique. En revanche, les conséquences d'une souveraineté fantôme pourraient être terribles pour la puissance et, si l'État venait à être emporté, alors la souveraineté s'éteindrait, comme les droits d'une personne disparaissent avec la mort puisqu'ils ne peuvent se maintenir sans titulaire. En soi, la souveraineté est principalement impactée par le développement du droit supra-national, qu'il soit régional (par exemple l'Union européenne) ou international, puisque celui-ci repose sur des abandons volontaires de compétences au profit des institutions supra-étatiques et que ces abandons peuvent s'analyser tels des abandons de portions de souveraineté.

[1] A. TRUYOL Y SERRA, « Souveraineté », *Arch. phil. droit* 1990, p. 316 ; également L. BAL, *Le mythe de la souveraineté en droit international – La souveraineté des États à l'épreuve des mutations de l'ordre juridique international*, th., Université de Strasbourg, 2012, p. 31.

[2] R. ARON, *Paix et guerre entre les nations*, Calmann-Lévy, 1962, p. 58.

[3] M. WEBER, *Économie et société*, t. I (1922), Plon, 1965, chap. I, § 16.

Il convient, avant de définir plus finement la souveraineté, de s'opposer aux analyses qui conduisent à faire de celle-ci un fait ou à la nier en réduisant l'État à un pur phénomène factuel.

35. ***Le rejet de la thèse du fait-souveraineté de Duguit.*** L'auteur qui s'est le plus fermement opposé à l'idée de souveraineté, ainsi qu'à celle de caractérisation de l'État par la souveraineté — et donc par le droit —, est sans conteste Duguit. Ce dernier soit « ni[ait] purement et simplement la souveraineté »[1], soit « affirm[ait] que la souveraineté est un simple fait »[2], ce qui revient très exactement à la nier. Il défendait la théorie dite « de la force » selon laquelle seule la force des individus et des organes qui mettent en œuvre concrètement la puissance serait à observer parce qu'elle serait le témoignage de la « différenciation des gouvernants et des gouvernés », c'est-à-dire des origines foncièrement factuelles de l'étaticité. Il écrivait : « Les gouvernants ont toujours été, sont et seront toujours les plus forts en fait. Le fait simple et irréductible, c'est la possibilité pour quelques-uns de donner aux autres des ordres sanctionnés par une contrainte matérielle ; [...] c'est la force des plus forts dominant la faiblesse des plus faibles »[3]. Seulement est-il permis de considérer, d'une part, qu'effectivement la différenciation des gouvernants et des gouvernés est un signe de l'État, mais aussi, d'autre part, que cela emporte des conséquences juridiques, spécialement l'affirmation d'une prérogative cadre appelée « souveraineté ». Pourtant, au sens de la théorie duguiste, il serait erroné et même dangereux de transporter ainsi l'analyse sur le terrain du droit. Pour le maître bordelais, il ne serait que possible de relever empiriquement le fait que la volonté des gouvernants s'impose aux gouvernés et d'en tirer les conséquences quant à la question de l'État. La puissance ne serait que le fruit de la différenciation entre forts et faibles, si bien que « ceux qui détiennent la puissance détiennent une puissance de fait et non pas une puissance de droit. [...] Ils n'ont pas le droit de formuler des ordres »[4]. Et d'afficher très explicitement : « L'État n'est pas une personne souveraine ; le concept de souveraineté est un concept sans valeur et sans réalité »[5].

[1] L. DUGUIT, *Traité de droit constitutionnel – Tome premier : La règle de droit, le problème de l'État*, 3e éd., De Boccard, 1927, p. 553.
[2] *Ibid.*, p. 546.
[3] *Ibid.*, p. 38.
[4] *Ibid.*, p. 640.
[5] *Ibid.*, p. 631.

Duguit précisait sa pensée en ces termes :

> *De même qu'on ne peut démontrer que l'autonomie de l'individu est un droit, de même on ne peut davantage démontrer que la souveraineté de l'État est un droit. Le droit ne peut s'expliquer que par l'intervention d'une volonté supérieure. Si la souveraineté est une volonté supérieure à l'individu, elle peut lui conférer un droit ; mais il faut une volonté supérieure à la souveraineté pour que celle-ci soit un droit ; or, par définition même, il n'y a pas sur la terre de volonté supérieure à la souveraineté. Celle-ci ne peut donc être un droit que par la décision d'une volonté supraterrestre. C'est revenir aux conceptions théocratiques tout à fait étrangères à toute recherche scientifique.*[1]

Le paradoxe est que Duguit, *in fine*, faisait dépendre la valeur de tous les actes des gouvernants de leur conformité à une obscure « règle de droit » correspondant à la « solidarité sociale » et qui, surtout, apparaît telle une résurgence de jusnaturalisme de la part d'un auteur qui dénonçait si ouvertement le caractère jusnaturaliste de la souveraineté. En tout cas, il n'est pas possible, à moins de sombrer dans une *regressio in finitum*, de considérer que toute donnée juridique suppose un acte préalable d'une autorité juridique supérieure car, alors, cela signifierait que les Constitutions historiquement premières (celles qui font suite à des révolutions ou à des apparitions d'États) ne seraient nullement des actes juridiques ; et, par suite, les actes découlant de ces Constitutions ne le seraient pas non plus etc. Or la réalité est que tous appartiennent tant au fait qu'au droit — toute donnée juridique pouvant par ailleurs s'analyser comme une donnée factuelle car un devoir être peut être ou ne pas être —. Le droit jaillit le plus souvent du droit, mais il arrive qu'il jaillisse uniquement du fait ; qui ne l'admet pas ne peut expliquer l'apparition du droit autant que de l'État, si ce n'est en recourant à une inconséquente métaphysique[2]. La barrière devant la souveraineté qu'invoquait Duguit n'en est donc pas une, à moins de nier purement et simplement l'existence du droit dans son ensemble. Et face au glorieux penseur du droit public qui soutenait que « rien ne permet à une volonté humaine, même collective, d'être supérieure à une autre »[3], il faut répondre qu'un droit peut le permettre et que la souveraineté, justement, est un tel droit.

[1] *Ibid.*, p. 545.
[2] Kelsen et sa « *Grundnorm* » sont évidemment les premiers concernés.
[3] L. DUGUIT, *Traité de droit constitutionnel – Tome premier : La règle de droit, le problème de l'État*, 3e éd., De Boccard, 1927, p. 552.

Ces propositions par trop iconoclastes et logiquement très peu reprises ont valu à Duguit de se voir qualifié d' « anarchiste de la chaire » par Hauriou[1], tandis qu'Adhémar Esmein assimilait sa doctrine à une « chimère anarchiste »[2]. Carré de Malberg, pour sa part, estimait que « la théorie de la force, au lieu de reconnaître et de mettre en évidence le fondement stable de l'État et de sa puissance, ouvre au contraire la voie à l'action révolutionnaire permanente et à la révolte légitime contre la domination étatique »[3] ; en effet, ladite théorie implique que chacun puisse chercher à devenir le plus fort et donc à « devenir État ». Quant à Jellinek, il jugeait que cette théorie aboutit à détruire l'État bien plutôt qu'à lui donner consistance, car ne le caractériser que factuellement, sans y voir également une structure ou une institution juridique spécifique, ne permet guère de le séparer des formes plus anciennes et moins élaborées de régulation sociale[4]. En aucun cas l'idée d'État ne saurait-elle être réduite à la recherche d'une simple force matérielle. L'essence de l'État, c'est d'être intimement lié au droit, tout particulièrement en raison de la souveraineté qui est sa spécifité première.

Pourtant, malgré les critiques, Duguit est demeuré fidèle à ce qui peut sans doute être qualifié d' « idéologie » plus que de « doctrine scientifique » jusqu'au terme de son œuvre. En 1927, il écrivait toujours :

> *Je n'insiste pas ; la critique ne me touche pas. Je maintiens donc plus que jamais ma négation du pouvoir politique conçu comme droit subjectif, ma négation de la souveraineté [...]. Je la maintiens d'autant plus qu'on est dans l'impossibilité d'expliquer comment a pu naître ce droit ; dans l'impossibilité de résoudre le problème de l'origine de la souveraineté, problème que l'on discute depuis des siècles sans arriver à une solution satisfaisante*

[1] M. Hauriou, *Les idées de M. Duguit*, Privat (Toulouse), 1911 (cité par R. Carré de Malberg, *Contribution à la théorie générale de l'État spécialement d'après les données fournies par le droit constitutionnel français*, t. I, Librairie du Recueil Sirey, 1920, p. 203).

[2] A. Esmein, *Éléments de droit constitutionnel*, 5e éd., Larose, 1896, p. 40 (cité par R. Carré de Malberg, *Contribution à la théorie générale de l'État spécialement d'après les données fournies par le droit constitutionnel français*, t. I, Librairie du Recueil Sirey, 1920, p. 203).

[3] R. Carré de Malberg, *Contribution à la théorie générale de l'État spécialement d'après les données fournies par le droit constitutionnel français*, t. I, Librairie du Recueil Sirey, 1920, p. 198.

[4] G. Jellinek, *L'État moderne et son droit – Première partie : Doctrine générale de l'État*, trad. G. Fardis, Fontemoing, 1904, p. 313 (cité par R. Carré de Malberg, *Contribution à la théorie générale de l'État spécialement d'après les données fournies par le droit constitutionnel français*, t. I, Librairie du Recueil Sirey, 1920, p. 198).

et que l'on discutera éternellement sans résultat, parce qu'il est insoluble.[1]

Cette « idéologie » est certainement excessive et il est heureux, pour reprendre une formule des *Pastorales* de Jurieu, qu'il y ait « dans chaque État une autorité qui n'a pas besoin d'avoir raison pour valider ses actes »[2]. Et si cette autorité n'a pas besoin d' « avoir raison », c'est parce qu'elle est souveraine et parce que, dans le monde du droit, nul n'a raison ou tort, en tout cas dans le sens entendu par Duguit. Aussi l'auteur de ces lignes, pas plus que Duguit, n'insistera-t-il. L'illustre professeur bordelais a certainement visé aussi juste avec sa théorie du service public que maladroitement avec sa théorie de l'État-fait.

Avant d'entamer l'exercice de définition de la souveraineté, prérogative juridique propre à l'État, il reste à souligner combien cette notion est aujourd'hui, malgré les contestations de l'École duguiste, devenue « mythique » au sein de la doctrine *jus*-publiciste.

36. ***Le caractère « mythique » de la souveraineté.*** Chez les penseurs de l'État, la souveraineté occupe la position la plus cardinale ; elle est incontestablement le concept clé de la définition de l'État, à tel point qu'elle semble être devenue « mythique » aux yeux de la plupart de ces auteurs. Certainement Duguit l'a-t-il vigoureusement dénoncée, mais rares sont ceux qui ont suivi le promoteur de l'École du service public dans cette voie et, aujourd'hui, il n'est guère d'ouvrage juridique consacré à l'État qui ne place pas la souveraineté au cœur de la réflexion. À l'extérieur des facultés de droit, « souveraineté » est aussi un mot très usité dans le monde de l'action et du commentaire politiques. Il compte parmi ces termes d'essence juridique allègrement entrés dans le langage courant, si bien que chacun, du journaliste au citoyen ordinaire, l'utilise fréquemment et sans grandes précautions. On observe que, depuis le milieu du XXe s., il n'y a plus eu, en France, de véritable discussion doctrinale autour de la souveraineté[3]. Or, dans l'absolu, son succès a contribué à en faire une notion excessivement polysémique et, donc, à lui interdire d'appartenir à quelque vocabulaire scientifique.

[1] L. DUGUIT, *Traité de droit constitutionnel – Tome premier : La règle de droit, le problème de l'État*, 3e éd., De Boccard, 1927, p. 551.

[2] Cité par R. CARRÉ DE MALBERG, *Contribution à la théorie générale de l'État spécialement d'après les données fournies par le droit constitutionnel français*, t. I, Librairie du Recueil Sirey, 1920, p. 204.

[3] O. BEAUD, « Préface », in C. SCHMITT, Théorie de la Constitution, Puf, coll. Léviathan, 1992.

La souveraineté, autant que l'État d'ailleurs, est donc « mythique ». Un mythe peut se comprendre comme un processus de symbolisation linguistique, agissant sur la formation et l'expression de la pensée. Souvent, il s'agit d'un objet de croyance auquel il est possible d'adhérer ou de ne pas adhérer. L'idée de dogme n'est alors pas loin et il est tentant d'évoquer le « dogme de la souveraineté ». Mais Jacques Ellul retenait que « le mythe n'est ni une légende ni une fioriture imaginative, mais bien un moyen intellectuel rigoureux pour exprimer de façon discursive une réalité que l'on ne saisit pas directement. [...] Le mythe est une tentative de saisie et de maîtrise du réel »[1]. Suivant cette dernière acception, la souveraineté aurait tout du mythe puisque, si elle ne possède rien en commun avec la mythologie grecque ou égyptienne, elle permet, en revanche, au sens de Jacques Ellul, d'exprimer en un mot cette réalité juridique complexe et originale qu'est l'État. Cependant, le mythe tend à déformer la réalité ; or la souveraineté n'est pas une déformation de la réalité juridique de l'État, elle est cette réalité juridique même. Il ne paraît pas justifié de retenir que « la souveraineté sert à interpréter, former et déformer la réalité sociale en vue d'en faire une image qui n'est pas celle du réel »[2], car la seule réalité qui puisse être en cause avec la souveraineté est la réalité juridique de l'État. La souveraineté n'est pas davantage un « concept pour analyser des données sociales »[3] ; elle est une donnée sociale en tant que telle, en tant que donnée juridique, et elle existe réellement dans le droit, non seulement dans l'esprit et sous la plume des commentateurs. Un auteur parlait, dans les années 1920, de la souveraineté comme d' « un écran qui voile la réalité », ajoutant qu' « il faut donc s'en débarrasser si l'on veut voir clair »[4]. Pourtant, c'est justement la souveraineté, alliée à la personnalité, qui permet de voir clairement qui est juridiquement l'État et de quelle manière il se distingue des structures politiques non étatiques. En définitive, s'il est loisible de parler de « mythe de la souveraineté » afin de souligner combien la notion

[1] J. ELLUL, « Recherche sur la conception de la souveraineté dans la Rome primitive », in *Mélanges Georges Burdeau*, LGDJ, 1977, p. 265 (cité par L. BAL, *Le mythe de la souveraineté en droit international – La souveraineté des États à l'épreuve des mutations de l'ordre juridique international*, th., Université de Strasbourg, 2012, p. 17).

[2] L. BAL, *Le mythe de la souveraineté en droit international – La souveraineté des États à l'épreuve des mutations de l'ordre juridique international*, th., Université de Strasbourg, 2012, p. 18.

[3] *Ibid.*, p. 19.

[4] N. POLITIS, « Le problème des limitations de la souveraineté et la théorie de l'abus des droits dans les rapports internationaux », *RCADI* 1925, vol. 6, p. 10 (cité par L. BAL, *Le mythe de la souveraineté en droit international – La souveraineté des États à l'épreuve des mutations de l'ordre juridique international*, th., Université de Strasbourg, 2012, p. 19).

est aujourd'hui profondément ancrée dans la psyché *jus*-politique collective, combien certains en font un usage qui confine presque au fétichisme, peut-être est-il excessif d'aller jusqu'à y consacrer une thèse *ad hoc*[1], car la souveraineté reste, principalement, bien davantage qu'un mythe. Et tout l'enjeu est de chercher à diminuer le caractère mythique de la souveraineté et à renforcer sa positivité juridique.

Enfin, la souveraineté est tout particulièrement assimilable à un mythe en raison de son caractère incertain ; l'imprécision sémantique entourant le terme « souveraineté » participe largement de ce caractère mythique. Ledit terme constituerait « une ligne imaginaire telle que l'équateur : tout a un certain sens avant, tout a un certain sens après »[2] ; mais encore faudrait-il être en mesure d'identifier et de borner ces sens opposés. On souligne que la souveraineté a déjà été « abordée dans tous ses aspects et sous tous les angles »[3], ce qui n'implique guère qu'un signifié un et univoque soit forcément attaché au signifiant « souveraineté », bien au contraire. Le concept est employé afin de désigner de nombreuses situations politiques ou juridiques relatives soit à la légitimité du pouvoir, soit à l'exercice de certaines prérogatives, soit à la définition de l'État[4]. Sont évoquées aussi bien la souveraineté de l'État que celles du roi, de la nation, du peuple, du législateur et du constituant. Aussi importe-il de savamment préciser le sens du mot ici retenu.

En ce titre second, il s'agira, à nouveau, d'en passer par une part de stipulation et de ne pas accueillir en bloc soit l'acception la plus classique[5], soit celle qui découle d'une réflexion relative au fédéralisme[6], soit l'une ou l'autre proposition plus originale et, donc, marginale en termes de force doctrinale[7]. Deux choix importants quant à la signification de la souveraineté peuvent dès à présent être exposés : d'une part, elle ne se comprend que juridiquement ; d'autre part, elle ne se comprend qu'étatiquement. Est *ab*

[1] Réf. à L. BAL, *Le mythe de la souveraineté en droit international – La souveraineté des États à l'épreuve des mutations de l'ordre juridique international*, th., Université de Strasbourg, 2012.

[2] J.-P. COLIN, « Variations sur la souveraineté », *Annuaire Français de Relations Internationales* 2009, vol. X, p. 3.

[3] S. SAURUGGER, « Théoriser l'État dans l'Union européenne ou la souveraineté au concret », *Jus Politicum* 2012, n° 8, p. 1.

[4] É. MAULIN, « Souveraineté », in D. ALLAND, S. RIALS, dir., *Dictionnaire de la culture juridique*, Lamy-Puf, coll. Quadrige-dicos poche, 2003, p. 1434.

[5] *Cf.* O. BEAUD, « Le souverain », *Pouvoirs* 1993, n° 67, p. 33 s.

[6] *Cf.* O. BEAUD, *Théorie de la fédération*, 2e éd., Puf, coll. Léviathan, 2009.

[7] *Cf.* D. HELD, « Law of States, Law of Peoples: Three Models of Sovereignty », Legal Theory 2002, p. 1 s.

initio exclue toute présentation de la souveraineté en tant que simple fait et toute conception de la souveraineté non intimement reliée à l'État. La souveraineté est connue de l'État et seulement de l'État ; et elle se définit (*chapitre premier*) et s'exprime (*chapitre second*) par le droit et uniquement par le droit.

Chapitre 1

La définition de la souveraineté par le droit

37. ***L'évolution historique de la notion de souveraineté.*** Peut-être est-ce la majuscule initiale d'« État » qui explicite le mieux l'idée de souveraineté de l'État. Il faut néanmoins rechercher davantage d'explications, d'autant que ce « É » renvoie tout autant à la puissance qu'à la souveraineté étatique ; or toutes deux ne doivent pas être confondues. Carré de Malberg remarquait que, très vite, la souveraineté en est venue à s'identifier avec la puissance, si bien que des générations de *jus*-publicistes ont utilisé alternativement et indistinctement « puissance » et « souveraineté »[1]. Qu'il soit rappelé combien, en ces pages, ces termes sont rigoureusement particularisés. La souveraineté est la force juridique absolue, totale. Elle est, plus précisément, un droit : le droit, propre à l'État, de produire le droit et, plus encore, de produire, directement ou indirectement, tout le droit. C'est donc une méta-prérogative juridique, un droit au droit, un monopole sur le droit. Grâce à cette prérogative, l'État peut commander et dominer légitimement et totalement du seul fait qu'il est État, ce droit étant octroyé automatiquement à toute personne étatique. La souveraineté ainsi appréhendée correspond à la « norme fondamentale » au sens de Kelsen, soit la norme qui surplombe et valide l'ensemble des règles constitutives de l'ordre juridique, des règles constitutionnelles aux règles de plus bas niveau dans la hiérarchie des normes.

Dans un premier temps, il est permis de retenir la description fournie par le Professeur Olivier Beaud : « La souveraineté est la forme historique prise par l'organisation juridique du pouvoir, et c'est cette forme particulière qui distingue l'État des autres puissances »[2]. L'essentiel est bien que la souveraineté soit qualifiée de « signe distinctif de l'État »[3]. Mais il convient, tout d'abord, de mesurer le caractère « historique » de la souveraineté, en tant que phénomène juridique et en tant qu'élément lexical. Or il est

[1] R. CARRÉ DE MALBERG, *Contribution à la théorie générale de l'État spécialement d'après les données fournies par le droit constitutionnel français*, t. I, Librairie du Recueil Sirey, 1920, p. 75.

[2] O. BEAUD, *La puissance de l'État*, Puf, coll. Léviathan, 1994, p. 15.

[3] J. CHEVALLIER, *L'État*, 2e éd., Dalloz, coll. Connaissance du droit, 2011, p. 27.

remarquable que, pour certains, le phénomène aurait largement précédé le mot tandis que, pour d'autres, le mot aurait existé très avant le phénomène. La souveraineté, telle qu'elle doit être conçue à l'époque contemporaine, est le fruit d'une histoire longue et mouvementée au cours de laquelle on lui a attribué des formes très diverses et parfois antagonistes. En tout cas ne fait-il aucun doute que, ainsi que le notait Jellinek, la souveraineté n'appartient pas aux catégories absolues mais aux catégories historiques[1]. « L'invention de la souveraineté »[2] est une grande et difficile question, le concept étant loin d'avoir toujours désigné l' « indépendance fondamentale de l'État »[3]. De plus, le mot et le phénomène « souveraineté » sont apparus antérieurement au mot et au phénomène « État ». Historiquement, État et souveraineté ne seraient donc pas totalement liés[4].

Duguit enseignait que le terme « souveraineté » serait apparu au Moyen Âge, tandis que l'outil juridique qu'il désigne aurait été forgé bien plus tôt par les romains[5]. Et de citer Ulpien distinguant *imperium* et *potestas*[6]. Il ne semble toutefois pas que ces expressions puissent être envisagées comme les ancêtres de la souveraineté ; elles sont davantage ceux de la puissance, c'est-à-dire de la force factuelle de l'État. Cependant, Duguit observait que l'empereur, « par l'évolution naturelles des choses », s'est vu reconnaître petit à petit « un droit, composé de l'*imperium* et de la *potestas*, dont il [était] personnellement titulaire à raison de sa qualité même. Ce ne sera plus un droit qu'il exerce par délégation du peuple, mais un droit qui lui appartient en propre »[7]. Il s'agit effectivement, derrière cette description, de la souveraineté telle qu'elle est présentement entendue. Et de préciser que cette évolution a été accomplie au IIIe s., sous la coupe de

[1] G. JELLINEK, *L'État moderne et son droit – Première partie : Doctrine générale de l'État*, trad. G. Fardis, Fontemoing, 1904, p. 126 (cité par R. CARRÉ DE MALBERG, *Contribution à la théorie générale de l'État spécialement d'après les données fournies par le droit constitutionnel français*, t. I, Librairie du Recueil Sirey, 1920, p. 73).

[2] Réf. à A. RIGAUDIÈRE, « L'invention de la souveraineté », *Pouvoirs* 1993, n° 67, p. 5 s.

[3] M. HAURIOU, *Précis élémentaire de droit constitutionnel*, 2e éd., Librairie du Recueil Sirey, 1930, p. 16.

[4] F. POIRAT, « État », in D. ALLAND, S. RIALS, dir., *Dictionnaire de la culture juridique*, Lamy-Puf, coll. Quadrige-dicos poche, 2003, p. 646 ; *contra*, J. BAGUENARD, *L'État – Une aventure incertaine*, Ellipses, coll. Mise au point, 1998, p. 64.

[5] L. DUGUIT, *Traité de droit constitutionnel – Tome premier : La règle de droit, le problème de l'État*, 3e éd., De Boccard, 1927, p. 595.

[6] ULPIEN, in *Digeste*, 529, I, 4 (cité par L. DUGUIT, *Traité de droit constitutionnel – Tome premier : La règle de droit, le problème de l'État*, 3e éd., De Boccard, 1927, p. 595).

[7] L. DUGUIT, *Traité de droit constitutionnel – Tome premier : La règle de droit, le problème de l'État*, 3e éd., De Boccard, 1927, p. 595.

Dioclétien et Constantin[1]. Si Duguit disait vrai, alors la souveraineté existerait bien depuis les temps de l'Empire romain[2]. D'aucuns font même remonter jusqu'à Aristote l'intuition de la souveraineté[3].

D'autres fixent l'origine de la souveraineté, prise en tant que phénomène juridique, dans la doctrine italienne du XIIIe s.[4], alors que le Professeur Olivier Beaud voit en ce siècle celui de l'apparition du terme « souveraineté » parmi la littérature juridique[5], le phénomène ne s'étant développé, selon lui, que beaucoup plus tard[6]. À cette époque, « souverain » désignait, loin d'une prérogative propre à l'État — qui restait d'ailleurs à bâtir —, le fait qu' « un baron [puisse], dans sa sphère de domination, décider indépendamment d'autrui »[7]. Cela valait aussi à l'égard du roi qui, dans l' « État patrimonial », était titulaire d'un droit absolu de propriété sur son royaume. L'idée générale de souveraineté était déjà parfaitement présente : est souverain le pouvoir qui ne connaît pas de pouvoir supérieur, qui ne dépend d'aucun autre. Seulement ce pouvoir suprême ne pouvait-il pas encore être celui de l'État et était-il très morcelé, par exemple avec les baronnies et les seigneuries. Et le lecteur ne sera pas surpris d'apprendre que « souverain » était alors très souvent utilisé afin de désigner Dieu ou les autorités séculières[8] — quoique le seigneur féodal n'était pas un prince qui commande en vertu d'un droit supérieur mais plutôt un contractant qui attend de ses vassaux l'exécution des obligations auxquelles ils ont consenti en contrepartie de celles qu'il a lui-même contractées —. Au XIIIe s., la souveraineté pouvait revêtir également un sens plus technique et juridique : elle renvoyait alors à la compétence permettant de trancher en dernier ressort les litiges[9]. En ce sens, demeurait la vision d'un pouvoir sans supérieur ; tout

[1] *Ibid.*

[2] *Cf.* J. GAUDEMET, « *Dominium-Imperium* – Les deux pouvoirs dans la Rome ancienne », *Droits* 1995, n° 22, p. 3 s.

[3] S. GOYARD-FABRE, *L'État, figure moderne de la politique*, Armand Colin, coll. Cursus-philosophie, 1999, p. 23 (« Aristote avait reconnu que la Cité [...] se caractérisait par "la suprême puissance" qu'y exerçait le commandement »).

[4] P. MAYER, « L'État et le droit international privé », *Droits* 1992, n° 16, p. 34.

[5] O. BEAUD, *La puissance de l'État*, Puf, coll. Léviathan, 1994, p. 38.

[6] *Ibid.*, p. 42.

[7] H. QUARITSCH, *Souveränität – Entstehung und Entwicklung des Begriffs in Frankreich und Deutschland vom 13 Jh. Bis 1806*, Duncker u. Humblot (Berlin), 1986, p. 33 (cité par O. BEAUD, *La puissance de l'État*, Puf, coll. Léviathan, 1994, p. 38).

[8] *Ibid.*, p. 13 (cité par O. BEAUD, *La puissance de l'État*, Puf, coll. Léviathan, 1994, p. 38).

[9] *Ibid.*, p. 33 (cité par O. BEAUD, *La puissance de l'État*, Puf, coll. Léviathan, 1994, p. 39). Dans l'Usage d'Orlenois du milieu du XIIIe s. qui règlemente la répartition des attributions juridictionnelles entre le Roi et les barons, la justice royale rend le jugement ultime car « li

comme cela était le cas lorsque les Parlements revendiquaient le titre de « cours souveraines ». Étaient ainsi envisagées une souveraineté judiciaire et une souveraineté législative, mais nulle souveraineté étatique. Au XIVe s., étaient distribués des « droits de souveraineté », lesquels s'opposaient frontalement à l'idée d'une souveraineté une et indivisible. La souveraineté se conjuguait au pluriel, se divisait ; elle n'était pas la souveraineté telle que la connaîtra l'État moderne. Le phénomène souveraineté a donc existé avant le mot « souveraineté », lequel, longtemps, a désigné autre chose que ledit phénomène qui, au Moyen-Âge, avait d'ailleurs peu ou prou disparu. Le signifié du terme devait forcément s'accommoder d'un système politique et juridique radicalement différent du système contemporain ou de celui spécifique à l'Empire romain.

Les théoriciens de la souveraineté s'accordent pour attribuer à Jean Bodin et à ses *Six livres de la République*, publiés en 1576, la paternité de la conception moderne — ou actuelle — de la souveraineté[1]. Ils associent, par conséquent, la souveraineté à l'État moderne et vice-versa[2]. « Parce que, notait Bodin, il n'y a ni jurisconsulte ni philosophe qui l'ait définie [...], il est besoin de former la définition de Souveraineté car c'est le point principal et le plus nécessaire d'être entendu au traité de la République »[3]. La souveraineté (moderne) aurait donc une origine française ; mais elle s'est très vite exportée dans toute l'Europe, ainsi que le soulignait Hauriou[4]. Au XVIe s., lorsqu'écrivait Bodin, la royauté française cherchait, par tout moyen, à établir son indépendance par rapport « au Saint-Siège et au Saint-Empire »[5], c'est-à-dire par rapport, d'une part, aux royaumes ou principautés étrangères et, d'autre part, à la Papauté. Il s'agissait aussi d'asseoir la domination sur les pouvoirs locaux d'essence féodale et seigneuriale. C'est pourquoi était affirmé : « Le roi de France est empereur en son royaume », aphorisme qui peut se traduire par « le roi de France est souverain en son

rois est souverains, si doit estre sa corz souveraine » (cité par O. BEAUD, *La puissance de l'État*, Puf, coll. Léviathan, 1994, p. 39).

1 Par exemple, O. BEAUD, « La République de Bodin ou la naissance de la souveraineté moderne ou étatique », in Ch. BEHRENDT, F. BOUHON, *Introduction à la théorie générale de l'État – Recueil de textes*, Larcier (Bruxelles), coll. Faculté de droit de l'Université de Liège, 2009, p. 48 s.

2 A. RIGAUDIÈRE, « L'invention de la souveraineté », *Pouvoirs* 1993, n° 67, p. 5 ; F. FARDELLA, « Le dogme de la souveraineté de l'État – Un bilan », *Arch. phil. droit* 1997, p. 116.

3 J. BODIN, *Les six livres de la République*, 1576, L. I, chap. 8 (cité par S. GOYARD-FABRE, *L'État, figure moderne de la politique*, Armand Colin, coll. Cursus-philosophie, 1999, p. 23).

4 M. HAURIOU, *Précis élémentaire de droit constitutionnel*, 2e éd., Librairie du Recueil Sirey, 1930, p. 16.

5 *Ibid.*

royaume ». Bodin a théorisé l'idée selon laquelle la souveraineté serait une « *summa potestas* » (puissance suprême), le caractère d'un pouvoir qui ne relève de nul autre et qui n'en tolère aucun en concours avec lui. Ce n'est qu'alors qu'elle apparaît tel un absolu insusceptible de supporter quelques démembrements ou quelques variations d'intensité. Aussi, depuis lors, n'a-t-on plus qualifié de « souverain » que le seul pouvoir royal[1], que le seul pouvoir étatique.

Tandis que Bodin et ses successeurs n'envisageaient guère qu'une souveraineté d'organe (est souverain le Roi ou le Prince)[2], et tandis que Domat, très en retard sur la question, n'imaginait de souveraineté que personnelle[3], Loyseau a été l'un des premiers à viser *in nominem* « l'État » : « La souveraineté est le comble de puissance où il faut que l'État s'établisse ; [elle] consiste en puissance absolue, c'est-à-dire parfaite et entière de tout point, et par conséquent elle est sans degré de supériorité car celui qui a un supérieur ne peut être suprême et souverain »[4]. La souveraineté ne saurait caractériser un personnage ou même une fonction dans l'État, ne saurait être un attribut organique et encore moins un attribut personnel ; elle caractérise l'être abstrait et collectif qu'est l'État ou la « République ». Mais longtemps, à la suite de Bodin, on a estimé que le souverain était le monarque. La souveraineté était donc une qualité attachée à la fonction en vertu de laquelle le Roi possédait les plus hauts pouvoirs à l'intérieur de l'État, si bien qu'il apparaissait « placé au-dessus de l'État »[5]. Cela a été clairement exprimé au cours des derniers siècles de l'Ancien

[1] É. PASQUIER, *Les Recherches de la France*, 1596, L. VIII, chap. 19 (« voilà comme d'un mot de souverain qui s'employait communément à tous ceux qui tenaient les premières dignités de la France, mais non absolument, nous l'avons avec le temps accommodé au premier de tous les premiers, je veux dire au roi » (cité par R. CARRÉ DE MALBERG, *Contribution à la théorie générale de l'État spécialement d'après les données fournies par le droit constitutionnel français*, t. I, Librairie du Recueil Sirey, 1920, p. 74)).

[2] Par exemple, P. CARDIN LE BRET, *De la souveraineté du Roi*, 1632.

[3] J. DOMAT, *Œuvres*, 1713 (« la première place où réside la force de l'autorité d'un souverain dans son État et d'où elle doit se répandre dans tout le corps est sa personne même » (cité par L. DUGUIT, *Traité de droit constitutionnel – Tome premier : La règle de droit, le problème de l'État*, 3e éd., De Boccard, 1927, p. 598)).

[4] Ch. LOYSEAU, *Traité des seigneuries*, 1608 (cité par R. CARRÉ DE MALBERG, *Contribution à la théorie générale de l'État spécialement d'après les données fournies par le droit constitutionnel français*, t. I, Librairie du Recueil Sirey, 1920, p. 74).

[5] R. CARRÉ DE MALBERG, *Contribution à la théorie générale de l'État spécialement d'après les données fournies par le droit constitutionnel français*, t. I, Librairie du Recueil Sirey, 1920, p. 78.

Régime avec les thèses du droit divin[1]. Durant les XVIe, XVIIe et XVIIIe s., la théorie de l'État patrimonial, dans lequel le Roi est considéré comme le propriétaire de la souveraineté, primait et les principes du droit romain relatifs à la propriété s'appliquaient[2]. Le Roi était titulaire de la souveraineté de la même façon que de ses autres droits patrimoniaux[3]. Mais cette propriété demeurait particulière ; et elle était non seulement une et indivisible mais encore inaliénable et absolue, de telle sorte qu'un édit, en 1770, avait consacré le fait qu'aucune restriction ne pouvait s'envisager en vertu de quelques droits ou libertés fondamentaux ou naturels[4].

Tant que l'État et le Roi ont tendu à se confondre, le problème du titulaire de la souveraineté n'en était pas véritablement un ; il l'est devenu au fur et à mesure que le Roi a été contesté par le peuple. Ont alors été opposées les théories théocratiques et les théories démocratiques de la souveraineté, ces dernières finissant par l'emporter avec la Révolution. En 1789, les idées d'État patrimonial et de souveraineté du monarque se sont définitivement effondrées, mais celle de souveraineté de l'État ne s'est pas imposée pour autant, concurrencée qu'elle était par celles de souveraineté de la nation et de souveraineté du peuple. La souveraineté a continué d'être envisagée à travers le prisme de la propriété, seul le titulaire de cette propriété changeant puisque la nation, considérée comme personne juridique, s'en est vue investie.

En outre, du point de vue du droit international public, l'idée — à défaut du concept — de souveraineté s'est certainement imposée à l'occasion de la paix et des traités de Westphalie, signés en 1648[5]. Matériellement, l'avènement de la souveraineté a pu se traduire par le monopole d'émission de la monnaie acquis par Philippe VI au XIVe s., par l'instauration d'un impôt permanent au XVe s. ou encore par l'interdiction

[1] Celles-ci seront formulées très explicitement, peu de temps avant la Révolution, par l'édit de décembre 1770 dans lequel il est dit par Louis XV : « Nous ne tenons notre couronne que de Dieu ».

[2] L. DUGUIT, *Traité de droit constitutionnel – Tome premier : La règle de droit, le problème de l'État*, 3e éd., De Boccard, 1927, p. 598.

[3] Loyseau écrivait ainsi que « le roi est parfait seigneur, ayant en perfection la propriété de toute puissance publique. Aussi il y a longtemps que tous les rois de la terre ont prescrit la propriété de la puissance souveraine » (Ch. LOYSEAU, *Traité des offices*, 1610, L. II, chap. 2 (cité par L. DUGUIT, *Traité de droit constitutionnel – Tome premier : La règle de droit, le problème de l'État*, 3e éd., De Boccard, 1927, p. 597)).

[4] L. DUGUIT, *Traité de droit constitutionnel – Tome premier : La règle de droit, le problème de l'État*, 3e éd., De Boccard, 1927, p. 600.

[5] *Cf.* L. GROSS, « The Peace of Westphalia, 1648-1948 », *AJIL* 1948, vol. 42, p. 20 s.

des guerres privées sous le règne de Saint-Louis[1]. Surtout, il s'est concrétisé par l'octroi du monopole de la législation, de la justice et du droit en général.

En résumé, tout État est nécessairement lié, d'une façon ou d'une autre, à la souveraineté, ce qui en fait la notion la plus fondamentale à l'égard de toute théorie de l'État et explique qu'elle soit sans aucun doute une « pierre d'angle qui résiste au temps »[2]. Depuis qu'elle est entrée dans l'ère de la modernité, la souveraineté a été pensée par la plupart des philosophes[3] et a revêtu successivement ou concomitamment trois significations principales et bien distinctes : elle a pu ainsi désigner tant le caractère suprême d'un pouvoir pleinement indépendant que l'ensemble des institutions jouissant de la puissance de l'État et que l'organe occupant, dans l'État, la position la plus élevée. Or ces sens restent tous en usage actuellement parmi la doctrine juridique publiciste. C'est pourquoi il convient de précisément spécifier les signifiés ici attachés à « souverain » et à « souveraineté ». Certes, le courant de pensée qui tend à faire des gouvernants eux-mêmes les titulaires de la souveraineté est désormais proche d'être abandonné et les grands auteurs du début du XXe s. ont affiné une conception de la souveraineté plus conforme à l'État de droit et à la personnalité juridique de l'État, mais la notion de « souveraineté » évolue aujourd'hui plus que jamais dans un cadre conceptuel et sémantique incertain et équivoque. Tel est trop souvent le sort des notions à succès.

38. ***La définition de la souveraineté : une méta-prérogative juridique accordant le « droit au droit » à l'État.*** Il est devenu impossible de trouver quelque théorie de l'État qui ferrait l'économie du recours au terme « souveraineté ». Celui-ci est au cœur de la « conception juridique de l'État »[4] et, donc, de la conception de l'État, que ce soit en France ou à l'étranger[5]. Et on observe que la Constitution consacre la souveraineté, si bien qu'elle ferait désormais partie de l' « identité constitutionnelle nationale »[6]. Toutefois, la Constitution française de 1958 ne comporte qu'à trois reprises le terme « souveraineté » ou l'un des dérivés de son champ

[1] A. RIGAUDIÈRE, « L'invention de la souveraineté », *Pouvoirs* 1993, n° 67, p. 15.

[2] Réf. à M. VIRALLY, « Une pierre d'angle qui résiste au temps : avatars et pérennité de l'idée de souveraineté », in R. BLACKHURST, dir., *Les relations internationales dans un monde en mutation*, Sijthoff (Amsterdam), 1977, p. 179 s.

[3] *Cf.* A. EBERHARDT, « La souveraineté chez Kant et Rousseau », *RRJ* 2003, p. 573 s.

[4] Réf. à X. S. COMBOTHECRA, *La conception juridique de l'État*, Librairie de la société du recueil général des lois et des arrêts, 1899.

[5] Par exemple, F. H. HINSLEY, *Sovereignty*, 2e éd., Cambridge University Press, 1986.

[6] B. DE WITTE, « Droit communautaire et valeurs constitutionnelles nationales », *Droits* 1991, n° 14, p. 90.

lexical et cela à chaque fois afin d'évoquer la « souveraineté nationale », non la souveraineté de l'État[1]. Il n'en demeure pas moins que la souveraineté paraît indispensable à quiconque souhaite comprendre et expliquer l'État et que Duguit semble avoir été le seul à considérer qu'il s'agirait là d'une « proposition d'ordre métaphysique »[2], « imaginaire, [qui] ne repose sur rien de réel, et [qui] ne peut s'expliquer ni par le droit divin, qui implique une croyance au surnaturel, ni par la volonté du peuple, hypothèse gratuite, indémontrée et indémontrable »[3]. La souveraineté est, au contraire, essentielle à tout chercheur qui aspire à définir l'État avec une précision suffisante pour pouvoir mettre en lumière son autonomie et le distinguer des structures socio-politiques non étatiques.

Seulement, il faut croire que la question de la souveraineté est « la plus épineuse du droit public »[4]. Comme le remarque un auteur, le thème est « inépuisable »[5] ; il se décline sous des formes diverses et multiples[6], si bien qu'il est difficile de ne pas qualifier la souveraineté de concept « flou », « vague » ou « indéterminé », en tout cas tant qu'il ne se donne à voir qu'*a priori*, loin de tout effort définitionnel. La « crise de la souveraineté », souvent évoquée à l'ère de la mondialisation du droit, à l'heure du droit international et du droit transnational, est en réalité autant une crise théorique de la notion qu'une crise de ses effets concrets[7]. On écrit, à raison, que la souveraineté est « plurielle, […] insaisissable, dynamique et évolutive »[8] ; et on recense douze significations juridiques attachées au signifiant[9], en particulier car chaque sous-discipline, à l'intérieur du droit public, cherche à comprendre d'une manière propre ce qu'est la

[1] Const. 4 oct. 1958, préambule, art. 3 et 4.

[2] L. DUGUIT, *Traité de droit constitutionnel – Tome deuxième : La théorie générale de l'État – Première partie : éléments, fonctions et organes de l'État*, 3e éd., De Boccard, 1928, p. 3.

[3] L. DUGUIT, *Traité de droit constitutionnel – Tome premier : La règle de droit, le problème de l'État*, 3e éd., De Boccard, 1927, p. IX.

[4] G. BURDEAU, *L'État* (1970), Le Seuil, coll. Points, 2009, p. 64.

[5] L. BAL, *Le mythe de la souveraineté en droit international – La souveraineté des États à l'épreuve des mutations de l'ordre juridique international*, th., Université de Strasbourg, 2012, p. 17.

[6] Par exemple, B. DE JOUVENEL, *De la souveraineté – À la recherche du bien politique*, Génin, coll. Bibliothèque de Médicis, 1955.

[7] *Cf.* B. CUBERTAFOND, « Souverainetés en crise ? », *RDP* 1989, p. 1273 s.

[8] K. BENYEKHLEF, *Une possible histoire de la norme – Les normativités émergentes de la mondialisation*, Thémis (Montréal), 2008, p. 59.

[9] W. P. NAGAN, C. HAMMER, « The Changing Character of Sovereignty in International Law and International Relations », *CJTL* 2004, vol. 43, p. 143 s. (cité par L. BAL, *Le mythe de la souveraineté en droit international – La souveraineté des États à l'épreuve des mutations de l'ordre juridique international*, th., Université de Strasbourg, 2012, p. 20).

souveraineté. Entre son appréhension par les internationalistes[1] et sa compréhension par la théorie décisionniste de Carl Schmitt — au sein de laquelle elle joue un rôle capital[2] —, il ne peut être qu'une gageure de trouver un parfait accord, même si des points de convergence existent. La souveraineté est donc à l'origine de nombreuses controverses théoriques et le présent ouvrage, en ce qu'il va ici encore recourir à une large part de stipulation, ne saurait éviter de participer du renforcement de la polysémie et de l'incertitude. Or il ne faut jamais se féliciter du caractère mouvant et relatif des mots, bien que certains y voient le signe d'une formidable capacité d'adaptation aux changements actuels du monde et des sociétés[3]. Afin de s'autoriser l'emploi d'un terme dont le sens est dans l'absolu indéterminé, il est indispensable de procéder à un effort intense de clarification, ce qui implique d'opérer des choix précis, de les expliquer sans emprunter aucun raccourci et d'accoler un — et un seul — signifié au signifiant « souveraineté ».

Il est fait souvent un usage politique[4] et parfois un usage économique de l'idée de souveraineté, perçue tel « un slogan ou un mot magique »[5], tel un « concept médiateur »[6]. Mais il est indispensable, au sein de travaux d'ordre juridique, de se concentrer sur le sens juridique des mots et des expressions et donc de comprendre juridiquement ce qu'est la souveraineté[7]. Il ne se trouve, en cela, guère de difficulté puisque « souveraineté » est un terme d'essence juridique qui existe principalement dans la sphère juridique et évoquer ailleurs la souveraineté n'est possible qu'à condition de faire

[1] Par exemple, M. VIRALLY, « Panorama du droit international contemporain – Cours général de droit international public », *RCADI* 1983, vol. 183, p. 79.

[2] *Cf.* C.-M. HERRERA, « Décisionnisme », in D. ALLAND, S. RIALS, dir., *Dictionnaire de la culture juridique*, Lamy-Puf, coll. Quadrige-dicos poche, 2003, p. 348.

[3] Par exemple, M. DELMAS-MARTY, « La grande complexité juridique du monde », in *Mélanges Gérard Timsit*, Bruylant (Bruxelles), 2004, p. 93 s.

[4] Le Professeur Olivier Beaud note que « la souveraineté se situe à l'intersection des deux discours du juridique et du politique » (O. BEAUD, *La puissance de l'État*, Puf, coll. Léviathan, 1994, p. 21). Il explique que, politiquement, la souveraineté doit se comprendre comme un « principe de légitimité » et, plus encore, comme une « idéologie » (*ibid.*).

[5] J. KRANZ, « La notion de souveraineté et le droit international », *Archiv des Völkerrechts* 1992, p. 441 (cité par L. BAL, *Le mythe de la souveraineté en droit international – La souveraineté des États à l'épreuve des mutations de l'ordre juridique international*, th., Université de Strasbourg, 2012, p. 19).

[6] K. BENYEKHLEF, « L'Internet : un reflet de la concurrence des souverainetés », *Lex Electronica* 2002, vol. 8, p. 2.

[7] Par exemple, A. TRUYOL Y SERRA, « Souveraineté », *Arch. phil. droit* 1990, p. 313 s.

œuvre métaphorique, ce qui est souvent périlleux[1]. Certainement a-t-on soutenu que la souveraineté serait le fruit de la philosophie politique et non du droit ou de la théorie du droit[2] ; Kelsen, le premier, ne voyait guère de nature juridique en elle et affirmait qu'elle serait un « masque vraiment tragique derrière lequel se cachent des revendications de pouvoir de différentes natures »[3]. Au contraire de l'éminent théoricien autrichien pour qui la souveraineté serait l'outil d'une idéologie politique, il faut approcher celle-ci en tant que notion juridique objective nécessaire à la compréhension juridique de l'État et de son particularisme ontologique, en tant que concept explicatif créé par et utilisé par la science *jus*-publiciste, mais aussi par le droit constitutionnel positif. Selon certains, l'autonomie méthodologique du droit interdirait au juriste observateur du monde juridique de trancher une question afférant à la souveraineté car cela reviendrait à intervenir dans le champ politique[4]. Certes, le juriste n'est en aucune façon autorisé à trancher les problématiques politiques — ainsi que Kelsen l'a admirablement démontré avec sa distinction de la science juridique et de la politique juridique —, mais la souveraineté ne compte pas au nombre de celles-là. Elle est une prérogative juridique assurément très particulière, mais elle appartient entièrement au monde du droit positif et aucunement au monde de la politique, de la politique juridique ou du non-droit.

En effet, la souveraineté peut s'envisager, tout d'abord, de manière très générale, comme la concrétisation juridique du fait que l'État a « la capacité de se déterminer soi-même »[5], du fait qu' « il ne s'autorise que de lui-même, [qu']il constitue sa propre référence »[6]. Ensuite, la souveraineté se

[1] Georges Vedel, défendant la séparation de la science du droit et de la politique, observait que, « sur le terrain politique, c'est une autre affaire de ratifier la CED […]. Mais c'est sur le terrain juridique que nous nous plaçons. Et ce qu'il faut éviter, c'est précisément de transmuter un problème politique en problème juridique, ce qui est confondre les genres et déplacer les responsabilités » (G. VEDEL, « La querelle constitutionnelle de la CED (Le Monde, 15 juin 1954) », *Droits* 1992, n° 16, p. 115).

[2] *Cf.* O. BEAUD, « Souveraineté », in P. RAYNAUD, S. RIALS, dir., *Dictionnaire de philosophie politique*, Puf, coll. Quadrige dicos poche, 1996, p. 625 s.

[3] H. KELSEN, « Der Wandel des Souveränitätsbegriffes », in *Studi Filosoficogiuridici dedicati al Professor Giorgio del Vecchio*, t. II, Modène, 1931, p. 1 (cité par O. BEAUD, *La puissance de l'État*, Puf, coll. Léviathan, 1994, p. 19-20).

[4] H. KELSEN, *Théorie pure du droit*, 2e éd., trad. Ch. Eisenmann, Dalloz, 1962, p. 451.

[5] G. JELLINEK, *L'État moderne et son droit – Deuxième partie : Théorie juridique de l'État* (1911), trad. G. Fardis, Éditions Panthéon-Assas, coll. Les introuvables, 2005 (cité par J.-L. HALPÉRIN, « Jellinek Georg », in O. CAYLA, J.-L. HALPÉRIN, dir., *Dictionnaire des grandes œuvres juridiques*, Dalloz, 2008, p. 296).

[6] D. DE BÉCHILLON, *Qu'est-ce qu'une règle de droit ?*, Odile Jacob, 1997, p. 105 ; également O. BEAUD, « Le souverain », *Pouvoirs* 1993, n° 67, p. 33.

définit négativement par opposition à la puissance, laquelle appartient à l'ordre des faits et non à l'ordre du droit. Aussi n'est-il pas possible de retenir, à la suite de Carré de Malberg, que la souveraineté serait une « qualité » ou une « certaine façon d'être » de la puissance de l'État[1] ; il n'est pas davantage permis de proposer, avec les mots de Duguit, que la souveraineté serait « une volonté juridique doublée d'une puissance juridique »[2] — « puissance juridique » étant ici une *contradictio in adjecto* — ; et il n'est pas lieu d'invoquer quelque « puissance dite souveraine »[3] ou de voir dans la souveraineté quelque « degré de la puissance »[4]. Bien sûr, il est nécessaire de caractériser positivement la souveraineté, loin de se borner à retenir que la souveraineté de l'État n'est pas la puissance de l'État. En ce sens, Jellinek, après avoir regretté la « confusion de la puissance étatique avec la souveraineté »[5], distinguait judicieusement l'une et l'autre et retenait que la souveraineté est une « notion de nature purement formelle »[6]. Il serait donc très inconséquent de vouloir fournir une définition matérielle de la souveraineté, par exemple en identifiant la « souveraineté monétaire » ou la « souveraineté militaire ». Il convient plutôt de rechercher dans les formes, parmi les procédures et les compétences, les traits spécifiques de la souveraineté[7]. Surtout, il faut formuler rigoureusement le contenu et la portée de cette prérogative juridique appelée « souveraineté » car, sans cela, cette « notion à contenu variable »[8] demeurerait inutilisable ou, du moins, très malaisément utilisable.

« Souveraineté » dérive du latin médiéval « *superanus* », lui-même issu du latin classique « *superus* », termes signifiant « supérieur ». Or des théoriciens de la chose publique, Austin par exemple, ont vu justement dans

[1] R. CARRÉ DE MALBERG, *Contribution à la théorie générale de l'État spécialement d'après les données fournies par le droit constitutionnel français*, t. I, Librairie du Recueil Sirey, 1920, p. 70. *Cf.* également O. BEAUD, « La souveraineté dans la "Contribution à la théorie générale de l'État" de Carré de Malberg », *RDP* 1994, p. 1251 s.

[2] L. DUGUIT, *Traité de droit constitutionnel – Tome deuxième : La théorie générale de l'État – Première partie : Éléments, fonctions et organes de l'État*, 3e éd., De Boccard, 1928, p. 112.

[3] M. DE LA BIGNE DE VILLENEUVE, *Traité général de l'État : essai d'une théorie réaliste de droit politique*, Librairie du Recueil Sirey, 1929 (cité par G. LEGRAND, « La théorie de l'État », *Revue néo-scolastique de philosophie* 1931, p. 499).

[4] F. POIRAT, « État », in D. ALLAND, S. RIALS, dir., *Dictionnaire de la culture juridique*, Lamy-Puf, coll. Quadrige-dicos poche, 2003, p. 646.

[5] G. JELLINEK, *L'État moderne et son droit – Deuxième partie : Théorie juridique de l'État* (1911), trad. G. Fardis, Éditions Panthéon-Assas, coll. Les introuvables, 2005, p. 126.

[6] *Ibid.*

[7] O. BEAUD, *La puissance de l'État*, Puf, coll. Léviathan, 1994, p. 23.

[8] Réf. à Ch. PERELMAN, R. VANDER ELST, dir., *Les notions à contenu variable en droit*, Bruylant (Bruxelles), 1984.

la souveraineté une « relation de supériorité exercée par une volonté sur d'autres volontés »[1]. Aujourd'hui encore, quelques-uns retiennent qu'elle serait une simple « autorité supérieure »[2]. Pourtant, la souveraineté doit se comprendre non pas comme quelque-chose de supérieur mais comme quelque-chose de « suprême » ou, dit autrement, de « plus supérieur que tout autre ». Nul doute que les signifiés suivent souvent des chemins de traverse et que le recours à l'étymologie n'est pas toujours la source des meilleurs enseignements. Mieux vaut considérer que la souveraineté est la « *summa potestas* » théorisée par Bodin, qu'elle est « la puissance absolue et perpétuelle de la République »[3]. Mais il faut affiner cette définition car, juridiquement, l'idée de « puissance absolue et perpétuelle » n'est que peu heureuse.

La souveraineté, telle que comprise en ces pages, doit être approchée comme un droit subjectif de l'État, telle une méta-prérogative juridique — une norme juridique supérieure s'exprimant à travers des normes juridiques inférieures — qui lui confère le droit de réguler les activités de son peuple dans l'espace de son territoire en utilisant, de manière inconditionnée et unilatérale, le droit sous ses diverses formes. La souveraineté est ainsi une notion « à la fois fondatrice, créatrice et justificatrice du pouvoir [juridique] »[4]. Carré de Malberg retenait une définition proche de la présente — mis à part l'usage du terme « puissance » en lieu et place de « souveraineté » — lorsqu'il écrivait que la puissance-souveraineté est la « somme des droits de puissance active, soit intérieurs, soit extérieurs »[5]. Laband faisait de même en caractérisant l'État par son « droit propre de domination »[6]. Georges Burdeau, également, expliquait que, suivant son

[1] D. BARANGER, « Utilitarisme (utilitarisme classique et droit) », in D. ALLAND, S. RIALS, dir., *Dictionnaire de la culture juridique*, Lamy-Puf, coll. Quadrige-dicos poche, 2003, p. 1502.

[2] F. POIRAT, « État », in D. ALLAND, S. RIALS, dir., *Dictionnaire de la culture juridique*, Lamy-Puf, coll. Quadrige-dicos poche, 2003, p. 646.

[3] J. BODIN, *Les six livres de la République*, 1576, L. I, chap. 8.

[4] A. RIGAUDIÈRE, « L'invention de la souveraineté », *Pouvoirs* 1993, n° 67, p. 5.

[5] R. CARRÉ DE MALBERG, *Contribution à la théorie générale de l'État spécialement d'après les données fournies par le droit constitutionnel français*, t. I, Librairie du Recueil Sirey, 1920, p. 71.

[6] P. LABAND, *Droit public de l'Empire allemand*, t. I, trad. G. Gandilhon, Giard et Brière, 1901, p. 112 (cité par R. CARRÉ DE MALBERG, *Contribution à la théorie générale de l'État spécialement d'après les données fournies par le droit constitutionnel français*, t. I, Librairie du Recueil Sirey, 1920, p. 151). Seulement, Laband ne désignait guère la souveraineté lorsqu'il parlait de « droit propre de domination ». Au contraire, il rejetait la caractérisation de l'État par la souveraineté, laquelle ne serait qu'un certain état de la puissance, et proposait de spécifier l'État par son « droit propre de domination ». Ce dernier serait le trait caractéristique de l'État, alors qu'il existerait de nombreux États non souverains.

« acception la plus courante », la souveraineté est un « ensemble de prérogatives déterminées qui n'appartiennent à nul autre et dont la jouissance place celui qui en est investi au degré suprême de la domination »[1]. La souveraineté est donc le « droit de commander à tous les citoyens »[2]. Suivant le mot de Charles Eisenmann, elle consiste en une « discrétionnalité totale »[3]. Plus encore, elle est un monopole sur le droit : de son fait, nulle autre personne que l'État n'a la possibilité d'édicter ou de valider des règles juridiques ou d'édifier des institutions juridiques, à moins de bénéficier d'une habilitation étatique exprès. Il s'agit donc d'un droit exclusif ; seul l'État jouît de pareille prérogative, de telle sorte que la souveraineté est bien un signe discriminant de l'étaticité.

« Le souverain, enseignait encore Georges Burdeau, c'est celui qui décide quelle est l'idée de droit valable dans la collectivité »[4]. Au sein de l'État, toutes les personnes physiques et morales sont soumises à l'autorité juridique ultime de celui-ci[5], car la souveraineté en fait une « autorité qui naturellement ne reconnaît point d'[autorité] supérieure ou concurrente »[6]. La souveraineté est un « pouvoir qui n'émane pas de quelque pouvoir supérieur »[7] et qui est originaire et non dérivé comme peut l'être celui de la collectivité territoriale. De plus, la souveraineté confère à l'État une compétence générale — ou « omnicompétence »[8] —, là où les autres groupements géo-sociaux n'ont généralement qu'une compétence limitée, poursuivant des buts précisément identifiés et qui bornent le cadre de leurs actions. Juridiquement, l'État peut tout tout le temps, dans les dimensions géo-sociales que constituent son territoire et son peuple, lesquels sont donc les limites de la validité de la souveraineté comme de toutes les normes étatiques[9]. Matériellement, rien ne peut échapper par nature à la compétence

[1] G. BURDEAU, *L'État* (1970), Le Seuil, coll. Points, 2009, p. 64.
[2] A. ESMEIN, *Éléments de droit constitutionnel*, 5e éd., Larose, 1896, p. 1 (cité par R. CARRÉ DE MALBERG, *Contribution à la théorie générale de l'État spécialement d'après les données fournies par le droit constitutionnel français*, t. I, Librairie du Recueil Sirey, 1920, p. 71).
[3] Ch. EISENMANN, *Cours de droit administratif*, t. II, LGDJ, 1983, p. 672 (cité par J. BAGUENARD, *L'État – Une aventure incertaine*, Ellipses, coll. Mise au point, 1998, p. 64).
[4] G. BURDEAU, *L'État* (1970), Le Seuil, coll. Points, 2009, p. 64. L'auteur précisait : « Il faut en réalité entendre cette emprise du souverain sur l'idée de droit en ce sens que celle-ci ne peut être valable et efficace sans son acceptation » (*ibid.*, p. 65).
[5] S. RIALS, *Destin du fédéralisme*, LGDJ, 1986, p. 8 (cité par O. BEAUD, *La puissance de l'État*, Puf, coll. Léviathan, 1994, p. 10).
[6] A. ESMEIN, *Éléments de droit constitutionnel*, 8e éd., Librairie du Recueil Sirey, 1927, p. 1.
[7] A. PASSERIN D'ENTRÈVES, *La notion d'État*, Librairie du Recueil Sirey, 1969, p. 128.
[8] O. BEAUD, *La puissance de l'État*, Puf, coll. Léviathan, 1994, p. 148.
[9] *Ibid.*, p. 129 (« le territoire localise la souveraineté comme la population l'humanise »).

de l'État qui jouît d'une « capacité générale avec blanc-seing »[1] et est autorisé à se saisir de tout problème nouveau. Mais cela ne signifie pas que, factuellement, l'État puisse également tout tout le temps car la souveraineté n'implique pas automatiquement la puissance, bien qu'elle participe de la puissance, notamment par un effet symbolique et psychologique. *In fine*, Hobbes avait bel et bien raison de qualifier la souveraineté d' « artifice »[2] ; comme toutes les constructions juridiques, elle n'est pas autre chose, même si elle emporte des conséquences concrètes tout à fait visibles.

Par suite, le lecteur s'interrogera à bon escient : comment la souveraineté peut-elle être juridique en soi si le droit découle de la souveraineté ? Et Georges Burdeau, suivi par de nombreux observateurs, d'avancer que cette dernière serait une « notion exclusivement politique » dès lors que « sa qualité est de ne dépendre d'aucun ordre juridique préétabli »[3]. Toutefois, l'un n'emporte pas mécaniquement l'autre. Certes, le droit n'existe pas avant la souveraineté ni avant l'État ; mais cela s'explique par le *fait* que la souveraineté est le niveau le plus élevé du *droit*, la prérogative juridique suprême qui renferme toutes les autres, la « norme fondamentale » ou « *Grundnorm* » en somme — car il en faut bien une, ou tout s'écroule —. Contre Kelsen et contre la « loi de Hume », il faut présumer que le droit dérive des faits — non de quelque supposition nécessaire à la logique ou de quelque origine métaphysique — et que les normes juridiques temporellement et substantiellement premières sont forcément des faits-droit. Ainsi le droit et la souveraineté apparaissent-ils avec l'État et, plus particulièrement, avec sa puissance qu'ils sont chargés de mettre en œuvre normativement. Rousseau définissait la souveraineté comme un pouvoir absolu émané du pacte social[4] : le « contrat » social est un fait à partir duquel émerge le droit sous la forme de la souveraineté. En quelque sorte, cette dernière est la forme primitive et première du droit. Lorsqu'on écrit que la souveraineté est « un fait : la puissance d'un homme ou d'une collectivité qui, maîtres de décider quant à l'avenir du groupe, sont par là les maîtres de tout l'ordonnancement juridique »[5], on confond donc la puissance factuelle et la souveraineté juridique, laquelle confère

[1] H. KRÜGER, *Allgemeine Staatslehre*, Kohlhammer (Stuttgart), 1966, p. 760 (cité par O. BEAUD, *La puissance de l'État*, Puf, coll. Léviathan, 1994, p. 146).
[2] Th. HOBBES, *Léviathan*, 1651 (cité par S. GOYARD-FABRE, *L'État, figure moderne de la politique*, Armand Colin, coll. Cursus-philosophie, 1999, p. 26).
[3] G. BURDEAU, *L'État* (1970), Le Seuil, coll. Points, 2009, p. 65.
[4] J.-J. ROUSSEAU, *Du contrat social*, 1762, L. II, chap. 3.
[5] G. BURDEAU, *L'État* (1970), Le Seuil, coll. Points, 2009, p. 65.

effectivement ladite maîtrise du droit mais n'est pas assimilable à la « puissance d'un homme ou d'une collectivité ».

La régulation étatique peut se démarquer des autres formes de régulation sociale grâce à cette légitimité particulière qui est celle que confèrent la souveraineté et le droit[1]. Des auteurs relient très directement souveraineté et légitimité[2], ce qui est pertinent à condition de considérer qu'il s'agit seulement de légitimité juridique. La souveraineté est ce qui fait de l'État le seul être moral capable de « revendique[r] avec succès le monopole de la contrainte physique légitime »[3]. Pour Marx, la violence, ou plutôt la possession des moyens de la violence, serait l'élément constitutif de toutes les formes de gouvernement[4] ; mais seule la violence de l'État peut être qualifiée de légitime, grâce à la « magie » de la souveraineté. Partant, l'État et le droit se démarquent des autres modes de régulation sociale par la contrainte objectivement légitime, la sanction objectivement légitime et la possibilité d'exécution forcée objectivement légitime. Ils s'en détachent également en raison de l'existence d'un rapport de subordination objectivement légitime entre l'auteur et les adressataires des normes[5].

Contrairement à l'approche de Bodin et Hobbes, selon laquelle le souverain, qui « tient sa puissance *Dei gratia*, c'est-à-dire de la faveur de Dieu »[6], doit « respecter le modèle de la loi divine »[7], la souveraineté telle qu'elle est comprise en ces lignes est une construction totalement humaine et un droit parfaitement absolu. Les normes et institutions produites par l'État n'ont, *a priori*, à se montrer respectueuses d'aucune règle supérieure, ni droit divin, ni droit naturel, ni droits de l'homme qui préexisteraient. L'État est juge de tous mais jugé par personne et surtout pas par quelque dieu effectif — le problème d'une volonté divine hypothétique étant tout autre : la souveraineté est aussi la pleine liberté de se soumettre à une telle volonté

[1] P. BOURETZ, « Souveraineté », in O. DUHAMEL, Y. MÉNY, dir., *Dictionnaire constitutionnel*, Puf, 1992, p. 989.
[2] P. ROSANVALLON, « La démocratie : esquisse d'une théorie générale – Cours au Collège de France (8/10) », L'Éloge du savoir, France culture, 2 mai 2013.
[3] M. WEBER, *Le savant et le politique* (1959), 10/18, coll. Bibliothèques, 2002.
[4] H. ARENDT, *La crise de la culture* (1968), trad. P. Lévy, dir., Gallimard, coll. Folio essais, 2011, p. 35.
[5] O. BEAUD, « La notion d'État », *Arch. phil. droit* 1990, p. 131.
[6] Th. HOBBES, *Léviathan*, 1651, chap. 23 (cité par Ch. BEHRENDT, F. BOUHON, *Introduction à la théorie générale de l'État – Recueil de textes*, Larcier (Bruxelles), coll. Faculté de droit de l'Université de Liège, 2009, p. 123).
[7] J. BODIN, *Les six livres de la République*, 1576, L. I, chap. 8 (cité par S. GOYARD-FABRE, *L'État, figure moderne de la politique*, Armand Colin, coll. Cursus-philosophie, 1999, p. 24).

divine hypothétique —[1]. À la suite de Jérémy Bentham ou François-Henry d'Aguessau, la souveraineté s'envisage en tant que seule disposition juridique à n'être limitée par aucune disposition juridique, c'est-à-dire illimitée. Mais cela ne rend nullement caduque l'analyse de Carl Schmitt selon laquelle « tous les concepts prégnants de la théorie moderne de l'État sont des concepts théologiques sécularisés »[2]. Il est vrai que la souveraineté, après avoir été le propre de Dieu à travers le concept ecclésial de *plenitudo potestatis*, s'est vue laïcisée en devenant le propre de l'État, lequel n'est en définitive que le Dieu terrestre à en croire Nietzsche[3] et à en croire la majuscule initiale qui l'affuble.

L'État peut librement et volontairement décider de soumettre ses organes, son gouvernement, à certains textes ou certains principes particuliers ; car la souveraineté comprend la faculté de déterminer les limites de sa propre compétence et le droit de s'autolimiter. L'État ne saurait être encadré *ab initio* par des règles juridiques d'application automatique ; en revanche, il peut être lié par des règles auxquelles il a adhéré volontairement, en réalisant un acte positif. Par conséquent, il n'est pas juste de retenir, avec Jellinek, que la souveraineté est « la négation de toute subordination de l'État à l'égard d'un autre pouvoir, la négation de toute limitation de l'État »[4], ou, avec Carré de Malberg, qu'elle « n'admet aucun autre [pouvoir] au-dessus de [l'État] »[5]. La souveraineté étatique est une méta-prérogative juridique qui, l'autorisant à tout juridiquement, l'autorise notamment à décider de se placer sous la tutelle de quelque autorité supérieure et extérieure, ce qui est fréquemment le cas en matière de droit international. Tous les États ou presque ont ainsi abandonné volontairement une part de leurs compétences.

Pareillement, la souveraineté ne fait pas de l'État une personne « absou[te] de la puissance des lois »[6] à l'identique du Prince de Bodin, car,

[1] E. H. KANTOROWICZ, *Mourir pour la patrie*, 2e éd., Fayard, coll. Les quarante piliers, 2004.

[2] C. SCHMITT, *Théologie politique*, 1922 (cité par S. GOYARD-FABRE, *L'État, figure moderne de la politique*, Armand Colin, coll. Cursus-philosophie, 1999, p. 24, p. 28).

[3] F. NIETZSCHE, *Ainsi parlait Zarathoustra* (1883), trad. H. Albert, Société du Mercure de France, 1903.

[4] G. JELLINEK, *L'État moderne et son droit – Deuxième partie : Théorie juridique de l'État* (1911), trad. G. Fardis, Éditions Panthéon-Assas, coll. Les introuvables, 2005, p. 140.

[5] R. CARRÉ DE MALBERG, *Contribution à la théorie générale de l'État spécialement d'après les données fournies par le droit constitutionnel français*, t. I, Librairie du Recueil Sirey, 1920, p. 70.

[6] J. BODIN, *Les six livres de la République*, 1576, L. I, chap. 8 (cité par Ch. BEHRENDT, F. BOUHON, *Introduction à la théorie générale de l'État – Recueil de textes*, Larcier (Bruxelles), coll. Faculté de droit de l'Université de Liège, 2009, p. 59).

en tant qu'État de droit, il n'y a qu'à l'instant le plus initial, lorsqu'aucun droit positif n'a encore été édicté en vertu de la souveraineté, que l'État est totalement libre. Hart, notamment, a sévèrement critiqué l'idée d'État hors du droit[1] ; l'État n'est pas moins que toute autre personne dans le droit, peu important qu'il en soit par ailleurs la source et la raison d'être. Cependant, à condition de respecter les procédures juridiques dont il est à l'origine et qui régissent son fonctionnement organique, il reste libre de modifier tout le droit qu'il a créé et, en ce sens, il est bien absous des lois. Cela concerne également les engagements et conventions interétatiques. Sur la scène supraétatique, la souveraineté fait de l'État l'autorité suprême entre toutes puisqu'il est libre d'accepter ou non que des institutions profitent d'une force juridique au moins équivalente à la sienne ; il peut parfaitement le refuser et demeurer seul juridiquement supérieur, les conséquences économiques et politiques que cela engendre étant une problématique non juridique. Dans le cadre des relations internationales, l'existence d'un « effet cliquet » serait une atteinte profonde à la souveraineté ; seulement, par définition, est-il impossible d'envisager pareil « effet cliquet » et un État peut-il modifier tout le droit tout le temps, à condition de respecter les conditions formelles stipulées dans les contrats conclus avec les autres États. Le fait d'être contractuellement engagé n'implique nulle limitation de la souveraineté et, au contraire, témoigne de l'entière capacité juridique de l'État. Il est donc vrai que « la souveraineté est illimitée et non limitable »[2] ; tout dans l'État peut être limité en vertu de la souveraineté, sauf la souveraineté elle-même.

En outre, à l'inverse de la puissance et de la domination factuelle, la souveraineté, domination juridique, ne peut pas être impactée par la contestation et la désobéissance ; elle ne peut disparaître qu'à cause de la disparition de l'État lui-même et l'idée de degrés de souveraineté ne semble pas admissible. La contestation et la désobéissance sont des considérations d'ordre factuel et social qui n'influencent pas l'existence de la souveraineté, laquelle est une existence en droit, indépendante des faits. La souveraineté est peut-être « inséparable de l'illusion des hommes qui veulent régenter le monde »[3], mais elle ne dit rien de leur capacité réelle à régenter le monde. L'effectivité du droit est sans importance du point de vue de la validité du droit et il n'est pas possible de définir la souveraineté en tant que « puissance

[1] H. L. A. HART, *Le concept de droit*, trad. M. van de Kerchove, Publications des Facultés universitaires Saint-Louis (Bruxelles), 1994, p. 238.

[2] G. JELLINEK, *L'État moderne et son droit – Deuxième partie : Théorie juridique de l'État* (1911), trad. G. Fardis, Éditions Panthéon-Assas, coll. Les introuvables, 2005, p. 140.

[3] P. ROSANVALLON, « La démocratie : esquisse d'une théorie générale – Cours au Collège de France (5/10) », L'Éloge du savoir, France culture, 13 avr. 2013.

suprême de domination, c'est-à-dire puissance irrésistible »[1] ; par ces mots, seule la puissance de l'État est visée puisque c'est à elle, et seulement à elle, qu'il est permis de résister ou de vouloir résister. Partant, il n'est pas totalement impertinent de définir la souveraineté comme un « pouvoir de vouloir »[2] dès lors que, de son fait, l'État peut vouloir toute chose, la question de savoir s'il obtient ce qu'il veut intéressant, elle, le problème de la puissance et non celui de la souveraineté. Il n'est pas non plus permis d'associer la souveraineté au fait « que l'État ne connaisse aucune puissance supérieure à la sienne »[3] dès lors qu'il s'agit là aussi d'une considération factuelle, dès lors qu'il est envisageable que, dans l'ordre du droit, nul n'égale l'État alors que, dans l'ordre des faits, d'aucuns concurrenceraient l'État, *a fortiori* au XXIe s., temps de l'internet, des multinationales et des organisations non gouvernementales. Tandis que tout État a, par essence, une force juridique suprême, les niveaux de force factuelle varient sensiblement selon l'État en cause ; les États-Unis et l'Érythrée sont égaux juridiquement mais très inégaux factuellement. Il n'est pas possible d'interroger la « concurrence des souverainetés »[4] ; mieux vaut s'intéresser à la « concurrence des puissances ».

Enfin, il faut redire, avec Bodin[5], que la souveraineté est indispensable à l'État en même temps qu'elle lui est propre : il n'existe pas plus d'État sans souveraineté que de souveraineté sans État et l'idée de « nombreux États [auxquels] la souveraineté fait défaut » évoquée par Laband[6] ne saurait être reprise. L'auteur allemand, cité par Carré de Malberg, retenait qu'un État, « quoiqu'il ne soit pas un État souverain, doit être reconnu comme un État

[1] J. CHEVALLIER, *L'État*, 2e éd., Dalloz, coll. Connaissance du droit, 2011, p. 28.

[2] L. DUGUIT, *Traité de droit constitutionnel – Tome deuxième : La théorie générale de l'État – Première partie : Éléments, fonctions et organes de l'État*, 3e éd., De Boccard, 1928, p. 109.

[3] J. CHEVALLIER, *L'État*, 2e éd., Dalloz, coll. Connaissance du droit, 2011, p. 29.

[4] Réf. à K. BENYEKHLEF, « L'Internet : un reflet de la concurrence des souverainetés », *Lex Electronica* 2002, vol. 8, p. 1 s.

[5] J. BODIN, « Préface », in *Les six livres de la République*, 1576 (« tout ainsi que le navire n'est plus que bois sans forme de vaisseau quand la quille qui soutient les côtés, la proue et le tillac sont ôtés, ainsi la République sans puissance souveraine qui unit les membres et parties d'icelle, et tous les ménages et collèges en un corps, n'est plus République » (cité par S. GOYARD-FABRE, *L'État, figure moderne de la politique*, Armand Colin, coll. Cursus-philosophie, 1999, p. 24)).

[6] P. LABAND, *Droit public de l'Empire allemand*, t. I, trad. G. Gandilhon, Giard et Brière, 1901, p. 112 (cité par R. CARRÉ DE MALBERG, *Contribution à la théorie générale de l'État spécialement d'après les données fournies par le droit constitutionnel français*, t. I, Librairie du Recueil Sirey, 1920, p. 151).

véritable »[1]. En les présentes lignes, tout au contraire, est soutenu que le lien État-souveraineté est indéfectible[2]. De même, parler de « souveraineté de l'internet »[3] ou de toute autre chose non étatique est un abus de langage, au mieux une métaphore, tant la « souveraineté » en l'occurrence envisagée ne partage que peu de traits avec la souveraineté au sens premier et propre, soit la souveraineté qui s'attache aux États. Et il n'est pas davantage concevable de qualifier de « souverain » un organe ou, pire, un gouvernant[4]. Seul l'État en tant que personne juridique, en tant qu'ensemble unitaire, dispose de la souveraineté. Adhémar Esmein et Raymond Carré de Malberg distinguaient la « souveraineté de l'État » et la « souveraineté dans l'État »[5], quand Georges Burdeau affirmait que le souverain est soit « le roi », soit « une classe de la nation », soit « la nation tout entière »[6]. Rigoureusement, il n'y a qu'une seule et unique souveraineté : la souveraineté de l'État ; si bien qu'il faudrait toujours considérer que « souveraineté », sans complément de destination associé, désigne la souveraineté de l'État.

Surtout — mais un prochain paragraphe *ad hoc* sera consacré à cette difficulté —, il ne paraît pas loisible de considérer que le peuple ou la nation serait souverain(e) ; les expressions « souveraineté populaire » et « souveraineté nationale » sont, ici, à bannir et à remplacer par celles, par exemple, de « droits du peuple » et de « droits de la nation ». Reste, cependant, que le droit constitutionnel positif ne voit de souveraineté que nationale et ne se réfère à nulle souveraineté étatique[7]. Un auteur justifie cela par le fait que la Constitution serait un texte à portée interne quand la souveraineté aurait une portée principalement externe[8]. Mais cette explication semble à la fois insuffisante et inexacte. La vérité est simplement

[1] *Ibid.* (cité par R. CARRÉ DE MALBERG, *Contribution à la théorie générale de l'État spécialement d'après les données fournies par le droit constitutionnel français*, t. I, Librairie du Recueil Sirey, 1920, p. 151).

[2] En ce sens, M. Ch. TURGEON, « Une définition de l'État et de sa souveraineté », *RDP* 1899, p. 72 s.

[3] Par exemple, K. BENYEKHLEF, « L'Internet : un reflet de la concurrence des souverainetés », *Lex Electronica* 2002, vol. 8, p. 1 s.

[4] D. MINEUR, « De la souveraineté nationale à la volonté générale – L'évolution de Carré de Malberg, du projet positiviste au parti-pris démocratique », *Jus Politicum* 2012, n° 8, p. 4.

[5] A. ESMEIN, *Éléments de droit constitutionnel*, 5e éd., Larose, 1896, p. 1 ; R. CARRÉ DE MALBERG, *Contribution à la théorie générale de l'État spécialement d'après les données fournies par le droit constitutionnel français*, t. I, Librairie du Recueil Sirey, 1920, p. 71.

[6] G. BURDEAU, *L'État* (1970), Le Seuil, coll. Points, 2009, p. 64.

[7] Const. 4 oct. 1958, préambule, art. 3 et 4.

[8] E. JOUANNET, « De la personnalité et la souveraineté de l'État dans la Constitution de 1958 (théorie française de l'État et intégration européenne) », [en ligne] <cerdin.univ-paris1.fr>, 2003, p. 12.

que la notion en cause est aujourd'hui entourée d'un épais brouillard conceptuel et sémantique et que l'idée que se fait le constituant du signifié de « souveraineté » n'est pas identique à celle retenue au sein des présentes lignes où la souveraineté est envisagée comme une propriété juridique propre à l'État.

Gurvitch dissociait deux souverainetés : la « souveraineté juridique (primauté d'un ordre de droit sur un autre) » et la « souveraineté politique (monopole de contrainte inconditionnée de l'État) », ajoutant que « la combinaison des deux est la souveraineté absolue »[1]. Mais seule ladite souveraineté absolue est envisageable, car la souveraineté ne se décline pas, ne se découpe pas. Néanmoins, elle se caractérise par différentes qualités qu'il est possible de différencier, celles-ci ne correspondant en rien à quelque scission de la souveraineté et s'appliquant à la souveraineté en son entier — la première d'entre elles étant l'unité —. Il convient, à présent, de préciser la définition de la souveraineté en décrivant ses caractères particuliers.

39. ***Les caractères de la souveraineté : un droit unitaire, exclusif, indivisible, inaliénable et imprescriptible.*** Classiquement, depuis la Constitution révolutionnaire de 1791, il est reconnu que « la souveraineté est une, indivisible, inaliénable et imprescriptible »[2]. Ces propriétés singulières, qui peuvent être étendues afin de qualifier l'État ou la République, ne paraissent pas devoir être contestées ou modifiées, ni en tout ni en partie. Pourtant, elles le sont parfois.

Tout d'abord, la souveraineté est un droit exclusif. Sur un même territoire et à l'égard d'un même peuple, il ne peut y avoir qu'un seul État et qu'une seule souveraineté à l'œuvre. Quels que soient les organes ou les représentants qui agissent, ils le font toujours dans le cadre de la souveraineté et au nom de l'État, ou alors ils n'interviennent pas de façon juridique. Ensuite, la souveraineté est aussi, « comme le point en géométrie »[3], indivisible. « Tout ainsi, écrivait Bodin, qu'une couronne perd son nom si elle est ouverte ou qu'on arrache les fleurons, aussi la majesté souveraine perd sa grandeur si on y fait ouverture, pour empiéter quelque

[1] G. GURVITCH, *Éléments de sociologie juridique*, Aubier, 1940, p. 107.
[2] Const. 3 sept. 1791, tit. III, art. 1er.
[3] C. LE BRET, *De la souveraineté du roi*, 1632, L. I, chap. IX (cité par Ph. LAUVAUX, C. PIMENTEL, « Fonctions juridiques de l'État », in D. ALLAND, S. RIALS, dir., *Dictionnaire de la culture juridique*, Lamy-Puf, coll. Quadrige-dicos poche, 2003, p. 735).

endroit d'icelle »[1]. Il est impossible qu'un État divise sa souveraineté en deux ou plusieurs « parts de souveraineté ». La souveraineté est un absolu qui ne peut exister fragmenté. Dans cette hypothèse, la souveraineté ne répondrait plus à sa propre définition et, donc, disparaîtrait mécaniquement. À l'intérieur de l'État, nul homme, organe, collectivité, portion du peuple ou portion du territoire ne peut prétendre être doté d'un segment quelconque de la souveraineté. La Constitution de 1791 affirmait que « la souveraineté est [...] indivisible. [...] Aucune section du peuple ni aucun individu ne peut s'en attribuer l'exercice »[2]. Et ce caractère était déjà mis en exergue par Rousseau dans le *Contrat social* où le penseur genevois postulait qu'une volonté ne peut être en aucun cas divisée[3] ; si, présentement, la souveraineté est considérée comme un droit plus que comme une volonté, cela ne modifie guère la conclusion : le droit-souveraineté est strictement indivisible.

De cette indivisibilité de la souveraineté, on a parfois déduit l'incompatibilité entre l'étaticité et le fédéralisme ; et Duguit de rappeler la rigueur avec laquelle la Convention appliqua ce principe et comment les Girondins tombèrent, le 31 mai 1793, sous l'accusation de fédéralisme[4]. Pourtant, il ne semble guère difficile de justifier théoriquement la coexistence d'un État fédéral souverain et d'États fédérés non souverains ; mais, lorsque les États américains ou les cantons suisses sont déclarés souverains, soit chacun est un État et il n'existe pas d'État fédéral les chapeautant, soit il est fait un usage abusif du terme « souveraineté ». En tout cas n'est-il pas davantage de niveaux de souveraineté que de partages de la souveraineté. Duguit retenait que les communes, en France, disposent de « droits de puissance publique » et que « ces droits ne peuvent qu'être des portions détachées de la souveraineté »[5]. Pareille analyse n'apparaît guère satisfaisante : lorsqu'une commune ou un agent de police agit au moyen de « droits de puissance publique », ce n'est toujours que l'État qui intervient ; et tout État s'organise librement, y compris en distribuant des « droits de puissance publique » s'il le souhaite, ceux-ci ne devant pas se comprendre en tant que sections de souveraineté[6].

[1] J. BODIN, *Les six livres de la République*, 1576, L. I, chap. 10 (cité par S. GOYARD-FABRE, *L'État, figure moderne de la politique*, Armand Colin, coll. Cursus-philosophie, 1999, p. 25).
[2] Const. 3 sept. 1791, tit. III, art. 1er.
[3] J.-J. ROUSSEAU, *Du contrat social*, 1762, L. III, chap. 2.
[4] L. DUGUIT, *Traité de droit constitutionnel – Tome deuxième : La théorie générale de l'État – Première partie : Éléments, fonctions et organes de l'État*, 3e éd., De Boccard, 1928, p. 120.
[5] *Ibid.*
[6] Mais Duguit notait aussi que « la souveraineté étant indivisible, logiquement, sur un même territoire, une seule personne peut posséder des droits de puissance publique : l'État » (*ibid.*).

Il n'est pas non plus lieu de retenir que l'indivisibilité de la souveraineté impliquerait l' « unicité de son exercice »[1]. Au XVIe s., Bodin voyait dans l'indivisibilité de la souveraineté une barrière à toute séparation des pouvoirs : le pouvoir doit appartenir à une seule personne ou un seul organe « comme il doit y avoir un seul commandant dans un navire »[2] ; et d'ajouter que les États qui connaissent la séparation des pouvoirs ne seraient pas viables[3]. Après que Duguit a soutenu qu' « une conséquence logique de l'indivisibilité de la souveraineté est l'impossibilité de créer une séparation des pouvoirs »[4], aujourd'hui encore, des auteurs avancent que « l'idée législative est l'expression même de la souveraineté. La limiter par un ou plusieurs pouvoirs, c'est en réalité la détruire »[5]. Mais des pouvoirs séparés ne sont pas antithétiques par rapport à une souveraineté indivisible, cela parce qu'il faut distinguer la titularité et l'exercice du droit. Que ce soit un organe législatif, exécutif ou juridictionnel qui agisse, c'est toujours l'État qui est à l'œuvre ; comme un homme est un être unitaire et indivisible alors pourtant qu'il peut saisir des objets en se servant de sa main droite ou en se servant de sa main gauche. Il n'est donc guère de « distribution de l'exercice de la souveraineté »[6] par l'État. Les fonctions et les organes séparés sont les fonctions et les organes d'un État unitaire doté d'une souveraineté indivise. Que la personne étatique possède cinq ou dix organes, cinq ou dix bras, elle demeure une seule et même personne. Rousseau comparait étrangement la séparation des pouvoirs à un « homme composé de plusieurs corps, dont l'un aurait les yeux, l'autre les bras, l'autre les pieds »[7] ; mais l'État est un corps unique supportant tous ses organes.

La pensée politique libérale, avec Locke ou Montesquieu, opérait en ce sens une dissociation claire entre titularité de la souveraineté par l'État et mise en œuvre concrète de cette souveraineté par divers organes et autorités non souverains. La séparation des fonctions et la division des pouvoirs n'ont

[1] É. Maulin, « Souveraineté », in D. Alland, S. Rials, dir., *Dictionnaire de la culture juridique*, Lamy-Puf, coll. Quadrige-dicos poche, 2003, p. 1435.

[2] J. Bodin, *Les six livres de la République*, 1576, L. I, chap. 8 (cité par O. Beaud, *La puissance de l'État*, Puf, coll. Léviathan, 1994, p. 135).

[3] *Ibid.*, L. II, chap. 1 (cité par O. Beaud, *La puissance de l'État*, Puf, coll. Léviathan, 1994, p. 135).

[4] L. Duguit, *Traité de droit constitutionnel – Tome deuxième : La théorie générale de l'État – Première partie : Éléments, fonctions et organes de l'État*, 3e éd., De Boccard, 1928, p. 121.

[5] Ph. Lauvaux, C. Pimentel, « Fonctions juridiques de l'État », in D. Alland, S. Rials, dir., *Dictionnaire de la culture juridique*, Lamy-Puf, coll. Quadrige-dicos poche, 2003, p. 733.

[6] É. Maulin, « Souveraineté », in D. Alland, S. Rials, dir., *Dictionnaire de la culture juridique*, Lamy-Puf, coll. Quadrige-dicos poche, 2003, p. 1435.

[7] J.-J. Rousseau, *Du contrat social*, 1762, L. II, chap. 2.

jamais impliqué aucun morcellement de la souveraineté. Elles correspondent à de tout autres questions et sont sans influence sur l'état de la souveraineté. Bien au contraire, elles s'appuient sur la personnalité souveraine unitaire et indivisible de l'État et ne sont rendues possibles que par elle. En définitive, il ne se trouve donc guère de rapports entre la souveraineté et la séparation des pouvoirs[1] et la discussion est, en soi, peu porteuse. On observe que Montesquieu « distinguait des parties du pouvoir souverain »[2]. Il semble que ce soit là une erreur de lecture et que l'auteur de *L'esprit des lois* ne s'attardait guère sur la problématique de la souveraineté ; en tout cas n'envisageait-il en aucun instant de la diviser. De même, que Rousseau décrive une « souveraineté une et tout entière législative »[3] est ici de peu de poids car, derrière le terme « souveraineté », c'est bien plutôt d'une fonction de l'État que le philosophe traitait. Et il en va à l'identique lorsque ce dernier disait que « nos politiques ne pouvant diviser la souveraineté dans son principe la divisent dans son objet »[4]. Aussi est-il fort contestable que « les trois pouvoirs ne se sont construits que dans un débat, implicite et inavouable, autour de la question centrale de la souveraineté »[5]. À l'inverse, les réflexions relatives à la séparation des pouvoirs ont rarement emprunté le chemin de la souveraineté et, lorsqu'elles l'ont fait, elles n'ont pu que s'égarer tant séparation des pouvoirs et souveraineté se situent à des niveaux conceptuels et matériels totalement différents. Est à tout le moins contestable qu' « il y a trois souverains : l'un dans l'ordre législatif, le deuxième dans l'ordre exécutif, le troisième dans l'ordre judiciaire »[6]. Chaque organe met en œuvre une seule et même souveraineté, laquelle ne peut se rattacher qu'à l'État en tant que formation unitaire.

Enfin, Hauriou retenait, à l'instar de Gurvitch et avant lui, l'idée d'une « séparation entre la souveraineté politique et la souveraineté juridique »[7]. Il est préférable de comprendre la notion de souveraineté dans un sens strict, ce qui suppose qu'il ne soit qu'une souveraineté acceptable : la souveraineté juridique. L'illustre doyen de la Faculté de droit de Toulouse voyait dans la

[1] *Cf.* W. B. GWYN, *The meaning of the separation of powers*, Tulane University (Nouvelle Orléans), 1965.

[2] P. KAHN, *L'État*, Quintette, coll. Philosopher, 1989, p. 54.

[3] J.-J. ROUSSEAU, *Du contrat social*, 1762, L. II, chap. 6.

[4] *Ibid.*, L. I, chap. 2.

[5] Ph. LAUVAUX, C. PIMENTEL, « Fonctions juridiques de l'État », in D. ALLAND, S. RIALS, dir., *Dictionnaire de la culture juridique*, Lamy-Puf, coll. Quadrige-dicos poche, 2003, p. 733.

[6] L. DUGUIT, *Traité de droit constitutionnel – Tome deuxième : La théorie générale de l'État – Première partie : Éléments, fonctions et organes de l'État*, 3e éd., De Boccard, 1928, p. 123.

[7] M. HAURIOU, *Principes de droit public à l'usage des étudiants en licence et en doctorat ès sciences politiques*, 2e éd., Librairie du Recueil Sirey, 1916, p. 33.

« souveraineté politique » la « capacité de créer du droit »[1] ; il semble nécessaire de relier celle-ci à la « force vivante du droit établi »[2] qui est pourtant la « souveraineté juridique » au sens d'Hauriou — et qui est la puissance au sens de l'auteur de ces lignes —. La souveraineté ne se divise donc pas plus en pratique qu'en théorie, pas plus dans le droit constitutionnel positif que dans la pensée doctrinale.

Actuellement, on constate que « la remise en cause du sacro-saint critère de l'indivisibilité est entérinée » en raison de l'adhésion à « l'idée de partage de la souveraineté »[3] et que, « par son silence sur la question de la communautarisation des principes élémentaires du droit constitutionnel, le Constituant a logiquement approuvé le partage de sa souveraineté avec l'Union européenne »[4]. Or la souveraineté, par définition, ne peut souffrir quelque amputation que ce soit. Elle est une et indivise ou elle n'est pas. Ainsi, dans cette rapide description de la construction européenne, soit ce n'est pas de souveraineté dont il est question, soit il s'agit bien d'elle mais elle n'est pas véritablement partagée ou abandonnée, soit la conséquence de ces mutations est la disparition tant de la souveraineté que de l'État. Une ancienne ministre de la justice soutenait devant les députés français, à l'occasion d'un débat autour de l'avenir de l'Union européenne, qu'il serait « préférable, quand cela permet de mieux agir, que les États renoncent à une parcelle de souveraineté pour parvenir, dans le cadre européen, à une souveraineté moins théorique et plus efficace, à une souveraineté exercée en commun »[5]. Là est toute la difficulté : il y a un gouffre entre la théorie et la pratique ; mais, du point de vue théorique, qui est celui qui intéresse le présent propos, les idées de « parcelles de souveraineté » et de « souveraineté exercée en commun », de même que celle de « co-souveraineté franco-européenne »[6], ne sont pas admissibles. Déléguer, par un acte positif et volontaire, des compétences à une organisation interétatique doit se comprendre comme un pur acte de souveraineté et non comme un témoignage d'une quelconque dessouverainisation. Reste ensuite à savoir si les compétences cédées peuvent être à tout moment récupérées en

[1] *Ibid.* Gurvitch y percevait, lui, le « monopole de contrainte inconditionnée de l'État » (G. GURVITCH, *Éléments de sociologie juridique*, Aubier, 1940, p. 107).

[2] M. HAURIOU, *Principes de droit public à l'usage des étudiants en licence et en doctorat ès sciences politiques*, 2e éd., Librairie du Recueil Sirey, 1916, p. 33.

[3] A. HAQUET, « La (re)définition du principe de souveraineté », *Pouvoirs* 2000, n° 94, p. 142.

[4] *Ibid.*

[5] É. GUIGOU, JOAN, Débats, 2e séance du 24 nov. 1998, p. 9451 (cité par A. HAQUET, « La (re)définition du principe de souveraineté », *Pouvoirs* 2000, n° 94, p. 143).

[6] A. HAQUET, « La (re)définition du principe de souveraineté », *Pouvoirs* 2000, n° 94, p. 145.

se conformant à des procédures prévues à cet effet, ce qui paraît être une exigence fondamentale aux yeux de tout État — le problème des conséquences politiques et éventuellement économiques de pareil désengagement étant extérieur au droit —.

Un tel débat met en cause un autre caractère fondamental de la souveraineté : son inaliénabilité, laquelle signifie que l'État ne peut pas céder ou abandonner sa souveraineté, à l'identique de l'auteur d'une œuvre de l'esprit qui n'est pas libre d'aliéner ses droits moraux sur cette œuvre, lesquels y demeurent attachés *ad vitam æternam*, à moins qu'elle ne soit un jour détruite. La souveraineté est la seule prérogative juridique dont l'État n'a pas la maîtrise et qui s'impose à lui. Elle reste dans tous les cas amarrée à sa personne, sans possibilité de la détacher. En d'autres termes, l'État peut bien abdiquer sa souveraineté, mais, dans cette hypothèse, il abdiquerait tout son être et disparaîtrait — comme l'auteur qui brûlerait son œuvre entraînerait *ipso facto* la disparition de sa qualité d'auteur de l'œuvre —. Le cas n'est pas d'école et s'est déjà souvent produit. L'inaliénabilité de la souveraineté a été fondée, initialement, sur le modèle de l'inaliénabilité de la personne humaine : nul homme ne peut renoncer à sa liberté, à sa dignité et à ses droits fondamentaux. Seulement un homme peut-il normalement renoncer à certains droits subjectifs ou, du moins, à leur exercice, en les vendant par exemple. Mais il ne fait aucun doute que la souveraineté ne saurait être comparée aux droits patrimoniaux d'un individu ; l'analogie n'est permise que par rapport à ses droits et libertés fondamentaux — ou par rapport aux droits moraux des artistes —. La souveraineté est une méta-prérogative juridique indispensable dans la définition de l'État, si bien que, sans elle, il n'est pas ou plus d'État. Si l'État aliénait sa souveraineté, il s'aliénerait lui-même. La souveraineté est attachée à la personnalité juridique et pareille personnalité ne peut jamais être abandonnée. Sieyès retenait que la souveraineté est inaliénable car l'État ne peut contracter avec lui-même[1]. Il ne s'agirait donc pas d'une interdiction mais simplement d'une impossibilité logique.

La disposition de l'article 1er du titre III de la Constitution de 1791, selon laquelle « la souveraineté est inaliénable », est réapparue à l'article 25 de la Déclaration des droits de 1793, aux articles 17 et 18 de la Déclaration de l'an III et aux articles 1er et 18 de la Constitution de 1848. Mais, par la suite, les constituants n'ont plus recouru à cet adjectif et les Constitutions de

[1] E. SIEYÈS, *Qu'est-ce que le tiers-état ?*, 1789, chap. V (cité par É. MAULIN, « Souveraineté », in D. ALLAND, S. RIALS, dir., *Dictionnaire de la culture juridique*, Lamy-Puf, coll. Quadrige-dicos poche, 2003, p. 1436).

1946 et 1958 se contentent de reconnaître une souveraineté « indivisible ». Peut-être cela traduit-il l'inutilité de graver dans le marbre une évidence plus qu'une négation de l'inaliénabilité de la souveraineté ou qu'une indifférence à son égard[1]. Néanmoins, un auteur soutient que les derniers textes constitutionnels seraient marqués par « la volonté de renforcer l'internationalisme et le mouvement institutionnel international, [par] le désir de la France de permettre cette intégration et le dépassement de la souveraineté »[2]. Et de comparer l'inaliénabilité à un « verrou qui a sauté »[3]. Bodin exprimait ce principe aujourd'hui remis en cause en disant que « le Prince ne se peut lier les mains quand il le voudrait »[4].

Revient alors la problématique de la participation des États aux organisations internationales puisque, dans ce cadre, des normes externes semblent s'imposer aux États parties malgré leurs souverainetés respectives. Quand l'État concourt directement à la création du droit international, il n'est pas de difficulté puisqu'il est bien la source de ces normes et est libre de s'engager ou non. Il n'est pas davantage d'atteinte à la souveraineté lorsque l'État n'a contribué qu'indirectement à la genèse des normes, en construisant les institutions générant du droit dérivé. L'important est que l'État ait librement décidé de participer et qu'il soit en mesure de tout aussi librement mettre un terme à cette participation s'il le décide. Or qui dit observer la fin de l'inaliénabilité de la souveraineté étatique justifie cela par l'adoption d'engagements internationaux[5]. Cette dernière n'est absolument pas incompatible avec ladite inaliénabilité, laquelle n'est pas altérée par la souscription volontaire, par l'État, d'engagements juridiques quels qu'ils soient. En revanche, lorsque des normes s'imposent à un État qui pourtant s'y oppose, par exemple parce que la règle de la majorité et non celle de l'unanimité s'applique ou parce que des transferts de compétences inconditionnés ont été consentis, il n'est peut-être plus possible de considérer que la souveraineté demeure inaffectée. Si la réalité juridique de l'État peut

[1] À l'inverse, après la Révolution de 1789, sans doute semblait-il nécessaire de protester contre les doctrines antérieures qui, tout en proclamant la souveraineté du peuple, enseignaient que celui-ci pouvait abdiquer sa souveraineté au profit d'un ou plusieurs hommes en particulier.

[2] E. JOUANNET, « De la personnalité et la souveraineté de l'État dans la Constitution de 1958 (théorie française de l'État et intégration européenne) », [en ligne] <cerdin.univ-paris1.fr>, 2003, p. 24.

[3] *Ibid.*, p. 25.

[4] J. BODIN, *Les six livres de la République*, 1576, L. I, chap. 8 (cité par S. GOYARD-FABRE, *L'État, figure moderne de la politique*, Armand Colin, coll. Cursus-philosophie, 1999, p. 24).

[5] E. JOUANNET, « De la personnalité et la souveraineté de l'État dans la Constitution de 1958 (théorie française de l'État et intégration européenne) », [en ligne] <cerdin.univ-paris1.fr>, 2003, p. 25.

dès lors sembler discutable, il vaut mieux retenir que la convention initiale constitutive de l'organisation internationale, à laquelle l'État a librement consenti, comporte des clauses obligeant à se conformer aux diverses règles subséquemment élaborées dans le cadre de cette organisation, si bien que l'État, en définitive, a librement fait le choix de se conformer à des textes normatifs pouvant potentiellement lui déplaire. Nombre d'organisations internationales et l'Union européenne tout spécialement interrogent donc la réalité des États ; mais il faut croire que ce sont toujours des États, jouissant d'une souveraineté inaliénable, qui sont en cause et que les États nationaux n'ont pas été remplacés par des États régionaux et mondiaux. Il demeure vrai que « la souveraineté exclut suzeraineté et vassalité »[1] ; et il est incorrect d'affirmer que l'État « a le droit de transférer sa souveraineté »[2] puisque, dans cette hypothèse, il n'y aurait plus ni de souveraineté ni d'État. De plus, les compétences ne sont jamais transférées, comme le sont des droits de propriété ; elles sont seulement déléguées, de telle sorte que leur titulaire demeure l'État et ne devient pas l'organisation internationale. Cette dernière n'est ainsi qu'un organe de l'État qui, à l'instar des organes internes, exerce le droit sans en être le dépositaire.

La souveraineté, « perpétuelle et sempiternelle »[3], est enfin imprescriptible, cela pour les mêmes raisons que celles qui fondent son inaliénabilité. Elle est attachée à l'État sans interruption et sans limitation dans le temps. Duguit rappelait que les constituants de la fin du XVIIIe s. avaient expressément consacré l'imprescriptibilité de la souveraineté car ils souhaitaient rompre définitivement avec la conception de l'État patrimonial et avec la doctrine de certains jurisconsultes de l'Ancien Régime qui soutenaient que les rois de France avaient, par une longue possession, acquis par prescription la propriété de la puissance publique[4]. Et de citer Loyseau selon qui « il y a longtemps que tous les rois de la terre ont prescrit la propriété de la puissance souveraine »[5]. Au XXIe s., il ne semble guère utile

[1] *Ibid.* (cité par S. GOYARD-FABRE, *L'État, figure moderne de la politique*, Armand Colin, coll. Cursus-philosophie, 1999, p. 24).

[2] E. JOUANNET, « De la personnalité et la souveraineté de l'État dans la Constitution de 1958 (théorie française de l'État et intégration européenne) », [en ligne] <cerdin.univ-paris1.fr>, 2003, p. 26.

[3] J. BODIN, *Les six livres de la République*, 1576, L. I, chap. 8 (cité par S. GOYARD-FABRE, *L'État, figure moderne de la politique*, Armand Colin, coll. Cursus-philosophie, 1999, p. 24).

[4] L. DUGUIT, *Traité de droit constitutionnel – Tome deuxième : La théorie générale de l'État – Première partie : Éléments, fonctions et organes de l'État*, 3e éd., De Boccard, 1928, p. 125.

[5] Ch. LOYSEAU, *Traité des offices*, 1640, L. II, chap. 2 (cité par L. DUGUIT, *Traité de droit constitutionnel – Tome deuxième : La théorie générale de l'État – Première partie : Éléments, fonctions et organes de l'État*, 3e éd., De Boccard, 1928, p. 125).

de discuter plus avant le caractère évidemment imprescriptible de la souveraineté étatique. Certainement la continuité des services publics et de la puissance publique est-elle une conséquence ou un témoignage de la continuité de la souveraineté de l'État, laquelle n'est pas une autre que la souveraineté de l'État, principe cadre du droit international public.

Divers autres adjectifs pourraient se voir accolés à la souveraineté. Spécialement, celle-ci est « originaire », « suprême » ou encore « indépendante ». Mais ces qualificatifs sont largement sous-entendus dans le nom « souveraineté » et ne pourraient qu'être la source de lapalissades surabondantes. Il en va similairement de l'idée de souveraineté « absolue », c'est-à-dire de l'idée de souveraineté inconditionnelle, ne connaissant aucune limite et ne pouvant souffrir aucune limite. Pour Duguit, il résulterait de ce présupposé qu'il ne pourrait pas y avoir tout à la fois souveraineté de l'État et État de droit ; c'est un « dilemme irrésistible : ou bien l'État est souverain, et alors ne se déterminant jamais que par sa propre volonté il ne peut être soumis à une règle impérative qui le limite ; ou bien l'État est soumis à une règle impérative qui le limite, et alors il n'est pas souverain »[1]. Seulement est-ce le propre de la souveraineté que d'autoriser l'État à décider de tout encadrement qui affecterait les activités de ses organes, y compris par le truchement du droit interétatique, lequel n'est pas préjudiciable à la souveraineté mais est, au contraire, une forme de sa concrétisation. Maître du droit grâce à la souveraineté, l'État peut parfaitement générer, par ses organes, du droit applicable à ses organes et donc régissant leurs actes. Aussi longtemps que l'État s'autolimite, qu'il est la source directe ou indirecte — dans le cas des conventions internationales qui sont à l'origine du droit dérivé produit par les institutions internationales instituées — du droit qui borne et organise son action, il n'est pas possible de parler d'atteinte à la souveraineté tant se voit confirmé combien « il n'existe au-dessus de l'État souverain aucune puissance qui soit capable de le limiter juridiquement »[2]. L'État est souverain dès lors qu'il « se limite par la puissance de sa volonté »[3]. Carré de Malberg écrivait néanmoins que « la souveraineté est la puissance du degré le plus élevé mais cela ne signifie pas qu'elle soit un pouvoir illimité »[4]. Elle se définit pourtant bien telle une

[1] L. DUGUIT, *Traité de droit constitutionnel – Tome deuxième : La théorie générale de l'État – Première partie : Éléments, fonctions et organes de l'État*, 3e éd., De Boccard, 1928, p. 133.
[2] R. CARRÉ DE MALBERG, *Contribution à la théorie générale de l'État spécialement d'après les données fournies par le droit constitutionnel français*, t. I, Librairie du Recueil Sirey, 1920, p. 241.
[3] *Ibid.*, p. 242.
[4] *Ibid.*, p. 228.

prérogative absolue et illimitée et, dans un État de droit, ce n'est pas la souveraineté qui est encadrée par le droit mais les organes qui agissent au nom de l'État. Norme la plus élevée de l'ordre juridique, la souveraineté ne peut logiquement être sous la coupe d'aucune norme et être soumise à aucun régime juridique. Parce qu'il est souverain, l'État peut décider d'être État de droit ou non ; et il peut opérer le choix de passer du statut d'État de droit à celui de non-État de droit ou inversement.

Carré de Malberg soulignait encore qu' « il est indéniable que l'ordre juridique en vigueur ne lie pas seulement les sujets, mais aussi l'État. Sans doute, il ne les lie pas de la même façon : à la différence de ses sujets, l'État peut changer le droit existant. Mais, tant que ce droit subsiste, l'État ne peut le méconnaître, il ne peut exercer sa puissance que dans les formes et de la façon déterminées par l'organisation constitutionnelle préétablie ; et, de plus, il ne peut abroger le droit et l'organisation en vigueur qu'en créant de l'organisation et du droit nouveaux, qui continueront à limiter sa puissance »[1]. Ce qui est par ces mots décrit par le professeur strasbourgeois, ce n'est pas une souveraineté limitée mais bien une souveraineté absolue ; car « l'ordre juridique en vigueur » et « l'organisation constitutionnelle » dont il est question ont été établis parfaitement librement et arbitrairement par l'État, lequel a décidé tout aussi librement que ses organes devraient respecter le droit en vigueur et en premier lieu le droit constitutionnel. La grande différence entre un être souverain et un être non souverain est que le premier a le choix de se soumettre ou non (ou partiellement) à son droit. Et quand l'État décide de se soumettre à son droit, celui-ci s'applique à ses organes et non à sa souveraineté qui demeure toujours, par définition, un droit absolu. Dans ses *Lettres écrites de la montagne*, Rousseau notait : « Dans tout État il faut un souverain qui puisse tout. Il est de l'essence de la puissance souveraine de ne pouvoir être limitée : elle peut tout ou elle n'est rien »[2]. Le philosophe genevois visait juste ; et cela n'est aucunement contradictoire avec le fait que la souveraineté appartient au monde du droit.

Et la souveraineté est un droit absolu matériellement — l'État peut se saisir juridiquement de toute question et agir juridiquement en tous sens — mais non absolu en termes de cadre géo-social puisque, comme l'État, sa validité ne s'étend que sur un espace géographique et populaire précisément identifié. En ce sens, Hauriou parlait de « domaine limité de la

[1] *Ibid.*, p. 229.

[2] J.-J. ROUSSEAU, *Lettres écrites de la montagne*, 1764, partie II, lettre 7 (cité par R. CARRÉ DE MALBERG, *Contribution à la théorie générale de l'État spécialement d'après les données fournies par le droit constitutionnel français*, t. I, Librairie du Recueil Sirey, 1920, p. 230).

souveraineté »[1]. Cette dernière ne vaut bien entendu pas à l'égard de tous et partout ; elle est circonscrite par le peuple et par le territoire de l'État. Carré de Malberg disait la même chose en parlant de « souveraineté territoriale »[2], à laquelle il faudrait joindre une « souveraineté populaire ». La souveraineté ne peut s'envisager au-delà du « domaine de validité des normes constitutives » de l'État[3]. Ensuite, dans le cadre formé par ce territoire et par ce peuple, elle peut bien être qualifiée d' « absolue », spécialement car elle est exclusive et parce que les souverainetés de différents États ne peuvent en aucun instant se recouvrir : « Sur un seul et même territoire, un État seulement peut déployer sa puissance », écrivait Jellinek[4]. Le territoire et le peuple sont, à raison, considérés comme l'expression spatiale et populaire de la souveraineté. Ainsi attribue-t-on au territoire et au peuple les qualités de la souveraineté : ils sont uns, indivisibles, inaliénables et imprescriptibles[5].

Quant à la définition de la souveraineté, il faut encore distinguer deux aspects particuliers : l'aspect interne et l'aspect externe ; car cette méta-prérogative confère à l'État des droits s'exerçant, pour les uns, à l'intérieur des frontières et, pour les autres, vis-à-vis de l'extérieur, c'est-à-dire à l'égard des autres États.

40. ***Les aspects interne et externe de la souveraineté.*** Carré de Malberg, après avoir passé en revue les multiples sens qui sont attachés au mot « souveraineté », en concluait qu'il ne peut guère s'agir que d'un concept « embrouillé et obscur » qui a subi d'excessives extensions[6]. On retient souvent que le Conseil d'État et la Cour de cassation, parce que leurs arrêts sont insusceptibles de tout recours devant quelque autorité juridictionnelle ou gouvernementale, seraient des « cours souveraines ». Duguit qualifiait de « souveraine » toute institution qui, dans l'ordre de sa compétence, « ne relève d'aucune autorité supérieure et a le pouvoir de décider à titre définitif

[1] M. HAURIOU, *Précis élémentaire de droit constitutionnel*, 2e éd., Librairie du Recueil Sirey, 1930, p. 8.
[2] R. CARRÉ DE MALBERG, *Contribution à la théorie générale de l'État spécialement d'après les données fournies par le droit constitutionnel français*, t. I, Librairie du Recueil Sirey, 1920, p. 84.
[3] H. KELSEN, *Théorie pure du droit*, 2e éd., trad. Ch. Eisenmann, Dalloz, 1962, p. 305.
[4] G. JELLINEK, *L'État moderne et son droit – Première partie : Doctrine générale de l'État*, trad. G. Fardis, Fontemoing, 1904, p. 396.
[5] O. BEAUD, *La puissance de l'État*, Puf, coll. Léviathan, 1994, p. 127-128.
[6] R. CARRÉ DE MALBERG, *Contribution à la théorie générale de l'État spécialement d'après les données fournies par le droit constitutionnel français*, t. I, Librairie du Recueil Sirey, 1920, p. 79.

et irrévocable »[1]. Aussi convient-il, dès lors que la souveraineté occupe la place la plus centrale et la plus cardinale en une théorie (juridique) de l'État, de précisément la caractériser et, en premier lieu, de souligner que seul l'État peut être souverain. Si le Conseil d'État et la Cour de cassation statuent en dernier ressort, ce n'est nullement en raison de la jouissance d'une quelconque souveraineté mais parce que le législateur, qui a créé ces instances juridictionnelles, en a décidé ainsi. La souveraineté doit être définitivement comprise comme un « droit propre et originel de domination »[2].

Il n'est donc pas possible d'accueillir la proposition d'Adhémar Esmein selon laquelle il y aurait deux souverainetés : l'une propre à l'État et l'autre attachée à certains organes de l'État[3]. En revanche, la souveraineté doit être appréhendée sous un double point de vue : par rapport à l'intérieur de l'État et par rapport à l'extérieur de l'État — ce qui ne signifie pas qu'elle se divise ; seules ses conséquences peuvent s'analyser en formant deux ensembles distincts —. Elle est souvent considérée en tant que « qualité de puissance d'un État qui ne connaît aucune puissance supérieure à la sienne au dehors [et] aucune puissance égale à la sienne au-dedans »[4]. S'il faut rejeter la conception d'une souveraineté « qualité de puissance » — que soit rappelé que Carré de Malberg utilisait indistinctement « souveraineté » et « puissance » —, la séparation du « dehors » et du « dedans », en revanche, est à reprendre. Mais il ne s'agit pas, par là, de différencier « souveraineté de

[1] L. DUGUIT, *Manuel de droit constitutionnel*, Fontemoing, 1911, p. 113 (cité par R. CARRÉ DE MALBERG, *Contribution à la théorie générale de l'État spécialement d'après les données fournies par le droit constitutionnel français*, t. I, Librairie du Recueil Sirey, 1920, p. 85).

[2] P. LABAND, *Le droit public de l'Empire allemand*, trad. C. Gandilhon, Giard et Bière, 1900 (cité par J. HUMMEL, « Allemagne (doctrines allemandes de l'État et du droit de Hegel et Jellinek) », in D. ALLAND, S. RIALS, dir., *Dictionnaire de la culture juridique*, Lamy-Puf, coll. Quadrige-dicos poche, 2003, p. 43).

[3] A. ESMEIN, *Éléments de droit constitutionnel*, 5e éd., Larose, 1896, p. 4 (« l'État, sujet de la souveraineté, n'étant qu'une personne morale, il faut que la souveraineté soit exercée en son nom par des personnes physiques. Il est nécessaire que la souveraineté, à côté de son titulaire perpétuel et fictif, ait un autre titulaire actuel et agissant, en qui résidera le libre exercice de cette souveraineté. C'est celui-là que l'on appelle proprement le souverain en droit constitutionnel » (cité par R. CARRÉ DE MALBERG, *Contribution à la théorie générale de l'État spécialement d'après les données fournies par le droit constitutionnel français*, t. I, Librairie du Recueil Sirey, 1920, p. 85)).

[4] R. CARRÉ DE MALBERG, *Contribution à la théorie générale de l'État spécialement d'après les données fournies par le droit constitutionnel français*, t. I, Librairie du Recueil Sirey, 1920, p. 79.

l'État » et « souveraineté dans l'État »[1] puisque, dans l'un comme dans l'autre cas, n'est toujours en cause que la souveraineté de l'État.

Il faut reconnaître que « la souveraineté a deux faces : la souveraineté intérieure, ou le droit de commander à tous les citoyens ; la souveraineté extérieure, ou le droit de représenter la nation et de l'engager dans ses rapports avec les autres nations »[2]. On rapproche parfois la souveraineté externe de la liberté et la souveraineté interne de la puissance[3], mais la souveraineté externe témoigne aussi de la puissance de l'État quand la souveraineté interne repose tout autant sur la liberté. Toutes les deux ne sont, quoi qu'il en soit, toujours que deux visages d'une seule et même souveraineté, d'une seule et même personne étatique. Il convient néanmoins de rigoureusement distinguer ces visages, spécialement car, si la souveraineté interne correspond à un pouvoir absolu et illimité dans l'espace géographique et humain formé par le territoire et le peuple, l'exercice de la souveraineté externe pose la question du besoin de respecter les souverainetés respectives des autres États[4]. L'article 4 de la Déclaration des droits de l'homme et du citoyen de 1789 permet très heureusement, par analogie, de décrire le problème de la conciliation des souverainetés : « La liberté consiste à pouvoir faire tout ce qui ne nuit pas à autrui : ainsi, l'exercice des droits naturels de chaque [État] n'a de bornes que celles qui assurent aux autres membres de la Société [internationale] la jouissance de ces mêmes droits ». De plus, cette fois en résonance avec l'article 1er du même texte, « les [États] naissent et demeurent libres et égaux en droits ». Tandis que le système juridique interne repose sur la verticalité et l'unilatéralité, le système juridique externe s'articule autour de l'horizontalité et de la négociation entre « "individus" libres et égaux en

[1] F. CHALTIEL, *La souveraineté de l'État et l'Union européenne*, LGDJ, coll. Bibliothèque constitutionnelle, 2000, p. 2 (cité par L. BAL, *Le mythe de la souveraineté en droit international – La souveraineté des États à l'épreuve des mutations de l'ordre juridique international*, th., Université de Strasbourg, 2012, p. 33).

[2] A. ESMEIN, *Éléments de droit constitutionnel*, 5e éd., Larose, 1896, p. 1 (cité par L. DUGUIT, *Traité de droit constitutionnel – Tome deuxième : La théorie générale de l'État – Première partie : Éléments, fonctions et organes de l'État*, 3e éd., De Boccard, 1928, p. 116).

[3] J. COMBACAU, « Pas une puissance, une liberté : la souveraineté internationale de l'État », *Pouvoirs* 1993, n° 67, p. 47 s.

[4] Il n'est pas juste de retenir que, « en droit interne, la souveraineté est conditionnée par la Constitution » (E. JOUANNET, « De la personnalité et la souveraineté de l'État dans la Constitution de 1958 (théorie française de l'État et intégration européenne) », [en ligne] <cerdin.univ-paris1.fr>, 2003, p. 11). En effet, la Constitution est l'émanation de la souveraineté interne de l'État et en aucun cas un argument allant à son encontre.

droits ». La souveraineté ne se comprend donc pas à l'identique selon qu'elle s'exprime à l'intérieur ou par rapport à l'extérieur de l'État.

Sous l'angle interne, tout d'abord, la souveraineté assure à l'État une absolue supériorité et un libre arbitre total[1]. Nul groupement public ou privé n'est en droit de contester juridiquement les actes étatiques — la contestation factuelle, elle, met en cause la puissance de l'État —. Les pouvoirs étatiques « n'ont point d'égaux mais seulement des subordonnés »[2]. L'État, dans les limites de son territoire et de son peuple, peut tout et, notamment, il peut décider de prendre n'importe quelle mesure qu'il jugerait utile. Il est une force de commandement et de gouvernement sans égal. Il détermine subjectivement et unilatéralement l'objet, l'étendue et l'orientation de son action. C'est principalement ainsi qu'a été précédemment caractérisée la souveraineté. Là où la souveraineté externe, en tant qu'indépendance, apparaît tel le pendant négatif de la souveraineté, la souveraineté interne en est le pendant positif et, à ce titre, sans doute mérite-t-il que l'attention soit concentrée sur lui, mais sans toutefois en venir à ignorer l'aspect externe.

Sous l'angle externe, justement, la souveraineté permet à l'État de profiter d'une totale indépendance par rapport aux autres États qui en aucune circonstance ne sauraient prendre de décision à sa place[3]. Elle s'apparente à un « pouvoir de commander indépendant »[4], à un « pouvoir qui ne peut être lié que de son propre consentement »[5]. La société internationale se présente, par conséquent, telle une « société fondamentalement "anarchique", formée d'entités également souveraines, et au sein de laquelle n'existe pas de pouvoir de commandement »[6]. L' « État westphalien », souverain, est parfaitement libre de contracter ou non des engagements internationaux, de

[1] Par exemple, A. TRUYOL Y SERRA, « Souveraineté », *Arch. phil. droit* 1990, p. 313.

[2] G. VEDEL, « Les racines de la querelle constitutionnelle sur l'élection du Parlement européen », *Pouvoirs* 1977, n° 2, p. 27 (cité par X. MAGNON, *Théorie(s) du droit*, Ellipses, coll. Universités-Droit, 2008, p. 102).

[3] J. COMBACAU, S. SUR, *Droit international public*, 10e éd., Montchrestien, coll. Domat droit public, 2012, p. 24 ; J. COMBACAU, « Le droit international : bric-à-brac ou système ? », *Arch. phil. droit* 1986, p. 105.

[4] L. DUGUIT, *Traité de droit constitutionnel – Tome deuxième : La théorie générale de l'État – Première partie : Éléments, fonctions et organes de l'État*, 3e éd., De Boccard, 1928, p. 115.

[5] G. VEDEL, « Les racines de la querelle constitutionnelle sur l'élection du Parlement européen », *Pouvoirs* 1977, n° 2, p. 27 (cité par X. MAGNON, *Théorie(s) du droit*, Ellipses, coll. Universités-Droit, 2008, p. 102) ; également Ch. CHAUMONT, « Recherches du contenu irréductible du concept de souveraineté internationale de l'État », in *Mélanges Jean Basdevant*, Pedone, 1960, p. 114 s.

[6] J. CHEVALLIER, *L'État*, 2e éd., Dalloz, coll. Connaissance du droit, 2011, p. 77 ; également D. BATTISTELLA, « Le bel avenir de la théorie de l'État en Relations internationales », *Jus Politicum* 2012, n° 8, p. 3.

ratifier ou non des traités lui imposant des obligations — dont éventuellement celle de se conformer au droit dérivé produit par les organes communs créés —, et le principe de non-ingérence le protège juridiquement contre d'éventuels empiètements. Sur la scène interétatique, l'ensemble des États se situent sur un pied d'égalité car tous sont souverains et il n'existe nuls degrés de souveraineté qui permettraient de les discriminer. L'article 2 § 1 de la Charte des Nations-Unies indique que « l'organisation est fondée sur le principe de l'*égalité souveraine* de tous ses membres ». Ledit principe est certainement la règle la plus essentielle du droit international public[1] ; « égalité souveraine » : on ne saurait mieux dire. En son pan externe, la souveraineté interdit toute subordination et toute dépendance vis-à-vis de quelque souveraineté extérieure ; par définition, des souverainetés ne peuvent pas s'articuler. Si les premiers théoriciens du « droit des gens » se sont efforcés d'exclure toute souveraineté internationale des États en imaginant que ceux-ci étaient soumis à diverses normes « naturelles », il n'est plus douteux, aujourd'hui, que l'État se définit déjà par son indépendance. *In fine*, la souveraineté comprise sous l'angle externe semble exactement synonyme d'indépendance ; mais à condition d'envisager cette dernière juridiquement, car il est aussi permis de considérer que cette souveraineté serait la traduction juridique de l'indépendance factuelle[2].

Contrairement à la souveraineté interne, la souveraineté sur le plan extérieur ne peut se définir comme un pouvoir de commandement et comme une qualité de supériorité puisqu'elle se traduit positivement par des actes juridiques non unilatéraux mais requérant systématiquement le consentement des destinataires des normes — mis à part le problème du droit dérivé précédemment résolu —. Que l'État profite de pareille souveraineté n'empêche toutefois pas la construction du droit international. Ce qui n'est pas envisageable, c'est que l'État se retrouve lié sans son consentement exprès (ou indirect pour ce qui est du droit dérivé) ; mais différents États peuvent conclure des traités, contracter des obligations réciproques, sans qu'il soit porté atteinte à leurs souverainetés. Le pouvoir souverain « n'est pas celui qui n'obéit à aucune règle [mais] celui qui ne peut se voir imposer de règles en dehors de son consentement »[3]. La Cour permanente de justice internationale, dans son premier arrêt rendu en 1923, soulignait en ce sens que « la faculté de contracter des engagements internationaux est

[1] D. TOURET, « Le principe de l'égalité souveraine des États, fondement du droit international », *RGDIP* 1973, p. 136 s.

[2] J.-D. MOUTON, « La notion d'État et le droit international public », *Droits* 1993, n° 16, p. 56.

[3] S. RIALS, « Les incertitudes de la notion de Constitution sous la Ve République », *RDP* 1984, p. 598.

précisément un attribut de souveraineté »[1]. Et Vattel, dans le paragraphe circonscrivant l'objet de son livre relatif au « droit des gens », d'affirmer que ledit droit « est la loi des souverains »[2]. Il en résulte que, tandis que le droit interne, unilatéral et vertical, « dispose », le droit international, négocié et horizontal, « stipule ». Ce dernier ne peut être que contractuel, que le fruit de rencontres de volontés, y compris lorsque les organes communs édifiés par convention édictent des normes contraignantes.

À l'instar des individus qui s'associent afin d'évoluer de l'état de nature vers l'état politique, les États sont contraints de bâtir le droit international afin de régler leurs relations et de pouvoir dépasser l'état de nature interétatique qui, souvent, se résume à la guerre, à la confrontation militaire[3]. Longtemps, l'état de nature est demeuré la seule réalité de la société internationale ; « avant 1945, écrit un auteur, la souveraineté était le terme qui désignait la liberté sauvage et absolue qu'avait chaque État de s'obliger ou pas vis-à-vis des autres États »[4]. Mais, à présent, le droit international public revêt les traits d'un véritable système juridique. Cela interroge sans doute les rapports entre ordres juridiques interne et international[5], mais cela ne porte pas atteinte à la souveraineté des États dès lors qu'ils se sont engagés et qu'ils continuent de s'engager librement. L'analyse de Kelsen, selon laquelle il ne faudrait pas qualifier l'État de « souverain » sitôt que le droit interne se retrouve soumis à l'ordre juridique international[6], ne peut définitivement pas être retenue. Qu'il soit rappelé combien l'autolimitation de l'État est la première (non la dernière) manifestation de sa souveraineté.

Aspect interne de la souveraineté et aspect externe de la souveraineté ne sont que les deux faces d'un seul et même objet et en aucune façon cette distinction ne remet en cause l'unité, l'indivisibilité et l'inaliénabilité de la souveraineté ; « l'un et l'autre signifient pareillement que l'État est maître

[1] Cour permanente de justice internationale, 17 août 1923, *Affaire du vapeur « Wimbledon »*.

[2] E. DE VATTEL, *Le droit des gens*, 1758, L. I, chap. 1 (cité par P. HAGGENMACHER, « L'État souverain comme sujet du droit international, de Vitoria à Vattel », *Droits* 1992, n° 16, p. 19).

[3] F. DEMICHEL, « Le rôle de la souveraineté dans les relations internationales contemporaines », in *Mélanges Georges Burdeau*, LGDJ, 1977, p. 1053 s.

[4] M. XIFARAS, « Après les Théories Générales de l'État : le droit global ? », *Jus Politicum* 2012, n° 8, p. 13.

[5] H. KELSEN, « Les rapports de système entre le droit interne et le droit international public », *RCADI* 1926, t. IV, p. 260 s. (cité par X. MAGNON, *Théorie(s) du droit*, Ellipses, coll. Universités-Droit, 2008, p. 102).

[6] H. KELSEN, *Théorie générale du droit et de l'État* (1945), trad. B. Laroche, V. Faure, Bruylant-LGDJ (Bruxelles-Paris), coll. La pensée juridique, 1997, p. 430.

chez lui »[1] et qu'il dispose de « la compétence de la compétence »[2]. Des théoriciens de l'État, Duguit notamment, ont cherché à caractériser la souveraineté au moyen d'un seul de ces deux aspects à l'exclusion de l'autre, par exemple en soutenant que la souveraineté n'apparaîtrait qu'à l'occasion des rapports supranationaux entre plusieurs États[3]. Mais il ne semble pas que l'un puisse aller sans l'autre ; au contraire, la souveraineté à l'intérieur motive la souveraineté à l'extérieur autant que la souveraineté à l'extérieur justifie la souveraineté à l'intérieur. La souveraineté externe n'est pas autre chose que l'expression, au regard des États étrangers, de la souveraineté interne quand, réciproquement, la souveraineté interne est impossible sans souveraineté externe puisque l'État qui serait dépendant d'un ou plusieurs État(s) étranger(s) ne pourrait être effectivement libre de prendre toute décision à l'égard de son peuple et de son territoire. On estime parfois que « la politique internationale d'un État est l'expression et le reflet de sa politique intérieure, et donc [...] sa souveraineté internationale traduit sa souveraineté interne »[4]. En tout cas est-il impossible de considérer que l'une pourrait exister indifféremment à l'autre.

En outre, a pu être proposé, afin de désigner l'aspect externe de la souveraineté, de n'utiliser que le nom « indépendance » et de réserver « souveraineté » à la seule souveraineté interne, cela parce qu' « il n'existe pas à proprement parler de souveraineté extérieure »[5]. Il est vrai que, dans l'ordre international, si l'État est l'autorité juridiquement supérieure et même l'autorité juridiquement suprême, il doit cohabiter avec d'autres personnes revêtant cette qualité, laquelle devient en conséquence relative. Nul n'est au-dessus de lui mais d'autres États sont à côté de lui et entrent en concurrence

[1] R. CARRÉ DE MALBERG, *Contribution à la théorie générale de l'État spécialement d'après les données fournies par le droit constitutionnel français*, t. I, Librairie du Recueil Sirey, 1920, p. 71.

[2] H. QUARITSCH, *Souveränität – Entstehung und Entwicklung des Begriffs in Frankreich und Deutschland vom 13 Jh. Bis 1806*, Duncker u. Humblot (Berlin), 1986, p. 64 (cité par O. BEAUD, *La puissance de l'État*, Puf, coll. Léviathan, 1994, p. 15).

[3] L. DUGUIT, *Traité de droit constitutionnel – Tome premier : La règle de droit, le problème de l'État*, 3e éd., De Boccard, 1927, p. 348.

[4] Ch. CHAUMONT, « Recherche du contenu irréductible du concept de souveraineté internationale de l'État », in *Mélanges Jean Basdevant*, Pedone, 1960, p. 151 (cité par L. BAL, *Le mythe de la souveraineté en droit international – La souveraineté des États à l'épreuve des mutations de l'ordre juridique international*, th., Université de Strasbourg, 2012, p. 33).

[5] L. LE FUR, *État fédéral et confédération d'États*, Marchal et Billard, 1896, p. 443 (cité par R. CARRÉ DE MALBERG, *Contribution à la théorie générale de l'État spécialement d'après les données fournies par le droit constitutionnel français*, t. I, Librairie du Recueil Sirey, 1920, p. 80) ; également Ch. ROUSSEAU, « L'indépendance de l'État dans l'ordre international – Cours de droit international public », *RCADI* 1948, vol. 73, p. 171 s.

avec lui. La souveraineté est donc imparfaite dans sa sphère externe, « où elle rencontre son alter ego : la souveraineté de l'autre État »[1]. Or la souveraineté se conçoit comme une absolue supériorité ne pouvant être imparfaite. Beaucoup de *jus*-internationalistes sont ainsi *a priori* hostiles à la souveraineté qu'ils jugent inconciliable avec les principes qu'ils étudient et qu'ils promeuvent[2]. Nonobstant ces réserves logiquement formulées, l'absolue supériorité dont bénéficient tous les États a pour conséquence qu'aucun ne peut dépasser un autre et que l' « égalité souveraine » des États est la conséquence directe de leurs souverainetés respectives. Quant à l'usage du terme « souveraineté », il ne paraît pas devoir être abandonné tant les implications de la souveraineté sont fondamentales et décisives du point de vue externe au moins autant que du point de vue interne. Au niveau interétatique, il n'y aurait pas d'égalité sans souverainetés ; et l'expression « égalité souveraine » est décidément très heureuse.

Il existe donc deux espaces au sein desquels la souveraineté se matérialise de manières différentes. Souveraineté interne et souveraineté externe ne s'expriment pas par les mêmes actes juridiques : la première se manifeste par des actes unilatéraux qui traduisent un rapport de subordination entre l'auteur et l'adressataire de la norme ; la seconde donne lieu à des actes bilatéraux ou plurilatéraux négociés et qui requièrent le consentement de leurs destinataires. Surtout, ce sont bien là les deux bras d'un même être : il n'y a qu'une seule souveraineté qui, par suite, se réalise de différentes façons. Et s'il n'y a qu'une seule souveraineté et que celle-ci est la souveraineté de l'État, doit encore être souligné combien elle n'est en aucune façon assimilable à quelque « souveraineté nationale » ou « souveraineté populaire ».

41. ***L'exclusion des concepts de « souveraineté nationale » et de « souveraineté populaire ».*** « Pour être légitime, écrivait Rousseau, il ne faut pas que le Gouvernement se confonde avec le Souverain, mais qu'il en soit le ministre »[3]. Si cela paraît incontestable, difficile est la question de l'identification dudit « Souverain ». Selon l'auteur du *Contrat social*, il ne pourrait s'agir que du peuple et le « Gouvernement » serait le ministre du peuple souverain. Mais, parmi les présentes lignes, seul l'État est accueilli

[1] O. BEAUD, « Souveraineté », in Ph. RAYNAUD, S. RIALS, dir., *Dictionnaire de philosophie politique*, Puf, coll. Quadrige dicos poche, 2003, p. 628.
[2] Par exemple, S. RIALS, « La puissance étatique et le droit dans l'ordre international – Éléments d'une critique de la notion usuelle de "souveraineté externe" », *Arch. phil. droit* 1987, p. 189 s.
[3] J.-J. ROUSSEAU, *Du contrat social*, 1762, L. II, chap. 7.

derrière le titre de « Souverain ». La souveraineté est, pour reprendre la définition d'Adhémar Esmein, le « droit de commander à tous les citoyens composant la nation »[1]. Aussi appartient-elle à l'État et aucunement à ladite nation ou au peuple[2] dont les membres ne sauraient être les titulaires collectifs de cette prérogative et qui n'est pas et n'a jamais été une personne juridique.

Cependant, l'article 3 de la Déclaration de 1789 énonce que « le principe de toute Souveraineté réside essentiellement dans la Nation. Nul corps, nul individu ne peut exercer d'autorité qui n'en émane expressément ». Après que les Constitutions de 1791, de 1793 et de l'an III ont repris la formule, et après que Sieyès a postulé que « seule la nation a le droit de faire une Constitution »[3] et que Gambetta a affirmé que « seul le principe de souveraineté du peuple scientifiquement appliqué pourra achever la Révolution française »[4], l'article 3 de la Constitution du 4 octobre 1958 — qui consacre son titre premier à « la souveraineté » — déclare à son tour, dans une version légèrement modifiée, que « la souveraineté nationale appartient au peuple qui l'exerce par ses représentants et par la voie du référendum ». Et le préambule du même texte de consacrer le fait que « le peuple français proclame solennellement son attachement [...] aux principes de la souveraineté nationale »[5]. À l'aune de ces mots, la souveraineté semble avoir été principalement considérée en tant que souveraineté interne par les constituants[6]. La doctrine observe que les textes constitutionnels envisagent

[1] A. ESMEIN, *Éléments de droit constitutionnel français et comparé*, 8e éd., Librairie du Recueil Sirey, 1927, p. 1.

[2] Idéalement, il faudrait précisément distinguer les idées de souveraineté nationale et de souveraineté populaire (*cf.* G. BACOT, *Carré de Malberg et l'origine de la distinction entre souveraineté du peuple et souveraineté nationale*, Éditions du CNRS, 1985). En ce paragraphe, néanmoins, il ne sera dit que quelques mots de cette problématique car l'essentiel est que l'une comme l'autre s'oppose à la thèse de la souveraineté étatique ici défendue, l'une comme l'autre désigne avant tout la collectivité des individus qui se sont associés pour donner naissance à l'État ; il n'est pas inévitable de retenir l'idée de Sieyès selon laquelle la nation serait la désignation abstraite du peuple concret.

[3] E.-J. SIEYÈS, *Qu'est-ce que le tiers-état ?*, 1789 (cité par O. BEAUD, *La puissance de l'État*, Puf, coll. Léviathan, 1994, p. 225).

[4] Cité par P. ROSANVALLON, « La démocratie : esquisse d'une théorie générale – Cours au Collège de France (6/10) », L'Éloge du savoir, France culture, 30 avr. 2013.

[5] Const. 4 oct. 1958, préambule, al. 1er.

[6] On oppose souvent ces deux articles avec les alinéas 14 et 15 du Préambule de la Constitution de 1946 qui feraient, quant à eux, référence à la souveraineté externe de l'État. L'alinéa 14 indique que « la République française, fidèle à ses traditions, se conforme aux règles du droit public international. Elle n'entreprendra aucune guerre dans des vues de conquête et n'emploiera jamais ses forces contre la liberté d'aucun peuple ». L'alinéa 15,

généralement la souveraineté de l'État sous sa forme interne plus que sous sa forme externe[1]. Et l'idée selon laquelle « la souveraineté nationale appartient au peuple » apparaît fort confuse tant il serait logique que la « souveraineté nationale » dépende de la nation tandis que la « souveraineté populaire » se rapporterait au peuple[2]. L'article 25 de la Déclaration des droits de 1793 était moins ambigu lorsqu'il proclamait que « la souveraineté réside dans le peuple ».

Surtout, la souveraineté a été comprise, à partir de Hobbes[3] et, plus sûrement, à partir des révolutions américaine[4] et française de la fin du XVIIIe s.[5], comme étant un élément fondamentalement rattachable et rattaché au peuple ou à la nation, c'est-à-dire à une collectivité indivisible d'individus liés par des liens socio-culturels et politiques[6]. Concept central de la doctrine politique depuis l'aube des Temps modernes, la souveraineté a été certes pensée parfois en tant que prérogative de l'État, mais elle a le plus souvent été pensée, avec Rousseau, en tant que « souveraineté du peuple »[7] ou, avec Sieyès, en tant que « souveraineté de la nation »[8]. Elle ne serait donc pas l'apanage de l'État mais plutôt celui du peuple ou de la nation. Or, au sein des présentes lignes, est retenu que la nation peut être à l'origine du

pour sa part, dispose que, « sous réserve de réciprocité, la France consent aux limitations de souveraineté nécessaires à l'organisation et à la défense de la paix ».

1 J. COMBACAU, « La souveraineté internationale de l'État dans la jurisprudence du Conseil constitutionnel français », *Cah. Cons. const.* 2000, n° 9, p. 113 s. ; F. LUCHAIRE, « Le Conseil constitutionnel et la souveraineté nationale », *RDP* 1991, p. 151 s.

2 *Cf.* M. TROPER, « "La souveraineté nationale appartient au peuple" – L'article 3 de la Constitution de 1958 », in L. JAUME, M. TROPER, dir., *1789 et l'invention de la Constitution*, Bruylant-LGDJ (Bruxelles-Paris), 1994, p. 250 s.

3 S. GOYARD-FABRE, *L'État, figure moderne de la politique*, Armand Colin, coll. Cursus-philosophie, 1999, p. 33.

4 Tocqueville observait ainsi que, « lorsqu'on veut parler des lois politiques des États-Unis, c'est toujours par le dogme de la souveraineté du peuple qu'il faut commencer » (A. DE TOCQUEVILLE, *De la démocratie en Amérique* (1835 et 1840), Flammarion, coll. GF, 2010, p. 59).

5 Néanmoins, l'idée de souveraineté du peuple était déjà affirmée avec insistance au XIVe s. dans les écrits théoriques des théologiens, mais aussi par les états généraux de France. Duguit enseignait qu'aux états du roi Jean, en 1355-1356, on consacra un pouvoir politique dérivé du peuple et que, un siècle plus tard, aux états généraux de Tours tenus en 1484, on exprima l'idée démocratique avec une entière précision dans le discours célèbre de Philippe Pot selon lequel le peuple serait le « donateur du pouvoir » (L. DUGUIT, *Traité de droit constitutionnel – Tome premier : La règle de droit, le problème de l'État*, 3e éd., De Boccard, 1927, p. 574).

6 *Cf.* M. VILLEY, « La souveraineté nationale, son fondement, sa nature et ses limites », *RDP* 1904, p. 5 s.

7 J.-J. ROUSSEAU, *Du contrat social*, 1762, L. I, chap. 6 ; *cf.* également M. DAVID, *La souveraineté du peuple*, Puf, 1996.

8 E.-J. SIEYÈS, *Qu'est-ce que le tiers-état ?*, 1789.

phénomène d'étatisation et donc de souverainisation, mais qu'elle ne saurait être la détentrice de la souveraineté qui, en tant que méta-prérogative juridique, appartient à la personne juridique État et uniquement à la personne juridique État. Partant, le propos de Benjamin Constant en vertu duquel « l'acte qui fait qu'un peuple est un peuple est un contrat de souveraineté »[1] paraît moins efficace épistémiquement que celui de Rousseau selon lequel il s'agirait là d'un « contrat social ». Un « contrat de souveraineté » est une bien étrange figure — si ce n'est sur la scène internationale où règne l'« égalité souveraine » — car, loin de toute rencontre de volontés, la souveraineté, globalement comprise, se caractérise par l'unilatéralité et la verticalité des actes juridiques du souverain.

On retient souvent que, avec la Révolution française, « la titularité de la souveraineté s'est déplacée du monarque à la nation ou au peuple »[2]. A déjà été souligné combien un organe ne saurait être souverain et combien le monarque ne l'a jamais été. Carré de Malberg tirait de l'article 3 de la Déclaration des droits du 26 août 1789 la conséquence suivante : « Seule la personne nationale et étatique est souveraine »[3]. Pourtant, cet article est sans équivoque et, en affirmant que la nation est seule souveraine, il exclut et ne consacre en aucun instant la souveraineté étatique ; nation et État sont incomparables et doivent être strictement distingués. Duguit, lui, convenait que « souveraineté et volonté générale sont deux éléments absolument indivisibles »[4] et que « la nation personne est titulaire de la souveraineté »[5]. Quant à Hauriou, il proposait, de façon très originale mais isolée, que « la souveraineté est un droit propre du sujet-citoyen »[6] ; et, à sa suite, un auteur

[1] Cité par S. GOYARD-FABRE, *L'État, figure moderne de la politique*, Armand Colin, coll. Cursus-philosophie, 1999, p. 74.

[2] É. MAULIN, « Souveraineté », in D. ALLAND, S. RIALS, dir., *Dictionnaire de la culture juridique*, Lamy-Puf, coll. Quadrige-dicos poche, 2003, p. 1437.

[3] R. CARRÉ DE MALBERG, *Contribution à la théorie générale de l'État spécialement d'après les données fournies par le droit constitutionnel français*, t. I, Librairie du Recueil Sirey, 1920, p. 87.

[4] L. DUGUIT, *Traité de droit constitutionnel – Tome premier : La règle de droit, le problème de l'État*, 3e éd., De Boccard, 1927, p. 605.

[5] *Ibid.*, p. 604.

[6] M. HAURIOU, *Précis élémentaire de droit constitutionnel*, 2e éd., Librairie du Recueil Sirey, 1930, p. 55. Plus précisément, Hauriou distinguait « deux espèces de souverainetés qui se combinent pour assurer la liberté démocratique » : la souveraineté nationale et « la souveraineté individuelle qui assure la participation des citoyens-électeurs et des hommes politiques élus au fonctionnement des institutions représentatives » (*ibid.*). Distinguer différentes « espèces de souveraineté » paraît contraire à la logique de la souveraineté qui est un absolu et une unité ; une seule « espèce de souveraineté » peut donc être retenue.

de concevoir que « la souveraineté gît dans l'individu "naturel" [car] chaque particulier a le droit de s'auto-gouverner »[1].

À contre-courant de la pensée *jus*-publiciste et politique la plus classique, est ici soutenu que l'État se définit telle une personne juridique souveraine et qu'il est la seule entité à pouvoir être ainsi caractérisée, notamment parce qu'il est une réalité juridique là où la nation n'est qu'une réalité sociale et factuelle, bien que très (et de plus en plus) abstraite. Le peuple, pour sa part, a été antérieurement appréhendé en termes juridiques autant que factuels ; toutefois, sa désignation en tant que « peuple de l'État » n'est permise que par la souveraineté étatique et les individus qui le composent sont soumis aux lois en vigueur dans l'État, de telle sorte qu'il ne peut revendiquer la souveraineté pour lui-même.

Par conséquent, il n'apparaît pas possible d'interroger « l'État et le souverain »[2] puisque l'État est le souverain. Lorsque les membres d'une unité populaire s'associent, concluent un « contrat social », ils ne mettent pas en œuvre une souveraineté, *i.e.* un droit suprême et propre de domination par le droit, puisqu'il n'existe pas encore, à cet instant, de droit, donc pas encore de souveraineté. Certainement le peuple ou la nation est-il (est-elle) à l'origine de la souveraineté comme il (elle) est à l'origine de l'État et du droit, mais aucun des deux ne peut être titulaire de la souveraineté qui est une prérogative juridique et aucunement une donnée sociale. Peuple et nation sont assurément au fondement du pouvoir juridique, mais la souveraineté ne se définit pas comme le fondement du pouvoir juridique, elle est ce pouvoir juridique. Il est donc permis d'avancer que le peuple et la nation sont la source et la justification de la souveraineté comme ils sont la source et la justification de l'État ; en revanche, la souveraineté ne leur appartient pas car cela signifierait que la souveraineté serait la source et la justification de la souveraineté. Il convient ainsi de précisément distinguer l'origine et l'explication de la souveraineté de la souveraineté en tant que telle. Un auteur soutient que la souveraineté serait la réponse à « la difficulté à penser le statut juridique de la nation et du peuple »[3]. Mais nation et peuple n'ont pas de statut juridique à penser ; ils sont uniquement des données factuelles — exception faite du peuple analysé en tant qu'objet humain et limite humaine du droit étatique —. Autrement dit, l'État est la réalité juridique correspondant au peuple et à la nation et il est juste de dire qu'il en

[1] P. KAHN, *L'État*, Quintette, coll. Philosopher, 1989, p. 34-35.
[2] Réf. à P. BRUNEL, *L'État et le souverain*, Puf, 1978.
[3] É. MAULIN, « Souveraineté », in D. ALLAND, S. RIALS, dir., *Dictionnaire de la culture juridique*, Lamy-Puf, coll. Quadrige-dicos poche, 2003, p. 1437.

est la personnification juridique ; et la souveraineté, qui appartient au monde du droit, ne peut être attachée qu'à l'État. Il n'est pas lieu de postuler que « la souveraineté est par nature nationale, c'est-à-dire que la nation en est naturellement le titulaire »[1]. La titularité de la souveraineté est une donnée juridique, donc étatique.

Il est difficile, si ce n'est impossible, de « concilier, au moins théoriquement, la souveraineté de l'État avec la souveraineté du peuple, c'est-à-dire la souveraineté-puissance publique avec la souveraineté-principe de légitimité »[2]. Aussi faut-il réserver le nom « souveraineté » à l'un des deux éléments, en l'occurrence la « souveraineté-puissance publique », et qualifier autrement le « principe de légitimité » sur lequel repose l'État. En ce sens, les idées de « nation » et de « contrat social » paraissent pouvoir largement se suffire à elles-mêmes. Jellinek et Gierke estimaient à juste titre que considérer la nation comme une personne titulaire de la souveraineté tend à ruiner toute tentative de théorie juridique de l'État[3]. En effet, la souveraineté, prérogative juridique, apparaît indispensable à la spécification juridique de l'État, mais à condition d'en faire le seul et unique titulaire de celle-ci, à condition que cette dernière soit bien un signe discriminant permettant de reconnaître l'étaticité. Toutefois, ces auteurs allemands, repris en France par Michoud[4], défendaient l'idée selon laquelle la nation ne serait qu'un organe de l'État, qu'un instrument à son service dont les compétences seraient définies et limitées par la Constitution. Cette position ne saurait être accueillie ; « nation » est un terme d'essence extrajuridique permettant de désigner une unité sociologique et culturelle rapprochant symboliquement un certain nombre d'individus. La nation n'a guère d'existence en droit, guère de personnalité juridique, et cela lui interdit *ipso facto* d'être le titulaire de la souveraineté. Le Professeur Michel Troper cherche à « combattre les théories d'après lesquelles l'État serait un être juridique distinct de la

[1] É. MAULIN, *La théorie de l'État de Carré de Malberg*, Puf, coll. Léviathan, 2003, p. 109.

[2] O. BEAUD, *La puissance de l'État*, Puf, coll. Léviathan, 1994, p. 25.

[3] G. JELLINEK, *Allgemeine Staatslehre*, 2e éd., 1905, p. 409 s. ; O. VON GIERKE, *Genossenschaftstheorie*, 1887, p. 689 s. (cités par L. DUGUIT, *Traité de droit constitutionnel – Tome deuxième : La théorie générale de l'État – Première partie : Éléments, fonctions et organes de l'État*, 3e éd., De Boccard, 1928, p. 19).

[4] L. MICHOUD, *Théorie de la personnalité morale et son application au droit français*, Pichon et Durand-Auzias, 1906, p. 129 s. (cité par L. DUGUIT, *Traité de droit constitutionnel – Tome deuxième : La théorie générale de l'État – Première partie : Éléments, fonctions et organes de l'État*, 3e éd., De Boccard, 1928, p. 21).

nation »[1] ; mais l'État n'est ni un être juridique distinct de la nation ni le même être juridique que la nation : seul l'État est un être juridique.

En outre, la souveraineté nationale ou populaire implique automatiquement la démocratie et la République[2], ce qui indique que partout où il ne se trouve pas de procédures démocratiques ni de forme républicaine il n'y aurait nulle souveraineté et donc nul État. Ceci paraît contraire à la réalité contemporaine et internationale de l'usage du nom « État ». Il s'avère ainsi préférable de refuser l'idée de nation souveraine et de retenir simplement, avec Duguit, que

> *Le fait État implique l'existence d'une société humaine, d'un groupement social, et la forme la plus générale des groupements sociaux dans les pays parvenus aujourd'hui à un certain degré de civilisation est assurément la nation. Je ne nie pas [...] la réalité de la nation, mais seulement l'existence d'une personne-nation investie d'une conscience et d'une volonté. La nation est, si l'on veut, un élément de l'État, non pas en ce qu'elle est la substance personnelle devenant l'État (ce qui est de la scolastique pure), mais en ce sens qu'elle est le milieu social dans lequel se produit le fait État.*[3]

La justification de la souveraineté et de l'État peut être recherchée parmi quelque instance extérieure et supérieure, parmi une dynastie ou bien dans le corps social en entier ou en partie. À chaque fois, il ne s'agit pas de faire de Dieu, de la nation ou du peuple le souverain mais seulement de légitimer la souveraineté. En 1837, un philosophe allemand formulait le vœu de représenter l'État telle une personne juridique afin de « ne reconnaître la souveraineté ni au prince ni au peuple, mais à la personnalité juridique de l'État »[4]. Par ces mots, il s'inscrivait dans la droite lignée de la pensée hégélienne selon laquelle l'État, personne juridique séparée à la fois de la société civile et de la nation, est le titulaire originel et unique de la souveraineté[5]. C'est de la sorte qu'il faut comprendre la souveraineté : elle

[1] M. Troper, *Pour une théorie juridique de l'État*, Puf, coll. Léviathan, 1994, p. 13.

[2] M. Hauriou, *Précis élémentaire de droit constitutionnel*, 2e éd., Librairie du Recueil Sirey, 1930, p. 55.

[3] L. Duguit, *Traité de droit constitutionnel – Tome deuxième : La théorie générale de l'État – Première partie : Éléments, fonctions et organes de l'État*, 3e éd., De Boccard, 1928, p. 2.

[4] W.-E. Albrecht (cité par J. Hummel, « Allemagne (doctrines allemandes de l'État et du droit de Hegel et Jellinek) », in D. Alland, S. Rials, dir., *Dictionnaire de la culture juridique*, Lamy-Puf, coll. Quadrige-dicos poche, 2003, p. 42).

[5] G. W. F. Hegel, *La Constitution de l'Allemagne* (1802), Champ libre, 1974 (cité par J. Hummel, « Allemagne (doctrines allemandes de l'État et du droit de Hegel et Jellinek) », in

est une prérogative juridique dont seule la personne étatique est titulaire. Et tel serait le cas, historiquement, depuis le XVIe s., siècle au cours duquel la toute-puissance juridique de l'État a été proclamée par les légistes, contre la Papauté et contre le Saint-Empire, mais aussi contre les seigneurs féodaux.

Cependant, alors que, parmi la doctrine germanique, la nation était envisagée davantage en tant qu'organe de l'État, la doctrine française conçoit depuis longtemps l'État comme la personnification juridique de la nation, si bien que cette dernière serait le véritable titulaire de la souveraineté. Mais, si l'État est la personnification juridique de la nation qui est donc une réalité sociale et culturelle, la souveraineté, étant une donnée purement juridique, n'est très logiquement attachée qu'à l'État, c'est-à-dire qu'à la personne juridique qui, seule, peut jouir de prérogatives juridiques et, par exemple, de la « compétence de la compétence ». Un auteur avance que « l'État, en s'autotranscendant, s'affranchit de la tutelle initiale de ses sujets »[1] ; le droit, auquel appartient la souveraineté, s'affranchit de ses origines factuelles une fois qu'elles lui ont permis de voir le jour et, si le peuple ou la nation est une cause de l'apparition de l'État et, avec elle, de l'apparition de la souveraineté, l'État et la souveraineté ont ensuite une existence juridique largement indépendante de lui (elle). Ainsi n'est-il pas possible de retenir que « l'État peut disparaître, la nation demeure souveraine tant qu'elle reste nation »[2] ; la souveraineté apparaît et disparaît avec l'apparition et avec la disparition de l'État.

Hauriou interrogeait ses lecteurs : « La souveraineté de l'État est-elle celle du roi ou celle de la nation ? »[3]. Mais la question ne doit pas être posée en ces termes car la souveraineté de l'État peut n'être et n'est que la souveraineté de l'État. De plus, ne saurait être affirmé que, « à travers la reconnaissance constitutionnelle de la souveraineté nationale, c'est à chaque fois la souveraineté de l'État français qui est également consacrée »[4], que

D. ALLAND, S. RIALS, dir., *Dictionnaire de la culture juridique*, Lamy-Puf, coll. Quadrige-dicos poche, 2003, p. 42).

[1] S. DIEBOLT, *Le droit en mouvement – Éléments pour une compréhension constructiviste des transformations complexes des systèmes juridiques*, th., Université Paris X-Nanterre, 2000, p. 437.

[2] L. DUGUIT, *Traité de droit constitutionnel – Tome premier : La règle de droit, le problème de l'État*, 3e éd., De Boccard, 1927, p. 608.

[3] M. HAURIOU, *Précis élémentaire de droit constitutionnel*, 2e éd., Librairie du Recueil Sirey, 1930, p. 48.

[4] E. JOUANNET, « De la personnalité et la souveraineté de l'État dans la Constitution de 1958 (théorie française de l'État et intégration européenne) », [en ligne] <cerdin.univ-paris1.fr>, 2003, p. 14.

« la souveraineté nationale est synonyme de souveraineté de l'État »[1] ou que « la nation est l'État souverain »[2] ; et ne saurait être évoquée quelque « souveraineté nationale-étatique »[3]. Et le Professeur Olivier Beaud de remarquer que « la majorité des juristes identifient la souveraineté de l'État à la souveraineté du peuple »[4]. Les idées de souveraineté nationale ou populaire et de souveraineté étatique sont, si ce n'est antinomiques, du moins incompatibles et l'une ne peut pas aller de pair avec l'autre[5].

A été proposé de disjoindre deux souverainetés différentes : l'une, la souveraineté nationale, se traduirait par la maîtrise de la Constitution et l'autre, la souveraineté étatique, correspondrait à la maîtrise du reste du droit[6]. Mais la souveraineté est un absolu unitaire ou elle n'est pas ; il n'est pas possible de séparer la maîtrise de la Constitution et celle du reste du droit et la souveraineté de l'État porte sur l'ensemble du droit, sans exception, tandis que la nation n'a nul « droit au droit », se bornant à consister en une réalité sociologique. A également été affirmé, par Hauriou, que la démocratie impliquerait mécaniquement la souveraineté nationale et inversement[7]. Il est vrai que « démocratie » signifie étymologiquement « pouvoir du peuple ». Néanmoins, la démocratie est sans rapport avec la souveraineté ; elle n'est qu'une modalité d'organisation de l'État qui, qu'il fasse ou non le choix de la démocratie, demeure systématiquement souverain. A aussi été souvent imaginé que la souveraineté, initialement entre les mains de la nation, serait cédée par elle à l'État. Une autre version

[1] *Ibid.*, p. 10.

[2] P. HAGGENMACHER, « L'État souverain comme sujet du droit international, de Vitoria à Vattel », *Droits* 1992, n° 16, p. 19.

[3] E. JOUANNET, « De la personnalité et la souveraineté de l'État dans la Constitution de 1958 (théorie française de l'État et intégration européenne) », [en ligne] <cerdin.univ-paris1.fr>, 2003, p. 6. Cet auteur écrit encore : « La souveraineté nationale donc la souveraineté de l'État » (*ibid.*, p. 23) ou « la souveraineté nationale est bien la souveraineté de l'État » (*ibid.*, p. 6). Pas davantage la souveraineté ne peut être définie en tant que « puissance commandante de l'État […] et volonté de la nation » (L. DUGUIT, *Traité de droit constitutionnel – Tome deuxième : La théorie générale de l'État – Première partie : Éléments, fonctions et organes de l'État*, 3e éd., De Boccard, 1928, p. 108).

[4] O. BEAUD, *La puissance de l'État*, Puf, coll. Léviathan, 1994, p. 208.

[5] La thèse de la souveraineté nationale aboutit à d'autres affirmations surprenantes ; ainsi, par exemple, de celle selon laquelle « la souveraineté est la qualité d'un pouvoir qui n'est pas exercé par le souverain » (É. MAULIN, « Souveraineté », in D. ALLAND, S. RIALS, dir., *Dictionnaire de la culture juridique*, Lamy-Puf, coll. Quadrige-dicos poche, 2003, p. 1437). Il paraît pourtant aller de soi que souveraineté et souverain soient plus intimement liés que cela.

[6] O. BEAUD, *La puissance de l'État*, Puf, coll. Léviathan, 1994, p. 208.

[7] M. HAURIOU, *Précis élémentaire de droit constitutionnel*, 2e éd., Librairie du Recueil Sirey, 1930, p. 54.

est celle de Vattel qui ne voyait pas de souveraineté cédée mais faisait de l'État le représentant de la nation toujours souveraine ; inversant le raisonnement de la doctrine allemande selon lequel la nation serait un organe de l'État, il qualifiait l'État d' « organe de la nation »[1]. Rousseau ne disait pas autre chose, lui pour qui le peuple serait le fondement de toute souveraineté et pour qui, la liberté de l'homme étant inaliénable, la souveraineté originaire du peuple ne pourrait être en aucun cas aliénée ou déléguée. Ces propositions sont incompatibles avec le fait que la souveraineté est une prérogative juridique qui apparaît et disparaît très exactement en même temps que l'État. Elle ne lui préexiste pas et ne lui survit pas ; elle n'est pas une donnée factuelle susceptible d'exister avant et indépendamment de l'État.

Tout le problème se réduit bien évidemment à celui de la définition de la souveraineté. Duguit expliquait que la nation serait souveraine parce qu'elle serait une « personne réelle, [...] ni une fiction ni une abstraction, mais une réalité positive distincte de celle des individus qui la constituent »[2] et parce que « sa volonté s'impose aux individus »[3]. Mais ce qui est alors visé est — sous l'angle des définitions présentement retenues — la puissance factuelle et non la souveraineté juridique en même temps qu'une personne factuelle et non une personne juridique. Rousseau, lui, assimilait la souveraineté à la volonté générale dont le peuple en corps serait le substrat[4] ; la loi étant l' « expression de la volonté générale », elle serait logiquement l'expression de la souveraineté. Seulement la loi est-elle sans doute davantage l'expression de la volonté des gouvernants qui agissent toujours au nom de l'État et seulement parfois, quand des rouages démocratiques le permettent, au nom du peuple. Et Carré de Malberg — qui recourait alternativement et sans distinction à « puissance » et à « souveraineté » — faisait de la souveraineté, non pas le pouvoir juridique de l'État comme dans le présent ouvrage, mais tout au contraire « le pouvoir social de la nation »[5]. En revanche, lorsque Rousseau écrivait que « celui qui rédige les lois n'a ou ne doit avoir aucun droit législatif, et le peuple même ne peut, quand il le

[1] E. DE VATTEL, *Le droit des gens*, 1758, L. I, chap. 4 (cité par P. HAGGENMACHER, « L'État souverain comme sujet du droit international, de Vitoria à Vattel », *Droits* 1992, n° 16, p. 19).

[2] L. DUGUIT, *Traité de droit constitutionnel – Tome premier : La règle de droit, le problème de l'État*, 3e éd., De Boccard, 1927, p. 604.

[3] *Ibid.*

[4] J.-J. ROUSSEAU, *Du contrat social*, 1762, L. III, chap. 15.

[5] R. CARRÉ DE MALBERG, *Contribution à la théorie générale de l'État spécialement d'après les données fournies par le droit constitutionnel français*, t. II, Librairie du Recueil Sirey, 1920, p. 172.

voudrait, se dépouiller de ce droit incommunicable »[1], il envisageait bien la souveraineté en tant que « droit au droit » ; par suite, il ne conférait pas ce droit à l'État mais au peuple. En ce point réside la véritable discussion. Sieyès, dans le même sens, attribuait à la nation le pouvoir constituant qui est l' « origine de toute légalité » ; et d'ajouter que « sa volonté est toujours la loi suprême »[2]. Reste que c'est définitivement faire œuvre euphémistique que de dire que le mot « souveraineté » est entouré d'un épais brouillard sémantique et conceptuel. Et, parmi les présentes pages, est soutenu que, le droit n'existant pas avant l'État — pas plus d'ailleurs que le peuple au sens de « peuple de l'État » — et la souveraineté étant une donnée juridique, la souveraineté ne peut appartenir à une entité ante-étatique telle que la nation.

Par ailleurs, la Constitution française de 1958 dit de la République que « son principe est : gouvernement du peuple, par le peuple et pour le peuple »[3]. « Du, par et pour » : le peuple serait à la fois objet, moyen et bénéficiaire des lois, du gouvernement et de la souveraineté. En 1794, Joseph de Maistre jugeait qu' « il y a sûrement quelque équivoque » dès lors que le peuple est souverain et que le sujet de cette souveraineté est également le peuple : « Le peuple qui commande est aussi le peuple qui obéit. Il suffit donc d'énoncer la proposition générale "le peuple est souverain" pour sentir qu'elle a besoin d'un commentaire »[4]. Plus qu'un commentaire, c'est peut-être une contestation que cette formule requiert. Même si d'aucuns résoudront l'énigme en disant que la nation est souveraine et commande quand le peuple, en tant que simple agrégat de citoyens, ne saurait être autre chose qu'un sujet obéissant, il semble surtout que les gouvernants doivent être reliés à l'État. Ce n'est donc pas plus la nation que le peuple qui gouverne ; tous deux se contentent d'être gouvernés.

« Gouvernement du peuple, par le peuple et pour le peuple » est un aphorisme politique, presque un slogan ; ce sont des mots qui revêtent un fort effet symbolique mais qui ne correspondent guère la réalité juridique de l'État et encore moins à celle de la souveraineté. Il est malaisé d'imaginer concrètement et juridiquement ce que pourrait être un peuple tout à la fois gouvernant et gouverné. Sujétion et domination sont deux choses qui s'excluent l'une l'autre — comme il est impossible d'être tout en même temps parent et enfant — et Carré de Malberg observait à raison qu' « une puissance de domination sur soi-même est une chose dénuée de sens au point

[1] J.-J. ROUSSEAU, *Du contrat social*, 1762, L. I, chap. 7.
[2] E.-J. SIEYÈS, *Qu'est-ce que le tiers-état ?*, 1789.
[3] Const. 4 oct. 1958, art. 2, al. 5.
[4] J. DE MAISTRE, *Étude sur la souveraineté*, 1794, p. 311-312.

de vue juridique »[1]. Il faut donc rejeter les affirmations rousseauistes en vertu desquelles les citoyens apparaissent à la fois « comme participant à l'autorité souveraine et comme sujets soumis aux lois de l'État »[2], le peuple souverain étant « dans le cas d'un particulier contractant avec soi-même »[3]. Carré de Malberg notait également que « la relation de puissance [*i.e.* de souveraineté] ne peut se concevoir qu'entre des sujets distincts ; [...] la collectivité étant le sujet actif de la puissance étatique ne peut pas en être en même temps le sujet passif »[4]. Aussi retenait-il que le sujet sur lequel s'exerce la souveraineté ne peut pas être le peuple dans le cas de la souveraineté populaire ou la nation en ce qui concerne la souveraineté nationale :

> *Si les membres de la nation sont les auteurs des lois, ils ne peuvent être considérés comme étant d'autre part les sujets passifs de la puissance souveraine. La raison précise en est que l'idée juridique de puissance implique la domination d'une volonté extérieure, c'est-à-dire d'une volonté qui soit celle d'autrui et qui lie ceux à qui elle s'impose, en les contraignant à respecter ses commandements.*[5]

Les règles édictées par les organes de l'État ne sont pas des règles que les citoyens s'imposent à eux-mêmes ; penser cela revient à s'éloigner par trop de la réalité juridique selon laquelle la souveraineté confère à l'État un droit suprême de domination sur son peuple et sur son territoire, lequel État use positivement de son droit par l'intermédiaire des actes de ses organes.

Carré de Malberg résolvait l'énigme de la souveraineté nationale-populaire en estimant que « le sujet passif [de la souveraineté], c'est l'individu »[6] ; et d'inviter à « distin[guer] en la personne du citoyen deux qualités bien différentes. [...] Ce qui est souverain dans la nation, c'est l'être collectif unifié [...] ; ce qui est dominé et grevé de sujétion, c'est, non plus la nation en son ensemble, mais ses membres individuels pris isolément. [...] Il y a, en dernière analyse, séparation de la souveraineté et de la sujétion entre

[1] R. CARRÉ DE MALBERG, *Contribution à la théorie générale de l'État spécialement d'après les données fournies par le droit constitutionnel français*, t. I, Librairie du Recueil Sirey, 1920, p. 244.
[2] J.-J. ROUSSEAU, *Du contrat social*, 1762, L. I, chap. 6.
[3] *Ibid.*, L. I, chap. 7.
[4] R. CARRÉ DE MALBERG, *Contribution à la théorie générale de l'État spécialement d'après les données fournies par le droit constitutionnel français*, t. I, Librairie du Recueil Sirey, 1920, p. 243.
[5] *Ibid.*, p. 245.
[6] *Ibid.*, p. 250.

deux sortes de personnes juridiques distinctes »[1]. Or le peuple mais aussi la nation ne sont toujours que des sommes d'individus n'acquérant en aucun instant le statut juridique de personne morale, si bien que ce sont inéluctablement les mêmes qui sont à la fois titulaires et sujets de la souveraineté. Mieux vaut retenir que l'État est le titulaire de la souveraineté quand le peuple est son sujet. D'ailleurs, la lecture de la *Contribution* semble indiquer que Carré de Malberg désignait par « nation » ni plus ni moins que l'État, car la nation ne saurait être davantage qu'une métaphore servant à expliquer l'origine et les fondements de l'État ; elle n'est en aucune façon une donnée juridique et encore moins une personne juridique. Ainsi le professeur alsacien écrivait-il que « les théories qui séparent l'État et la nation doivent être contredites. […] Les pouvoirs et les droits de l'Etat ne sont pas autre chose que les pouvoirs et les droits de la nation. […] Il faut admettre qu'il y a identité entre la nation et l'État. […] En vain certains auteurs essayent-ils d'échapper à cette conclusion en s'efforçant de différencier les notions de souveraineté de l'État et de souveraineté de la nation. Cette distinction est inacceptable »[2]. Les signifiés de « nation » et de « État » semblent pourtant devoir être rigoureusement séparés et devoir désigner des réalités complètement distinctes, notamment parce que l'une relève du fait quand l'autre appartient au droit. Carré de Malberg jugeait à juste titre que souveraineté de l'État et souveraineté de la nation ne peuvent pas cohabiter dès lors que, en tant que pouvoir suprême, l'une exclut forcément l'autre ; mais il en tirait pour conséquence que toutes deux seraient strictement la même chose, alors que la vérité devrait être davantage qu'une seule existe réellement : la souveraineté étatique. Même en acceptant que « l'État et la nation ne sont que les deux faces d'un même être de droit : la nation en tant que personne s'appelle l'État »[3], la souveraineté paraît ne pouvoir être qu'étatique car, en tant que prérogative juridique, seule une personne juridique peut en être le titulaire. Il n'est donc pas vrai que « la souveraineté de l'État, personne morale, est la souveraineté de la nation »[4] puisque, si l'État est une personne morale, c'est à lui et à lui seul que peut s'attacher la souveraineté.

[1] *Ibid.*, p. 251.

[2] *Ibid.*, p. 13. Dans le même sens, L. DUGUIT, *Les transformations du droit public*, Armand Colin, 1913, p. 19.

[3] R. CARRÉ DE MALBERG, *Contribution à la théorie générale de l'État spécialement d'après les données fournies par le droit constitutionnel français*, t. II, Librairie du Recueil Sirey, 1920, p. 187.

[4] E. JOUANNET, « De la personnalité et la souveraineté de l'État dans la Constitution de 1958 (théorie française de l'État et intégration européenne) », [en ligne] <cerdin.univ-paris1.fr>, 2003, p. 15.

En outre, l'aspiration à la souveraineté populaire est malmenée par le problème de la représentation. Stanislas de Clermont-Tonnerre — un député de la noblesse qui vota l'abolition des privilèges le 4 août 1789 —, déclarait un jour que « c'est peut-être la plus ingénieuse invention politique que celle d'avoir proclamé souveraine une nation en lui interdisant tout usage de sa souveraineté. Voilà l'effet de l'adoption d'une Constitution représentative »[1]. Mirabeau pouvait répondre que « la représentation est une échelle réduite ou un miroir du peuple »[2] et Lamartine ajouter que « l'élu du peuple n'est rien d'autre que sa personnification même »[3], la démocratie représentative — qui est le lot de tous les régimes démocratiques — n'en est pas moins une négation de l'idée de souveraineté populaire. Aussi la Constitution de 1793 avait-elle implicitement écarté la représentation, la pensée de ses auteurs, influencée par Rousseau, étant dominée par la thèse selon laquelle la souveraineté ne pourrait pas plus être représentée qu'elle ne peut être aliénée, si bien qu'une grande place fut concédée aux modes de gouvernement direct. Mais la plupart des textes constitutionnels ont disposés ou disposent, à l'instar de la Constitution de 1791, que « la nation, de qui seule émanent tous les pouvoirs, ne peut les exercer que par délégation. La Constitution française est représentative ; les représentants sont le corps législatif et le roi »[4]. Et la Constitution du 4 octobre 1958 de prévoir que « le peuple exerce [la souveraineté] par ses représentants et par la voie du référendum »[5], quand la pratique des institutions consacre le fait que « le peuple exerce la souveraineté principalement par ses représentants et très exceptionnellement par la voie du référendum ».

En définitive, démocratie directe et souveraineté populaire sont parfaitement impraticables et leur réalité impliquerait que les sociétés demeurent dans un perpétuel état d'anarchie politique. Mais la démocratie et la souveraineté du peuple ne sont que des images, jouant un rôle symbolique et politique, et aucunement des réalités tangibles juridiquement. C'est pourquoi la Constitution de 1791 suscitée prévoyait que le peuple n'avait que la jouissance de la souveraineté et qu'il était contraint d'en déléguer l'exercice à des institutions représentatives, à savoir le corps législatif et le

[1] Cité par P. ROSANVALLON, « La démocratie : esquisse d'une théorie générale – Cours au Collège de France (5/10) », L'Éloge du savoir, France culture, 13 avr. 2013.

[2] Cité par P. ROSANVALLON, « La démocratie : esquisse d'une théorie générale – Cours au Collège de France (4/10) », L'Éloge du savoir, France culture, 12 avr. 2013.

[3] Cité par P. ROSANVALLON, « La démocratie : esquisse d'une théorie générale – Cours au Collège de France (4/10) », L'Éloge du savoir, France culture, 12 avr. 2013.

[4] Const. 3 sept. 1791, tit. III, art. 2.

[5] Const. 4 oct. 1958, art. 3.

roi. Hauriou soulignait fort pertinemment que cette construction traduisait un effort de conciliation entre le principe politique et symbolique de la souveraineté populaire et la réalité juridique du gouvernement représentatif, c'est-à-dire du gouvernement par certains individus autonomes et libres dans leurs décisions, le mandat impératif n'ayant jamais été véritablement appliqué en France[1]. Il faut donc se ranger aux côtés de Cabanis, lequel disait que « la formule d'une bonne démocratie réside dans le vrai système représentatif, celui dans lequel tout se fait pour le peuple, mais rien ne se fait par lui »[2].

Enfin, il faut terminer en différenciant les deux théories démocratiques de la souveraineté qui s'affrontent : celle qui fait de la nation le titulaire de la souveraineté et celle qui confère pareil attribut au peuple. On remarque que l'opposition entre souverainetés nationale et populaire n'a pris de réelle consistance qu'avec les écrits de Carré de Malberg et que, auparavant et encore aujourd'hui souvent, les deux concepts ont été et sont tenus pour équivalents ou compris comme très proches par la majorité des penseurs du droit politique[3]. L'histoire constitutionnelle, il est vrai, ne traduit la distinction peuple/nation que très timidement et tend plutôt à la contredire. Tout au long des présentes lignes, souveraineté populaire et souveraineté nationale ont été reliées et même confondues en ce que l'une comme l'autre entrent en confrontation avec le choix ici opéré de faire de l'État personne juridique le seul titulaire de la souveraineté. La souveraineté de la nation devrait néanmoins être précisément différenciée de la souveraineté du peuple et la Constitution de 1958 apparaît maladroite lorsqu'elle proclame que « la souveraineté nationale appartient au peuple »[4]. Il n'est toutefois pas lieu de discuter plus avant cette difficulté dès lors qu'est retenu que la souveraineté ne se conçoit de toute façon qu'étatiquement. Simplement convient-il de souligner, contre Hauriou selon qui « les deux formes de souveraineté sont adaptées aussi bien aux gouvernements représentatifs qu'aux gouvernements directs ou semi-directs »[5] et contre les auteurs selon lesquels celles-ci

[1] M. HAURIOU, *Précis élémentaire de droit constitutionnel*, 2e éd., Librairie du Recueil Sirey, 1930, p. 56.

[2] Cité par P. ROSANVALLON, « La démocratie : esquisse d'une théorie générale – Cours au Collège de France (5/10) », L'Éloge du savoir, France culture, 13 avr. 2013.

[3] G. BACOT, *Carré de Malberg et l'origine de la distinction entre souveraineté du peuple et souveraineté nationale*, Éditions du CNRS, 1985.

[4] Const. 4 oct. 1958, art. 3. *Cf.* M. TROPER, « "La souveraineté nationale appartient au peuple" – L'article 3 de la Constitution de 1958 », in L. JAUME, M. TROPER, dir., *1789 et l'invention de la Constitution*, Bruylant-LGDJ (Bruxelles-Paris), 1994, p. 250 s.

[5] M. HAURIOU, *Précis élémentaire de droit constitutionnel*, 2e éd., Librairie du Recueil Sirey, 1930, p. 56.

seraient compatibles et complémentaires[1], que, avec la souveraineté nationale, la souveraineté appartient à un être indivisible et unitaire, si bien que les représentants ne représentent pas des électeurs mais la nation dans son entier et dans son unité, ce qui invite à recourir à la démocratie représentative. À l'inverse, la souveraineté populaire implique qu'il y ait autant de souverainetés particulières qu'il y a d'individus, de telle sorte que la démocratie ne pourrait être que directe, empruntant uniquement la voie du référendum, des votations et de l'initiative populaire. Dans ce dernier cas, les élus ne sont pas des représentants mais plutôt des administrateurs et les mandats sont logiquement impératifs. Partant, peut-être la formule gravée à l'article 3 de la Constitution française de 1958 selon laquelle « la souveraineté nationale appartient au peuple » est-elle, plutôt qu'une maladresse, une tentative de dépassement du clivage entre souveraineté nationale et souveraineté populaire. Peut-être ces mots ont-ils pour ambition de synthétiser l'histoire constitutionnelle moderne de la France et, surtout, de légitimer la suite dudit article 3 : « Le peuple exerce [la souveraineté] par ses représentants et par la voie du référendum ».

Les thèses de la souveraineté nationale et de la souveraineté étatique se rejoignent néanmoins en quelques points. En premier lieu, l'une comme l'autre se rattache à une conception selon laquelle aucun individu ni aucun groupe d'individus ne saurait s'approprier la souveraineté qui demeure irrémédiablement accrochée à un être abstrait et supérieur. En même temps, ledit être abstrait et supérieur ne peut exercer par lui-même et spontanément la compétence qui lui est reconnue ; il a besoin, pour s'exprimer et user de ses droits, de représentants humains occupant des fonctions officielles à l'intérieur d'organes. Par suite, l'intérêt de faire de la nation plutôt que de l'État le titulaire de la souveraineté est clair : alors qu'un monarque absolu ou un despote peut être la voix d'un État souverain, seuls des représentants élus démocratiquement peuvent jouer ce rôle à l'égard de la nation souveraine. Mais il n'en demeure pas moins que, sous l'angle de la logique juridique, la personne État seule peut bénéficier de la prérogative souveraineté. Et, lorsque le droit constitutionnel positif prévoit que « la souveraineté nationale appartient au peuple »[2], il n'est que possible de s'élever contre ce qui se présente tel un abus de langage ou, plutôt, tel un propos fort symboliquement et politiquement mais faible juridiquement. « Souveraineté du peuple et Constitution, écrivait Georges Burdeau, c'est

[1] G. BACOT, *Carré de Malberg et l'origine de la distinction entre souveraineté du peuple et souveraineté nationale*, Éditions du CNRS, 1985.

[2] Const. 4 oct. 1958, art. 3.

tout un »[1]. Mais la Constitution est la Constitution de l'État, non celle du peuple ; elle sert à organiser par des procédures juridiques le fonctionnement de l'État. Là encore, retenir que le peuple rédige et modifie sa Constitution est une belle image mais, réellement, ce texte ne peut qu'être l'œuvre de quelques organes de l'État. D'ailleurs, bien des États sont dotés de Constitutions dont les rédacteurs n'avaient en aucune manière été choisis démocratiquement ; or ne leur est pas refusée la qualité de souveraineté, ce qui accrédite définitivement la conception selon laquelle la souveraineté est indépendante de la nation et du peuple. Et Kelsen d'avancer lucidement que « la doctrine de la souveraineté populaire, très affinée et intellectualisée sans doute, n'est qu'un masque totémique »[2]. L'intérêt d'une affirmation telle que « la démocratie se définit comme la mise en œuvre de la souveraineté du peuple »[3], du point de vue des idéaux des droits de l'Homme et de l'État de droit, ne fait aucun doute. Mais le propos tenu au sein des présentes lignes se doit de n'intéresser platement que le monde des normes et des institutions juridiques positives.

La souveraineté nationale ou populaire, politiquement, se comprend très bien et n'est pas contestable[4]. En revanche, sous l'angle de la science et de la théorie juridiques, il ne saurait y avoir ni souveraineté nationale ni souveraineté populaire. Le qualificatif « souverain » doit être réservé à l'État, à la désignation de son droit à l'indépendance sur la scène internationale et de son droit à un pouvoir absolu à l'égard de son peuple et de son territoire. Au sens de Rousseau, « il n'y a ni ne peut y avoir nulle espèce de loi obligatoire pour le corps du peuple »[5]. Il est pourtant

[1] G. BURDEAU, *Traité de science politique*, t. II, LGDJ, 1949, p. 89.

[2] H. KELSEN, *La démocratie – Sa nature, sa valeur*, Dalloz, 2004, p. 96-97 (cité par C. COLLIOT-THÉLÈNE, « Les masques de la souveraineté », *Jus Politicum* 2012, n° 8, p. 1). Kelsen expliquait : « De même qu'au stade primitif du totémisme, les membres du clan mettent à l'occasion de certaines fêtes orgiaques le masque de l'animal-totem sacré, c'est-à-dire de l'ancêtre du clan pour, jouant eux-mêmes le père, rejeter pour un court moment tous les liens sociaux, de même dans l'idéologie démocratique, le peuple-sujet revêt le caractère d'organe investi d'une autorité inaliénable, dont seul l'exercice peut être délégué et doit toujours être délégué à nouveau aux élus » (*ibid.* (cité par C. COLLIOT-THÉLÈNE, « Les masques de la souveraineté », *Jus Politicum* 2012, n° 8, p. 1)).

[3] P. ROSANVALLON, « La démocratie : esquisse d'une théorie générale – Cours au Collège de France (1/10) », L'Éloge du savoir, France culture, 9 avr. 2013.

[4] Partant, il n'est guère surprenant qu'Hugo Chavez, durant la campagne électorale pour les élections présidentielles vénézuéliennes de 2012, lançait à la foule de ses partisans : « Quand je vous vois, quelque-chose me dit "Chavez tu n'es plus Chavez, tu es un peuple". Je ne suis pas moi, je suis vous. […] Je serai élu, préparez-vous à gouverner » (entendu dans Journal de 18h, France info, 2 oct. 2012).

[5] J.-J. ROUSSEAU, *Du contrat social*, 1762, L. I, chap. 7.

incontestable que les organes de l'État produisent des actes dont les normes qu'ils contiennent sont juridiquement obligatoires pour les individus qui constituent le peuple de l'État, lesquels ne les ont pas acceptées directement et explicitement — peut-être même sont-ils majoritairement hostiles à ces normes — ; et cela s'explique uniquement par la souveraineté de l'État.

Enfin, convenir que l' « État-nation » est souverain revient à convenir que la souveraineté est étatique et non qu'elle est nationale puisque l'expression « État-nation » désigne un État particulier bien plus qu'une nation particulière[1].

Le refus d'accorder à la nation et/ou au peuple la souveraineté désormais acté et justifié, reste à mettre en exergue combien la question de la souveraineté est l'enjeu le plus central de la théorie juridique contemporaine de l'État et même, plus généralement, de la théorie contemporaine de l'État.

42. ***La souveraineté, problématique la plus fondamentale de la théorie juridique contemporaine de l'État.*** Une problématique souvent présentée comme cardinale au sein de la théorie juridique de l'État est : « La souveraineté est-elle le critère de l'État ? »[2] ; « forme-t-elle un élément indispensable de l'État ? »[3]. Bodin, au XVIe s., répondait par l'affirmative : « La République [*i.e.* l'État] est un droit gouvernement de plusieurs mesnages [...] avec puissance souveraine »[4] ; et le Professeur Olivier Beaud d'en conclure que « la souveraineté est donc le critère spécifique de l'État »[5], à la suite de Carré de Malberg selon qui elle est « [son] signe caractéristique, [...] [son] signe distinctif »[6]. La personnalité juridique, indispensable à l'État, ne suffit pas à le caractériser juridiquement car il existe nombre de personnes juridiques qui ne sont pas des États. C'est pourquoi la souveraineté doit nécessairement être ajoutée à la personnalité juridique dans

[1] *Cf.* J. CHEVALLIER, « L'État-nation », *RDP* 1998, p. 1280 s.

[2] R. CARRÉ DE MALBERG, *Contribution à la théorie générale de l'État spécialement d'après les données fournies par le droit constitutionnel français*, t. I, Librairie du Recueil Sirey, 1920, p. 88.

[3] *Ibid.*, p. 72.

[4] J. BODIN, *Les six livres de la République*, 1576, L. I, chap. 1 (cité par Ch. BEHRENDT, F. BOUHON, *Introduction à la théorie générale de l'État – Recueil de textes*, Larcier (Bruxelles), coll. Faculté de droit de l'Université de Liège, 2009, p. 50).

[5] O. BEAUD, *La puissance de l'État*, Puf, coll. Léviathan, 1994, p. 47 et 52.

[6] R. CARRÉ DE MALBERG, *Contribution à la théorie générale de l'État spécialement d'après les données fournies par le droit constitutionnel français*, t. I, Librairie du Recueil Sirey, 1920, p. 69. Mais Carré de Malberg écrivait aussi qu' « on a tort de vouloir faire [de la souveraineté] le critérium logique et absolu de l'État. [...] La souveraineté n'est à vrai dire qu'un caractère non essentiel de certains États » (*ibid.*, p. 77).

la théorie juridique de l'État et pourquoi elle est plus décisive que lui. Cependant, la problématique se pose difficilement en ces termes ; en effet, la souveraineté se reconnaît à l'État plus que l'État ne se reconnaît à la souveraineté. Cette dernière apparaît parce que l'État apparaît ; mais l'État ne naît pas en raison de l'émergence de la souveraineté — comme l'être humain possède certains droits du seul fait qu'il accède à la vie mais n'accède à la vie en aucune façon du fait de ces droits —. La souveraineté n'en est toutefois pas moins, aujourd'hui, le concept-clé de la théorie juridique de l'État et tout ce qui juridiquement est attaché à l'État peut s'y réduire[1]. Bien plus que la personnalité juridique, c'est la souveraineté qui, depuis que Bodin l'a sortie du domaine ecclésio-théologique[2], fait la spécificité juridique de l'État et qui, donc, doit être pensée et expliquée par les théoriciens de l'État. La conception abstraite qui consiste à ramener les actions des gouvernants à un centre qualifié de « souverain » ne se retrouve dans aucune littérature avant le XVIe s. C'est pourquoi on voit dans l'œuvre de Bodin et dans ce siècle le moment de l'apparition de l'État moderne, si ce n'est de l'État. Aussi n'y aurait-il pas eu d' « État médiéval » dès lors que c'est la souveraineté telle que pensée par Bodin qui aurait permis le saut qualitatif le plus décisif pour le concept d'État[3].

On relève que « la souveraineté est un caractère substantiel de l'État »[4] ; sans doute faudrait-il ajouter qu'elle en est un caractère consubstantiel. Vient d'être abondamment justifiée la thèse selon laquelle la souveraineté est une prérogative juridique dont seul l'État est doté. Aussi Duguit pouvait-il fort pertinemment préférer l'expression « droit de

[1] O. BEAUD, « Souveraineté », in Ph. RAYNAUD, S. RIALS, dir., *Dictionnaire de philosophie politique*, Puf, coll. Quadrige dicos poche, 1996, p. 625 ; A. TRUYOL Y SERRA, « Souveraineté », *Arch. phil. droit* 1990, p. 313.

[2] Le jurisconsulte angevin était ainsi le premier à considérer que « la République [*i.e.* l'État] a cela d'avantage que c'est une communauté gouvernée par puissance souveraine » (J. BODIN, *Les six livres de la République*, 1576, L. III, chap. 7 (cité par O. BEAUD, *La puissance de l'État*, Puf, coll. Léviathan, 1994, p. 52)). Il notait, ailleurs, que « la souveraineté est le fondement principal de toute République » (*ibid.* (cité par S. GOYARD-FABRE, *L'État, figure moderne de la politique*, Armand Colin, coll. Cursus-philosophie, 1999, p. 23)) et que « seul le titre de souveraineté est la vray fondement et le pivot sur lequel tourne l'estat d'une société, et de laquelle dépendent tous les magistrats, loix et ordonnances, et qui est la seule union et liaison des familles, corps et collèges, et de tous les particuliers en un corps parfait de République » (*ibid.*, 1576, L. I, chap. 2 (cité par O. BEAUD, *La puissance de l'État*, Puf, coll. Léviathan, 1994, p. 125)).

[3] O. BEAUD, *La puissance de l'État*, Puf, coll. Léviathan, 1994, p. 30. Pour cet auteur, la théorie de Bodin aurait permis le passage « de l'ère ante-étatique à l'ère étatique » (*ibid.*, p. 52).

[4] R. DENOIX DE SAINT MARC, *L'État*, 2e éd., Puf, coll. Que sais-je ?, 2012, p. 105.

souveraineté » à celle de « souveraineté »[1]. Déjà au début du XVIIe s. Loyseau liait ainsi État et souveraineté lorsqu'il remarquait que « la souveraineté est inséparable de l'État, elle est la forme qui donne l'être à l'État : même, l'État et la souveraineté prise *in concreto* sont synonymes, et l'État est ainsi appelé parce que la souveraineté est le comble ou période de la puissance où il faut que l'État s'arrête »[2]. Aujourd'hui, on observe, malgré la force doctrinale certaine de l'idée de « souveraineté nationale », que, « d'après la doctrine traditionnellement établie en France, le propre de l'État, c'est d'être souverain »[3]. Esmein, souvent repris sur ce point, écrivait que « le fondement même du droit public consiste en ce qu'il donne à la souveraineté un titulaire [...] : l'État, qui se confond ainsi avec la souveraineté, celle-ci étant sa qualité essentielle »[4]. Et d'ajouter, ailleurs, que « la négation de la souveraineté [aboutit à] affirmer le règne de la force, le droit de la force seule à créer des gouvernements. C'est le fait mis à la place du droit »[5]. Partant, c'est essentiellement par et grâce à la souveraineté que l'État est un être juridique et qu'il se rapporte à un ensemble de phénomènes juridiques.

Le débat est néanmoins réel et, *a fortiori* depuis que le développement du droit international et du droit européen interroge la notion d'État, on soutient que « la souveraineté demeure un concept opératoire, mais à condition que l'on en comprenne bien la relativité [...] [car] elle reçoit de la réalité juridique tantôt des confirmations et tantôt des infirmations »[6]. Savoir

[1] L. DUGUIT, *Traité de droit constitutionnel – Tome premier : La règle de droit, le problème de l'État*, 3e éd., De Boccard, 1927, *passim*.

[2] Ch. LOYSEAU, *Traité des seigneuries*, 1614, chap. 2 (cité par R. CARRÉ DE MALBERG, *Contribution à la théorie générale de l'État spécialement d'après les données fournies par le droit constitutionnel français*, t. I, Librairie du Recueil Sirey, 1920, p. 85). Dans son *Traité des seigneuries*, Charles Loyseau écrivait encore : « L'Estat est ainsi appelé pour ce que la Souveraineté est le comble et periode de puissance, ou il faut que l'État s'arreste et establisse. Et comme c'est le propre de toute seigneurie d'estre inherente à quelque Fief ou domaine aussi la Souveraineté *in abstracto* est attachée à l'Estat, Royaume ou République » (*ibid.* (cité par O. BEAUD, *La puissance de l'État*, Puf, coll. Léviathan, 1994, p. 37)).

[3] J. FAVRE, « La pensée juridique est-elle nécessairement une pensée de l'État ? », in D. ROUSSEAU, dir., *Le droit dérobé*, Montchrestien, coll. Grands colloques, 2007, p. 97.

[4] A. ESMEIN, *Éléments de droit constitutionnel français et comparé* (1896), Éditions Panthéon-Assas, coll. Les introuvables, 2001, p. 31.

[5] A. ESMEIN, *Éléments de droit constitutionnel français et comparé*, 8e éd., Librairie du Recueil Sirey, 1927, p. 52.

[6] H. DUMONT, « La notion juridique de souveraineté aujourd'hui : de l'absolu au relatif », *Cahiers du Centre de Recherches en Histoire du Droit et des Institutions des Facultés Universitaires Saint-Louis* 1997, n° 7 (cité par Ch. BEHRENDT, F. BOUHON, *Introduction à la théorie générale de l'État – Recueil de textes*, Larcier (Bruxelles), coll. Faculté de droit de l'Université de Liège, 2009, p. 452).

si la souveraineté peut passer « de l'absolu au relatif »[1] n'est pas la moindre des problématiques. A été précédemment soutenu que la souveraineté ne peut s'entendre qu'en tant qu'absolu ; mais il ne fait aucun doute que l'Union européenne, par exemple, met en doute cette affirmation. L'indépendance et la suprématie juridique de l'État sont aujourd'hui malmenées, ce qui signifie que la souveraineté est malmenée. La mondialisation, les constructions juridiques supraétatiques (interétatiques et transétatiques) et les intégrations régionales, si ce n'est mondiales, invitent à repenser la souveraineté. D'aucuns notent que son « âge d'or » serait révolu[2] car elle serait victime d'« érosion »[3], chose qui n'est pas certaine — étant en cause une donnée juridique et non factuelle — mais qui est possible et qui mérite d'être étudiée. De plus en plus nombreux sont les commentateurs à observer des « espaces sans souveraineté »[4] et à réfléchir aux effets de la globalisation-mondialisation sur le droit et sur le binôme État-souveraineté ; et certains n'hésitent pas à annoncer que la souveraineté serait en passe de se déplacer des États vers des acteurs privés tels que les multinationales[5]. L'internet et les nouveaux moyens de communication jouent évidemment un rôle décisif dans ces mutations, spécialement en ce qu'ils rendent poreuses les frontières[6].

La définition de la souveraineté en tant que « droit au droit attribué à l'État » est lourde de conséquences à l'égard de nombreuses problématiques, théoriques en particulier. Par exemple, le sens et la portée de cette acception sont un enjeu décisif du point de vue des discussions relatives aux potentialités et aux limites de la régulation juridique. *A priori*, une telle conception, qui amène à réduire le domaine du droit au domaine du droit d'origine étatique, paraît interdire tout droit d'origine privée et donc tout pluralisme juridique, mis à part un éventuel pluralisme du droit étatique. Il

[1] Réf. à H. DUMONT, « La notion juridique de souveraineté aujourd'hui : de l'absolu au relatif », *Cahiers du Centre de Recherches en Histoire du Droit et des Institutions des Facultés Universitaires Saint-Louis* 1997, n° 7.

[2] S. SAURUGGER, « Théoriser l'État dans l'Union européenne ou la souveraineté au concret », *Jus Politicum* 2012, n° 8, p. 8. Néanmoins, pour cet auteur, la souveraineté est « une valeur existentielle de la vie politique et légale » (*ibid.*, p. 22).

[3] Commission on Global Governance, *Our Global Neighborhood*, Oxford University Press, 1995, p. 11 (cité par A.-J. ARNAUD, « De la régulation par le droit à l'heure de la globalisation », *Dr. et Société* 1997, p. 12).

[4] Réf. à R. J. DUPUY, « Les espaces hors souveraineté », *Pouvoirs* 1993, n° 67, p. 99 s.

[5] J. E. THOMSON, « State Sovereignty in International Relations: Bridging the Gap between Theory and Empirical Research », *International Studies Quarterly* 1995, n° 39, p. 214 (cité par A.-J. ARNAUD, « De la régulation par le droit à l'heure de la globalisation », *Dr. et Société* 1997, p. 12).

[6] *Cf.* B. BENHAMOU, *Souveraineté et réseaux numériques*, Armand Colin, 2006.

n'est pas possible de répondre autrement à la question du pluralisme juridique et de la théorie du droit dès lors qu'est retenue la proposition du philosophe anglais John Austin suivant laquelle « sont règles de droit tous les commandements du souverain »[1], donc de l'État. La loi — *i.e.* le droit —, au sens de Bodin et de ses disciples, est l'acte de souveraineté par excellence ; et cela semble correspondre à la révolution dans l'histoire de la pensée juridique qui a mené vers une nouvelle manière de se représenter le droit, vers une nouvelle science du droit dans laquelle « droit moderne » rime avec « État moderne ». Mais peut-être le « droit au droit » qu'est la souveraineté est-il plus précisément un « droit au droit pur ou absolu », ce qui autoriserait à envisager l'existence d'un droit extra-étatique impur ou non absolu. Et, à l'heure de la « gouvernance » et du « droit mou », il faudrait, dans l'hypothèse où la souveraineté serait remise en cause, fragmentée et partagée, en déduire que le « droit au droit » de l'État rencontrerait exactement les mêmes difficultés. Seulement sont-ce peut-être la puissance et l'autorité de l'État qui se voient actuellement malmenées, la souveraineté, d'essence juridique, demeurant préservée par sa nature même. Enfin, il est tout à fait permis d'adhérer à une définition du droit qui serait le fruit d'une approche scientifique et syncrétique et non la conséquence logique de l'approche stipulative et personnelle donnant lieu aux présentes définitions de l'État et de la souveraineté, si bien que cette conception du droit serait indifférente auxdites définitions ici exposées[2].

La souveraineté soulève de nombreuses autres difficultés qu'il n'est pas lieu de vouloir citer exhaustivement. Pour ne prendre qu'un exemple, des auteurs expliquent qu'elle est un concept susceptible d'être utilisé de deux manières différentes : soit à des fins stratégiques ou de légitimation (pour emporter la conviction et justifier des décisions politiques), soit à des fins cognitives (pour interpréter et expliquer certains phénomènes)[3]. Au sein des présents travaux, seul le second usage est pertinent et envisageable. Mais, au-delà de cette dernière donnée qui est contingente et donc de peu d'intérêt, il semble surtout que la souveraineté soit travestie et dénaturée lorsqu'elle est transportée dans le monde politicien (qu'il faut distinguer du monde politique), dans le monde journalistique et dans le monde polémique — ce

[1] J. AUSTIN, *The Province of Jurisprudence Determined*, 1832.

[2] *Cf.* B. BARRAUD, « L'échelle de juridicité : un outil pour mesurer le droit et fonder une théorie syncrétique (première partie : présentation) », *Arch. phil. droit* 2013, p. 365 s.

[3] S. JACQUOT, C. WOLL, *Les usages de l'Europe – Acteurs et transformations européennes*, L'Harmattan, coll. Logiques politiques, 2004, p. 20 (cité par S. SAURUGGER, « Théoriser l'État dans l'Union européenne ou la souveraineté au concret », *Jus Politicum* 2012, n° 8, p. 17).

qui est très fréquemment le cas —. Son véritable univers, c'est celui de la science et de la théorie juridiques. Aussi s'agit-il de plaider pour une souveraineté comprise dans un sens strict et de s'élever contre qui recourt à cette notion dans un autre contexte que celui de la définition juridique de l'État.

En somme, la souveraineté peut légitimement se voir qualifiée de « pivot de l'État moderne autour duquel convergent toutes les notions du droit étatique moderne »[1]. Il est juste de conclure que « rien ne permet d'invalider l'opinion classique selon laquelle il n'y a pas d'État sans souveraineté ni de souveraineté sans État »[2]. On va même jusqu'à faire de cette dernière opinion non pas une opinion devenue majoritaire mais une opinion devenue unanime parmi la doctrine juridique contemporaine[3], la critique de Duguit, qui ne voyait dans la souveraineté qu'un outil symbolique au service de la domination politique et aboutissant à la « négation même du droit public »[4], n'ayant jamais rencontré un grand succès, à l'identique de la proposition émise un siècle plus tôt par Benjamin Constant de « détruire la notion de souveraineté » car « c'est contre l'arme et non contre le bras qu'il faut sévir »[5]. Il ne paraît donc pas utile de chercher à convaincre plus avant du caractère fondamental de la souveraineté dans la théorie juridique de l'État, même si Carré de Malberg a pu la qualifier de

[1] O. BEAUD, *La puissance de l'État*, Puf, coll. Léviathan, 1994 (cité par Ch. BEHRENDT, F. BOUHON, *Introduction à la théorie générale de l'État – Recueil de textes*, Larcier (Bruxelles), coll. Faculté de droit de l'Université de Liège, 2009, p. 50).

[2] *Ibid.*, p. 14.

[3] É. MAULIN, « Souveraineté », in D. ALLAND, S. RIALS, dir., *Dictionnaire de la culture juridique*, Lamy-Puf, coll. Quadrige-dicos poche, 2003, p. 1438. C'est aujourd'hui une opinion largement partagée que celle selon laquelle « ce qui distingue de manière radicale l'État des autres sujets réside dans cet attribut éminent et exclusif : la souveraineté » (F. POIRAT, « État », in D. ALLAND, S. RIALS, dir., *Dictionnaire de la culture juridique* Lamy-Puf, coll. Quadrige-dicos poche, 2003, p. 646).

[4] L. DUGUIT, *Traité de droit constitutionnel – Tome deuxième : La théorie générale de l'État – Première partie : Éléments, fonctions et organes de l'État*, 3e éd., De Boccard, 1928, p. 117. Le maître bordelais soutenait que « la souveraineté aboutit à l'absolutisme, […] conduit forcément au despotisme » (*ibid.*) ; ou qu'elle ne sert qu'à « donner un fondement juridique à l'omnipotence de l'État, à son pouvoir sans limite à l'intérieur, à sa volonté de puissance et de conquête à l'extérieur » (L. DUGUIT, *Traité de droit constitutionnel – Tome premier : La règle de droit, le problème de l'État*, 3e éd., De Boccard, 1927, p. 548-549).

[5] B. CONSTANT, *Principes de politique*, Guillaumin, 1872, p. 10. Benjamin Constant, suivant cette logique, cherchait à démontrer que « le courroux des hommes s'est dirigé contre les possesseurs du pouvoir et non contre le pouvoir lui-même. Au lieu de détruire ce pouvoir, ils n'ont songé qu'à le déplacer [du roi vers la nation]. C'était un fléau, ils l'ont considéré comme une conquête » (*ibid.*).

« contestable »[1]. Depuis que le professeur strasbourgeois a écrit, la souveraineté a allègrement gagné ses galons et nul théoricien ne se risquerait aujourd'hui à définir l'État sans la souveraineté[2].

Mieux vaut, à présent, s'enquérir des moyens par lesquels la souveraineté permet à l'État de s'exprimer juridiquement, c'est-à-dire s'enquérir du contenu de cette méta-prérogative juridique, de ce droit subjectif qu'est la souveraineté. En d'autres termes, il convient désormais de répondre à la question « qu'est-ce que le "droit au droit" ? ». Nul doute que « l'existence d'un pouvoir supérieur de la corporation sur ses membres n'est pas particulière à l'État : même des sociétés privées peuvent avoir un pouvoir disciplinaire sur leurs affiliés. Mais la puissance [*i.e.* la souveraineté] qui appartient à l'État lui est propre en ce sens qu'elle est d'une essence à part et qu'elle présente des caractères qui la différencient radicalement de toute autre puissance du droit public ou privé »[3]. Il faut détailler ces caractères particuliers, cette essence à part et ce contenu spécifique de la souveraineté qui fondent toute l'originalité juridique de l'être étatique. Si l'utilité théorique et épistémique de la souveraineté n'est plus guère contestée par personne, sa signification et les modalités de son usage, en revanche, demeurent entourées de nombreuses incertitudes ; et la conception retenue parmi le présent essai — selon laquelle la souveraineté est une méta-prérogative conférant à l'État l'indépendance juridique vis-à-vis de l'extérieur et la suprématie et l'omnicompétence juridiques à l'intérieur — est, pour sa part, loin de pouvoir se targuer d'être une opinion unanime[4].

[1] R. Carré de Malberg, *Contribution à la théorie générale de l'État spécialement d'après les données fournies par le droit constitutionnel français*, t. I, Librairie du Recueil Sirey, 1920, p. 10.

[2] Les propositions de Carré de Malberg quant au fait qu'il existe des États non souverains semblent aujourd'hui dépassées. L'auteur alsacien affirmait : « Un point doit être tenu pour acquis : dans le droit public contemporain, la souveraineté n'est pas une condition essentielle de l'État » (R. Carré de Malberg, *Contribution à la théorie générale de l'État spécialement d'après les données fournies par le droit constitutionnel français*, t. I, Librairie du Recueil Sirey, 1920, p. 172). À l'aube du XXIe s., le point qui semble devoir être tenu pour acquis est davantage que la souveraineté est essentielle à l'État. D'ailleurs, Carré de Malberg affirmait également, un peu plus loin, que, « au point de vue spécial du droit public français, il faut reconnaître que la caractéristique essentielle de l'État, c'est la souveraineté » (*ibid.*, p. 192). Et de critiquer les auteurs allemands tenus d' « observer certains ménagements envers les États non souverains que renferme l'Empire allemand » (*ibid.*, p. 193).

[3] *Ibid.*, p. 70.

[4] En ce sens, les penseurs du droit public qui, au tournant du XXe s., soutenaient que la notion d'État pourrait se passer de celle de souveraineté attachaient un signifié à « souveraineté » ne partageant véritablement rien avec celui ici proposé. Ainsi Carré de Malberg invoquait-il,

quant au fait qu'il y aurait des États non souverains, le soutien d'auteurs selon lesquels, « pour distinguer l'État des autres communautés à base territoriale, il faut s'attacher, non à l'indépendance, qualité toute négative, mais aux prérogatives positives qui forment le propre de l'État. Ces prérogatives consistent dans les droits de puissance publique qu'exerce l'État et la qualité d'État existera dès que ces droits de puissance publique seront protégés contre toute atteinte par une délimitation juridique » (L. MICHOUD, A. G. DE LAPRADELLE, *RDP* 1901, p. 45 (cités par R. CARRÉ DE MALBERG, *Contribution à la théorie générale de l'État spécialement d'après les données fournies par le droit constitutionnel français*, t. I, Librairie du Recueil Sirey, 1920, p. 173)). Or cette description ressemble fort à celle ici retenue quant à la souveraineté. Il en va à l'identique concernant l'opinion selon laquelle l'État ne se caractériserait pas par la souveraineté mais par la « puissance législative » et par la « présence d'un organe législatif » (L. POLIER, R. DE MARANS, *Esquisse d'une théorie des États composés*, Privat (Toulouse), 1902, p. 18 (cité par R. CARRÉ DE MALBERG, *Contribution à la théorie générale de l'État spécialement d'après les données fournies par le droit constitutionnel français*, t. I, Librairie du Recueil Sirey, 1920, p. 173)).

Chapitre 2

L'expression de la souveraineté par le droit

43. ***Le contenu exclusivement juridique de la souveraineté.*** La souveraineté est un titre juridique qui habilite son détenteur — qui ne peut qu'être l'État — à commander, décider, diriger unilatéralement et arbitrairement (« souverainement ») dans les limites du cadre géographique et humain que composent son territoire et son peuple. Elle permet d'aller jusqu'à « décide[r] de la situation d'exception », pour reprendre une formule de Carl Schmitt[1]. Bodin énumérait, sous le nom de « vraies marques de souveraineté », différents pouvoirs ou droits qui, selon lui, seraient spécifiques au souverain : faire la guerre et faire la paix, mais aussi et surtout édicter les lois, rendre la justice ou encore créer les offices[2]. Plus récemment, la Cour internationale de La Haye précisait que la souveraineté ne saurait être reconnue qu'à condition que des actes positifs démontrent une volonté d'agir en tant que souverain[3], ce qui interdit l'existence de quelques « États fantômes ». Ainsi y a-t-il souveraineté et État seulement si peuvent être et si sont mises en œuvre des prérogatives de législation, de juridiction et d'administration. Ce sont ces pouvoirs ou capacités juridiques qui sont attachés à l'État parce qu'ils sont compris dans la méta-prérogative souveraineté.

Partant, la conception de Carré de Malberg selon laquelle « la souveraineté prise en soi n'a point de contenu positif »[4] car elle « est uniquement négative »[5] ne peut être qu'infirmée. Au sens de l'auteur de la *Contribution*, « l'erreur commise par Bodin a consisté à vouloir faire entrer dans la souveraineté le contenu positif de la puissance d'État, et c'est ainsi

[1] C. SCHMITT, *Théologie politique*, Gallimard, 1988, p. 16 (cité par J.-L. BERGEL, *Théorie générale du droit*, 5e éd., Dalloz, coll. Méthodes du droit, 2012, p. 95).

[2] J. BODIN, *Les six livres de la République*, 1576, L. I, chap. 8.

[3] Cour internationale de Justice, avis, 15 oct. 1975, *Sahara occidental*.

[4] R. CARRÉ DE MALBERG, *Contribution à la théorie générale de l'État spécialement d'après les données fournies par le droit constitutionnel français*, t. I, Librairie du Recueil Sirey, 1920, p. 192.

[5] *Ibid.*, p. 76.

qu'il a rapporté à la première ce qui était une conséquence de la seconde »[1]. Pour lui, les droits et pouvoirs décrits par Bodin « ne forment point le contenu et ne sont pas des conséquences de la souveraineté »[2]. La difficulté est évidemment que les signifiés de « souveraineté » et de « puissance » retenus par Carré de Malberg, lorsqu'il soutenait que « la souveraineté, n'étant qu'une façon d'être et un degré de la puissance étatique, ne peut pas avoir de contenu déterminé »[3], divergent diamétralement par rapport à ceux qui sont accueillis dans les présentes lignes. Ici, la souveraineté est au droit ce que la puissance est au fait, tant et si bien que tout élément relevant du milieu juridique ne peut que s'attacher à la souveraineté et en aucune façon à la puissance. Et la souveraineté, conçue comme un droit subjectif, comporte nécessairement un contenu positif, un contenu normatif. Actuellement, peu de *jus*-publicistes se positionnent dans les traces de Carré de Malberg pour ce qui concerne cette problématique ; la plupart caractérisent positivement la souveraineté, par exemple en en faisant la « somme d'un certain nombre de prérogatives régaliennes »[4]. Par conséquent, la souveraineté peut être abordée empiriquement, à travers l'observation des actes unilatéraux qui traduisent le rapport de subordination entre auteurs et adressataires des règles de droit, qui traduisent la « verticalité du système interne »[5] que seule la souveraineté rend possible. Et cette compréhension matérielle de la souveraineté est validée par le Conseil constitutionnel lorsqu'il se réfère aux « conditions essentielles d'exercice de la souveraineté »[6] ; cette dernière, loin d'être négative, est bel et bien un droit que l'État, personne juridique, « exerce ».

La souveraineté de l'État n'est pas un objet immuable et statique mais plutôt une « notion qui prend forme seulement à travers son usage et son

[1] *Ibid.* Et d'en profiter pour ajouter qu' « ainsi se prépare et s'établit la confusion grave qui s'est maintenue jusqu'à l'époque présente, et qui, par là même qu'elle rattachait à l'idée de souveraineté les prérogatives essentielles de la puissance étatique, a entraîné la doctrine à considérer la souveraineté comme un élément indispensable de l'État, alors que celle-ci n'est à vrai dire qu'un caractère, non essentiel, de certains États » (*ibid.*, p. 77).

[2] *Ibid.*, p. 157.

[3] *Ibid.*

[4] F. POIRAT, « État », in D. ALLAND, S. RIALS, dir., *Dictionnaire de la culture juridique*, Lamy-Puf, coll. Quadrige-dicos poche, 2003, p. 646.

[5] J. COMBACAU, « Le droit international : bric-à-brac ou système ? », *Arch. phil. droit* 1986, p. 105.

[6] Cons. const., déc. 9 avr. 1992, n° 92-308 DC, *Traité sur l'Union européenne*. *Cf.* sur ce point O. BEAUD, « La souveraineté de l'État, le pouvoir constituant et le Traité de Maastricht », *RFDA* 1993, p. 1045 s.

interprétation »[1]. Ainsi se laisse-t-elle saisir concrètement, en action, et est-ce alors que son véritable visage apparaît, à travers son contenu positif qui, bien plus que les considérations théoriques, sont ce qui importe réellement. Le Professeur Olivier Beaud écrit en ce sens que « la puissance conceptuelle de la souveraineté tient à [sa] faculté de [se] transformer en techniques juridiques directement applicables »[2]. C'est à ces techniques juridiques qu'il convient de réfléchir au sein de ce dernier chapitre. L'État moderne a été édifié parallèlement à la concentration progressive dans les mains du monarque de diverses attributions considérées comme indissociables de la souveraineté. Ces activités dites « régaliennes » étaient censées constituer le noyau irréductible et la finalité ultime de son institution ; seul investi du droit de recourir à la force juridique — pouvant se traduire physiquement —, l'État disposait désormais du privilège de battre la monnaie ou encore du pouvoir de lever l'impôt. On retient ainsi que c'est à partir du XVIe s. que se sont développés exactement concomitamment les ordres juridiques nationaux et les souverainetés étatiques, les premiers procédant des secondes[3]. Aujourd'hui, est clairement affirmé que l'État souverain dispose de la « compétence de la compétence », c'est-à-dire du « droit au droit », d'une totale maîtrise du droit applicable sur son territoire et à l'égard de sa population, et que telle est la portée de la souveraineté. *In fine*, tout acte juridique provenant de l'État, quelle forme qu'il prenne, est une application de sa souveraineté, de la sanction prononcée par un juge au règlement publié par une autorité administrative. Et la théorie dite du « décisionnisme », développée par Carl Schmitt, trouve ici un écho particulier : selon cette doctrine, le fondement du droit se situerait dans la volonté du souverain et uniquement dans la volonté du souverain. Cette dernière serait nécessaire et suffisante à la juridicité : « La souveraineté […] constitue la source de tout droit, c'est-à-dire de toutes les normes et de tous les ordres qui en découlent »[4]. Avec le décisionnisme, la souveraineté est l'origine de la validité du droit[5]. Ce n'est pas autrement que doit être comprise la souveraineté, le « droit au droit ».

[1] S. Saurugger, « Théoriser l'État dans l'Union européenne ou la souveraineté au concret », *Jus Politicum* 2012, n° 8, p. 2.

[2] O. Beaud, *La puissance de l'État*, Puf, coll. Léviathan, 1994, p. 69.

[3] Ch. Chêne, « Enseignement du droit », in D. Alland, S. Rials, dir., *Dictionnaire de la culture juridique*, Lamy-Puf, coll. Quadrige-dicos poche, 2003, p. 622.

[4] C. Schmitt, *Les trois types de pensée juridique*, trad. M. Kôller, Puf, 1995, p. 83 (cité par X. Magnon, *Théorie(s) du droit*, Ellipses, coll. Universités-Droit, 2008, p. 20).

[5] A. Sériaux, *Le Droit – Une introduction*, Ellipses, 1997, p. 273.

Dit avec les mots de Max Weber, la qualité d'être souverain permet à l'État de se présenter telle une « entreprise qui revendique avec succès le monopole de la contrainte physique légitime »[1], à condition de considérer que « légitime » signifie en l'occurrence « juridique ». Gurvitch considérait que « le monopole de la contrainte inconditionnée, qu'on peut convenir de désigner [...] par "souveraineté politique", n'implique en lui-même nullement la "souveraineté juridique" qui est tout autre chose »[2]. Mais la souveraineté ne peut et ne doit s'entendre que juridiquement[3] ; sa terre d'élection est le droit, le droit constitutionnel spécialement[4], et partout ailleurs elle n'est pas à sa place. Parler de « souveraineté » revient toujours à parler de « souveraineté juridique », c'est-à-dire à se référer à un ensemble de droits et de pouvoirs juridiques suprêmes que le souverain ne partage avec personne. Selon Gurvitch, il faudrait préférer l'expression « souveraineté politique » car les prérogatives de l'État sont limitées par les règles de droit international[5] ; seulement n'est-il bien, dans pareille explication, question que de droit et l'existence de règles de droit international n'est-elle que la conséquence de la souveraineté externe comprise comme droit à l'indépendance. Et le sociologue de noter, en outre, que « seules la Nation et la Société Internationale sont juridiquement souveraines »[6], conception absolument opposée à celle qui imprègne les présents paragraphes et selon laquelle il n'est de souveraineté que juridique et étatique. Hauriou aussi opérait une distinction entre « la conception politique de la souveraineté "indépendance" et la conception juridique de la souveraineté "faisceau de droits régaliens" »[7]. Autant il paraît nécessaire de préciser explicitement lorsqu'une norme est juridique car il y a de nombreuses variétés de normes non juridiques, autant il paraît suffisant d'écrire « souveraineté » dès lors qu'est en cause la souveraineté juridique puisqu'il ne semble exister nulle forme ajuridique de souveraineté.

La souveraineté se réalise dans le droit positif. Plus encore, elle est le droit positif. Aussi ne peut-elle pas préexister au droit positif tant il n'est

[1] M. WEBER, *Le savant et le politique* (1959), 10/18, coll. Bibliothèques, 2002.

[2] G. GURVITCH, *Éléments de sociologie juridique*, Aubier, 1940, p. 205.

[3] Par exemple, L. LE FUR, « La souveraineté et le droit », *RDP* 1908, p. 412 s.

[4] A. HAQUET, *Le concept de souveraineté en droit constitutionnel français*, th., Université Paris I - Panthéon-Sorbonne, 1998.

[5] G. GURVITCH, *Éléments de sociologie juridique*, Aubier, 1940, p. 205.

[6] *Ibid.* Gurvitch parlait, quelques lignes plus loin, de la « prééminence du droit politique » (*ibid.*), ce qui témoigne de l'usage peu rigoureux que faisait cet auteur de la distinction droit/politique.

[7] M. HAURIOU, *Précis élémentaire de droit constitutionnel*, 2e éd., Librairie du Recueil Sirey, 1930, p. 17.

jamais d'État, donc de souveraineté, sans droit positif[1]. Tous trois apparaissent concomitamment. La souveraineté est la première norme de l'ordre juridique étatique, cela autant du point de vue chronologique que sous l'angle de la hiérarchie des normes. Au faîte de cette dernière, ce n'est pas une norme hypothétique transcendantale mais la souveraineté qu'il faut rechercher. Certainement celle-ci n'est-elle pas consacrée par un texte, y compris constitutionnel — les Constitutions peuvent reconnaître ou traduire verbalement la souveraineté mais non la créer —, mais elle appartient parfaitement à l'ensemble des règles positives, à l'instar de certaines coutumes. Et l'État use quotidiennement, permanentement même, de cette prérogative totalement positive et aucunement « hypothétique », « logique », « naturelle »[2], « idéelle » ou « divine ».

Concrètement, les droits et pouvoirs de l'État lui permettent de maîtriser et dominer juridiquement son territoire et sa population, dont Kelsen a montré qu'ils sont les projections personnelle et spatiale de la souveraineté[3]. On définit classiquement l'État en tant qu' « autorité souveraine qui exerce son pouvoir sur une population habitant un territoire »[4] ; et on note que « territoire et population apparaissent moins comme des éléments constitutifs de l'État que comme des cadres d'exercice de la souveraineté étatique »[5]. Certes Duguit a-t-il dénoncé la « théorie du territoire-objet » en ce qu'elle serait par trop « artificielle »[6] ; il n'en demeure pas moins incontestable que la réalité de l'étendue de la souveraineté étatique correspond strictement à l'espace géographique délimité par les frontières et au domaine humain correspondant à la population. Les premières prérogatives contenues dans la souveraineté sont des droits sur le territoire et sur le peuple de l'État. Ces droits relèvent tout

[1] On écrit parfois que, au contraire, « la souveraineté est logiquement antérieure à l'institution du droit positif » (É. Maulin, « Souveraineté », in D. ALLAND, S. RIALS, dir., *Dictionnaire de la culture juridique*, Lamy-Puf, coll. Quadrige-dicos poche, 2003, p. 1435).

[2] É. MAULIN, « Souveraineté », in D. ALLAND, S. RIALS, dir., *Dictionnaire de la culture juridique*, Lamy-Puf, coll. Quadrige-dicos poche, 2003, p. 1435 (qui qualifie la souveraineté de « véritable droit naturel »).

[3] *Cf.* H. KELSEN, *Théorie pure du droit*, 2e éd., trad. Ch. Eisenmann, Dalloz, 1962, p. 379 s. ; M. TROPER, « Kelsen Hans, 1881-1973 », in D. HUISMAN, dir., *Dictionnaires des philosophes*, 2e éd., Puf, 1993, p. 1215.

[4] R. DENOIX DE SAINT MARC, *L'État*, 2e éd., Puf, coll. Que sais-je ?, 2012, p. 5.

[5] J. CHEVALLIER, *L'État*, 2e éd., Dalloz, coll. Connaissance du droit, 2011, p. 29.

[6] L. DUGUIT, *Traité de droit constitutionnel – Tome deuxième : La théorie générale de l'État – Première partie : Éléments, fonctions et organes de l'État*, 3e éd., De Boccard, 1928, p. 56. Et le maître bordelais de se borner à expliquer : « Puisque je nie l'existence de la souveraineté [...], je ne saurais admettre naturellement que l'État possède un droit de souveraineté sur son territoire » (*ibid.*, p. 57).

d'abord de la propriété et un juriste du XIXe s. ayant activement participé à l'élaboration du Code civil de 1804 évoquait des « droits réels de droit public »[1]. D'aucuns acceptent que de semblables prérogatives, qualifiées de « droits réels », existent à l'égard du territoire mais non à l'égard de la population. Laband, par exemple, énonçait que « l'État a un droit sur son territoire qui est substantiellement différent de ses droits de puissance sur ses sujets »[2]. Pourtant, il ne semble pas possible de distinguer, sous cet angle, le sort de l'un et celui réservé à l'autre ; l'État est titulaire d'une souveraineté qui lui permet de dominer à l'identique, toujours de façon juridique, son territoire et son peuple. Duguit critiquait également l'hypothèse des droits de souveraineté-propriété portant sur le territoire en rappelant que la souveraineté se traduit comme un pouvoir de commandement : « Or on ne peut commander qu'à des personnes. Parler de souveraineté sur un territoire est une contradiction en soi »[3]. Il ne paraît toutefois n'y avoir pas plus d'obstacle devant l'idée de domination du territoire que devant celle de domination de la population. L'État peut prendre toute décision juridique affectant le territoire en tout ou partie comme il peut prendre toute décision juridique affectant le peuple en tout ou partie. Les seules différences entre l'un et l'autre ressortent du domaine des faits et non du domaine du droit : en particulier, le territoire ne se montre jamais hostile aux gouvernants quand le peuple peut manifester, de manière plus ou moins violente et plus ou moins massive, un ressentiment à l'égard de leurs décisions, quand bien même celles-ci jouissent du sceau de la souveraineté étatique.

Bien sûr, il importe de séparer strictement la réalité juridique et la réalité socio-factuelle : les droits que l'État a sur son peuple et sur son territoire peuvent ne pas correspondre à une parfaite maîtrise et domination dans les faits, *a fortiori* à l'ère de l'internet et des multinationales. Mais, quand bien même ces difficultés sont aujourd'hui indéniables, elles ne peuvent impacter que peu les conclusions tirées au terme d'une étude proprement juridique. Afin de mieux comprendre ce que renferme la

[1] J.-B.-V. PROUDHON, *Traité du domaine public*, 2e éd., 1844 (cité par L. DUGUIT, *Traité de droit constitutionnel – Tome deuxième : La théorie générale de l'État – Première partie : Éléments, fonctions et organes de l'État*, 3e éd., De Boccard, 1928, p. 57).

[2] P. LABAND, *Le droit public de l'Empire allemand*, trad. C. Gandillon, Giard et Brière, 1900, p. 287 (cité par L. DUGUIT, *Traité de droit constitutionnel – Tome deuxième : La théorie générale de l'État – Première partie : Éléments, fonctions et organes de l'État*, 3e éd., De Boccard, 1928, p. 57).

[3] L. DUGUIT, *Traité de droit constitutionnel – Tome deuxième : La théorie générale de l'État – Première partie : Éléments, fonctions et organes de l'État*, 3e éd., De Boccard, 1928, p. 58.

souveraineté, il faut plus en détails présenter la portée de ce « droit de commander »[1] ou « principe de légitimité »[2].

44. ***La production de la loi et de la justice comme matérialisation de la souveraineté.*** La souveraineté est une méta-prérogative juridique octroyant à l'État le monopole du droit. Ce dernier se divise en deux activités principales : l'édiction de la loi et le rendu de la justice. Concrètement, il revient donc à l'État, du fait de sa souveraineté, de s'organiser afin de pouvoir produire et appliquer les règles juridiques. Le « droit au droit » peut ensuite se décomposer en diverses attributions plus fines et, par exemple, Hobbes dénombrait onze conséquences de la souveraineté[3]. Toutes étant juridiques, il est possible de les réunir en évoquant le « monopole du droit » et le « droit au droit ». Les sociétés connaissent de multiples modes de régulation sociale. L'un d'eux, la régulation juridique, est le propre de l'État, seul titulaire de la compétence, de la capacité, du pouvoir et de l'autorité juridiques originaires, c'est-à-dire de la souveraineté. Aussi convient-il, à cet instant, de conclure, à la suite de *La puissance de l'État* du Professeur Olivier Beaud, en ces termes : « Il résulte de [l'étude] de la souveraineté une leçon essentielle : le lien capital entre l'État et le droit [...]. On peut donc proposer la définition suivante de la souveraineté moderne : elle désigne le monopole d'édiction du droit positif par l'État »[4] ou, dit autrement, « la faculté qu'a l'État de créer du droit de manière absolument originaire »[5]. Et de qualifier l'avènement de l'idée de souveraineté de « révolution du droit »[6].

Certainement l'affirmation selon laquelle la souveraineté serait le « droit au droit » de l'État comporte-t-elle à son tour une large part de stipulation et d'aucuns soutiennent-ils que le droit déborde allègrement l'État, loin de se réduire aux seules normes et institutions étatiques[7] ; il

[1] O. BEAUD, *La puissance de l'État*, Puf, coll. Léviathan, 1994, p. 20.

[2] On définit les principes de légitimité comme des « justifications du pouvoir, c'est-à-dire du droit de commander » (G. FERRERO, *Le pouvoir – Les génies invisibles de la Cité* (1945), Hachette, 1988, p. 24 (cité par O. BEAUD, *La puissance de l'État*, Puf, coll. Léviathan, 1994, p. 20)).

[3] Th. HOBBES, *Léviathan*, 1651, chap. 18 (cité par Ch. BEHRENDT, F. BOUHON, *Introduction à la théorie générale de l'État – Recueil de textes*, Larcier (Bruxelles), coll. Faculté de droit de l'Université de Liège, 2009, p. 70).

[4] O. BEAUD, *La puissance de l'État*, Puf, coll. Léviathan, 1994, p. 130.

[5] *Ibid.*, p. 20.

[6] *Ibid.*, p. 52.

[7] Par exemple, le Professeur Jacques Chevallier retient que « la souveraineté se caractérise par le pouvoir de commandement unilatéral que l'État détient sur ses ressortissants, pouvoir qui

apparaît néanmoins que l'histoire et la logique modernes du droit et celles de l'État tendent largement à se rejoindre. Loin des thèses du pluralisme juridique et du « panjuridisme »[1], les théories dominantes du droit se répartissent entre deux propositions proches mais distinctes : soit « est souverain qui possède le monopole du droit », soit « possède le monopole du droit qui est souverain ». Il faut préférer le sens souveraineté → monopole du droit au sens monopole du droit → souveraineté car le premier est une hypothèse juridique quand le second invite à procéder à des observations factuelles inappropriées en l'occurrence. Aux yeux du droit, c'est bien la souveraineté qui est à l'origine du monopole étatique du droit et non l'inverse ; celle-ci chapeaute l'ordre juridique dans son ensemble, le clôture, et tout ce qui n'est pas ainsi recouvert par elle est sans autre forme de procès exclu du monde du droit. On souligne (aux sens propre et figuré), dès lors, que « la souveraineté signifie le pouvoir *exclusif* de de son titulaire de composer ou modifier l'ordre juridique »[2]. Et le fait que des formes extra-étatiques de production et d'application de règles viennent concurrencer la régulation juridico-étatique ne porte en aucun instant atteinte au monopole étatique du droit ; il n'est nullement un signe de pluralisme juridique. En revanche, il serait permis de parler, dans ce cas, de concurrence entre plusieurs formes de régulation sociale, le droit et l'État n'étant pas autre chose qu'un type particulier de régulation sociale qui peut se trouver mis à l'épreuve de l'expansion et de l'appétit d'autres modes de régulation sociale.

À nouveau, la paternité de la théorie de la souveraineté-monopole du droit est attribuée à Jean Bodin qui, dans ses *Six livres de la République*, a lié l'émergence de l'État moderne avec le principe de souveraineté conçu en tant que monopole de la création du droit positif dans les mains du Prince[3]. Le jurisconsulte angevin spécifiait en ces termes « la première et la plus

s'exprime dans/par la norme juridique » (J. CHEVALLIER, *L'État*, 2e éd., Dalloz, coll. Connaissance du droit, 2011, p. 28). Toutefois, pareil propos ne signifie pas nécessairement que la souveraineté est un monopole du droit et le Professeur note par ailleurs que « l'État n'est sans doute pas le seul foyer de droit » et que ce dernier est connu de tout « groupe social institué » (*ibid.*). Pareillement, qui fait de la souveraineté un « pouvoir de produire du droit » (D. ALLAND, « Droit international public », in D. ALLAND, S. RIALS, dir., *Dictionnaire de la culture juridique*, Lamy-Puf, coll. Quadrige-dicos poche, 2003, p. 499) n'en fait pas le pouvoir de produire le droit et laisse entièrement ouverte la porte du monde juridique à des règles d'origine non étatique.

[1] J. CARBONNIER, *Flexible droit – Pour une sociologie du droit sans rigueur*, 8e éd., LGDJ, 1995.

[2] É. MAULIN, « Souveraineté », in D. ALLAND, S. RIALS, dir., *Dictionnaire de la culture juridique*, Lamy-Puf, coll. Quadrige-dicos poche, 2003, p. 1435 (souligné dans le texte original).

[3] *Cf.* J. BODIN, *Les six livres de la République*, 1576, L. I, chap. 8.

évidente marque de la souveraineté » : « Puissance de donner et casser la loy à tous en général, et à chacun en particulier »[1]. La « loy » — qui doit ici être entendue au sens large, soit comme tout acte juridique[2] — est donc l'expression première de la souveraineté de l'État et Sieyès, proche de Bodin en ce point, écrivait que « la souveraineté est la loi même »[3]. On remarque que, de la lecture de l'œuvre bodinienne, « fut retirée l'idée d'une consubstantialité entre la souveraineté et la fonction législative »[4] — cette dernière devant elle aussi se comprendre largement, donc comme indiquant la « fonction juridique » —. Bodin développait par ailleurs le propos suivant : « Sous [la] puissance de donner et casser la loi, sont compris tous les autres droits et marques de souveraineté : de sorte qu'à proprement parler on peut dire qu'il n'y a que cette seule marque de souveraineté, attendu que tous les autres droits sont compris en celui-là »[5]. Dès lors que le terme « loi » est analysé comme signifiant « droit » et non comme signifiant « acte normatif voté par les chambres composant le Parlement »[6], dès lors que le législateur est plus justement un « jurislateur », cette assertion apparaît incontestable puisque l'expression « donner et casser le droit » comprend bien toutes les prérogatives particulières constitutives de la souveraineté, de

[1] *Ibid.*, L. I, chap. 10 (cité par O. BEAUD, *La puissance de l'État*, Puf, coll. Léviathan, 1994, p. 52). Bodin écrivait à un autre endroit que « le point crucial de la majesté souveraine gît principalement à donner loi aux sujets en général et sans leur consentement. [...] Il faut que le prince souverain ait les lois en sa puissance pour les changer et corriger selon l'occurrence des cas [...] tout ainsi que le maître pilote doit avoir en sa main le gouvernail pour le tourner à sa discrétion » (*ibid.*, L. I, chap. 8 (cité par S. GOYARD-FABRE, *L'État, figure moderne de la politique*, Armand Colin, coll. Cursus-philosophie, 1999, p. 31)).

[2] On explique ainsi que Bodin désignait par « loy » tout « ordre ou sanction de l'autorité souveraine » (S. GOYARD-FABRE, *L'État, figure moderne de la politique*, Armand Colin, coll. Cursus-philosophie, 1999, p. 32).

[3] E. SIEYÈS, *Qu'est-ce que le tiers-état ?*, 1789, chap. V (cité par É. MAULIN, « Souveraineté », in D. ALLAND, S. RIALS, dir., *Dictionnaire de la culture juridique*, Lamy-Puf, coll. Quadrige-dicos poche, 2003, p. 1435).

[4] M. LAHMER, « Séparation et balance des pouvoirs », in D. ALLAND, S. RIALS, dir., *Dictionnaire de la culture juridique*, Lamy-Puf, coll. Quadrige-dicos poche, 2003, p. 1407.

[5] J. BODIN, *Les six livres de la République*, 1576, L. I, chap. 10 (cité par R. DENOIX DE SAINT MARC, *L'État*, 2e éd., Puf, coll. Que sais-je ?, 2012, p. 17).

[6] Il est remarquable que les dictionnaires, aujourd'hui, définissent la loi en ces termes : « Règle ou prescription émanant de l'autorité souveraine dans une société donnée » (V° « Loi », in *Trésor de la langue française*). Certes, une loi est un acte comprenant de multiples règles ou prescriptions et non une règle ou une prescription, mais le fait d'attacher ainsi l'idée de loi à l'idée de souveraineté, dans le langage commun, est significatif.

celles dépendantes de la fonction créatrice à celles liées à la fonction applicatrice[1].

La souveraineté concorde donc remarquablement avec la réalité du droit positif. Spécialement, elle se matérialise par le gouvernement, cette « partie de la structure étatique qui détient le pouvoir [...] d'exécuter les directives du ou des détenteurs de la souveraineté »[2]. Hauriou pouvait décrire son contenu en ces termes : « Propriété des droits régaliens de gouvernement, qui se dédouble [...] en exercice de ces droits »[3]. Et le maître toulousain de lister de façon non exhaustive ces « droits régaliens » : « Droits de justice, police et finances, droits de législation, droit d'impôt, droit de battre monnaie, droit de légation etc. »[4]. Il faut se concentrer un instant sur les « droits de justice », lesquels semblent être, avec les « droits de législation », les « droits régaliens » les plus importants.

Depuis l'abolition des juridictions seigneuriales par la Révolution, la justice « juridique » procède d'un parfait monopole de l'État. Déjà Hobbes insistait sur le fait qu' « est une attribution de la souveraineté le droit de juger »[5]. Et l'auteur de *Léviathan* de préciser ce que recouvre ce « droit de juger » : « Entendre et trancher les litiges qui peuvent survenir au sujet de la

[1] En revanche, il cesse d'être loisible de suivre le chemin bodinien dès lors que l'illustre jurisconsulte poursuivait sa démonstration ainsi : « Si le Prince est obligé de ne faire loy sans le concentement d'un plus grand que soy, il est vrai subiect ; si d'un pareil, il aura compagnon ; si des sujects, soit du Sénat ou du peuple, il n'est pas souverain » (J. BODIN, *Les six livres de la République*, 1576, L. I, chap. 10 (cité par O. BEAUD, *La puissance de l'État*, Puf, coll. Léviathan, 1994, p. 70)). L'avocat angevin adoptait une vision organique de la souveraineté, l'attachant au « Prince » et non à la « République ». Pourtant, seul l'État est souverain et, sous l'empire de la Ve République, il serait erroné d'avancer que « le Président de la République est souverain », que « le Parlement est souverain » ou que « le Conseil d'État est souverain ». Aucun organe ne peut être le titulaire de la souveraineté. De plus, une dimension de la conception de Bodin consiste à placer clairement le souverain au-dessus des actes qu'il produit, si bien que ceux-ci ne le lieraient jamais. Aujourd'hui, la souveraineté ne peut bien sûr plus s'analyser de la sorte, tel un droit au droit situé hors du droit. L'État est une personne juridique, ce qui l'autorise à profiter de prérogatives telles que la souveraineté mais lui interdit de se considérer extérieur au droit, y compris au droit qu'il génère. Il est un État de droit.

[2] J. CHEVALLIER, *Institutions politiques*, LGDJ, coll. Science politique, 1998, p. 69.

[3] M. HAURIOU, *Précis élémentaire de droit constitutionnel*, 2e éd., Librairie du Recueil Sirey, 1930, p. 17.

[4] *Ibid.*

[5] Th. HOBBES, *Léviathan*, 1651, chap. 18 (cité par Ch. BEHRENDT, F. BOUHON, *Introduction à la théorie générale de l'État – Recueil de textes*, Larcier (Bruxelles), coll. Faculté de droit de l'Université de Liège, 2009, p. 73).

loi […] ou sur une question de fait »[1]. Il est révélateur que, tandis que le droit de créer le droit est régulièrement délégué par l'État à des entités extérieures non étatiques, il en va différemment en matière de droit de résoudre les conflits et de sanctionner le non-respect du droit. Seuls les tribunaux, les cours et les conseils institués en tant qu'organes de l'État rendent des décisions revêtant l'autorité de la chose jugée et ayant force exécutoire, car faire justice suppose deux pouvoirs dont seul l'État souverain dispose et qu'il ne lui est pas envisageable de transmettre : le pouvoir de dire le droit applicable à des cas particuliers (*jurisdictio*) et le pouvoir de commandement et de contrainte (*imperium*)[2]. Aussi la justice serait-elle, plus que la loi, la première ou bien la plus pure des sous-prérogatives juridiques procédant de la souveraineté. Il ne faut donc pas, même si le lien entre souveraineté et loi est souvent établi, notamment dans l'œuvre de Bodin, résumer la souveraineté à un « droit à la création du droit ». Le « droit au droit » comprend, pour une part au moins aussi importante, le « droit à l'application du droit ». Et Hobbes peut être encore cité, lui qui retenait à raison que « c'est au souverain qu'est commis le pouvoir […] de punir par un châtiment corporel ou pécuniaire, ou par l'opprobre, tout sujet, conformément à la loi qu'il a préalablement faite »[3]. Partant, la célèbre définition de Max Weber demeure fatalement l'une des plus pertinentes : l'État souverain est une méta-institution juridique « qui revendique avec succès le monopole de la contrainte physique légitime »[4] ; car la mise en œuvre de la contrainte légitime ne peut se concevoir autrement qu'en tant que « monopole de la collectivité juridique »[5], c'est-à-dire de l'État.

Symboliquement, le Prince a fait place au peuple et/ou à la nation, mais en réalité rien n'a changé : c'est toujours l'État personne morale qui est souverain. La partie symbolique, néanmoins, ne doit pas être négligée et,

[1] *Ibid.* (cité par Ch. BEHRENDT, F. BOUHON, *Introduction à la théorie générale de l'État – Recueil de textes*, Larcier (Bruxelles), coll. Faculté de droit de l'Université de Liège, 2009, p. 73). Par suite, Hobbes expliquait que, sans cette justice étatique, « tout un chacun, sur la base du nécessaire et naturel appétit de conservation de soi, retrouve[rait] le droit de se protéger soi-même par sa force privée, ce qui est l'état de guerre et s'oppose à la fin pour laquelle tout État est institué » (*ibid.* (cité par Ch. BEHRENDT, F. BOUHON, *Introduction à la théorie générale de l'État – Recueil de textes*, Larcier (Bruxelles), coll. Faculté de droit de l'Université de Liège, 2009, p. 73)).

[2] J.-L. BERGEL, *Théorie générale du droit*, 5e éd., Dalloz, coll. Méthodes du droit, 2012, p. 347.

[3] Th. HOBBES, *Léviathan*, 1651, chap. 18 (cité par Ch. BEHRENDT, F. BOUHON, *Introduction à la théorie générale de l'État – Recueil de textes*, Larcier (Bruxelles), coll. Faculté de droit de l'Université de Liège, 2009, p. 73).

[4] M. WEBER, *Le savant et le politique* (1959), 10/18, coll. Bibliothèques, 2002.

[5] H. KELSEN, *Théorie pure du droit*, 2e éd., trad. Ch. Eisenmann, Dalloz, 1962, p. 51.

même en séparant scientifiquement le droit et les faits, il importe que les règles juridiques dont l'État est la source et le gardien soient respectées par leurs destinataires, au moins globalement. Une souveraineté qui, en pratique, ne permettrait de produire aucun effet ou seulement de maigres effets sur le peuple, qui donc ne s'accompagnerait pas d'une puissance, ne survivrait pas longtemps et l'État lui-même serait en péril. Aussi attribuer symboliquement la souveraineté à la nation ou à la population revêt-il un intérêt bien compris et déjà explicité[1]. Depuis Bodin, le rôle premier de la souveraineté est très certainement de justifier et légitimer la puissance de l'État ; on en appelle au droit afin de rendre acceptables certaines réalités factuelles objectivement violentes et, parfois, désagréables, inaptes à susciter une adhésion spontanée. Mais la souveraineté demeure uniquement constituée de droit. Or, lorsque le Professeur Jacques Chevallier insiste sur la contrainte dans sa définition de la souveraineté[2], il recourt à un élément factuel et non à un élément juridique. D'ailleurs voit-il dans la souveraineté une « puissance irrésistible »[3]. Il faut rappeler combien la souveraineté est une problématique juridique appelant uniquement des commentaires et des explications juridiques — et combien il ne s'agit là que de la conception retenue en ces lignes —. Caractériser la souveraineté par le « pouvoir d'exigibilité »[4] est conforme à cette exigence, mais tel n'est pas le cas de sa définition par la contrainte matérielle puisque celle-ci pourrait ne pas exister effectivement, la souveraineté n'en serait pas affectée. La réalité juridique d'une règle ou d'une institution n'est pas la même question que celle de son effectivité ou de son efficacité.

Enfin, que l'État ait le monopole du droit ne signifie pas que seuls des organes de l'État peuvent édicter des actes juridiques mais plutôt que les institutions étatiques sont libres de choisir arbitrairement les sources de règles juridiques et de les qualifier à ces fins. Ihering soulignait que « ne sont règles de droit que celles que l'État investit de ce caractère »[5]. En effet, comme la souveraineté autorise l'État à se soumettre librement à des organisations et à des règles supra-étatiques, elle l'habilite à déléguer le

[1] Il faut rappeler que seul l'État peut être souverain et que voir dans le droit l'« expression de la souveraineté de l'État et du peuple » (O. BEAUD, *La puissance de l'État*, Puf, coll. Léviathan, 1994, p. 24) ne paraît pas juste.

[2] J. CHEVALLIER, *L'État*, 2e éd., Dalloz, coll. Connaissance du droit, 2011, p. 28.

[3] *Ibid.*

[4] *Ibid.*

[5] R. VON IHERING, *Der Zweck im Recht*, t. I, 1878, p. 311 (cité par L. INGBER, « Le pluralisme juridique dans l'œuvre des philosophes du droit », in J. GILISSEN, dir., *Le pluralisme juridique*, Université de Bruxelles, 1972, p. 59).

pouvoir juridique à toute entité extra-étatique. La meilleure illustration réside évidemment en la possibilité conférée aux particuliers, par le Code civil français, de produire du droit par conventions privées, ces dernières étant officiellement qualifiées de « lois » (« les conventions légalement formées tiennent lieu de *loi* à ceux qui les ont faites »[1]). La différence est grande entre cette position et celle défendue, par exemple, par Austin et Bentham lorsqu'ils acceptaient de qualifier de « juridiques » uniquement les commandements émanant directement du souverain[2]. L'État possède le monopole du droit et, *in fine*, toute règle juridique doit pouvoir être raccrochée à lui ; mais il peut parfaitement déléguer son droit de produire le droit à quiconque, cela ne porte pas atteinte à l'inaliénabilité de la souveraineté tant que cette délégation n'est que partielle, temporaire et précise. Et, s'il ne disposait pas de cette faculté, cela signifierait que sa souveraineté serait bridée ; or une « souveraineté bridée » est une *contradictio in adjecto*. C'est donc à raison qu'on retient que « le souverain est la source de la force obligatoire de tout le droit positif, même s'il n'en détermine pas nécessairement le contenu »[3]. En revanche, la proposition d'Hauriou selon laquelle « des États mi-souverains sont encore des États, pourvu qu'il leur reste quelques droits régaliens fondamentaux »[4], est contestable car elle sous-entend que l'État pourrait se séparer d'une part de sa souveraineté ; cette dernière est inaliénable et, si l'État peut en déléguer l'exercice, il lui est interdit d'en céder la propriété, que ce soit en tout ou en partie.

Enfin, il faut clore ce chapitre en même temps que cet ouvrage en évoquant une dernière problématique particulière : le lien existant entre la souveraineté et la Constitution de l'État, spécialement sa Constitution originaire.

45. ***L'expression primaire et première de la souveraineté de l'État par la Constitution.*** Une grande différence entre l'État et les autres organisations politiques se situe dans le caractère originaire de la structure juridique du premier, lequel ne tient ses pouvoirs juridiques que de lui-même là où les

[1] C. civ., art. 1134. Les rédacteurs auraient pu se borner à consacrer la règle selon laquelle « les conventions légalement formées obligent ceux qui les ont faites ».

[2] D. BARANGER, « Utilitarisme (utilitarisme classique et droit) », in D. ALLAND, S. RIALS, dir., *Dictionnaire de la culture juridique*, Lamy-Puf, coll. Quadrige-dicos poche, 2003, p. 1500.

[3] É. MAULIN, « Souveraineté », in D. ALLAND, S. RIALS, dir., *Dictionnaire de la culture juridique*, Lamy-Puf, coll. Quadrige-dicos poche, 2003, p. 1435.

[4] M. HAURIOU, *Précis élémentaire de droit constitutionnel*, 2e éd., Librairie du Recueil Sirey, 1930, p. 18.

autres ne peuvent aspirer qu'à profiter de formes de droit dérivé[1]. La Constitution originaire est la première Constitution dont se dote un nouvel État ou dont se dote un État après une révolution socio-politique ayant entraîné une rupture dans sa continuité constitutionnelle. Contrairement aux Constitutions, lois constitutionnelles, lois simples et autres actes subséquents, la Constitution initiale semble trouver son origine et son fondement, à l'identique de l'État, parmi les faits et uniquement parmi les faits. Cela explique le « désarroi de la doctrine » devant la question du pouvoir constituant originaire que Georges Burdeau constatait, ce pouvoir entretenant une plus grande proximité avec le monde factuel qu'avec le monde juridique, ce à quoi les juristes sont très peu habitués[2]. En tout cas est-ce, à en croire Duguit, « une erreur fondamentale que de vouloir trouver indéfiniment du droit à la source des États et de leurs Constitutions »[3]. L'origine de l'État comme celle de sa première Constitution sont certainement à rechercher au sein de forces antérieures n'appartenant pas à la sphère juridique. Mais cela ne signifie pas que la Constitution historiquement première soit elle-même un fait ; en tant que telle, elle est un acte entièrement juridique qui renferme des règles pleinement de droit, lesquelles sont les normes les plus fondamentales de l'ordre juridique. Au sommet de celui-ci, il n'est nulle norme fondamentale hypothétique ; au plus haut de la hiérarchie des normes, il y a la première Constitution. Mais, au faîte de la « pyramide », il se trouve également la souveraineté. Aussi convient-il d'interroger la relation et l'éventuel lien de subordination entre Constitution originaire et souveraineté. Il faut croire que c'est la « magie » de la souveraineté qui permet de transformer le fait en droit à l'occasion de la Constitution historiquement première, source de la validité de toutes les règles et institutions juridiques postérieures.

[1] M. Hauriou, *Précis élémentaire de droit constitutionnel*, 2e éd., Librairie du Recueil Sirey, 1930, p. 29.

[2] G. Burdeau, *Traité de science politique*, 3e éd., LGDJ, 1983, p. 171. Une grande partie des auteurs positivistes jettent la question du pouvoir constituant aux oubliettes car ils ne souhaitent décrire que le seul droit positif. Or cette question relève soit du droit naturel, soit des faits. Le pouvoir constituant « ne peut se concevoir comme un pouvoir d'essence juridique qu'autant qu'il prend sa source dans un ordre statutaire antérieur et qu'il s'exerce conformément à cet ordre préétabli » (R. Carré de Malberg, *Contribution à la théorie générale de l'État spécialement d'après les données fournies par le droit constitutionnel français*, t. II, Librairie du Recueil Sirey, 1920, p. 504). La pensée de Kelsen, obligé de postuler l'existence d'une « *Grundnorm* » pour faire entrer la Constitution initiale dans le monde du droit, est évidemment symptomatique en la matière (*cf.* H. Kelsen, *Théorie pure du droit*, 2e éd., trad. Ch. Eisenmann, Dalloz, 1962, spéc. p. 263 s.).

[3] L. Duguit, *Traité de droit constitutionnel – Tome deuxième : La théorie générale de l'État – Première partie : Éléments, fonctions et organes de l'État*, 3e éd., De Boccard, 1928, p. 51.

D'aucuns considèrent que la Constitution consacre la souveraineté qui, dès lors, lui serait inférieure dans l'ordre juridique et consécutive dans l'ordre chronologique. Selon Carré de Malberg, l'acte constitutionnel initial donnerait naissance à la personne étatique ainsi qu'à la souveraineté[1]. Mais cette vision paraît erronée aux yeux de qui retient que, la souveraineté étant le « droit au droit » de l'État, toutes les règles juridiques en dépendent et en découlent, y compris celles portées par la première Constitution. Lorsque l'État prend vie, la souveraineté et le droit prennent vie avec lui ; et ce n'est que dans un second temps qu'il s'organise au moyen d'une Constitution. Par suite, comme un État n'est pas viable sans organisation et sans gouvernement, la Constitution, qui peut être en tout ou partie coutumière, ne tarde jamais longtemps à être instituée. La souveraineté est donc la règle de droit première tant dans l'ordre chronologique que dans l'ordre juridique — la plus grande valeur juridique étant nécessairement attachée à la toute première norme juridique apparue —. Les règles habitant la Constitution originaire sont, elles, secondes à ces deux points de vue. La preuve en est que, lorsqu'une révolution survient, met un terme à l'ordre constitutionnel et entraîne l'érection d'une nouvelle Constitution originaire, il n'y a pas pour autant changement d'État ni de souveraineté de l'État. Le Professeur Olivier Beaud le confirme en écrivant, d'une part, que « la fondation de l'État souverain intervient nécessairement avant la Constitution » et, d'autre part, qu'il faut distinguer « discontinuité constitutionnelle et continuité de l'État »[2]. Cependant, dans les faits, il est difficile d'observer et de fixer le moment de la souverainisation et de l'étatisation, si bien qu'il n'est pas lieu malgré tout de contredire en bloc qui note que « la Constitution primordiale inaugur[e] l'État »[3], qu'elle « apparaît comme l'acte générateur de l'État »[4] ou qu'elle est un « acte de création et de fondation »[5], même si, en théorie, l'État et la souveraineté la précèdent nécessairement. *In fine*, une posture équilibrée consiste à postuler que la première Constitution est à la fois la

[1] R. CARRÉ DE MALBERG, *Contribution à la théorie générale de l'État spécialement d'après les données fournies par le droit constitutionnel français*, t. I, Librairie du Recueil Sirey, 1920, p. 196.

[2] O. BEAUD, *La puissance de l'État*, Puf, coll. Léviathan, 1994, p. 208.

[3] L. DUGUIT, *Traité de droit constitutionnel – Tome deuxième : La théorie générale de l'État – Première partie : Éléments, fonctions et organes de l'État*, 3e éd., De Boccard, 1928, p. 78.

[4] S. GOYARD-FABRE, *L'État, figure moderne de la politique*, Armand Colin, coll. Cursus-philosophie, 1999, p. 47.

[5] H. DUMONT, « La notion juridique de souveraineté aujourd'hui : de l'absolu au relatif », *Cahiers du Centre de Recherches en Histoire du Droit et des Institutions des Facultés Universitaires Saint-Louis* 1997, n° 7 (cité par Ch. BEHRENDT, F. BOUHON, *Introduction à la théorie générale de l'État – Recueil de textes*, Larcier (Bruxelles), coll. Faculté de droit de l'Université de Liège, 2009, p. 456).

conséquence de la souveraineté, donc du droit, et une création d'ordre factuel.

Suivant Carré de Malberg, « sur le terrain de la science du droit, l'État n'existe que par sa Constitution »[1] ; mais il vaudrait mieux retenir que, sous l'angle juridique, il n'existe que par sa souveraineté et que la Constitution existe grâce à l'État et à la souveraineté, bien que son origine factuelle n'ait pas à être ignorée. Ce n'est pas la Constitution qui confère le droit à la souveraineté mais la souveraineté qui accorde le droit à la Constitution, comme elle donne le droit à l'ensemble du droit. Et c'est par la forme constitutionnelle que s'exprime le plus fortement, explicitement et directement la souveraineté de l'État, de telle sorte que Maurice Hauriou avançait tout à fait pertinemment que « le pouvoir de décréter sa propre Constitution est le *critérium* de l'État »[2]. La souveraineté est bien la source et la justification de la « possibilité d'arrêter la norme suprême d'où découlera l'ordre juridique entier »[3] — quoique soit en cause davantage un ensemble de normes suprêmes qu'une seule et unique norme suprême ; s'il ne fallait en retenir qu'une, ce serait la souveraineté elle-même qui devrait être visée —. On affirme parfois que la souveraineté serait la norme suprême, mais à l'intérieur et non à l'extérieur de la Constitution, laquelle possèderait ainsi une « hiérarchie matérielle »[4]. Il est vrai que la Constitution est un acte juridique quand la souveraineté est une norme ou, du moins, une méta-norme juridique. Mais la Constitution, en tant qu'acte, est aussi un ensemble de normes juridiques ; or la souveraineté, qui, contrairement à l'assertion précitée, n'appartient pas à l'ensemble constitutionnel, est supérieure à toutes les règles qui le composent.

Au-delà de ces considérations peu pragmatiques, la Constitution s'avère surtout indispensable à l'État en ce qu'elle en est le « règlement fondamental »[5]. Sieyès disait qu' « il est impossible de créer un corps pour une fin sans lui donner une organisation, des formes et des lois propres à lui faire remplir les fonctions auxquelles on a voulu le destiner. C'est ce qu'on

[1] R. CARRÉ DE MALBERG, *Contribution à la théorie générale de l'État spécialement d'après les données fournies par le droit constitutionnel français*, t. I, Librairie du Recueil Sirey, 1920, p. 66.
[2] M. HAURIOU, *Précis élémentaire de droit constitutionnel*, 2e éd., Librairie du Recueil Sirey, 1930, p. 30.
[3] J. CHEVALLIER, *L'État*, 2e éd., Dalloz, coll. Connaissance du droit, 2011, p. 42.
[4] O. BEAUD, *La puissance de l'État*, Puf, coll. Léviathan, 1994, p. 490.
[5] E. DE VATTEL, *Le droit des gens*, 1758, L. I, chap. 3, § 27 (cité par O. BEAUD, *La puissance de l'État*, Puf, coll. Léviathan, 1994, p. 206).

appelle la constitution de ce corps. Il ne peut pas exister sans elle »[1]. Et Carré de Malberg d'observer opportunément que « ce qui fait un État, c'est son organisation »[2]. Par suite, importent peu les modalités de construction et les formes que suit la Constitution. Que celle-ci soit le résultat de procédures démocratiques, de traditions et coutumes ou de l'œuvre unilatérale d'un tyran n'influe pas sur sa réalité ni sur celle de la souveraineté qui l'autorise ; il n'est donc pas utile de retenir l'idée de « souveraineté constituante du peuple »[3]. Il est seulement nécessaire que l'État puisse se munir de pareil ensemble de normes juridiques suprêmes parce qu'il est souverain. Cela est attesté par Georges Burdeau selon qui « la marque essentielle de la souveraineté est la possession du pouvoir constituant »[4], la Constitution pouvant s'analyser, à la suite de Carl Schmitt, en tant que « décision politique fondamentale du titulaire du pouvoir constituant »[5]. Ce n'est pas autre chose que signifient les expressions selon lesquelles l'État dispose de la « compétence de la compétence » et du « droit au droit ». Et, plus précisément, le seul pouvoir souverain est le pouvoir constituant originaire[6], les Constitutions dérivées n'étant que des applications des premières normes suprêmes.

Grâce à ses prérogatives constitutionnelles, l'État se dote d'organes, se donne un gouvernement dont il précise la forme, érige les pouvoirs et les sépare, prévoit les modalités de révision de la Constitution, institue des ordres de juridictions et, éventuellement, un juge constitutionnel et met en

[1] E. SIEYÈS, *Qu'est-ce que le tiers-état ?*, 1789, chap. V (cité par S. GOYARD-FABRE, *L'État, figure moderne de la politique*, Armand Colin, coll. Cursus-philosophie, 1999, p. 47).

[2] R. CARRÉ DE MALBERG, *Contribution à la théorie générale de l'État spécialement d'après les données fournies par le droit constitutionnel français*, t. I, Librairie du Recueil Sirey, 1920, p. 164.

[3] J. CHEVALLIER, *L'État*, 2e éd., Dalloz, coll. Connaissance du droit, 2011, p. 42.

[4] G. BURDEAU, *L'État* (1970), Le Seuil, coll. Points, 2009, p. 66. Et d'ajouter que « le souverain est placé au-dessus de tout statut constitutionnel. Il n'est pas lié par lui. Il le crée mais ne lui doit rien » (*ibid.*). Ces dernières affirmations paraissent peu conformes au fait que l'État est une personne juridique et un État de droit. En réalité, l'État est parfaitement lié par tous les engagements et actes juridiques qu'il décide. Qu'il ne les respecte pas est une donnée factuelle et non juridique, à l'instar des révolutions.

[5] C. SCHMITT, *Théorie de la Constitution* (1928), trad. L. Deroche, Puf, coll. Léviathan, 1993 (cité par C.-M. HERRERA, « Décisionnisme », in D. ALLAND, S. RIALS, dir., *Dictionnaire de la culture juridique*, Lamy-Puf, coll. Quadrige-dicos poche, 2003, p. 349). *Cf* également A. NEGRI, *Le pouvoir constituant – Essai sur les alternatives de la modernité*, Puf 1997.

[6] H. DUMONT, « La notion juridique de souveraineté aujourd'hui : de l'absolu au relatif », *Cahiers du Centre de Recherches en Histoire du Droit et des Institutions des Facultés Universitaires Saint-Louis* 1997, n° 7 (cité par Ch. BEHRENDT, F. BOUHON, *Introduction à la théorie générale de l'État – Recueil de textes*, Larcier (Bruxelles), coll. Faculté de droit de l'Université de Liège, 2009, p. 455).

place les procédures d'accès aux fonctions de gouvernants. Nul ne peut exercer d'autorité juridique, posséder une force de contrainte juridique ou être source de droit sans habilitation constitutionnelle exprès du souverain. Mais le « droit à la Constitution » permet aussi d'imposer une « idée de droit »[1], de prévoir les principes directeurs devant indéfectiblement présider au fonctionnement de l'État et de consacrer les valeurs jugées fondamentales auxquelles nulle règle de droit ne pourra déroger. Ainsi Austin voyait-il avant tout dans la Constitution une forme de « moralité positive »[2]. Les règles constitutionnelles peuvent donc s'analyser en isolant deux ensembles normatifs : un ensemble de normes à visée formelle et un ensemble de normes à visée matérielle. Elles prévoient forcément, dans leurs grandes lignes tout du moins, quels seront l'apparence et le contenu de l'ordre juridique que, avec la souveraineté, elles valident.

Par ailleurs, un auteur soutient que l'acte constituant amènerait nécessairement la souveraineté à « se perdre », spécialement du fait de la séparation des pouvoirs qu'il consacre et qui correspondrait à une division de la « Souveraineté » en « souverainetés »[3]. Bien au contraire, il faut croire qu'il la conforte puisqu'il est sa matérialisation première. C'est dans la Constitution que peut le mieux s'observer la souveraineté. Celle-ci, en effet, confère à l'État « la faculté de régler par lui-même, c'est-à-dire par ses propres lois, sa propre organisation »[4] ou, en d'autres termes, « la capacité d'auto-organisation [qui] consiste dans le pouvoir de se donner à soi-même

[1] G. BURDEAU, *L'État* (1970), Le Seuil, coll. Points, 2009, p. 66.

[2] Cité par D. BARANGER, « Utilitarisme (utilitarisme classique et droit) », in D. ALLAND, S. RIALS, dir., *Dictionnaire de la culture juridique*, Lamy-Puf, coll. Quadrige-dicos poche, 2003, p. 1502.

[3] H. DUMONT, « La notion juridique de souveraineté aujourd'hui : de l'absolu au relatif », *Cahiers du Centre de Recherches en Histoire du Droit et des Institutions des Facultés Universitaires Saint-Louis* 1997, n° 7 (cité par Ch. BEHRENDT, F. BOUHON, *Introduction à la théorie générale de l'État – Recueil de textes*, Larcier (Bruxelles), coll. Faculté de droit de l'Université de Liège, 2009, p. 456). L'auteur explique que la Constitution, parce qu'elle sépare les pouvoirs, divise la souveraineté. N'étant plus une et indivisible, elle serait menacée de disparaître. Mais les organes et pouvoirs de l'État ne sont pas souverains, ils agissent « au nom de l'État qui se trouve ainsi nominalement l'auteur de [ces] actes » (É. MAULIN, « Souveraineté », in D. ALLAND, S. RIALS, dir., *Dictionnaire de la culture juridique*, Lamy-Puf, coll. Quadrige-dicos poche, 2003, p. 1435). Seul l'État l'est et la Constitution ne porte en aucun cas préjudice à la souveraineté. Bien au contraire, elle la renforce.

[4] G. MEYER, *Lehrbruch des deutschen Staatsrechts*, 6e éd., 1885, p. 9 (cité par R. CARRÉ DE MALBERG, *Contribution à la théorie générale de l'État spécialement d'après les données fournies par le droit constitutionnel français*, t. I, Librairie du Recueil Sirey, 1920, p. 159).

sa Constitution »[1]. La Constitution est donc la suprématie, l'indépendance et l'autonomie juridiques de l'État en actes. Elle seule témoigne de la réalité du « domaine dans lequel l'État peut exercer son pouvoir de donner des ordres inconditionnés »[2] et de la réalité de sa « capacité de se déterminer exclusivement et indéfiniment par lui-même »[3] sans lesquelles il n'est pas de souveraineté — Jellinek de postuler que « la collectivité qui a une faculté d'organisation propre est un État »[4] —. De plus, pour qui la souveraineté serait le propre de la nation ou du peuple, l'acte constituant originaire apparaît telle la marque de sa capacité d'auto-détermination[5]. La Constitution, loin de mettre en péril la souveraineté, la rend visible aux yeux de tous, lui donne une consistance parmi le droit positif dont elle ne bénéficiait pas auparavant. En démontrant que l'État est maître du droit applicable à un peuple et dans le cadre d'un territoire, elle exprime l'aspect interne de la souveraineté et manifeste son aspect externe. Le binôme

[1] G. JELLINEK, *L'État moderne et son droit – Première partie : Doctrine générale de l'État*, trad. G. Fardis, Fontemoing, 1904, p. 147 (cité par R. CARRÉ DE MALBERG, *Contribution à la théorie générale de l'État spécialement d'après les données fournies par le droit constitutionnel français*, t. I, Librairie du Recueil Sirey, 1920, p. 159).

[2] L. DUGUIT, *Traité de droit constitutionnel – Tome premier : La règle de droit, le problème de l'État*, 3e éd., De Boccard, 1927, p. 128.

[3] R. CARRÉ DE MALBERG, *Contribution à la théorie générale de l'État spécialement d'après les données fournies par le droit constitutionnel français*, t. I, Librairie du Recueil Sirey, 1920, p. 175.

[4] G. JELLINEK, *L'État moderne et son droit – Première partie : Doctrine générale de l'État*, trad. G. Fardis, Fontemoing, 1904, p. 147 (cité par R. CARRÉ DE MALBERG, *Contribution à la théorie générale de l'État spécialement d'après les données fournies par le droit constitutionnel français*, t. I, Librairie du Recueil Sirey, 1920, p. 159).

[5] Par exemple, selon le Professeur Olivier Beaud, « le pouvoir constituant est la forme essentielle d'expression de la souveraineté du peuple » (O. BEAUD, *La puissance de l'État*, Puf, coll. Léviathan, 1994, p. 201). Et le Professeur d'affirmer que « le pouvoir constituant du peuple est un pouvoir unique, indivisible, absolu et inaliénable », avant de citer la Constitution de l'État du Massachussetts selon laquelle ledit pouvoir est un « pouvoir suprême, souverain, absolu et incontrôlable » (*ibid.*, p. 219). Mais, si la nation est souveraine, encore faudrait-il qu'elle soit en mesure de revoir à sa guise le contenu de la Constitution par la suite et qu'elle ne se borne pas à s'exprimer uniquement dans l'acte constituant historiquement premier. Or les procédures constitutionnelles ne le permettent pas et la seule voie pour aboutir à pareil résultat est celui des faits et des révolutions. À ce point de vue, il est remarquable que l'article 28 de la Constitution du 24 juin 1793 disposait : « Un peuple a toujours le droit de revoir, de réformer et de changer sa Constitution. Une génération ne peut assujettir à ses lois les générations futures ». Et le Professeur Dominique Rousseau d'affirmer, dans le même sens, que « la Nation n'est pas faite par la Constitution, c'est elle qui fait la Constitution et reste constamment maîtresse de son contenu » (D. ROUSSEAU, « La Constitution de 1958 peut-elle être révisée ? », [en ligne] <conseil-constitutionnel.fr>, 1998 (cité par M.-Ch. ROQUES-BONNET, *Le droit peut-il ignorer la révolution numérique ?*, Michalon, 2010, p. 340)).

souveraineté-Constitution ne peut donc qu'être la base la plus fondamentale de l'être juridique étatique. Par suite, reste que, au sein de ce couple, c'est toujours la souveraineté qui est primaire et première tant dans l'espace chronologique que dans la hiérarchie juridique.

« Entre l'État souverain et l'État non souverain, enseignait Carré de Malberg, il n'existe pas de différence essentielle »[1]. Et de constater que « la doctrine moderne a exclu la souveraineté de la définition de l'État »[2]. Il semble pourtant que rien ne soit plus au cœur de la définition de l'État, plus caractéristique de l'État et spécifique à l'État que la souveraineté. L'État non souverain ne paraît pas pouvoir exister. L'État se définit toujours, juridiquement, comme une « personne souveraine ». Et, entre la personnalité et la souveraineté, c'est cette dernière qui le particularise essentiellement. Aussi était-il nécessaire de précisément arrêter le sens de la souveraineté, le sens de l'État en dépendant très largement.

[1] R. CARRÉ DE MALBERG, *Contribution à la théorie générale de l'État spécialement d'après les données fournies par le droit constitutionnel français*, t. I, Librairie du Recueil Sirey, 1920, p. 176.

[2] *Ibid.*

Conclusion

46. ***L'État : une problématique chaude justifiant la proposition d'une théorie stipulative ; le droit : une problématique bouillonnante légitimant la constatation de la théorie syncrétique.*** La question « qu'est-ce que l'État ? » est moins difficile que la question « qu'est-ce que le droit ? ». La notion d'État est entourée d'une force doctrinale élevée faisant que les auteurs, aujourd'hui, s'accordent généralement sur l'identité des principaux traits distinctifs qui circonscrivent les dimensions et le contenu de l'être étatique. Il en va différemment de la notion de droit, laquelle s'avère autrement polysémique. Certainement, au début du XXe s., le débat a-t-il été dense et riche parmi les *jus*-publicistes, amenant à des propositions nouvelles, plus ou moins séduisantes, telles que celles de Duguit qui allait, du haut de sa « prestigieuse originalité »[1], jusqu'à nier l'existence de la souveraineté et, avec elle, celle du droit public[2]. Mais, désormais, ces discussions sont éteintes et il ne se trouve plus guère de professeurs tentés de présenter une image de l'État autre que le portrait devenu classique. Depuis les années 1930, ne sont plus publiées de véritables « théories de l'État » à la suite de celles de Jellinek, Carré de Malberg et Kelsen. Si sont esquissées quelques théories de la Constitution et autres théories de la fédération, l'État, en lui-même, ne semble plus digne d'intérêt, bien que, pourtant, il soit certainement le terreau de l'unité du droit public, donc de la moitié de l'ensemble-droit[3]. Les recherches sur l'excès de pouvoir sont plus nombreuses que les recherches sur l'État. Or il est aisé d'expliquer la rareté

[1] H. BERTHÉLÉMY, *Cérémonie de l'inauguration le 22 avril 1933 du monument élevé par souscription à Maurice Hauriou*, Librairie du Recueil Sirey, 1932, p. 25 (cité par F. MELLERAY, N. HAKIM, « La belle époque de la pensée juridique française », in F. MELLERAY, N. HAKIM, dir., *Le renouveau de la doctrine française – Les grands auteurs de la pensée juridique au tournant du XXe siècle*, Dalloz, coll. Méthodes du droit, 2009, p. 9).

[2] L. DUGUIT, *Traité de droit constitutionnel – Tome premier : La règle de droit, le problème de l'État*, 3e éd., De Boccard, 1927, p. 695 (« [il faut] écarter la notion de souveraineté [et] ne pas admettre qu'il y ait des actes de droit public et des actes de droit privé, puisque les gouvernants et leurs agents sont des hommes comme les autres, que leur volonté ne se différencie point des volontés des simples particuliers et que, par conséquent, les actes qui émanent d'elle ont le même caractère que ceux des simples particuliers »).

[3] Néanmoins, depuis le milieu des années 1990, quelques publications marquantes sont à signaler et semblent témoigner d'un certain retour sur le devant de la scène de la théorie de l'État. Notamment, O. BEAUD, *La puissance de l'État*, Puf, coll. Léviathan, 1994 ; M. TROPER, *Pour une théorie juridique de l'État*, Puf, coll. Léviathan, 1994.

des essais de théorie générale ou juridique de l'État — spécialement en comparaison par rapport à l'abondance des ouvrages de théorie du droit — par le fait que le signifié d' « État » a été gravé dans le marbre, statufié presque, quand celui de « droit » est excessivement évanescent. Et puis « État » est peut-être de ces « idées plus faciles à comprendre qu'à expliquer »[1].

Cependant, le consensus s'effrite dès que le concept d'État est interrogé plus intimement, plus en profondeur, plus patiemment. Du territoire à la souveraineté, les éléments définitionnels de l'étaticité paraissent indiscutables et sont indiscutés. Mais tel n'est pas le cas des éléments définitionnels de ces éléments définitionnels ; et l'incertitude qui frappe ces données de second rang rejaillit sur celles de premier rang, si bien que, en définitive, c'est le visage de l'État tout entier qui se présente sous un jour obscurci, *a fortiori* dès lors qu'est posée la question des éléments définitionnels de troisième niveau, puis celle de ceux de quatrième niveau etc. Définir l'étaticité telle la qualité de ce qui est souverain n'est suffisant qu'à condition qu'il ne soit pas nécessaire de définir la définition. Mais rien ne garantit que la signification de la souveraineté, autant que celles des autres spécificités de l'État, se laisse saisir très intuitivement et spontanément et soit elle aussi indiscutable et indiscutée.

Au-delà du fait que l'État n'est la source que de problématiques éteintes lorsqu'il n'est abordé que dans ses grandes lignes mais est la source de nombreuses problématiques brûlantes dès que ces grandes lignes sont elles-mêmes mises en cause, peut-être la première moitié du XXIe s. marquera-t-elle un renouveau de la pensée juridique et générale de l'État, celle-ci ne pouvant demeurer inflexible quand le monde, les sociétés, les cultures et les économies se transforment, parfois radicalement. Car l'État est le centre du monde, des sociétés, des cultures et des économies — quoique le propre du XXIe s. soit justement de porter atteinte à cette centralité —. D'aucuns, posant leurs regards sur le passé plus que sur l'avenir, ne manquent pas de s'interroger : « Pourquoi la décolonisation et la multiplication des États souverains, saturant quasiment la surface du globe, n'ont-elles pas été accompagnées d'un renouveau significatif de la théorie générale de l'État ? »[2]. La théorie peut-elle réellement ou, du moins, pertinemment ne pas évoluer à mesure des mutations de la pratique ? C'est à raison qu'on observe que « les fictions juridiques permettent de surmonter

[1] R. Enthoven, « Camus - L'art de la révolte », Le gai savoir, France culture, 22 sept. 2013.
[2] O. Jouanjan, É. Maulin, « La théorie de l'État entre passé et avenir – Journées en l'honneur de Carré de Malberg », *Jus Politicum* 2008, n° 12, p. 4.

les contradictions du monde, mais elles sont en tension permanente avec la réalité sociale »[1].

Alors que l'humanité a changé de siècle mais aussi de millénaire[2], à l'heure des révolutions toujours plus soudaines, diverses et multiples, touchant tous les domaines, de la technologie à la politique, rien ne permet d'affirmer que la force doctrinale classique qui entoure actuellement encore « État » ne sera pas bientôt altérée, si ce n'est abandonnée. De plus en plus nombreux sont les facteurs idéologiques, culturels, économiques et politiques qui conduisent à douter de la logique étatique[3] et, à travers elle, de la logique juridique. De l'Union européenne à l'internet, les raisons d'être pessimiste plutôt qu'optimiste quant à l'avenir de l'État et d' « État », dans leurs formes traditionnelles en tout cas, ne manquent pas. À tout le moins est-il certain que l'État d'aujourd'hui n'est ni celui d'hier[4] ni celui de demain. L'État post-moderne (pour ce qui est de la réalité) et « État post-moderne »[5] (pour ce qui est de la pensée) prennent chaque jour du galon. Quelques-uns n'hésitent plus à soutenir, à la suite de Marx et de Lénine, que, « entre le pré- et le post-étatique, l'histoire de l'État apparaît comme l'époque sombre de l'humanité »[6]. À cela, il n'est que possible d'objecter

[1] P. ROSANVALLON, « La démocratie : esquisse d'une théorie générale – Cours au Collège de France (2/10) », L'Éloge du savoir, France culture, 10 avr. 2013.

[2] Cela ne vaut bien entendu que concernant la partie de l'humanité qui s'attache à l'ère chrétienne.

[3] *Cf.*, par exemple, J. CHARPENTIER, « Le phénomène étatique à travers les grandes mutations politiques contemporaines », in SFDI, *L'État souverain à l'aube du XXIe siècle*, Pedone, 1994, p. 11 s.

[4] Réf. à R. MASPETIOL, « L'État d'aujourd'hui est-il celui d'hier ? », *Arch. phil. droit* 1976, p. 7 s.

[5] Réf. à J. CHEVALLIER, *L'État post-moderne*, 3e éd., LGDJ, coll. Droit et société, 2008.

[6] Y.-Ch. ZARKA, « L'ombre du Léviathan », *Cités* 2004, n° 18, p. 5. Selon les auteurs communistes, l'État serait une machine d'oppression et de reproduction du pouvoir au service de la domination d'une classe sur une autre. Mais il n'est qu'un instrument en soi ni bon ni mauvais ; avant tout, il est une réalité formelle et procédurale. Tout dépend de qui a entre les mains cet outil et des intentions qui l'animent. L'État n'est pas vidé de toute substance politique, mais il peut accueillir toutes les substances politiques. Il est donc très inconséquent de réduire ainsi l'État à certains usages particuliers. En rien l'État ne correspond à l' « époque sombre de l'humanité ». Pour certains, « l'État républicain apparaît comme un type d'État exemplaire, porteur des espérances d'une rationalité politique aussi parfaite que possible. [...] Il incarne depuis la Révolution française plus qu'une bonne forme étatique : l'État dans son essence universelle et raisonnable » (P. KAHN, *L'État*, Quintette, coll. Philosopher, 1989, p. 59). Mais il n'est pas juste de retenir qu' « en l'État républicain, c'est l'État en général qui s'accomplit » (*ibid.*) car l'État est indifférent à la forme politique et n'est pas moins compatible avec la dictature qu'avec la République.

que l'histoire de cet « idéal régulateur »[1] qu'est l'État coïncide surtout avec nombre des progrès les plus fondamentaux de l'Homme qui, sans l'étatisation des sociétés, ne seraient pas advenus, ce qui invite à clamer : « Longue vie à l'État ! ». Mais ici n'est bien sûr pas le lieu où entamer une réflexion d'ordre politique, philosophique et idéologique.

Reste qu'il semblait opportun, si ce n'est nécessaire, au sein des présents travaux, de faire œuvre originale et stipulative et de ne pas se borner à retranscrire les pages propres à la définition de l'État de la plupart des manuels de droit constitutionnel. En ce sens, l'approche retenue par l'auteur de ces lignes au moment d'*élaborer sa* théorie de l'État est parfaitement opposée à celle par lui adoptée au moment de *constater*, de façon scientifique — *i.e.* objective et empirique — *la* théorie du droit[2]. À travers le présent *essai*, il était tentant de chercher à participer de la « réinvention de l'État »[3], du point de vue théorique et sémantique tout du moins. Qu'une certaine unanimité épistémique entoure le contenu et les limites du concept d'État n'interdit pas de le mettre à l'épreuve de nouvelles approches et de proposer de nouvelles analyses, bien au contraire. Pareille attitude est autorisée par le fait qu'un réel consensus profite au sens d' « État », car, ainsi, il ne s'agit pas d'ajouter de la confusion à la confusion — comme cela serait le cas en matière de théorie du droit — mais plutôt d'apporter quelque contradiction face à une absence de discussion.

L'entière possibilité d'adopter des conduites épistémologiques variables afin de s'adapter aux contextes théoriques et sémantiques en cause doit être soulignée. Mais cette entière possibilité n'est acceptable qu'à condition de systématiquement expliquer, de façon très transparente, quels sont la méthode employée et l'objectif poursuivi, ainsi que quand il en est changé. Par rapport à la conception de l'État en ces pages exposée, la « théorie syncrétique du droit » envisagée par ailleurs est imprégnée d'une posture quant à la connaissance et aux moyens de la connaissance tout autre, loin de résulter d'une approche « libre ». Elle est le fruit d'une attitude scientifique, laquelle empêche notamment de faire œuvre critique et prohibe toute forme de stipulation et de jugement subjectif. Cette théorie découle de

[1] F. OST, M. VAN DE KERCHOVE, *De la pyramide au réseau ? – Pour une théorie dialectique du droit*, Publications des Facultés universitaires Saint-Louis (Bruxelles), 2002, p. 128.

[2] *Cf.* B. BARRAUD, *Théories du droit et pluralisme juridique*, PUAM (Aix-en-Provence), coll. Inter-normes, 2015 ; B. BARRAUD, « L'échelle de juridicité : un outil pour mesurer le droit et fonder une théorie syncrétique (première partie : présentation) », *Arch. phil. droit* 2013, p. 365 s.

[3] Réf. à B. BADIE, « Inventions et réinventions de l'État », in *Mélanges Maurice Duverger*, Puf, 1987, p. 495 s.

l'observation objective et empirique des opinions théoriques que retiennent les théoriciens du droit et, plus généralement, tous ceux qui pensent la juridicité. Ensuite, que le scientifique qui procède à la constatation de la théorie syncrétique du droit juge pertinentes ou non ces opinions est indifférent ; elles doivent être prises en compte au moment d'identifier les critères de la juridicité à la seule condition qu'elles bénéficient d'une force doctrinale suffisante, c'est-à-dire qu'elles rencontrent un succès important parmi la doctrine juridique. Contrairement au signifié d'« État », le signifié de « droit » se conjugue au pluriel ; il est l'objet d'une dense discussion et entouré d'une certaine confusion. En étudiant au travers d'une démarche « libre » et stipulative le concept de droit, il ne serait donc que possible d'ajouter de la confusion à la confusion.

Le droit n'est que ce que ceux qui en parlent disent qu'il est. L'État aussi n'est que ce que ceux qui en parlent disent qu'il est. En cet ouvrage, l'auteur n'est que l'un de « ceux qui en parlent », non un scientifique cherchant objectivement et empiriquement la signification du mot « État » en application d'une méta-théorie scientifique. Or il est permis de regretter l'attitude des théoriciens qui définissent le droit en recourant à une large part de stipulation et en faisant œuvre personnelle et d'autorité, attitude qui pourtant a été ici celle dudit auteur tout au long de son exposé relatif à la notion d'État. Qu'il soit à nouveau rappelé combien celui-ci s'estime libre de proposer *sa* définition de l'État mais tenu de présenter *la* définition du droit, cela en raison des incertitudes qui imprègnent ce dernier concept quand celui d'État est, pour sa part, davantage porté par quelques certitudes. L'auteur de ces lignes ne se dénonce donc pas lui-même lorsqu'il dénonce le manque de scientificité des théories du droit, cette critique étant précisément circonscrite ; nullement cela ne le conduit-il à déplorer le manque de scientificité des théories de l'État.

La possibilité d'adopter des prémisses épistémologiques variables en fonction des situations et des fins poursuivies est lourde de conséquences. Par exemple, la présente contribution, en ce qu'elle érige la souveraineté en « monopole du droit », en « droit au droit », tend à conforter l'idée d'un lien strict entre juridicité et étaticité et donc à se positionner en tant que gardienne et même peut-être en tant que championne du monisme juridique. Au terme de cette étude de la notion d'État, il semble fort que la « pyramide » soit l'État[1]. Ce dernier paraît être « seul maître à bord [du navire juridique] : nulle autorité concurrente à la sienne, nulle contrainte qui

[1] H. KELSEN, *Théorie pure du droit*, 2e éd., trad. Ch. Eisenmann, Dalloz, 1962, p. 315.

ne soit le produit de sa libre volonté »[1]. Seulement serait-il parfaitement loisible d'entreprendre, dans un cadre tout autre, une théorie du droit *a priori* indépendante du lien « souveraineté-étaticité-juridicité » présentement consolidé. En d'autres termes, si a été à l'instant affirmé que l'État possède le monopole du droit, peut-être d'autres travaux pourraient-ils amener à conclure que, au contraire, le droit est plus grand que l'État — sous l'angle quantitatif —.

Enfin, l'auteur du présent essai souhaite le ponctuer en soulevant une dernière interrogation : alors qu'il a envisagé, ailleurs, la qualité juridique comme dégressive, par le biais d'une « échelle de juridicité »[2] — la juridicité d'une norme n'est pas soit totale, soit nulle ; elle peut être faible, moyenne ou forte —, la qualité étatique peut-elle à l'identique comporter différents degrés ? A été précédemment répondu que pareille hypothèse ne devait pas être retenue, spécialement en raison de la présence de la souveraineté qui est un caractère absolutisant de l'étaticité. Mais d'aucuns pourraient juger que, autant que la juridicité qui ne doit pas se penser de façon manichéenne, « la qualité d'État est relative »[3]. Il existerait des degrés d'étaticité comme il y a des degrés de force juridique ; et certaines recherches abondent en ce sens[4]. Que le gouvernement de l'État, par exemple, se spécifie en tant qu'organisation complexe, structurée et efficace devrait conduire dans la direction d'une pluralité de niveaux d'étaticité, car il ne fait aucun doute que ladite organisation n'est jamais soit parfaitement complexe, structurée et efficace, soit en aucune façon complexe, structurée et efficace. Néanmoins,

[1] J. CHEVALLIER, *L'État*, 2e éd., Dalloz, coll. Connaissance du droit, 2011, p. 109.

[2] B. BARRAUD, *Théories du droit et pluralisme juridique*, PUAM (Aix-en-Provence), coll. Inter-normes, 2015 ; B. BARRAUD, « L'échelle de juridicité : un outil pour mesurer le droit et fonder une théorie syncrétique (première partie : présentation) », *Arch. phil. droit* 2013, p. 365 s.

[3] J.-D. MOUTON, « La notion d'État et le droit international public », *Droits* 1992, n° 16, p. 47.

[4] Des travaux cherchent à démontrer que les États sont devenus États progressivement, par paliers. Cela se serait traduit par l'affirmation progressive du pouvoir législatif ou normatif des gouvernants (A. GOURON, A. RIGAUDIÈRE, *Renaissance du pouvoir législatif et genèse de l'État*, Publications de la société d'histoire du droit et des institutions des anciens pays de droit écrit (Montpellier), 1988 ; G. GIORDANEGO, « Le pouvoir législatif du Roi de France (XIe-XIIIe siècles) », *Travaux récents et hypothèses de recherches de la Bibliothèque de l'École des Chartes* 1989, t. 147, p. 283 s.). Il y aurait ainsi eu des débuts d'États avant que la souveraineté ne soit théorisée. Toutefois, aujourd'hui, il faut ne retenir derrière l' « État » que les sens et l'essence de l' « État moderne ». Si ont existé des structures politiques et institutionnelles faisant penser à des « débuts d'États », elles ne peuvent se voir qualifiées d' « États ». Il est préférable, du fait de l'importance de la souveraineté dans la spécification de l'État, de concevoir une totale rupture entre le préétatisme et l'étatisme (O. BEAUD, *La puissance de l'État*, Puf, coll. Léviathan, 1994, p. 47).

est donc soutenu ici que, en dernière analyse, et contrairement à la juridicité, l'étaticité est une qualité qui ne peut s'acquérir que complètement. Il est impossible qu'une organisation socio-politique quelconque soit faiblement, fortement ou à-demi étatique et mieux vaut confirmer la thèse d'une « rupture entre l'ère ante-étatique et l'ère étatique »[1]. Certainement les anthropologues n'observent-ils « aucune discontinuité entre notre propre société et celle des peuples primitifs »[2], mais le problème de l'État, foncièrement juridique, ne peut s'analyser en termes anthropologiques. L'État se définit juridiquement telle une personne souveraine et la souveraineté ne se conçoit qu'en tant qu'absolu, de telle sorte que l'étaticité elle-même ne peut se concevoir autrement qu'en tant qu'absolu. Tandis que différents critères participent dans des proportions équivalentes du niveau plus ou moins élevé de juridicité d'une norme, l'État, à l'inverse, est accouplé à un caractère sous-jacent fondamental unique qui est sa souveraineté. Le semi-État semi-souverain n'existe donc pas davantage que l'État non souverain. Par suite, il n'en demeure pas moins que c'est l'apparition de l'État qui provoque l'apparition concomitante de la souveraineté et non le contraire ; être un critère de reconnaissance n'implique pas le fait d'être un critère de constitution. Concernant l'édification de l'État et de sa souveraineté, seules jouent un rôle certaines conditions factuelles.

Si doit être écartée la possibilité d'étudier les organisations politiques à travers le prisme d'une « échelle d'étaticité », sont, en revanche, envisageables divers degrés de développement juridique des ordres normatifs. Peut-être certains États souverains mais mal organisés correspondent-ils à des ordres normatifs au niveau d'accomplissement juridique moyen. Partant, il ne paraît pas opportun de suivre Kelsen lorsqu'il unissait entièrement — mais tel est le principe même du normativisme — les notions d' « État » et d' « ordre juridique »[3]. L'État est plus que l'ordre juridique étatique, y compris à l'aune d'une théorie juridique de l'État. La souveraineté — qui, certes, peut se comprendre telle une méta-norme — et

[1] H. QUARITSCH, *Souveränität. Entstehung und Entwicklung des Begriffs in Frankreich und Deutschland vom 13 Jh. Bis 1806*, Duncker u. Humblot (Berlin), 1986 (cité par O. BEAUD, *La puissance de l'État*, Puf, coll. Léviathan, 1994, p. 51).

[2] B. MALINOWSKI, « Introduction », in H. I. HOGBIN, *Law and Order in Polynesia – A study of Primitive Legal Institutions*, Londres, 1934 (cité par L. ASSIER-ANDRIEU, « Coutumes et usages », in D. ALLAND, S. RIALS, dir., *Dictionnaire de la culture juridique*, Lamy-Puf, coll. Quadrige-dicos poche, 2003, p. 322).

[3] H. KELSEN, *Théorie pure du droit*, 2e éd., trad. Ch. Eisenmann, Dalloz, 1962, p. 379 (« l'État est un ordre juridique relativement centralisé »).

la personnalité juridique sont plus importantes à l'égard de la notion juridique d'État que la « centralisation normative » retenue par le tenant de la « théorie "pure" du droit ». Or, dès lors que l'État se confond avec l'ordre juridique et qu'un ordre juridique peut être plus ou moins centralisé, cette théorie oblige à considérer qu'il y aurait de multiples degrés d'étaticité[1]. Le fait d'être un État ne peut pas connaître de degrés ; mais le développement juridique des ordres normatifs étatiques, lui, le peut, comme le peut la juridicité des normes composant ces ordres. Par conséquent, savoir définir l'État serait plus essentiel que de savoir définir le droit ; et la théorie de l'État serait plus légitime que la théorie du droit.

[1] La conception normativiste s'oppose à celle des auteurs qui orientent la discussion juridique autour de la différence qualitative entre les collectivités politiques souveraines et celles qui ne le sont pas. Kelsen proposait, en effet, de prendre plutôt en compte une différence quantitative établie suivant le degré de centralisation des ordres juridiques. Partant, la différence entre les collectivités politiques ne serait pas de nature mais de degré.

Bibliographie

I. Dictionnaires, encyclopédies et codes annotés

ALLAND D., RIALS S., dir., *Dictionnaire de la culture juridique*, Lamy-Puf, coll. Quadrige-dicos poche, 2003

ARABEYRE P., HALPERIN J.-L., KRYNEN J., dir., *Dictionnaire historique des juristes français (XII*e*-XX*e *siècle)*, Puf, 2008

ARNAUD A.-J., dir., *Dictionnaire encyclopédique de théorie et de sociologie du droit*, 2e éd., LGDJ, 1993

AUROUX S., dir., *Les notions philosophiques, dictionnaire*, Puf, 1990

AUROUX S., WEIL Y., *Dictionnaire des auteurs et des thèmes de la philosophie*, Hachette, 1991

AVRIL P., GICQUEL J., *Lexique de droit constitutionnel*, Puf, 1986

BADIE B., BIRNBAUM P., BRAUD P., HERMET G., *Dictionnaire de la science politique et des institutions politiques*, Armand Colin, coll. Cursus, 1994

BASDEVANT J., dir., *Dictionnaire de la terminologie du droit international*, Sirey, 1960

BAUMGARTNER E., MÉNARD P., *Dictionnaire étymologique et historique de la langue française*, Le livre de poche-Librairie générale française, 1996

CABRILLAC R., dir., *Dictionnaire du vocabulaire juridique*, 3e éd., Litec, 2008

CAYLA O., HALPÉRIN J.-L., dir., *Dictionnaire des grandes œuvres juridiques*, Dalloz, 2008

COLAS D., *Dictionnaire de la pensée politique*, Larousse, 1997

CORNU G., dir., *Vocabulaire juridique*, 8e éd., Puf, coll. Quadrige, 2007

DE VILLIERS M., *Dictionnaire du droit constitutionnel*, 4e éd., Armand Colin, 2003

ECHAUDEMAISON C.-D., dir., *Dictionnaire d'économie et de sciences sociales*, Nathan, 1998

FOULQUIÉ P., *Dictionnaire de la langue philosophique*, 6e éd., Puf, 1992

GONDOUIN G., INSERGUET-BRISSET V., VAN LANG A., *Dictionnaire de droit administratif*, 5e éd., Sirey, 2008

GRIDEL J.-P., *Notions fondamentales de Droit et Droit français*, 2e éd., Dalloz, 1994

GUILLIEN R., VINCENT J., dir., *Lexique des termes juridiques*, 16e éd., Dalloz, 2007

LALANDE A., *Vocabulaire technique et critique de la philosophie*, Puf, coll. Quadrige dicos poche, 2010

RAYNAUD Ph., RIALS S., dir., *Dictionnaire de philosophie politique*, Puf, coll. Quadrige, 1996

REY A., dir., *Dictionnaire historique de la langue française*, Le Robert, 2006

ROUQUETTE R., *Dictionnaire du droit administratif*, Le Moniteur, 2002

II. Traités, manuels et guides

ALLAND D., *Droit international public*, Puf, 2000

ARDANT P., MATHIEU B., *Institutions politiques et droit constitutionnel*, 20e éd., LGDJ, 2008

BARANGER D., *Le droit constitutionnel*, 6e éd., Puf, coll. Que sais-je ?, 2013

BARTHÉLÉMY H., *Traité de droit administratif*, 6e éd., Sirey, 1910

BEHRENDT Ch., BOUHON F., *Introduction à la théorie générale de l'État – Manuel*, 2e éd., Larcier (Bruxelles), coll. Faculté de droit de l'Université de Liège, 2011

BEHRENDT Ch., BOUHON F., *Introduction à la théorie générale de l'État – Recueil de textes*, Larcier (Bruxelles), coll. Faculté de droit de l'Université de Liège, 2009

BERGEL J.-L., *Théorie générale du droit*, Dalloz, coll. Méthodes du droit, 5e éd., 2012

BERTHIAU D., *Histoire du droit et des institutions*, 2e éd., Hachette, coll. Les fondamentaux, 2011

BRAIBANT G., STIRN B., *Le droit administratif français*, 6e éd., Presses de Sciences Po-Dalloz, coll. Amphi, 2002

BURDEAU G., *Traité de science politique*, 3e éd., LGDJ, 1950

CARREAU D., *Droit international*, 10e éd., Pedone, 2010

CHAPUS R., *Droit administratif général*, 14e éd., Montchrestien, 2000

CHEVALLIER J., *Institutions politiques*, LGDJ, coll. Science politique, 1998

CHEVALLIER J., *Sciences administratives*, 4e éd., Puf, 2007

CHEVALLIER J., *Le service public*, 8e éd., Puf, coll. Que sais-je ?, 2010

CHEVALLIER J., *L'État*, 2e éd., Dalloz, coll. Connaissance du droit, 2011

COLIN F., *Droit public*, Gualino, coll. Fonction publique concours, 2009

COMBACAU J., SUR S., *Droit international public*, 10e éd., Montchrestien, coll. Domat droit public, 2012

DE BERANGER Th., DE VILLIERS M., dir., *Droit public général*, 5e éd., LexisNexis, coll. Manuel, 2011

DE BRICHAMBAUT M., DOBELLE J.-F., COULÉ F., *Leçons de droit international public*, 2e éd., Presses de Science Po-Dalloz, 2011

DECAUX E., *Droit international public*, 7e éd., Dalloz, 2010

DELVOLVÉ P., VEDEL G., *Droit administratif*, Hachette, 1989

DENOIX DE SAINT MARC R., *L'État*, 2e éd., Puf, coll. Que sais-je ?, 2012

DEUMIER P., *Introduction générale au droit*, 2e éd., LGDJ, coll. Manuel, 2013

DUCROCQ T., *Cours de droit administratif*, 7e éd., Fontemoing, 1897

DUGUIT L., *Manuel de droit constitutionnel*, 4e éd., De Boccard, 1923

DUGUIT L., *Traité de droit constitutionnel – Tome premier : La règle de droit, le problème de l'État*, 3e éd., De Boccard, 1927

DUGUIT L., *Traité de droit constitutionnel – Tome deuxième : La théorie générale de l'État – Première partie : éléments, fonctions et organes de l'État*, 3e éd., De Boccard, 1928

DUGUIT L., *Manuel de droit constitutionnel – Théorie générale de l'État, le droit et l'État, les libertés publiques, l'organisation publique*, 3e éd., De Boccard, 1928

DUPUIS G., GUEDON M.-J., CHRETIEN P., *Droit administratif*, 12e éd., Dalloz, 2011

DUPUY P.-M., KERBRAT Y., *Droit international public*, Dalloz, coll. Précis, 2012

EISENMAN M., *Cours de droit administratif*, LGDJ, 1982

ENCINAS DE MUNAGORI R., *Introduction générale au droit*, Flammarion, 2006

ESMEIN A., *Éléments de droit constitutionnel*, Nézard, 1927

ETIEN R., *Initiation au droit public*, Ellipses, 1998

FAVOREU L. et *alii*, *Droit constitutionnel*, 12e éd., Dalloz, coll. Précis, 2009

GONOD P., MELLERAY F., YOLKA P., dir, *Traité de droit administratif*, vol. 1, Dalloz, 2011

GOUNELLE M., *Introduction au droit public – Institutions, fondements, sources*, 2e éd., Montchrestien, coll. Domat droit public, 1989

GUILHAUDIS J.-F., *Relations internationales contemporaines*, 3e éd., Litec, coll. Manuel, 2010

HAMON F., TROPER M., *Droit constitutionnel*, 32e éd., LGDJ, coll. Manuel, 2011

HAURIOU M., *Principes de droit public à l'usage des étudiants en licence et en doctorat ès sciences politiques*, 2e éd., Sirey, 1916

HAURIOU M., *Précis élémentaire de droit constitutionnel*, 2e éd., Sirey, 1930

HAURIOU M., *Précis de droit administratif et de droit public général à l'usage des étudiants en licence et en doctorat ès sciences politiques*, 12e éd., Sirey, 1933

JÈZE G., *Les grands principes du droit administratif*, 3e éd., Griard, 1930

LAFERRIERE J., *Manuel de droit constitutionnel*, 2e éd., 1947

MESTRE J.-L., *Introduction historique au droit administratif français*, Puf, coll. Droit fondamental, 1985

MILLARD É., *Théorie générale du droit*, Dalloz, coll. Connaissance du droit, 2006

MORAND-DEVILLER, *Droit administratif*, 13e éd., LGDJ, coll. Cours, 2013

RIVERO J., *Droit administratif*, 14e éd., Dalloz, coll. Précis, 1990

ROLLAND L., *Précis de droit administratif*, 11e éd., Dalloz, 1957

ROUSSEAU D., VIALA A., *Droit constitutionnel*, Montchrestien, 2004

SCELLE G., *Précis de droit des gens*, Sirey, 1932

SÈVE R., *Philosophie et théorie du droit*, Dalloz, coll. Cours, 2007

TERRÉ F., *Introduction générale au droit*, 8e éd., Dalloz, coll. Précis, 2008

TRUCHET D., *Le droit public*, Puf, coll. Que sais-je ?, 2e éd., 2010

TRUCHET D., *Droit administratif*, Puf, coll. Thémis, 4e éd., 2011

WALINE M., *Droit administratif*, 7e éd., Sirey, 1957

III. Monographies collectives

ALLAND D., dir., *Droit international public*, Puf, 2000

ALLOTT A., WOODMAN G. R., dir., *People's Law and State Law*, Foris Publications (Dordrecht), 1985

ANDREW C., CARDINAL L., dir., *La démocratie à l'épreuve de la gouvernance*, Presses de l'Université d'Ottawa, 2001

Arch. phil. droit 1971, « Le droit investi par la politique »

Arch. phil. droit 1976, « Genèse et déclin de l'État »

Arch. phil. droit 1987, « Le droit international »

AUBY J.-M., dir., *Droit public : théorie générale de l'État et droit constitutionnel, droit administratif*, Economica, coll. Collectivités territoriales, 1985

BASDEVANT-GAUDEMET B., dir., *Contrat ou institution : un enjeu de société*, LGDJ, coll. Système droit, 2004

BEAUD O., WACHSMANN P., dir., *La science juridique française et la science juridique allemande de 1870 à 1918*, Presses universitaires de Strasbourg, 1997

BIOY X., dir., *L'identité du droit public*, Presses de l'Université Toulouse I Capitole-LGDJ (Toulouse-Paris), 2011

BLOCH M., *La société féodale*, Albin Michel, coll. Bibliothèque de l'évolution de l'humanité, 1994

BOISSON DE CHAZOURNES L., MEHDI R., dir., *Une société internationale en mutation : quels acteurs pour une gouvernance ?*, Bruylant (Bruxelles), 2005

BRUGUIÈRE A., REVEL J., dir., *Histoire de France – L'État et les pouvoirs*, Le Seuil, 1989

BUHLER P., COOPER R., HEISBOURG F. et *alii*, *L'Europe et la puissance*, Cultures France, 2008

BURGI N., dir., *Fractures de l'État-nation*, Kimé, 1994

CHEVALLIER J., KOUBI G., MERCUZOT B. et *alii*, *Le Préambule de la Constitution de 1946 – Antinomies juridiques et contradictions politiques*, Puf, 1996

CHEVALLIER et *alii*, *Public/privé*, Puf, 1995

CLAESSEN H. J. M., SKALNIK P., dir., *The Early State*, Mouton (La Hague-Paris), 1978

COLAS D., dir., *L'État de droit*, Puf, 1987

COMMAILLE J., JOBERT B., dir., *Les métamorphoses de la régulation politique*, LGDJ, 1998

CONAN M., THOMAS-TUAL B., dir., *Les transformations du droit public*, La Mémoire du droit, 2010

CRÉPEAU F., dir., *Mondialisation des échanges et fonctions de l'État*, Bruylant (Bruxelles), 1997

CURAPP, *Droit et politique*, Puf, 1993

DEMUIJNCK G., VERCAUTEREN P., dir, *L'État face à la globalisation économique – Quelles formes de gouvernance ?*, Sandre, 2009

Droit et société 1997/35, « Globalisation des échanges et espaces juridiques »

Droit et société 1989/13, « Lumières – Révolution – Post-modernisme »

Droit et société 1988/9, « Max Weber »

Droits 1992, « L'État 1 », n° 15

Droits 1992, « L'État 2 », n° 16

EISENMANN Ch., DUPEYROUX H. et *alii*, *Mélanges Raymond Carré de Malberg*, Sirey 1933

ESPOSITO F., LEVRAT N., dir., *Europe : de l'intégration à la fédération*, Bruylant (Bruxelles), 2010

FAVOREU L. et *alii*, *Renouveau du droit constitutionnel – Mélanges en l'honneur de Louis Favoreu*, Dalloz, 2007

GAILLARD M., dir., *Institutions et territoire*, Presses universitaires de Lyon, coll. Institutions publiques, 1993

GÉRARD P., OST F., VAN DE KERCHOVE M., dir., *Fonction de juger et pouvoir judiciaire – Transformations et déplacements*, Publications des Facultés universitaires Saint-Louis (Bruxelles), 1983

GHERARI H., SZUREK S., dir., *L'émergence de la société civile internationale : vers la privatisation du droit international ?*, Pedone, 2003

GOBIN C., RIHOUX B., *La démocratie dans tous ses états – Systèmes politiques entre crise et renouveau*, Bruylant (Bruxelles), 2000

GOYARD-FABRE S., dir., *L'État au XXe siècle : regards sur la pensée juridique et politique du monde occidental*, Vrin, 2004

GOYARD-FABRE S., dir., *L'État moderne : 1715-1848*, Vrin, 2000

HAARSCHER G., RIGAUX F., VASSART P., dir., *Droit et pouvoir, t. I : La validité*, Story-Scientia (Bruxelles), 1987

HAKIM N., MELLERAY F., dir., *Le renouveau de la doctrine française – Les grands auteurs de la pensée juridique au tournant du XXe siècle*, Dalloz, coll. Méthodes du droit, 2009

HERRERA C. M., dir., *Actualité de Kelsen en France*, LGDJ, coll. La pensée juridique, 2001

HIBOU B., dir., *La privatisation des États*, Karthala, 1999

JACOB R., dir., *Le juge et le jugement dans les traditions juridiques européennes*, LGDJ, coll. Droit et société, 1996

JARVIS A. P., PAOLINI A. J., REUS-SMIT C., dir., *Between Sovereignty and Global Governance – The United Nations, the State and Civil Society*, 1998

JAUME L., TROPER M., dir., *1789 et l'invention de la Constitution*, Bruylant-LGDJ (Bruxelles-Paris), 1994

JOUANJAN O., dir., *Figures de l'État de droit*, Presses universitaires de Strasbourg, 2001

KESSEDJIAN C., LOQUIN É., dir., *La mondialisation du droit*, Litec, coll. Les travaux du CREDIMI, 2000

KRYNEN J., RIGAUDIÈRE A., dir., *Droits savants et pratiques françaises du pouvoir (XIe-XVe siècles)*, Presses universitaires de Bordeaux, 1992

LEBEN Ch., *Souveraineté étatique et marchés internationaux à la fin du 20e siècle – Mélanges en l'honneur de Philippe Kahn*, Litec, 2000

LENOIR R., LESOURNE J., dir., *Où va l'État ?*, Le Monde Éditions, 1993

LOQUIN É., dir., *La mondialisation du droit*, Litec, 2000

MAGNETTE P., REMACLE E., dir., *Le nouveau modèle européen, vol. 1 : Institutions et gouvernance*, Éditions de l'Université de Bruxelles, 2000

MAIRET G., *Le Dieu mortel – Essai de non-philosophie de l'État*, Puf, 1987

MARCOU G., dir., *Les mutations du droit de l'administration en Europe*, L'Harmattan, coll. Logiques juridiques, 2000

MOCKLE D., dir., *Mondialisation et État de droit*, Bruylant (Bruxelles), 2002

PAYE O., dir., *Que reste-t-il de l'État ? Érosion ou renaissance*, Bruylant (Bruxelles), 2004

PELLET A., PESCATORE P. et *alii*, *L'État souverain dans le monde d'aujourd'hui – Mélanges en l'honneur de J. P. Puissochet*, Pedone, 2008

PORRET M., dir., *Beccaria et la culture juridique des Lumières*, Droz (Genève), coll. Travaux d'histoire éthico-politique, 1997

POULANTZAS N., dir., *La crise de l'État*, Puf, 1976

Pouvoirs 1983, « La souveraineté », n° 67

RIALS S., dir., *Le droit des modernes (XIVe-XVIIIe siècles)*, LGDJ, 1994

ROSECRANCE R. et *alii*, *Débat sur l'État virtuel*, Presses de Sciences Po, 2013

ROUSSEAU Ch. et *alii*, *La technique et les principes du droit public – Études en l'honneur de Georges Scelle*, LGDJ, 1950

SANDOZ Y., dir., *Quel droit international pour le XXIe siècle ?*, Bruylant (Bruxelles), 2007

Société française pour le droit international, *L'État souverain à l'aube du XXIe siècle*, Pedone, 1994

TEUBNER G., dir., *Global Law without a State*, Dartmouth, 1997

VERCAUTEREN P., dir., *L'État en crise – Souveraineté et légitimité en question ?*, FIUC, 2000

WRIGHT V., dir, *La recomposition de l'État en Europe*, La découverte, 1996

IV. Monographies individuelles

ABÉLÈS M., *Anthropologie de l'État*, Armand Colin, 1990
ABÉLÈS M., *Penser au-delà de l'État*, Belin, 2014
ANDERSON B., *L'imaginaire national – Réflexions sur l'origine et l'essor du nationalisme*, La découverte, 1996
ANDERSON P., *L'État absolutiste – Ses origines et ses voies*, Maspero, 1978
ANZILOTTI D., *Cours de droit international*, Sirey, 1929
APTER D., *Pour l'État – Contre l'État*, Economica, 1988
ARENDT H., *La condition de l'homme moderne*, Calmann-Lévy, 1961
ARENDT H., *La crise de la culture* (1972), trad. P. Lévy, Folio, coll. Essais, 1989
ARENDT H., *Le système totalitaire – Les origines du totalitarisme* (1951), Points, coll. Essais, 2005
ARISTOTE, *Rhétorique*, 323 av. J.-C.
ARISTOTE, *Les politiques*, trad. P. de Pellegrin, Flammarion, 1993
ARISTOTE, *Éthique à Nicomaque*, Vrin, coll. Librairie philosophique, 1994
ARNAUD A.-J., *Entre modernité et mondialisation – Cinq leçons d'histoire de la philosophie du droit et de l'État*, LGDJ, 1998
ARNAUD A.-J., *Critique de la raison juridique – 2. Gouvernants sans frontières – Entre mondialisation et post-mondialisation*, LGDJ, coll. Droit et société, 2003
ARON R., *Paix et guerre entre les nations*, Calmann-Lévy, 1962
ARON R., *Démocratie et totalitarisme*, Calmann-Lévy, 1965
ATTALI J., *Demain, qui gouvernera le monde ?*, Fayard, 2011
ATTAR F., *Le droit international entre ordre et chaos*, Hachette, 1994
AUBY J.-B., *La globalisation, le droit et l'État*, 2e éd., LGDJ, coll. Systèmes, 2010
BACOT G., *Carré de malberg et l'origine de la distinction entre souveraineté du peuple et souveraineté nationale*, Éditions du CNRS, 1985
BADIE B., *L'État importé – L'occidentalisation de l'ordre politique*, Fayard, 1992
BADIE B., *La fin des territoires*, Fayard, 1995
BADIE B., *Un monde sans souveraineté – Les États entre ruse et responsabilité*, Fayard, coll. L'espace du politique, 1999
BADIE B., *La diplomatie des droits de l'homme : entre éthique et volonté de puissance*, Fayard, 2002
BADIE B., *L'impuissance de la puissance – Essai sur les nouvelles relations internationales*, Fayard, 2004.
BADIE B., *Le diplomate et l'intrus – L'entrée des sociétés dans l'arène internationale*, Fayard, coll. L'espace du politique, 2008
BADIE B., BIRNBAUM P., *Sociologie de l'État*, Grasset, 1979

BADINTER R., *Libres et égaux*, Fayard, 1989

BADINTER R., PERROT M., *La prison républicaine, 1871-1914*, Fayard, 1998

BAGUENARD J., *L'État – Une aventure incertaine*, Ellipses, coll. Mise au point, 1998

BALANDIER G., *Anthropologie politique*, 4e éd., Puf, 1984

BALIBAR É., *Nous citoyens d'Europe ? Les frontières, l'État et le peuple*, La découverte, 2001

BALIKI S., *De l'État comme organisation coercitive de la société*, Giard et Brière, 1896

BARRAUD B., *Repenser la pyramide des normes à l'ère des réseaux – Pour une conception pragmatique du droit*, L'Harmattan, coll. Logiques juridiques, 2012

BARRAUD B., *Théories du droit et pluralisme juridique*, PUAM (Aix-en-Provence), coll. Inter-normes, 2015

BASILIEN-GAINCHE M.-L., *État de droit et états d'exception – Une conception de l'État*, Puf, 2013

BASTID P., *L'idée de Constitution*, Economica, 1985

BASTIT M., *Naissance de la loi moderne*, Puf, coll. Léviathan, 1989

BEAUD O., *La puissance de l'État*, Puf, 1994

BEAUD O., *Théorie de la fédération*, 2e éd., Puf, 2009

BECCARIA C., *Traité des délits et des peines*, 1766

BECK U., *Pouvoirs et contre-pouvoir à l'ère de la mondialisation*, Flammarion, 2003.

BEDJAOUI M., *Droit international – Bilan et perspectives*, UNESCO-Pedone, 1991

BENTHAM J., *An Introduction to the Principles of Morals and Legislation*, 1790

BERGERON G., *Petit traité de l'État*, Puf, 1990

BEUDANT C., *Le droit individuel et l'État – Introduction à l'étude du droit*, 3e éd., Rousseau, 1920

BIRNBAUM P., *La logique de l'État*, Fayard, 1981

BLUNTSCHLI M., *Théorie générale de l'État*, trad. M. Armand de Riedmatten, Guillaumin, 1877

BOBBIO N., *L'État et la démocratie internationale*, Éditions Complexe, 2001

BOBBIO N., GUASTINI R., *Essais de théorie du droit*, trad. M. Guéret, Ch. Agostini, LGDJ-Bruylant (Paris-Bruxelles), coll. La pensée juridique, 1998

BÖCKENFÖRDE E.-W., *Le droit, l'État et la constitution démocratique*, Bruylant-LGDJ (Paris-Bruxelles), 2000

BODIN J., *Les six livres de la République*, 1576

BONELLI L., PELLETIER W., *L'État démantelé – Enquête sur une révolution silencieuse*, La découverte, 2012

BOREL E., *Étude sur la souveraineté et l'État fédératif*, Stæmpfli, 1886

BOSSUET J.-B., *Politique tirée des propres paroles de l'Écriture sainte*, 1709

BOUBLIL A., *Le nouvel État stratège – Que peut-on attendre de l'État aujourd'hui ?*, L'Archipel, 2014

BOURDIEU P., *Sur l'État – Cours au Collège de France (1989-1992)*, Le Seuil, 2012

BOURDIL P.-Y., *Qui est l'État ?*, Ellipses, 1996

BOURQUIN M., *L'État souverain et l'Organisation internationale*, MNC, 1959

BOUTET D., *Vers l'État de droit – La théorie du droit et de l'État*, L'Harmattan, coll. Logiques juridiques, 1991

BOUTMY E., *Études de droit constitutionnel : France, Angleterre, États-Unis*, 3e éd., Plon, 1885

BRAUD Ph., *Penser l'État*, 2e éd., Le Seuil, coll. Points, 2004

BRAUD Ph., *Sociologie politique*, 7e éd., LGDJ, coll. Manuels, 2004

BRÉHIER E., JERPHAGON L., SCHUHL P.-M., *Histoire de la philosophie*, 5e éd., Puf, 1968

BRUNEL P., *L'État et le souverain*, Puf, 1978

BRUNET P., *Vouloir pour la nation – Le concept de représentation dans la théorie de l'État*, Publications de l'Université de Rouen-LGDJ-Bruylant (Rouen-Paris-Bruxelles), coll. La pensée juridique, 2004

BUHLER P., *La puissance au XXIe siècle – Les nouvelles définitions du monde*, CNRS Éditions, 2011

BURDEAU F., *Histoire de l'administration française – Du 18e au 20e siècle*, 2e éd., Montchrestien, coll. Domat droit public, 1994

BURDEAU F., *Histoire du droit administratif*, Puf, coll. Thémis, 1995

BURDEAU G., *Les libertés publiques*, 2e éd., LGDJ, 1961

BURDEAU G., *Traité de science politique*, 3e éd., LGDJ, 1983

BURDEAU G., *L'État* (1970), Le Seuil, coll. Points, 2009

CALAME P., TALMANT A., *L'État au cœur – Le Mécano de la gouvernance*, Desclée de Brouwer, 1997

CAMBIER A., *Qu'est-ce que l'État ?*, Vrin, coll. Chemins philosophiques, 2004

CAMILLERI J. A., FALK J., *The End of Sovereignty? The Politics of a Shrinking and Fragmenting World*, E. Elgar, 1992

CARDIN LE BRET P., *De la souveraineté du roi*, 1632

CARRÉ DE MALBERG R., *Contribution à la théorie générale de l'État spécialement d'après les données fournies par le Droit constitutionnel français*, t. I, Librairie du Recueil Sirey, 1920

CARRÉ DE MALBERG R., *La loi, expression de la volonté générale*, Librairie du Recueil Sirey, 1932

CARRÉ DE MALBERG R., *Confrontation de la théorie de la formation du droit par degrés avec les idées et les institutions consacrées par le droit positif français relativement à sa formation*, Librairie du Recueil Sirey, 1933

CASSESE A., *Droit international dans un monde divisé*, Berger-Levrault, 1986

CASSESE A., *International Law*, 2e éd., Oxford University Press, 2005

CASSIRER E., *Le mythe de l'État*, Gallimard, 1983

CATTIN E., JAFFRO L., PETIT A., *Figures du théologico-politique*, 1999

CHALTIEL F., *La souveraineté de l'État et l'Union Européenne, l'exemple français – Recherches sur la souveraineté de l'État membre*, LGDJ, 2000

CHAMARD C., *La distinction des biens publics et des biens privés – Contribution à la définition de la notion de biens publics*, Dalloz, 2004

CHANTEBOUT B., *De l'État – Une tentative de démythification*, Consortium de la Librairie et de l'Édition, 1975

CHARBONNEAU B., *L'État*, Economica, 1991

CHARTIER E. (dit Alain), *Propos de politique*, 1934

CHAZEL F., *Du pouvoir à la contestation*, LGDJ, coll. Droit et société, 2003

CHEVALLIER J., *L'État post-moderne*, 3e éd., LGDJ, coll. Droit et société, 2008

CHEVALLIER J., *L'État de droit*, 5e éd., Montchrestien, coll. Clefs, 2010

CICERON, *De la République*, trad. E. Breguet, Les Belles lettres, coll. Des universités de France, 2002

CLASTRES P., *La société contre l'État* (1974), Minuit, coll. Reprise, 2011

COHEN E., *La tentation hexagonale – La souveraineté à l'épreuve de la mondialisation*, Fayard, 1996

COHEN J. L., ARATO A., *Civil Society and Political Theory*, MIT Press, 1992

COHEN-TANUGI L., *Le droit sans l'État*, 2e éd., Puf, coll. Quadrige - Essais débats, 2007

COLLIOT-THÉLÈNE C., *Le désenchantement de l'État, de Hegel à Max Weber*, Minuit, 1992

COMBACAU J., *Droit des traités*, Puf, coll. Que sais-je ?, 1991

COMBOTHECRA X. S., *La conception juridique de l'État*, Librairie de la société du recueil général des lois et des arrêts, 1899

Commission européenne pour la démocratie par le droit, *Les mutations de l'État-nation en Europe à l'aube du XXIe siècle*, Éditions du Conseil de l'Europe (Strasbourg), coll. Science et technique de la démocratie, 1999

CONSTANT B., *De la liberté chez les Modernes*, 1806

CONSTANT B., *Principes de politique, applicables à tous les gouvernements*, 1806

COOPER R., *The breaking of Nations – Order and chaos in the twenty-first century*, Atlantic Monthly Press (New York), 2003

COURBE P., *Le nouveau droit de la nationalité*, Dalloz, 1993

COURTY G., SULEIMAN E., *L'âge d'or de l'État – Une métamorphose annoncée*, Le Seuil, 1997

CROZIER M., *État modeste, État moderne : stratégies pour un autre changement*, 3e éd., Fayard, 1997

DAHL R., *Qui gouverne ?*, Armand Colin, 1971

DANILENKO G. M., *Law-making in the International Community*, Nijhoff, 1993

DARATHÉ R., *Jean-Jacques Rousseau et la science politique de son temps*, Vrin, 1988

DAVID M., *La souveraineté du peuple*, Puf, 1996

DEBBASCH Ch., *L'État civilisé*, Fayard, 1979

DE BECHILLON D., *Hiérarchie des normes et hiérarchie des fonctions normatives de l'État*, Economica, 1996

DE BECHILLON D., *Qu'est-ce qu'une règle de droit ?*, Odile Jacob, 1997

DE JOUVENEL B., *De la souveraineté*, 1955

DE LA BIGNE DE VILLENEUVE M., *Traité général de l'État – Essai d'une théorie réaliste de droit politique*, Librairie du Recueil Sirey, 1929

DE LA BOÉTIE É., *Discours de la servitude volontaire ou le contr'un* (1553), Flammarion, 1993

DELAMARE J., *Traité de la police*, 1710

DELMAS-MARTY M., *Pour un droit commun*, Le Seuil, 1994

DELMAS-MARTY M., *Trois défis pour un droit mondial*, Le Seuil, 1998

DELMAS-MARTY M., *Les forces imaginantes du droit – La refondation des pouvoirs*, Le Seuil, coll. La couleur des idées, 2007

DELPLANQUE M., *Gouvernance globale, gouvernement du monde*, Bénévent, coll. Libelli, 2004

DE MARANS R., POLIER L., *Esquisse d'une théorie des États composés*, Privat (Toulouse), 1902

DE MONTESQUIEU Ch.-L., *De l'esprit des lois* (1748), Flammarion, 1995

DÉRATHÉ R., *Rousseau et la science politique de son temps*, Vrin, 1995

DE TOCQUEVILLE A., *De la démocratie en Amérique* (1835), Flammarion, 2010

DEVIN G., *Sociologie des relations internationales*, La découverte, 2002

DE VISSCHER Ch., *Théories et réalités en droit international public*, 4e éd., Pedone, 1970

D'HONDT J., *Hegel, philosophe de l'histoire vivante*, Puf, 1966

DIDEROT D., *Observations sur le Nakaz*, 1774

DIEZ DE VELASCO VALLEJO M., *Les organisations internationales*, Economica, 2002

DISTEFANO G., *L'ordre international entre légalité et effectivité – Le titre juridique dans le contentieux territorial*, Pedone, 2002

DOCKES E., *Valeurs de la démocratie*, Dalloz, coll. Méthodes du droit, 2004

DOLLFUS O., *L'espace-monde*, Economica, 1994

DOUGLAS M., *Comment pensent les institutions*, La découverte, 1999

DUBOUCHET P., *Philosophie et doctrine du droit chez Kant, Fichte et Hegel*, L'Harmattan, 2005

DUBOUCHET P., *Pour une sémiotique du droit international : essai sur le fondement du droit*, L'Harmattan, 2007

DUGUIT L., *L'État, le droit objectif et la loi positive*, Fontemoing, 1901

DUGUIT L., *Le droit social, le droit individuel et la transformation de l'État*, Alcan, 1908

DUGUIT, *Les transformations du droit public*, Armand Colin, 1913

DUGUIT L., *Leçons de droit public général faites à la Faculté de droit de l'Université égyptienne pendant les mois de janvier, février et mars 1926*, De Boccard, 1926

DUGUIT L., *Souveraineté et liberté : leçons faites à l'Université Columbia (New York), 1920-1921*, La mémoire du droit, 2002

DUGUIT L., *Le pragmatisme juridique – Conférences prononcées à Madrid, Lisbonne et Coïmbre*, La mémoire du droit, 2008

DUPUY R.-J., *Le droit international*, Puf, coll. Que-sais-je ?, 1963

DUPUY R.-J., *La communauté internationale entre le mythe et l'histoire*, Economica, 1986

DUPUY R.-J., *Dialectiques du droit international*, Pedone, 1999

EDELMAN M., *The Symbolic Uses of Politics*, University of Illinois Press, 1957

EISENMANN Ch., *La justice constitutionnelle et la Haute Cour constitutionnelle d'Autriche*, LGDJ, 1928

ELLUL J., *Histoire des institutions, de l'époque franque à la révolution*, Puf, 1962

ÉRASME, *Adages*, 1500

ERRERA R., *Et ce sera justice – Le juge dans la cité*, Gallimard, 2013

ESMEIN A., *Éléments de droit constitutionnel français et comparé* (1896), Éditions Panthéon-Assas, coll. Les introuvables, 2001

EWALD F., *L'État providence et la philosophie du droit*, Grasset, 1986

FERRERO G., *Le pouvoir – Les génies invisibles de la Cité* (1945), Hachette, 1988

FERRY J.-M., *Europe la voie kantienne – Essai sur l'identité postnationale*, Éditions du Cerf, 2006

FLEINER-GERSTER Th., *Théorie générale de l'État*, Puf, 1986

FONTAINE Ph., *L'État*, Ellipses, 2010

FOUCAULT M., *Naissance de la biopolitique – Cours au Collège de France (1978-1979)*, Gallimard-Le Seuil, coll. Hautes études, 2004

FOUCHER M., *L'obsession des frontières*, Perrin, 2007

FOUGEYROLLAS P., *La Nation*, Fayard, 1987

FREUND J., *Sociologie de Max Weber*, Puf, coll. Sup-Le sociologue, 1966

FREUND J., *L'Essence du politique*, Sirey, 1981

FRIEDMANN W., *The Changing Structure of International Law*, Stevens & Sons (Londres), 1964

FRIEDMANN W., *De l'efficacité des institutions internationales*, Armand Colin, 1970

FUKUYAMA F., *La confiance et la puissance – Vertus sociales et prospérité économique*, Plon, 1997

GALMARD M.-H., *État, société civile et loi pénale*, PUAM (Aix en Provence), 2006

GARAPON A., *Le gardien des promesses – Justice et démocratie*, Odile Jacob, 1996

GAROT M.-J., *La citoyenneté de l'Union européenne*, L'Harmattan, 1999

GATTY J., *Principes d'une nouvelle théorie de l'État*, Puf, coll. Économie en liberté, 1998

GAUCHET M., *La Révolution des pouvoirs – La souveraineté, le peuple et la représentation*, Gallimard, 1995

GAUCHET M., *La démocratie contre elle-même*, Gallimard, 2002

GAUCHET M., *Le désenchantement du monde* (1985), Folio, coll. Essais, 2005

GAUDEMET J., *Les naissances du droit – Le temps, le pouvoir et la science au service du droit*, 4e éd., Montchrestien, coll. Domat droit public, 2006

GAUDEMET J., *Sociologie historique du droit*, Puf, coll. Doctrine juridique, 2000

GELLNER F., *Nations et nationalisme*, Payot (Lausanne), 1989

GENET J.-P., *L'État moderne – Genèse (bilans et perspectives)*, Éditions du CNRS, 1990

GERBER E., LABAND P., *Le droit public de l'Empire allemand*, trad. C. Gandilhon, Giard et Bière, 1900

GNESOTTO N., *La puissance et l'Europe*, Presses de Sciences Po, 1998

GODECHOT J., *Les Constitutions de la France depuis 1789*, Garnier-Flammarion, 1979

GOURON A., RIGAUDIÈRE A., *Renaissance du pouvoir législatif et genèse de l'État*, Publications de la société d'histoire du droit et des institutions des anciens pays de droit écrit (Montpellier), 1988

GOYARD-FABRE S., *L'interminable querelle du contrat social*, Presses universitaires d'Ottawa, 1977

GOYARD-FABRE S., *Jean Bodin et le droit de la République*, Puf, coll. Léviathan, 1987

GOYARD-FABRE S., *Les principes philosophiques du droit politique moderne*, Puf, coll. Thémis philosophie, 1997

GOYARD-FABRE S., *Qu'est-ce que la démocratie ?*, Armand Colin, 1998

GOYARD-FABRE S., *L'État, figure moderne de la politique*, Armand Colin, coll. Cursus philosophie, 1999

GRANGE J., *Auguste Comte, la politique et la science*, Odile Jacob, 2000

GROETHUYSEN G., *Philosophie de la Révolution française*, Denoël-Gonthier, 1980

GROTIUS H., *Du droit de la guerre et de la paix* (1625), Puf, 1990

GUÉNAIRE M., *Déclin et renaissance du pouvoir*, Gallimard, 2002

GUÉNAIRE M., *Le retour des États*, Grasset, 2013

GUERREAU A., *Le féodalisme – Un horizon théorique*, Le Sycomore, 1980

GUIOMAR J.-Y., *L'idéologie nationale – Nation, représentation politique et territorialité*, Bécherel-Les Perséïdes, 2009

GUTMANN D., *Le sentiment d'identité*, LGDJ, 2000

GWYN W. B., *The Meaning of the Separation of Powers*, Tulane University (Nouvelle Orléans), 1965

HABERMAS J., *La paix perpétuelle – Le bicentenaire d'une idée kantienne*, trad. R. Rochlitz, Éditions du Cerf, 1996

HABERMAS J., *L'intégration républicaine*, Fayard, 1998

HABERMAS J., *Après l'État-nation, une nouvelle constellation politique*, Fayard, 2000

HABERMAS J., RAWLS J., *Débat sur la justice politique*, Éditions du Cerf, 1997

HALBECQ J., *L'État, son autorité, son pouvoir*, LGDJ, 1965

HALPÉRIN J.-L., *Profils des mondialisations du droit*, Dalloz, coll. Méthodes du droit, 2009

HART H. L. A., *Le concept de droit* (1961), trad. M. van de Kerchove, Publications des Facultés universitaires Saint-Louis (Bruxelles), 1994

HAURIOU M., *Principes de droit public*, Dalloz, 2010

HAYEK F., *Droit, législation, liberté*, t. I, Puf, 1979

HEGEL G. W. F., *Principes de la philosophie du droit* (1821), Flammarion, 1999

HEIDEGGER M., *Écrits politiques*, Gallimard, coll. Nrf, 1966

HELD D., *Cosmopolitan démocracy*, Polity press (Cambridge), 1995

HELLER H., *La crise de la théorie de l'État*, Dalloz, 2012

HERRERA C.-M., *Théorie juridique et politique chez Hans Kelsen*, Kimé, 1997

HEUSCHLING L., *État de droit, Rechtsstaat, Rule of Law*, Dalloz, 2002

HINSLEY F. H., *Sovereignty*, 2e éd., Cambridge University Press, 1986

HOBBES Th., *Éléments de droit*, 1640

HOBBES Th., *De Cive* 1642

HOBBES Th., *Léviathan ou traité de la matière, de la forme et du pouvoir ecclésiastique et civil* (1651), trad. Ph. Folliot, Gallimard, coll. Folio, 2000

HUME D., *Essais politiques*, 1741

HUME D., *Discours politiques*, 1754

HUME D., *La morale – Traité de la nature humaine*, trad. P. Saltel, Flammarion, 1993

HUNDT R., *You Say you Want a Revolution – A Story of Information Age Politics*, YUP (New Haven), 2000

JAMES A., *Sovereign Statehood: The Basis of International Society*, Allen & Unwin (Londres), 1986

JAUME L., *Le discours jacobin et la démocratie*, Fayard, 1989

JELLINEK G., *L'élément juridique dans la science de l'État et la méthode juridique*, trad. G. Fardis, Ch. Bourgoing-Dumonteil, Fontemoing, 1903

JELLINEK G., *L'État moderne et son droit – Première partie : Théorie générale de l'État*, trad. G. Fardis, Éditions Panthéon-Assas, coll. Les introuvables, 2005

JELLINEK G., *L'État moderne et son droit – Deuxième partie : Théorie juridique de l'État*, trad. G. Fardis, Éditions Panthéon-Assas, coll. Les introuvables, 2005

JÈZE G., *Étude théorique et pratique sur l'occupation comme mode d'acquérir les territoires en droit international*, Giard, 1896

JHERING R. von, *La lutte pour le droit* (1872), Dalloz, 2006

JIANG J., *Théorie du droit public*, L'Harmattan, coll. Logiques juridiques, 2010

JOFFE J., *Hyperpuissance*, Odile Jacob, 2007

JOUANJAN O., *Une histoire de la pensée juridique en Allemagne (1800-1918)*, Puf, 2005

JUSTINIEN, *Institutes*, 533

KAGAN R., *Le revers de la puissance : les États-Unis en quête de légitimité*, Plon, 2004

KANT E., *Premiers principes de la doctrine du droit*, 1796

KANT E., *Métaphysique des mœurs – 1ère partie : Doctrine du droit*, Vrin, 1993

KANTOROWICZ E., *Les deux corps du Roi* (1957), Gallimard, coll. Bibliothèque des histoires, 1989

KANTOROWICZ E., *Mourir pour la patrie*, 2e éd., Fayard, coll. Les quarante piliers, 2004

KELSEN H., *Das Problem der Souveränität und die Theorie des Völkerrechts*, 2e éd., Mohr u. Siebeck (Tübingen), 1928

KELSEN H., *Soziologische und der Juristische Staatsbegriff*, 2e éd., Scientia Verlag (Amsterdam), 1928

KELSEN H., *Théorie pure du droit*, 1ère éd., trad. H. Thévenaz, La Baconnière, 1953

KELSEN H., *The communist Theory of Law*, Steven & Sons (Londres), 1955

KELSEN H., *Théorie pure du droit*, 2e éd., trad. Ch. Eisenmann, Dalloz, 1962

KELSEN H., *Théorie générale des normes*, trad. O. Beaud, F. Malkani, Puf, 1996

KELSEN H., *Théorie générale du droit et de l'État – La doctrine du droit naturel et le positivisme juridique*, trad. B. Laroche, V. Faure, LGDJ-Bruylant (Paris-Bruxelles), coll. La pensée juridique, 1997

KELSEN H., *Écrits français de droit international*, Puf, 2001

KELSEN H., *La démocratie : sa nature, sa valeur*, 2e éd., trad. Ch. Eisenmann, Dalloz, 2004

KIEFFER B., *L'Organisation mondiale du commerce et l'évolution du droit international public*, Larcier (Bruxelles), 2008

KOROWICZ M.-S., *Organisations internationales et souveraineté des États membres*, Pedone, 1961

KOUASSI K. B., *La communauté internationale de la toute-puissance à l'inexistence*, L'Harmattan, 2007

LABAND P., *Le droit public de l'Empire allemand*, trad. C. Gandillon, Giard & Brière, 1900

LABOULAYE E., *L'État et ses limites*, 1864

LACHAUME J.-F., *Grands services publics*, Masson, 1989

LAGARDE P., *La nationalité française*, 2e éd., Dalloz, 1989

LAGHMANI S., *Histoire du droit des gens, du jus gentium impérial au jus publicum europaeum*, Pedone, 2003

LAGRANGE E., *Les compétences de l'État en droit international*, Pedone, 2006

LAMBERT E., *Le gouvernement des juges et la lutte contre la législation sociale aux États-Unis – L'expérience américaine du contrôle judiciaire de constitutionnalité des lois*, Giard, 1921

LAPIERRE J.-W., *Le Pouvoir politique*, Puf, 1959,

LAPIERRE J.-W., *Vivre sans État ? Essais sur le pouvoir politique et l'innovation sociale*, Le Seuil, 1977

LAVROFF D.-G., *Les grandes étapes de la pensée politique*, Dalloz, coll. Précis, 1993

LEFEVBRE H., *De l'État*, t. I, 10/18, 1990

LEFEBVRE M., *Le jeu du droit et de la puissance : précis de relations internationales*, Puf, 2000

LE FUR L., *État fédéral et confédération d'États*, Marchal et Billard, 1896

LEGENDRE P., *Histoire de l'administration de 1750 à nos jours*, Puf, coll. Thémis, 1968

LÉNINE V. I., *L'État et la révolution* (1917), Éditions sociales, 1972

LEROYER S., *L'apport du Conseil d'État au droit constitutionnel de la Ve République – Essai sur une théorie de l'État*, Dalloz, coll. Nouvelle bibliothèque de thèses, 2011

LOCKE J., *Second traité du gouvernement civil*, 1690

LOCKE J., *Essai philosophique concernant l'entendement humain*, 3e éd., Pierre Mortier (Amsterdam), 1735

LUKIC R., *Théorie du droit et de l'État*, trad. M. Gjidara, Dalloz, 1974

MAC CORMICK N., *Questioning Sovereignty*, Oxford, 1999

MACHIAVEL N., *Discours sur la première décade de Tite-Live*, 1531

MACHIAVEL N., *Le Prince*, 1532

MAFFESOLI M., *Le temps des tribus*, La Table ronde, 2000

MAGNETTE P., *Le régime politique de l'Union européenne*, 3e éd., Presses de Sciences Po, 2009

MAINE H. S., *Ancient Law*, 1861

MAIRET G., *Le Dieu mortel – Essai de non-philosophie de l'État*, Puf, 1987

MAIRET G., *Le principe de souveraineté – Histoire et fondements du pouvoir moderne*, Gallimard, 1997

MAJONE G., *La Communauté européenne, un État régulateur*, Montchrestien, 1996

MALENGU B., *L'État-nation à l'épreuve de la mondialisation – Edgar Morin et Jürgen Habermas, deux penseurs de l'option post-nationale*, Academia (Louvain), 2012

MARMURSZTEJN E., *L'autorité des maîtres – Scolastique, normes et société au XIIIe siècle*, Les Belles lettres, coll. Histoire, 2007

MARX K., *Critique du droit politique hégélien*, 1843

MARX K., *Introduction à la critique de l'économie politique*, 1857

MARX K., *La guerre civile en France*, 1871

MARX K., *Contribution à la critique de la philosophie du droit de Hegel*, Éditions Allia, 1998

MASPÉTIOL R., *La société politique et le droit*, Montchrestien, 1957

MAUGUÉ P., *Contre l'État-Nation*, Éditions Denoël, 1979

MAULIN É., *La théorie de l'État de Carré de Malberg*, Puf, coll. Léviathan, 2003

MAUNIER R., *Essai sur les groupements sociaux*, 1929

MEARSHEIMER J., *The Tragedy of Great Power Politics*, Norton (New York), 2001

MERKL A., *Allgemeines Verwaltungsrecht*, Vienne, 1927

MERRIEN F.-X., *L'État providence*, Puf, 2007

MESTRE J.-L., *Introduction historique au droit administratif français*, Puf, coll. Droit fondamental, 1985

MEZGHANI A., *L'État inachevé*, Gallimard, 2011

MICHOUD L., *La théorie de la personnalité morale et son application au droit français*, 3e éd., LGDJ, 1932

MILLON-DELSOL M., *L'État subsidiaire – Ingérence et non-ingérence de l'État, le principe de subsidiarité dans l'histoire européenne*, Puf, coll. Léviathan, 1992

MINEUR D., *Carré de Malberg, le positivisme impossible*, Michalon, coll. Le bien commun, 2010

MIRKINE-GUETZÉVITCH B., SCELLE G., *L'Union européenne*, Delagrave, 1931

MOCKLE D., *La gouvernance, le droit et l'État*, Bruylant (Bruxelles), 2008

MOOR P., *Pour une théorie micropolitique du droit*, Puf, coll. Les voies du droit, 2005

MORE Th., *L'Utopie*, 1516

MOREAU DEFARGES Ph., *L'ordre mondial*, Armand Colin, 2000

MOREAU-DESFARGES Ph., *La Gouvernance*, PUF, coll. Que sais-je ?, 2003

MOSCOVICI S., *La machine à faire des dieux*, Fayard, 1988

NEGRI A., *Le pouvoir constituant – Essai sur les alternatives de la modernité*, Puf, 1997

NIETZSCHE F., *Ainsi parlait Zarathoustra*, 1883

NIETZSCHE F., *Par-delà bien et mal*, 1886

NIETZSCHE F., *La volonté de puissance*, 1887

NOZICK R., *Anarchie, État et Utopie*, (1974), Puf, 1988

NYE J., *The Future of Power*, Public Affairs, 2011

OLIVECRONA K., *De la loi et de l'État – Une contribution de l'école scandinave à la théorie réaliste du droit*, trad. P. JONASON, Dalloz, coll. Rivages du droit, 2010

OLSON M., *Power and Prosperity – Outgrowing Communist and Capitalist Dictatorships*, Basic Books (New York), 2000

OST F., VAN DE KERCHOVE M., *Le système juridique entre ordre et désordre*, Puf, 1988

OST F., VAN DE KERCHOVE M., *De la pyramide au réseau ? Pour une théorie dialectique du droit*, Publications des Facultés universitaires Saint-Louis (Bruxelles), 2002

PADIOLEAU J., *L'État au concret*, Puf, 1982

PARENT Ch., *Le concept d'État fédéral multinational*, Pieter Lang (Bruxelles), 2011

PASCAL B., *Pensées*, 1669

PASHUKANIS E. B., *La théorie générale du droit et le marxisme* (1924), EDI (Paris), 1970

PASQUIER R., *Le pouvoir régional – Mobilisations, décentralisation et gouvernance en France*, Presses de Sciences Po, 2012

PASSERIN D'ENTRÈVES A., *La notion d'État*, Sirey, 1969

PÉCHEUL A., *Le Traité de Lisbonne – La constitution malgré nous ?*, Cujas, 2008

PERLAS N., *La société civile : le 3ème pouvoir*, Yves Michel, coll. Société, 2003

PICQ J., *Histoire et droit des États – La souveraineté dans le temps et l'espace européen*, Presses de Sciences Po, 2005

PICQ J., *Une histoire de l'État en Europe – Pouvoir, justice et droit*, Presses de Sciences Po, 2009

PIERRE-CAPS S., *La multination*, Odile Jacob, 1995

PLATON, *Œuvres complètes*, Garni, 1950

PLATON, *Le Banquet* (vers 380 av. J.-C.), trad. L. Brisson, Flammarion, coll. GF, 2007

PLATON, *Théétète* (vers 369 av. J.-C.), trad. M. Narcy, Flammarion, coll. GF, 1999

PLATON, *La République* (vers 380 av. J.-C.), trad. G. Leroux, Flammarion, coll. GF, 2002

PLATON, *Le Politique* (vers 369 av. J.-C.), Flammarion, coll. GF philosophie, 2003

PONTAUT J.-M., SZPINER F., *L'État hors la loi*, Fayard, 1989

POSNER E., *The Perils of Global Legalism*, University of Chicago Press, 2009

POULANTZAS N., *L'État, le pouvoir, le socialisme*, Puf, 1978

PRADIER-FODÉRÉ P., *Traité de droit international public, européen et américain*, Pedone-Lauriel, 1885

PROUDHON P. J., *Qu'est-ce que la propriété*, 1840

PROUDHON P. J., *Du principe fédératif*, 1863

PUFENDORF S., *Le droit de la Nature et des Gens*, 1672

QUARITSCH H., *Souveränität – Entstehung und Entwicklung des Begriffs in Frankreich und Deutschland vom 13 Jh. Bis 1806*, Duncker u. Humblot (Berlin), 1986

QUERMONNE J.-L., *Le système politique européen – Des communautés économiques à l'Union politique*, Montchrestien, coll. Clefs politique, 1993

RANGEON M., *L'idéologie de l'intérêt général*, Economica 1986

RAWLS J., *Théorie de la justice* (1971), trad. C. Audard, Le Seuil, 1987

RAWLS J., *Libéralisme politique*, Puf, 1995

RAYNAUD Ph., *Max Weber et les dilemmes de la raison moderne*, Puf, coll. Recherches politiques, 1987

REDOR M. J., *De l'État légal à l'État de droit – L'évolution des conceptions de la doctrine publiciste française (1879-1914)*, Economica, 1992

RENAN E., *Qu'est-ce qu'une nation ?* (1887), Mille et une nuits, 1997

RENARD G., *La théorie de l'institution, essai d'ontologie juridique*, Sirey, 1930

RENAUT M.-H., *Histoire du droit administratif*, Ellipses, coll. Mise au point, 2007

REUTER P., *Le développement de l'ordre juridique international*, Economica, 1995

RIALS S., *Destin du fédéralisme*, LGDJ, 1986

RIALS S., *La Déclaration des droits de l'homme et du citoyen*, Hachette, 1988

RIGAUX M.-F., *La théorie des limites matérielles à l'exercice de la fonction constituante*, Larcier (Bruxelles), 1985

RILEY P., *Will and Political Legitimacy: a Critical Exposition of Social Contract Theory in Hobbes, Locke, Rousseau, Kant and Hegel*, Harvard, 1982

RIVIER A., *Principes du droit des gens*, Rousseau, 1896

ROMANO S., *L'ordre juridique* (1946), trad. L. François, P. Gothot, Dalloz, coll. Philosophie du droit, 1975

ROSANVALLON P., *L'État en France, de 1789 à nos jours*, Le Seuil, 1990

ROSANVALLON P., *La crise de l'État-providence*, Le Seuil, 1992

ROSANVALLON P., *Le peuple introuvable*, Gallimard, 1998

ROSANVALLON P., *La démocratie inachevée – Histoire de la souveraineté du peuple en France*, Gallimard, coll. Bibliothèque des histoires, 2000

ROSANVALLON P., *Le modèle politique français – La société civile contre le jacobinisme de 1789 à nos jours*, Le Seuil, 2004

ROSANVALLON P., *La contre-démocratie – La politique à l'âge de la défiance*, Le Seuil, 2006

ROSANVALLON P., *La Légitimité démocratique – Impartialité, réflexivité, proximité*, Le Seuil, 2008

ROSENAU J., *Turbulence in World Politics*, Harvester (New York), 1990

ROSS A., *On Law and Justice*, University of California Press (Berkeley), 1959

ROSS A., *Introduction à l'empirisme juridique*, trad. É. Millard, E. Matzner, Bruylant-LGDJ (Bruxelles-Paris), coll. La pensée juridique, 2004

ROULAND N., *L'État français et le pluralisme – Histoire politique des institutions publiques de 476 à 1792*, Odile Jacob, 1995

ROULAND N., *Introduction historique au droit*, Puf, coll. Droit fondamental, 1998

ROUSSEAU J.-J., *Du contrat social*, 1762

ROUSSEAU J.-J., *Émile ou de l'éducation*, 1762

ROUSSEAU J.-J., *Lettres écrites de la montagne*, 1764

ROUSSEAU J.-J., *Œuvres complètes*, Gallimard, coll. La pléiade, 1974

ROUSSET M., *L'idée de puissance publique en droit administratif*, Dalloz, 1960

ROUVIER C., *Sociologie politique*, 4e éd., Litec, coll. Objectif droit, 2006

RUYSSEN Th., *De la guerre au droit*, Alcan, 1920

SADRAN P., *Le système administratif français*, 2e éd., Montchrestien, coll. Clefs politique, 1997

SALAS D., *Le Tiers pouvoir – Vers une autre justice*, Hachette, 2000

SALEILLES R., *De la personnalité juridique – Histoires et théories*, 2e éd., Rousseau, 1922

SAROOSHI D., *International Organizations and Their Exercise of Sovereign Powers*, Oxford, 2005

SASSEN S., *Losing Control – Sovereignty in an Age of Globalization*, Columbia University Press (New York), 1996

SASSEN S., *Critique de l'État – Autorité et droits de l'époque médiévale à nos jours*, Démopolis, 2009

SAURUGGER S., *Théories et concepts de l'intégration européenne*, Presses de Sciences Po, 2010

SAVIGNY C. F. von, *System des heutigen ràmischen Rechts*, 1848

SCANDAMIS N., *Le paradigme de la gouvernance européenne – Entre souveraineté et marché*, Bruylant (Bruxelles), 2009

SCHMITT C., *Der Leviathan in der Staatslehre des Thomas Hobbes* (1936), Hohenheim (Cologne), 1982

SCHMITT C., *Théologie politique*, Gallimard, 1988

SCHMITT C., *Théorie de la Constitution*, Puf, coll. Quadrige, 2013

SCHMITZ J., *La théorie de l'institution du doyen Maurice Hauriou*, L'Harmattan, coll. Logiques juridiques, 2013

SCHOPENHAUER A., *Douleurs du monde – Pensées et fragments*, Rivages, coll. Petite bibliothèque, 1991

SCHULZE H., *État et Nation dans l'Histoire de l'Europe*, Le Seuil, 1996

SCHUMPETER J. A., *Capitalisme, socialisme et démocratie*, Payot (Lausanne), 1965

SEIDLER G., *Das juristiche Kriterium des Staates*, J. C. B. Mohr (Tübingen), 1905

SFEZ L., *Essai sur la contribution du Doyen Hauriou au droit administratif français*, LGDJ, 1966

SFEZ L., *La politique symbolique*, 2e éd., Puf, coll. Quadrige, 1993

SIEYÈS E.-J., *Qu'est-ce que le Tiers État ?* (1789), Puf, 1982

SIMONNOT Ph., *L'invention de l'État – Économie du droit*, Les Belles Lettres, 2003

SIMON D., *Le système juridique communautaire*, Puf, coll. Droit fondamental, 2001

SLAMA A.-G., *La régression démocratique*, Fayard, 1995

SLAUGHTER A.-M., *A New World Order*, Princeton University Press, 2004

SMITH A., *Le gouvernement de l'Union européenne : une sociologie politique*, 2e éd., LGDJ, 2010

SOUAL Ph., *Le Sens de l'État*, Peeters (Louvain), 2006

SPINOZA B., *Éthique*, 1677

SPINOZA B., *Traité Théologico-Politique* (1670), trad. Ch. Appuhn, Flammarion, 1965

STEIGER H., *Staatlichkeit und Überstaatlichkeit*, Duncker & Humblot (Berlin), 1966

STEINBERGER P., *The Idea of State*, Cambridge University Press, 2004

STRANGE S., *Le retrait de l'État – La dispersion du pouvoir dans l'économie mondiale*, Temps présent, 2011

STRAYER J., *Les origines médiévales de l'État moderne*, Payot (Lausanne), 1979

SUAREZ F., *De legibus*, 1612

SUMNER-MAINE H., *Ancient Law: Its Connection with the Early History of Society and its Relation to Modern Ideas* (1871), Beacon Press (Boston), 1963

SUMNER-MAINE H., *Popular Government* (1885), Liberty Classics (Indianapolis), 1976

SZABO I., *La théorie générale du droit et le marxisme*, Études et documentation internationale, 1970

TADIÉ A., *Locke*, Hachette, coll. Prismes, 2003

TEUBNER G., *Global Law wittout a State*, Aldershot (Darmouth), 1997

THOMAS Y., *Histoire de l'administration*, coll. Repères, La découverte, 1995

TIMSIT G., *Théorie de l'administration*, Economica, 1986

TIMSIT G., *Gouverner ou juger*, Puf, 1995

TODD E., *L'invention de la France – Atlas anthropologique et politique*, Gallimard, coll. Nrf essais, 1981

TOURAINE A., *Qu'est-ce que la démocratie ?*, Fayard, 1994

TROPER M., *Pour une théorie juridique de l'État*, Puf, coll. Léviathan, 1994

TROPER M., *La théorie du droit, le droit, l'État*, Puf, coll. Léviathan, 2001

TRUYOL Y SERRA A., *Histoire du droit international public*, Economica, 1995

TRUYOL Y SERRA A., *Doctrines sur le fondement du droit des gens*, Pedone, 2007

TULLY J., *Strange Multiplicity – Constitutionalism in an Age of Diversity*, Cambridge University Press, 1995

TÜRK P., *Théorie générale du droit constitutionnel*, 2e éd., Gualino, coll. Mémentos LMD, 2009

TYLER T., *Why People Obey the Law*, Yale University Press (New Haven), 1990

VERHOEVEN J., *La reconnaissance internationale dans la pratique contemporaine*, Pedone, 1975

VIALA M., *La notion de République dans la jurisprudence du Conseil constitutionnel*, LGDJ, 2002

VIRALLY M., *L'Organisation mondiale*, Armand Colin, coll. U, 1972

VIRALLY M., *Le droit international en devenir*, Puf, 1990

VOGEL L., *Unifier le droit : le rêve impossible ?*, Éditions Panthéon-Assas, coll. Droit global, 2001

VON HAYEK F., *Droit, législation et liberté, une nouvelle formulation des principes libéraux de justice et d'économie politique – t. III : L'ordre politique d'un peuple libre*, trad. R. Audouin, Puf, 1983

VON HUMBOLDT W., *Essai sur les limites de l'action de l'État*, Germer Baillière, 1867

VON PUFENDORF S., *Specimen Controversiarum circa Jus Naturale*, 1674

VON PUFENDORF S., *Le droit de la nature et des gens*, 1732

VUILLERME J.-P., *Le concept de système politique*, Puf, coll. Politique d'aujourd'hui, 1989

WEBER M., *Économie et société*, trad. J. Freund, Plon, 1971

WEBER M., *L'éthique protestante et l'esprit du capitalisme*, Pocket, coll. Agora, 1994

WEBER M., *Le savant et le politique*, 10/18, coll. Bibliothèques, 2002

WEBER M., *Sociologie du droit*, trad. J. Grosclaude, Puf, coll. Quadrige grands textes, 2007

WEIL E., *Philosophie politique*, Vrin, coll. Problèmes et controverses, 1984

WEIL P., *Écrits de droit international*, Puf, 2000

WELTZ P., *Des lieux et des liens – Le territoire français à l'heure de la mondialisation*, Éditions de l'Aube (La Tour d'Aygues), 2004

V. Contributions à des monographies collectives

ALLAND D., « Droit des gens et droit international », in RAYNAUD P., RIALS S., dir., *Dictionnaire de philosophie politique*, Puf, 1996

ALLAND D., « Droit international public », in ALLAND D., RIALS S., dir., *Dictionnaire de la culture juridique*, Lamy-Puf, coll. Quadrige dicos poche, 2003

AMADIEU J.-F., GROUX G., « Entre l'entreprise et l'État – Les nouveaux systèmes de règles », in COMMAILLE J., JOBERT B., dir., *Les métamorphoses de la régulation politique*, LGDJ, 1999, p. 36 s.

ARON R., « Paix et guerre entre les nations », in BEHRENDT Ch., BOUHON F., *Introduction à la théorie générale de l'État – Recueil de textes*, Larcier (Bruxelles), coll. Faculté de droit de l'Université de Liège, 2009, p. 371 s.

AUBY J.-B., « Globalisation et droit public », in *Mélanges Jean Waline*, Dalloz, 2002, p. 135 s.

ARNOLD R., « Le principe de supranationalité dans l'Union Européenne et dans l'Europe orientale : quelques aspects comparatifs », in *Mélanges J. Raux*, Apogée, 2006, p. 363 s.

ASCENSIO H., « La notion de juridiction internationale en question », in SFDI, *La juridictionnalisation du droit international*, Pedone, 2003, p. 163 s.

BADIE B., « Inventions et réinventions de l'État », in *Mélanges Maurice Duverger*, Puf, 1987, p. 495 s.

BEAUD O., « Souveraineté », in RAYNAUD P., RIALS S., dir., *Dictionnaire de philosophie politique*, Puf, 1996

BEAUD O., « Carré de Malberg, juriste alsacien – La biographie comme élément d'explication d'une doctrine constitutionnelle », in BEAUD O., WACHSMANN P., dir., *Science juridique française et science juridique allemande de 1870 à 1918*, Presses universitaires de Strasbourg, coll. Annales de la faculté de droit de Strasbourg, n° 1, 1997, p. 219 s.

BEAUD O., « Constitution et droit constitutionnel », in ALLAND D., RIALS S., dir., *Dictionnaire de la culture juridique*, Lamy-Puf, coll. Quadrige dicos poche, 2003

BEAUD O., « La distinction entre droit public et droit privé : un dualisme qui résiste aux critiques » in AUBY J.-B., FREEDMAN M., dir., *La distinction entre droit public et droit privé – Regards français et britanniques*, Éditions Panthéon-Assas, 2004, p. 29 s.

BEAUD O., « A la recherche de la légitimité de la Ve République », in *Mélanges Michel Troper*, Economica, 2006, p. 153 s.

BEAUD O., « La République de Bodin ou la naissance de la souveraineté moderne ou étatique », in BEHRENDT Ch., BOUHON F., *Introduction à la théorie générale de l'État – Recueil de textes*, Larcier (Bruxelles), coll. Faculté de droit de l'Université de Liège, 2009, p. 48 s.

BEAUD O., « Peut-on penser l'Union européenne comme une Fédération ? », in ESPOSITO F., LEVRAT N., dir., *Europe : de l'intégration à la fédération*, Bruylant (Bruxelles), 2010, p. 71 s.

BENOIST J., « Aristote, Éthique à Nicomaque », in CAYLA O., HALPÉRIN J.-L., dir., *Dictionnaire des grandes œuvres juridiques*, Dalloz, 2008, p. 1 s.

BENOIST J., « Marx, Contribution à la critique de la philosophie du droit de Hegel », in CAYLA O., HALPÉRIN J.-L., dir., *Dictionnaire des grandes œuvres juridiques*, Dalloz, 2008, p. 391 s.

BERTRAND Ch., « Mondialisation, État de droit et construction européenne », in MOCKLE D., dir., *Mondialisation et État de droit*, Bruylant (Bruxelles), 2002, p. 141 s.

BODIN J., « Exposé du droit universel », in BEHRENDT Ch., BOUHON F., *Introduction à la théorie générale de l'État – Recueil de textes*, Larcier (Bruxelles), coll. Faculté de droit de l'Université de Liège, 2009, p. 15 s.

BODIN J., « Le premier livre de la République », in BEHRENDT Ch., BOUHON F., *Introduction à la théorie générale de l'État – Recueil de textes*, Larcier (Bruxelles), coll. Faculté de droit de l'Université de Liège, 2009, p. 23 s.

BODIN J., « De la souveraineté », in BEHRENDT Ch., BOUHON F., *Introduction à la théorie générale de l'État – Recueil de textes*, Larcier (Bruxelles), coll. Faculté de droit de l'Université de Liège, 2009, p. 45 s.

BODIN J., « De la seureté des alliances et traictez entre les Princes », in BEHRENDT Ch., BOUHON F., *Introduction à la théorie générale de l'État – Recueil de textes*, Larcier (Bruxelles), coll. Faculté de droit de l'Université de Liège, 2009, p. 307 s.

BOISSON DE CHAZOURNES L., « Normes, standards et règles en droit international », in BROSSET E., TRUILHÉ-MARENGO É., dir., *Les enjeux de la normalisation technique internationale – Entre environnement, santé et commerce international*, La documentation française, 2006, pp. 43

BOUAL J.-C., « Une société civile européenne est possible », in BOUAL J.-C., *Vers une société civile européenne*, L'aube éditions, 1999, p. 13 s.

BOUINNEAU J., « Révolution française et droit », in ALLAND D., RIALS S., dir., *Dictionnaire de la culture juridique*, Lamy-Puf, coll. Quadrige dicos poche, 2003

BOURETZ P., « Souveraineté », in DUHAMEL O., MÉNY Y., dir., *Dictionnaire constitutionnel*, Puf, 1992, p. 989 s.

BOURGEOIS B., « La question de l'État de droit en France aujourd'hui », in COLAS D., dir., *L'État de droit*, Puf, 1987, p. 1 s.

BURDEAU G., « Une survivance : la notion de Constitution », in *Mélanges Achille Mestre*, t. I, Sirey, 1956, p. 53 s.

BURDEAU G., « Le citoyen selon Rousseau », in *Études sur le contrat social*, 1964, p. 222 s.

CABRILLAC R., « La réception de la loi : consentement ou adhésion ? », in CHASSAGNARD-PINET S., HIEZ D., dir., La contractualisation de la production normative, Dalloz, coll. Thèmes et commentaires, 2008, p. 127 s.

CAHIN G., « Apport du concept de mythification aux méthodes d'analyse du droit international », in *Mélanges Charles Chaumont*, Pedone, 1984, p. 89 s.

CAHIN G., « Sécession : le retour – Sur quelques tendances récentes de la pratique internationale », in Mélanges Jean Charpentier, Pedone, 2008, p. 41 s.

CARCASSONNE G., « Société de droit contre État de droit », in *Mélanges Guy Braibant*, LGDJ, 1996, p. 37 s.

CARRÉ DE MALBERG R., « Les éléments constitutifs de l'État », in BEHRENDT Ch., BOUHON F., *Introduction à la théorie générale de l'État – Recueil de textes*, Larcier (Bruxelles), coll. Faculté de droit de l'Université de Liège, 2009, p. 32 s.

CARRÉ DE MALBERG R., « De la puissance de l'État », in BEHRENDT Ch., BOUHON F., *Introduction à la théorie générale de l'État – Recueil de textes*, Larcier (Bruxelles), coll. Faculté de droit de l'Université de Liège, 2009, p. 51 s.

CARRÉ DE MALBERG R., « La souveraineté est-elle un élément essentiel de la puissance d'État ? », in BEHRENDT Ch., BOUHON F., *Introduction à la théorie générale de l'État – Recueil de textes*, Larcier (Bruxelles), coll. Faculté de droit de l'Université de Liège, 2009, p. 68 s.

CARRÉ DE MALBERG R., « L'organisation administrative de l'État », in BEHRENDT Ch., BOUHON F., *Introduction à la théorie générale de l'État – Recueil de textes*, Larcier (Bruxelles), coll. Faculté de droit de l'Université de Liège, 2009, p. 287 s.

CASSESE A., « Y a-t-il un conflit insurmontable entre souveraineté des États et justice pénale internationale ? », in CASSESE A., DELMAS-MARTY M., dir., *Crimes internationaux et juridictions internationales*, Puf, 2002 p. 13 s.

CATTAN J., « L'État à l'ère numérique : de la souveraineté à la subsidiarité », in AGOSTINELLI S. et *alii*, *Entre communautés et mobilité : une approche interdisciplinaire des médias*, PUAM (Aix-en-Provence), 2011, p. 153 s.

CAYLA O., « Habermas, Droit et démocratie », in CAYLA O., HALPÉRIN J.-L., dir., *Dictionnaire des grandes œuvres juridiques*, Dalloz, 2008, p. 229 s.

CAYLA O., « Hobbes, Léviathan », in CAYLA O., HALPÉRIN J.-L., dir., *Dictionnaire des grandes œuvres juridiques*, Dalloz, 2008, p. 264 s.

CAYLA O., « Kelsen, Théorie pure du droit », in CAYLA O., HALPÉRIN J.-L., dir., *Dictionnaire des grandes œuvres juridiques*, Dalloz, 2008, p. 320 s.

CAYLA O., « Rousseau, Du contrat social », in CAYLA O., HALPÉRIN J.-L., dir., *Dictionnaire des grandes œuvres juridiques*, Dalloz, 2008, p. 495 s.

CHALTIEL F., « Contribution à la théorie juridique du statut de l'État membre de l'Union européenne : l'exemple français », in HERVOUËT F., dir., *Démarche communautaire et construction européenne*, vol. 1, La documentation française, 2000, p. 163 s.

CHALVIDAN P.-H., « État, Globalisation, Gouvernance : un chemin de traverse », in DEMUIJNCK G., VERCAUTEREN P., dir, *L'État face à la globalisation économique – Quelles formes de gouvernance ?*, Sandre, 2009, p. 81 s.

CHARPENTIER J., « Le phénomène étatique à travers les grandes mutations politiques contemporaines », in SFDI, *L'État souverain à l'aube du 21*[e] *siècle*, Pedone, 1994, p. 11 s.

CHARPENTIER J., « Réflexions sur l'utilité du droit international », in *Mélanges F. Borella*, Presses universitaires de Nancy, 1999, p. 57 s.

CHAUMONT Ch., « Recherches du contenu irréductible du concept de souveraineté internationale de l'État », in *Mélanges Jean Basdevant*, Pedone, 1960, p. 114 s.

CHAVAGNEUX C., « La montée en puissance des acteurs non étatiques », in JACQUET P., PISANI-FERRY J., TUBIANA L., *Gouvernance mondiale*, La documentation française, 2002, p. 241 s.

CHEVALLIER J., « La dimension symbolique du principe de légalité », in MORAND Ch.-A., dir., *Figures de la légalité*, Publisud, 1992, p. 55 s.

CHEVALLIER J., « Vers un droit postmoderne ? », in CLAM J., MARTIN G., dir., *Les transformations de la régulation juridique*, LGDJ, coll. Droit et société, 1998, p. 31 s.

CHEVALLIER J., « La mondialisation de l'État de droit », in *Mélanges Philippe Ardant*, LGDJ, 1999, p. 325 s.

CHEVALLIER J., « Mondialisation du droit ou droit de la mondialisation », in MORAND Ch.-A., dir., *Le droit saisi par la mondialisation*, Bruylant (Bruxelles), 2001, p. 37 s.

CHEVALLIER J., « Principe de séparation des autorités », in ALLAND D., RIALS S., dir., *Dictionnaire de la culture juridique*, Lamy-Puf, coll. Quadrige dicos poche, 2003

CHEVALLIER J., « Conclusion », in BASDEVANT B., dir., *Contrat ou institution : un enjeu de société*, LGDJ, coll. Système droit, 2004, p. 183 s.

CHEVALLIER J., « Souveraineté et droit », in DESGRÉES DU LOÛ D. M., dir., *Les évolutions de la souveraineté*, LARAJ, 2006, p. 203 s.

CHEVALLIER J., « La gouvernance et le droit », in FONTAINE L., dir., *Droit et pluralisme*, Nemesis-Bruylant (Bruxelles), coll. Droit et justice, 2007, p. 189 s.

CHRISTAKIS Th., « The State as a "Primary Fact": Some Thoughts on the Principle of Effectiveness », in KOHEN M. G., *Secession – International Law Perpectives*, Cambridge University Press, 2006, p. 138 s.

COLLIOT-THELEN C., « État et société civile », in RAYNAUD Ph., RIALS S., dir., *Dictionnaire de philosophie politique*, Puf, coll. Quadrige, 1996, p. 225 s.

COMBACAU J., « La logique de la validité contre logique de l'opposabilité dans la Convention de Vienne sur le droit des traités », in *Mélanges Michel Virally*, Pedone, 1991, p. 195 s.

COMMAILLE J., « Droit et politique », in ALLAND D., RIALS S., dir., *Dictionnaire de la culture juridique*, Lamy-Puf, coll. Quadrige dicos poche, 2003

CONDORELLI L., « L'autorité de la décision des juridictions internationales permanentes », in SFDI, *La juridiction internationale permanente*, Pedone, 1987, p. 277 s.

CONSTANTINESCO V., « Nationalité et citoyenneté à l'épreuve du droit européen – Retour sur quelques arrêts de la Cour de Justice des Communautés européennes », in *Mélanges Jean Charpentier*, Pedone, 2008, p. 267 s.

CONTE E., « Kantorowicz, Les deux corps du roi », in CAYLA O., HALPÉRIN J.-L., dir., *Dictionnaire des grandes œuvres juridiques*, Dalloz, 2008, p. 313 s.

CORIAT J.-P., « Cicéron, De re publica », in CAYLA O., HALPÉRIN J.-L., dir., *Dictionnaire des grandes œuvres juridiques*, Dalloz, 2008, p. 91 s.

CORIAT J.-P., « Ulpien, Libri ad Edictum », in CAYLA O., HALPÉRIN J.-L., dir., *Dictionnaire des grandes œuvres juridiques*, Dalloz, 2008, p. 585 s.

COSTA J.-P., « La normativité des arrêts rendus par la Cour européenne des droits de l'homme », in THIBIERGE C., dir., *La force normative – Naissance d'un concept*, LGDJ-Bruylant (Paris-Bruxelles), 2009, p. 29 s.

COSTA O., « La responsabilité politique dans l'UE : une logique fédéraliste ? » in ESPOSITO F., LEVRAT N., dir., *Europe : de l'intégration à la fédération*, Bruylant (Bruxelles), 2010, p. 123 s.

CRÉPEAU F., « Mondialisation, pluralisme et souveraineté – l'État démocratique redéployé ou l'exigence de légitimation de l'action collective », in LABOUZ M.-F., dir., *Le partenariat de l'Union Européenne avec les pays tiers, conflits et convergences*, Bruylant (Bruxelles), 2000, p. 15 s.

CURRIE J. H., « Les traités et les accords internationaux comme agents de convergence et de multijuridisme dans les systèmes juridiques internes », in BRETON A., DES ORMEAUX A., PISTOR K., SALMON P., dir., *Le multijuridisme – Manifestations, causes et conséquences*, Eska, 2010, p. 23 s.

DE CORAIL J.-L., « Service public », in ALLAND D., RIALS S., dir., *Dictionnaire de la culture juridique*, Lamy-Puf, coll. Quadrige dicos poche, 2003

DELVOLVÉ P., « Paradoxes du (ou paradoxes sur le) principe de séparation des autorités administratives et judiciaires », in *Mélanges René Chapus*, Montchrestien, 1992, p. 135 s.

DEMICHEL F., « Le rôle de la souveraineté dans les relations internationales contemporaines », in *Mélanges Georges Burdeau*, LGDJ, 1977, p. 1053 s.

DE MONTESQUIEU Ch.-L., « De l'esprit des lois – Préface », in BEHRENDT Ch., BOUHON F., *Introduction à la théorie générale de l'État – Recueil de textes*, Larcier (Bruxelles), coll. Faculté de droit de l'Université de Liège, 2009, p. 125 s.

DEMUIJNCK G., « Justice et cosmopolitisme – L'État-nation et le fondement éthique des droits sociaux et économiques », in DEMUIJNCK G., VERCAUTEREN P., dir, *L'État face à la globalisation économique – Quelles formes de gouvernance ?*, Sandre, 2009, p. 217 s.

DEPAMBOUR-TARRIDE L., « Juge (dans la longue durée) », in ALLAND D., RIALS S., dir., *Dictionnaire de la culture juridique*, Lamy-Puf, coll. Quadrige dicos poche, 2003

DERANTY J.-Ph., « Le parlement hégélien », in KERVÉGAN J.-F., MARMASSE G., dir., *Hegel penseur du droit*, CNRS Éditions, 2003, p. 245 s.

DESCIMON R., « Bodin, Les six livres de la République », in CAYLA O., HALPÉRIN J.-L., dir., *Dictionnaire des grandes œuvres juridiques*, Dalloz, 2008, p. 68 s.

DESMONS É, « Droit privé / droit public », in ALLAND D., RIALS S., dir., *Dictionnaire de la culture juridique*, Lamy-Puf, coll. Quadrige dicos poche, 2003

DE VILLIERS M., « Le principe de constitutionnalité », in DE BERANGER Th., DE VILLIERS M., dir., *Droit public général*, 5e éd., LexisNexis, coll. Manuel, 2011, p. 375 s.

DE VISSCHER Ch., « Quelques réflexions sur le règle de l'unanimité dans l'organisation internationale », in *Mélanges Ernest Mahaim*, t. II, Sirey, 1935, p. 105 s.

DOGOT D., VAN WAEYENBERGE A., « L'Union européenne, laboratoire du droit global », in CHÉROT J.-Y., FRYDMAN B., dir., *La science du droit dans la globalisation*, Bruylant (Bruxelles), coll. Penser le droit, 2012, p. 251 s.

DORE I., « La force normative du pouvoir étatique dans la philosophie de Michel Foucault », in THIBIERGE C., dir., *La force normative – Naissance d'un concept*, LGDJ-Bruylant (Paris-Bruxelles), 2009, p. 57 s.

DRAGO G., « Justice constitutionnelle », in ALLAND D., RIALS S., dir., *Dictionnaire de la culture juridique*, Lamy-Puf, coll. Quadrige dicos poche, 2003

DUMONT H., « La notion juridique de souveraineté aujourd'hui : de l'absolu au relatif », in BEHRENDT Ch., BOUHON F., *Introduction à la théorie générale de l'État – Recueil de textes*, Larcier (Bruxelles), coll. Faculté de droit de l'Université de Liège, 2009, p. 452 s.

DUPEYROUX H., « Sur la généralité de la loi », in *Mélanges Raymond Carré de Malberg*, Sirey 1933, p. 135 s.

DUPUY P.-M., « Le concept de société civile internationale, identification et genèse », in GHERARI H., SZUREK S., dir., *L'émergence de la société civile internationale : vers la privatisation du droit international ?*, Pedone, 2003, p. 5 s.

DUPUY P.-M., « La communauté internationale – Une fiction ? », in *Mélanges Jean Salmon*, Bruylant (Bruxelles), 2007, p. 373 s.

EISENMANN Ch., « L'esprit des lois et la séparation des pouvoirs », in, *Mélanges Raymond Carré de Malberg*, Sirey, 1933, p. 165 s.

EISENMANN Ch., « Fonctions de l'État », in *Encyclopédie française*, 2e éd., t. X, 1950, p. 291 s.

ELLUL J., « Recherche sur la conception de la souveraineté dans la Rome primitive », in *Mélanges Georges Burdeau*, LGDJ, 1977, p. 265 s.

ENGUÉLÉGUÉLÉ M., « Les organisations européennes entre "désordre" et nouvel "ordre" européen », in CURAPP, *Désordre(s)*, Puf, p. 373 s.

FALK R., « The Interplay of Westphalia and Charter Conceptions of International Legal Order », in FALK R., KRATOCHWIL F., MENDLOVITZ S. H., dir., *International law, a Contemporary Perspective*, Westview Press, 1985, p. 115 s.

FAVRE J., « La pensée juridique est-elle nécessairement une pensée de l'État ? », in ROUSSEAU D., dir., *Le droit dérobé*, Montchrestien, coll. Grands colloques, 2007, p. 97 s.

FEUER G., « Nations Unies et Démocratie », in *Mélanges Georges Burdeau*, LGDJ, 1977, p. 1073 s.

GALLI C., « Carl Schmitt et l'État », in GOYARD-FABRE S., dir., *L'État au XXe siècle : regards sur la pensée juridique et politique du monde occidental*, Vrin, 2004, p. 35 s.

GERARD P., « Validité juridique et souveraineté », in RIGAUX F., HAARSCHER G., VASSART P., dir., *Droit et pouvoir – t. I : La validité*, Story-Scientia (Bruxelles), 1987, p. 53 s.

GIRAUD É., « Le rejet de l'idée de souveraineté, l'aspect juridique et l'aspect politique de la question », in *Mélanges Georges Scelle*, LGDJ, 1950, p. 25[illegible] s.

GOYARD-FABRE S., « Contrat social (doctrines) », in ALLAND D., RIALS S., dir., *Dictionnaire de la culture juridique*, Lamy-Puf, coll. Quadrige dicos poche, 2003

GOYARD-FABRE S., « Légitimité », in ALLAND D., RIALS S., dir., *Dictionnaire de la culture juridique*, Lamy-Puf, coll. Quadrige dicos poche, 2003

GOYARD-FABRE S., « L'État du droit selon Hans Kelsen », in GOYARD-FABRE S., dir., *L'État au XXe siècle : regards sur la pensée juridique et politique du monde occidental*, Vrin, 2004, p. 55 s.

GOYARD-FABRE S., « L'État du XXe siècle a-t-il été un "monstre froid" ? Postface », in GOYARD-FABRE S., dir., *L'État au XXe siècle : regards sur la pensée juridique et politique du monde occidental*, Vrin, 2004, p. 331 s.

GROTIUS H., « Prolégomènes aux trois livres du Droit de la guerre et de la paix », in BEHRENDT Ch., BOUHON F., *Introduction à la théorie générale de l'État – Recueil de textes*, Larcier (Bruxelles), coll. Faculté de droit de l'Université de Liège, 2009, p. 314 s.

GUGLIELMI G., « Administration », in ALLAND D., RIALS S., dir., *Dictionnaire de la culture juridique*, Lamy-Puf, coll. Quadrige dicos poche, 2003

GUILLAUME G., « *Jus cogens* et souveraineté », in *Mélanges Jean-Pierre Puissochet*, Pedone, 2008, p. 127 s.

HAARSCHER G., « Droit, pouvoir, légitimations et temporalité », in HAARSCHER G., RIGAUX F., VASSART P., dir., *Droit et pouvoir – t. I : La validité*, Story-Scientia (Bruxelles), 1987, p. 81 s.

HAGGENMACHER P., « Grotius, Le droit de la guerre et de la paix », in CAYLA O., HALPÉRIN J.-L., dir., *Dictionnaire des grandes œuvres juridiques*, Dalloz, 2008, p. 217 s.

HAKIM N., MELLERAY F., « La belle époque de la pensée juridique française », in HAKIM N., MELLERAY F., dir., *Le renouveau de la doctrine française – Les grands auteurs de la pensée juridique au tournant du XX*[e] *siècle*, Dalloz, coll. Méthodes du droit, 2009, p. 1 s.

HALPÉRIN J.-L., « Bentham, Fragment sur le gouvernement », in CAYLA O., HALPÉRIN J.-L., dir., *Dictionnaire des grandes œuvres juridiques*, Dalloz, 2008, p. 46 s.

HALPÉRIN J.-L., « Blackstone, Commentaires sur les lois anglaises », in CAYLA O., HALPÉRIN J.-L., dir., *Dictionnaire des grandes œuvres juridiques*, Dalloz, 2008, p. 55 s.

HALPÉRIN J.-L., « Dicey, Introduction à l'étude du droit constitutionnel », in CAYLA O., HALPÉRIN J.-L., dir., *Dictionnaire des grandes œuvres juridiques*, Dalloz, 2008, p. 131 s.

HALPÉRIN J.-L., « Ehrlich, Grundlegung der Soziologie des Rechts », in CAYLA O., HALPÉRIN J.-L., dir., *Dictionnaire des grandes œuvres juridiques*, Dalloz, 2008, p. 159 s.

HALPÉRIN J.-L., « Gierke, Les théories politiques au moyen-âge », in CAYLA O., HALPÉRIN J.-L., dir., *Dictionnaire des grandes œuvres juridiques*, Dalloz, 2008, p. 208 s.

HALPÉRIN J.-L., « Hart, Le concept de droit », in CAYLA O., HALPÉRIN J.-L., dir., *Dictionnaire des grandes œuvres juridiques*, Dalloz, 2008, p. 240 s.

HALPÉRIN J.-L., « Jellinek, L'État moderne et son droit », in CAYLA O., HALPÉRIN J.-L., dir., *Dictionnaire des grandes œuvres juridiques*, Dalloz, 2008, p. 293 s.

HALPÉRIN J.-L., « Jhering, L'évolution du droit », in CAYLA O., HALPÉRIN J.-L., dir., *Dictionnaire des grandes œuvres juridiques*, Dalloz, 2008, p. 298 s.

HALPÉRIN J.-L., « Montesquieu, De l'esprit des lois », in CAYLA O., HALPÉRIN J.-L., dir., *Dictionnaire des grandes œuvres juridiques*, Dalloz, 2008, p. 417 s.

HALPÉRIN J.-L., « Pufendorf, Le droit de la nature et des gens », in CAYLA O., HALPÉRIN J.-L., dir., *Dictionnaire des grandes œuvres juridiques*, Dalloz, 2008, p. 467 s.

HALPÉRIN J.-L., « Saleilles, De la personnalité juridique », in CAYLA O., HALPÉRIN J.-L., dir., *Dictionnaire des grandes œuvres juridiques*, Dalloz, 2008, p. 507 s.

HALPÉRIN J.-L., « Savigny, Traité de droit romain », in CAYLA O., HALPÉRIN J.-L., dir., *Dictionnaire des grandes œuvres juridiques*, Dalloz, 2008, p. 510 s.

HAROUEL J.-L., « Administration (grands traits de l'histoire) », in ALLAND D., RIALS S., dir., *Dictionnaire de la culture juridique*, Lamy-Puf, coll. Quadrige dicos poche, 2003

HART H. L. A., « Droit international », in BEHRENDT Ch., BOUHON F., *Introduction à la théorie générale de l'État – Recueil de textes*, Larcier (Bruxelles), coll. Faculté de droit de l'Université de Liège, 2009, p. 293 s.

HOBBES Th., « La loi, source unique du droit », in Ch. GRZEGORCZYK, F. MICHAUT, M. TROPER, *Le positivisme juridique*, LGDJ-Story Scientia (Paris-Bruxelles), coll. La pensée juridique, 1993, p. 301 s.

HOBBES Th., « Des causes, de la génération et de la définition de l'État », in BEHRENDT Ch., BOUHON F., *Introduction à la théorie générale de l'État – Recueil de textes*, Larcier (Bruxelles), coll. Faculté de droit de l'Université de Liège, 2009, p. 25 s.

HOBBES Th., « Des droits des souverains d'institution », in BEHRENDT Ch., BOUHON F., *Introduction à la théorie générale de l'État – Recueil de textes*, Larcier (Bruxelles), coll. Faculté de droit de l'Université de Liège, 2009, p. 70 s.

HOBBES Th., « Des ministres publics de la puissance souveraine », in BEHRENDT Ch., BOUHON F., *Introduction à la théorie générale de l'État – Recueil de textes*, Larcier (Bruxelles), coll. Faculté de droit de l'Université de Liège, 2009, p. 121 s.

HOBBES Th., « Des divers types d'état institué et de la succession à la puissance souveraine », in BEHRENDT Ch., BOUHON F., *Introduction à la théorie générale de l'État – Recueil de textes*, Larcier (Bruxelles), coll. Faculté de droit de l'Université de Liège, 2009, p. 199 s.

HOBBES Th., « De la liberté des sujets », in BEHRENDT Ch., BOUHON F., *Introduction à la théorie générale de l'État – Recueil de textes*, Larcier (Bruxelles), coll. Faculté de droit de l'Université de Liège, 2009, p. 219 s.

HUMMEL J., « Allemagne (doctrines allemandes de l'État et du droit de Hegel et Jellinek) », in ALLAND D., RIALS S., dir., *Dictionnaire de la culture juridique*, Lamy-Puf, coll. Quadrige dicos poche, 2003

JACOB R., « Symbolique du droit et de la justice », in ALLAND D., RIALS S., dir., *Dictionnaire de la culture juridique*, Lamy-Puf, coll. Quadrige dicos poche, 2003

JAFFRO L., « La transformation du contractualisme et les origines de la société civile », in FRYDMAN B., dir., *La société civile et ses droits*, Bruylant (Bruxelles), 2004, p. 39 s.

JAMIN Ch., « Dix-neuf cents (crise et renouveau dans la culture juridique », in ALLAND D., RIALS S., dir., *Dictionnaire de la culture juridique*, Lamy-Puf, coll. Quadrige dicos poche, 2003

JOUANJAN O., « État de droit », in ALLAND D., RIALS S., dir., *Dictionnaire de la culture juridique*, Lamy-Puf, coll. Quadrige dicos poche, 2003

JOUANNET E., « Du droit des gens au droit international », in ALLAND D., RIALS S., dir., *Dictionnaire de la culture juridique*, Lamy-Puf, coll. Quadrige dicos poche, 2003

JULIEN-LAFERRIERE F., « Contractualisation *versus* institutionnalisation de l'action publique », in BASDEVANT-GAUDEMET B., dir., *Contrat ou institution : un enjeu de société*, LGDJ, coll. Système droit, 2004, p. 47 s.

KARPIK L., « Comment le juge trace son chemin entre l'État et la société civile », in BERTHOUD A., SERVERIN É., *La production des normes entre État et société civile – Les figures de l'institution et de la norme entre État et sociétés civiles*, L'Harmattan, 2000, p. 77 s.

KELSEN H., « Der Wandel des Souveränitätsbegriffes », in *Mélanges Giorgio del Vecchio*, t. II, Modène, 1931, p. 1 s.

KELSEN H., « Sur le fondement de l'ordre juridique », in Ch. GRZEGORCZYK, F. MICHAUT, M. TROPER, *Le positivisme juridique*, LGDJ-Story Scientia (Paris-Bruxelles), coll. La pensée juridique, 1993, p. 137 s.

KELSEN H., « Théorie pure du droit », in BEHRENDT Ch., BOUHON F., *Introduction à la théorie générale de l'État – Recueil de textes*, Larcier (Bruxelles), coll. Faculté de droit de l'Université de Liège, 2009, p. 9 s.

KELSEN H., « Le peuple », in BEHRENDT Ch., BOUHON F., *Introduction à la théorie générale de l'État – Recueil de textes*, Larcier (Bruxelles), coll. Faculté de droit de l'Université de Liège, 2009, p. 17 s.

KELSEN H., « L'ordre juridique », in BEHRENDT Ch., BOUHON F., *Introduction à la théorie générale de l'État – Recueil de textes*, Larcier (Bruxelles), coll. Faculté de droit de l'Université de Liège, 2009, p. 75 s.

KELSEN H., « La liberté », in BEHRENDT Ch., BOUHON F., *Introduction à la théorie générale de l'État – Recueil de textes*, Larcier (Bruxelles), coll. Faculté de droit de l'Université de Liège, 2009, p. 226 s.

KELSEN H., « Droit international et droit étatique », in BEHRENDT Ch., BOUHON F., *Introduction à la théorie générale de l'État – Recueil de textes*, Larcier (Bruxelles), coll. Faculté de droit de l'Université de Liège, 2009, p. 362 s.

KIRSCH Ph., « La Cour Pénale Internationale face à la souveraineté des États », in CASSESE S., DELMAS-MARTY M., dir., *Crimes internationaux et juridictions internationales*, Puf, 2002, p. 31 s.

KOHEN M.-G., « Internationalisme et mondialisation », in MORAND Ch.-A., dir., *Le droit saisi par la mondialisation*, Bruylant (Bruxelles), coll. Droit international, 2001, p. 107 s.

LAHMER M., « Séparation et balance des pouvoirs », in ALLAND D., RIALS S., dir., *Dictionnaire de la culture juridique*, Lamy-Puf, coll. Quadrige dicos poche, 2003

LAQUIÈZE A., « Constant, principes de politique », in CAYLA O., HALPÉRIN J.-L., dir., *Dictionnaire des grandes œuvres juridiques*, Dalloz, 2008, p. 102 s.

LAURENT P., « L'émergence d'une société civile internationale », in FRYDMAN B., dir., *La société civile et ses droits*, Bruylant (Bruxelles), 2004, p. 161 s.

LAUVAUX Ph., « Régimes (classification) », in ALLAND D., RIALS S., dir., *Dictionnaire de la culture juridique*, Lamy-Puf, coll. Quadrige dicos poche, 2003

LAUVAUX Ph., « Le principe fédératif : première théorie constitutionnelle du pluralisme ? », in FONTAINE L., dir., *Droit et pluralisme*, Nemesis-Bruylant (Bruxelles), coll. Droit et justice, 2007, p. 53 s.

LAUVAUX Ph., PIMENTEL C., « Fonctions juridiques de l'État », in ALLAND D., RIALS S., dir., *Dictionnaire de la culture juridique*, Lamy-Puf, coll. Quadrige dicos poche, 2003

LEBEN Ch., « Ordre juridique », in ALLAND D., RIALS S., dir., *Dictionnaire de la culture juridique*, Lamy-Puf, coll. Quadrige dicos poche, 2003

LÈBRE J., « Présence de l'État ou présence du peuple ? Volonté et théorie de la souveraineté dans les *Principes de la philosophie du droit* », in KERVÉGAN J.-F., MARMASSE G., dir., *Hegel penseur du droit*, CNRS éditions, 2004, p. 227 s.

LECA J., « La gouvernance de la France sous la cinquième république », in *Mélanges Jean-Louis Quermonne*, Presses de Sciences Po, 1996

LE COUSTUMER J.-Ch., « Troper, Pour une théorie juridique de l'État », in CAYLA O., HALPÉRIN J.-L., dir., *Dictionnaire des grandes œuvres juridiques*, Dalloz, 2008, p. 579 s.

LINKLATER A., « Citizenship and Sovereignty in the Post-Westphalian European State », in ARCHIBUGI D., HELD D., KÖHLER M., dir., *Re-imagining Political Community*, Polity Press (Cambridge), 1998, p. 113 s.

MAULIN É., « Souveraineté », in ALLAND D., RIALS S., dir., *Dictionnaire de la culture juridique*, Lamy-Puf, coll. Quadrige dicos poche, 2003

MAULIN É., « Carré de Malberg, Contribution à la théorie générale de l'État », in CAYLA O., HALPÉRIN J.-L., dir., *Dictionnaire des grandes œuvres juridiques*, Dalloz, 2008, p. 82 s.

MAULIN É., « Hauriou, Précis de droit constitutionnel », in CAYLA O., HALPÉRIN J.-L., dir., *Dictionnaire des grandes œuvres juridiques*, Dalloz, 2008, p. 246 s.

MEHDI R., « Mutations de la société internationale et adaptations institutionnelles : le grand défi », in BOISSON DE CHAZOURNES L., MEHDI R., dir., *Une société internationale en mutation : quels acteurs pour une gouvernance ?*, Bruylant (Bruxelles), 2005, p. 7 s.

MIAILLE M., « La société civile chez Marx entre utopie politique et réalité historique », in FRYDMAN B., dir., *La société civile et ses droits*, Bruylant (Bruxelles), 2004, p. 81 s.

MORAND Ch.-A., « Le droit saisi par la mondialisation : définitions, enjeux et transformations », in MORAND Ch.-A., dir., *Le droit saisi par la mondialisation*, Bruylant (Bruxelles), coll. Droit international, 2001, p. 81 s.

MORAND Ch.-A., « La souveraineté, un concept dépassé à l'heure de la mondialisation ? », in *Mélanges Georges Abi-Saab*, MNP, 2001, p. 151 s.

MOUTON J.-D., « L'État selon le droit international : diversité et unité », in SFDI, *L'État souverain à l'aube du XXI*e *siècle*, Pedone, 1994, p. 79 s.

MOUTON J.-D., « Retour sur l'État souverain à l'aube du XXIe siècle », in *Mélanges François Borella*, Pedone, 1999, p. 319 s.

OST F., « Les lois conventionnellement formées tiennent lieu de conventions à ceux qui les ont faites », in GÉRARD P., OST F., VAN DE KERCHOVE M., dir., *Droit négocié, Droit imposé ?*, Publications des Facultés universitaires Saint-Louis (Bruxelles), 1996, p. 17 s.

PASQUINO P., « Schmitt, Théorie de la Constitution », in CAYLA O., HALPÉRIN J.-L., dir., *Dictionnaire des grandes œuvres juridiques*, Dalloz, 2008, p. 521 s.

PASQUINO P., « Sieyès, Discours », in CAYLA O., HALPÉRIN J.-L., dir., *Dictionnaire des grandes œuvres juridiques*, Dalloz, 2008, p. 551 s.

PELLET A., « Lotus, que de sottises on profère en ton nom – Remarques sur le concept de souveraineté dans la jurisprudence de la Cour mondiale », in *Mélanges Jean-Pierre Puissochet*, Pedone, 2008, p. 215 s.

PESCATORE P., « La souveraineté dans une société d'inégaux, pouvoir suprême… coalisable, partageable, divisible, intégrable… responsable ? justiciable ? », in *Mélanges Jean-Pierre Puissochet*, Pedone, 2008, p. 231 s.

PETITPIERRE-SAUVAIN A., « Impact de la mondialisation sur les droits nationaux », in MORAND Ch-A., dir., *Le droit saisi par la mondialisation*, Bruylant (Bruxelles), coll. Droit international, 2001, p. 407 s.

PICOT H., « D'un degré de la force normative : la force impérative en droit international public », in THIBIERGE C., dir., *La force normative – Naissance d'un concept*, LGDJ-Bruylant (Paris-Bruxelles), 2009, p. 345 s.

POIRAT F., « État », in ALLAND D., RIALS S., dir., *Dictionnaire de la culture juridique*, Lamy-Puf, coll. Quadrige dicos poche, 2003

POIRAT F., « Territoire », in ALLAND D., RIALS S., dir., *Dictionnaire de la culture juridique*, Lamy-Puf, coll. Quadrige dicos poche, 2003

PONTIER J.-M., « La problématique du territoire et du droit », in DOAT M., LE GOFF J., PÉDROT P., dir., *Droit et complexité – Pour une nouvelle intelligence du droit vivant*, Presses universitaires de Rennes, 2007, p. 39 s.

RAMOND Ch., « Spinoza, Traité politique », in CAYLA O., HALPÉRIN J.-L., dir., *Dictionnaire des grandes œuvres juridiques*, Dalloz, 2008, p. 558 s.

RANGEON F., « Société civile – Histoire d'un mot », in CURAPP, *La société civile*, Puf, 1986, p. 9 s.

RAYNAUD Ph., « Anciens et modernes », in ALLAND D., RIALS S., dir., *Dictionnaire de la culture juridique*, Lamy-Puf, coll. Quadrige dicos poche, 2003

RAYNAUD Ph., « Constitutionnalisme », in ALLAND D., RIALS S., dir., *Dictionnaire de la culture juridique*, Lamy-Puf, coll. Quadrige dicos poche, 2003

RAYNAUD Ph., « Locke, Traité du gouvernement civil », in CAYLA O., HALPÉRIN J.-L., dir., *Dictionnaire des grandes œuvres juridiques*, Dalloz, 2008, p. 358 s.

RAYNAUD Ph., « Mill, De la liberté », in CAYLA O., HALPÉRIN J.-L., dir., *Dictionnaire des grandes œuvres juridiques*, Dalloz, 2008, p. 404 s.

RAYNAUD Ph., « Weber, Économie et société », in CAYLA O., HALPÉRIN J.-L., dir., *Dictionnaire des grandes œuvres juridiques*, Dalloz, 2008, p. 595 s.

REGLADE M., « La notion juridique d'État en droit public interne et en droit international public », in *Mélanges Georges Scelle*, LGDJ, 1950

RENAULT E., « Marxistes (doctrines du droit) », in ALLAND D., RIALS S., dir., *Dictionnaire de la culture juridique*, Lamy-Puf, coll. Quadrige dicos poche, 2003

REYNAUD J.-D., « Du contrat social à la négociation permanente », in MENDRAS H., dir., *La sagesse et le désordre*, Gallimard, coll. NRF, 1981

RIGAUX A., « Derrière les rideaux de fumée du Traité de Lisbonne : le "retour" des États », in *Mélanges Jean Charpentier*, Pedone, 2008, p. 447 s.

ROBERT-WANG L., « Volonté générale », in ALLAND D., RIALS S., dir., *Dictionnaire de la culture juridique*, Lamy-Puf, coll. Quadrige dicos poche, 2003

ROLIN H., « De la volonté générale dans les organisations internationales », in *Mélanges Georges Scelle*, t. II, LGDJ, 1950, p. 553 s.

ROTH R., « Droit pénal transnational : un droit pénal sans État et sans territoire ? », in MORAND Ch.-A., dir., *Le droit saisi par la mondialisation*, Bruylant (Bruxelles), 2001, p. 131 s.

ROUIT V., « Le contrôle juridictionnel des conflits entre règles de droit nationales et règles de droit communautaires », in BERGEL J.-L., dir., *Le plurijuridisme*, PUAM (Aix-en-Provence), 2005, p. 149 s.

ROULAND N., « Sociétés traditionnelles », in ALLAND D., RIALS S., dir., *Dictionnaire de la culture juridique*, Lamy-Puf, coll. Quadrige dicos poche, 2003

ROUMY F., « Gratien, Décret », in CAYLA O., HALPÉRIN J.-L., dir., *Dictionnaire des grandes œuvres juridiques*, Dalloz, 2008, p. 212 s.

ROUSSEAU J.-J., « Considérations sur le gouvernement de Pologne et sur la réformation projetée en avril 1772 », in *Œuvres complètes de J.-J. Rousseau*, t. IV, Lefèvre, 1859, chap. 8, p. 461 s.

ROUSSEAU J.-J., « Qu'il faut toujours remonter à une première convention », in BEHRENDT Ch., BOUHON F., *Introduction à la théorie générale de l État – Recueil de textes*, Larcier (Bruxelles), coll. Faculté de droit de l'Université de Liège, 2009, p. 30 s.

ROUSSEAU J.-J., « Du souverain », in BEHRENDT Ch., BOUHON F., *Introduction à la théorie générale de l'État – Recueil de textes*, Larcier (Bruxelles), coll. Faculté de droit de l'Université de Liège, 2009, p. 61 s.

ROUSSEAU J.-J., « Des premières sociétés », in BEHRENDT Ch., BOUHON F., *Introduction à la théorie générale de l'État – Recueil de textes*, Larcier (Bruxelles), coll. Faculté de droit de l'Université de Liège, 2009, p. 175 s.

ROUSSEAU J.-J., « De la loi », in BEHRENDT Ch., BOUHON F., *Introduction à la théorie générale de l'État – Recueil de textes*, Larcier (Bruxelles), coll. Faculté de droit de l'Université de Liège, 2009, p. 183 s.

ROUSSEAU J.-J., « Du gouvernement en général », in BEHRENDT Ch., BOUHON F., *Introduction à la théorie générale de l'État – Recueil de textes*, Larcier (Bruxelles), coll. Faculté de droit de l'Université de Liège, 2009, p. 204 s.

RUIZ-FABRI H., « Succession d'États », in ALLAND D., RIALS S., dir., *Dictionnaire de la culture juridique*, Lamy-Puf, coll. Quadrige dicos poche, 2003

SAHOVIC M., « Le problème de l'efficacité du droit international », in *Theory of international law at the threshold of the 21st century*, Kluwer Law International, 1996, p. 275 s.

SAINT-BONNET F., « Loi », in ALLAND D., RIALS S., dir., *Dictionnaire de la culture juridique*, Lamy-Puf, coll. Quadrige dicos poche, 2003

SALAS D., « Juge (aujourd'hui) », in ALLAND D., RIALS S., dir., *Dictionnaire de la culture juridique*, Lamy-Puf, coll. Quadrige dicos poche, 2003

SALMON J., « Les notions à contenu variable en droit international public », in PERELMAN Ch., VANDER ELST R., dir., *Les notions à contenu variable en droit*, Bruylant (Bruxelles), 1984, p. 251 s.

SANTULLI C., « Scelle, Précis de droit des gens », in CAYLA O., HALPÉRIN J.-L., dir., *Dictionnaire des grandes œuvres juridiques*, Dalloz, 2008, p. 518 s.

SANTULLI C., « Vattel, Le droit des gens », in CAYLA O., HALPÉRIN J.-L., dir., *Dictionnaire des grandes œuvres juridiques*, Dalloz, 2008, p. 591 s.

SCELLE G., « Essai sur les sources formelles du droit international », in *Mélanges François Gény*, t. III, Sirey, 1934, p. 399 s.

SCELLE G., « Obsession du territoire, essai d'étude réaliste de droit international », in Mélanges Verzijl, Nijhoff (Martinnus), 1958

SCHAUB J.-F., « Suarez, Des lois », in CAYLA O., HALPÉRIN J.-L., dir., *Dictionnaire des grandes œuvres juridiques*, Dalloz, 2008, p. 565 s.

SEILER D.-L., « Les parlements entre "gouvernement" et "concordance" », in COSTA O., KERROUCHE E., MAGNETTE P., dir., *Vers un renouveau du parlementarisme en Europe ?*, Éditions de l'Université de Bruxelles, 2004, p. 57 s.

SÈVE R., « Hegel, Principes de la philosophie du droit », in CAYLA O., HALPÉRIN J.-L., dir., *Dictionnaire des grandes œuvres juridiques*, Dalloz, 2008, p. 254 s.

SÈVE R., « Kant, Doctrine du droit », in CAYLA O., HALPÉRIN J.-L., dir., *Dictionnaire des grandes œuvres juridiques*, Dalloz, 2008, p. 303 s.

SÈVE R., « Leibniz, Opera omnia », in CAYLA O., HALPÉRIN J.-L., dir., *Dictionnaire des grandes œuvres juridiques*, Dalloz, 2008, p. 353 s.

SFEZ L., « Institution (doctrine) », in ALLAND D., RIALS S., dir., *Dictionnaire de la culture juridique*, Lamy-Puf, coll. Quadrige dicos poche, 2003

SFEZ L., « Politique symbolique », in ALLAND D., RIALS S., dir., *Dictionnaire de la culture juridique*, Lamy-Puf, coll. Quadrige dicos poche, 2003

SIMÉON J.-P., « La démocratie selon Rousseau », in J.-J. ROUSSEAU, *Du contrat social*, Le Seuil, coll. Points politique, 1977, p. 1 s.

SIMON D., « Droit communautaire », in ALLAND D., RIALS S., dir., *Dictionnaire de la culture juridique*, Lamy-Puf, coll. Quadrige dicos poche, 2003

SMOUTS M.-C., « La coopération internationale : de la coexistence à la gouvernance mondiale », in SMOUTS M.-C., dir., *Les nouvelles relations internationales, pratiques et théories*, Dalloz, 1998, p. 149 s.

SNYDER F., « Europeanisation and Globalization as Friends and Rivals: European Union Law in Global Economic Networks », in SNYDER F., dir., *The Europeanisation of Law: The Legal Effects of European Integration*, Hart Publishing (Oxford), 2000, p. 293 s.

STEINBERGER H. , « Sovereignty », in BERNHARDT R., dir., *Encyclopedia of Public International Law*, t. IV, Elsevier, 2000, p. 500 s.

STOLLEIS M., « Wolff, Principes du droit de la nature et des gens », in CAYLA O., HALPÉRIN J.-L., dir., *Dictionnaire des grandes œuvres juridiques*, Dalloz, 2008, p. 604 s.

SUR S., « Les phénomènes de mode en droit international », in SFDI, *Le droit international et le temps*, Pedone, 2001, p. 49 s.

TEUBNER G., « Global Bukowina: Legal Pluralism in the World Society », in TEUBNER G., dir., *Global Law without a State*, Dartmouth, 1997, p. 3 s.

TEUBNER G., « Les multiples corps du roi : l'auto-destruction de la hiérarchie du droit », in *Philosophie du droit et droit économique, quel dialogue ?*, Frison-Roche, 1999, p. 313 s.

TOUMANOV V., « État, fascisme et positivisme », in GRZEGORCZYK Ch., MICHAUT F., TROPER M., *Le positivisme juridique*, LGDJ, coll. La pensée juridique, 1993, p. 437 s.

TROPER M., « "La souveraineté nationale appartient au peuple" – L'article 3 de la Constitution de 1958 », in JAUME L., TROPER M., dir., *1789 et l'invention de la Constitution*, Bruylant-LGDJ (Bruxelles-Paris), 1994, p. 250 s.

TUSSEAU G., « Un chaos conceptuel qui fait sens : la rhétorique du constitutionnalisme global », in CHÉROT J.-Y., FRYDMAN B., dir., *La science du droit dans la globalisation*, Bruylant (Bruxelles), coll. Penser le droit, 2012, p. 182 s.

VAN COMPERNOLLE J., « Vers une nouvelle définition de la fonction de juger : du syllogisme à la pondération des intérêts », in *Mélanges François Rigaux*, Bruylant (Bruxelles), 1993, p. 495 s.

VENEZIA J.-C., « Puissance publique, puissance privée », in *Mélanges Charles Eisenmann*, Cujas, 1975, p. 363 s.

VERCAUTEREN P., « État entre globalisation et gouvernance – La quête du Prince parfait ou du nouveau Léviathan », in DEMUIJNCK G., VERCAUTEREN P., dir, *L'État face à la globalisation économique – Quelles formes de gouvernance ?*, Sandre, 2009, p. 11 s.

VINCENT P., « La remise en cause du rôle de l'État dans la production du droit », in CIEDEL, *Le droit autrement : nouvelles pratiques juridiques et pistes pour adapter le droit aux réalités locales contemporaines*, Éditions Charles Léopold Mayer, 2001, p. 51 s.

VIRALLY M., « Sur un pont aux ânes, les rapports entre droit international et droit interne », in *Mélanges André Rolin*, Pedone, 1964, p. 503 s.

VIRALLY M., « Une pierre d'angle qui résiste au temps : avatars et pérennité de l'idée de souveraineté » in BLACKHURST R., dir., *Les relations internationales dans un monde en mutation*, Sijthoff, 1977, p. 179 s.

VIRALLY M., « Réflexions sur le *jus cogens* », in *Le droit international en devenir*, Puf, 1990, p. 147 s.

VITALIS A., « Le déni du politique », in PROULX S., VITALIS A., dir., *Vers une citoyenneté simulée : Médias, réseaux et mondialisation*, Apogée, coll. Médias et nouvelles technologies, 1998, p. 35 s.

WALLERSTEIN I., « The New World Disorder: If the States Collapse, Can the Nations be United? », in JARVIS A. P., PAOLINI A. J., REUS-SMIT C., dir., *Between Sovereignty and Global Governance – The United Nations, the State and Civil Society*, 1998, p. 171 s.

WEERTS L., « De la souveraineté à la responsabilité entre fiction et "effet de réel" », in *Mélanges Jean Salmon*, Bruylant (Bruxelles), 2007, p. 711 s.

WEIDENFELD K., « Duguit, Traité de droit constitutionnel », in CAYLA O., HALPÉRIN J.-L., dir., *Dictionnaire des grandes œuvres juridiques*, Dalloz, 2008, p. 142 s.

WISMER N., « Les obstacles à un droit commun de la coopération transfrontalière », in LABAYLE H., dir., *Vers un droit commun de la coopération transfrontalière ?*, Bruylant (Bruxelles), 2006, p. 27 s.

VI. Articles et chroniques

ALLAND D., « Les représentations de l'espace en droit international public », *Arch. phil. droit* 1987, p. 163 s.

ALLAND D., « Ouverture : L'État sans qualités », *Droits* 1993, n° 16, p. 1 s.

ALLAND D., « De l'ordre juridique international », *Droits* 2002, n° 35, p. 79 s.

ARNAUD A.-J., « La valeur heuristique de la distinction interne/externe comme grande dichotomie pour la connaissance du droit : éléments d'une démystification », *Dr. et société* 1986, p. 141 s.

ARDANT Ph., « Que reste-t-il du droit des peuples à disposer d'eux-mêmes ? », *Pouvoirs* 1991, n° 57, p. 46 s.

ARTUR M., « Séparation des pouvoirs et séparation des fonctions », *RDP* 1903, p. 237 s.

AUDARD C., « Multiculturalisme et transformations de la citoyenneté », *Arch. phil. droit* 2001, p. 227 s.

AXTMANN R, « The State of the State: The Model of the Modern State and its Contemporary Transformation », *IPSR* 2004, p. 250 s.

BAERTSCHI B., « Quel patriotisme à l'âge de la mondialisation ? », *Arch. phil. droit* 2003, p. 121 s.

BARBERIS J., « Les liens juridiques entre l'État et son territoire : perspectives théoriques et évolution du droit international », *AFDI* 1999

BARRON A., « Discours juridique et colonisation du moi dans l'État moderne », *Dr. et société* 1989, p. 357 s.

BATTISTELLA D., « Le bel avenir de la théorie de l'État en relations internationales », *Jus Politicum* 2012, n° 8

BEAUD O., « La notion d'État », *Arch. phil. droit* 1990, p. 119 s.

BEAUD O., « Ouverture : L'honneur perdu de l'État ? », *Droits* 1992, n° 15, p. 3 s.

BEAUD O., « Le Souverain », *Pouvoirs* 1993, n° 67, p. 33 s.

BEAUD O., « La souveraineté de l'État, le pouvoir constituant et le Traité de Maastricht », *RFDA* 1993, p. 1045 s.

BEAUD O., « La souveraineté dans la *Contribution à la théorie générale de l'État* de Carré de Malberg », *RDP* 1994, p. 1251 s.

BEAUD O., « Fédéralisme et souveraineté – Notes pour une théorie constitutionnelle de la Fédération », *RDP* 1998, p. 3 s.

BEAUD O., « À la recherche de la légitimité de la Ve République », *Droits* 2007, n° 44, p. 71 s.

BEAUD O., « La multiplication des pouvoirs », *Pouvoirs* 2012, n° 143, p. 47 s.

BEAULAC S., « The Westphalian Model in Defining International Law: Challenging the Myth », *AJLH* 2004, p. 181 s.

BEAUTÉ J., « La théorie anglaise de la Couronne », *Droits* 1992, n° 15, p. 113 s.

BEIGNIER B., « Les arrêts de règlement », *Droits* 1989, n° 9, p. 45 s.

BELL J., « Que représente la souveraineté pour un britannique ? », *Pouvoirs* 1993, n° 67, p. 107 s.

BELLEY J.-G., « L'État et la régulation juridique des sociétés globales – Pour une problématique du pluralisme juridique », *Sociologie et sociétés* 1986, n° 18, p. 11 s.

BENNOUNA M., « La création d'une juridiction pénale internationale et la souveraineté des États », *AFDI* 1990, p. 299 s.

BENOIST J.-M., « Vers un contrat social international », *Critique* 1969, n° 271

BERMAN P. S., « From International Law to Law and Globalization », *CJTL* 2005, p. 485 s.

BERNS Th., « Souveraineté, droit et gouvernementalité », *Arch. phil. droit* 2002, p. 351 s.

BIRNBAUM P., « La fin de l'État », *RF sc. pol.* 1985

BLACHER P.-H., « L'État dans la doctrine progressiste du droit international public », *Cités* 2004, n° 18, p. 77 s.

BONNARD R., « Notions générales sur les attributions et les fonctions de l'État et sur les services publics », *RDP* 1925, p. 5 s.

BOUTROS-GHALI B., « Le principe d'égalité des États et les Organisations Internationales », *RCADI* 1960, n° 100, p. 1 s.

BRACONNIER S., « La régulation des services publics », *RFDA* 2001, p. 43 s.

BRAIBANT G., « Pour une grande loi », *Pouvoirs* 1991, n° 56, p. 112 s.

BRANCOURT J.-P., « Des "estats" à l'État : évolution d'un mot », *Arch. phil. droit* 1976, p. 39 s.

BRENT R., « The Binding of Leviathan? The Changing Role of the European Commission in Competition Cases », *International and Comparative Law Quarterly* 1995, p. 255 s.

BRETTON P., « Ingérence humanitaire et souveraineté », *Pouvoirs* 1993, n° 67, p. 59 s.

BRIERLY J. L., « Le fondement du caractère obligatoire du droit international », *RCADI* 1928, p. 467 s.

BURDEAU G., « Études sur l'évolution de la notion de loi en droit français », *Arch. phil. droit* 1939, p. 7 s.

BURDEAU G., « Une survivance : la notion de Constitution », *D.* 1956

CAILLOSSE J., « Droit et politique : vieilles lunes, nouveaux champs », *Dr. et société* 1994, p. 127 s.

CAPELLER W., « Présentation – Globalisation des échanges et espaces juridiques », *Dr. et société* 1997, p. 9 s.

CARBASSE J.-M., « Le roi législateur : théorie et pratique », *Droits* 2003, n° 38, p. 3 s.

CARBONNIER J., « L'État dans une vision civiliste », *Droits* 1992, n° 15, p. 33 s.

CARILLO-SALCEDO J.-A., « Droit international et souveraineté des États – Cours général de droit international public », *RCADI* 1996, p. 37 s.

CASSESE S., « Le droit administratif global : une introduction », *Dr. adm.* 2007, n° 5, p. 17 s.

CHAPUS R., « Service public et puissance publique », *RDP* 1968, p. 235 s.

CHARNEY J. I., « Universal International Law », *AJIL* 1993, p. 529 s.

CHEMILLIER-GENDREAU M., « Origine et rôle de la fiction en droit international public », *Arch. phil. droit* 1987, p. 153 s.

CHEVALLIER J., « L'État-Nation », *RDP* 1980, p. 1271 s.

CHEVALLIER J., « L'État de droit », *RDP* 1988, p. 313 s.

CHEVALLIER J., « Droit, ordre, institution », *Droits* 1989, n° 10, p. 19 s.

CHEVALLIER J., « Du principe de séparation au principe de dualité », *RFDA* 1990, p. 712 s.

CHEVALLIER J., « Vers un droit postmoderne ? Les transformations de la régulation juridique », *RDP* 1998, p. 659 s.

CHEVALLIER J., « L'État régulateur », *RF adm. publ.* 2004

CHEVALLIER J., « L'État post-moderne : retour sur une hypothèse », *Droits* 2004, n° 39, p. 107 s.

COCATRE-ZILGIEN A., « Justice internationale facultative et justice internationale obligatoire », *RGDIP* 1976, p. 689 s.

COHEN-TANUGI L., « Le droit sans les États ? », *Arch. phil. droit* 2003, p. 285 s.

COLIN J.-P., « Variations sur la souveraineté », *Annuaire français de relations internationales* 2009, n° 10

COLLIOT-THÉLÈNE C., « Les masques de la souveraineté », *Jus Politicum* 2012, n° 8

COMBACAU J., « Pas une puissance, une liberté : la souveraineté internationale de l'État », *Pouvoirs* 1993, n° 67, p. 47 s.

COMBACAU J., « La souveraineté internationale de l'État dans la jurisprudence du Conseil constitutionnel français », *Cah. Cons. const.* 2000, n° 9, p. 113 s.

COMBEAU J., « Réflexions sur les fonctions juridiques de l'interprétation administrative », *RFDA* 2004, p. 1069 s.

CONSTANTINESCO L., « La spécificité du droit communautaire », *RTDE* 1966, p. 1 s.

CROISET A., « L'idée de patrie », *Revue politique et parlementaire* 1908, p. 5 s.

CUBERTAFOND B., « Souveraineté en crise ? », *RDP* 1989, p. 1273 s.

DECAUX E., « Déclarations et conventions en droit international », *Cah. Cons. const.* 2007, n° 21

DE CORAIL J.-L., « L'approche fonctionnelle du service public : sa réalité et ses limites », *AJDA* 1997, p. 20 s.

DELBEZ L., « Du territoire dans ses rapports avec l'État », *RGDI publ.* 1932

DELHOSTE M.-F., « Démocratie participative : de l'échec de l'organisation étatique à l'avenir du projet citoyen », *RFDA* 2007, p. 1061 s.

DELMAS-MARTY M., « L'espace juridique européen, laboratoire de la mondialisation », *D.* 2000, p. 421 s.

DE VISSCHER Ch., « Positivisme et *jus cogens* », *RGDI publ.* 1971, p. 5 s.

DOWDALL K. C., « The World State », *Law Quaterly Review* 1955, n° 39

DRAÏ R., « État de droit et Alliance prophétique dans le droit hébraïque », *Droits* 1992, n° 15, p. 39 s.

DUGUIT L., « Jean-Jacques Rousseau, Kant et Hegel », *RDP* 1918, p. 173 s.

DUGUIT L., « La doctrine allemande de l'auto-limitation de l'État », *RDP* 1919, p. 161 s.

DUPUY P.-M., « L'obligation en droit international », *Arch. phil. droit* 2000, p. 217 s.

DUPUY P.-M., « L'unité de l'ordre juridique international – Cours général de droit international public », *RCADI* 2002, n° 297, p. 9 s.

DUPUY R.-J., « L'organisation internationale et l'expression de la volonté générale », *RGDI publ.* 1957, p. 527 s.

DUPUY R.-J., « Les espaces hors souveraineté », *Pouvoirs* 1993, n° 67, p. 99 s.

DUPUY R.-J., « Le dédoublement du monde », *RGDI publ.* 1996, p. 313 s.

EBERHARDT A., « La souveraineté chez Kant et Rousseau », *RRJ* 2003, p. 573 s.

EISENMANN Ch., « Deux théoriciens du droit : Duguit et Hauriou », *Revue philosophique* 1930, p. 231 s.

EISENMANN Ch., « Droit public, droit privé », *RDP* 1952, p. 903 s.

ELLUL J., « Remarques sur les origines de l'État », *Droits* 1992, n° 15, p. 11 s.

FARDELLA F., « Le dogme de la souveraineté de l'État – Un bilan », *Arch. phil. droit* 1997, p. 115 s.

FRAISSEX P., « De l'État-nation à l'État "groupusculaire" : chronique d'un dépérissement engagé », *D.* 2000, p. 61 s.

FRANCA-FILHO M.-T., « Westphalia: a Paradigm? A Dialogue Between Law, Art, and Philosophy of Science », *The German Law Journal* 2007, p. 955 s.

FRANCK C., « La souveraineté dans l'intégration européenne », *Cahiers du CRHIDI* 1997, n° 7, p. 138

FRIEDMANN W., « Droit de coexistence et droit de coopération – Quelques observations sur la structure changeante du droit international », *RIBE* 1970

FROMONT M., « La Cour constitutionnelle fédérale et le droit », *Droits* 1990, n° 11, p. 119 s.

GAUDEMET J., « Pouvoir d'ordre et pouvoir de juridiction – Quelques repères historiques », *L'Année canonique* 1985, p. 83 s.

GLENNON M J., « De l'absurdité du droit impératif (*jus cogens*) », *RGDI publ.* 2006, p. 529 s.

GOYARD-FABRE S., « Les sources du droit et la révolution copernicienne : quelques réflexions sur Kant et Rousseau », *Arch. phil. droit* 1982, p. 247 s.

GROSS L., « The Peace of Westphalia, 1648-1948 », *AJIL* 1948, n° 42, p. 20 s.

GUÉNÉE B., « État et nation au Moyen Âge », *Revue historique* 1967, n° 481, p. 29 s.

HAGGENMACHER P., « L'État souverain comme sujet du droit international, de Vitoria à Vattel », *Droits* 1993, n° 16, p. 11 s.

HAMMER C., NAGAN W. P., « The Changing Character of Sovereignty in International Law and International Relations », *CJTL* 2004, n° 43, p. 141 s.

HAQUET A., « La (re)définition du principe de souveraineté », *Pouvoirs* 2000, n° 94, p. 141 s.

HAURIOU M., « L'institution et le droit statutaire », *Recueil de législation de Toulouse* 1906, p. 134 s.

HAURIOU M., « La théorie de l'institution et de la fondation », *Cahiers de la nouvelle journée* 1925, n° 4

HAURIOU M., « La théorie de l'institution et de la fondation – Essai de vitalisme social », *Cahiers de la nouvelle journée* 1933, p. 91 s.

HECQUARD-THÉRON M., « La notion d'État en droit communautaire », *RTDE* 1990, p. 693 s.

HELD D., « Law of States, Law of Peoples: Three Models of Sovereignty », *Legal Theory* 2002, p. 1 s.

HENRY J.-P., « La fin du rêve prométhéen ? Le marché contre l'État », *RDP* 1991, p. 651 s.

JOUANJAN O., MAULIN É., « La théorie de l'État entre passé et avenir », *Jus Politicum* 2012, n° 8

KALUZYNSKI M., « Globalisation des échanges et espaces juridiques », *Dr. et Société* 1997

KELSEN H., « Aperçu d'une théorie générale de l'État », *RDP* 1926, p. 561 s.

KELSEN H., « La garantie juridictionnelle de la Constitution », *RDP* 1928, p. 197 s.

KELSEN H., « La naissance de l'État et la formation de sa nationalité », *RDI* 1929, p. 613 s.

KELSEN H., « Théorie générale du droit international public – Problèmes choisis », *RCADI* 1932, n° 42, p. 117 s.

KELSEN H., « Théorie du droit international public », *RCADI* 1953, n° 84, p. 1 s.

KELSEN H., « Quel est le fondement de la validité du droit ? », *Revue internationale de criminologie et de police technique* 1956, n° 10, p. 161 s.

KERVÉGAN J.-F., « Hegel, l'État, le droit », *Droits* 1993, n° 16, p. 21 s.

KINGSBURY B., « Sovereignty and Inequality », *EJIL* 1998, p. 599 s.

KOEINIG M., « Mondialisation des droits de l'homme et transformation de l'État-nation – Une analyse néo-institutionnaliste », *Dr. et société* 2007, p. 673 s.

KOLB R., « Observation sur l'évolution du concept de *jus cogens* », *RGDI publ.* 2009, p. 837 s.

KOSKENNIEMI M., « International Law in Post-Realist Era », *AYBIL* 1995, n° 16, p. 1 s.

KRABBE H., « L'idée moderne d'État », *RCADI* 1926, p. 545 s.

KRASNER S. D., « Abiding Sovereignty », *IPSR* 2002, p. 229 s.

KRULIC J., « La revendication de la souveraineté », *Pouvoirs* 1993, n° 67, p. 21 s.

KYMLICKA W., « Le mythe de la citoyenneté transnationale », *Critique internationale* 2004, n° 23, p. 97 s.

LAURENT Ph., « L'émergence d'une société civile internationale », *Associations transnationales* 2002, p. 9 s.

LAVIALLE Ch., « De la fonction du territoire et de la domanialité dans la genèse de l'État en France sous l'Ancien Régime », *Droits* 1992, n° 15, p. 19 s.

LEBEN Ch., « La juridiction internationale », *Droits* 1989, n° 9, p. 143 s.

LEBEN Ch., « À propos de la nature juridique des Communautés européennes », *Droits* 1991, n° 14, p. 61 s.

LE FUR L., « La souveraineté et le droit », *RDP* 1908, p. 411 s.

LEGRAND G., « La théorie de l'État », *Revue néo-scolastique de philosophie* 1931, n° 32, p. 499 s.

LE MONG N., « Contribution à la théorie de la souveraineté du peuple », *RDP* 1971, p. 933 s.

LÉON P.-L., « L'idée de volonté générale chez Jean-Jacques Rousseau et ses antécédents historiques », *Arch. phil. droit* 1936, p. 148 s.

LEPETIT J.-F., « État, juge et régulateur », *LPA* 6 janv. 2003, p. 9 s.

LINOTTE D., « Déclin du pouvoir jurisprudentiel et ascension du pouvoir juridictionnel en droit administratif », *AJDA* 1980, p. 632 s.

LIOGIER R., « Vers le familialisme global – La famille mondiale après l'État-nation », *Cités* 2004, n° 18, p. 27 s.

MAGER W., « Res publica », *Arch. phil. droit* 1990, p. 264 s.

MASPÉTIOL R., « L'État d'aujourd'hui est-il celui d'hier ? », *Arch. phil. droit* 1976, p. 3 s.

MAYER P., « L'État et le droit international privé », *Droits* 1993, n° 16, p. 33 s.

MICHOUD L., « La personnalité morale », *Répertoire Béquet* 1905, t. XXI, p. 167 s.

MILLARD É., « Hauriou et la théorie de l'institution », *Dr. et société* 1995, p. 390 s.

MINEUR D., « De la souveraineté nationale à la volonté générale – L'évolution de Carré de Malberg, du projet positiviste au parti-pris démocratique », *Jus Politicum* 2012, n° 8

MOCKLE D., « Mondialisation et État de droit », *Les Cahiers de droit* 2000, p. 237 s.

MOHAMED MAHMOUD M. S., « Mondialisation et souveraineté de l'État », *JDI* 1996, p. 611 s.

MORISSETTE Y.-M., « Figure actuelle du juge dans la cité », *RDUS* 1999, n° 30

MOUTON J.-D., « La notion d'État et le droit international public », *Droits* 1993, n° 16, p. 45 s.

MOUTON J.-D., « Réflexions sur la nature de l'Union européenne à partir de l'arrêt Rottmann », *RGDI publ.* 2010, p. 257 s.

PAC H., « L'État nucléaire », *Droits* 1993, n° 16, p. 93 s.

PELLET A., « La formation du droit international dans le cadre des Nations Unies », *EJIL* 1995, p. 401 s.

PELLET A., « L'adaptation du droit international aux besoins changeants de la société internationale », *RCADI* 2007, p. 17 s.

PETERS A., « Humanity as the A and Ω of Sovereignty », *EJIL* 2009, p. 513 s.

PICOD F., « La normativité du droit communautaire », *Cah. Cons. const.* 2007, n° 21

PIRIS J.-C., « L'Union européenne : vers une nouvelle forme de fédéralisme ? », *RTDE* 2005, p. 243 s.

PITAMIC M., « Les déformations du raisonnement, source d'erreur dans la théorie de l'État », *Revue internationale de théorie du droit* 1927, n° 2

POIRAT F., « La doctrine des "droits fondamentaux" de l'État », *Droits* 1993, n° 16, p. 83 s.

POLITIS N., « Le problème des limitations de la souveraineté et la théorie de l'abus des droits dans les rapports internationaux », *RCADI* 1925, p. 1 s.

POLLMANN Ch., « La frontière : horizon indépassable de l'humanité ou pouvoir objectif », *RDP* 1999, p. 481 s.

PONTHOREAU M.-C., « Trois interprétations de la globalisation juridique – Approche critique des mutations du droit public », *AJDA* 2006, p. 20 s.

QUARITSCH H., « La situation actuelle de la théorie générale de l'État en Allemagne », *Droits* 1992, n° 15, p. 65 s.

RAYNAUD Ph., « Le droit et la science politique », *Jus Politicum* 2009, n° 2

REDOR M.-J., « L'État dans la doctrine publiciste française du début du siècle », *Droits* 1992, n° 15, p. 91 s.

RHODES R. A. W., « The New Governance: Governing without Government », *Political studies* 1996, p. 652 s.

RIALS A., « La puissance étatique et le droit dans l'ordre international – Éléments d'une critique de la notion usuelle de "souveraineté externe" », *Arch. phil. droit* 1987

RICHARD G., « Le positivisme juridique et la loi des trois états », *Arch. phil. droit* 1931, p. 311 s.

RIGAUDIÈRE A., « L'invention de la souveraineté », *Pouvoirs* 1983, n° 67, p. 5 s.

RIVERO J., « Le juge administratif français, un juge qui gouverne ? », *D.* 1951, p. 21 s.

RIVERO J., « Le Conseil d'État, cour régulatrice », *D.* 1954, p. 28 s.

ROSS A., « Sur les concepts d' "État" et d' "organes d'État" en droit constitutionnel », *Droits* 1996, n° 23, p. 131 s.

ROUBAN L., « L'État en crise d'identité », *Rev. adm.* 1998, p. 262 s.

ROUBAN L., « Les paradoxes de l'État postmoderne », *Cités* 2004, n° 18, p. [illegible]1 s.

ROUSSEAU Ch., « L'indépendance de l'État dans l'ordre international – Cours de droit international public », *RCADI* 1948, p. 167 s.

RUIZ FABRI H., « Immatériel, territorialité et État », *Arch. phil. droit* 1999, p. 187 s.

SALAS D., « Le droit entre mondialisation et universalisme », *Revue des deux mondes* 2000

SAROOSHI D., « The Essentially Contested Nature of the Concept of Sovereignty: Implications for the Exercise by International Organizations of Delegated Powers of Government », *MJIL* 2004, p. 1107 s.

SAURUGGER S., « Théoriser l'État dans l'Union européenne ou la souveraineté au concret », *Jus Politicum* 2012, n° 8

SAVATIER R., « Droit privé et droit public », *D.* 1946, p. 25 s.

SCHÜTZ A., « Saint Augustin, l'État et la "bande de brigands" », *Droits* 1993, n° 16, p. 71 s.

SERVERIN É., « Juridiction et jurisprudence : deux aspects des activités de justice », *Dr. et société* 1993, p. 339 s.

SHELTON D., « Normative Hierarchy in International Law », *AJIL* 2006, p. 291 s.

SIMON D., « De la pyramide kelsénienne à un pluralisme juridique ordonné ? », *Europe* 2008, n° 5, p. 1 s.

SKINNER Q., « Thomas Hobbes et le vrai sens du mot liberté », *Arch. phil. droit* 1991, p. 191 s.

SLAUGHTER A.-M., « The Real New World Order », *Foreign affairs* 1997, n° 183, p. 184 s.

SNYDER F., « Gouverner la mondialisation économique : pluralisme juridique mondial et droit européen », *Dr. et société* 2003, p. 435 s.

SPERDUTI G., « Le principe de souveraineté et le problème des rapports entre le droit international et le droit interne », *RCADI* 1976, p. 319 s.

SPITZ J.-F., « L'État et la famille », *Droits* 1993, n° 16, p. 59 s.

SUR S., « Quelques observations sur les normes juridiques internationales », *RGDI publ.* 1985, p. 901 s.

SUR S., « Sur quelques tribulations de l'État dans la société internationale », *RGDI publ.* 1993, p. 883 s.

TERRÉ F., « Fondements historiques et philosophiques de la loi de la majorité », *RJ com.* 1991, p. 9 s.

THÉVENAZ H., « Le théorème de Gödel et la norme fondamentale de Kelsen », *Dr. et société* 1986, p. 533 s.

TRAVERS E., « Volonté et puissance étatiques : Duguit critique de Rousseau, Kant et Hegel », *RRJ* 2004, p. 1711 s.

TROPER M., « Charles Eisenmann contre le mythe de la séparation des pouvoirs », *Cahiers de philosophie politique* 1985, n° 2-3, p. 67 s.

TROPER M., « Kelsen et la jurisprudence », *Arch. phil. droit* 1985, p. 83 s.

TROPER M., « Système juridique et État », *Arch. phil. droit* 1986, p. 29 s.

TROPER M., « Le concept d'État de droit », *Droits* 1992, n° 15, p. 51 s.

TROPER M., « Sur la théorie juridique de l'État », *Le Débat* 1993, n° 74, p. 91 s.

TROPER M., « Souveraineté de l'État et hiérarchie des normes dans la jurisprudence constitutionnelle », *Cah. Cons. const.* 2000, n° 9, p. 137 s.

TROPER M., « Le territoire est plus intéressant que le territoire », *Jurisdoctoria* 2013, n° 10, p. 11 s.

TRUYOL Y SERRA A., « Souveraineté », *Arch. phil. droit* 1990, p. 313 s.

TURGEON J., « Une définition de l'État et de sa souveraineté », *RDP* 1899, p. 72 s.

VAHLAS A., « Souveraineté et droit de retrait au sein de l'Union européenne », *RDP* 2005, p. 1565 s.

VATTIMO G., « Genèse et déclin de l'État », *Arch. phil. droit* 1976

VERHOEVEN J., « L'État et l'ordre juridique international », *RGDI publ.* 1978, p. 749 s.

VILLEY-DESMESERETS E.-L., « La souveraineté nationale, son fondement, sa nature et ses limites », *RDP* 1904, p. 5 s.

VIRALLY M., « La valeur juridique des recommandations des organisations internationales », *AFDI* 1956, p. 66 s.

WEIL P., « Vers une normativité relative en droit international ? », *RGDI publ.* 1982, p. 5 s.

WEIL P., « Le droit international en quête de son identité », *RCADI* 1992, p. 9 s.

WILLKE H., « Le droit comme codage de la puissance publique légitime », *Droits* 1989, n° 10, p. 113 s.

XIFARAS M., « Après les théories générales de l'État : le droit global ? », *Jus Politicum* 2012, n° 8

ZARKA Y.-Ch., « L'ombre du Léviathan », *Cités* 2004, n° 18, p. 3 s.

Table des matières

Questions juridiques aux éditions L'Harmattan

Dernières parutions

DIVORCE (LE) DU CHEF D'ENTREPRISE
Artiste, libéral, artisan, commerçant, actionnaire – Se marier, payer, divorcer
Rond Patrice
Patrice Rond, expert financier auprès des tribunaux, donne dans cet ouvrage les clés incontournables qui permettent à un entrepreneur, quel qu'il soit, d'anticiper sur ses droits et ses risques en cas de divorce. Prendre les bonnes décisions de protection de son patrimoine en choisissant les bons contrats de mariage, savoir changer de régime matrimonial quand il s'avère inadapté est tout à fait possible et souhaitable.
(16.50 euros, 158 p.)
ISBN : 978-2-343-05282-3, ISBN EBOOK : 978-2-336-36540-4

L'EXPERTISE NON JUDICIAIRE À L'AUNE DES DROITS FONDAMENTAUX
Goujon-Bethan Thibault
L'expertise déjudiciarisée est en plein essor, d'une part parce que l'avis d'experts se révèle indispensable dans un nombre croissant de matières juridiques irriguées par la technique (construction, dommage corporel), et d'autre part, car la recherche d'une efficacité économique conduit à minimiser le recours au juge. Cet ouvrage est conçu comme un mode d'emploi pour aider à la décision.
(Coll. Droit privé et sciences criminelles, 21.00 euros, 196 p.)
ISBN : 978-2-343-05335-6, ISBN EBOOK : 978-2-336-36778-1

TRANSPARENCE (LA) FINANCIÈRE DES ÉLUS POLITIQUES FRANÇAIS
Les conséquences des mesures législatives de 2013
Cael Céline - Préface de Sébastien Jakubowski ; postface de Pierre-Yves Néron
Cet ouvrage veut étudier les apports des lois et dispositifs mis en œuvre pour lutter contre la corruption depuis l'affaire Cahuzac, avec notamment la mise en place d'une haute Autorité pour la Transparence de la Vie Publique, le durcissement des conditions d'éligibilité, l'encadrement du *lobbying*, la naissance d'un procureur financier,... L'auteur analyse les conséquences de ces mesures et rend compte à l'aide d'entretiens d'élus politiques, des résistances de ces derniers à une publicité financière envers les citoyens.
(Coll. Logiques sociales, 21.00 euros, 214 p.)
ISBN : 978-2-343-05013-3, ISBN EBOOK : 978-2-336-36817-7

QUI A PEUR DE LA NOUVELLE PEINE SANS PRISON ?
Ajouter du «lien» et non du «rang» pour réussir la contrainte pénale et en finir avec la récidive
Delamotte Danielle
La contrainte pénale, nouvelle peine sans prison, fait peur. Car, ce qu'on retient d'elle, c'est qu'elle évite la prison. Le sujet est pourtant plus complexe et plus nuancé. Les psychologues et les criminologues s'accordent à dire que la délinquance est la maladie du lien. Pour soigner cette maladie, il faut s'intéresser à la personne et la placer au centre de la réflexion pour envisager la «contrainte pénale» sous un autre angle.
(11.50 euros, 86 p.)
ISBN : 978-2-343-04717-1, ISBN EBOOK : 978-2-336-36487-2

JUSTICE (LA) PÉNALE INTERNATIONALE EN AFRIQUE
Aspects juridiques, défis et perspectives
Diakité Kémoko - Préface du professeur Alioune Sall
Cet ouvrage met en exergue le contexte de création ainsi que les aspects juridiques et judiciaires des juridictions pénales internationales en Afrique, notamment le TPIR (Tribunal Pénal International pour le Rwanda), la CPI (Cour Pénale Internationale)... Il montre également les défis et les perspectives de la Justice pénale internationale en Afrique.
(23.00 euros, 234 p.)
ISBN : 978-2-343-05050-8, ISBN EBOOK : 978-2-336-36705-7

GOUVERNANCE, ENJEUX ET MONDIALISATION
Recherche sur les politiques environnementales de zonage maritime
Le challenge maritime de la France de Méditerranée et d'Outre-mer
Sous la direction de François Féral et Bernard Salvat
Dans le Pacifique et l'Océan Indien, la France ne participe pas très activement au mouvement de création d'aires marines protégées géantes alors que les possibilités y sont grandes. En métropole et Outre-mer, la mise en place des parcs naturels marins apparaît laborieuse. Le programme Gouvernance des Grandes Aires Marines Protégées a donné l'occasion à deux équipes de se pencher sur ce phénomène institutionnel majeur dans la conduite globale des politiques de protection des mers et des océans.
(23.00 euros, 218 p.)
ISBN : 978-2-343-04160-5, ISBN EBOOK : 978-2-336-36489-6

COLLECTIVITÉS TERRITORIALES ET ORGANISATIONS RÉGIONALES
De l'indifférence à l'interaction
Sous la direction de Danielle Perrot
Cet ouvrage traite des modes d'insertion des collectivités territoriales dans des organisations internationales conçues par leurs États de rattachement dans diverses régions du monde. Ces collectivités, ou «entités infra-étatiques» selon le droit international, sont souvent oubliées lors des débuts de ces constructions régionales. Elles tentent d'obtenir d'être représentées, et leur participation peut générer une interaction moins inégalitaire.
(Coll. Grale, 47.00 euros, 488 p.)
ISBN : 978-2-343-05111-6, ISBN EBOOK : 978-2-336-36639-5

ÉTHIQUE (L') DE L'AVOCAT PÉNALISTE
Rude-Antoine Edwige - Préface de Jean Danet
L'avocat est représenté, dans la fiction, sous les traits d'un être ambigu, sans cesse sur le fil... ce livre tente d'en approcher la réalité, qui est tout autre. Quelles relations d'ordre éthique l'avocat entretient-il avec lui-même mais aussi avec l'autre : son client, qu'il soit prévenu ou accusé, les jurés, les magistrats ? Peut-on parler du rapport de l'avocat à la vérité ? Comment peut-il construire des lignes de défense tout en restant partenaire de justice ?
(Coll. Éthique en contextes, 21.00 euros, 208 p.)
ISBN : 978-2-343-05222-9, ISBN EBOOK : 978-2-336-36460-5

NAISSANCE DE L'OBSERVATOIRE DE LA RÉCIDIVE ET DE LA DÉSISTANCE
Un long processus inachevé
Tournier Pierre V.
L'analyse de la récidive aurait logiquement dû relever de la compétence de l'Observatoire national de la délinquance et des réponses pénales placé sous l'autorité du Premier ministre. Mais sous l'impulsion de Christiane Taubira le choix s'est porté sur la création d'un observatoire *ad hoc* de plus, dépendant du ministère de la Justice : l'Observatoire de la récidive et de la désistance (août 2014). Ne s'est-on pas ainsi privé des outils d'une évaluation indépendante de la loi du 15 août 2014 sur la contrainte pénale et la libération sous contrainte ?
(Coll. Criminologie, 19.00 euros, 184 p.)
ISBN : 978-2-343-05118-5, ISBN EBOOK : 978-2-336-36387-5

ÉLÉMENTS DE PRÉVENTION DU CRIME
Lemaître André
Cet ouvrage montre la diversité des modèles de prévention de la délinquance, leur spécificité mais aussi leur nécessaire complémentarité. Il insiste également sur l'obligation de veiller aux aspects éthiques des politiques de prévention mises en place. En effet, l'utopie d'une société débarrassée de toute forme de criminalité contient la disparition de toute liberté.
(Coll. Sciences criminelles, série Controverses, 15.50 euros, 160 p.)
ISBN : 978-2-343-04666-2, ISBN EBOOK : 978-2-336-36324-0

SEXUALITÉ (LA) À L'ÉPREUVE DU COUPLE
Les révélations d'une avocate
Dalbin Agnès
Dans la majorité des divorces, les difficultés d'ordre sexuel sont souvent pointées du doigt comme une cause majeure de la rupture. S'appuyant sur les confidences recueillies lors de ses entretiens avec les couples qui divorcent, l'avocate Agnès Dalbin tente d'apporter son éclairage personnel sur cette problématique. Ce livre évolue comme une véritable histoire humaine, du mariage au divorce, en passant par la parentalité et l'après-divorce.
(Coll. La justice au quotidien, 13.50 euros, 118 p.)
ISBN : 978-2-343-04938-0, ISBN EBOOK : 978-2-336-36399-8

DROIT (LE) DU HANDICAP ET LA GESTION DU PATRIMOINE CULTUREL
Vers un modèle européen ?
B. Degros Eric
La rencontre entre le droit du handicap et le droit du patrimoine peut conduire à une confrontation d'intérêts contradictoires, nécessitant de trouver un équilibre entre le principe de l'accessibilité et le respect de l'authenticité, en faveur d'une conservation durable du patrimoine culturel. Il apparaît essentiel de trouver un équilibre entre «le droit des gens» et celui «des pierres».
(40.00 euros, 424 p.)
ISBN : 978-2-343-04418-7, ISBN EBOOK : 978-2-336-36269-4

DROIT BANCAIRE ISLAMIQUE
Notions, mécanismes et protections pénales
Jafari Amin
Conçu comme un manuel de droit, l'ouvrage étudie trois thèmes principaux : la notion de finance islamique et son fonctionnement, les instruments bancaires islamiques et enfin la protection du système bancaire dans l'ensemble de ses instruments et fonctionnements. La 3e partie propose un regard classique de droit pénal des affaires en matière de droit bancaire de finance islamique. Les branches chiite et sunnite de la finance islamique ont été distinguées dès le départ, permettant ainsi une comparaison tout au long du livre.
(Coll. Sciences criminelles, 33.00 euros, 326 p.)
ISBN : 978-2-343-04637-2, ISBN EBOOK : 978-2-336-36380-6

DROIT (LE) INTERNATIONAL. ASPECTS POLITIQUES (Volume 1)
Sous la direction de Jacques Bouineau – Textes réunis par Burt Kasparian
Ces contributions invitent à réfléchir sur la recomposition contemporaine de l'espace méditerranéen et sur le droit international qui s'y applique, à partir d'exemples tirés des plus grandes civilisations méditerranéennes aux époques antique et médiévale. Elles invitent le lecteur à s'interroger sur les piliers de la Méditerranée dans le jeu des relations entre les hommes et les institutions, et à découvrir l'essence des réponses juridiques et politiques.
(Coll. Méditerranées, 16.50 euros, 158 p.)
ISBN : 978-2-343-04661-7, ISBN EBOOK : 978-2-336-36366-0

DROIT (LE) INTERNATIONAL. ASPECTS POLITIQUES (Volume 2)
Sous la direction de Jacques Bouineau – Textes réunis par Burt Kasparian
Ce volume offre une réflexion sur la recomposition de l'espace méditerranéen contemporain à partir de l'histoire ou de l'actualité. L'histoire est traitée de la période qui s'étend de la Renaissance

à la fin du XIXe siècle. En ce qui concerne l'actualité, le jeu des emprunts et des modèles juridiques transparaît aussi bien dans la fiscalité internationale actuelle que dans les transpositions constitutionnelles du droit français en Égypte ou dans l'observation du fonctionnement de l'Europe.
(Coll. Méditerranées, 19.00 euros, 184 p.)
ISBN : 978-2-336-30904-0, ISBN EBOOK : 978-2-336-36367-7

SECRETS (LES) DU DROIT
Secret, droit et cinéma
Sous la direction de Stéphane Boiron, Nathalie Goedert et Ninon Maillard
Notre société du visible, pour savoir, exige de tout voir et tout montrer, sans délai, au risque de confondre espaces privés et espaces publics. Parce qu'on l'accusait de dissimuler les abus, de servir l'arbitraire, de diviser les hommes entre initiés et profanes, le secret a été condamné comme contraire au pacte démocratique. Pourtant, c'est aussi au nom de la liberté que, face à une transparence érigée en dogme, certains osent faire l'éloge du secret. C'est pourquoi, il appartient au droit d'orchestrer l'équilibre et de distinguer le bon du mauvais secret.
(Coll. Presses Universitaires de Sceaux, 24.00 euros, 248 p.)
ISBN : 978-2-343-04670-9, ISBN EBOOK : 978-2-336-36326-4

TABLES (LES) DE LA LOI : DE L'ARGILE AU NUMÉRIQUE
La diffusion de la règle de droit à travers les âges
Evrard Sébastien
On parle aujourd'hui de «culture digitale» ou culture numérique et de diminution du papier. Est-ce un bien ou un mal ? Comment les textes, la jurisprudence et toutes les normes juridiques sont-ils diffusés aujourd'hui ? Enfin, quelles sont les spécificités de l'édition dite juridique par rapport à l'édition générale ? Répondre à ces questions nécessite d'envisager l'histoire de la connaissance puis de la diffusion de la règle de droit, ce qui fait l'objet de ce livre.
(Coll. Logiques Juridiques, 13.00 euros, 122 p.)
ISBN : 978-2-343-04478-1, ISBN EBOOK : 978-2-336-36201-4

ARTICULATION (L') DES VOIES DE DROIT DANS LE CONTENTIEUX DE LA COMMANDE PUBLIQUE À L'INITIATIVE DES TIERS AU CONTRAT
Tallet-Preud'homme Laura - Préface de Paul Cassia
Parallèlement à la formation progressive d'un «droit de la commande publique», le contentieux à l'initiative des tiers au contrat a muté, à tel point que le changement de paradigme opéré tend à faire émerger un «contentieux de la commande publique». Diverses voies de droit ont été instituées, engendrant «l'embarras du choix» voire «l'embarras tout court» du tiers concurrent évincé. La complexité de ce contentieux est telle qu'il faut détruire pour reconstruire ce paysage contentieux.
(Coll. Logiques Juridiques, 49.50 euros, 536 p.)
ISBN : 978-2-343-04827-7, ISBN EBOOK : 978-2-336-36265-6

APPRÉHENSION (L') DES PRATIQUES RESTRICTIVES PAR LES AUTORITÉS FRANÇAISES ET EUROPÉENNES DE LA CONCURRENCE
Analyse des pratiques contractuelles abusives entre professionnels à l'épreuve du droit des pratiques anticoncurrentielles
Mallen Guillaume - Préface de Linda Arcelin-Lécuyer
Définies au sens de l'étude comme des comportements contractuels unilatéraux et abusifs dans les rapports commerciaux entre professionnels, les « pratiques restrictives » peuvent être réprimées au titre du droit des pratiques anticoncurrentielles (abus de domination et entente). L'ouvrage permet d'exposer l'office des autorités de concurrence lorsqu'elles sont confrontées à ces pratiques contractuelles abusives et d'envisager des solutions concrètes en vue de perfectionner le droit positif actuel.
(Coll. Logiques Juridiques, 65.00 euros, 874 p.)
ISBN : 978-2-343-04739-3, ISBN EBOOK : 978-2-336-36189-5

L'HARMATTAN ITALIA
Via Degli Artisti 15; 10124 Torino

L'HARMATTAN HONGRIE
Könyvesbolt ; Kossuth L. u. 14-16
1053 Budapest

L'HARMATTAN KINSHASA
185, avenue Nyangwe
Commune de Lingwala
Kinshasa, R.D. Congo
(00243) 998697603 ou (00243) 999229662

L'HARMATTAN CONGO
67, av. E. P. Lumumba
Bât. – Congo Pharmacie (Bib. Nat.)
BP2874 Brazzaville
harmattan.congo@yahoo.fr

L'HARMATTAN GUINÉE
Almamya Rue KA 028, en face
du restaurant Le Cèdre
OKB agency BP 3470 Conakry
(00224) 657 20 85 08 / 664 28 91 96
harmattanguinee@yahoo.fr

L'HARMATTAN MALI
Rue 73, Porte 536, Niamakoro,
Cité Unicef, Bamako
Tél. 00 (223) 20205724 / +(223) 76378082
poudiougopaul@yahoo.fr
pp.harmattan@gmail.com

L'HARMATTAN CAMEROUN
BP 11486
Face à la SNI, immeuble Don Bosco
Yaoundé
(00237) 99 76 61 66
harmattancam@yahoo.fr

L'HARMATTAN CÔTE D'IVOIRE
Résidence Karl / cité des arts
Abidjan-Cocody 03 BP 1588 Abidjan 03
(00225) 05 77 87 31
etien_nda@yahoo.fr

L'HARMATTAN BURKINA
Penou Achille Some
Ouagadougou
(+226) 70 26 88 27

L'HARMATTAN SÉNÉGAL
10 VDN en face Mermoz, après le pont de Fann
BP 45034 Dakar Fann
33 825 98 58 / 33 860 9858
senharmattan@gmail.com / senlibraire@gmail.com
www.harmattansenegal.com

L'HARMATTAN BÉNIN
ISOR-BENIN
01 BP 359 COTONOU-RP
Quartier Gbèdjromèdé,
Rue Agbélenco, Lot 1247 I
Tél : 00 229 21 32 53 79
christian_dablaka123@yahoo.fr

655705 - Mai 2016
Achevé d'imprimer par

1livre.com
du rêve à la réalité !

www.ingramcontent.com/pod-product-compliance
Lightning Source LLC
LaVergne TN
LVHW021150061026
849535LV00002B/407
9782343063393